ACCESO GRATIS *a la Lectura en la Nube*

Para visualizar el libro electrónico en la nube de lectura envíe junto a su nombre y apellidos una fotografía del código de barras situado en la contraportada del libro y otra del ticket de compra a la dirección:

ebooktirant@tirant.com

En un máximo de 72 horas laborales le enviaremos el código de acceso con sus instrucciones.

EL LUGAR DE LA FILOSOFÍA EN LA JURISPRUDENCIA DE LA CORTE CONSTITUCIONAL COLOMBIANA

EL LUGAR DE LA FILOSOFÍA EN LA JURISPRUDENCIA DE LA CORTE CONSTITUCIONAL COLOMBIANA

Martha Cecilia Paz

Editora

Prólogo

Francisca Pou Giménez

Instituto de Investigaciones Jurídicas (UNAM)

tirant lo blanch

Bogotá D.C., 2025

En caso de erratas y actualizaciones, la Editorial Tirant lo Blanch publicará la pertinente corrección en la página web www.tirant.com.

El lugar de la filosofía en la jurisprudencia de la Corte Constitucional colombiana / editora: Martha Cecilia Paz; prólogo: Francisca Pou Giménez. -- Primera edición. -- Medellín: Tirant lo Blanch, 2025.

594 páginas : gráficas.
(Alternativa)
Incluye referencias bibliográficas al final de cada capítulo.
Incluye información sobre los autores.
ISBN: 978-84-1095-638-4

1. Colombia. Corte constitucional. 2. Filosofía del derecho. 3. Derecho constitucional. 4. Lenguaje jurídico. I. Paz Martha Cecilia, editora, autora. II. Bejarano, Alberto, autor. III. Velásquez, María Camila, autora. IV. Charry Gaitán, Ana María, autora. V. Quimbayo Duarte, María Claudia, autora. VI. Martínez Pinilla, Iván Leonardo, autor. VII. La Porta, Antonio María, autor. VIII. Arrieta Gómez, Aquiles, autor. IX. Santos Pérez, M. Lourdes, autora. X. Salamanca, Beatriz, autora. XI. Ortiz Bolaños, Liliana, autora. XII. Solarte, Mario Roberto, autor. XIII. Herrera Pardo, Camila, autora. Tumini, Juliana, autora. XIV. Martínez Becerra, Pablo, autor. XV. Rico Sandoval, Ronald Suleyman, autor. XVI. Prada García, Aurelio de, autor. XVII. Lludgar, Eduardo, J. R., autor. XVIII. Pou Giménez, Francisca, escritora de prólogo. XIX. Serie.

LOC: KHH2548 CDD: 342.00269 ed. 23
Catalogación en publicación de la Biblioteca Carlos Gaviria Díaz

EDITA: TIRANT LO BLANCH
Calle 11 # 2-16 (Bogotá D.C.)
Telf.: 4660171
Email: tlb@tirant.com
Librería virtual: www.tirant.com/co/
ISBN: 978-84-1095-638-4

Si tiene alguna queja o sugerencia, envíenos un mail a: *atencioncliente@tirant.com*. En caso de no ser atendida su sugerencia, por favor, lea en *www.tirant.net/index.php/empresa/politicas-de-empresa* nuestro procedimiento de quejas.

Responsabilidad Social Corporativa: http://www.tirant.net/Docs/RSCTirant.pdf

Índice

Prólogo

La filosofía en la vida cotidiana de la constitución: la construcción judicial de prácticas justificativas en una democracia

Francisca Pou Giménez
Instituto de Investigaciones Jurídicas (UNAM)

Me siento extraordinariamente honrada por la invitación a prologar un libro que es una pequeña joya y todo un homenaje a una época de la democracia colombiana, latinoamericana y global cuya pretensión general —a la vista del preocupante giro autocrático que marca las últimas tendencias políticas— deberemos aprender a celebrar como un logro histórico.

El libro ha sido editado e impulsado en cuanto proyecto académico por Martha Cecilia Paz, magistrada auxiliar de la Corte Constitucional de Colombia durante veintitrés años (1997-2020), conocedora como pocas de la jurisprudencia y de las dinámicas y *habitus* decisorios de la Corte, y conocedora en igual medida de sus gentes, de esa enorme comunidad de personas (magistradxs titulares o auxiliares, relatores, archivistas, comunicadores de prensa, secretarios de trámite, asistentes, personal de seguridad y un largo etcétera) que día con día entremezclan sus anhelos y trayectorias personales con la construcción de los legados institucionales que dan forma a un sistema jurídico y político.

A lo largo de diecisiete capítulos, la obra rastrea el uso en las sentencias de la Corte colombiana del pensamiento de un amplio abanico de figuras de referencia de la filosofía y la teoría política y jurídica: Sócrates, Aristóteles, Immanuel Kant, Georg Wilhelm Friedrich Hegel, Ludwig Wittgenstein, Hannah Arendt, Michel

Foucault, Hans-Georg Gadamer, Norberto Bobbio, Richard Rorty, John Rawls, Carlos Santiago Nino, Gianni Vattimo, Ronald Dworkin, Robert Alexy, Martha Nussbaum, Jeremy Waldron y Judith Butler. Las personas que elaboran los capítulos —profesores, investigadores, letrados o ex letrados de la Corte— son especialistas en la obra de los filósofos y teóricos cuya huella evalúan; algunos han sido incluso sus alumnos o alumnas.

Solo de una mirada humana e intelectual como la de Martha Paz, que entiende el derecho y la construcción de lo jurídico como una práctica anidada en un contexto cultural e intelectual más amplio, podían surgir el tipo de preguntas que, a mi juicio, encienden la chispa de un proyecto como este. ¿Qué filósofos y teóricos han tenido importancia en la fundamentación de las decisiones de la Corte más filosófica de América Latina? ¿Cuál es la parte de su pensamiento que ha trascendido al derecho, que ha ayudado a moldear debates sociales importantes y ha ingresado al terreno de la razón pública? ¿Cómo opera, en el detalle, esa incorporación de autores e ideas, y qué se gana y se pierde en estos tránsitos? ¿Qué autores han pasado el test del tiempo y se han seguido citando a lo largo de estas tres décadas y cuáles han "pasado de moda"? ¿Qué aprendemos, mientras hacemos estas exploraciones? Carlos Gaviria Díaz, con quien Martha conversaba interminablemente sobre novedades literarias, conciertos y orquestas programadas o detalles de algún poema olvidado, autor él mismo de algunas de las sentencias más filosóficas de la Corte colombiana — y a quien tuve la suerte de conocer, no recuerdo si en Bogotá o en México, cuando su inigualable contribución a la jurisprudencia colombiana era ya conocida en toda la región—hubiera celebrado este viaje intelectual colectivo con especial regocijo.

La investigación es cualitativa, no cuantitativa. Como documenta Camila Herrera Pardo, la autora del magnífico capítulo sobre Kant, desde la perspectiva cuantitativa el autor con más resultados en una búsqueda de base de datos es Kelsen (con 295 menciones), seguido de Aristóteles (238 menciones), Alexy (236 menciones), Hart (219 menciones) y Kant (con 184 menciones), aunque muchas de estas presencias se relacionen, observa, con reiteraciones jurisprudenciales —con incorporación de fragmentos de sentencias hito que, en su calidad de precedente, fundamentan el razonamiento—. El libro deja de lado figuras como Hans Kelsen o H.L.A Hart, teóricos del derecho cuya huella en el desarrollo del derecho constitucional colombiano ha sido ya explorado en un amplio conjunto de estudios jurídicos, para centrar el foco en el uso de ideas filosóficas más amplias o de propuestas específicas en el plano de la teoría de la democracia o de la teoría política. En cualquier caso, el objetivo del ejercicio colectivo que el libro recoge, no es cuantificar qué figuras han tenido más influencia teórica en la jurisprudencia, sino poner la lupa en describir y evaluar cualitativamente qué implica apoyarse en sus ideas en el transcurso de dar contenido interpretativo y argumental al derecho.

La editora invitó a las personas autoras a explorar el contexto, finalidad, pertinencia y fidelidad de las citas incluidas en las sentencias, distinguiendo entre presencia explícita e implícita, esto es, entre influencia citacional e influencia conceptual, y como verán, los autores plasman sus diagnósticos en ese sentido. A mi juicio, sin embargo, los capítulos nos enseñan en paralelo muchas más cosas: nos dan la oportunidad de conocer mejor el pensamiento de las/os teóricos y filósofos involucrados —en general y con independencia de la densidad de su presencia en las sentencias colombianas— dan elementos para realizar una notable cantidad de "lecturas" adicionales. Para mí personalmente, los capítulos son una preciosa ventana al menos a tres desarrollos generales cercanos a los intereses de quienes estudiamos el constitucionalismo regional.

En primer lugar, el libro es un testimonio del esfuerzo de la Corte más influyente de América Latina por construir una práctica argumental sólida y justificada en torno a los contenidos e implicaciones de la Constitución de 1991. En toda democracia constitucional, las altas cortes de constitucionalidad se legitiman por muchas vías, pero éstas están siempre atravesadas por la práctica definicional de "dar razones". El libro ilumina parte de lo que esta práctica involucra.

En segundo lugar, el libro es una ventana impagable a los temas que la Corte Constitucional de Colombia ha abordado en diálogo con la ciudadanía y con el trasfondo de una realidad terca marcada por la desigualdad, la violencia, los excesos de poder, la carestía material o la falta de reconocimiento. Por supuesto, el libro no contiene una muestra representativa del tipo de temas abordados por una Corte que los ha tratado —de forma precursora— casi todos. Pero la parte de la casuística que se asoma por los distintos capítulos mientras se desarrolla el análisis de influencias filosóficas es una magnífica muestra del rico abanico de cuestiones que han llegado a la Corte. Finalmente, este libro se une al cuerpo de estudios especializados sobre el poder judicial, abordando una dimensión poco trabajada[1], que ilumina desde perspectivas frescas la operación de estas instituciones. En las décadas pasadas, la judicatura latinoamericana ha sido objeto de estudios que incluyen análisis de diseño institucional[2], etnografías judiciales[3], estudios sobre argumentación judicial[4], e investigaciones específicas sobre uso de las fuentes de derecho comparado[5] o de fuentes de derecho internacional de los derechos humanos[6]. Los estudios de este libro se

1 Véase, entre los escasos antecedentes, Lucio Pegoraro y Giovanni Figueroa Mejía, "Las citas doctrinales en las sentencias de los tribunales constitucionales. Especial análisis de aquéllas incorporadas en los pronunciamientos de acción de inconstitucionalidad de la Suprema Corte de justicia mexicana" Boletín Mexicano de Derecho Comparado, XLIX (147), 2016, pp. 137-171 2016.

2 Diana Kapiszewski, Gordon Silverstein y Robert A. Kagan (eds), *Consequential courts: judicial roles in global perspective* (Cambridge University Press, 2013); Carlo Guarnieri y Patrizia Pederzoli, *The power of judges. A comparative study of courts and democracy* (Oxford University Press, 2002).

3 Leticia Barrera, *La Corte Suprema en escena* (Siglo XXI Editores, 2014); Érika Bárcena Arévalo, El oficio de juzgar, la Corte y sus cortesanos. Estudio etnográfico de la. Suprema Corte de Justicia de la Nación y su incorporación del derecho internacional de los derechos humanos (Tesis doctoral, CIESAS, 2018).

4 Johanna Fröhlich (ed.), *Constitutional Reasoning in Latin America and the Caribbean* (Hart Publishing, 2024)

5 Roberto Niembro e Irene Spigno, "The Jurisprudence of the Supreme Court of Justice of the Nation of Mexico", en Frôlich, nota 4.

6 Julieta Rossi y Leonardo Filippini, "El derecho internacional en la justiciabilidad de los derechos sociales: el caso de Latinoamérica" en Pilar Arcidiácono Nicolás Espejo Yaksic, César Rodríguez Garavito Coordinadores (eds), *Derechos sociales: justicia, política y economía en América Latina* (Instituto Pensar, 2009, Liliana Ronconi, Melanie Ghertner, Soledad Guzmán, Nicole Levy y Micaela Ramello, "Uso

vinculan, como señalaré, con dimensiones de análisis en las que vale la pena profundizar.

En lo que sigue —y naturalmente sin poder referirme a todo— expando brevemente cada una de estas tres perspectivas, lo cual me permite decir algo más sobre autores e ideas que espero que lectoras y lectores confronten muy pronto por sí mismos.

1. LOS TIEMPOS DE LA DEMOCRACIA CONSTITUCIONAL, LA CONSTRUCCIÓN DE LA NORMATIVIDAD DE LA CONSTITUCIÓN Y EL PARADIGMA DE LA RAZÓN PÚBLICA

Un primer grupo de autores ha resultado relevante, como muestran varios de los capítulos, en las muchas ocasiones en las que la Corte colombiana ha necesitado fundamentar la normatividad de la constitución, la fuerza vinculante de los derechos fundamentales o la importancia estructural del control judicial de constitucionalidad en las democracias constitucionales contemporáneas. Veamos unos cuantos ejemplos.

El capítulo extraordinario de Aquiles Arrieta nos acerca a **Ludwig Wittgenstein**, una figura fundamental para dimensionar el "giro lingüístico" en la caracterización contemporánea del derecho y autor de enorme influencia tanto en la filosofía analítica anglosajona como en la continental. En las sentencias colombianas están las huellas del "segundo Wittgenstein", el de las *Investigaciones filosóficas* (1953), que desplaza el interés por la lógica y la centra en el lenguaje ordinario y en su multiplicidad de herramientas y formas de uso. Las ideas, metáforas e imágenes de Wittgenstein sobre el lenguaje, el significado o la interpretación son empleados por la Corte, nos muestra Arrieta, para ver algunos problemas jurídicos constitucionales (a menudo en el ámbito de la no discriminación o la libertad de expresión) y poder solucionarlos

de estándares del sistema interamericano de derechos humanos en materia de en Argentina", Ius et Praxis, 29 (1), 2023, pp. 207–231.

o incluso para disolverlos. Las ideas-fuerza con mayor presencia son la comprensión del lenguaje como una práctica enraizada en las personas; las características del lenguaje ordinario en que se expresa el derecho —plano en el que sus ideas se fusionan con las de H.L.A Hart o Genaro Carrió al efecto de entender su ambigüedad, vaguedad y textura abierta—, el significado como uso y el lenguaje como práctica ligada a formas de vida. Arrieta documenta también el uso de las metáforas de los "juegos del lenguaje", la "caja de herramientas" o los "parecidos de familia", a lo largo de un texto que analiza con pulcritud un número importante de sentencias al tiempo que evidencia quizá como ningún otro la fecundidad del tipo de ejercicio intelectual que propone el libro.

Iván Martínez Pinilla sitúa el pensamiento de **Hannah Arendt** al mismo nivel de fundamentalidad en cuanto al entendimiento ya no del derecho, sino de la empresa constitucional contemporánea, y en particular su proyecto de regulación del poder. A pesar de las pocas citas explícitas a Arendt, observa Pinilla, su pensamiento es la premisa de todo: "[si] hasta antes de Arendt todo texto constitucional se comportaba como mecanismo del poder político hegemónico, ahora, los textos constitucionales pretenden ser una condición de contra-poder". Los contornos de la decidibilidad e indecidibilidad constitucional (en términos de Ferrajoli), destaca, solo pueden ser hilados sobre una base arendtiana. La jurisprudencia cita a Arendt al analizar la jurisdicción especial para la paz o regulaciones contrarias al derecho humanitario y delitos contra la humanidad pero, para Pinilla, donde la necesitamos es en el plano de entender en lo profundo la génesis teórico-hermenéutica del texto constitucional: "Solo en el marco del mal banal, el totalitarismo y el desborde del poder cobran sentido todas las acciones constitucionales y todos los mecanismos de participación ciudadana. Es desde aquí, desde donde debe partir toda interpretación constitucional. Este es pues su marco general de inmanencia, su horizonte hermenéutico interpretativo último y primero". Concluye Pinilla que "nada puede ser dicho en el lenguaje constitucional sin Hannah Arendt. Comete la Corte Constitucional un desatino al no traerla al discurso con más frecuencia, no sea que el discurso la olvide".

Martínez Pinilla es autor también de un capítulo sobre **Richard Rorty** que, aunque no dialoga explícitamente con el anterior, lo complementa porque modula potenciales malentendidos acerca de la manera en que la Corte –que, como veremos más adelante, también cita profusamente a Kant— encara la defensa de ciertas premisas normativas básicas. Pinilla detecta de nuevo escasa citación —más bien registra una única y repetitiva cita a la idea rortiana según la cual el sufrimiento humano es una condición odiosa y una patología social que debe ser enfrentada, y que el fin de la Constitución es repudiar la crueldad— pero enorme influencia implícita. Pinilla ve en la oposición de Rorty al racionalismo kantiano –su visión de la sustancialidad como obstáculo, su convencimiento de que un sistema de lenguaje que conciba fines últimos, imperativos categóricos o una verdad con mayúsculas, no puede fundamentar un diálogo democrático— como algo útil para explicar y evaluar la aproximación de la Corte a su función. La conceptualización de los léxicos particulares como sistemas de creencias e ideas que no deben encajar como "fichas de rompecabezas" dentro de la búsqueda de una verdad fija, sino que se entrelazan y mezclan constantemente sin pretensión de verdad última, la renuncia a la filosofía "pura", es algo que Pinilla reconoce en la manera en que la Corte se acerca incluso a conceptos como la dignidad humana, que trata como intocable, pero que necesariamente va redimensionando a "golpe de decisión". Por ello pueden operar, indica, como algo que persigue el fin político, ético y jurídico de posibilitar el diálogo democrático y la reflexión consciente y sosegada sobre las contingencias de la vida social.

Como veremos más adelante al comentar el capítulo de Liliana Ortiz Bolaños, cuando trata ciertos temas, como los relacionados con sistemas jurídicos indígenas o los actores involucrados en el conflicto armado, la Corte profundiza este camino al respaldar una ruta ontológico-hermenéutica desarrollada a partir de la obra de Heidegger, Gadamer y Vattimo, en cuyo contexto comprender un texto (o una obra de arte o una pieza musical) exige generar diálogos continuos, ilimitados y razonables con los demás, "para comprender la historia, los prejuicios, pero también para dar múltiples significados a aquello que es aún extraño, desconocido, apartado"—en palabras de Bolaños—.

El capítulo de Ana María Charry Gaytán y María Claudia Quimbayo Duarte sobre **Robert Alexy** destaca la importancia que ha tenido el principio de proporcionalidad como herramienta metodológica para resolver conflictos entre derechos fundamentales, especialmente en casos de igualdad. La teoría de Robert Alexy, específicamente, es objeto de abundantes citas directas, y también desde la perspectiva cualitativa, explícita o implícita, es una constante innegable en el tiempo, aunque la penetración de su teoría es desigual: está presente a menudo en temas como la estructura de los derechos, la reconstrucción abstracta del principio de proporcionalidad, la distinción entre reglas y principios, la interpretación jurídica y los criterios de validez, pero no se acoge su aporte principal: la *fórmula del peso* como concreción del principio de proporcionalidad en sentido estricto. Las autoras destacan que hay una especie de apropiación pacífica y fluida del lenguaje proveniente de la teoría de Alexy, a la que se trata con frecuencia como algo obvio y natural, y a la que se reconstruye, adapta y mezcla con otras tradiciones para consolidar una nueva versión –el famoso test integrado de proporcionalidad—que la Corte considera propia.

Como lo expone Lourdes Santos Pérez, **Ronald Dworkin** ha sido, por su parte, invocado por la Corte a los efectos de mostrar un rechazo claro al formalismo jurídico, haciendo entender que ello no implica incurrir en activismo judicial. Juezas y jueces son llamados a participar activamente en el proceso de determinar qué es derecho y, en el estilo de la novela en cadena, la aportación de cada uno debe resultar coherente con lo ya realizado. Ante las críticas que, a pesar de su popularidad, se han elevado desde la perspectiva democrática contra el control de constitucionalidad, la Corte ha contestado recurriendo de nuevo a la idea dworkiniana de que la democracia debe leerse bajo una concepción comunal o comunitaria en cuyo contexto los límites constitucionales no son un obstáculo sino una condición de posibilidad: la dimensión comunal de la democracia requiere una constitución robusta que asegure las condiciones que ha de cumplir una asociación política para llegar a ser una verdadera comunidad. La judicatura toma la responsabilidad de presentar la historia constitucional en su mejor aspecto, a la luz de sus fundamentos principales: no pueden prescindir del legado práctico generado por el texto ni inventar nada, pero deben leerlo con nuevos ojos cuando los cambios en las circunstancias políticas, sociales o económicas lo exigen (como muestran las decisiones sobre matrimonio igualitario, objeción de conciencia al servicio militar, eutanasia o ciertos casos de acción positiva).

A **Jeremy Waldron**, en cambio, nos muestra Eduardo Llugdar, lo citan magistrados en minoría que se niegan a hacer interpretaciones extensivas o progresivas en casos como los de matrimonio igualitario. La parte de la obra waldroniana que trasciende es la idea de que, cuando la comunidad está dividida, no son los jueces, sino los representantes parlamentarios, los que deben tomar la decisión. A menudo es citado vía Víctor Ferreres –que, añadiría yo, defiende tesis sobre control de constitucionalidad no asimilables a las de Waldron—.

Como ilustra el capítulo de Aurelio de Prada sobre **Aristóteles** y sobre la invocación a **Sócrates** en el diálogo *Critón*, de Platón – sobre esta idea volveré al final del texto—la evaluación del uso de autores en la argumentación judicial es inseparable del entendimiento del derecho y de la constitución que se tenga. Si alguien busca un razonamiento jurídico basado en el silogismo tradicional, es natural que la invocación de fuentes filosóficas para profundizar las razones que sustentan la resolución de un caso –en la sentencia analizada, un temprano caso de 1993 en el que la Corte muestra la necesidad de hacer acomodos razonables ante una norma sobre asistencia a clases en sábado que tenía un impacto disparejo para las personas que profesan cierta religión— aparezca como caprichosa. Si alguien parte de un paradigma de interpretación constitucional lejana a los cánones del estado legislativo de derecho, probablemente llegará a conclusiones opuestas

2. LA PRESENCIA FILOSÓFICA EN DEBATES SOBRE DERECHOS O INSTITUCIONES EN LO PARTICULAR Y LA POLÍTICA PÚBLICA

En segundo lugar, los capítulos documentan la influencia de ciertas ideas filosóficas en el debate y resolución de controversias temáticas específicas. El capítulo de Camila Herrera Pardo, por ejemplo, rastrea la influencia de **Immanuel Kant** en el tratamiento de los temas relacionados con dignidad, autonomía y derechos de los animales. La autora detecta una presencia cuantitativa muy importante y sostenida en el tiempo, pero en dos modalidades muy distintas. Por un lado, observa, el impacto conceptual de Kant es máximo: la noción de dignidad kantiana ha sido central en la construcción del lugar (también central) de la dignidad en el sistema constitucional colombiano, aunque a veces se use para llegar a conclusiones opuestas a las posiciones del propio Kant, como sucede en eutanasia o matrimonio igualitario —aunque, señala acertadamente, no hay que ver en ello un abuso argumental sino un signo natural del poso histórico y de la evolución de las tradiciones intelectuales—.

Por otro, apunta Herrera, existe una enorme cantidad de citas no necesariamente presididas por la fidelidad bibliográfica, que dan por sentado que la audiencia ya conoce el pensamiento kantiano, con una función ornamental o de mero refuerzo, en línea con la tendencia de la Corte a la sobreargumentación y al academicismo jurisprudencial. Kant se asocia así a las ideas de "moderación y buen juicio"; al principio de publicidad; a la fundación de la tradición liberal e incluso del sistema jurídico occidental (a menudo cuando se aborda el papel de los derechos humanos en el seno de las comunidades indígenas); a la órbita de indisponibilidad del ser humano y la proscripción de toda medida que lo trate solo como un medio; o a la máxima, atribuida a Kant, que vincula la libertad de los actos con la necesidad de sujetarse a las consecuencias de los mismos. Herrera destaca también la cita implícita al modelo penal kantiano (asociado a una pretensión "metafísica" o a una idea de retribución perfecta que estima no enteramente aplicable al sistema colombiano), la alusión al contraste kantiano entre la mayoría y la minoría de edad en diversos contextos, y el uso de su obra bajo un prisma más constructivista (y menos legalista) cuando es citado a través de Rawls.

Finalmente, hay un núcleo de citación kantiana en controversias relativas a los derechos de los animales, normalmente vía Cass Sunstein y Martha Nussbaum. La idea de que todo derecho fundamental se vincula con la dignidad y la autonomía de la persona, se usa para dar respuesta negativa a la pregunta de si los animales son titulares de ellos. Sin embargo, también algunos intentos incipientes de reconocerles esta titularidad de derechos se fundan en elementos de la filosofía kantiana.

El uso de la obra de **Martha Nussbaum**, según el análisis de Pablo Martínez Becerra, también se ha hecho mayoritariamente en el campo de los derechos de los animales. En el caso del oso Chucho, uno de los expertos ante la Corte había defendido la personalidad jurídica del oso, para dar base al *habeas corpus* sin necesidad de crear un nuevo concepto legal. Nos cuenta Becerra que Nussbaum rechaza este enfoque estratégico, porque, si bien permite mejoras y logros, no constituye una base conceptual apropiada, abierta al reconocimiento de seres sintientes que no se nos asemejan y cuya asimilación condona una especie de elitismo interespecie que resulta problemático.

El capítulo de Mario Roberto Solarte da cuenta del recurso puntual a **Friedrich Hegel** en apoyo de la teoría retributiva del castigo, aunque Solarte observa que Hegel defendía en realidad una teoría pluralista que incluye además elementos de disuasión y rehabilitación. El capítulo hace una extensísima exploración de las tesis de Hegel sobre el derecho y el castigo y concluye que, aunque la jurisprudencia colombiana es, en general, un ejemplo de finura argumental, hay que tomar la cita a Hegel más bien como una invitación a profundizar el estudio de las ideas filosóficas que nutren los desarrollos jurídicos contemporáneos.

Un ejemplo de invocación puntual claramente errónea atañe a la obra de **Carlos Santiago Nino.** Como documenta Juliana Tumini, en el voto disidente a la sentencia clásica del magistrado Carlos Gaviria sobre despenalización del consumo lúdico de drogas, se incluyen párrafos de *Ética y derechos humanos* en apoyo de tesis opuestas a las que Nino defendía. Ello no significa —añado yo— que la influencia implícita de muchas dimensiones de la obra teórica de Nino en la jurisprudencia colombiana no pueda ser mucho más extensa, aunque este análisis comprehensivo queda pendiente para otra ocasión.

Antonio La Porta estima que **Norberto Bobbio** es un filósofo que podía citarse de muchos modos: filósofo de la duda, pero también de la claridad, generador de dicotomías famosas y de valiosas herramientas críticas en los debates sobre la democracia, los derechos y el sistema jurídico. Por ello La Porta deja planteada la cuestión teórica de si detrás de una cita explícita hay una forma de instrumentalización, ya que cualquier interpretación jurídica (tanto la aplicada a la legislación como a la interpretación de normas o a la resolución de casos concretos) difícilmente será una interpretación auténtica del pensamiento de un autor. El capítulo registra, en todo caso, una especial referencia a la teoría procedimental de la democracia de Bobbio, objeto de cita pertinente en la discusión sobre el *fast track* (proceso de paz), y de cita impertinente en el caso del aborto, asunto sobre el cual Bobbio tenía dudas.

Como sugieren Martha Paz y Ronald Rico Sandoval, la obra de **John Rawls** perfila un modelo de orden social y político que la Corte relaciona con el proyecto constitucional de 1991 desde el inicio. Con independencia de que se le citara más en los años 90 que ahora, y ligeramente más en salvamentos de voto que en sentencias de mayoría, es un referente de trasfondo permanente. Son tres, principalmente, los conceptos rawlsianos rastreables en la jurisprudencia: el principio de libertad, el principio de la diferencia y la idea de la razón pública. Las sentencias del magistrado Carlos Gaviria evidencian su compromiso teórico con la teoría de la justicia de Rawls y ejemplifican el uso del principio de libertad. Paz y Rico Sandoval muestran que la tesis de las libertades básicas como límite que la actuación del Estado no puede franquear, so pena de socavar el fundamento más íntimo de la existencia humana, tuvo relevancia en el examen de un número importante de programas de política pública.

El principio de la diferencia, por su parte (en conexión a veces con el principio de justicia procesal imperfecta), ha tenido impacto en el análisis y resolución de muchos casos de igualdad, donde se anclan evaluaciones desde la justicia distributiva que muestran la justificación de las medidas de acción positiva como las dispuestas en un programa de acceso a los empleos públicos que se consideró ajustado a la Constitución en clave extraordinaria, para garantizar la continuidad del servicio de educación básica en lugares apartados.

El ideal de la razón pública, igualmente, adquiere importancia con la publicación de *Liberalismo político,* centrado en la búsqueda de un consenso político que permita convivir pacíficamente en un mismo espacio a personas con profundas diferencias étnicas, religiosas o ideológicas —con distintas concepciones sobre lo bueno—. Se trata de un ideal crucial en la construcción de una ciudadanía democrática, que marca el tipo de argumentos que tienen cabida en las deliberaciones sobre los temas fundamentales de la vida política. Paz y Rico denuncian, sin embargo, su impertinente invocación en una sentencia sobre conciliación laboral —un espacio donde las partes arreglan sus diferendos a la luz de sus intereses particulares—.

El capítulo de Ana María Díez de Fez y Martha Paz sobre **Judith Butler** muestra la notable influencia que ha tenido la obra de esta autora y las posiciones de algunos movimientos sociales LGBTQIA+ en las sentencias de la Corte constitucional. La crítica de Butler al binarismo, su concepto de performatividad de género o su exploración del feminismo como teoría se dejan sentir en resoluciones que protegen los derechos de las personas LGBTQIA+ y otros grupos en situación de marginación, mostrando el compromiso de la Corte con la inclusión y la justicia social. No faltan, en todo caso, los usos poco rigurosos que parecen operar más como adorno intelectual que como un signo de verdadero diálogo con la teoría de Butler.

Como refleja el capítulo de Alberto Bejarano y María Camila Velásquez, las ideas de **Giorgio Agamben** se han citado con funciones argumentativas relacionadas con la figura del estado de excepción, tanto en fallos como en salvamentos de voto: “El *Homo sacer,* una obra cumbre que discurre entre la *nuda vida*, el poder soberano y la *anomia del derecho*, desarrolla asiduamente la noción de estado de excepción bajo el faro de la biopolítica”. Como destacan Bejarano y Velásquez, la lectura estándar del estado de excepción en la jurisprudencia de la Corte no se construye desde las premisas de Agamben, sino que se las usa justamente para alertar contra un posible cambio de esa concepción, contra lo que implicaría abrazar un escenario agambiano de “la excepción como regla”. En una historia constitucional marcada por el abuso del estado de sitio, es natural no construir la idea de que la excepcionalidad subyace intrínsecamente en el ordenamiento jurídico. Ante actos de negación de responsabilidad, obstrucciones a la libertad o presencia velada de estados de excepción derivada de operaciones de asistencia militar, la Corte que cita a Agamben quiere advertir un intento de control y supresión de la “nuda vida” bajo las prerrogativas constitucionales, adoptando el rol de protectora estratégica de los derechos y libertades fundamentales.

Beatriz Salamanca advierte de un uso inexacto de **Michel Foucault** cuando la Corte desarrolla la tesis de que la prisión perpetua contraviene la dignidad humana porque impide la resocialización y modificación de la conducta del condenado. Foucault es tomado ahí como autor que aboga por alcanzar estas metas de corrección del condenado, pero en el contexto de su teoría el núcleo del rotundo fracaso del sistema penitenciario no se vincula, observa, con las falencias y la precariedad que se vive al interior de las prisiones, sino con los mecanismos de dominación que perpetúan estructuras de poder existentes.

También ha sido en el ámbito de la definición y ejecución de las penas que la aproximación hermenéutica de **Hans-Georg Gadamer** y **Gianni Vattimo** ha entrado en juego. En las sentencias que analiza Liliana Ortiz Bolaños, la Corte aborda la decisión sobre el castigo penal en las comunidades indígenas a partir de un compromiso con elementos que, destaca, coinciden implícitamente con los principales componentes de la filosofía gadameriana: diálogo, comunicación, respeto por lo diverso y desocultamiento de lo extraño. Con una cita directa a Gadamer, la Corte destaca que el diálogo intercultural exige involucrarse en una traducción o adaptación cultural de instituciones judiciales y legales occidentales a prácticas culturales no occidentales, igual de coercitivas pero sin la apariencia de derecho occidental. La cita convoca el argumento de la traducción de mundos y la necesidad de que la comprensión entre ellos abreve de un mundo lingüístico común, enfatizando, con Gadamer, los horizontes móviles de pensamiento entre prejuicios diversos y entre pensamientos disímiles e históricos. La obra de Vattimo se saca a colación en sentencias sobre el conflicto armado colombiano en cuyo contexto la Corte desea enfatizar, señala Ortiz, que un recorrido hacia la consolidación de la verdad necesita de argumentos que se encuentran aún escondidos. El trato apropiado del tema, destaca Ortiz, exige una manufactura hermenéutica de la condición histórica de los conceptos de conflicto armado, paz, uso de las armas y defensa de los derechos humanos, y la argumentación en sede constitucional debía adoptar una visión constructiva y reconstructiva de la vida y abrazar conceptos que permitan comprender un mundo más amplio, más ancho y más articulado al intérprete que los simples hechos que acontecen—en línea con el pensamiento de Vattimo—.

3. ARTESANÍA ARGUMENTAL, LETRADOS DE CORTE Y CULTURA DEMOCRÁTICA

La vertiente filosófica de las sentencias de la Corte constitucional colombiana es solo una de las muchas dimensiones que entran en juego cuando se trata de evaluar su desempeño global como institución (y, a buen seguro, no la más importante). La Corte colombiana es un referente por el modo en que ha sabido poner la tutela o la acción pública de inconstitucionalidad al servicio de la ciudadanía, por sus innovaciones analíticas y argumentales, y por la amplitud y profundidad de la agenda temática que ha abordado —de los casos pioneros de libre desarrollo de la personalidad, justicia transicional, pluralismo jurídico o intentos de sustitución de la Constitución bajo el manto del poder de reforma a los muchos derechos emergentes que ha hecho entrar en juego—.

Con todo, la factura argumental de las sentencias es un indicativo valioso e interesantísimo que nos da pistas directas e indirectas sobre cultura jurídica, cultura política y modalidades de constitucionalismo. Como sostengo en una investigación todavía inacabada sobre presupuestos de citación de fuentes del derecho comparado –y cuyas conclusiones preliminares encuentran, a mi juicio, también aplicación para el caso de citas a fuentes filosóficas, teóricas y dogmáticas— hay al menos tres factores que influyen en las prácticas de citación: los histórico-culturales, los institucionales y los personales[7].

En varias cortes supremas regionales, como la argentina o la mexicana, por ejemplo, la tradición dictaba la improcedencia de citar autores —en todo caso, las citas debían ser excepcionales y solo de autores muertos— y en Argentina, durante décadas, como excepción en América Latina y a consecuencia de la decisión temprana de construir una tradición constitucional alejada de la raigambre hispana, se hacían exclusivamente citas a los precedentes judiciales estadounidenses[8].

---

7 Francisca Pou Giménez, "Comparative law inside four Latin American courts", documento de trabajo sin publicar presentado en "Workshop: Comparing inside the courts: The practice of comparative law by apex courts" (coords. Eleonora Bottini, Jamal Greene y David Law), julio de 2022.

8 Sobre la práctica en la Suprema Corte de México antes del cambio de siglo, Francisca Pou Giménez, "Protección de derechos y deliberación judicial interna: el caso "bandera" y los inicios de las teorías contemporáneas sobre libertad de expresión", en Mónica Castillejos Aragón, Mariana Mureddu y Yetziani Castillo (eds.), *El ministro José Ramón Cossío Díaz en la Suprema Corte* (Tirant lo Blanch, 2019). Sobre la cita de precedentes estadounidenses en Argentina, véase Gustavo Arballo, "La angustia de la influencia" (2003); Jonathan Miller, "The Authority of a Foreign Talisman: A Study of U.S. Constitutional Practice as Authority in Nineteenth Century Argentina and the Argentine Elite's Leap of Faith", American University Law Review 46 (5), 1997, pp. 1483-1572. Sobre prácticas históricas de citación y su reciente apertura al derecho comparado, véase Pou Giménez, nota 7 (entrevistas a Delfina Beguerie y a Marcelo Ferrante).

En muchas cortes la diversificación de citas no se hace habitual hasta que el advenimiento o la recuperación de la democracia instala una cultura jurídica más abierta, menos formalista, que apela a fundamentos normativos compartidos más allá de la artificialidad de las fronteras estatales y que apuesta por el diálogo y la provisión generosa de razones como base de legitimación de la protección de los derechos y el control de constitucionalidad de las leyes.

En algunas cortes, a la influencia que puedan ejercer los factores históricos y de cultura política y jurídica se unen factores institucionales que orientan las prácticas argumentales en uno u otro sentido, mientras que, en otras, estas prácticas dependen de factores fundamentalmente personales. En la Corte Constitucional colombiana se da este último caso, dado que no existe una estructura de apoyo institucional explícito para dotar de unos u otros recursos argumentales a los equipos letrados que preparan los borradores de sentencia[9].

Como ha señalado Rodrigo Uprimny, la práctica de citación de jurisprudencia comparada y de autores extranjeros —antes de Internet y de las bases de datos—arrancó en los primeros años de andadura de la Corte constitucional, cuando se decantó su estilo y se sentaron las bases de su rol público[10]. Y empezó de una manera extraordinariamente artesana: lxs magistradxs auxiliares buscaban lo que podían por su cuenta, y uno de ellos consiguió que la Corte recibiera la donación de una extensa colección de derecho constitucional española y de otros libros; durante los almuerzos, solían reunirse para compartir sus conocimientos y buscar soluciones juntos[11]. En opinión de Uprimny, había al menos tres tipos de razones para recurrir a las fuentes comparadas: primero, razones cognitivas/heurísticas, pues en las resoluciones y desarrollos jurídicos de otros países podían hallarse algunas de las soluciones que demandaban los muchos temas nuevos que llegaban a la Corte; segundo,

9 Pou Giménez, nota 7 (entrevistas a Martha Paz y a Mónica Arango).

10 Pou Giménez, nota 7 (entrevista a Rodrigo Uprimny).

11 Ibid.

razones doctrinales, pues el recurso a la doctrina de los autores ha sido generalmente aceptada en la tradición del derecho civil, construida sobre el legado de glosadores y comentaristas al *Corpus Iuris Civilis*; y tercero, razones de legitimación, pues el apoyo les permitía mostrar que "no estaban locos", pues las soluciones novedosas que proponían en las sentencias se relacionaban en mayor o menor medida con las que se habían ensayado en otros países[12].

En cualquier caso, son las prácticas de selección y contratación de personal letrado las que aseguran que en la Corte constitucional colombiana quienes ocupan las magistraturas auxiliares tengan un perfil muy distinto al que ha sido dominante en otras cortes del país, donde ha predominado el personal de carrera con una formación más tradicional[13]. Como en otros países, los magistrados auxiliares de la corte constitucional han sido por lo general personas con una formación académica densa, que suelen dedicarse a la investigación y a la docencia cuando acaban su periodo en la Corte. Ello propicia que encaren sus tareas desde un entendimiento del derecho distinto y que exista un espacio amplio para el diálogo entre la jurisprudencia y las discusiones académicas. De hecho, como se ha señalado, en América Latina la relación entre la jurisprudencia constitucional y la teoría constitucional o política es de doble vía: en muchas ocasiones han sido las sentencias las que han nutrido la teoría[14]. La corte de Colombia lo ha hecho, por poner solo unos pocos ejemplos, en debates sobre la justiciabilidad de derechos sociales, al acuñar las doctrinas de la "conexidad" o del "estado de cosas inconstitucional" y al diseñar mecanismos dialógicos de supervisión del cumplimiento de sentencias estructurales, y en el ámbito de la proporcionalidad, al acuñar el test integrado o el test de no regresividad[15].

---

12 Ibid (entrevista a Rodrigo Uprimny).

13 Ibid (entrevista a Martha Paz).

14 Roberto Gargarella, *El derecho como una conversación entre iguales* (Siglo XXI Editores, 2021), p. 422.

15 Magdalena Correa Henao y Alejandra Osorio Alvis, "Socio-Economic Rights in the Colombian Constitutional Jurisprudence: Proportionality Analysis and the Prohibition of Regressive Measures", en Francisca Pou, Laura Clérico and

La construcción de una sentencia exige el trabajo esforzado de muchas personas. Detrás del desarrollo de cada argumento, de la elección de cada palabra, del despliegue de cada propuesta analítica o remedial, existe un delicado mundo de prácticas humanas que se desarrollan en condiciones difíciles: con el tiempo encima, a veces con el apoyo o el acicate de lxs magistradxs titulares y en diálogo con los colegas y a veces en completa soledad, con limitados recursos bibliográficos y de investigación, con el peso mental de tratar de estar a la altura de una responsabilidad institucional gigantesca. En el transcurso de sus esfuerzos por dotar de significado e implicaciones a las normas constitucionales, las personas juzgadoras, entiendan como entiendan su rol, actúan siempre influenciadas, señala Aquiles Arrieta en su capítulo, por ideas, conceptos y metáforas: de modo inconsciente, por tener esa idea incorporada, o de modo consciente, caso en el cual la persona juzgadora puede hacer expresa esta influencia o no hacerlo por considerar, por ejemplo, que se trata de una reflexión demasiado académica o teórica como para incorporarla a una decisión judicial que resuelve un caso.

En el capítulo sobre Rawls, Martha Paz deja traslucir su frustración ante lo que estima errores innecesarios en los ejercicios de citación explícita: "[s]i estamos ante una Corte de larga tradición en las citas de filósofos, la mínima exigencia que se le debe a la motivación del fallo es que las citas sean correctas y precisas" y "una cita precisa", observa, "exige que el juez indique exactamente cuál es el apartado de la obra filosófica que se está transcribiendo y que a su juicio es pertinente para su razonamiento". También se identifican a lo largo del libro numerosas citas ornamentales, sin función argumentativa real. Sin embargo, y sin que sea necesario entrar ahora al extenso debate sobre los criterios de corrección de la argumentación jurídica o constitucional, la exactitud de las prácticas citatorias no es determinante para la confección de una resolución justificada. Más allá de pifias ocasionales, el recurso a ciertos marcos teóricos y

Esteban Restrepo Saldarriaga (eds), *Proportionality and Transformation: Theory and Practice from Latin America* (Cambridge University Press, 2022).

filosóficos demuestra vocación didáctica, instinto de transparencia y, las más de las veces, un empeño sincero y admirable por elaborar buenas justificaciones.

María Luisa Rodríguez, citada en el libro, observa que las sentencias son puentes que dotan de factibilidad a las teorías propiciadas desde la filosofía política[16], dando una valiosa vía de materialización a distintos entendimientos de los conceptos invocados por las palabras de la Constitución y los tratados. Junto a ellos, muchos otros elementos deben adicionarse a esas teorías en el contexto de una conversación pública amplia, en la que deben participar muchos actores más allá de la judicatura, acerca de los contenidos e implicaciones de la Constitución. Sin el aporte de la judicatura, sin embargo, modelado en torno a la idea de la justificación a través de la inclusión epistémica, la deliberación y la provisión de razones públicas, es difícil pensar que dicha conversación pueda ser una realidad.

Cierro este texto mientras un sistema de elección por voto popular de la totalidad de la judicatura estatal y federal ha sido impuesto en México por una mayoría disgustada con los límites del constitucionalismo. ¿Llevará el origen electoral de estos jueces, su necesidad de hacer campaña, su legitimidad de origen análoga a la de los integrantes de los poderes legislativos y ejecutivo, a abandonar, por estimarla innecesaria, la práctica de la justificación por razones? ¿Se sumará la judicatura al discurso de la post-verdad que domina la política mundial? Sea lo que sea lo que nos depara la ola de erosión democrática que nos invade, nos quedará siempre el legado de las dignas cortes razonadoras de las últimas tres o cuatro décadas, tan bien capturado en este libro, como inspiración para la reconstrucción.

---

16 María Luisa Rodríguez Peñaranda, "John Rawls y el pronunciamiento constitucional", en Jorge Iván González y Mauricio Pérez (eds), *Pluralismo, legitimidad y economía política: ensayos críticos sobre la obra de John Rawls* (U. Externado de Colombia, 2008), p. 238.

Introducción

La ciencia del derecho debe extraerse de lo íntimo de la filosofía", decía Cicerón, -Ex intima philosophia ahurienda iuris disciplina-.[1]

Un examen de casos particulares en la jurisprudencia constitucional colombiana que revela cómo los Magistrados han utilizado la filosofía en escenarios controvertidos, es la motivación de este proyecto que tuvo su génesis en un artículo publicado por la Academia Colombiana de Jurisprudencia en el año 2022, [2] sobre el impacto de la filosofía en la jurisprudencia de la Corte Constitucional, y la manera como la filosofía concierne a la toma de decisiones judiciales. Esta obra que presento recrea aquellos planteamientos y sugiere por igual la necesidad de que la jurisprudencia sustraiga una impronta del quehacer filosófico. El paralelo entre filosofía y Derecho no ha sido difícil de detectar. Buscar lo que es más preciado y justo para los seres humanos es la meta del Derecho, de la gran mayoría de constituciones en el mundo y también de la empresa filosófica que data desde los antiguos griegos —Sócrates, Platón y Aristóteles, por ejemplo—estuvieron preocupados por articular aquello que es más importante y valioso para tener una buena vida; procurar una buena vida, corregir la vida y la organización social es, por tanto, un interés común y punto de intersección entre la filosofía y el Derecho.

Es posible afirmar que la filosofía ha logrado, a lo largo de los años, suficientes elementos como para que, especialmente en los tiempos que corren, no sea posible crear una sentencia judicial sin advertir el uso de razones y con ello, de la filosofía. Pensar correctamente, es igualmente el gran aporte de la filosofía al derecho, lo que se traduce en la ausencia de ambigüedades o contradicciones,

---

1 Cicerón, *De legibus*, I, 5

2 Revista Academia Colombiana de Jurisprudencia edición No. 375 correspondiente al período enero-junio de 2022. Coautoría Liliana Ortiz Bolaños. Martha Cecilia Paz.

pensar no es pensar de cualquier manera, sino de manera ordenada, como ya lo había anunciado Aristóteles.[3] Para la Corte Constitucional Colombiana ha sido claro desde su existencia, que la Filosofía se ha hecho cargo de algunos asuntos que pueden iluminar el conjunto de razones que debe exponer en sus sentencias. El contenido de conceptos que podríamos denominar compactos, pero también infinitos, como Constitución, derechos humanos, equidad, justicia, democracia, persona, y mil más, sin duda han hecho magistralmente parte de la construcción "dura" de sus sentencias.[4]

En el artículo *Una sentencia judicial es infructuosa si se aparta de la filosofía*[5] mostrábamos el lugar significativo que debe ocupar la filosofía y la filosofía del Derecho en las ciencias jurídicas. Decidir, como una de las principales actividades que se ejercen en la práctica judicial, sugiere un sinnúmero de operaciones cognitivas por parte del intérprete que no se pueden eludir. Pensar el Derecho implica una conjunción de múltiples creaciones conceptuales que dan vida a la práctica jurídica y que al mismo tiempo generan el *telos* creíble para la existencia del Derecho como marca fundamental de la civilización. Por ello, emitir un juicio implica dominar conceptos, explicar su naturaleza, conocer sus límites, determinar sus métodos y pregonar su viabilidad para una situación jurídica concreta. La filosofía entraña estas condiciones conceptuales que permiten tener responsabilidad en la toma de cualquier decisión judicial. De allí, siguiendo las modernas teorías hermenéuticas del discurso, puede afirmarse, que *"debajo de toda concepción jurídica, de todo texto constitucional o legal, de todo planteamiento normativo, de toda decisión judi-*

---

3 La justicia aristotélica: virtud moral para el discernimiento de lo justo. Luis Fernando Garcés Giraldo Conrado Giraldo Zuluaga. Dialnet. Unirioja .es 2014.

4 Revista Academia Colombiana de Jurisprudencia edición No. 375 correspondiente al período enero-junio de 2022. Coautora Liliana Ortiz Bolaños. Martha Cecilia Paz.

5 ibídem

cial, subyace, en forma más o menos velada, una determinada concepción filosófica".[6]

Desde casos de principios del siglo XIX, ya la Corte Suprema de Estados Unidos[7], por citar tribunales emblemáticos,[8](también Canadá y Sudáfrica, entre otras) [9] hacía referencia a los filósofos para dar un apoyo fundamental a sus sentencias: "*Hay en cada uno de nosotros una corriente, una tendencia, ya sea que elijas llamarla filosofía o no, que da coherencia y dirección al pensamiento y a la acción. Los jueces no pueden escapar de esa corriente más que otros mortales"*, decía el juez de la Corte Suprema Americana, Benjamín N. Cardozo. Efectivamente, las referencias filosóficas de ese Tribunal estuvieron inicialmente centradas en Montesquieu, cuyo *Espíritu de las Leyes* fue citado repetidas veces para discusiones sobre las facultades del gobierno, el equilibrio de poderes y la necesidad de contar con ciudadanos virtuosos.[10] De esa época, se conocen fallos relacionados con prejuicios históricos, específicamente con los derechos de propiedad de los nativos, donde la Corte invocó a filósofos políticos y morales para negar a este grupo minoritario su derecho a las tierras tradicionales. En Fletcher v Peck, citó brevemente a Montesquieu y Adam Smith para justificar su distinción entre la concepción angloamericana de la tierra y la de los nativos americanos.[11] En casos posteriores, el espectro de las citaciones se amplió a filósofos existencialistas, teólogos, y lingüistas como Sartre, Santo Tomás y Ludwig Wittgenstein en discusiones sobre derechos reproductivos, prohibi-

---

6 Arthur, Kauffman. Citado por Alfonso Santiago, en *Enciclopedia de Filosofía y Teoría del Derecho*, volumen 3, Universidad Nacional Autónoma de México. pp. 1814- 1888.

7 Neomi, Rao. "*A* Backdoor to Policy Making:*The* Use of Philosophers by the Supreme Court", University of Chicago Law Review 65 (1998): 1371–1401.

8 Como la Corte Constitucional Colombiana, tal cual se verá en este libro, que se ha valido del "argumento filosófico" para apoyar gran parte de sus sentencias desde el primer día de su funcionamiento en 1992.

9 Documento de investigación legal de la Universidad de Queen No. 2017-090; CLLR 42:2 Nancy McCormack

10 Ver por ejemplo Trist v Child, 88 US 441, 450 (1874).

11 US 87 (1810).

ciones en contra de la sodomía, etc. En otros casos relacionados con cambios en la ética sexual, la Corte americana ha invocado figuras filosóficas tradicionales y fácilmente reconocibles para apoyar posiciones dilemáticas. En Poe v. Ullman[12], el Tribunal desestimó una norma del estatuto anticoncepción de Connecticut porque no se trataba de una "cuestión constitucional". En su opinión disidente, el juez Douglas hizo una amplia citación de filósofos, invocando tanto a Kant como a Mill, para defender el derecho de un médico a discutir las opciones de control de la natalidad con una pareja casada. Igualmente, en Roe v. Wade[13] se analizó la figura del aborto desde la civilización griega, pasando por la discusión del Juramento Hipocrático, y de lo que Platón y Aristóteles aportaron sobre el tema.

La práctica de la Corte Suprema de Estados Unidos a mencionar los filósofos como respaldo de sus sentencias se ha hecho igualmente visible en casos sensibles de género. En Barnes v Glen Theatre, Inc[14], la Corte americana confirmó la constitucionalidad de un estatuto de indecencia pública que exigía el uso de tangas a las bailarinas eróticas. El disentimiento del Magistrado White[15] sostuvo que la ley del *baile casi desnudo* violaba la Primera Enmienda, no fomentaba un interés estatal apremiante y era inconstitucional. Sin embargo, en apoyo de filósofos, estuvo de acuerdo con la mayoría en que, como lo dijo Aristóteles en su obra Poética, "bailar es una forma de arte antigua y encarna inherentemente la expresión y comunicación de ideas y emociones". También en una objeción al modelo de educación de un solo sexo del Instituto Militar de Virginia ("VMI") la Magistrada Ginsburg, defendió el derecho de las mujeres a ser admitidas en esa prestigiosa institución; citó en sus argumentos a un reconocido filósofo para sostener su propuesta de que incluso en

---

[12] 367 US 497 (1961).

[13] 410 US 113 (1973).

[14] 501 US 560 (1991).

[15] Id at 587 n 1 (White dissenting).

la sociedad de Platón, "la habilidad innata de las mujeres de servir como guardianes no fue cuestionada".[16]

Lo propio ha hecho la Corte Constitucional Colombiana y en esta obra diversos autores resaltan (resaltamos) la labor de la Corte al incorporar el argumento filosófico para justificar sus decisiones, mediante citas, nociones y conceptos de muchos representantes de la tradición filosófica clásica y contemporánea; no hay duda que a lo largo de su andadura, la Corte Constitucional Colombiana mediante sus pronunciamientos ha contribuido no solo a enriquecer el debate iusteórico en cuanto visibiliza los aportes provenientes de diversas tradiciones filosóficas, sino que ha hecho énfasis en los fundamentos epistemológicos que sustentan sus providencias.[17]

Los planteamientos de reconocidos académicos sobre este tema también son reseñables para nuestro propósito. Durante una conferencia en el marco de un homenaje que se le hiciera a Ronald Dworkin en el año 2000, el profesor norteamericano se preguntaba si los jueces debían ser filósofos, en tanto los problemas que abordan diariamente en la resolución de casos, han sido ya tratados de manera detallada por los estudiosos del saber. El debate, planteado por Dworkin como un dilema, (Must Our Judges Be Philosophers? Can They Be Philosophers?) implica que en su labor permanente los jueces toman decisiones sobre muchos asuntos que son también objeto de una importante lectura filosófica. Desde su punto de vista, no sólo la filosofía política y moral sustantiva tiene temas apropiados para incluir en los planes de estudio de las facultades de derecho, sino que los jueces en el ejercicio de sus cargos, deben incorporar material filosófico como apoyo de sus decisiones, tal como se ha hecho con la historia, la sociología, la economía, la hacienda pública, la ciencia política, etc.[18]

---

16 Virginia, 116 S Ct at 2287 n 20. For Plato's full text on the equality of women, see 2 The Dialogues of Plato Book V (Oxford 4th ed 1953) (Jowett trans).

17 Escuela Rodrigo Lara. Módulo Filosofía del Derecho. Consejo Superior de la Judicatura.

18 Ronald, Dworkin. *"Must Our Judges Be Philosophers? Can They Be Philosophers?"* conferencia ofrecida en ocasión de recibir la distinción de Scholar of the Year

Su postura se explica, en que los temas que son utilizados por los magistrados —y los asuntos a los que hacen referencia— son semejantes o idénticos a los que han ocupado por siglos a los filósofos; tanto unos como otros, están preocupados por identificar en qué consiste, *inter alia,* la igualdad, la autonomía, la educación, la dignidad, la vida, la muerte, la libertad, los pactos, la equidad, el orden constitucional, la responsabilidad, la paz, la guerra, la justicia, la felicidad, la estructura del Estado, la democracia, etc. Tales conceptos van adobados con algunas preguntas, tipo ejemplo, únicamente indicativas, con las que Dworkin busca reforzar su tesis según la cual, muchos de los grandes cuestionamientos de la justicia, encuentran sus orígenes en la literatura filosófica: "¿Siempre debemos asignar los recursos escasos sobre la base del mérito? ¿Qué significa "mérito"? ¿Los gobiernos respetables violan principios fundamentales al negar a los ciudadanos agonizantes el derecho a morir cuándo y cómo ellos desean? ¿Constituye una violación de los asuntos concernientes a la igualdad que una nación debe respetar a sus ciudadanos, cuando permite que las instituciones y los organismos del Estado tengan en cuenta la raza en la aceptación de los aspirantes a las universidades y a las escuelas profesionales? ¿Es esto distinto del hecho de tratar de forma diferente a los aspirantes dependiendo de su puntaje en las pruebas de aptitud o de su habilidad para el baloncesto? ¿Por qué se le exige al gobierno que otorgue una protección especial al derecho de libertad de expresión? ¿Tal derecho incluye el derecho de los ciudadanos intolerantes a referirse a las minorías en términos insultantes y ofensivos? ¿Incluye el derecho de los candidatos a puestos políticos de elección popular a gastar todo el dinero que puedan recaudar en sus campañas, o el derecho de los donantes a contribuir a las campañas electorales con todo el dinero que deseen?".[19]

---

por el New York Council for the Humanities. 2000. El texto original de la conferencia puede cotejarse en http:// www.culturefront.org/culturefront/ Dworkin.html. Versión castellana en Estudios de Derecho, vol. LXIV., núm. 144, diciembre de 2007.

19 Ibídem.

En todas estas preguntas radican "*cuestiones de valores, no de hechos*", dice Dworkin, las cuales interesan en paralelo a filósofos y jueces, no únicamente por el compromiso de resolver y aclarar principios, sino también, porque obligan a reflexionar sobre temas concretos, su correcta aplicación y las relaciones y posibles conflictos entre ellos. Esa es por igual la vocación de los filósofos morales y políticos, señala el autor. "*Los jueces y los filósofos no comparten simplemente temas y asuntos entrecruzados como los astrónomos y los astrólogos. Por el contrario, los objetivos y los métodos de los jueces incluyen los de los filósofos: ambas profesiones apuntan más exactamente a formular y entender mejor los conceptos claves en los cuales se expresan nuestra moralidad política predominante y nuestra Constitución*".[20]

Lo que hacen los jueces es de gran importancia, afirma Dworkin (quien se dirigía a los magistrados como los mejores *razonadores morales*) no sólo para las partes implicadas en el proceso sino también, particularmente, para la gobernabilidad del Estado; en consecuencia, "¿si los problemas que afrontan han sido debatidos por personas educadas, hombres y mujeres, que les dedicaron sus vidas a estas cuestiones, cómo los jueces pueden ignorar de manera responsable lo que estas personas han escrito?". Por ello, concluye, los jueces tienen que embarcarse en una tarea que es parcialmente semejante a la que han llevado adelante los filósofos y es deseable esperar que se beneficien del conocimiento y la experiencia que éstos han acumulado.[21]

La profesora Martha Nussbaum[22] brillante representante del neo aristotelismo comunitarista, reivindica también en la formación y en la gestión pública, los estudios de humanidades; Nussbaum defiende firmemente el uso de la filosofía en la educación jurídica tras sostener, que la naturaleza específicamente conceptual del pensamiento filosófico puede aportar una perspectiva fresca y profunda

---

20 Ibídem.

21 Hugo, Seleme. ¿Deben los Filósofos Morales Aprender de los Juristas? *Doxa*, n. 37. (2014). 263-280.

22 Martha, Nussbaum. 1993: «The Use and Abuse of Philosophy in Legal Education», Stanford Law Review. n. 45. (1993): 1627-1645.

a la formación jurídica. A su juicio, los jueces nunca son libres de optar por la mejor decisión, están restringidos por la historia, por los precedentes, etc, y por ello, afirma Nussbaum, cualquier filosofía que les sea de ayuda, debe ser flexible y empíricamente cercana y no remota al caso que se discuta.[23]

Sostiene en general Nussbaum, que los usos que la filosofía puede tener para los jueces son variados, pues se trata de un saber que no sólo ha trabajado sobre los mismos conceptos que utilizan los jueces —entre los que ella destaca : la igualdad, la justicia, los afectos, el libre albedrío, la equidad, las emociones, la sexualidad y la calidad de vida— sino que también puede aportar claridad en cuestiones metodológicas y epistemológicas, ofrecer soluciones a problemas concretos, como los vinculados, por ejemplo, con la regulación de la profesión médica, los alcances de la naturaleza de los sistemas jurídicos —que es lo que mayormente han hecho los filósofos del derecho— y ayudar a que los jueces mantengan vivo su afán por seguir cuestionándose acerca de los puros casos del derecho.[24] Más cercano, oportuno también el padre Jaime Hoyos Vásquez, S.J. en aquél pasaje maravilloso que bien podríamos extrapolar a la labor del magistrado, sobre la urgencia de filosofar en tiempos de crisis, en épocas de desencanto, desolación y desesperanza, donde "sólo quedan dos caminos para lograr un cambio: el de la fuerza, que en el fondo nada cambiaría, o el de una sabiduría nueva".[25] Que los magistrados conserven también el talante y el temple filosófico para "admirarse", como decía Aristóteles[26], frente a los grandes temas que les preocupan.

---

23 Ibídem.

24 Citado por Hugo, Seleme. *Should moral philosophers learn from lawyers? Doxa*. (2014): 264. Op.cit.

25 Jaime, Hoyos. S.J. ¿Por qué y cómo filosofar todavía en una situación de indigencia, más aún, de pobreza absoluta? Universitas Philosophica, Bogotá (Colombia). n.9, diciembre (1987): 9-17.

26 La admiración: condición inicial para el filosofar. Juan Alexis Parada Silva. Repositorio Institucional Universidad Católica de Colombia. 2018.

En un estadio más emotivo, Couture,[27] cuando en el prefacio de la obra de Goldschmidt nos ilustra con la siguiente reflexión: "*en la vida de todo jurista hay un momento en el cual la intensidad del esfuerzo en torno a los textos legales conduce a un estado de particular insatisfacción. El derecho positivo va despojándose de sus detalles y queda reducido a una ciencia de grandes líneas. Pero, a su vez, esas grandes líneas exigen un fundamento que la misma ciencia no puede proporcionar. El jurista se siente entonces como si la tierra le faltara bajo los pies, e invoca la ayuda de la filosofía. La mayor desgracia que le puede ocurrir a un estudioso del derecho es la de no haber sentido un estado de ansia filosófica.*" [28]

Finalmente, también el profesor Gustavo Zegrebelsky, justifica en el "Derecho Dúctil"[29], la convivencia de la filosofía con el derecho constitucional, afirmando que las respuestas a los grandes problemas jurídicos, no se hallan en las Constituciones, ni en los códigos, ni en las leyes, ni en las decisiones de los jueces, o en otras manifestaciones parecidas del derecho positivo, con las que los juristas trabajan y nunca han encontrado allí su solución. Los juristas saben bien, dice el autor, "*que la raíz de sus certezas y de sus creencias, así como sus dudas y polémicas, está en otro sitio. Para aclarar lo que de verdad los une o los divide, es preciso ir más al fondo o, lo que es lo mismo, buscar más arriba, en lo que no aparece expreso*". [30]

Los filósofos que consulta la Corte Constitucional Colombiana eventualmente y de manera voluntaria, (porque ningún magistrado está compelido ni obligado a citar), para ampliar el radio interpretativo y ofrecer mayores argumentos a sus decisiones, se incorporan al texto de la sentencia mediante "citas", "referencias", "invocaciones"

---

27 Eduardo, Couture, J, en el prefacio de la obra de Goldschmidt, James *Problemi generali del diritto,* Padova, 1950.

28 Citado por Alfonso Santiago, en *Enciclopedia de Filosofía y Teoría del derecho*, volumen 3, pp. 1814- 1888. Universidad Nacional Autónoma de México.

29 Gustavo, Zegrebelsky. *El Derecho Dúctil. Ley, derechos, justicia.* trad. de Marina Gascón, Ed. Trotta, Madrid, 2009, p. 9.

30 Revista Academia Colombiana de Jurisprudencia edición No. 375 correspondiente al período enero-junio de 2022. Coautoría Liliana Ortiz Bolaños. Martha Cecilia Paz.

"influencias" o "apelaciones" y por ello, el trabajo de cada autor en esta obra se concretó en mostrar alguno o algunos de los siguientes enfoques sugeridos en las directrices que propuse para este proyecto editorial : (i) **Un estudio formal**. Debía revisarse el rigor de la cita o de las citas, según se estudiaran todas, unas especialmente, o una sola indicativa de la citación, y el uso que la Corte Constitucional hizo del filósofo. Esto incluía la coherencia o el peso de la cita en la sentencia y consistía en analizar si era una cita pertinente, útil, relevante, coyuntural o aislada; si correspondía realmente a lo que dijo el filósofo, si la Corte Constitucional fue fiel al filósofo, si se trataba de un argumento de autoridad, si era una referencia errada o un adorno, o si era una nota apropiada en el marco de la argumentación de la sentencia; (ii) La r**evisión del impacto de un concepto en la jurisprudencia**. Se trataba de estudiar cómo el concepto del filósofo, tal como aparecía en una cita puntual, había determinado no solo la sentencia, sino de alguna manera la línea de una determinada jurisprudencia; (iii) Un **Artículo filosófico**. En algunos casos, la cita del filósofo en la sentencia era una oportunidad para situar una discusión filosófica pertinente; (iv) **Discusión**. Podría ser que algunas sentencias permitían establecer discusiones que iban más allá de la cita textual, e indagaban entonces por la validez general de un elemento teórico del derecho, estudiado a la luz del caso concreto en el que la Corte lo aplicó y (v) una d**igresión filosófica**. Igualmente, podía hacerse una digresión filosófica especializada, ya fuera epistemológica, ética, de filosofía del lenguaje, entre otras; discusión suscitada obviamente por el uso o la dinámica de un concepto en una sentencia de la Corte Constitucional.

Estos parámetros indicativos están condensados en los artículos presentados bajo la impronta crítica de sus autores, filósofos y abogados, o ambos, quienes por lo demás han acompañado a su *propio filósofo*, en la medida en que conocían su obra porque fueron sus alumnos, (el caso de Robert Alexy, Ronald Dworkin, Giorgio Agamben y John Rawls) porque sus trabajos académicos universitarios estaban referidos a la obra filosófica estudiada, (como los artículos sobre Nussbaum, Alexy, Sócrates, Rawls, Gadamer ,Wittgenstein y Hegel) o porque dirigen los departamentos y archivos académicos del respectivo filósofo, como los profesores encargados de analizar las obras de Carlos Nino y Norberto Bobbio, respectivamente.

La práctica del *soporte filosófico* para fortalecer una sentencia judicial no ha estado exenta de críticas y muchas cortes en el mundo[31] se mantienen reticentes a mostrar filósofos en sus providencias; para algunos,[32] la filosofía sólo "*enturbia las aguas del derecho*",[33] en tanto se limita a *datos blandos* y no objetivos; abraza abstracciones alejadas de la realidad, amén de que, según los críticos, las Cortes que recurren a filósofos privilegian fuentes no jurídicas en lugar de la propia ley o los precedentes, dejan caer el peso de la decisión en *hombros ajenos* y por "pereza" soslayan pensar por sí mismas una determinada decisión.[34]

No es el caso, ni mucho menos, del uso que de ello ha hecho la Corte Constitucional Colombiana, porque la inmanencia de los filósofos en el cuerpo de la sentencia puede enriquecer la justificación de la misma, ilustrar la vaguedad de una noción o un concepto, aclarar percepciones en conflicto sobre determinados temas, dar luces teóricas sobre precisos problemas constitucionales a la luz de grandes pensadores, pero jamás releva a la Corte de realizar su siempre dilatada y obligada argumentación en torno a los temas que se le proponen. Además, como se verá en la lectura de los textos de esta obra, la Corte recurre también en muchas ocasiones a una *autoritas ex abundantia o ad pompam* que no precisamente impacta o altera materialmente la decisión. Muchos han sido igualmente los estu-

---

31 Pegoraro Lucio, Giovanni Figueroa. Profesores y Jueces. Influjo de la doctrina en la jurisprudencia constitucional de Iberoamérica. Suprema Corte de Justicia de México. 2016.

32 Neomi Rao, *A Backdoor to Policy Making: The Use of Philosophers by the Supreme Court*, 65 U. CHI. L. REV. 1371 (1998).

33 Documento de investigación legal de la Universidad de Queen No. 2017-090; CLLR 42:2 Nancy McCormack

34 Ratti Mendaña, Florencia. «Buenas prácticas en el uso de fuentes y citas en sentencias judiciales.» *Revista de la Facultad de Derecho y Ciencias Políticas*, 2022: 288-317. Vol. 52, No.136, 2022. Pontificia Universidad Católica Argentina.

dios sobre la circulación y la fuerza de la doctrina como formante,[35] que muestran especialmente la influencia, las estadísticas, y el origen del cuerpo de profesores y académicos citados por las Cortes Constitucionales, incluida la colombiana. No es ese el propósito de la presente investigación, que se ha concentrado con rigor en los *prismas de la filosofía* que robustecen la motivación de las decisiones proferidas por la Corte Constitucional Colombiana.

Invito a su lectura, no sin mencionar la gratitud invaluable a cada autor y sus familias por la paciencia y el tiempo que tardó en ver la luz esta obra inédita en el tema que se entrega, a la Editorial Tirant lo Blanch que le apuesta a este proyecto y a la Corte Constitucional, razón y fuente última de esta inspiración.

Martha Cecilia Paz
Editora

35 Pegoraro Lucio, Giovanni Figueroa. Profesores y Jueces. Influjo de la doctrina en la jurisprudencia constitucional de Iberoamérica. Suprema Corte de Justicia de México. 2016.

El estado de excepción de Agamben: las anomias del precedente constitucional en Colombia. Las citas de la Corte Constitucional

Agamben's State of Exception: the anomies of constitutional precedent in Colombia. Constitutional Court's case law references.

Alberto Bejarano[*]
María Camila Velásquez[**]

Resumen

A partir del estudio de las decisiones de la Corte Constitucional Colombiana, el presente escrito se detendrá en la citación de Agamben en las sentencias C-217/11, C-145/20 y C-100/22. Este ejercicio arrojará hallazgos de pertinencia entre la filosofía del autor y los temas abordados por la Corte. Además, ofrecerá una tentativa de lectura sobre el rol del juez en estos escenarios. Se abordarán asuntos como la extralimitación del Estado, la negación de su responsabilidad, el poder soberano del ejecutivo y el reino de las anomias, lo cual permitirá hablar de la asistencia militar, el estado de emergencia y los hechos no sobrevinientes.

Abstract

Based on the analysis of the rulings of the Colombian Constitutional Court, this essay will bring up Agamben's citations from C-217/11, C-145/20 and C-100/22. The analysis will find relations of pertinence among his philosophy and the matters addressed by the Court. Furthermore, the essay will offer a prospective reading on the role of the judge in those scenarios. Governmental overreach, denial of state responsibi-

* Doctor en filosofía de la Universidad París 8. Investigador del Instituto Caro y Cuervo. Discípulo del Profesor Giorgio Agamben en la Universidad Paris 8.

** Literata de la Universidad Javeriana. Asistente de investigación

lity, the Executive's sovereign power and the rule of anomies are among the main concepts being addressed, which will in its turn allow reference to military assistance, state of emergency and non-supervening events.

1. INTRODUCCIÓN: LA NUDA VIDA EN EL ORDENAMIENTO JURÍDICO

Giorgio Agamben es un pensador italiano nacido en Roma en 1942. En su obra, la filosofía es una puesta a prueba de la lectura crítica de la sociedad, en la línea de Walter Benjamín particularmente. Su mirada sobre el Estado, su naturaleza, su rol y sus límites, nos permiten repensar las instituciones y su impacto en las estructuras sociales. Agamben se caracteriza por desenmascarar las formas en las que el poder político convierte la excepción en regla absoluta, siendo el derecho un aparato ideológico cuya suspensión posibilita el control y manejo de la "nuda vida". El poder estatal, en esa definición, debe estudiarse con sospecha en su intento de mantener y conservar su orden, pues este acto contiene operaciones implícitas de inclusión y exclusión: vidas que importan más que otras en función de un interés particular.

En el presente escrito estudiaremos las sentencias C-217/11, C-145/20 y C-100/22 para observar qué rol cumple la citación de Agamben en los fallos de la Corte Constitucional. Más allá del cuidado, rigor o mención al *corpus* teórico del autor, nos interesa estudiar el papel del juez al momento de servirse de la figura del estado de excepción para la decisión de un fallo o un salvamento de voto. El *Homo sacer,* una obra cumbre que discurre entre la *nuda vida*, el poder soberano y la *anomia del derecho*, desarrolla asiduamente la noción de estado de excepción bajo el faro de la biopolítica. Esta mención —no circunstancial en las sentencias de la Corte— nos permite dilucidar la importancia del pensamiento de Agamben en el panorama judicial y abordar los siguientes interrogantes: (1) si dicha citación opera como una advertencia de la desviación (o extralimitación) del poder estatal, (2) si hay correspondencia entre el estado de excepción de Agamben y el estado de excepción como figura jurídica colombiana, y, por último, (3) si el juez constitucional adopta un rol de estratega para la protección de derechos y libertades fundamentales.

2. BREVE VISTAZO A LA NOCIÓN DE *ESTADO DE EXCEPCIÓN* EN AGAMBEN Y EN EL ÁMBITO CONSTITUCIONAL

El estado de excepción para Agamben no es solo una medida jurídica, sino que responde a un dispositivo de poder más complejo y con un origen ligado al poder soberano como fuerza destructora de la *polis*. Si partimos de la filosofía política en el siglo XVII, en particular del filósofo inglés Thomas Hobbes y de su idea de estado moderno en torno a la figura del Leviatán (metáfora del cuerpo político), constatamos que el soberano es un poder ilimitado y de allí el intento del derecho de limitarlo, así sea parcialmente. En su obra cumbre *Homo sacer*, al estudiar la figura de los *lager* (campos de concentración), Agamben muestra cómo el estado de excepción puede referirse a un conjunto de leyes, es decir, no se limita a un elemento puntual. Se refiere Agamben a la suspensión de la Constitución alemana al final de la República de Weimar por parte de Hitler y los nazis en 1933. De hecho, el estado de excepción fue permanente desde ese inicio. Esta suspensión del derecho, aunque se muestre "temporal" o "excepcional", no lo es de fondo.

Este estado se configura cuando el derecho es detenido, indeterminado, neutralizado y suspendido: es un espacio "vacío de derecho, una zona de anomia en la que todas las determinaciones jurídicas son desactivadas"[1]. También lo define como "un estado de la ley en

---

1 AGAMBEN, Giorgio. Homo Sacer, II, I. Buenos aires: Adriana Hidalgo editora, 2014, p. 101.

el cual esta no se aplica, pero permanece vigente[2]. Según Agamben, la característica prima de esta figura reside en su ambigüedad. Si la entrada de la vida al ordenamiento jurídico hace que la misma quede expuesta y abandonada, el estado de excepción se presenta como una suerte de "indeterminación entre democracia y absolutismo"[3]. La exclusión de lo viviente con el amparo del derecho, a través de la paradójica suspensión del derecho mismo, se convierte en un modo de control y de poder.

En la historización del *Homo Sacer II*, Agamben señala que los estados de excepción guardan una estrecha relación con la amplitud de facultades del poder ejecutivo, el uso continuo de "plenos poderes" y "su transformación en una forma duradera de *praxis* de gobierno"[4]. La vigencia extendida del estado de excepción desdibuja las facultades entre la rama ejecutiva, legislativa y judicial, bajo el pretexto de un restablecimiento de una democracia que se liquida a sí misma simultáneamente. El peligro del abuso de poder sobre las masas se refuerza ante todo en este tipo de regímenes que estudian otros filósofos como Remo Bodei, para quien "*la producción de un nuevo tipo humano no tiene lugar solo en los estados totalitarios. A su difusión contribuye también el afirmarse de la fábrica taylorista-fordista (con la exaltación de sus ritmos de trabajo), pero a diferencia de otras sociedades industriales, en los regímenes totalitarios tales cambios han tenido lugar con costos humanos espantosos: omnipresentes aparatos políticos encargados de transformar y hegemonizar rápidamente los modos de pensar de actuar y de sentir de las masas*"[5].

Toda institución corre el riesgo de convertirse en un sistema totalitario y el estado de excepción es la figura jurídica predilecta que abre esa puerta[6]. El caso colombiano no es la excepción. Por

---

2 Íbid., p. 79

3 Íbid., p. 26

4 Íbid., p. 33.

5 BODEI, Remo. p. 135.

6 GARCÍA VILLEGAS, Mauricio y UPRIMNY, Rodrigo. ¿Controlando la excepcionalidad permanente en Colombia? Una defensa prudente (Tradc.). En: Justice et démocratie en Amérique latine. 2005.

muchos años, la Constitución de 1886 funcionó desde el inicio con el artículo 121, supuestamente transitorio, que establecía el estado de sitio como vía para el restablecimiento del orden y la defensa de la soberanía nacional. El estado de sitio fue casi permanente. Se establecieron medidas indefinidas a través del tiempo con el fin de afrontar un estado de guerra o conmoción interior, la batalla contra el *enemigo absoluto* de Schmitt. El ejecutivo contaba con todas las facultades para extender esta figura a su goce, siempre y cuando tuviese previa audiencia del Consejo de Estado y la firma de sus ministros. La mayor dificultad de ese periodo estuvo en que "la Corte Suprema declaró la constitucionalidad de casi todas las medidas de excepción, sin importar que no tuvieran nada que ver con la crisis o que restringieran en forma severa las libertades públicas y el debido proceso"[7]. De esta manera por muchos años, el país se mantuvo constantemente bajo esta figura, empatando con el recrudecimiento del conflicto armado y la violencia en los territorios del país. En palabras de García Villegas:

> El uso casi-permanente del estado de excepción desde 1949 —para no mencionar lo sucedido durante el siglo XIX— y el hecho de que el Ejército ha estado casi siempre en operación, ha convertido las políticas públicas esencialmente en políticas de orden público y ha desequilibrado el balance constitucional en beneficio de las Fuerzas Armadas. Además, la normalización del estado de excepción en Colombia ha difundido una cultura de "razón de Estado" que ha permeado no sólo los ámbitos institucionales sino también los sociales[8] .

La *razón de estado*, que alude a la implantación de la Doctrina de Seguridad Nacional, se sostenía en el amparo de las instituciones democráticas para el exterminio de un "otro" que alteraba el orden: el delincuente, el ladrón, el opositor, etc. Como lo expone García Villegas, desde los sucesos del Frente Nacional y la lucha declarada contra la expansión del comunismo en América Latina, Colombia se

---

7 Ibid., 12.

8 GARCÍA VILLEGAS, Mauricio. Estado, derecho y crisis en Colombia. En: Estudios Políticos. 2000, no. 17. p. 33-34.

ha diferenciado de otros países por "el uso de la represión a través de instituciones democráticas"[9]. Esto genera como consecuencia directa la legitimación de visiones militaristas y a la confianza ciega en la institucionalidad. El universo jurídico coincidía con esa *razón de estado*. El derecho fue de las principales herramientas para la reafirmación de una lógica de control y dominio. Prueba de eso fueron los procesos de instauración de constituciones, guerras civiles, conflictos internos y externos que motivaron finalmente a una constitución con apertura democrática. La línea de interpretación constitucional fue cambiando desde la llegada de la Carta del 91. Las sentencias coincidían en que el excesivo uso del estado de excepción alejaba al país de la "verdadera" democracia y del espíritu de la ley. Se destaca, entre ellas, la sentencia C-802 de 2002 que leía en el fenómeno de los estados de sitio una prueba del "desconocimiento de su índole de mecanismo excepcional para el restablecimiento del orden público alterado y su transformación en un mecanismo permanente del ejecutivo para ejercer facultades excepcionales"[10]. Un "desconocimiento" no ausente de sospecha que se analizará más adelante.

La promesa de la Constitución del 91 por la descentralización, la participación política y la repartición, tanto de recursos como competencias del Estado, traía otra gran dificultad: la apertura en la interpretación de disposiciones fundamentales. Valencia Villa advertía que, a pesar de encontrarnos con una Constitución analítica bastante rigurosa en la codificación y regulación de sus postulados, la misma contenía enunciados fundamentales lo suficientemente abiertos para la creatividad del juez constitucional: "La indeterminación y la polisemia de muchas de sus cláusulas, las cuales no solo permiten sino exigen el más desarrollo legal y jurisprudencial"[11]. Encontramos tanto en Valencia Villa como en la sentencia anterior

---

9 Ibíd.

10 COLOMBIA. CORTE CONSTITUCIONAL DE COLOMBIA, Sala Plena. Sentencia del 2 de Octubre de 2002. Exp. R. E.-116.

11 VALENCIA VILLA, Hernando. De la Constitución de 1991. En: Cartas de batalla: una crítica al constitucionalismo colombiano. Bogotá: Panamericana, 2010, p. 214.

una insistencia en el "desconocimiento", "excepcionalidad", "indeterminación" y "polisemia", factores fundamentales para la creación de anomias. La garantía de una interpretación amplia deviene en varias contradicciones cuando nos encontramos con la figura del estado de excepción. El constituyente del 91 buscó establecer los medios necesarios para acotar los alcances de esta figura, aún con las dificultades y la naturaleza del texto constitucional. El capítulo VI, que comprende desde el artículo 212 hasta el 215, establece el estado de excepción colombiano en las siguientes situaciones: (1) ante guerra exterior, (2) en situaciones de conmoción interior y (3) situaciones de emergencia ecológica, económica, social o de salud. Cada artículo acapara estas tipologías que parten de una noción con controles en común, pero cuyos criterios de valoración e interpretación variarán según su especificidad. Los estados de excepción, para su declaratoria, requieren el cumplimiento de requisitos formales y requisitos materiales.

El estado de excepción constitucional, a diferencia de la filosofía de Agamben, no es leído desde la teoría del derecho como un lugar donde el derecho se pausa o es indeterminado, sino una suerte de "*desacuerdo* entre la finalidad de la norma jurídica y el resultado que surge de su aplicación a una situación de hecho *específica*"[12]. Esta distinción de marcos teóricos conlleva a que encontremos sentencias en cuya argumentación no se sigue la línea de Agamben. El lenguaje jurídico concibe el marco de excepción como un choque entre norma y realidad, enunciado formal y hecho. Desde la vida de la Constitución del 91, los magistrados se han propuesto leer la figura no como una anomia, sino como el "**acrecentamiento temporal**" de facultades, el "restablecimiento del derecho", "la limitación de enunciados fundamentales". No se suele explicitar la ausencia de derecho. Antes de la excepción, se alude a la excepcionalidad de la figura.

---

12 VALIM, Rafael. Estado de excepción: la forma jurídica del neoliberalismo. <u>En:</u> Derechos en Acción. Julio 2018, vol. 7, no. 7. p. 440-441. Extraído de: https://doi.org/10.24215/25251678e167

De ahí la relevancia de Agamben para este estudio. Es imposible circunscribirse a una sola definición de "estado de excepción" absoluto, sino de "estados de excepción", en plural. La excepción ocupa un rol fundamental en la preservación de un modelo jurídico y un orden social, pero ninguna está ausente de sospecha. Si es la excepción lo que impide la guerra y el soberano (en palabras de Schmitt) es quien lo establece, nos queda una sola pregunta: ¿qué riesgos entraña una "herramienta legal extraordinaria, pero sujeta al derecho"? El generar precedentes, por mínimos y puntuales que parezcan, puede crear una percepción de zonas de-no-derecho (o de suspensión más o menos temporal y localizada del orden constitucional), con los efectos peligrosos que esto ha conllevado en Colombia y en otros contextos. Con estas herramientas sobre la mesa, seguiremos al estudio de la jurisprudencia colombiana.

3. LECTURA E INTERPRETACIÓN DESDE LA JURISPRUDENCIA COLOMBIANA

Tratándose de la jurisprudencia constitucional, se procederá al análisis del estado de excepción constitucional a partir de las sentencias enumeradas previamente. Daremos comienzo a la figura de la asistencia militar para, posteriormente, revisar casos puntuales donde la declaración de un estado de emergencia ha supuesto un riesgo para convertir la excepción en regla o como modelo de exclusión de la "nuda vida" en el ordenamiento jurídico. Así como se anticipó anteriormente, la disimilitud o falta de coherencia entre el pensamiento de Agamben y la argumentación constitucional abre espacio para hablar de los pilares del estado de derecho liberal.

a) La asistencia militar vs. el estado de sitio (Sentencia C-100/22)

El 17 de marzo de 2022, la Corte Constitucional decide sobre una acción pública de inconstitucionalidad que procuraba declarar inexequible el artículo 170 de la Ley 1801 de 2016 "por la cual se expide el Código Nacional de Seguridad y Convivencia Ciudadana". La norma en cuestión regula la figura de la asistencia militar[13]:

> Es el instrumento legal que puede aplicarse cuando hechos de grave alteración de la seguridad y la convivencia lo exijan, o ante riesgo o peligro inminente, o para afrontar emergencia o calamidad pública, a través del cual el Presidente de la República, podrá disponer, de forma temporal y excepcional de la asistencia de la fuerza militar. No obstante, los gobernadores y Alcaldes Municipales o Distritales podrán solicitar al Presidente de la República tal asistencia, quien evaluará la solicitud y tomará la decisión. La asistencia militar se regirá por los protocolos y normas especializadas sobre la materia y en coordinación con el comandante de Policía de la jurisdicción[14].

La asistencia militar adquirió un relevante protagonismo durante el estallido social del 2019 y el 2020, en el mandato del presidente Iván Duque. Se configuró como un mecanismo disuasorio de las protestas emergentes donde los entes territoriales podían solicitar el uso de las Fuerzas Militares –bajo el consentimiento del poder ejecutivo– con el fin de restablecer "la seguridad y convivencia" de todos los ciudadanos. Las críticas beligerantes sobre su uso insistían en que su naturaleza se oponía significativamente a la protesta social[15]. La presencia militar, en acompañamiento de la Policía Na-

---

13 Obsérvese la similitud con la figura del estado de emergencia en Colombia, en el artículo 213 de la Constitución: "En caso de grave perturbación del orden público que atente de manera inminente contra la estabilidad institucional, la seguridad del Estado, o la convivencia ciudadana, y que no pueda ser conjurada mediante el uso de las atribuciones ordinarias de las autoridades de Policía, el Presidente de la República, con la firma de todos los ministros, podrá declarar el Estado de Conmoción Interior, en toda la República o parte de ella, por término no mayor de noventa días, prorrogable hasta por dos períodos iguales, el segundo de los cuales requiere concepto previo y favorable del Senado de la República".

14 COLOMBIA. CONGRESO DE LA REPÚBLICA. Ley 1801 (29 de Julio de 2016). Por la cual se expide el Código Nacional de Seguridad y Convivencia Ciudadana. Citado por COLOMBIA. CORTE CONSTITUCIONAL, Sala Plena. Sentencia del 17 de marzo de 2022. Exp. D-14317 y D-14319.

15 EL ESPECTADOR. Corte Constitucional avala la asistencia militar en protestas [En línea]. Bogotá D.C. 17 de marzo de 2022. Disponible en: https://www.elespectador.

cional, se convertía entonces en una estrategia para amedrentar a la población en el ejercicio legítimo de su derecho, abriendo paso a violaciones y confrontaciones que podían resultar desde la afectación física hasta la muerte. Las cifras ascendentes de estos casos detonaron alarmas de organizaciones internacionales, humanitarias y observatorios de DDHH. Uno de los hechos más significativos ocurrió en Cali a fines de abril de 2021, ante saqueos y derribamiento de la estatua del conquistador Belalcázar. Se declaró el toque de queda y se apeló al ejército en su actuación[16].

La Comisión Colombiana de Juristas (CCJ), accionante de la demanda, advertía los peligros presentes de la asistencia militar como una forma de introducir un estado de sitio dentro de la jurisdicción ordinaria. En su argumentación, la CCJ alegaba los siguientes postulados: (1) que su contenido estaba reservado para la regulación de ley estatutaria (reserva de ley), (2) que dejaba en tela de juicio el derecho a la manifestación y la protesta y (3) que su uso vulneraba la organización de la Fuerza Pública, dando atribuciones constitucionales erróneas a las fuerzas militares y afectando directamente el orden estatal.

El Magistrado Ponente José Fernando Reyes Cuartas, termina declarando la exequibilidad de la norma al no encontrar conflictos ni aciertos en los argumentos expuestos por la CCJ. En su desarrollo, la Corte afirma que existe congruencia entre la asistencia militar y el principio de colaboración armónica entre las ramas del poder público. Al no tratarse de un apoyo permanente, sino de un apoyo "temporal y excepcional", en palabras de la Corte, no se puede tratar la figura como una sustitución de un estado de excepción, sino que debe leerse como un medio material de la Policía Nacional para el cumplimiento efectivo de sus fines constitucionales. De la

---

com/judicial/corte-constitucional-avala-la-asistencia-militar-en-protestas-idea-del-gobierno-duque/

16 EL TIEMPO. Paro Nacional Cali: Alcalde anticipa confinamiento [En línea]. Bogotá D.C. 28 de abril de 2021. Disponible en: https://www.eltiempo.com/colombia/cali/paro-nacional-cali-toque-de-queda-y-militarizacion-por-desordenes-584340

misma manera, la Corte afirma que la reserva de ley en materia estatutaria no aplica en su totalidad a este caso, pues la regulación de los derechos fundamentales no es la finalidad directa de la figura jurídica en cuestión.

Pese a esa decisión final, las señales apuntan a que la asistencia militar sí responde a los criterios del estado de excepción, siguiendo la definición de Agamben. Destaca la *ratio decidendi* de la sentencia el tratamiento de este concepto: la asistencia militar se convierte en una figura "extraordinaria" que la Policía Nacional tomará en el ejercicio de sus funciones "ordinarias". Esta operación no está exenta de sospecha. La redacción entre el articulado del estado de excepción y la asistencia militar tienen un fin semejante: mantener el orden en una situación de excepcionalidad. La suspensión del derecho no supone necesariamente la inexistencia de la norma, sino una suerte de ambigüedad que deriva de su aplicación. Lo auguraba Agamben en el *Homo Sacer II:*

> El estado de excepción se presenta como la apertura en el ordenamiento de una laguna ficticia con el objetivo de salvaguardar la existencia de la norma y su aplicabilidad a la situación normal. La laguna no es interna a la ley, sino que tiene que ver con su relación con la realidad, la posibilidad misma de su aplicación. Es como si el derecho contuviese una fractura esencial que se sitúa entre la posición de la norma y su aplicación y que, en el caso extremo, esto es, creando una zona en la cual la aplicación es suspendida, pero la ley permanece, como tal, en vigor[17].

La norma de la asistencia militar conserva su vigencia para la Corte en virtud de su "no-suspensión" del derecho. Sin embargo, la sola naturaleza reglada y excepcional que indica la asistencia de Fuerzas Militares a la Policía es una de tantas estrategias que abren paso al control de la *nuda vida,* afirmando nuevamente la naturaleza paradójica de los estados de excepción. Sería apenas coherente que en el

---

17 AGAMBEN, Giorgio. Homo Sacer, II, I. Buenos aires: Adriana Hidalgo editora, 2014, p. 70.

salvamento de voto de la Magistrada Diana Fajardo Rivera[18] aparezca la cita de Agamben, como una estrategia para advertir el peligro de abrir paso a la vulneración de derechos fundamentales. En su defensa, la Magistrada advierte del uso de esta figura en Colombia durante la vigencia de la Carta del 86 y los cambios de la Carta del 91, dando cuenta del pleno conocimiento que tiene sobre esta herramienta jurídica como régimen de suspensión del derecho. Para ella, la decisión mayoritaria de la Corte convertía la asistencia militar en una figura afín al estado de excepción que ponía en riesgo "la libertad de expresión, la protesta social y la movilización ciudadana".

El desconocimiento de reserva de ley estatutaria y la distinción frente a los estados de excepción, abandonaba la tutela de derechos fundamentales al poder soberano del ejecutivo. En su recorrido histórico por las formas en que esta figura evolucionó en Colombia, la Magistrada destacaba lo siguiente (citando indirectamente a Agamben): "*Los estados de excepción aún suponen serios desafíos para la defensa y eficacia de los derechos fundamentales y para preservar los equilibrios interinstitucionales. Pero, gracias al trabajo de la Asamblea de 1991, se encuentran regulados, limitados y controlados de manera profunda. Y no son ya concebibles como una suspensión del régimen constitucional, sino como herramientas legales extraordinarias, pero sujetas al derecho*"[19]. Esta referencia indirecta se acompaña de la cita de Agamben así: "*Sobre la naturaleza paradojal de los estados de excepción, como una suspensión del derecho para la preservación del derecho, y figuras políticas (o en el margen entre la política y el derecho) imposibles de ser aprehendidas por el Derecho,*

[18] Sobre la trayectoria de la magistrada: "Destacó la CEJ que la doctora Fajardo Rivera ha liderado temas relativos a la lucha contra la violencia de género y la defensa de nuevos estándares de inclusión y diversidad, destacándose sus ponencias relativas al derecho a la educación (en particular en situaciones asociadas a la pandemia), derechos de las víctimas, medio ambiente, así como en derechos sexuales y reproductivos de la mujer". COLOMBIA, CORTE CONSTITUCIONAL. Diana Fajardo Rivera [en línea]. Disponible en: https://www.corteconstitucional.gov.co/lacorte/fajardo.php

[19] COLOMBIA. CORTE CONSTITUCIONAL DE COLOMBIA, Sentencia del 17 de Marzo de 2022. Exp. D-14317 y D-14319.

véase Homo Sacer I,II, Estado de excepción, de Giorgio Agamben. Adriana Hidalgo Editora, Buenos Aires, 2005."

Para Diana Fajardo Rivera, la deuda que los constituyentes del 91 procuraron zanjar a toda costa con el estado de sitio del 86 quedaba en tela de juicio con una figura paradójica como la asistencia militar. Si la asistencia militar aparecía en situaciones "extraordinarias" en el régimen ordinario, pero no lo suficientemente "extraordinarias" para la declaratoria abierta de un estado de excepción, ¿entonces quién tenía la potestad de emplear el criterio valorativo de la gravedad de la situación? La misma Magistrada concluía en su disertación: "*Se trata, en realidad, de situaciones que no son extraordinarias, pero en las cuales la asistencia militar permitirá un uso excesivo de la Fuerza y un debilitamiento del régimen democrático, sin pasar por los controles propios del estado de conmoción interior*"[20]. La discusión nos abre la puerta a otro interrogante: ¿Son ya inconcebibles los estados de excepción como suspensión del régimen constitucional desde la Constitución del 91? Aunque la Magistrada exponga en su recorrido histórico que los controles de la Carta Política actual se esmeran en impedir ese riesgo, los casos a continuación dejarán expuestas las zonas grises del derecho.

b) El aislamiento obligatorio como forma de control político (Sentencia C-145/20)

Se retoma la figura del estado de excepción por alusión directa en la sentencia C-145/20. En ella, la Corte Constitucional realiza el control de constitucionalidad del Decreto 417 del 17 de marzo de 2020, "por el cual se declara un estado de emergencia económica, social y ecológica en todo el territorio nacional". Esta norma se expide en el marco de la aparición del COVID-19 en Colombia, una enfermedad infecciosa catalogada por la Organización Mundial de la Salud (OMS) como una emergencia de salud pública inter-

20 Íbid.

nacional. Como bien se conoce, la emergencia por el COVID-19 terminó declarando una pandemia en distintos países, una situación sin precedentes.

La sentencia se proponía verificar que la declaratoria del estado de emergencia del presidente Iván Duque respondiera a requisitos tanto formales como materiales propios de los estados de excepción. La pandemia y sus pormenores encajaban en la definición de estado de emergencia económica, social y ecológica, en tanto se trataba de "aquella situación catastrófica que se deriva de causas naturales o técnicas, y que produce una alteración grave e intempestiva de las condiciones sociales, económicas y ecológicas de una región o de todo el país" [21]. La *ratio decidendi* de la sentencia se detuvo especialmente en el análisis del presupuesto fáctico, según los parámetros de los artículos 212 y 213 de la Carta Política. Cabe advertir que, desde el principio de la sentencia, la Corte expone el carácter "excepcional" de la crisis y el empleo de un juicio diferente por las circunstancias expresas:

> Advertido que ese escrutinio judicial ha sido siempre riguroso, esta vez la Corte quiere poner en evidencia que, en los 28 años de vigencia de la actual Carta Política, no se había presentado una crisis de las proporciones que ahora materializa la pandemia del Covid-19, y por tanto ello obliga el aplicar un nivel de intensidad que entienda tan especiales vicisitudes y particularidades. Habrá de ser un juicio atenuado, en todo caso distinto, que de una manera más adecuada, oportuna y eficaz valore las circunstancias reales que propiciaron la declaratoria de esta emergencia [22].

El desarrollo argumentativo de la sentencia vela en todo momento por la pertinencia del Decreto 417 de 2020. El Magistrado Ponente José Fernando Reyes Cuartas encuentra que la declaratoria de estado de emergencia se ajusta a los criterios formales (la firma del presidente y sus ministros, la motivación adecuada, la duración

---

21 COLOMBIA. CORTE CONSTITUCIONAL DE COLOMBIA, Sala Plena. Sentencia del 20 de Mayo de 2020. Exp. RE-232.

22 Ibid.

del estado de excepción expreso, etc.) y a los criterios de materialidad. Además de leer en el COVID-19 una situación catastrófica, grave, imprevista, de tratamiento extraordinario y cuyo origen no deviene de un estado de guerra o conmoción interior, la Corte insiste en que los medios ordinarios para responder a dicha crisis son insuficientes (presupuesto de suficiencia) por tratarse de una urgencia simultánea en materias de salud y economía. Por un lado, la causa de la crisis de salud generaba incertidumbre y aún no contaba con una cura. Por otro lado, la caída de los precios del petróleo, la crisis del mercado mundial de valores y las deficiencias del sistema de salud no contribuían al panorama de ese entonces[23].

Otra preocupación que expresaban los distintos intervinientes recaía en las medidas para el tratamiento de la crisis. Para evitar la propagación de la enfermedad, se creó el plan de Aislamiento Preventivo Obligatorio, una serie de mecanismos expedidos por decreto del poder presidencial para fomentar el distanciamiento físico, adoptar normas sanitarias y restringir la libertad de locomoción en Colombia. La preocupación recaía en la observancia, limitación e incluso suspensión de los derechos fundamentales en el marco de la enfermedad, bajo las prohibiciones de desmejorar o poner en riesgo los derechos fundamentales, amparados por las figuras del bloque de constitucionalidad, los tratados internacionales y la misma organización del estado. Este punto tiene un desarrollo somero en la sentencia, so pretexto del control de constitucionalidad. Se alega que "no consiste en un examen de cada una de las medidas anunciadas en el decreto matriz", salvo el análisis asiduo del decreto matriz que origina el estado de emergencia[24].

La Corte termina declarando la exequibilidad del Decreto, suscitando varias dudas e interrogantes sobre el manejo de la crisis y poniendo en tela de juicio las medidas empleadas. La pregunta por el confinamiento obligatorio, el funcionamiento de las ramas del

23 Ibid.
24 Íbid.

poder público y las vías efectivas para el control de la normativa expedida por el ejecutivo durante su vigencia no se veían resueltas en su totalidad. A su vez, el uso indiscriminado y el poco (o nulo) control de los decretos expedidos por el ejecutivo ponían en peligro la tutela de otra suerte de derechos de participación política en el marco legislativo. Estos últimos debates aparecen con el salvamento parcial de voto de los Magistrados José Fernando Reyes Cuartas y Alberto Rojas Ríos. En esa intervención, Agamben adquiere relevancia en el debate constitucional. El salvamento abre con una cita de Agamben que dice lo siguiente:"la anormalidad no puede llevar a una tierra de nadie entre el derecho público y el hecho político, y entre el orden jurídico y la vida. (…). Sólo si el velo que cubre esta zona incierta es removido, podremos comenzar a comprender lo que se pone en juego (…) en la supuesta diferencia entre lo político y lo jurídico y entre el derecho y lo viviente". Homo Sacer II. Estado de excepción, Traducción de Flavia Costa e Ivana Costa. Introducción y entrevista de Flavia Costa. Buenos Aires: Adriana Hidalgo Editora, 2005, pp. 24-28.

Si bien los Magistrados disidentes reconocían la naturaleza inminente del COVID-19 en el panorama nacional, ambos advertían la reducción de derechos y libertades fundamentales a un mero estado de crisis. "*La excepción como regla*" de Agamben, así como el traspaso de estados de excepción a estados totalitarios, aparecía con mucha fuerza como riesgo del orden democrático:

> Evitar distorsionar la figura de los estados de excepción para convertir lo ordinario en extraordinario es un mandato de toda democracia para prevenir la concentración y el abuso del poder. La importancia de las limitaciones al poder ejecutivo permite garantizar el rápido retorno al orden y al equilibrio turbado, como expresión del Estado de derecho que propende por el correcto funcionamiento del Congreso durante el periodo de emergencia[25].

25 Íbid.

Los motivos principales que les permitían hablar de la "*crisis del paradigma constitucional*" eran los siguientes: por un lado, el deber de la Corte de exhortar al Congreso de la República para "ejercer de manera oportuna y efectiva el control político, las atribuciones de revisión de los decretos legislativos, las competencias ordinarias y el rescate de los derechos de la oposición"; por otro lado, el cuestionamiento, por parte de la Corte, de los decretos ejecutivos ordinarios que "dispusieron el aislamiento preventivo obligatorio por corresponder a decretos con contenido material de ley y relacionados intrínsecamente con la declaratoria del estado de emergencia"[26]. Los magistrados afirmaban que la crisis del COVID-19 obviaba el empleo de "medidas ilimitadas", confundiendo las causas que generaban una a una y dejando entredicho la diferencia entre la declaratoria del estado de emergencia frente a la pertinencia de las medidas adoptadas para la crisis.

A su vez, el Congreso se encontraba en un estado de "hibernación". La incapacidad de sesionar presencialmente, la tardanza en sus acciones, controles e incapacidad de cumplir normas imperativas de funcionamiento de las ramas del poder público, supeditaban todo el manejo de la pandemia al ejecutivo extraordinario[27]. Por ejemplo, se discutía en el salvamento sobre la dificultad del Congreso para reunirse a sesionar presencialmente, limitándose única y exclusivamente a deliberar en la virtualidad. En panoramas así, afirmaban los magistrados, ¿cuál era la garantía para un ejercicio sano y democrático? La deliberación quedaba indefinidamente al Gobierno en el marco del estado de excepción, a ese poder "extraordinario". Más allá de las vías virtuales o las trabas de procedimiento que supuso la cuarentena obligatoria, nos importa revisar acá la forma en que los magistrados insisten en que la ley del soberano se está convirtiendo en "ley viviente", como desarrollaba Agamben en su relación entre *iustitium* y luto:

26 Íbid.
27 Ibid.

> Que el soberano sea una ley viviente puede significar solamente que él no está obligado por ella, que la vida de la ley coincide en él con una anomia integral... Y aún más, precisamente en la medida en que se identifica con la ley, el rey se mantiene en relación con ella y se pone como anómico fundamento del orden jurídico. Esto es, la identificación entre soberano y ley representa el primer intento de afirmar la anomia del soberano y, con ella, su vínculo esencial con el orden jurídico[28].

En otras palabras, mediante la advertencia de Agamben a la *anomia integral*, los Magistrados se percatan de que la imposición de una cuarentena a los poderes públicos —mediante decretos expedidos por el régimen ordinario que regalaban suspensión (o limitación, la pregunta queda abierta) de derechos y libertades fundamentales— abandonaba toda la administración legislativa al poder soberano. Con las trabas impuestas para el desarrollo de encuentros del Congreso, se hacía imposible garantizar el derecho a la oposición y a la opinión libre. Las reuniones virtuales no se llevaban a cabo con la misma regularidad, no se ejercía un efectivo control político de las medidas discutidas y las aprobaciones de proyectos de ley se dilataban. Era mayor la cantidad de decretos legislativos expedidos que otras normas de interés público. Se daba prelación a las facultades extraordinarias que a las ordinarias: "*Los cambios permanentes de la legislación no deben introducirse de manera general en normas de excepción*", insistía el salvamento de voto a la sentencia C-145/20.

Por esa misma vía, los Magistrados veían en riesgo la tutela de derechos fundamentales. Para ellos, el estudio del Decreto 417 de 2020 debía abarcar:

> i) los decretos que establecen medidas que persiguen conjurar la crisis y sometidos al control automático de la Corte; ii) los decretos ejecutivos como desarrollo de los decretos legislativos cuyo control está asignado al Consejo de Estado; y iii) los decretos que tienen contenido material

---

28 AGAMBEN, Giorgio. Homo Sacer, II, I. Buenos aires: Adriana Hidalgo editora, 2014, p. 130.

> de ley pero que han sido expedidos formalmente en desarrollo de las competencias del artículo 189 constitucional[29].

La confusión entre estos tres tipos de normatividades, junto con sus respectivos controles, deja todo nuevamente al poder del ejecutivo extraordinario. Si en la sentencia se trataban temas delicados como la libertad de circulación, cuyos efectos posteriores a la pandemia siguen siendo latentes, los magistrados dejaban abierta la pregunta a continuación: ¿nos encontrábamos en un escenario de restricción de derecho o de suspensión del mismo? Para **Agamben** y para el ordenamiento constitucional colombiano, sería prudente ubicarnos en el segundo escenario. La suspensión del derecho en el ordenamiento jurídico, así como la medida del aislamiento obligatorio, abandonó muchas *nudas vidas* al poder del soberano, mediante procedimientos de inclusión y exclusión semejantes a los de la asistencia militar anterior y, por último, llevó a la negación de responsabilidad de sus propias causas.

c) Negación de la responsabilidad estatal: El estado de emergencia como pretexto (C-216/11).

En la sentencia C-216/11, el estado de emergencia aparece ante una crisis de carácter ambiental. El motivo que convoca a la Corte es el control de constitucionalidad del Decreto número 020 de siete de enero de 2011, "por el cual se declara el Estado de Emergencia Económica, Social y Ecológica por razón de grave calamidad pública". Durante esas fechas, el fenómeno de "La Niña" estaba azotando duramente el territorio nacional. Las continuas lluvias y cambios de temperatura alteraban los ecosistemas, desembocando en inundaciones, precipitaciones e incluso deslizamientos. Estos desastres naturales llevaron al gobierno nacional de Juan Manuel Santos a

---

29 COLOMBIA. CORTE CONSTITUCIONAL DE COLOMBIA, Sala Plena. Sentencia del 20 de Mayo de 2020. Exp. RE-232.

declarar un estado de emergencia en el año 2010 para implementar medidas de auxilio a la población afectada.

A diferencia de las sentencias expuestas anteriormente, la referencia a Agamben aparece en la argumentación del Magistrado Ponente Juan Carlos Henao Pérez. Al momento de establecer las consideraciones de la sentencia, el Magistrado construye un estudio detallado de las figuras del estado de excepción, su recorrido histórico y doctrinal, además de la aplicación en el caso concreto. En principio, todos los requisitos formales y materiales parecen subsanarse, salvo un análisis del elemento fáctico: La ausencia de hechos sobrevinientes. ¿Qué significa? En principio, el decreto de estado de emergencia propuesto por Juan Manuel Santos era leído por algunos como la extensión de un estado de emergencia decretado anteriormente. Siendo que los hechos que motivaron el estado de excepción seguían vigentes en el territorio colombiano, y sus causas generaban mayores daños y desastres, no había más remedio que la instauración de otro estado de emergencia con una fecha posterior. Aunque la Sala aclara que no se encuentra en un escenario de "extensión" de un estado de emergencia, no termina declarando la exequibilidad del decreto en su decisión.

Para que el examen de los presupuestos fácticos del estado de emergencia pueda ser favorable, cuando se trata de estados de emergencia, debemos encontrarnos con un hecho sobreviniente, es decir, un hecho totalmente extraordinario e imprevisible para atender a la crisis. Así lo ha entendido la jurisprudencia: *La declaración del estado de emergencia debe responder a hechos sobrevinientes y extraordinarios distintos de los previstos en los artículos 212 y 213, que perturben o amenacen el orden económico, social y ecológico o que constituyan grave calamidad pública.*[30]

En la sentencia del COVID-19, por ejemplo, este test pasa satisfactoriamente, puesto que la llegada de la enfermedad al país fue algo fortuito y el desconocimiento de la enfermedad impedía tomar

---

30 C- 145 de 2020

medidas efectivas para responder efectivamente. Con el fenómeno de la Niña, la situación era distinta: la crisis estaba presente y se acentuaba, pero muchos de los problemas ambientales respondían a una falta inadecuada del Estado en el manejo de la situación.

Agamben cobra especial relevancia en la citación del Magistrado Henao, como una vía para advertir que no se puede insistir en la declaratoria de un estado de emergencia para una situación donde el Estado tiene una carga de responsabilidad que no puede eludir por ningún motivo. En este caso, opera Agamben como cita indirecta de un artículo del profesor Antonio Barreto. Le interesa al Magistrado, en su argumentación, diferenciar la aplicación de los estados de excepción en otros países frente al caso colombiano:

> Por un lado, los estados que no regulan expresamente la manera como se han de afrontar los estados excepcionales, es decir que no contemplan un derecho constitucional de excepción y en donde se presume que, ante la llegada de una crisis, los poderes públicos, fundamentalmente el ejecutivo, determinarán la manera como se ha de responder a la crisis a través de los mecanismos legales ordinarios. Tal es el caso de los Estados Unidos, Inglaterra, Italia y Suiza[31].

Esta situación abandona el ordenamiento jurídico colombiano en otra zona gris. Contrario a lo que el Magistrado dice, García Villegas demuestra que en Colombia ha pervivido históricamente el derecho de excepción, la *razón de derecho*. Ante la crisis, Agamben advierte la dificultad de que un estado de excepción no es equivalente a una dictadura, se trata necesariamente de un espacio vacío de derecho[32]. El rol del ejecutivo en este lugar vacío, no es el de ostentar los "plenos poderes", sino de crear normas y regulaciones que puedan ser calificadas como afines o contrarias al derecho.

> El problema crucial relacionado con la suspensión del derecho es el de los actos cometidos durante el iustitium, cuya naturaleza parece

---

31 COLOMBIA. CORTE CONSTITUCIONAL DE COLOMBIA, Sala Plena. Sentencia del 20 de Mayo de 2020. Exp. RE-232.

32 AGAMBEN, Giorgio. Homo Sacer, II, I. Buenos aires: Adriana Hidalgo editora, 2014, p. 99.

> escapar a toda definición jurídica. En cuanto no son ni transgresivos ni ejecutivos ni legislativos, parecen situarse, con respecto al derecho, en un absoluto no-lugar[33].

La decisión es favorable, en tanto su constante advertencia de impedir un estado de excepción en términos de Agamben se materializa en otras motivaciones fundamentadas en el derecho vigente. No obstante, aunque el Magistrado enfatice en negar "la suspensión" del estado de excepción y que ese régimen pertenezca a los países de "afuera", no hace más que insistir en cómo la exequibilidad del decreto abre puertas a los estados totalitarios de los que advertía Agamben para el caso colombiano. Los elementos que motivan esta sentencia aluden a los mismos que se han trabajado en las anteriores, abriendo espacios para las anomias, las contrariedades y para el desmantelamiento de las fracturas del Estado de Derecho liberal.

4. CONCLUSIONES: ANOMIAS DEL DERECHO COMO REALIDAD POLÍTICA

El análisis cercano de las sentencias arroja conclusiones interesantes sobre la naturaleza del estado de derecho liberal, sus fracturas, contrariedades y el rol que tiene el juez para navegar en ese mar intempestivo. Cada uno de los magistrados citados coincide en los siguientes puntos: (1) las sentencias se motivan en hechos que afectan colectivamente a las personas y el ejercicio de sus garantías fundamentales; (2) aluden a la anomia del derecho, pero al mismo tiempo la niegan cuando se trata del articulado y las bases de la Carta Política del 91, y (3) elaboran un discurso del "riesgo" o "peligro", el temor por lo que podría ocurrir si el estado de excepción se utiliza indiscriminadamente.

---

33 AGAMBEN, Giorgio. Homo Sacer, II, I. Buenos aires: Adriana Hidalgo editora, 2014, p. 100.

Las citas no tienen un desarrollo asiduo del pensamiento de Agamben. Ninguna se aparta de la fuente primaria del *Homo sacer II*, así como no exceden de las dos menciones. Sin embargo, **su citación cumple en su totalidad con el criterio de pertinencia. Ante la anomia del derecho, el juez hace uso de las fuentes jurídicas para legitimar su competencia y, paradójicamente, se menciona a Agamben para impedir el ejercicio de un poder injusto o no permitido por el Estado de Derecho**. Da la impresión que esa advertencia logra hacerse más explícita en los salvamentos de voto que en la decisión final de la sentencia C-216/11. Una intuición que nos deja este análisis consiste en que resulta más sencillo argumentar desde Agamben una decisión contraria al derecho, que sustentar una decisión afín a él, puesto que el pensamiento central de Agamben consiste en desmontar el aparato jurídico como un "todo perfecto" que se sostiene a sí mismo. Expone sus limitaciones, sus anomias y su poder de control sobre la *nuda vida*.

En el desarrollo de las sentencias —a pesar de las citas directas e indirectas al filósofo italiano— nunca se afirma que su motivación deriva de una anomia o de un estado de excepción en los términos de Agamben. Solo se advierte el "**peligro de que ese escenario se materialice"**, un peligro que viene desde el corazón de los estados de derecho liberales y no puede ser subsanado en constituciones garantistas como la colombiana del 91. En una historia constitucional caracterizada por la predominancia de los estados de sitio, resulta difícil para el ordenamiento jurídico justificar que está convirtiendo la excepción en la regla de manera explícita. Se puede "advertir" que una actuación cae en los marcos de la excepcionalidad, pero se niega que dicha excepcionalidad subyace en el orden jurídico imperativo que regula una sociedad. El estado de excepción de Agamben corre con el "riesgo" de aparecer, según los magistrados, cuando en realidad ya está formando parte del entramado jurídico.

Lo anterior, es apenas un despojo del peligro de tomarse la democracia literalmente. Sanín Restrepo, en su libro *Teoría crítica constitucional: salvando a la democracia del liberalismo* advertía de la ideología neoliberal subyacente en los ordenamientos constitucionales junto con sus paradojas. Para él, la construcción de enunciados universales en el derecho (constitucional) responde a un proyecto del liberalismo para establecer su dominio ideológico, construirse como verdad absoluta y esencial y, finalmente, negar el poder absoluto del sujeto (el pueblo) para intervenir su realidad. En nuestro caso, los jueces, en tanto defensores de un ordenamiento jurídico, caen en las contrariedades de su propio rol, en la ambivalencia de señalar a Agamben y en negar la naturaleza reglada del estado de excepción. En palabras de Sanín Restrepo, es uno de los riesgos de tomar la democracia como algo ya dado, tomarla literalmente:

> ¿Qué sucede si separamos la democracia del proyecto liberal e insistimos en apuntar al corazón mismo de su ontología? La filosofía política del liberalismo ha rodeado la literalidad de la democracia con una espesa capa de amortiguadores que va desde la existencia de derechos humanos hasta la justicia constitucional; desde la propiedad privada hasta la asistencia social. Mediante estas sombras móviles se quiere llegar a definir la verdadera democracia, allí se pierde la literalidad de la democracia y se le amarra o sujeta a fenómenos que son ajenos a su conformación ontológica, y más próximos a la lógica de la narrativa liberal y sus creencias fijadas en universales[34].

El papel del juez, por lo tanto, se manifiesta en la anomia de circunscribirse al universo jurídico del derecho y advertir su falla. Al menos, las citaciones de Agamben señalan estos posibles horizontes de interpretación. Sea la negación de responsabilidad, la obstrucción a la libertad o los estados de excepción en velo, como la asistencia militar; sea cual sea el motivo**, el juez que usa a Agamben quiere advertir un intento de control y supresión de la "nuda vida" bajo las prerrogativas constitucionales**. El problema entonces, no es solo el ejercicio del poder soberano sino la redefinición sobre la vida:

> *la puissance absolue et perpétuelle*, que define el poder estatal no se funda, en último término, sobre una voluntad política, sino sobre la nuda vida que es conservada y protegida sólo en la medida que se somete al

34 SANÍN RESTREPO, Ricardo. Teoría crítica constitucional: rescatando la democracia del liberalismo.
(1a ed.) Quito: Corte Constitucional para el Período de Transición, 2011, p 56.

derecho de vida y muerte del soberano o de la ley (...) el sujeto último al que se trata de exceptuar de la ciudad y, a la vez, de incluir en ella es siempre la nuda vida"[35] (Agamben, 2001, p. 15).

Referencias:

AGAMBEN, Giorgio. Homo Sacer, II, I. Buenos Aires: Adriana Hidalgo editora, 2014, p. 101.

AGAMBEN, Giorgio. Homo sacer. El poder soberano y la nuda vida. Pre–Textos, Valencia. 2001, p. 15.

BODEI, Remo. Destinos personales. Buenos Aires: Cuenco de plata, 2016, p.130.

GARCÍA VILLEGAS, Mauricio y UPRIMNY, Rodrigo. ¿Controlando la excepcionalidad permanente en Colombia? Una defensa prudente (Tradc.). En: Justice et démocratie en Amérique latine. 2005.

GARCÍA VILLEGAS, Mauricio. Estado, derecho y crisis en Colombia. En: Estudios Políticos. 2000, no. 17. p. 33-34.

GARCÍA VILLEGAS, Mauricio y UPRIMNY, Rodrigo. ¿Controlando la excepcionalidad permanente en Colombia? Una defensa prudente (Tradc.). En: *Justice et démocratie en Amérique latine*. En dirección de BERNARD Marie-Julie, CARRAUD Michel. FONTAINE, Presses Universitaires de Grenoble, « CERDHAP », 2005, p. 117-143. URL: https://www.dejusticia.org/wp-content/uploads/2005/12/Controlando-la-excepcionalidad.pdf

EL ESPECTADOR. Corte Constitucional avala la asistencia militar en protestas [En línea]. Bogotá D.C. 17 de marzo de 2022. Disponible en: https://www.elespectador.com/judicial/corte-constitucional-avala-la-asistencia-militar-en-protestas-idea-del-gobierno-duque/

EL TIEMPO. Paro Nacional Cali: Alcalde anticipa confinamiento [En línea]. Bogotá D.C. 28 de abril de 2021. Disponible en: https://www.eltiempo.com/colombia/cali/paro-nacional-cali-toque-de-queda-y-militarizacion-por-desordenes-584340

SANÍN RESTREPO, Ricardo. Teoría crítica constitucional: rescatando la democracia del liberalismo. (1a ed.) Quito: Corte Constitucional para el Período de Transición, 2011, p 56.

VALENCIA VILLA, Hernando. De la Constitución de 1991. En: Cartas de batalla: una crítica al constitucionalismo colombiano. Bogotá: Panamericana, 2010, p. 214.

VALIM, Rafael. Estado de excepción: la forma jurídica del neoliberalismo. En: Derechos en Acción. Julio 2018, vol. 7, no. 7. p. 440-441. Extraído de: https://doi.org/10.24215/25251678e167

[35] AGAMBEN, Giorgio. 2001. p. 15

Jurisprudencia:

COLOMBIA. CONGRESO DE LA REPÚBLICA. Ley 1801 (29 de Julio de 2016). Por la cual se expide el Código Nacional de Seguridad y Convivencia Ciudadana. Citado por COLOMBIA. CORTE CONSTITUCIONAL, Sala Plena. Sentencia del 17 de marzo de 2022. Exp. D-14317 y D-14319.

COLOMBIA. CORTE CONSTITUCIONAL DE COLOMBIA, Sala Plena. Sentencia del 2 de Octubre de 2002. Exp. R. E.-116.

COLOMBIA. CORTE CONSTITUCIONAL DE COLOMBIA, Sala Plena. Sentencia del 17 de Marzo de 2022. Exp. D-14317 y D-14319.

COLOMBIA. CORTE CONSTITUCIONAL DE COLOMBIA, Sala Plena. Sentencia del 20 de Mayo de 2020. Exp. RE-232.

El test de proporcionalidad y la filosofía de Robert Alexy: una adaptación fragmentaria en la jurisprudencia de la Corte Constitucional Colombiana

The proportionality test and Robert Alexy's philosophy: a fragmentary adaptation in the case law of the Colombian Constitutional Court

Ana María Charry Gaitán[*]
María Claudia Quimbayo Duarte[**]

Resumen

La teoría del análisis de proporcionalidad como método de interpretación constitucional es una de las de mayor difusión y aplicación en el ámbito académico y judicial a nivel internacional. La jurisprudencia de la Corte Constitucional Colombiana, ha acogido esta teoría como criterio metodológico para resolución de antinomias a nivel de principios y derechos fundamentales especialmente en lo referido al principio de igualdad. En la producción doctrinaria de este Tribunal, es notoria la influencia de la teoría de la proporcionalidad propuesta por Robert Alexy,

---

* Consejera de Estado. Sala de Consulta y Servicio Civil. Consejo de Estado. (Colombia) Abogada de la Universidad Nacional de Colombia. Especialista en Justicia Constitucional de la Universidad Carlos III de Madrid. Doctora en Derecho en el área de Filosofía del Derecho y Derecho Constitucional de la Universidad 'Christian-Albrechts' de Kiel – Alemania. Doctorada con el Profesor Robert Alexy

** Magistrada Auxiliar. Consejo de Estado. (Colombia). Abogada y Magíster en Derecho de la Universidad Nacional de Colombia. Máster en Argumentación Jurídica de la Universidad de Alicante. Doctora en Derecho en el área de Filosofía del Derecho y Derecho Constitucional de la Universidad 'Christian-Albrechts' de Kiel – Alemania. Doctorada con el Profesor Robert Alexy.
Este trabajo es parte de la investigación doctoral de las autoras.

lo cual puede constatarse desde un análisis de influencia, que desde la perspectiva cuantitativa demuestra su posicionamiento como referente académico y fuente de legitimación de los fallos de la Corte debido al alto nivel de citación directa de su obra. Y, desde una perspectiva cualitativa, comprueba que la presencia de Alexy ya sea explícita o implícita ha sido una constante innegable desde sus inicios hasta la actualidad, aun cuando el margen de penetración varíe según se trate de una u otra parte de su obra.

Abstract

The theory of proportionality analysis as a method of constitutional interpretation is one of the most widespread and widely applied in the academic and judicial sphere at the international level. The jurisprudence of the Colombian Constitutional Court has adopted this theory as a methodological criterion for resolving antinomies at the level of principles, especially regarding the principle of equality. In the doctrinal production of this Court, the influence of the theory of proportionality proposed by Robert Alexy is notorious, which can be seen from an analysis of influence, which from a quantitative perspective demonstrates its positioning as an academic reference and source of legitimization of the Court's rulings due to the high level of direct citation of his work. And, from a qualitative perspective, it proves that Alexy's presence, either explicitly or implicitly, has been an undeniable constant from his beginnings to the present day, even though the margin of penetration varies according to one or another part of his work.

INTRODUCCIÓN

Este capítulo se propone responder a la cuestión de la influencia de la teoría de Robert Alexy en la jurisprudencia de la Corte Constitucional Colombiana, específicamente, en lo concerniente a la aplicación y citación del test de proporcionalidad. La tesis que se pretende constatar es aquella según la cual, la influencia citacional de Alexy es notoria y determinante respecto de la aplicación del principio de proporcionalidad. Sin embargo, se demostrará que no es una influencia homogénea, es decir, que el nivel de penetración de su obra es muy profundo en lo que a la reconstrucción más abstracta de la teoría de la proporcionalidad concierne, no así respecto a su aporte principal, que es la *fórmula del peso,* como medio de concreción del principio de proporcionalidad en sentido estricto.

Para comprobar esta hipótesis, se desarrollarán los siguientes temas: en el primer capítulo se hará una exposición de la propuesta de Alexy en cuanto al análisis de proporcionalidad, abordando su teoría normativa, el principio de proporcionalidad en sentido estricto, la escala triádica y la *fórmula del peso*. En el segundo capítulo, se realizará el análisis de influencia del test de proporcionalidad desarrollado por Robert Alexy en la jurisprudencia constitucional colombiana. Para ello, se abordarán dos perspectivas: una cuantitativa, que medirá la recepción de la obra del autor a partir del desarrollo de un análisis citacional, y la otra perspectiva de estudio será una cualitativa, en la que, partiendo de un concepto de influencia literaria se defina el alcance de esa recepción. Para tal efecto, se hará una descripción de la propuesta del Tribunal Constitucional Alemán como precursor de la teoría de la proporcionalidad, de la recepción de Alexy de esta teoría, y de su aceptación en la Corte Constitucional Colombiana. Finalmente, se incorporará un tercer capítulo de conclusiones.

A pesar de que el universo de estudio de esta investigación no abarca la obra completa de Robert Alexy porque se circunscribe a lo antes descrito, no se desconoce la gran influencia derivada de su Teoría de los Derechos Fundamentales, constituida tanto en un hito respecto de la teoría de los derechos fundamentales en sí misma, como en la tesis de la positivización de los derechos humanos como principios y en su estructura como derechos subjetivos, universales y abstractos. Tales criterios han sido orientadores en diversas sentencias de la Corte Constitucional Colombiana, como, por ejemplo, la T-205/97 sobre el reconocimiento de los derechos sociales fundamentales, la C-378/10 que desarrolla el concepto de eficacia de los derechos fundamentales frente a terceros y la T-061/22 que incorpora la caracterización de los derechos fundamentales y humanos como principios objetivos.

En el mismo sentido, si bien es cierto la Teoría de la Argumentación Jurídica no se incluye en el análisis de influencia que se propone en este texto, también lo es que esta propuesta teórica es un referente imprescindible en el ámbito de la interpretación del derecho que se ha posicionado como caja de herramientas una vez superado el silogismo clásico, donde el test de ponderación surge como desarrollo *a posteriori* de estas bases hermenéuticas, que han venido a constituirse como las de mayor estructura y sofisticación, no siendo **aún superadas. En el caso de la Corte Constitucional Colombiana**, esta teoría ha sido citada por ejemplo en la sentencia SU-047/99 que al abordar el tema de la inviolabilidad parlamentaria desarrolla el principio de universalidad como fundamento de las decisiones judiciales; igualmente, en la sentencia T-515/12, que al resolver una solicitud de reconocimiento pensional abordó la deficiencia del silogismo para resolver problemas relacionados con la indeterminación jurídica que deb**ía** enfrentar el juez, y ante la cual, la ponderación resultaba ser el método más apropiado.

I. LA EVOLUCIÓN DEL TEST DE PROPORCIONALIDAD EN LA TEORÍA DE ROBERT ALEXY

En el ámbito de la argumentación jurídica, existen dos métodos de aplicación de normas: en primer lugar, la subsunción o el clásico silogismo lógico, que presupone claridad sobre el precepto normativo aplicable y sobre el supuesto fáctico que condiciona su aplicación, de manera tal, que opere el razonamiento jurídico tradicional y no haya margen mayor de discusión de la conclusión. Este es el método de aplicación normativa utilizado en lo que se ha denominado *casos fáciles* o *casos estandarizados* de decisión, que son solucionados mediante reglas. La ponderación en cambio, es el método de resolución de *antinomias,* especialmente en lo concerniente a los principios, es decir, a disposiciones normativas que se caracterizan por su nivel de abstracción y, sobre todo, por no tener claramente especificadas sus condiciones de aplicación. La subsunción ha sido suficientemente estudiada, y se le han planteado serios cuestionamientos especialmente a la hora de solventar casos difíciles, pero también sobre la ponderación se han desarrollado álgidos debates que abarcan variables como su estructura, racionalidad, y legitimidad[1].

1.1. La teoría de las normas: diferencia entre reglas y principios

La teoría de las normas de Alexy parte de la diferenciación entre reglas y principios y es lo que subyace a la diferencia entre subsumir y ponderar. Según Alexy, las reglas son normas que ordenan algo en forma definitiva, son por ello, mandatos definitivos. De acuerdo a lo anterior, las reglas, a diferencia de los principios, son normas que sólo pueden ser cumplidas o no; de este modo, si la regla es válida deberá hacerse exactamente lo que ella exige, ni más ni menos. Esto significa, que las reglas contienen determinaciones en el ámbito de lo fáctico y jurídicamente posible[2]. En relación con los principios, Robert Alexy toma parte de la conceptualización de reglas y principios aportada por Ronald Dworkin y plantea en la "Teoría de los Derechos Fundamentales" su propia definición, que por lo demás, supone un mayor grado de complejidad y especificidad.

Así las cosas, Alexy define los principios como mandatos de optimización que deben entenderse como normas que ordenan realizar algo en la mayor medida posible, dentro de las posibilidades jurídicas y reales existentes, utilizando un concepto amplio de mandato que abarca también las permisiones y las prohibiciones. La diferencia entre reglas y principios sería entonces cualitativa y no de grado, lo cual se hace más evidente si se analiza la diferencia existente entre colisiones de principios y conflicto de reglas. Un conflicto de

---

1 ALEXY, Robert. "Teoría de la argumentación jurídica. La teoría del discurso racional como teoría de la fundamentación jurídica", Segunda edición en español, Traducción de Manuel Atienza e Isabel Espejo, Centro de Estudios Políticos y Constitucionales, Madrid, 2012., p. 349.

2 ALEXY, Robert. "Teoría de los derechos fundamentales", Segunda edición en español, Traducción y estudio introductorio de Carlos Bernal Pulido, Centro de Estudios Políticos y Constitucionales, Madrid, 2012., p. 68.

reglas se ubica en la dimensión de la validez, mientras la colisión de principios tiene lugar en la dimensión del peso.

De esta diferenciación se derivan distintas vías de solución de los conflictos entre reglas y principios. En el caso de las reglas hay dos opciones posibles, la primera nos remite a la introducción de una cláusula de excepción que elimine el conflicto, la segunda, declarando inválida a una de las reglas. No se trata de una cuestión de grado como ocurre con los principios, pues una regla es válida y aplicable a un caso si su consecuencia es también válida, o simplemente no lo es, pues es imposible tener dos reglas que introduzcan *criterios de deber ser* contradictorios entre sí[3]. Cosa distinta sucede cuando se está ante una colisión de principios. Cuando dos principios están contrapuestos, uno de los dos debe ceder ante el otro. Contrario a lo que sucede con las reglas, la conclusión final no puede ser invalidar el principio desplazado, como tampoco introducir una cláusula de excepción. Lo que debe definirse es cuál principio tiene precedencia sobre el otro, y esta conclusión es posible cuando se evidencie la diferencia de peso prevaleciendo aquél que exhiba un peso mayor. Esta situación es definida por Alexy como la "*relación de precedencia condicionada*", llamada así, porque de acuerdo al caso, se establecen las condiciones en las que un principio precede al otro[4]. Además de las anteriores, Alexy subraya en su teoría de los principios, que las reglas y principios ostentan un carácter diferente. Los principios, al ser mandatos de optimización, no contienen mandatos definitivos sino mandatos *prima facie*. De ello se concluye, que el mandato que un principio determina para un caso concreto, no necesariamente tiene validez definitiva, pues los principios contienen razones que pueden ser posteriormente desplazadas. En palabras de Alexy: "*los principios carecen de contenido de determinación con respecto a los principios opuestos y las posibilidades fácticas*". Las reglas, en cambio, fijan de forma categórica sus condiciones de aplicación, exigen el cumplimiento de lo que ordenan, contienen determinación en lo atinente a las posibilidades jurídicas y fácticas, lo

3 *Ibidem., p. 70*
4 *Ibidem., p. 73*

cual, en caso de fracaso, trae consigo la invalidez de la regla, pero si no es así, el contenido de la regla tiene validez definitiva[5].

La diferencia del carácter *prima facie* para los principios y el carácter *definitivo* para las reglas, es una característica que no cambia. En el ámbito de las reglas, al introducir una cláusula de excepción que resulte en la pérdida de su carácter definitivo, se podría decir que adquieren un carácter *prima facie*, pero sustancialmente diferente al de los principios. No es suficiente que el principio "velado" a la regla tenga menor peso que el principio opuesto para desplazarla; se requiere a su vez, desplazar los principios formales que dan validez a la regla, es decir, aquellos que ordenan obedecer las reglas cuando son válidas. Este desplazamiento de los principios formales conlleva la pérdida de validez de todas las reglas, sólo así podrían tener el mismo carácter *prima facie* de los principios, pero entonces dejarían de ser reglas. No ocurre lo mismo con los principios, pues estos pueden ser desplazados por otros de mayor peso, y de allí no se deriva la pérdida de validez del principio formal subyacente. En este mismo sentido, los principios no pueden adquirir el carácter definitivo de las reglas. De acuerdo con Alexy, el carácter *prima facie* de los principios puede reforzarse cuando se introduce una carga de argumentación en su favor, pero por esto no se excluye la fijación de las condiciones de precedencia en el caso de interferencia entre principios, lo cual, en el caso de las reglas, no tiene lugar porque estas no son susceptibles de ser ponderadas como consecuencia de la previa definición de sus condiciones de aplicación.

1.2 Primera formulación: principio de proporcionalidad en sentido estricto

La diferencia entre reglas y principios se hace relevante según señala Alexy, por la directa implicación que tienen los principios con el más importante de ellos en el derecho constitucional material, a saber, el principio de proporcionalidad. Esta relación sería de reci-

5 *Ibidem., p. 80*

procidad, en el sentido en el que éste, a su vez, determina el carácter de los principios[6]. El principio de proporcionalidad, sabido es, está integrado por tres subprincipios: *idoneidad, necesidad y proporcionalidad en sentido estricto*. Entendidos los principios como mandatos que exigen ser realizados en la mayor medida posible teniendo en cuenta las posibilidades fácticas y jurídicas existentes, los dos primeros subprincipios harían referencia a las posibilidades fácticas. Se aplica allí el óptimo de Pareto, con la pretensión de evitar intervenciones en otros derechos fundamentales cuando ello no representa costo alguno. El subprincipio de ponderación en sentido estricto se refiere a las posibilidades jurídicas, lo cual nos remite en forma directa a la ponderación. En el núcleo de la ponderación Alexy establece la "*Ley de la ponderación*" que en su formulación más sencilla se plantea en los siguientes términos: "*cuanto mayor sea el grado de no satisfacción o restricción de uno de los principios, tanto mayor deberá ser el grado de importancia de la satisfacción del otro*" (ibíd. pp. 351). Partiendo de la citada ley, Alexy divide la ponderación en tres pasos: (i) definición del grado de afectación de uno de los principios; (ii) el grado de importancia del principio contrapuesto y (iii) la definición de la importancia de satisfacción del principio contrapuesto que justifica la restricción o no satisfacción del otro.

1.3 Complejización de la fórmula: la escala triádica

La estructura que subyace a la ponderación, es un modelo de escalas de intensidad que se compone de tres rangos que Alexy designa como "leve", "medio" y "grave" y que simplifica en la formulación de su letra inicial "l", "m" y "g". En concordancia con la ley de la ponderación puede valorarse el grado de no satisfacción o de intervención en un principio y la importancia de satisfacción del principio contrapuesto como l, m o g. Cuando se habla de derechos de defensa opera el concepto de intervención, y cuando se trata de derechos de protección opera el de no satisfacción, pues éstos requieren un

6 Alexy, Teoría Argumentación Jurídica, Ob. Cit., P. 350.

actuar positivo y no una omisión. De acuerdo con Alexy, las intervenciones de principios son siempre concretas, por esta razón se toman como magnitudes concretas. Distinto es el caso del peso abstracto de los principios que se asigna en relación con otros principios, independientemente de las circunstancias del caso concreto. Si el peso abstracto de los principios en colisión es el mismo, entonces se neutralizan mutuamente, en consecuencia, la ponderación tiene como primer objetivo, la intensidad de las intervenciones, que son como antes se dijo magnitudes concretas. La segunda magnitud de valoración como l, m o g, según la ley de la ponderación sería la importancia de la satisfacción del principio contrapuesto, el cual no necesariamente debe entenderse como una magnitud concreta, es posible construir un concepto de grado de importancia que se constituya por una magnitud concreta y una abstracta.

En síntesis, lo que debe valorarse de acuerdo a los rangos de la escala triádica, sería principalmente la importancia de la intervención de un principio en las circunstancias de un caso concreto que se representa así: «IPiC» y la valoración del peso abstracto de un principio en las circunstancias del caso concreto «WPjC». Ello se corresponde con los dos primeros pasos de la ponderación antes mencionados. La pregunta a resolver con el tercer paso se plantea en relación con la forma en la que estas valoraciones se ponen en mutua relación. Para ello Alexy introduce el concepto de *conmensurabilidad* que se fundamenta desde dos elementos: por un lado, el punto de vista común, que es el punto de vista de la Constitución y, por otro lado, la escala construida artificialmente que determina los grados para la valoración de las pérdidas y las ganancias desde el punto de vista de los derechos fundamentales. Así, los tres rangos que constituyen la escala triádica son un intento por sistematizar las valoraciones que tienen lugar tanto en la práctica cotidiana como en la argumentación jurídica. (ibíd. pp. 362).

1.4 La fórmula del peso

De acuerdo con Alexy, en la adjudicación constitucional es frecuente encontrar la ley de la ponderación en distintas formulaciones, de ahí su importancia práctica. Sin embargo, tratándose de problemas complejos de derechos fundamentales, la estructura de ese razonamiento jurídico debe ser más precisa y compleja[7], y para ello el aporte de este autor está en la elaboración de la *fórmula del peso*. Esta fórmula en su planteamiento inicial opera de esta forma:

$$W_{i,j} = \frac{I_i \cdot W_i \cdot R_i}{I_j \cdot W_j \cdot R_j}$$

Así, se representa el peso concreto de un principio P_i en relación con el principio contrapuesto $P_{j.}$ El peso concreto será el cociente de tres factores: (i) la intensidad de la interferencia con P_i representado por $I_{i.}$ (ii) la importancia de satisfacción del principio en colisión P_j que se representa con I_j (iii) los pesos abstractos de los principios en colisión que se expresan como W_i y W_j. Hasta aquí se da cuenta de la dimensión sustantiva de la ponderación. La otra dimensión sería la epistémica, que se circunscribe al concepto de premisas subyacentes que pueden ser normativas o empíricas y que se representan por R_i y $R_{j,}$ las cuales se refieren al grado de certeza o fiabilidad de los supuestos empíricos y normativos de los principios contrapuestos respecto de: el grado de interferencia, y de los pesos abstractos. Estas variables implican el conocimiento de las cosas, y por ello, son un factor epistémico, el cual, se incluye en la fórmula del peso a través del planteamiento de una segunda ley de la ponderación, que Alexy denomina la ley epistémica de la ponderación que se postula en los siguientes términos:

---

7 ALEXY, Robert. "Dignidad humana y proporcionalidad" Traducción al español de Ma. Claudia Quimbayo Duarte, en: http://www.consejodeestado.gov.co/documentos/biblioteca/revistas/edi01/doc/art1.pdf , p. 10.

"Cuanto más fuerte y pesada es la interferencia sobre un derecho fundamental, mayor debe ser la certeza de sus premisas subyacentes."[8]

A partir de esta segunda ley de la ponderación, Alexy desagrega el factor epistémico introduciendo la "ecuación de fiabilidad"[9] o de certeza, que servirá para determinar precisamente el grado de seguridad de las premisas subyacentes cuando estan en cuestión. La incorporación de esta ecuación en la fórmula del peso constituye la versión refinada de la fórmula presentada por Alexy en el año 2014[10] y que supone una mayor precisión en el razonamiento ponderativo. Esta versión más reciente se plantea como sigue:

$$W_{i,j} = \frac{I_i \cdot W_i \cdot R_i^e \cdot R_i^n}{I_j \cdot W_j \cdot R_j^e \cdot R_j^n}$$

De acuerdo con Alexy, la fórmula tiene sentido si es posible que todos los factores puedan representarse por números. En consecuencia, introduce los criterios de gradación que, en el caso de la escala triádica antes descrita, para los rangos "leve", "moderado" y "grave" serán los valores expresados por las cifras 2^0, 2^1, y 2^2, es decir, por 1, 2, y 4. Y, en lo que concierne al factor epistémico R_i y R_j, o, en la versión refinada de la fórmula del peso, R_i^e y R_i^n así como R_j^e y R_j^n, para los rangos de "fiabilidad" o "certeza" (r), plausibilidad (p), y no evidentemente falso (e), a los que se deben asignar las cifras 2^0, 2^{-1}, y 2^{-2}, es decir, 1, , y .[11]. De este modo, si el principio Pi tiene precedencia podría tener los siguientes valores: g/l=4, g/m=2, m/l=2. Correlato de lo anterior es la percepción de que un principio tiene un peso concreto elevado (4), si es objeto de una

8 ALEXY. Robert, *A Theory of Constitutional Rights* (first publ. 1985), trans. Julian Rivers (Oxford: Oxford University Press, 2002), p.418.

9 ALEXY, Dignidad humana y proporcionalidad, Ob. Cit., P. 12.

10 *Ibidem., p. 13*

11 ALEXY. Robert, "The Weight Formula", in: Jerzy Stelmach, Bartos Brożek, and Wojciech Załuski (eds.), *Frontiers of the Economic Analysis of Law* (Krakow: Jagiellonian University Press, 2007), 25.

intervención profunda (g) con una fundamentación poco importante (l). Este peso disminuye a (2), si la intervención profunda (g) se produce considerando una importancia media de satisfacción del principio contrapuesto (m). Del mismo modo se obtiene este valor cuando se trata de una intervención media (m) con ocasión de una razón irrelevante (l)[12]. Según Alexy, desde el planteamiento de las tríadas, se pueden comprender la mayoría de las decisiones de las cortes constitucionales[13]. Aclara, que en la argumentación jurídica sólo por analogía puede trabajarse con cocientes, pues no se dispone de cantidades numéricas en estricto sentido; por ello, el peso concreto de un principio sólo puede ser un cociente en un modelo numérico en el que se ilustre la estructura de la ponderación. No obstante, considera esta analogía muy instructiva[14].

La fórmula del peso es entonces una herramienta heurística que se propone facilitar la sistematización del razonamiento a la hora de resolver problemas jurídicos complejos. El uso de este método, supone someter el ejercicio interpretativo y de aplicación del derecho a unos criterios de racionalidad, que se concretan al exigir al operador jurídico exteriorizar su percepción en primer lugar, de los principios contrapuestos y del alcance de la tensión entre estos para el caso concreto. En segundo lugar, exige justificar por qué razón uno debe tener prioridad sobre otro, para lo cual debe establecer la seguridad de las premisas subyacentes de cada principio. Estos presupuestos metodológicos le dan a la decisión una mayor legitimidad, en la medida en que permiten materializar mejor la exigencia de justificación interna y externa de la decisión y por ello, facilitan su control en términos de plenitud estructural o coherencia lógica, desde la perspectiva de la razonabilidad, que es finalmente el criterio de racionalidad aplicable respecto de las cuestiones normativas.

---

12 ALEXY, Teoría de los derechos fundamentales, Ob. Cit., P. 541.

13 ALEXY, Dignidad humana y proporcionalidad, Ob. Cit., P. 15.

14 ALEXY, Teoría de los derechos fundamentales, Ob. Cit., P. 540.

II. ANÁLISIS DE LA INFLUENCIA DE ROBERT ALEXY EN LA CORTE CONSTITUCIONAL COLOMBIANA

Para realizar el análisis de influencia del test de proporcionalidad desarrollado por Robert Alexy en la jurisprudencia constitucional colombiana, se abordarán dos perspectivas, una cuantitativa que medirá la recepción de la obra del autor solo a partir del desarrollo de un análisis citacional, del cual se establecerán unos indicadores de impacto, siguiendo el enfoque bibliométrico[15] para determinar la visibilidad, obsolescencia, posicionamiento y permanencia de la citada obra en la producción jurisprudencial de la Corte Constitucional. La otra perspectiva de estudio será una cualitativa, (que pretende caracterizar el acceso a una clase de discurso)[16] que parte de un concepto de influencia, entendida como el análisis de lecturas que una nación, autor o cultura han hecho y que marca, a su vez, el estilo en el que se expresa un receptor.[17]

15 Que pretende medir la actividad científica a través de indicadores basados en el análisis estadístico de los datos cuantitativos proporcionados por la literatura científica y técnica. Se emplean, de una parte, para analizar el tamaño, crecimiento y distribución de la bibliografía científica (libros, revistas, patentes, etc.), a fin de mejorar las actividades de información, documentación y comunicación científica, y de Inteligencia competitiva otra parte, para analizar los procesos de generación, propagación y uso de la literatura científica y llegar a conocer los mecanismos de la investigación científica considerada como actividad social, así como de la estructura y dinámica de los colectivos de investigadores que producen y utilizan dicha literatura. Ver SANCHO, Rosa, et al. Indicadores bibliométricos utilizados en la evaluación de la ciencia y la tecnología. Revisión bibliográfica. *Revista española de documentación científica*, 1990, vol. 13, no 3-4.

16 Ibídem. p. 47.

17 LÓPEZ MEDINA, Diego Eduardo. Teoría impura del derecho: la transformación de la cultura jurídica latinoamericana. Bogotá: Legis, 2004. P.22

1. ANÁLISIS CUANTITATIVO

La teoría de la argumentación jurídica, y más aún, la teoría de los derechos fundamentales desarrollada por Alexy, en la cual sistematiza el test de proporcionalidad aplicado por el Tribunal Constitucional Alemán para resolver conflictos de derechos fundamentales tiene visibilidad y notoriedad en la jurisprudencia de la Corte Constitucional Colombiana. De acuerdo con las estadísticas presentadas por la Corte Constitucional en su página web se han proferido 27.578 sentencias desde 1992 a febrero de 2023[18], que se distribuyen así:

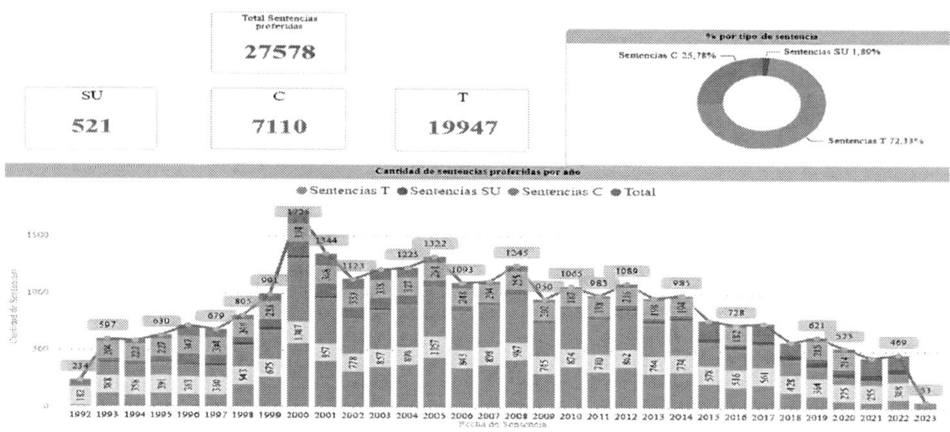

Sobre ese gran total si se consulta en la Relatoría de la Corte por las providencias que refieren o contienen citas a Alexy, se arroja un total de 236 providencias en las que directamente se cita a Robert Alexy en temas como la estructura de los derechos fundamentales, el principio de proporcionalidad, la distinción entre reglas y principios, la interpretación jurídica y los criterios de validez en el marco de la teoría del derecho. En este universo de 236 providencias se encuentra un total de 89 sentencias, en las que se aplica el test de

18 Ver https://www.corteconstitucional.gov.co/lacorte/estadisticas.php

proporcionalidad, lo que representa un 37.5%; la distribución temática de este porcentaje se concreta de la siguiente forma:

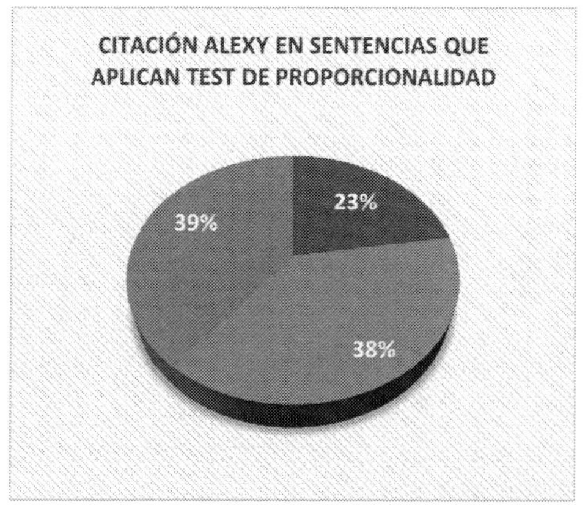

Proporcionalidad e igualdad	20
Proporcionalidad	34
Reglas y Principios	35
TOTAL	**89**

Una característica a resaltar de la obra de Alexy como referente para la jurisprudencia de la Corte Constitucional Colombiana, es su permanencia, dado que la línea de tiempo en la cual ha tenido ocurrencia esta citación inicia en el año 1995 y se ha mantenido hasta el año 2024, lo cual se ha venido desarrollando como se muestra a continuación:

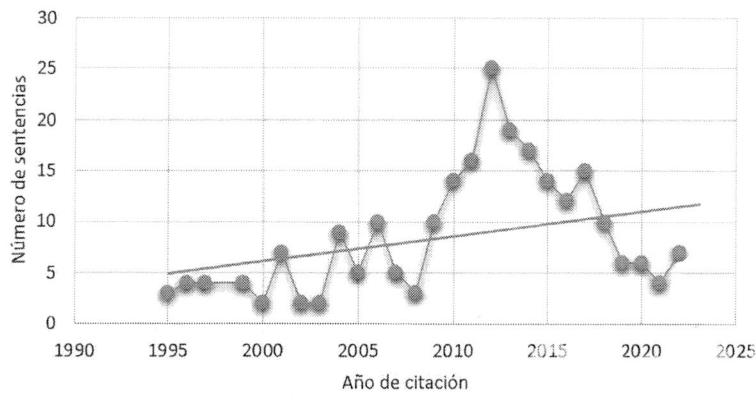

Lo que demuestra que la obra de Alexy no ha caído en obsolescencia[19] o en desuso pues sus teorías siguen siendo utilizadas como soporte para los fallos de la Corte Constitucional Colombiana. A partir de estas estadísticas, se puede concluir de manera general que: (i) el impacto de la obra de Alexy en el precedente de la Corte Constitucional Colombiana es muy notorio; (ii) su posicionamiento en el cluster[20] de filósofos que son referentes para este Tribunal lo ubica como uno de los más citados; (iii) su teoría más visible es la del análisis de proporcionalidad y (iv) el periodo de utilización de su obra por parte de la Corte Constitucional, abarca desde 1995 hasta la actualidad. Es importante mencionar, que este análisis cuantitativo es insuficiente para dar cuenta del alcance de la *influencia implícita*, es decir, aquella que se constituye a partir de la aplicación del test de proporcionalidad en una gran cantidad de sentencias sin hacer citación expresa a la obra de Alexy. Lo anterior ocurre, por cuanto la Corte ha labrado una especie de *adquisición* de esta metodología interpretativa y la ha convertido en un ejercicio fluido, casi natural y obvio en el curso ordinario de su actividad. Significa, que ha hecho una reconstrucción y adaptación de la misma, al punto de consolidar una nueva versión que considera *propia,* y es por ello, que se prescinde en muchas ocasiones de la citación a Robert Alexy. En este sentido se trata entonces de una *influencia implícita* porque es notoria la presencia de su filosofía en las sentencias, aun cuando no sea documentada. Este fenómeno se explicará con mayor detalle en el capítulo que se desarrolla a continuación.

---

19 SANCHO, Rosa, et al. Indicadores bibliométricos utilizados en la evaluación de la ciencia y la tecnología. Revisión bibliográfica. *Revista española de documentación científica*, 1990, vol. 13, no 3-4.

20 Ibídem. Se refiere al fenómeno de cocitación donde los documentos que comparten citas a textos y autores comunes se agrupan normalmente en racimos o "clusters". Éstos representan las especialidades o campos, mientras que sus uniones revelan relaciones interdisciplinares. Los racimos de cocitas revelan una relación de inmediatez, representan grupos de investigadores que persiguen problemas fuertemente relacionados. Ibidem., p. 94.

2. ANÁLISIS CUALITATIVO

Desde una perspectiva amplia, la influencia de Alexy en la jurisprudencia constitucional colombiana es evidente. Sin embargo, para determinar el alcance de esa influencia en la aplicación del test de proporcionalidad por parte de la Corte Constitucional, debe establecerse la distinción entre (i) el desarrollo del principio de proporcionalidad efectuado por el Tribunal Constitucional Alemán; (ii) el efectuado por Alexy y (iii) el de la propia Corte Constitucional Colombiana.

2.1 Principio de proporcionalidad del Tribunal Constitucional Alemán

Para establecer tal distinción, lo primero que debe señalarse es que el autor original del principio de proporcionalidad como criterio metodológico interpretativo es el Tribunal Constitucional Alemán, que en sus inicios estableció la prohibición de exceso (Übermassverbot) y el principio de proporcionalidad (Verhältnismäs-sigkeitsprinzip) reglas aplicables a las actividades estatales que conlleven una restricción a las libertades de los ciudadanos[21]. Posteriormente, la prohibición de exceso y la proporcionalidad en sentido amplio se entendieron como equivalentes, mientras que la proporcionalidad en sentido estricto se apuntaló como el requisito de ponderación (Abwägung)[22]. En la sentencia BVerfG 7, 377, del 11 de junio de 1958, estudió la constitucionalidad de la Ley de Farmacias en relación con el derecho a la libertad de profesión consagrado en el artículo 12 de la Ley Fundamental[23]. En esta sen-

21 SÁNCHEZ GONZÁLEZ, Santiago, «De la imponderable ponderación y otras artes del Tribunal Constitucional», en Teoría y Realidad Constitucional, número 12, Madrid, 2003, pp. 9, 10.

22 Ibídem.

23 SCHWABE, Jürgen (2009): Jurisprudencia del Tribunal Constitucional Federal Alemán. Extractos de las sentencias más relevantes compiladas por Jürgen Schwabe (Berlín, Konrad Adenauer Stiftung), p. 316.

tencia se introduce por primera vez lo que serían los criterios que estructuran este tipo de razonamiento jurídico al señalar que (i) el derecho fundamental debe proteger la libertad del individuo; (ii) la protección del interés general la asegura suficientemente la potestad reglamentaria y (ii) de la necesidad de justificar ambas exigencias, se origina para el legislador el mandato de diferenciar, de acuerdo con los siguientes principios:

a) La libertad de ejercer una profesión puede ser restringida en la medida que consideraciones racionales del bien común lo hagan parecer adecuado; la protección del derecho fundamental se restringe a la defensa frente a una inconstitucionalidad, que se puede dar, por ejemplo, cuando se imponen condiciones excesivamente gravosas y no razonables.

b) La libertad de elegir profesión sólo puede ser restringida en tanto que la protección de un bien común, especialmente importante, así lo exija. Si una intervención tal es ineludible, entonces el legislador deberá elegir siempre aquella forma de intervención que limite lo menos posible el derecho fundamental.

c) Si se interviene en la libertad de elegir profesión mediante el establecimiento de determinados presupuestos para la adopción de la profesión, entonces es preciso diferenciar entre presupuestos objetivos y subjetivos; para los presupuestos subjetivos (especialmente la formación y la instrucción) vale el principio de proporcionalidad en el sentido que éstos tienen que guardar relación con la finalidad que se persigue, esto es, el debido ejercicio de la actividad profesional. Para la verificación de la necesidad de presupuestos de admisión objetivos se establecen requisitos especialmente estrictos; esas medidas se pueden justificar en general sólo para la defensa de un bien común especialmente importante, de un peligro verificable y altamente probable.

d) De acuerdo con el Art. 12, párrafo 1, frase 2 de la Ley Fundamental, los reglamentos deben ser adoptados siempre en el "nivel" que conlleve el menor grado de intervención en la libertad de elegir profesión; el legislador puede acceder al siguiente "nivel" cuando con una probabilidad bastante alta se pueda determinar que los peligros que se temen, no se pueden enfrentar efectivamente con los medios (constitucionales) del nivel precedente.

Como se observa, ya en esta elaboración propuesta por el Tribunal Constitucional Alemán se pueden identificar los principios de idoneidad, necesidad, y proporcionalidad en sentido estricto. Por ello, en un análisis de influencia, el papel que juega el Tribunal Alemán es el de precursor. Sin embargo, es Robert Alexy en la Teoría de los Derechos Fundamentales, quien caracteriza y estructura los criterios que constituyen este método de interpretación con el planteamiento de la "*ley de la ponderación*" y la formulación de los tres subprincipios que integran el principio de proporcionalidad. Adicionalmente, lo complementa con el planteamiento de la *fórmula del peso* a través del cual se concreta el principio de proporcionalidad en sentido estricto. De este modo, el autor hace una reconstrucción teórica del principio de proporcionalidad que no está planteada en la jurisprudencia del Tribunal Constitucional Alemán de forma tan sistemática, al menos no desde sus orígenes.

2.2 Recepción de Robert Alexy

Efectivamente, la recepción que hace Alexy del análisis de proporcionalidad desarrollado por el Tribunal Constitucional Alemán, consiste en elaborar una sistematización y estructuración en el ámbito de la teoría del derecho y complementarla con nuevas aportaciones, ello conduce a la consolidación de una teoría de la interpretación jurídica sólida que no se ha visto superada en el ámbito académico y jurisprudencial. Teoría que fue expuesta en el primer apartado de este texto. Al analizar el alcance de esa recepción considerando el concepto de influencia atrás citado, se puede establecer que Alexy juega un doble rol: (i) de receptor de la teoría del Tribunal Constitucional Alemán y (ii) de precursor, en la medida en que su reconstrucción o reelaboración del análisis de proporcionalidad completa y supera la propuesta que su antecesor tan solo había sugerido[24].

En su rol de **receptor,** Alexy colabora en la comprensión de la teoría alemana del principio de proporcionalidad. Es un *lector fuerte*[25], entendido como "quien, gracias a su poder hermenéutico, puede compartir el canon escritural de occidente dentro de ambientes hermenéuticos ricos y producir desde ahí una transmutación literaria" convirtiéndose así en un autor indispensable o canónico[26] pues, creó un marco conceptual, un lenguaje técnico y una estructura que determinan el razonamiento jurídico y la forma de expresarlo en los textos legales, específicamente en las decisiones de los tribunales constitucionales. **Su lectura se hace necesaria para entender mejor la teoría del principio de proporcionalidad como método de interpretación constitucional**. De este modo, al profesor Robert Alexy se le puede catalogar como un autor central continuador legítimo de su precursor[27].

Como **precursor,** el principal aporte de la teoría de Alexy es el planteamiento de la *fórmula del peso* como herramienta heurística mediante la cual, el operador jurídico se obliga a exteriorizar el razonamiento que asigna los pesos abstractos y concretos de los principios contrapuestos, define el nivel de certeza de las premisas subyacentes (empíricas y normativas) y establece el nivel de interferencia entre ellos, con el propósito de justificar la relación de precedencia que estableció para resolver esta contraposición. Este instrumento pretende facilitar la razonabilidad en la resolución de cuestiones normativas propias de la práctica jurídica. La influencia del Tribunal Constitucional Alemán en la obra de Alexy es clara, en tanto toma esa influencia y la trasforma, de manera que su nueva obra se convierte en una teoría más poderosa que la de su antecesor. Este modo de transformación de la influencia sería el del *retorno*

---

24 LOPEZ MEDINA, Teoría Impura, Ob. Cit., P. 59.
25 Ibídem. p. 44.
26 Ibídem. p. 36.
27 Ibídem. p. 58.

creativo del precursor en la voz del sucesor, que con plena originalidad revive y afianza el canon propuesto por el precursor con toda autoridad, lo cual le permite ubicarse casi a su mismo nivel como continuador de esa tradición teórica[28].

2.3 Recepción de la Corte Constitucional Colombiana

El principio de proporcionalidad en los inicios de la Corte Constitucional, se utilizó en relación con los casos que cuestionaban el derecho a la igualdad. El primer fallo en el cual se introduce este tipo de razonamiento sería la sentencia **T-422/92** que resuelve un caso de acceso a la carrera administrativa en condiciones de igualdad. En este fallo se cita al Tribunal Europeo de Derechos Humanos y se introduce lo que sería de forma muy general la ley de la ponderación al señalar: *"toda desigualdad no constituye necesariamente una discriminación; la igualdad sólo se viola si la desigualdad está desprovista de una justificación objetiva y razonable, y la existencia de dicha justificación debe apreciarse según la finalidad y los efectos de la medida considerada, debiendo darse una relación razonable de proporcionalidad entre los medios empleados y la finalidad perseguida."* Sin embargo, el razonamiento empleado finalmente cae más en lo *intuitivo,* pues no se aplica de forma ordenada y estructurada el análisis de proporcionalidad. Como se puede observar, la Corte accede tímidamente al análisis de proporcionalidad por vía de una fuente secundaria o por otro receptor del canon que estableció el precursor, sin precisar exactamente qué fallos de ese Tribunal se han tomado como fuentes, y sin dar mayor explicación de la teoría que se pretende aplicar.

En la sentencia **T-230/94,** la Corte Constitucional Colombiana introduce el "Test de razonabilidad" que propone como aspectos constitutivos de la justificación de un trato desigual los siguientes: (i) diferencia de los supuestos de hecho; (ii) presencia de sentido norma-

---

[28] Ibídem. p. 60. López Medina se refiere a esta transmutación teórica como *apófrades* siguiendo la metodología de análisis de influencia literaria propuesta por Harold Bloom.

tivo (fin o valor) de la diferencia de trato; (iii) validez constitucional del sentido (fin) propuesto; (iv) Eficacia de la relación entre hechos, norma y fin y (v) Proporcionalidad de la relación de eficacia. Definidos estos elementos, la Corte concreta el razonamiento en clave de razonabilidad así: "*De los pasos previstos en el "test", el primero, referido a los hechos distintos, más que un elemento de análisis es un dato, comprobable empíricamente (desigualdad de los supuestos de hecho). Los dos siguientes puntos pueden ser reunidos en un sólo estudio normativo referido al fin (finalidad) válido (razonabilidad) como justificación de la decisión que introduce la diferencia. La eficacia de la relación entre el medio normativo y el fin o valor constitucional (racionalidad), así como la adecuación (proporcionalidad) pueden unirse en un solo momento, que es sin duda, el punto decisivo y de mayor complejidad*." Nótese, que la Corte no presenta de manera estructurada el análisis de proporcionalidad siguiendo ordenadamente los pasos propuestos por el Tribunal Constitucional Alemán y tampoco incorpora la reconstrucción del Profesor Alexy sobre el mismo. Al final, sólo recoge algunos de los elementos del test de proporcionalidad de forma muy abstracta y realiza una lectura poco fiel al planteamiento original, lo que se advierte, por ejemplo, en la incorporación de la proporcionalidad entendida como adecuación.

La sentencia **C-445/95** cita a Robert Alexy, pero lo hace de forma marginal para traer su "Teoría de los Derechos Fundamentales" como un referente doctrinal respecto a la tendencia europea de incorporar distintas modalidades de "tests" o juicios de igualdad en la doctrina y la jurisprudencia comparadas. Es de resaltar, que ya en esta sentencia la Corte introduce la distinción por grados de intensidad de los tests según se trate de criterios discriminatorios prohibidos directamente por la Constitución o de distinciones de trato reglamentadas en virtud de la libertad de configuración normativa que ostenta el legislador. La Corte expone entonces dos extremos: el test estricto para el primer caso y el débil para el segundo; concluye que en el *sub judice* era susceptible emplear un test de igualdad en sentido débil y, en consecuencia, hace un razonamiento tendiente solo a establecer la adecuación de la norma para alcanzar los objetivos constitucionales que se propone, a partir de lo cual la considera razonable y constitucional.

Lo anterior claramente, resultó ser en ese momento, **una *simplificación exacerbada* de lo que es el test de proporcionalidad.**

La sentencia **C-022/96** se pronunció sobre la constitucionalidad de una norma que otorgaba un beneficio a los bachilleres que prestaran el servicio militar y aspiraran a continuar estudios en Centros de Educación Superior. El beneficio consistía en sumar al puntaje obtenido en las pruebas de Estado o su asimilado realizado por el ICFES, un número de puntos equivalente al 10% de los que se obtuvieran en las mencionadas pruebas. En esta sentencia, por primera vez, se aplica el test de proporcionalidad de forma estructurada y consistente como racionalización del principio de razonabilidad de acuerdo con lo señalado por el Tribunal Constitucional Alemán según lo descrito por Robert Alexy en la "Teoría de los Derechos Fundamentales". De este modo, *se cita al precursor a través de la obra del receptor fuerte de la teoría de la proporcionalidad*. Así, la Corte describe la forma en que opera este razonamiento según sus presupuestos teóricos, es decir, desde la aplicación de los principios de idoneidad, necesidad, y proporcionalidad en sentido estricto, de la siguiente forma: "*El concepto de proporcionalidad comprende tres conceptos parciales: la adecuación de los medios escogidos para la consecución del fin perseguido, la necesidad de la utilización de esos medios para el logro del fin (esto es, que no exista otro medio que pueda conducir al fin y que sacrifique en menor medida los principios constitucionales afectados por el uso de esos medios), y la proporcionalidad en sentido estricto entre medios y fin, es decir, que el principio satisfecho por el logro de este fin no sacrifique principios constitucionalmente más importantes*". La sentencia concluye que la norma solo cumple el primero de los requisitos, es decir, el de idoneidad; considera que la medida no es necesaria, y por ello, no se requiere abordar el principio de proporcionalidad en sentido estricto. Sin embargo, realiza un análisis simple de costo-beneficio y se decanta por la desproporcionalidad de la medida.

De manera subsiguiente, la Corte Constitucional en la sentencia **C-093/01** elabora su propia versión del test de proporcionalidad integrando elementos del modelo europeo (citando a la Corte Europea de Derechos Humanos, y los tribunales constitucionales de España y Alemania) y norteamericano. Así, da prioridad a la distinción de grados de intensidad aportada por la Corte Suprema de los Estados Unidos y restringe los criterios del análisis de proporcionalidad europeo solo al test más exigente, que será el único en el que se debe abordar el principio de proporcionalidad en sentido estricto. A partir de esta reelaboración, la Corte se aleja de la propuesta original alemana en la mayoría de los casos y propone cuatro criterios para establecer si la intensidad del test a aplicar corresponde a la del más riguroso así:

> "el escrutinio judicial debe ser más intenso al menos en los siguientes casos: de un lado, cuando la ley limita el goce de un derecho constitucional a un determinado grupo de personas, puesto que la Carta indica que todas las personas tienen derecho a una igual protección de sus derechos y libertades (CP art. 13). De otro lado, cuando el Congreso utiliza como elemento de diferenciación un criterio prohibido o sospechoso, como la raza, pues la Constitución y los tratados de derechos humanos excluyen el uso de esas categorías (CP art. 13). En tercer término, cuando la Carta señala mandatos específicos de igualdad, como sucede con la equiparación entre todas las confesiones religiosas (CP art, 19), pues en esos eventos, la libertad de configuración del Legislador se ve menguada. Y, finalmente, cuando la regulación afecta a poblaciones que se encuentran en situaciones de debilidad manifiesta ya que éstas ameritan una especial protección del Estado (CP art. 13)."

Posteriormente, en la sentencia C-673/01 la Corte afina los criterios de escogencia del test y caracteriza cada una de las modalidades del mismo como sigue:

1. Test leve

Pasos:		Materias:
Fin y medida: **Legítimos**	Aplica principio de idoneidad: la medida debe ser **adecuada** para lograr el fin.	1. Económicas 2. Tributarias 3. Política Internacional 4. Competencia atribuida desde la Constitución 5. Normatividad preconstitucional derogada que aún surte efectos 6. Cuando del contexto normativo de la norma demandada no se aprecie prima facie una amenaza al derecho en cuestión.

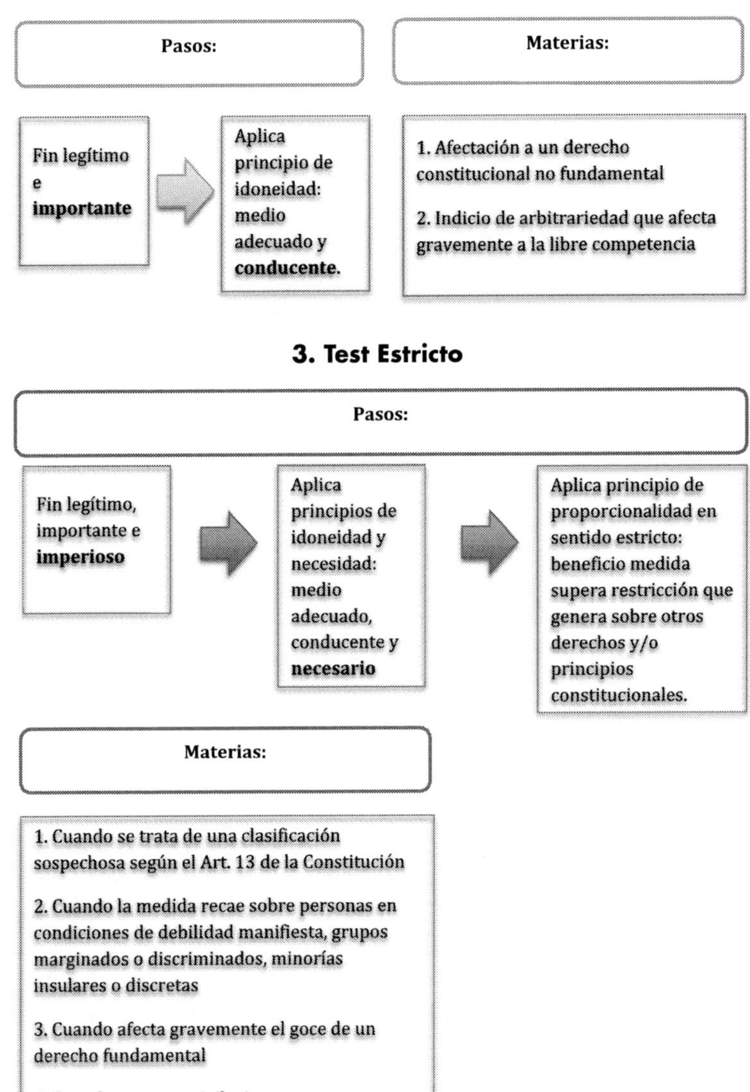

Como se observa, la Corte Constitucional Colombiana integra elementos del modelo americano y alemán para crear su propia versión del análisis de proporcionalidad, que denominará "Test integrado"

y que indistintamente nombra a veces como de proporcionalidad, razonabilidad o igualdad. Esto es así en la medida en que incorporó como **primer paso del razonamiento**, el establecimiento de la legitimidad de la medida o norma en cuestión, lo cual es un criterio trasplantado del modelo norteamericano que aparece en sus tres variantes[29]: (i) "rational basis review" (escrutinio básico) (ii) Intermediate standard of review (escrutinio intermedio) y el (iii) Strict Scrutiny (escrutinio estricto) que tendrá aplicación en todos los test de la versión colombiana. En este **primer paso** del análisis acoge, también de este modelo, el criterio de importancia en dos variantes: una simple, propia del escrutinio intermedio y que aplica en el test de esa misma intensidad y otra cualificada, que lo hace más exigente al plantearlo bajo la idea de imperiosidad (compelling or overriding state interest) que viene del escrutinio estricto y lo aplica en su misma versión.

El **segundo paso** se integra por: (i) el criterio de adecuación, que bien puede identificarse como el principio de idoneidad del modelo alemán, y que se debe verificar en todos los test sin importar su intensidad; (ii) el criterio de conducencia que se aplica en el modelo americano en los tests básico e intermedio, que en la versión colombiana será verificable en el intermedio y estricto y (iii) el principio de necesidad que en el modelo europeo se aplica siempre a diferencia del modelo americano, que solo lo constata en el test estricto, y que del mismo modo será restringido en la versión de la Corte. Finalmente, el **tercer paso**, la aplicación del principio de proporcionalidad en sentido estricto propio del modelo alemán, será de aplicación solo en el test estricto. Además de los pasos establecidos para la realización del test, la Corte define las materias o ámbitos en los que se puede aplicar según su intensidad, y esta definición se concreta a partir de una clara influencia de la misma jerarquización que hace la Corte Suprema Estadounidense. En par-

---

29 LABASTIDA, Luisa Conesa. La tropicalización del principio de proporcionalidad: la experiencia de Colombia y México en el ámbito de igualdad. *Revista de derecho político*, 2010, no 77. P. 358 ss.

ticular, se observa esta recepción en la definición de materias en las que procede la aplicación del test estricto, un ejemplo de ello es el concepto de "categoría sospechosa" dentro de la cual la jurisprudencia norteamericana incluye la raza, la nacionalidad, la religión y la calidad de inmigrante[30].

Los criterios definitorios de estas categorías, aparecen por primera vez en la nota al pie del Justice Stone en el caso United States v. Carolene Products Co., en la cual se señala que el escrutinio estricto debe ejercerse al examinar procesos políticos que puedan traer como resultado una legislación que sea producto de prejuicios en contra de las "minorías discretas e insulares"[31], concepto específico que cita la Corte de forma textual en la sentencia C-673/01. A partir de aquí la aplicación del test será recurrente[32] y seguirá estas líneas generales de forma más o menos unívoca. Llama la atención sin embargo, que la aplicación del principio de proporcionalidad en sentido estricto se expone de una forma muy simplificada, incluso a veces *intuitiva*, ya que se reduce en la mayoría de casos a una evaluación costo-beneficio orientada más por el sentido común del operador, sin aplicar los criterios y pasos establecidos por la *fórmula del peso*, que sería el instrumento mediante el cual se podría materializar este razonamiento de forma sistemática, ordenada y estructurada con miras a reducir la subjetividad, de acuerdo al aporte teórico del profesor Alexy.

Ahora bien, es cierto que la Corte Constitucional Colombiana no tendría que aplicar el método de forma exacta, al punto de asignar valores a los rangos de la escala triádica y de la ecuación de fiabilidad de las premisas subyacentes, y tampoco tendría necesariamente que consignar el uso de la fórmula en el texto del fallo; pero sí se esperaría que utilizara este recurso en la aplicación del principio de proporcionalidad, en el sentido de justificar de forma

30 Ibídem. P. 359.
31 Ibídem.
32 Ver por ejemplo: las sentencias C-673/01, C-624/08, C-313/13, C-601/15, C-220/17, C-389/17 y C-535/17, entre otras.

racional la decisión tomada en relación con la precedencia entre los principios contrapuestos. Para ello sería aconsejable establecer los pesos abstractos y concretos de los principios contrapuestos, el nivel de interferencia entre éstos, según se optimice uno u otro, la seguridad de las premisas empíricas y normativas y la relación de precedencia que implique la menor restricción a ambos. **Sin embargo, el razonamiento aplicado usualmente en cuanto al principio de proporcionalidad, es utilizado de forma *simplificada en extremo***, y por lo general, no se tienen en cuenta los criterios metodológicos antes referidos, no se describen los pesos abstractos y concretos haciendo uso de la escala triádica, no se evalúan las premisas subyacentes con los criterios de la ecuación de fiabilidad, y mucho menos se hace gradación de la interferencia.

De manera regular, en las sentencias de la Corte Constitucional en Colombia, se establece la precedencia de un principio sobre otro, simplemente señalando que esa relación es o no desproporcionada, y se consideran razones jurídicas y/o normativas, pero de una forma automática y ligera. **Es decir, se hace un análisis de proporcionalidad, pero este no acoge los criterios del razonamiento ponderativo que propone Alexy, sino que se orienta por la noción simple de proporcionalidad en un sentido muy amplio.** Lo anterior se puede observar, por ejemplo, en el texto de la sentencia C-355/06, el famoso fallo que se pronunció sobre la constitucionalización de la penalización del aborto. En esta decisión, la Corte describe las interpretaciones de la norma demandada que pueden ser proporcionadas o desproporcionadas atendiendo a algunas razones normativas, en particular: a) la de la garantía a la dignidad humana, b) el derecho al libre desarrollo de la personalidad, c) la libertad y la autonomía de las mujeres; y razones empíricas como serían los supuestos fácticos: a) peligro certificado por un médico para la vida o la salud de la mujer por continuación del embarazo; b) grave malformación del feto que haga inviable su vida, certificada por un médico; c) cuando el embarazo sea resultado de una conducta, debidamente denunciada, constitutiva de acceso carnal o acto sexual sin consentimiento, abusivo, o de inseminación artificial o de transferencia de óvulo fecundado no consentidas, o de incesto. A partir del establecimiento de estas premisas y la proporción o desproporción de los principios en tensión en relación con éstas, la Corte concluyó: "*Del anterior análisis resulta, que si bien la decisión de penalizar el aborto, como una medida para proteger la vida en gestación resulta constitucionalmente justificada –aunque se insiste, no es la única opción que puede adoptar el legislador ya que este puede escoger otro tipo de medidas de carácter asistencial y prestacional que cumplan con este propósito-, la prohibición completa e incondicional del aborto en todas las circunstancias es abiertamente desproporcionada porque anula completamente derechos de la mujer embarazada garantizados por la Constitución de 1991 y por tratados internacionales de derechos humanos que hacen parte del bloque de constitucionalidad.*"

-Se pueden encontrar también algunas sentencias en las que se elabora una *citación directa* al análisis de proporcionalidad y de la técnica de ponderación de Alexy, se hacen planteamientos tan precisos y acabados de esta propuesta metodológica que denotan conocimiento a profundidad de esa teoría por parte de la Corte; sin embargo, en la resolución del caso concreto, el razonamiento se *debilita*, **y se echa de menos la aplicación de la teoría tan precisamente expuesta al inicio**. Un ejemplo de ello, puede ser la sentencia C-838/13 que hace la siguiente exposición del análisis de proporcionalidad:

> Establecido el grado de intensidad del control a la intervención, se debe dar aplicación sucesiva y escalonada a los tres pilares del test de proporcionalidad en su variante de la prohibición o interdicción del exceso, esto es, al principio de idoneidad o adecuación, al principio de necesidad o indispensabilidad, y al principio de proporcionalidad en sentido estricto, último en el cual se utiliza la técnica de la ponderación cuyo abanderado es Robert Alexy y que conceptualiza los principios como mandatos de optimización.
>
> (...)
>
> Así, la estructura argumentativa de la proporcionalidad en sentido estricto se compone de tres etapas, a saber: (i) determinar las magnitudes que deben ser ponderadas, quiere ello decir, establecer la importancia de la medida de intervención legislativa en el derecho fundamental afectado, e indicar la importancia de la realización del fin perseguido por la

intervención legislativa; (ii) comparar dichas magnitudes, con el propósito de determinar si la importancia de la realización del fin perseguido por la restricción legislativa es mayor que la importancia de la intervención en el derecho fundamental; y, (iii) elaborar una relación de precedencia condicionada entre el derecho fundamental y el fin legislativo, tomando como cimiente el resultado de la comparación antedicha con el fin de asignar prioridad a alguno de los extremos en el caso concreto.

En la resolución del caso concreto, el razonamiento se construye en los siguientes términos:

> "Significa lo anterior que si de un lado en la ponderación se tiene una intervención que se estima legítima y que no afecta el núcleo esencial de acceso a la administración de justicia en segunda instancia, y del otro el fin constitucionalmente admisible que persigue la norma acusada, cual es, la protección y realización efectiva del principio de celeridad procesal, la Sala en esta oportunidad otorga mayor relevancia o asigna mayor prioridad a éste último, porque la declaratoria de recurso desierto deviene como resultado del incumplimiento de una carga procesal mínima que debía asumir el recurrente y que resulta vital para permitir la continuación del trámite de la apelación sin causar traumatismos ni congestiones injustificadas al aparato judicial, (...) De esta forma estima que no es desproporcionado ni afecta severamente el derecho a la doble instancia, el que el apelante incumplido deba asumir el costo de su inacción o negligencia derivada de la falta de pago de las expensas necesarias dentro de la oportunidad procesal, pues en el supuesto de la norma no estamos ante la generación de falsas expectativas al recurrente que se le concedió la alzada, pues se repite, la misma es admitida por el superior corrigiendo de oficio el yerro evidenciado en la indicación del efecto en que la misma se debe adelantar."

Se advierte que al final, el estudio del test fue, como se mencionó, mucho más *sencillo*, y aunque se cita a Alexy como referente teórico en la parte considerativa, **no se aplica su propuesta metodológica de forma rigurosa en la resolución del caso.**

-Posteriormente, en la sentencia **C-345/19** la Corte unifica el criterio en cuanto a la aplicación del principio de proporcionalidad en sentido estricto, en la medida en que no existía hasta ese momento una postura consolidada de su aplicación según la variante de intensidad del escrutinio aplicado. Así, aunque la regla general definida desde el año 2001 sería aquella según la cual éste solo es aplicable en el test estricto, se documentaron en esa sentencia casos en los que, no obstante haberse aplicado un test débil o intermedio, se había optado por desarrollar este último paso del análisis, y se citan como ejemplos las sentencias C-093/01, C-220/17 y C-335/16. En las dos primeras, no obstante haberse desarrollado un test débil, se estudió el principio de proporcionalidad en sentido estricto y en la última se procedió de la misma forma, aunque se trataba de un test intermedio. La posición que adopta la Corte en el fallo de 2019, modifica la subregla anterior según la cual, el principio de proporcionalidad en sentido estricto solo aplicaba en el test de mayor intensidad; considera ahora, que se deberá abordar este criterio en los juicios intermedio y estricto con una *sutil diferencia* en cuanto a lo que debe establecerse en cada caso, en tanto en el test intermedio se propone "*determinar que la norma que establece un trato asimétrico no es evidentemente desproporcionada, en tanto que, en el juicio estricto, se debe verificar que no es desproporcionada*." Igualmente se introduce la noción de la "*desproporción no evidente*" como un criterio nuevo del test intermedio, referido a las normas que, con base en criterios de discriminación sospechosa como el género o la raza, pretenden medidas que favorezcan a grupos históricamente discriminados, (una suerte de acciones afirmativas). Esta nueva consideración de la aplicación del principio de proporcionalidad en sentido estricto ha sido reiterada, entre otras, en las sentencias C-084, C-218 y C-432 de 2020, y C-433 de 2021. Con todo, pese a la preocupación de la Corte por precisar que la aplicación del principio de proporcionalidad en sentido estricto procede tanto en el test intermedio como en el estricto, la **sentencia C- 345 de 2019**, es otra muestra en la que ese análisis se realiza como una valoración costo-beneficio de acuerdo a consideraciones jurídicas y fácticas, pero sin evacuar las pautas metodológicas del razonamiento ponderativo:

> "El estudio de la proporcionalidad en sentido estricto también demuestra que la norma demandada genera mayores ventajas frente a los eventuales perjuicios, ya que, si bien genera una desigualdad al establecer la posibilidad de que existan dos vías diferentes para un mismo fin y señalar que solo una de las partes procesales tiene la potestad de elegir la vía que se seguirá, la contraparte mantiene incólume todos sus derechos dentro del

proceso. La existencia de un sistema de indemnizaciones preestablecidas no significa que se viole el derecho al debido proceso, en el sentido de que las partes procesales no puedan ejercer su derecho de defensa o que no puedan alegar, probar o impugnar. De modo que la medida no se muestra de bulto o de manera manifiesta como desproporcionada."

Se constata entonces hasta la jurisprudencia más reciente, que existe una consolidación de los criterios aplicables al uso del análisis de proporcionalidad, su caracterización, su alcance y su ámbito de aplicación en concordancia con las escalas de intensidad. No obstante, en cuanto al principio de proporcionalidad en sentido estricto, **se observa una aplicación muy incipiente comparada con el nivel de elaboración y sofisticación de la propuesta teórica de Alexy.**

2.4 Análisis de Influencia cualitativa

Planteado el doble rol que juega el profesor Robert Alexy en relación con el desarrollo de la teoría de la proporcionalidad como método de interpretación constitucional, utilizando las categorías de "lector fuerte" y "precursor," propias del análisis de influencia literaria planteado por Bloom, y que López Medida aplica al ámbito de la teoría del derecho para dar cuenta del trasplante teórico y su impacto en la producción iusteórica latinoamericana, se tiene que la influencia de Alexy desde su doble rol se aprecia de forma distinta. De este modo se puede observar que la influencia de Alexy en la jurisprudencia de la Corte Constitucional Colombiana, específicamente, en lo concerniente a la aplicación del análisis de proporcionalidad es muy notoria. Pero esa influencia tiene un impacto distinto según la perspectiva desde la cual se aborde. Esto es, si se evalúa desde el rol de "lector fuerte" su influencia es profunda. Mientras que la influencia bajo el rol de "precursor" es superficial.

Como **"lector fuerte" de la teoría de la proporcionalidad, Alexy se convierte en fuente primaria para acceder a este conocimiento y replicarlo en la jurisprudencia constitucional,** lo cual se verifica por el alto impacto de citación de su pensamiento filosófico, en comparación con otros autores. Este posicionamiento se explica en la medida en que su obra facilita a la Corte la comprensión de la teoría de la proporcionalidad y, legitima su aplicación por el nivel y prestigio académico de su fuente. De ahí que su influencia pueda identificarse **como explícita y consciente**.

Sin embargo, esta influencia puede ser también implícita entendida como una presencia inconsciente, que se manifiesta en el uso de una cierta estructura, de un modo de expresión que tiene origen en el canon y que determina la producción teórica de los sucesores: "*la presencia de una tradición en el escrito tardío, así el autor tardío no sea consciente de ello, como ocurre con frecuencia. La influencia es la declaración o denuncia que hace un texto en su estructura, argumento, tema y estilo de las cadenas traslaticias a las que pertenece. La influencia, por tanto, se parece más a la noción de "estilo", o, más concretamente a lo que el iusteórico norteamericano Karl Llewelyn denominó el "estilo de la decisión judicial"*[33]. De acuerdo con lo anterior, el análisis de influencia estaría orientado a buscar el estilo implícito en los textos legales. De este modo, Alexy, convertido en un autor canónico que definió un marco conceptual, un lenguaje técnico, y una idea clara de la interpretación constitucional en clave de proporcionalidad, resulta indispensable, y su presencia se hace evidente incluso en la forma en la cual la Corte se expresa. En este sentido, esta presencia puede explicarse bajo el concepto de inter-textualidad que es: *"la presencia necesaria u obligatoria en un escrito posterior de textos anteriores del gran canon que la definen, de manera casi determinista, el lenguaje en el que el autor tardío escribe y comprende su realidad"*[34]

Así las cosas, en las sentencias de la Corte Constitucional hay una especie de *apropiación pacífica* del lenguaje técnico proveniente de la teoría de Alexy, en la medida en que las decisiones se refieren a él con naturalidad, a veces como si se tratara de una *obviedad* cuando apelan a la distinción entre reglas y principios, al principio de proporcionalidad y a los subprincipios que lo integran. Asimismo, en algunos casos se cita la "Ley de la Ponderación" e incluso se ha identificado la

---

33 LOPEZ MEDINA, Teoría Impura, Ob. Cit., P. 107.

34 Ibídem., P. 49.

distinción de niveles de intensidad del test, propios de la tradición norteamericana, bajo el concepto de escala triádica[35], que efectivamente es un ejemplo de ello, pero en la teoría de Alexy se usa para determinar los pesos abstractos y concretos de los principios contrapuestos, así como el nivel de interferencia entre ellos. Aunque con mucha frecuencia no se cite a Alexy, de este uso habitual y asumido de la terminología, de los conceptos y las ideas de su teoría, **puede notarse su influencia implícita, todo lo cual ha venido en una progresión cronológica pues, en fallos más antiguos no era tan notorio o se citaba de forma por demás difusa.**

En cuanto a la influencia de Alexy como "precursor", cuyo principal aporte es el planteamiento de la *fórmula del peso*, **puede decirse que su nivel de penetración es escaso.** Lo anterior, por cuanto poco o nada se cita o describe el razonamiento ponderativo más allá de la cita a la ley de la ponderación, y desde luego, en esa misma proporción se aplica. Evidencia de ello, es que en la mayoría de las decisiones en las que se da aplicación al principio de proporcionalidad en sentido estricto, que en la teoría de Alexy debe hacerse a través de la ponderación, se evita este método y se hace más bien una evaluación simple de costo-beneficio como antes se describió. Se observa entonces que, aunque esta evaluación puede incluir un análisis de premisas subyacentes y que en todo caso se establecen relaciones de precedencia como resultado de la definición de interferencia entre los principios en tensión, generalmente todo esto se hace informalmente sin seguir la metodología de Alexy. **De manera que la proyección que este autor hace de la teoría de la proporcionalidad, específicamente de la *fórmula del peso,* no tiene realmente una recepción en la Corte Constitucional Colombiana y más bien pasa desapercibida en la robusta jurisprudencia que cita al autor.**

En este sentido, **la recepción de la obra de Alexy, en la aplicación del test de proporcionalidad, resulta ser una adap-**

---

35 Ver Sentencia C-433/21 y T-010/23

tación fragmentaria por parte de la Corte Constitucional Colombiana. Esto, por cuanto no realiza una lectura y aplicación íntegras, sino *selectiva*, que toma algunos elementos, y descarta otros; en este caso el de mayor notoriedad por omisión es *la fórmula del peso.* Adicionalmente, hace un ejercicio de integración y mixtura con otras teorías y tradiciones de manera que, el proceso de trasplante teórico resulta una adaptación discontinua, que no sigue con rigor los pasos de la teoría canónica, sino que se hacen lecturas marginales o aisladas de las que, a partir de la influencia ya identificada del autor, resulta en una teoría distinta. En esta nueva teoría que se constituye a partir de la desviación y mutación de la tesis influyente –que para la Corte Constitucional Colombiana será la definición del *test integrado de proporcionalidad*– la presencia de Alexy ya sea explícita o implícita ha sido una constante innegable desde sus inicios hasta la actualidad, aun cuando el margen de penetración de la misma varíe según se trate de una u otra parte de su obra. En este sentido, se observa, por ejemplo, que la obra de Alexy alcanza mayor nivel de recepción en las primeras elaboraciones de su teoría, por ello, la adaptación hecha por la Corte Constitucional Colombiana del test de ponderación toma como fuente su primera formulación, y lo adecúa como test de proporcionalidad o razonabilidad.

A partir de este primer desarrollo, se construye el *test de igualdad* que difiere del anterior, en primer lugar, por la inclusión, como primer paso, de la identificación del criterio de comparación, "patrón de igualdad o tertium comparationis"[36] y la determinación de si, a la luz de dicho criterio de comparación, los sujetos y situaciones son comparables desde la perspectiva fáctica y jurídica[37]; en segundo lugar, porque se puede aplicar en todos los casos, dado que la igualdad es transversal a toda la Constitución. **La transformación de la influencia de Alexy se concreta entonces, en un test adaptado, "doméstico", que es resultado del primer test planteado por este autor en su primera y más sencilla for-**

---

36 Sentencias C-179/16 y C-109/20 entre otras.

37 Sentencias C-841/03 y C-018/18 entre otras.

mulación, y que, en estricto sentido, no se ha aplicado en su fórmula original.

Ahora bien, se han esgrimido diversas críticas a la aplicación del test en Colombia, la más recurrente es aquella según la cual, la racionalidad del test es sólo *aparente* porque puede ser utilizado para justificar cualquier decisión, esto en la medida en que el establecimiento de las relaciones de prioridad entre los principios contrapuestos puede ser el resultado de un juicio *ex ante* que se dota de una apariencia de objetividad mediante el test. Siendo así, el test sería útil para disfrazar el carácter político o discrecional de una decisión[38].

Respecto de estas posturas que juzgan su valoración, habría que decir, en primer lugar, que el uso del test de proporcionalidad no pretende descubrir la *única respuesta correcta* o verdadera, entendida como aquella que mejor pueda justificarse a través de una teoría substantiva que contenga los principios que mejor se corresponden con la Constitución, las reglas del Derecho y los precedentes[39]. El profesor Ronald Dworkin, precursor de este concepto, también reconoció en su momento, que no se ha encontrado un procedimiento que muestre necesariamente la *única respuesta correcta*[40]; por ello, la idealización del «juez Hércules» dotado de habilidad, sabiduría, paciencia y agudeza sobrehumanas estaría en capacidad de encontrarla, y al juez le corresponde entonces la tarea de aproximarse lo más posible a este ideal[41]. Alexy acoge una versión débil de la tesis de la única respuesta correcta, según la cual esta es posible sólo como ideal regulativo: "*La idea regulativa de la única respuesta correcta no*

---

38 Ver entre otros: Araujo Rentería, J. (2006). Los métodos judiciales de ponderación y coexistencia entre derechos fundamentales. Crítica. Anuario de derecho constitucional latinoamericano, 853-877. https://revistas-colaboracion.juridicas.unam.mx/index.php/anuario-derechoconstitucional/article/view/30334/27380

39 ALEXY, Robert. Sistema jurídico, principios jurídicos y razón práctica. En DOXA. 1988. P. 140.

40 Ibidem.

41 Ibidem.

presupone que exista para cada caso una única respuesta correcta. Sólo presupone que en algunos casos se puede dar una única respuesta correcta y que no se sabe en qué casos es así, de manera que vale la pena procurar encontrar en cada caso la única respuesta correcta. Las respuestas que se encuentren, en el marco de este intento, sobre la base del nivel de la regla y de los principios, de acuerdo con los criterios de la argumentación jurídica racional, que incluyen los de la argumentación práctica general, también responden entonces, aunque no sean las únicas respuestas correctas, a las exigencias de la razón práctica y, en este sentido, son al menos relativamente correctas[42].

De este modo, Robert Alexy presupone a este ideal regulativo: (i) su teoría normativa, que establece la distinción entre reglas y principios; (ii) los postulados de la argumentación jurídica racional que implican la tesis del caso especial y la pretensión de corrección y (iii) la argumentación práctica general, para satisfacer las exigencias de la racionalidad, todo lo cual conlleva al uso del test de proporcionalidad. Considerando lo anterior, es claro que dicho test no lo propone Alexy como criterio matemático exacto, sino como método heurístico para la materialización de ese ideal regulativo en el máximo grado posible. Así las cosas, pueden existir decisiones correctas, pero se trata de lograr la decisión con mayor grado de corrección, la más razonable, la más garantista o ajustada al deber ser y a la Constitución; el test de proporcionalidad, cuando se aplica de forma rigurosa y sin desbordarlo es, sin duda, una gran herramienta para orientar el razonamiento jurídico bajo estándares de objetividad, porque la exigencia de exteriorizar las razones que subyacen al establecimiento de las relaciones de prioridad entre principios es suma garantía de transparencia y cortapisa a la arbitrariedad.

En segundo lugar, es necesario distinguir entre el alcance amplio o limitado que pueda tener el test de proporcionalidad según la perspectiva bajo la cual se evalúe, y el uso inadecuado que de este se pueda dar. Lo primero, es una condición normal que en mayor o menor medida tiene cualquier herramienta metodológica,

---

42 Ibidem. P. 151.

en cambio, lo segundo excede el test en sí mismo, y ese exceso no puede condicionar la percepción sobre este. Es decir, una cosa es que el test de proporcionalidad tenga un determinado alcance para satisfacer la exigencia de racionalidad del razonamiento jurídico, y otra muy distinta, que se haga un mal uso de este que conlleve resultados indeseados y que a partir de ahí se concluya por generalización apresurada que es un método inútil o falaz. En este sentido, ejemplos de uso inadecuado pueden ser: (i) el abuso en la aplicación del test de proporcionalidad en casos en que no era necesario para adoptar las decisiones[43], de manera que se desdibuja su utilidad; o (ii) cuando se aplica basándose en argumentos muy débiles, insuficientes[44] o falaces para forzar una cierta conclusión, que no es resultado del mismo, sino que ya se ha tomado *ab initio*, lo cual daría una apariencia de racionalidad que al final resulta engañosa. A partir de estos usos inadecuados, no puede llegarse a una conclusión objetiva sobre la fortaleza del test de proporcionalidad como método de interpretación y aplicación del derecho; sin embargo, la mayoría de las críticas planteadas llevan este sesgo incorporado, lo cual desde luego impediría considerarlas como válidas o legítimas.

III. CONCLUSIONES

1. La teoría de la proporcionalidad propuesta por Robert Alexy supone la teoría normativa que hace la distinción entre reglas y principios y su mayor aporte es la concreción del principio de proporcionalidad en sentido estricto, propuesto por el Tribunal Constitucional Alemán, mediante la ponderación.
2. La ponderación es el método de resolución de antinomias especialmente en lo concerniente a los principios, compuesto por tres pasos: (i) definición del grado de afectación de uno

---

43 C-220/17 y C-335/16 entre otras.

44 C-838/13 entre otras.

de los principios (ii) el grado de importancia del principio contrapuesto (iii) definición de la importancia de satisfacción del principio contrapuesto justifica la restricción o no satisfacción del otro.

3. Para llevar a cabo estos tres pasos se acude a la *fórmula del peso*. Esta es una herramienta heurística que se propone facilitar la sistematización del razonamiento jurídico a la hora de resolver problemas complejos. El uso de este método supone someter el ejercicio interpretativo y de aplicación del derecho a unos criterios de racionalidad, que se concretan al exigir al operador jurídico exteriorizar su percepción en primer lugar, de los principios contrapuestos y el alcance de la tensión entre estos para el caso concreto. En segundo lugar, exige justificar por qué razón uno debe tener prioridad sobre otro, para lo cual es preciso establecer la seguridad de las premisas subyacentes de cada principio.
4. Tras un análisis cuantitativo de influencia por vía del enfoque bibliométrico se puede concluir de manera general que: (i) el impacto de la obra de Alexy en el precedente de la Corte Constitucional Colombiana es notorio; (ii) su posicionamiento en el *cluster* de autores que son referente para este Tribunal lo ubica como de los autores más citados; (iii) su teoría más visible es la del análisis de proporcionalidad; (iv) el periodo de utilización de su obra abarca desde 1995 hasta la actualidad.
5. Respecto al análisis cualitativo, realizado partiendo del concepto de influencia literaria, se puede observar que el impacto de Alexy en la jurisprudencia de la Corte Constitucional Colombiana, específicamente, en lo concerniente a la aplicación del análisis de proporcionalidad es notoria. Pero, esa influencia tiene una connotación distinta según la perspectiva desde la cual se aborde. Esto es, si se evalúa desde el rol de "lector fuerte" su influencia es profunda. Mientras que la influencia bajo su rol de "precursor" es superficial.

6. Como "lector fuerte" de la teoría de la proporcionalidad Alexy se convierte en fuente primaria para acceder a este conocimiento y replicarlo en la jurisprudencia constitucional, lo cual se verifica al constatar el alto nivel de citación de su obra en comparación con otros. Este posicionamiento se explica en la medida en que su trabajo facilita a la Corte la comprensión de la teoría de la proporcionalidad, y legitima su aplicación por la altura y prestigio académico de su fuente. De ahí que su influencia pueda identificarse como explícita y consciente.
7. Esta influencia puede ser también implícita entendida como una presencia que se manifiesta en el uso de una cierta estructura, de un modo de expresión que tiene origen en el canon y que determina la producción de la Corte Constitucional Colombiana. De este modo, Alexy, convertido en un autor canónico que definió un marco conceptual, un lenguaje técnico, y una idea clara de la interpretación constitucional en clave de proporcionalidad resulta indispensable, y su presencia se hace evidente incluso en la forma en la cual la Corte se expresa.
8. En cuanto a la influencia de Alexy como "precursor", cuyo principal aporte es el planteamiento de la fórmula del peso, puede decirse que su nivel de penetración es escaso. Lo anterior, por cuanto poco o nada se cita o describe el razonamiento ponderativo más allá de la cita a la ley de la ponderación, y desde luego, en esa misma proporción se aplica. Evidencia de ello, es que en la mayoría de las decisiones en las que se da aplicación al principio de proporcionalidad en sentido estricto, que en la teoría de Alexy debe hacerse a través de la ponderación, se evita este método y se hace más bien una evaluación simple de costo beneficio.
9. En este sentido, la recepción de la obra de Alexy, en la aplicación del test de proporcionalidad por parte de la Corte Constitucional Colombiana, resulta ser una adaptación fragmentaria. Esto, por cuanto no hace una lectura y aplicación

íntegras, sino selectivas tomando algunos elementos y descartando otros como la *fórmula del peso*. Adicionalmente, hace un ejercicio de integración y mixtura con otras teorías y tradiciones de manera que en el proceso de trasplante teórico resulta una adaptación no continua, que no sigue con rigor los pasos de la teoría canónica, sino que a partir de lecturas marginales o aisladas se hace una transformación que resulta en una teoría distinta.

10. En esta nueva teoría que se constituye a partir de la desviación y mutación de la teoría influyente, que para la Corte Constitucional Colombiana será la definición del test integrado de proporcionalidad, la presencia de Alexy ya sea explícita o implícita ha sido una constante innegable desde sus inicios hasta la actualidad, aun cuando el margen de penetración de la misma varíe según se trate de una u otra parte de su obra, confirmando así la hipótesis planteada al inicio de esta investigación.

Bibliografía

ALEXY, Robert. "Teoría de la argumentación jurídica. La teoría del discurso racional como teoría de la fundamentación jurídica", Segunda edición en español, Traducción de Manuel Atienza e Isabel Espejo, Centro de Estudios Políticos y Constitucionales, Madrid, 2012.

ALEXY, Robert. "Teoría de los derechos fundamentales", Segunda edición en español, Traducción y estudio introductorio de Carlos Bernal Pulido, Centro de Estudios Políticos y Constitucionales, Madrid, 2012.

ALEXY, Robert. "Dignidad humana y proporcionalidad" Traducción al español de Ma. Claudia Quimbayo Duarte, en: http://www.consejodeestado.gov.co/documentos/biblioteca/revistas/edi01/doc/art1.pdf

ALEXY. Robert. *A Theory of Constitutional Rights* (first publ. 1985), trans. Julian Rivers (Oxford: Oxford University Press, 2002.

ALEXY. Robert. "The Weight Formula", in: Jerzy Stelmach, Bartos Brożek, and Wojciech Załuski (eds.), *Frontiers of the Economic Analysis of Law* (Krakow: Jagiellonian University Press, 2007).

ALEXY, Robert. Sistema jurídico, principios jurídicos y razón práctica. En DOXA. 1988.

Araujo Rentería, J. Los métodos judiciales de ponderación y coexistencia entre derechos fundamentales. Crítica. Anuario de derecho constitucional latinoamericano, 853-877. (2006)

LABASTIDA, Luisa Conesa. "La tropicalización del principio de proporcionalidad: la experiencia de Colombia y México en el ámbito de igualdad". *Revista de derecho político*, 2010, no 77.

LÓPEZ MEDINA, Diego Eduardo. "Teoría impura del derecho: la transformación de la cultura jurídica latinoamericana". Bogotá: Legis, 2004.

SÁNCHEZ GONZÁLEZ, Santiago. "De la imponderable ponderación y otras artes del Tribunal Constitucional", en Teoría y Realidad Constitucional, número 12, Madrid, 2003.

SANCHO, Rosa. "Indicadores bibliométricos utilizados en la evaluación de la ciencia y la tecnología. Revisión bibliográfica". *Revista española de documentación científica*, 1990, vol. 13.

SCHWABE, Jürgen. "Jurisprudencia del Tribunal Constitucional Federal Alemán". Konrad Adenauer Stiftung. Berlín.

Sentencias Corte Constitucional Colombiana:
Sentencia T-422/92
Sentencia T-230/94
Sentencia C-445/95
Sentencia C-022/96
Sentencia C-093/01
Sentencia C-673/01
Sentencia C-355/06
Sentencia C-624/08
Sentencia C-838/13
Sentencia C-313/13
Sentencia C-601/15
Sentencia C-335/16
Sentencia C-220/17
Sentencia C-389/17
Sentencia C-535/17
Sentencia C-345/19
Sentencia C-084/20
Sentencia C-218/20
Sentencia C-432/2020
Sentencia C-433/2021
https://www.corteconstitucional.gov.co/lacorte/estadisticas.php

Hannah Arendt y la hermenéutica constitucional

Hannah Arendt and constitutional hermeneutic

Iván Leonardo Martínez Pinilla*

Resumen

El texto reflexiona sobre la presencia de la filosofía de Arendt en el lenguaje constitucional. La reflexión pone de presente una paradoja inicial: ¿Cómo es posible, que la filósofa del totalitarismo, del poder, del mal radical y del mal banal sea tan poco citada por la jurisprudencia constitucional colombiana? A partir de allí, el autor desenreda los fenómenos del *mal radical, mal banal y poder totalitario* descritos por Arendt, intentando demostrar que la interpretación que la Corte ha dado del concepto de *mal radical* es reductiva, de hecho, la Corte no pone de presente el *mal banal* y, de contera, no parece ser consciente de su capacidad destructiva. De este modo, el texto concluye dos cosas: (i) Que existe una presencia fuerte de Hannah Arendt en todo texto constitucional de los Estados Constitucionales de Derecho, pero la jurisprudencia no parece ser consciente de ello y, como consecuencia de lo anterior (ii) Que la filosofía de Arendt es necesaria y pertinente en toda hermenéutica constitucional.

Abtract

This text reflects on the presence and place of Arendt's philosophy in constitutional language. The analysis reveals an initial paradox: How is it possible that the philosopher who talks about totalitarianism, power, *radical evil* and *banal evil* is scarcely quoted by the constitutional case law of Colombia? From this initial standpoint, the author clarifies phenomena such as Arendt's *radical evil*, *banal evil* and *totalitarian power*, aiming at demonstrating that the Court has interpreted the concept of *radical evil* in a reductive manner, that the Court does not take into account *banal evil*

* PhD en Derecho Público (Tor Vergata University of Rome), Magister en Protección Internacional de Derechos Humanos (Sapienza University of Rome) y Magister en Gestión de la Construcción de paz (Instituto especializado Europa 2010, Roma).

and that the Court seems to be unaware of the latter *evil*'s destructive capacity. The text reaches two conclusions: (i) that there is a strong presence of Hannah Arendt in any text of the constitutional legal systems, but the case law seems to be unaware of it and, as a result of this (ii) Arendt's philosophy is necessary and relevant in any constitutional hermeneutics.

1.LA PRESENCIA FUERTE Y DECIDIDA DEL PENSAMIENTO DE ARENDT CONTRASTA CON EL POCO USO QUE LA JURISPRUDENCIA CONSTITUCIONAL COLOMBIANA HACE DE ELLA

Una filósofa gigante de la teoría política del siglo pasado no puede estar fuera de la estructura constitucional contemporánea. Este es el caso de Arendt, su pensamiento y sus categorías más fundamentales permean el esqueleto básico de la Constitución Política de Colombia: desde la relación entre lo público y lo privado, pasando por el concepto de lesa humanidad y llegando hasta la teorización del totalitarismo y sus formas más básicas de control, Hanna Arendt es sin duda una presencia fuerte en toda organización democrática actual.

Pese a ello, resulta paradójico que su presencia en la jurisprudencia constitucional sea incipiente, tangencial, poco menos que esporádica.[1] La Corte Constitucional incorpora textualmente a Arendt "d*entro del espíritu de la constitución*", sin embargo, lo hace mediante algunas citas descontextualizadas y mal tratadas; las sentencias que se analizan en este capítulo, intentan poner a Arendt como refuerzo dentro de despliegues argumentativos que de tanto en tanto invocan su nombre. Utilizo la palabra *invocar* porque las citas construidas por la Corte sirven más como recuerdo de su presencia, que como soporte conceptual y epistemológico de los axiomas básicos del texto constitucional; se invoca al santo sin explicar suficientemente el milagro.

---

[1] 8 sentencias desde 1992 a 2024 arroja el buscador de la Corte Constitucional en su Relatoría. Entre citas directas e indirectas

Y es que entender el pensamiento de Arendt supone entrar en la profundidad de las bases constitucionales, sondear en la "*sala de máquinas de la constitución*", por decirlo con Gargarella[2]. El fenómeno de la presencia fuerte y la escasa invocación entonces parece claro: el pensamiento de Arendt está tan cerca de la praxis constitucional y, por ende, del razonamiento constitucional contemporáneo, que debemos tomar una cierta distancia para poder observar su impacto. Hemos de tomar vuelo intentando mirar *desde lo más alto del paisaje constitucional* el mundo que Arendt trazó para el porvenir de todos nosotros. Es decir, no se puede pronunciar una sola palabra con sentido en la argumentación constitucional sino se pasa por el territorio que Hannah Arendt diseñó para los sistemas políticos contemporáneos. Su escasa presencia en la jurisprudencia constitucional colombiana tal vez sugiera, en sí misma, una conclusión anticipada: conocer a Arendt es conocer el "*subsuelo constitucional*", adquirir conciencia hermenéutica de la Constitución. Una consideración que además todo jurista debe tener en cuenta a la hora de plantear programas de investigación y pedagogía en torno a temas constitucionales.

Me propongo así tomar la distancia que nos permita contemplar la presencia permanente de Arendt en la realidad constitucional. Para ello, a propósito del estudio de 2 sentencias, desplegaré dos grandes ámbitos de reflexión de Arendt que, al ser invocados en el texto de las sentencias, introducen en nuestro discurso el léxico categorial de la autora. A partir de ellos, podremos reconstruir su presencia, para lograr ver la magnitud y el calado de su obra. Este capítulo estará entonces articulado de la siguiente manera: (i) Inicialmente se realiza una observación preliminar abordando el problema de la filosofía y la teoría en la sentencia judicial a partir de Arendt; (ii) Posteriormente, el texto reflexiona sobre la filosofía de Arendt y "el alma" de toda constitución dentro de un Estado Constitucional de Derecho y (iii) finalmente, se efectúa una crítica a la capacidad de los textos constitucionales actuales de hacer frente al

2 Gargarella, Roberto. La sala de máquinas de la Constitución. Editorial Katz.

mal banal que indefectiblemente desencadena el modo de producción de nuestros tiempos.

2. APUNTE PRELIMINAR: ARENDT, FILOSOFÍA, TEORÍA Y SENTENCIA JUDICIAL

En una entrevista televisiva con Gunter Gaus, en 1964[3], ante una pregunta referente a su "*lugar en el círculo de los filósofos*" Arendt respondió: "*Me temo que debo comenzar protestando. No pertenezco al círculo de los filósofos. Mi profesión, si es que se puede decir así, es la teoría política. No me siento en modo alguno filósofa.*" Unas palabras lapidarias si se considera que Arendt fue una interlocutora válida y crítica de filósofos de la talla de M. Heidegger y Gunter Jaspers. Ante aquella respuesta, el entrevistador replica solicitando a Arendt una aclaración al respecto. Su respuesta no se hizo esperar:

> "Mire usted, se trata de una diferencia objetiva. La expresión "filosofía política" que yo evito, esta extraordinariamente lastradas por la tradición, al hablar de estas cosas, desde un punto de vista académico o extraacadémico, tengo siempre en cuenta la existencia de una tensión vital entre filosofía y política; en concreto, entre el hombre como ser que filosofa y el hombre como ser que actúa. Esta tensión no sé da en la filosofía natural, por ejemplo. El filósofo se sitúa frente a la naturaleza como cualquier otro ser humano y, al reflexionar sobre ella, habla en nombre de toda la humanidad. Pero no puede ser objetivo o neutral frente a la política. No desde Platón."

La posición de Arendt no deja lugar a dudas, cuando se trata de tomar partido, de situarse en un contexto social e histórico determinado, se deja la filosofía y se abraza la teoría. Con esto no se quiera pensar que a través de Arendt estamos creando un argumento denostativo hacia la filosofía; no, todo lo contrario, al menos desde la perspectiva de Arendt, pareciera que la asignación de funciones concretas dentro del pensar, nos pone siempre en un plano teórico,

---

3 Jaume Andreu, la pluralidad del mundo, antología, Taurus, 2021, pág. 54.

mientras que el pensar por el pensar, la reflexión guiada por criterios universales pareciera ubicarnos en el plano filosófico. En otras palabras, mientras la teoría busca respuestas concretas mediante el acto del pensar, la filosofía se dedica a plantear mejores preguntas. Padece por tanto un movimiento especulativo.

A propósito de la condición de Arendt como teórica y no como filósofa, es posible aproximar un problema mucho más cercano al quehacer judicial, el problema de la jurisprudencia y la filosofía. Creo que se puede plantear de la siguiente manera: *¿deben los jueces hacer filosofía? ¿son las sentencias un medio para el filosofar?* Si se parte de esta honesta respuesta arendtiana la conclusión creo que resulta evidente. Los jueces no hacen filosofía en sus sentencias porque deben tener un discurso situado en el tiempo y en el espacio, es decir, instalado en su cultura circundante. La pregunta podría reformularse con el otro extremo de la discusión: *¿hacen los jueces teoría? ¿son las sentencias un medio para teorizar?* En principio nos queda claro que los jueces no tienen por qué hacer filosofía, su pensamiento no posee la pretensión de universalidad que sí tiene el divagar filosófico, ahora bien; *¿los jueces hacen teoría dentro de sus sentencias?* No. Al menos convengamos que no pretenden hacerla, no se encuentra ello dentro del contexto de uso de los tribunales; esa función social parece haber sido asignada a los profesores –precisamente, profesores como Arendt- sin embargo, esto no quiere decir que las sentencias judiciales y la teoría política, moral, económica y antropológica no tengan una estrecha relación, de hecho, no poseer recursos teóricos suficientes impide llevar a cabo cualquier praxis; nada razonablemente bueno podría ser decidido si las sentencias judiciales no estuvieran impregnadas, sumergidas, "embadurnadas" siempre de filosofía y de teoría.

Ahora bien, las sentencias judiciales poseen una función social bastante clara, decidir, gestionar un conflicto humano dentro de una verdad procesal dada. Esta función social concreta de la sentencia judicial –la gestión del conflicto que le es inherente- aleja a los jueces tanto del ámbito filosófico como del ámbito teórico. Los sitúa en un plano concreto dentro del cual resulta imposible salir. Los jueces en la sentencia no son filósofos ni deben serlo, tampoco teóricos, ni tienen por qué serlo. Pese a ello, si los jueces no logran trasparentar a través de sus decisiones el ámbito teórico y filosófico mediante el cual están creando palabras nuevas, entonces su lenguaje dejaría de tener sentido. En el plano concreto de la sentencia judicial, tanto filosofía como teoría aparecen como una sola cosa, no es posible en esa instancia tan concreta poder hacer diferenciaciones académicas respecto de los límites categoriales entre lo filosófico y lo teórico. Pero, reitero, si bien la función del juez y de la sentencia no es hacer filosofía, tampoco es posible hacer sentido en el texto jurídico sin filosofía ni teoría. La función del decisor entonces no es hacer filosofía, sino aclarar conceptos sin los cuales la decisión perdería su fuerza; la filosofía-teoría está siempre presente en toda providencia judicial, no podemos perder de vista que todo texto se encuentra consciente o inconscientemente –creo que este último es el caso de las providencias judiciales- "sumergido" en la filosofía y "envuelto" en la teoría. Es por tanto tarea del filósofo y no del jurista poner de presente la potencia de las categorías teórico-filosóficas inmersas en los argumentos judiciales. Así como le sucedía claramente a Hanna Arendt, el juez debe ser perfectamente consciente de la acción que está desplegando mediante la sentencia judicial, no está haciendo filosofía, tampoco teoría, pese a ello, sin aquellas dos su acción concreta perdería todo sentido.

Es menester recordar, que todo texto normativo se encuentra infundido de categorías teóricas que deben ser desplegadas en el argumento mediante consideraciones filosóficas. Me pregunto: *¿se puede ser juez sin un acercamiento consciente del acto de filosofar y de teorizar?* Un juez sin filosofía ni teoría en su equipaje, vaga por el mundo entre sombras, se convierte en un "ente" rumiador de categorías, aplicador irreflexivo de "textos sacros", sacerdote del dogma legislado, perro faldero del poder en turno. Estando en Arendt, el juez se convertiría en funcionario irreflexivo de un aparato de poder, en un vehículo para la banalidad del mal totalitario.[4] Se podría decir entonces, en la

4 Me ocuparé del concepto de banalidad del mal más adelante.

forma, quiero decir, que por ejemplo, en las resoluciones oficiales de posesión de un cargo, se puede ser juez sin saber filosofía; en la sustancia, en la autenticidad del quehacer, no se puede ser un hermeneuta, ni poner un texto con sentido si no se entienden los léxicos filosóficos que guían la praxis hermenéutica. El léxico filosófico del razonamiento judicial permite a todo jurista guiarse en el mundo y mejorar su praxis, permite recorrer su ámbito con "ojos nuevos" ante hechos viejos. Le permite, en ultimas, encontrar mejores razones. "Ganar" -si de ello se tratase-, el debate jurídico, siempre que este sea planteado bajo el criterio de lo razonable.

3. LA PRESENCIA FUERTE DE ARENDT EN EL ALMA DE LA CONSTITUCIONALIZACIÓN DEL DERECHO

Como vengo sosteniendo, la Corte Constitucional Colombiana ha recurrido de forma tangencial al pensamiento de Arendt. Las formas de citación que hace la Corte en los dos casos que se seleccionan para este artículo, resultan poco más que anecdóticas, empero, su pertinencia radica en la cercanía semántica del pensamiento de Arendt con las cuestiones discutidas por la Corte. No es casual que Arendt sea "citada" ("invocada") precisamente en éstas dos sentencias que llevaron a cabo el análisis de constitucionalidad de leyes **que pretendían regular formas de juzgamiento sobre crímenes atroces[5].**

La primera es la sentencia C- 080 de 2018,[6] en donde la Corte realiza un control previo de constitucionalidad de la *Ley Estatutaria de la Administración de Justicia en la Jurisdicción Especial para la*

5 Con crímenes atroces me refiero a los crímenes de Genocidio (artículo 6), crímenes de lesa humanidad (artículo 7) y crímenes de guerra (artículo 8) del Estatuto de la Corte Penal Internacional.

6 Corte Constitucional. Acción Publica de Inconstitucionalidad, sentencia C 080 de 2018, magistrado sustanciador Antonio José Lizarazo Ocampo.

Paz[7] y cita a Arendt en la aclaración de voto formulada por la Magistrada Diana Fajardo Rivera. La segunda, es la sentencia **C- 666 de 2008**,[8]donde la Corte efectúa el análisis de constitucionalidad del inciso 1 (parcial) del artículo 126 de la Ley 734 de 2002 "*por la cual se expide el Código Disciplinario Único*". La Corte analiza si las solicitudes de revocatoria en el caso de las faltas disciplinarias que constituyan violaciones del derecho internacional de los derechos humanos y del derecho internacional humanitario pueden ser ajustadas a la Constitución.[9] Si bien se trata de sentencias que se encuadran dentro del ámbito semántico de las violaciones gravísimas de derechos humanos, ambas **"tocan" categorías centrales del pensamiento de Arendt que me permiten, por así decirlo, una vía de fuga para la observación y un punto de partida para la reflexión**.

Veamos:

3.1. Una Constitución capaz de conjurar el mal radical: Una constitución anti totalitaria

La sentencia **C- 080 de 2018** pone bajo la lupa la Ley Estatutaria de la Administración de Justicia en la Jurisdicción Especial para la Paz. Entre muchísimas cosas, analiza la exequibilidad del artículo

---

7 El Proyecto de Ley Estatutaria hace parte del conjunto de normas adoptadas por el Congreso de Colombia para dar cumplimiento a la implementación del Acuerdo Final, suscrito el 24 de noviembre de 2016, entre el Gobierno Nacional y las Fuerzas Armadas Revolucionarias de Colombia, FARC-EP, específicamente al punto cinco "*Acuerdo sobre las Víctimas del Conflicto: "Sistema Integral de Verdad, Justicia, Reparación y No Repetición", incluyendo la Jurisdicción Especial para la Paz; y Compromiso sobre Derechos Humanos"*".
La Jurisdicción especial para la Paz, es el mecanismo judicial-transicional creado por el Estado Colombiano para juzgar los crímenes atroces derivados del conflicto armado colombiano.

8 Corte Constitucional. Acción Publica de Inconstitucionalidad, sentencia C 666 de 2008, magistrado ponente, Mauricio Gonzales Cuervo.

9 Puntualmente las contempladas en los numerales 5, 6, 7, 8, 9,10, 11,12,13,14 y 15 del artículo 48 de la ley 734 de 2002.

146[10] del Proyecto de Ley Estatutaria, que crea una excepción en la aplicación de las sanciones propias (sanciones restaurativas estipuladas mediante el artículo 128 del mismo proyecto de ley)[11] considerando que los combatientes (superiores jerárquicos y subordinados) quedarían excluidos del beneficio de este tipo de sanciones cuando hubiesen "*cometido cualquier tipo de delito sexual contra Niños, Niñas o Adolescentes*." A pesar de que la Corte declaró la exequibilidad del citado artículo, la Magistrada Diana Fajardo Rivera presentó una aclaración de voto estimando, que si bien la construcción transicional y restaurativa del articulo 146 era adecuada, la referida exclusión no permitía observar adecuadamente las repercusiones negativas que tenía la norma sobre la garantía y eficacia de los derechos a la verdad y reparación de los menores de edad víctimas de la comisión de delitos sexuales en el marco del conflicto armado. Consideraba que ello (i) alejaba el descubrimiento de la verdad sobre este tipo de atrocidades; (ii) evitaba la presencia fuerte de las víctimas en los procesos transicionales que les afectaban; del otro lado, consideró, que la exclusión impactaba el principio de igualdad al establecer una diferencia injustificada en el reproche frente a la perpetración de los crímenes más graves en el conflicto armado; y, (iii) ponía de presente la inadecuada comprensión que evidenciaba el artículo 146 sobre el alcance de la justicia en momentos de transición, pues, aunque ésta no prescinde totalmente de la concepción retributiva

---

10 **ARTÍCULO 146.** Las sanciones a las que se hace referencia en el Titulo IX de la presente ley no serán aplicables a quienes hayan cometido cualquier tipo de delito sexual contra Niños, Niñas o Adolescentes.
A los infractores a los que se hace referencia en el inciso anterior se les aplicarán las penas y sanciones contempladas en la Ley 599 de 2000 o la que haga sus veces, y no procederán ninguna clase de beneficios o subrogados penales, judiciales y o administrativos, incluyendo los que se consagran en la presente ley.

11 **ARTÍCULO 128. SANCIONES PROPIAS.** Las sanciones propias de la JEP, que se impondrán a todos quienes reconozcan responsabilidad y verdad exhaustiva, detallada y plena ante la Sala de Reconocimiento, respecto a determinadas infracciones muy graves, tendrán un mínimo de duración de cumplimiento de las funciones reparadoras y restauradoras de la sanción de cinco años y un máximo de ocho años.

que inspira el derecho penal ordinario, incorpora enfoques restaurativos y reparadores, los cuales eran dejados de lado por el Legislador estatutario en ese caso.

La aclaración de voto elaborada por la Magistrada Fajardo Rivera, reflexiona sobre Arendt (en una clásica mención indirecta, de las que suele hacer la Corte cuando lee a algunos filósofos con los lentes de otros) con una cita que de ella hace el filósofo argentino Carlos Nino. Arendt es efectivamente espectral, está, pero no está, está mediante Nino, podríamos decir. Diana Fajardo entonces, comienza con una afirmación que pone a Arendt, a través de su libro "*La condición humana*", citado por Nino en su libro "*El juicio al mal absoluto*", pág. 55, en el centro de toda discusión constitucional en general, y de la que se abordaba en ese caso, en particular:

> El juzgamiento del mal absoluto o radical, término usado por pensadores como Hannah Arendt y Carlos Santiago Nino tras el holocausto de la segunda guerra mundial y la dictadura en Argentina, respectivamente, es un asunto que demanda profundas reflexiones sobre la capacidad de las sociedades, y de instrumentos como el Derecho, para dar respuestas adecuadas y proporcionales al daño cometido, que dignifiquen el estatus moral de las víctimas comprometidas y, además, el de cada uno de los integrantes de la sociedad. (Aclaración de voto, sentencia C- 080 de 2018)

En nota al pie, Fajardo, gracias a Nino que sí lee a Arendt, sostiene:

> Hannah Arendt afirma que es muy poco lo que sabemos acerca de la naturaleza del mal radical. Así, sostiene que somos "incapaces de perdonar aquello que no [podemos] castigar [e] incapaces de castigar aquello que se ha vuelto imperdonable" (1958: 241). En su concepción, el mal radical no puede ser castigado ni perdonado, y por lo tanto trasciende el reino de lo humano y destruye nuestras potencialidades. Esta imagen de impotencia frente al mal radical puede parecer a primera vista una simple imagen literaria, una forma de expresar la inadecuación de la evaluación social, de la justicia humana y de nuestra capacidad de castigar. Pero, sustancialmente, muestra la dificultad de responder al mal radical con las medidas ordinarias que aplicamos a los criminales comunes."

La Magistrada Fajardo en su aclaración de voto, nos deja la mesa servida para muchos problemas que Arendt encaró con rigor y que, sin ella, me atrevo a sostener, no podríamos abordar. Esta afirmación de Arendt mediante Nino nos coloca ante tres problemas claves de Arendt: (i) la divagación teorética sobre el mal, si se quiere, la metafísica del mal que inicialmente Arendt llamó el *mal radical* y que en el trascurso de su obra "corregirá" y reconstruirá en su obra más madura como un peligroso y a la vez fútil *mal banal;* (ii) La imposibilidad del perdón frente al mal radical y (iii) la imposibilidad de castigo del mal radical. Una buena cantidad de problemas que se desenredan y se enredan en el tiempo y el espacio específico que los observa.

En lo que respecta a la sentencia **C- 666 de 2008**, a propósito de la validez de la norma "*por la cual se expide el Código Disciplinario Único*", entre muchas otras cosas, la Corte reflexiona sobre la concepción ética del poder, explicando uno de los rasgos constitucionales más determinantes de los Estados que se pretenden democráticos; sin titubeos la Corte reafirma[12]:

> Es indiscutible que "El constituyente dio la más alta fuerza normativa a una concepción ética del ejercicio del poder, según la cual, nada está por encima del respeto y garantía de los derechos humanos y las libertades fundamentales, ni siquiera en los Estados de excepción", y que los derechos humanos y el Derecho Internacional Humanitario constituyen criterios hermenéuticos esenciales para determinar el contenido propio tanto de otras cláusulas constitucionales más particulares, como de las normas infra constitucionales. (Subrayas fuera del texto original)

En un párrafo más adelante, íntimamente ligado a esta idea estructural de todo el sistema normativo, aparece Arendt, en un pasaje que, a mi juicio, refleja vivamente la filosofía-teoría de Arendt y que, sin entrar en las particularidades de su despliegue hermenéutico, sí presenta las consecuencias prácticas de su pensamiento, porque no solo analiza el fenómeno del mal y del poder, sino que reconoce y valora **la filosofía "encarnada" o "incorporada" en la jurisprudencia**. Con claridad la sentencia afirma:

> En los eventos que atañen a los derechos humanos, tales decisiones no tienen un carácter meramente filosófico, sino que de hecho apuntan a

---

12 La Corte sustenta su dicho en la sentencia C-587 de 1992 M.P Ciro Angarita Barón, un garantista.

> resolver problemas reales que enfrentan la sociedad y sus miembros, en tanto el contenido que se dé a tales derechos les afecta, define las posibilidades de convivencia social y sustenta la legitimidad de las autoridades. "'El delincuente es llevado a la corte penal, no porque ha dañado a determinadas personas, tal como en el caso de la justicia civil, sino porque su delito pone en peligro la comunidad como entidad entera,' anotó Hannah Arendt en relación al proceso de Nuremberg"[11].

Como se verá, esta última afirmación de Arendt, la relativa a los crímenes de lesa humanidad, no fue pacífica y comportó para ella una lucha valiente en su tiempo. El concepto era espurio, novedoso y por tanto sometido a toda clase de escrutinios. Es sabido que en la praxis filosófica muchos no distinguen entre el concepto y el autor, atacando en tándem al sujeto para descalificar al concepto, ésta fue, por tanto, una de las tantas categorías jurídico-políticas que supusieron un sufrimiento en carne y hueso para la autora. Pero es la Corte Constitucional y no Arendt quien introduce en nuestro relato el concepto de Derechos Humanos, no porque Arendt fuera contraria o extraña a estos, sino porque en su interés filosófico era consciente de que los derechos más fundamentales son, en algún modo, la cura al *mal radical, al totalitarismo* y, en última instancia, al *mal banal*.

Como ya afirmé, Hannah Arendt no pretendió hacer filosofía. En mi opinión, su intención nada tuvo que ver con la estipulación de universales trascendentes ni la conformación de esencialidades; por el contrario, su obra demuestra un profundo conocimiento del ser arrojado en el mundo, del Dasein Heideggeriano, un actuar de alguien consciente de su mundanidad, un "estar-se" en el mundo. Arendt enfrentó el análisis del mal, inicialmente definiéndolo como mal radical y finalmente reconfigurándolo en el *mal banal*. Despliega un pensamiento situado, histórico-material, que abraza con fuerza de un lado, la construcción de ideas sin las cuales no se puede guiar ni entender el mundo y, del otro, su incorporación en el mundo. El pensar de Arendt fue por tanto un constante reflexionar sobre mundos inicialmente "ideales"; conceptos o categorías, que, con su historicidad van haciéndose al "rio de la historia", nociones que se incorporan y desincorporan, son inmanentes en él y no se pueden desligar uno del otro.

El mal fue entonces una categoría conceptual seriamente abordada por Arendt dentro del mundo que tuvo que vivir y dentro de la barbaridad que ella, en carne propia, tuvo que sufrir. De allí su impulso intelectual hacia el análisis del mal.

En su obra *Los orígenes del totalitarismo*, Arendt presenta un relato que pretende desenmarañar los hilos del totalitarismo, pero termina por desnudar al poder como impulso del actuar humano. El poder en Arendt no es un ente, es un devenir del ser en el mundo y por tanto se revela en la historia. En la búsqueda de las formas totalitarias del actuar europeo, Arendt inicia su relato con profunda autocritica de la cuestión judía, logrando encontrar en el antisemitismo la semilla que llevó a las burguesías europeas, de la mano del modelo de producción capitalista, por los caminos del imperialismo, el colonialismo y encontrando finalmente su síntesis en las diferentes formas de totalitarismo. Arendt muestra al totalitarismo como semilla, no como punto de llegada de la historia sino como punto de partida haciendo una denuncia feroz al pensamiento de Hobbes. Al respecto Hannah, con una lúcida actualidad, concluye:

> Lo que los imperialistas realmente deseaban era la expansión del poder político sin la fundación de un cuerpo político. La expansión imperialista había sido desencadenada por un curioso tipo de crisis económica, la superproducción de capital y la aparición de dinero «superfluo», resultado de un exceso de ahorro que ya no podía hallar inversiones productivas dentro de las fronteras nacionales. Por vez primera la inversión de poder no abrió el camino a la inversión de dinero, sino que la exportación de poder siguió mansamente al dinero exportado, dado que las inversiones incontrolables en lejanos países amenazaban con convertir en jugadores a grandes estratos de la sociedad, en hacer que toda la economía capitalista dejara de ser un sistema de producción para trocarse en un sistema de especulación financiera, y de sustituir los beneficios de la producción con los beneficios de las comisiones. La década inmediatamente anterior a la época imperialista, la de los setenta del siglo pasado, pudo presenciar un crecimiento sin paralelo de las estafas, los escándalos financieros y el juego en la Bolsa.[13] (Arendt, 1998, pp. 125).

---

13 H Arendt, *Los orígenes del totalitarismo*; Título original: *The origins of the totalitarianism*, Editor: Harcourt Brace Jovanovich, Inc., Nueva York, versión española de Guillermo Solana, Grupo Santillana de Ediciones, S. A., Madrid, 1998, pp. 126.

El camino del poder imbuido de capital supuso un espacio anárquico de consolidación del imperialismo al punto de desconocer cualquier ley, Arendt es concluyente con la necesidad de contener el poder mediante leyes y constituciones que establezcan límites claros a todo poder. Un poco más adelante sostiene:

> El huero deseo de la burguesía de hacer que el dinero engendre dinero como los hombres engendran hombres siguió siendo un feo sueño, mientras que el dinero tuvo que recorrer el largo viaje de la inversión a la producción; ningún dinero había engendrado dinero, pero los hombres habían hecho cosas y dinero. El secreto de este nuevo logro afortunado era que las leyes económicas ya no se alzaban en el camino de la rapacidad de las clases poseedoras. El dinero pudo por fin engendrar dinero porque el poder, con desprecio completo por todas las leyes —tanto económicas como éticas—, podía apropiarse de la riqueza. Sólo cuando el dinero exportado logró estimular la exportación de poder pudo hacer realidad los designios de sus propietarios. Sólo la ilimitada acumulación de poder logró producir la ilimitada acumulación de capital. (Arendt, 1998, pp. 126).

En un paso concluyente, Arendt notó la relación entre la acumulación de poder, la acumulación de capital y la acumulación de violencia; estos tres fenómenos si no se observan con detenimiento y cautela desencadenarán sin duda sus efectos totalitarios:

> La concentración monopolística y la tremenda acumulación de violencia en la madre Patria convirtieron a los servidores en activos agentes de la destrucción, hasta que, finalmente, la expansión totalitaria se trocó en una fuerza destructora de la nación y del pueblo. El poder se convierte en la esencia de la acción política y en el centro del pensamiento político cuando es separado de la comunidad política a la que debería servir. Esto, ciertamente, es consecuencia de un factor económico. Pero la resultante introducción del poder como único contenido de la política y de la expansión como su único fin difícilmente hubiera hallado tan universal aplauso ni hubiese encontrado tan escasa oposición la consiguiente destrucción del cuerpo político de la nación, si no hubiese respondido perfectamente a los deseos ocultos y a las convicciones secretas de las clases económica y socialmente dominantes.

En extrema síntesis, Arendt encuentra en *Los orígenes del totalitarismo* una fenomenología del mal que la acompañará en toda su obra; inicialmente denomina a este fenómeno como el *mal radical, con* el tiempo cambiará de idea y decantará el fenómeno *en el mal banal*. Que no se piense, ni por un segundo siquiera, que el hecho de que Arendt hubiese observado al poder y sus formas totalitarias en un periodo histórico y respecto de una cultura especifica, quiera decir que sus observaciones sean solo reducibles a su horizonte histórico. No, sus observaciones, sin pretender ser universales, sí cumplen una función precisa en el diálogo constitucional de nuestros días y nos sirven de soporte para observar el mundo que nos toca. Sus palabras, bien pueden ser actualizadas a tiempo presente. Un pasaje lucido de Arendt fue tan actual en aquel entonces como lo es ahora,

> Cuando, en la era del imperialismo, los hombres de negocios se convirtieron en políticos y fueron aclamados como hombres de Estado, mientras que a los hombres de Estado sólo se les tomaba en serio si hablaban el lenguaje de los empresarios con éxito y si «pensaban en continentes», estas prácticas y estos medios particulares fueron transformados gradualmente en normas y principios para la gestión de los asuntos públicos. El hecho significativo de este proceso de revaluación, que comenzó a finales del pasado siglo y todavía sigue en marcha, es el de que se inició con la aplicación de las convicciones burguesas a los asuntos exteriores y sólo lentamente se extendió a la política interior. [14]

Nada más enriquecedor para la construcción de relatos constitucionales que la desnudez del poder y sus formas de actuación. Después de todo, hasta antes de Arendt todo texto constitucional se comportaba como mecanismo del poder político hegemónico, ahora, los textos constitucionales pretenden ser una condición de contra-poder. Por decirlo con Ferrajoli, las constituciones liberales se dedicaron a explicar (i) quién administra el poder y (ii) cómo se administra el poder, mientras que las pretendidas constituciones de post guerra se deben dedicar a explicar (iii) todo aquello que no debe ser decidido por ningún poder (indecidibilidad constitucional) y (iv) todo aquello que debe ser decidido por todo poder (decidibilidad constitucional). Sin el profundo análisis de Arendt nada de esto podría haber sido hilado. Además, para encontrar razones históricas enraizadas en el mis-

---

[14] Ibid. *Los orígenes del totalitarismo,* 1998, pp. 128.

mísimo renacimiento como semilla de todo lo bueno y lo malo del sistema de producción capitalista, Arendt se adentra en la evaluación de un autor predilecto del pensamiento liberal, Thomas Hobbes. En un análisis amplio y profundo de la obra de Hobbes, Arendt despliega cada una de las determinaciones teóricas que se entrelazaron –no podríamos decir que dieron inicio o que fueron el medio de justificación del poder, simplemente se entrelazaron como lo hace toda teoría en la praxis- al respecto, y, debo decir, con profundas consecuencias para la reflexión constitucional de nuestros días, Arendt, entre muchas otras cosas concluye en Hobbes:

> Cada hombre y cada pensamiento que no se conforma al objetivo último de una máquina cuyo único objetivo es la generación y la acumulación de poder es una molestia peligrosa. Hobbes juzgaba que los libros de los «antiguos griegos y romanos» eran tan «perjudiciales» como las enseñanzas de un «Summum bonum (cristiano)... tal como (fueron) expresadas en los libros de los antiguos filósofos moralistas» o la doctrina según la cual «todo lo que un hombre haga contra su conciencia es pecado» y la que afirma que «las leyes son las normas de lo justo y de lo injusto». La profunda desconfianza de Hobbes hacia toda la tradición occidental de pensamiento político no nos sorprenderá si recordamos que no quería nada más ni nada menos que la justificación de la tiranía, que, aunque había existido muchas veces en la historia occidental, jamás había sido honrada con una base filosófica. Hobbes se siente orgulloso de reconocer que el Leviathan equivale realmente a un gobierno de permanente tiranía: «El nombre de tiranía no significa nada más ni nada menos que el nombre de soberanía...; creo que la tolerancia hacia el odio profesado a la tiranía es una tolerancia hacia el odio profesado a la Comunidad en general...»[15]

El poder, como mecanismo de toda acción política, como pulsión de vida y muerte, es un fenómeno presente en toda acción humana bien entendida; en sí, el poder no es un ángel ni un demonio, simplemente es, se presenta, está ahí en el mundo. Ahora bien, si ese poder no posee mecanismos de contención, leyes, tanto morales como jurídicas, entonces degenerará en imperialismo, en anarquismo caudillistas y, finalmente, degenerará en totalitarismos oprobiosos. Toda acción totalitaria culmina con crimines atroces,

---

15 Ibid. *Los orígenes del totalitarismo,* 1998, pp. 133

con violaciones masivas y sistemáticas de las normas más básicas de convivencia humana dando al traste con la acción social.

> Porque una comunidad basada en el poder acumulado y monopolizado de todos sus individuos deja necesariamente a cada persona desprovista de poder, privada de sus capacidades naturales y humanas. La abandona convertida en diente de una máquina acumuladora de poder y con libertad para consolarse a sí misma con sublimes pensamientos acerca del destino último de esta máquina que se halla construida de tal manera que puede devorar al globo siguiendo simplemente su propia ley inherente.[16]

Las palabras de Arendt han sido perfectamente leídas por la teoría constitucional italiana, hoy en día denostadas por el anarcocapitalismo global imperante. Recuérdese, por ejemplo, la definición que hacen Bobbio, primero, y Ferrajoli después, del concepto de soberanía, interpretado en clave anti totalitaria, concepto presente en nuestro texto constitucional, "*los derechos fundamentales son porciones de soberanía que residen en el patrimonio jurídico de todo ciudadano*". Lo que pretende esta descripción del mundo, firmemente consolidada en el Estado Constitucional de derecho es precisamente evitar convertirnos en "*una comunidad basada en el poder acumulado y monopolizado de todos sus individuos*" que "*deja necesariamente a cada persona desprovista de poder, privada de sus capacidades naturales y humanas*". Aquí reside el núcleo de toda constitución, núcleo que hoy se encuentra gravemente amenazado[17] precisamente por el retorno del anarcocapitalismo global.[18]

---

16 Ibid. *Los orígenes del totalitarismo,* 1998, pp. 134

17 A propósito de los procesos de-constituyentes en curso, recomiendo la lectura de: Poderes salvajes. La crisis de la democracia constitucional (2013) Y Constitucionalismo más allá del Estado (2018) de Luigi Ferrajoli.

18 Al respecto sugiero la lectura de mi artículo: *Constitucionalizar las relaciones jurídicas de actores trasnacionales: un modelo teórico jurídico para contrarrestar los poderes salvajes de la globalización desregulada*. Revista derecha del Estado. 59 (abr. 2024), 325–364. DOI:https://doi.org/10.18601/01229893. N. 59. 11.

3.2. ¿Una Constitución capaz de contener el mal banal?

En repetidas ocasiones el profesor Luigi Ferrajoli, en la misma línea de Bobbio, ha afirmado que el fenómeno de constitucionalización del derecho se desarrolló a partir de las constituciones antifascistas de la post guerra mundial; encuentra en la Constitución Italiana de 1948, en las posteriores constituciones europeas y, luego, en las de los estados Iberoamericanos, el alma de la constitucionalización. Entre los rasgos distintivos de toda constitución de post guerra evidencia la fuerte vocación pacifista, democrática, de resolución pacífica y dialogada de los conflictos sociales. Sería Arendt, quien bajo la sombra de las nuevas constituciones antifascistas, nos presentaría un mejor relato, una mejor descripción del fascismo, ya no entendiéndolo desde su presencia ideológica, sino analizándolo dentro de un contexto político mayor, históricamente rico de ires y venires, y señalándolo como una forma de totalitarismo, pero no la única. Arendt logra persuadirnos de la idea según la cual, el fascismo y el nazismo no fueron una excepcionalidad histórica, sino el producto del pensamiento europeo, sobre todo del pensamiento liberal y colonial que Europa desarrolló por siglos.

La vuelta de tuerca que Arendt hace sobre el fenómeno del mal, transmutándolo de mal radical a mal banal, resulta de enorme relevancia para nuestro relato. Análisis que debe hacerse porque la sentencia **C- 080 de 2018 "invoca" al mal radical como enfermedad y al castigo de crímenes atroces como cura, un espacio perfecto para observar la trasmutación del fenómeno. Trasmutación que, dicho sea de paso, la Magistrada Fajardo no explicita en su salvamento de voto, pero que sí se había recogido en cierta medida en la sentencia C- 666 de 2008 con referencia a la categoría de crimen de lesa humanidad y de derechos humanos.**

3.3. El mal radical. Breve reflexión.

El mal radical de los totalitarismos del siglo XX se pensó desde Kant, o sea, desde una ontología que plantea al mundo como un mar de fines y de medios disponibles; dentro de tal ontología, la construcción del mal debe seguir fines "malévolos" y, de contera, disponer de medios violentos, atroces y totalitarios para su cumplimiento. El giro que encuentra Arendt, bebiendo, creo yo, del planteamiento Heideggeriano, es que observa al individuo como Dasein, un pensante-actuante que tramita constantemente con el mundo que lo circunda. Un "ser" arrojado en el mundo; no es, como para Kant, una subjetividad capaz de disponer del mundo como medio en vista de fines, es más bien un ente pensante que tranza, que recibe estímulos y da respuestas al mundo. De contera, el mundo que lo circunda lo co-implica, no es un mundo o un objeto implicado por un sujeto, sino que es un sujeto envuelto por el mundo, arrojado en el mundo.

En conclusión, el Dasein no se puede entender sino en relación con el mundo que lo rodea, incluidos, por supuesto, los otros. El Dasein se define en término de los otros, otros seres ahí, arrojados como él en el mundo. Ahora bien, la relación entre seres arrojados en el mundo tiene algunas formas de relación, formas de "distancialidad", es decir, maneras de relacionamiento intersubjetivo, una de ellas, la más crucial para el pensamiento del mal banal, es el *impersonal Se*: por decirlo de alguna manera, el Dassain se mide con los otros en aras de conformarse al promedio esperado por los otros, a la media, dentro de lo normal o lo aceptable. Una "hegemonía *de la medianía que vela sobre todo conato de excepción. Toda preeminencia queda silenciosamente nivelada*". Una distancia anónima, una intersubjetividad mediocre, que se habita en el espacio público.

> Más arriba se hizo ver que en el mundo circundante inmediato ya está siempre a la mano, como objeto de la ocupación común, el "mundo circundante" público. En la utilización de los medios de locomoción pública, en el empleo de los servicios de información (periódicos), cada cual es igual al otro. Esta forma de convivir disuelve completamente al Dasein propio en el modo de ser "de los otros", y esto, hasta tal punto, que los otros desaparecen aún más en cuanto distinguibles y explícitos. Sin llamar la atención y sin que se lo pueda constatar, el uno despliega una auténtica dictadura. Gozamos y nos divertimos como se goza; leemos, vemos y juzgamos sobre literatura y arte como se ve y se juzga; pero también nos apartamos del "montón" como se debe hacer; encontramos "irritante" lo que se debe encontrar irritante. El uno, que no es

> nadie determinado y que son todos (pero no como la suma de ellos), prescribe el modo de ser de la cotidianidad.[19]

Es aquí donde radica lo que Arendt llamará la *banalidad del mal*. No en el sentido de que la distancialidad anónima de lo impersonal sea en sí misma una condición de maldad. Mas bien, en el sentido de que dentro de esta distancialidad anónima, el Dassain descarga toda responsabilidad de sí mismo, se iguala a las masas, defiere su responsabilidad en el aparato social de pertenencia. El mal banal se desenreda en el mundo mediante la aceptación irreflexiva del impersonal "se." El mal banal solo se puede entender si se acepta que los individuos pertenecemos a un aparato social que opera, que se desenvuelve haciendo mundo, no progresa ni regresa, simplemente va; nos somete a una vida inauténtica. Dentro de aquel aparato-mundo el mal aparece brutal y descarnado, solo que aquí, no posee un fin aparente, solo dispone de medios. El individuo es presa del aparato técnico que lo circunda y, por lo tanto, sin los debidos "faros morales", sin una vida auténtica, el individuo –Dassain- simplemente es presa del mundo. El mal banal es entonces, el producto del acto irreflexivo del individuo, por decirlo con Atienza, al acto formalista que acepta las reglas como orden de autoridad insuperable, sin la debida cautela, el acto burocrático y mecánico que lleva la acción hacia la nada, hacia un no-sentido sin reflexionar sobre las consecuencias ni los efectos que aquel acto pueda comportar. Arendt verá en Adolf Eichmann la representación encarnada de los efectos del mal banal.

En su intercambio epistolar con Carl Jaspers, Arendt deja muy clara esta idea, reflexionando aún dentro de la categoría de mal radical: "*No sé lo que es realmente el mal radical, pero me parece que de algún modo tiene que ver con los siguientes fenómenos: hacer superfluos a los seres humanos como seres humanos (no se trata de utilizarlos como medios, lo cual deja intacta su condición humana y solo vulnera su dignidad humana, sino de hacerlos superfluos). Esto se sucede en cuanto se suprime toda imprevisibilidad a la que corresponde la espontaneidad del lado de los seres humanos.*

---

19 M. Heidegger, Ser y Tiempo, Traducción, prólogo y notas de Jorge Eduardo Rivera, Edición digital de: http://www.philosophia.cl, pp. 131.

A su vez, todo esto surge, o mejor: depende del delirio de la omnipotencia (no simplemente ansia de poder) del hombre".[20]

Jaume nos enlaza esta idea principal en lo que aquí he llamado trasmutación del concepto de *mal radical* al *mal banal* mediante una afirmación de la autora en una de sus conferencias, cuando se refiere al concepto de genocidio. Al respecto Arendt afirma:

> Nunca se alcanza el grado moral de este asunto denominado "genocidio" a lo que sucedió contando los millones de víctimas: el exterminio de pueblos enteros había ocurrido antes durante la Antigüedad y en la moderna colonización. Ese grado se alcanza solo cuando nos damos cuenta de que aquello ocurrió dentro del marco de un orden legal y que la clave de bóveda de esta "nueva ley" consistía en el mandamiento "Mataras", pero no al enemigo sino a gente inocente que no era siquiera potencialmente peligrosa, y no por ninguna razón de necesidad sino, por el contrario, contra toda consideración militar o utilitaria. (...)
>
> Y estos hechos no fueron cometidos por proscritos, monstruos o sádicos tarados, sino por los miembros más respetables de la sociedad. Finalmente, debe ponerse de manifiesto que, aunque estos asesinos de masas actuaron de acuerdo a una ideología racista, antisemita o en cualquier caso demográfica, los asesinos y sus cómplices directos a menudo no creían en esas justificaciones ideológicas; para ellos era suficiente que todo ocurriera de acuerdo a la "voluntad del Fuhrer" que era ley de la tierra, y de acuerdo con las "palabras del Fuhrer", que tenían fuerza de ley. (Jaume, pp. 43 -44, 2021).

4. EICHMANN COMO ENCARNACIÓN DE LA BANALIDAD DEL MAL

En su libro *Eichmann en Jerusalén: un estudio sobre la banalidad del mal*, Hannah recapacita sobre tres elementos cruciales dentro del juicio que el pueblo judío llevó a cabo en contra de Adolf Eichmann, (i) el problema de la parcialidad propia de un tribunal formado por los vencedores, (ii) el de una justa definición de «delito contra la

---

20 Ob. Cit. Jaume Andreu, *la pluralidad del mundo, Antología*, Taurus, 2021, PP. 43.

humanidad», y (iii) el de establecer claramente el perfil del nuevo tipo de delincuente que comete este tipo de delito. A este respecto habría que decir, que el perfil que Arendt encuadra como "*nuevo tipo de delincuente*", es el delincuente que participa mansamente en el exterminio de millones de congéneres y es personificado por Adolf Eichmann. Con diáfana lucidez Arendt critica los argumentos del tribunal en cuanto a su descripción kantiana de Eichmann: el tribunal, haciendo juego a la acusación, lo describe como un ser abyecto, frívolo, sádico pervertido el "*monstruo más anormal que jamás vieran los humanos*", Arendt se aparta totalmente de esta interpretación y en cambio, lo describe como sigue:

> Lo más grave, en el caso de Eichmann, era precisamente que hubo muchos hombres como él, y que estos hombres no fueron pervertidos ni sádicos, sino que fueron, y siguen siendo, terribles y terroríficamente normales. Desde el punto de vista de nuestras instituciones jurídicas y de nuestros criterios morales, esta normalidad resultaba mucho más terrorífica que todas las atrocidades juntas, por cuanto implicaba que este nuevo tipo de delincuente —tal como los acusados y sus defensores dijeron hasta la saciedad en Nuremberg—, que en realidad merece la calificación de hostis humani generis, comete sus delitos en circunstancias que casi le impiden saber o intuir que realiza actos de maldad.[21]

En el *post criptum* del mismo libro, edición de 1964, Arendt amplía con claridad el concepto.

> (...) cuando hablo de la banalidad del mal lo hago solamente a un nivel estrictamente objetivo, y me limito a señalar un fenómeno que, en el curso del juicio, resultó evidente. Eichmann no era un Yago ni era un Macbeth, y nada pudo estar más lejos de sus intenciones que «resultar un villano», al decir de Ricardo III. Eichmann carecía de motivos, salvo aquellos demostrados por su extraordinaria diligencia en orden a su personal progreso. Y, en sí misma, tal diligencia no era criminal; Eichmann hubiera sido absolutamente incapaz de asesinar a su superior para heredar su cargo. Para expresarlo en palabras llanas, podemos decir que Eichmann, sencillamente, no supo jamás lo que se hacía. Y fue precisamente

---

21 H. Arendt. *Eichmann en Jerusalén. Un estudio acerca de la banalidad del mal,* Traducción de Carlos Ribalta, *Título original: Eichmann in Jerusalem,* Edit. Lumen, Barcelona, 2003, pp. 165.

> esta falta de imaginación lo que le permitió, en el curso de varios meses, estar frente al judío alemán encargado de efectuar el interrogatorio policial en Jerusalén, y hablarle con el corazón en la mano, explicándole una y otra vez las razones por las que tan solo pudo alcanzar el grado de teniente coronel de las SS, y que ninguna culpa tenía él de no haber sido ascendido a superiores rangos. Teóricamente, Eichmann sabía muy bien cuáles eran los problemas de fondo con que se enfrentaba, y en sus declaraciones postreras ante el tribunal habló de «la nueva escala de valores prescrita por el gobierno [nazi]». No, Eichmann no era estúpido. Únicamente la pura y simple irreflexión —que en modo alguno podemos equiparar a la estupidez— fue lo que le predispuso a convertirse en el mayor criminal de su tiempo. [22]
>
> (...)
>
> En realidad, una de las lecciones que nos dio el proceso de Jerusalén fue que tal alejamiento de la realidad y tal irreflexión pueden causar más daño que todos los malos instintos inherentes, quizá, a la naturaleza humana. Pero fue únicamente una lección, no una explicación del fenómeno, ni una teoría sobre el mismo.[23]

En estos términos, Arendt logra persuadirnos de la banalidad del mal. Los hombres promedio tienden a observar sin mucho reparo las figuras de autoridad, son más "receptivos" ante la obediencia sin preguntas, tienden a descargar la responsabilidad propia en el aparato social al que pertenecen, al fin y al cabo, siempre hay un *Fuhrer* al cual obedecer sin tanto "pereque". Un vivir burocrático, plano, privado de sobresaltos, una vida inauténtica determinada por el impersonal Se. Arendt, a propósito de *Eichmann,* vuelve a la carga con una pregunta que requiere una reflexión constitucional profunda:

> Entre los grandes problemas planteados en el proceso de Eichmann, tenía principal importancia el planteado por la premisa, común a todos los modernos ordenamientos jurídicos, de que para la comisión de un delito es imprescindible que concurra el ánimo de causar daño. La jurisprudencia de los países civilizados quizá de ninguna otra nota se haya enorgullecido tanto como de la consistente en tener en cuenta el llamado factor subjetivo. Cuando dicho ánimo no concurre, cuando, por las razones que sea, incluso las de la locura moral, el sujeto activo no

---

22 Ibid. pp. 171

23 Ibid.

> puede distinguir debidamente entre el bien y el mal, consideramos que no puede haber delito.[24]

5. SOBRE LOS CRÍMENES DE LESA HUMANIDAD

La segunda critica de Arendt en *Eichmann en Jerusalén* se concentró en la exploración de una justa definición de lo que significa "*delito contra la humanidad*". Esta es, tal vez, la faceta más conocida de la obra de Arendt, sin duda, una de las precursoras del concepto según el cual, hay ciertos actos humanos que son ofensivos, no solo para el grupo particular de sujetos que lo sufren, sino para la humanidad en su conjunto. Las críticas más virulentas que tuvo que recibir Arendt durante su reportaje en Jerusalén al juicio de Eichmann, fueron precisamente derivadas de su oposición a la postura generalizada en su tiempo según la cual, los actos Nazis solo debían ser juzgados por los pueblos que los sufrieron. No es de olvidar que, a partir de la determinación de ciertos actos como "*delitos de lesa humanidad*" se aclaran las cuestiones jurídicas centrales de la jurisdicción universal, la responsabilidad de los superiores jerárquicos y la imprescriptibilidad de los crímenes. Como he venido sosteniendo, Arendt esta tan presente en la vida institucional y constitucional de nuestro mundo, que su presencia, por cercana, se pierde de vista. Respecto de los crímenes de lesa humanidad, denominados por ella como *crímenes «contra la condición humana» o contra la "naturaleza de la humanidad",* afirmó;

> El delito implícito en las leyes de Nuremberg era un delito internacional; estas leyes violaban los derechos y libertades nacionales, constitucionales, pero ello no importaba a la comunidad de las naciones. Sin embargo, «la emigración forzosa» o la expulsión, que pasó a ser instrumento de política nacional a partir de 1938, sí importó a la comunidad internacional, por cuanto aquellos que habían sido expulsados aparecían en las fronteras de otros países, que o bien quedaban obligados a aceptarlos como huéspedes no invitados, o bien a pasarlos de contrabando a otros países igualmente renuentes a aceptarlos. En

[24] Ibid. pp. 165.

otras palabras, la expulsión de nacionales constituye ya un delito contra la humanidad, si es que por «humanidad» entendemos la comunidad de naciones únicamente. Tanto el delito nacional de la discriminación legalizada como el delito internacional de la expulsión no carecían de precedentes, incluso en la época contemporánea. La discriminación legal había sido practicada en todos los países balcánicos, y la expulsión masiva había ocurrido al término de muchas revoluciones. Entonces fue cuando el régimen nazi declaró que el pueblo alemán no quería judíos en Alemania, y que, además, deseaba que la totalidad del pueblo judío desapareciera de la faz de la tierra, con lo que un nuevo crimen, un crimen contra la humanidad —en el sentido de crimen «contra la condición humana» o contra la naturaleza de la humanidad—, hizo su aparición en la historia. La expulsión y el genocidio, ambos delitos internacionales, deben considerarse aparte. La primera es un delito contra las otras naciones, y el segundo es un ataque a la diversidad humana como tal, es decir, a una de las características de la «condición humana», sin la cual los términos «humanidad» y «género humano» carecerían de sentido. [25](La Banalidad del Mal, 2003, pp. 160)

(...)

Si el tribunal de Jerusalén hubiera comprendido que existen ciertas diferencias entre expulsión, genocidio y discriminación, hubiera quedado inmediatamente aclarado que el mayor crimen que ante sí tenía, a saber, el exterminio físico del pueblo judío, era un delito contra la humanidad, perpetrado en el cuerpo del pueblo judío, y que únicamente la elección de las víctimas, no la naturaleza del delito, podía ser consecuencia de la larga historia de antisemitismo y odio hacia los judíos. En tanto en cuanto las víctimas eran judíos, resultaba justo y pertinente que los jueces fueran judíos; pero, en tanto en cuanto el delito era un delito contra la humanidad, exigía que fuera un tribunal internacional el que asumiera la función de hacer justicia. [26]

Tanto la jurisprudencia constitucional como la jurisprudencia de las cortes internacionales, encuentran sustento en las ideas de Arendt, pero resulta sorprendente que su presencia sea tan espectral, siendo su filosofía tan importante como la de Locke, Rousseau, Montesquieu o Adams. Una lástima que la jurisprudencia constitucional colombiana no haya comenzado a reconocer los padres constitucionalistas del Estado Constitucional de derecho, entendiendo a este como forma de

---

25 Ob. Cit. H. Arendt. *Eichmann en Jerusalén*. pp. 160.

26 Ibid. pp. 161.

superación del Estado Liberal de Derecho. Ahora más que nunca esta operación de retorno a los orígenes es necesaria.

6. APUNTES CONCLUSIVOS

A pesar de la presencia fuerte del pensamiento de Arendt en el lenguaje de la Corte Constitucional Colombiana, su existencia en la jurisprudencia es algo más que anecdótica. Como se demostró en el texto, no es posible entender el Estado Constitucional de Derecho ni poner en práctica un derecho constitucionalizado sino se tiene un hondo conocimiento de Hanna Arendt. Este escrito me ha permitido traer al discurso esa profunda génesis teórico-hermenéutica que Arendt le confiere al texto constitucional. Pese a que su obra abarca aún más elementos de los analizados en esta oportunidad, sí es posible afirmar que la construcción hermenéutica que Arendt utiliza como medio para entender al poder y sus derivas totalitarias, es una herramienta poderosísima para hacer una aproximación a la realidad de nuestro mundo circundante. Su visión, más allá del poder y del mal, nos permite entrever los efectos negativos del antiguo régimen, hoy en lucha por reaparecer, el Estado liberal-burgués que, si bien trajo consigo tantos efectos positivos, abarcó también un despliegue inédito de violencia encarnada en el colonialismo primero, y en las diferentes formas de totalitarismo del siglo XX, después. Este sistema fue desnudado por Arendt cuando nos demostró su lado perverso y nos trazó el camino para nuevas formas de concreción jurídico- política.

El Estado Constitucional de Derecho, es la síntesis de las antiguas instituciones liberales interpretadas en clave de garantías de derechos, anclado en la convicción según la cual, las cosas más abyectas que pueda producir el género humano son fruto de sistemas jurídicos que no permiten el espacio para la reflexión de la *vida auténtica,* sistemas que, sin las debidas contenciones desbordan la violencia en aplicación de un burocrático e irreflexivo *impersonal Se.* Una violenta inercia burocrática, por lo que, alguien dentro del sistema Estatal debe tener siempre y a toda costa la atribución de hacer "saltar" la inercia imparable del actuar humano, permitiendo a la sociedad un espacio de, por decirlo así, toma de distancia de la acción, un momento donde el juez revise el sentido y los efectos de la acción humana y evalúe si merece la pena o no tomar distancia de ella y emprender nuevas formas de actuación del aparato.

Son precisamente los derechos fundamentales los relatos útiles que permiten al juez constitucional tomar la debida distancia de la acción del aparato estatal; sin embargo, de nada sirven los derechos fundamentales si los jueces son obsecuentes frente a leyes que, tras un riguroso análisis, se revelen protuberantemente injustas, **dicho con Arendt, protuberantemente totalitarias.** Un juez constitucional, que, dentro del sistema de acumulación capitalista, observe la eficiencia económica y las lógicas de acumulación de capital como único racero de evaluación de la acción humana, simplemente no es juez constitucional, puesto que su actuación no permite espacio a la reflexión consciente y sosegada, reflexión hacia una vida auténtica que conjure los peores efectos del mal banal. Por decirlo con Heidegger, el juez constitucional es una garantía para que la sociedad pueda seguir contando con individuos críticos, conscientes e informados –seres auténticos-. Sin duda, los jueces conscientes de las implicaciones del *mal banal* son una poderosísima cura contra toda forma de totalitarismo sin importar su tinte político. En el marco del mal banal, del totalitarismo y del desborde del poder, cobran sentido todas las acciones constitucionales y todos los mecanismos de participación ciudadana. Es desde aquí donde debe partir toda interpretación constitucional. Este es pues, su marco general de inmanencia, su horizonte hermenéutico interpretativo último y primero. El punto de partida de toda interpretación-argumentación del lenguaje constitucional. Como se afirmó, nada puede ser dicho en el lenguaje constitucional sin Hanna Arendt. Comete la Corte Constitucional un desatino al no traerla a la jurisprudencia con más frecuencia, no sea que el discurso la olvide.

Bibliografía

Corte Constitucional. Acción Publica de Inconstitucionalidad, sentencia C 080 de 2018, magistrado sustanciador Antonio José Lizarazo Ocampo.

Corte Constitucional. Acción Publica de Inconstitucionalidad, sentencia C 666 de 2008, magistrado ponente, Mauricio Gonzales Cuervo.

Corte Constitucional. Acción Publica de Inconstitucionalidad, sentencia C-587 de 1992 M.P Ciro Angarita Barón.

Hanna Arendt, *Los orígenes del totalitarismo*; Título original: *The origins of the totalitarianism*, Editor: Harcourt Brace Jovanovich, Inc., Nueva York, versión española de Guillermo Solana, Grupo Santillana de Ediciones, S.A., Madrid, 1998.

Hanna Arendt. *Eichmann en Jerusalén. Un estudio acerca de la banalidad del mal,* Traducción de Carlos Ribalta, *Título original: Eichmann in Jerusalem,* Edit. Lumen, Barcelona, 2003.

Informe de *la Relatora Especial sobre la situación de los derechos humanos en los territorios palestinos ocupados*: *Anatomy of a Genocide, Report of the Special Rapporteur on the situation of human rights in the Palestinian territories occupied since 1967,* Francesca Albanese, *Human Rights Council*, Fifty-fifth sesión, 5 abril, 2024, Item 7, *Human Rights situation in Palestine and other occupied Arab territories.*

Jaume Andreu, la pluralidad del mundo, antología, Taurus, 2021.

Jurisdicción Especial para la Paz, AUTO No. 033 de 2021, emitido por la Jurisdicción Especial Para la Paz Salas de Justicia, de Reconocimiento, de Verdad, de Responsabilidad Y de determinación de los Hechos y Conductas, del 12 de febrero de 2021, Bogotá D.C.

Martin Heidegger, Ser y Tiempo, Traducción, prólogo y notas de Jorge Eduardo Rivera, Edición digital de: http://www.philosophia.cl.

Recepción e influencia de Norberto Bobbio en la jurisprudencia de la Corte Constitucional Colombiana. Aciertos y desaciertos.

Reception and influence of Norberto Bobbio in the case law of the Colombian Constitutional Court. Successes and failures.

Antonio María La Porta*

Resumen

Norberto Bobbio es de los filósofos más citados por la Corte Constitucional de Colombia[1]. Este trabajo pretende investigar las razones de la recepción del pensamiento de Bobbio en Colombia. En primer lugar, se abordan las razones metodológicas, para luego comprender las razones editoriales de la influencia general de Bobbio en América Latina. La parte crucial de este trabajo concluye con el análisis de dos casos concretos en la jurisprudencia de la Corte Constitucional de Colombia: uno ejemplificativo de la pertinencia, otro del riesgo de la prescindibilidad al citar autores teóricos.

---

* Profesor Investigador *"Archivio Norberto Bobbio"* del Centro Studi Piero Gobetti (Turín, Italia); Área de Filosofía del Derecho, Departamento de Ciencias Jurídicas Internacionales, Históricas y Filosofía del Derecho, Universidad de Córdoba (España) – z62popoa@uco.es ; antoniolaport@yahoo.it

1 PEGORARO, L.; FIGUEROA MEJIA, G. Corti Costituzionali, Corti Supreme, Professori: le citazioni dottrinali nalla giurisprudenza del mondo (con particolare riferimento all'America latina) En: S. BAGNI, et al. *Giureconsulti e giudici: l'influsso dei professori sulle sentenze*. Torino: Giappichelli, 2016, pp. 22-75 En total, al año 2023, se registran en el buscador de la relatoría de la Corte Constitucional Colombiana, 179 citas de Norberto Bobbio.

Abstract

Norberto Bobbio is one of the foreign authors (non-Spanish speakers) most cited by the Constitutional Court of Colombia. This paper aims to investigate the reasons for the reception of Bobbio's philosophy in Colombia. First, the methodological reasons are approached, to then understand the editorial reasons for Bobbio's general influence in Latin America. The crucial part of this paper is concluded by analyzing two concrete cases of the Colombian Constitutional Court: one exemplifying the relevance, while the other shows the prescindibility of citing theoretical authors.

INTRODUCCIÓN

Me propongo abordar esta introducción con un método muy empleado por Norberto Bobbio, el de plantear interrogantes. *¿Cómo es posible que un autor poco sistemático* (así como admitió el propio filósofo de Turín, que para describir su obra utilizó a menudo la metáfora del laberinto[1]) *y sobre todo un jurista que no produjo dogmática jurídica en sentido estricto* (ocupándose sólo en cierta forma del método de la ciencia jurídica)[2], un pensador proveniente además de una tradición jurisdiccional como la italiana que no cita autores, *se*

---

1 Como escribe Pietro Polito: la convicción de Bobbio es que "un hilo conductor rojo probablemente no existe", que él mismo "nunca lo buscó intencionadamente", por lo que los escritos que componen su obra "son fragmentos de varios diseños que no pueden superponerse entre sí y cada uno resulta inacabado". BOBBIO, N.; POLITO, P. Dialogo su una vita di Studi. *"Nuova Antologia"*, Firenze: Le Monnier n. 2200, 1996, pp. 40-63.

2 BOBBIO, N. Saggi sulla scienza giuridica, Torino: Giappichelli, 2011. BOBBIO, N. 1950. Scienza del diritto e analisi del linguaggio. *Rivista trimestrale di diritto e procedura civile*. 4, n. 2, pp. 342-367
BOBBIO, N. Ciencia del Derecho y aná...lisis del lenguaje. En: Alfonso Ruiz Miguel, ed., *Contribuciòn a la teorìa del Derecho*. Valencia: Fernando Torres, 1980, pp. 173-200. BOBBIO, N. 1968. Scienza giuridica tra essere e dover essere.: *Rivista internazionale di filosofia del diritto*. n.45, 3-4, pp. 475-486....

encuentre en cambio entre los filósofos extranjeros (no hispanohablantes)[3] *más citados por la Corte Constitucional Colombiana?*[4] .

Parte de la respuesta reside precisamente en las cualidades o calificaciones (filósofo, jurista, pensador, autor) que he atribuido a Bobbio ya en estas primeras líneas[5], o más bien en la dificultad de definirlo con un único perfil intelectual: Bobbio era un jurista, sí, pero también un filósofo en sentido estricto (como demuestra su formación universitaria, siendo licenciado en Derecho y también en Filosofía[6]), un teórico del derecho, pero al mismo tiempo un teórico de la política, un filósofo de la historia y de la cultura, un intelectual democrático militante. Es esta amplitud y heterogeneidad de la investigación que ha hecho extensiva la aplicación del pensamiento de Norberto Bobbio a más campos del derecho y de la política. Sin embargo, esta primera consideración nos lleva ahora a plantearnos otras cuestiones cruciales, a las que intentaremos dar respuesta en este trabajo. *¿Qué Bobbio cita la Corte? ¿El jurista, el filósofo, el intelectual militante? ¿Es correcto citar parte de la producción científica de un autor tan complejo ignorando la heterogeneidad de su trayectoria y pasando por alto también los normales cambios de opinión para un intelectual público?*

---

3 PEGORARO, L.. FIGUEROA MEJIA, G. Corti Costituzionali, Corti Supreme, Professori, op. cit., pp. 47-49.

4 Para mayo de 2024, el buscador de la relatoria de la corte constitucional colombiana arrojaba 106 citas y menciones de Norberto Bobbio.

5 Parte de esta investigación se basa en el material del *Fondo Norberto Bobbio* (Archivo personal y Biblioteca profesional de Bobbio conservados en el Centro Studi Piero Gobetti de Turín.

6 Norberto Bobbio (1909-2004) nació en Turín, donde estudió en el Liceo Massimo d'Azeglio. En 1931 se licenció en Derecho con una tesis titulada "Filosofía y Dogmática del Derecho" dirigida por Giole Solari, su profesor de Filosofía del Derecho. Siempre en Turín, sólo dos años más tarde, en 1933, se licenció en Filosofía con una tesis sobre " La fenomenología de Husserl " dirigida por Annibale Pastore su profesor de Filosofía Teorética. POLITO, P. 2006. Nota biografica. Norberto Bobbio (Torino, 1909-2004). En: N. BOBBIO, *De senectute e altri scritti autobiografici*. Torino: Einaudi. En español: BOBBIO, N. De senectute y otros escritos biográficos / E. Benítez (trad. de); apéndice a cargo de Pietro Polito. Madrid: Taurus, 1997.

Sin embargo, una de las razones generales del éxito de Bobbio reside en su método analítico y dicotómico y, como afirma Pietro Polito (Director del *Centro Studi Piero Gobetti* y Curador del *Archivio Norberto Bobbio* de Turín) también en su espíritu crítico[7]. Aunque sembrase la duda y plantease continuas preguntas, Bobbio representó para muchas generaciones de estudiosos –tanto de filosofía como de derecho y política– y de amparadores de la democracia, un facilitador de conceptos, esto es, un simplificador de ideas. Marco Revelli en su contribución *L'arte della chiarezza: autobiografia di una generazione* nos relata las actividades del *Seminario di Etica e Politica* –dirigido por Bobbio de 1980 a 1996 en el *Centro Studi Piero Gobetti* del que también fue presidente desde su fundación en 1961 hasta 1993– y afirma: «A través del intrincado laberinto de nuestras dudas pedimos al profesor Bobbio que nos guiara y nos enseñara *weberianamente* el "arte de la claridad"».[8]

Ahora bien, esta metodología bobbiana que ha simplificado y ordenado las ideas de muchas generaciones de estudiosos ha influido sin duda en su recepción didáctico-educativa y, posteriormente, en la aplicación práctica de muchos de los principios de la obra del profesor piamontés. Varios de esos contenidos epistemológicos estudiados en la enseñanza universitaria o en la formación cultural-intelectual se convirtieron luego en principios rectores de la actividad profesional de quienes pasaron de ser estudiantes (aprendices) a ser operadores (decisores) en diversos ámbitos, pero en nuestro caso de estudio, principalmente en el ámbito jurídico-político. Esta relación entre formación epistemológica-metodológica y *modus operandi* en la toma de decisiones prácticas en el ámbito jurídico ha sido puesta de relieve, por ejemplo, por Gregorio Robles, quien en su Teoría Comunicacional del Derecho describe con precisión la inte-

---

7 POLITO, P. *Le parole dello spirito critico: omaggio a Norberto Bobbio*. Milano: Biblion, 2015.

8 REVELLI, M. L'arte della chiarezza: Autobiografia di una generazione. En: C. GOBETTI, N. BOBBIO, *Il Centro studi Piero Gobetti: 1961-1981*. Torino: Centro Studi Piero Gobetti, 1982, pp.45-49.

rrelación entre el *sistema jurídico didáctico-expositivo* y la construcción del *sistema jurídico propiamente dicho*[9].

Como lo expresa Gastone Cottino –profesor emérito de Derecho Mercantil en la Universidad de Turín, antifascista militante y amigo personal de Bobbio– el filósofo *torinese* fue el guía lúcido de generaciones de estudiantes y expertos, el punto de referencia seguro de generaciones de ciudadanos, los cuales tienen con el profesor una doble deuda: «A nivel científico y metodológico, en primer lugar, por cómo Bobbio trazó el camino para el crecimiento de juristas, filósofos, sociólogos, politólogos; ayudó a quienes estaban a punto de aventurarse por los caminos tortuosos de la investigación [...]a madurar la autonomía de juicio y el espíritu crítico y autocrítico»[10]. Cottino continúa destacando que «ningún jurista italiano de este siglo [y también –nosotros añadimos– "extranjero"] ha podido prescindir de sus exploraciones en la teoría general del derecho, de sus reflexiones sobre el derecho natural y el positivismo jurídico, de su interpretación de Hans Kelsen, y ningún politólogo de sus estudios sobre Hobbes, el Estado, la democracia.»[11]

No se quiere aquí ceder al "culto a Bobbio" o, como escribió Costanzo Preve, al bobbiesimo ceremonial, pero es un hecho estudiado y comprobado que la metodología investigativa de Bobbio como "*filósofo de la duda*"[12] y su capacidad expositiva le han llevado a ser una guía clarificadora para muchos. Como afirma el propio

---

9 Vid. ROBLES, G. Sistema expositivo y sistema jurídico en la Teoría Comunicacional del Derecho (TCD). Derecho & Sociedad, 2017, 48: 93-112. ROBLES, G. *Teoría del Derecho. Fundamentos de Teoría Comunicacional del Derecho. Volumen II. Teoría de la Dogmática y del Método jurídico*. Navarra: Thomson-Civitas, 2015.

10 COTTINO, G., Il nostro futuro, con Bobbio e oltre Bobbio. En: M. BOVERO, ed. *Il futuro di Norberto Bobbio.* Roma: GLF editori Laterza, 2011, pp. 7-13. «Todos ellos, inexpertos y especialistas, fascinados y seducidos por el despliegue cristalino del discurso, por la capacidad, única quizá, de decantar, reordenar, clasificar categorías, ideas, conceptos».

11 Ídem.

12 SERPE, A. *El filósofo de la duda: Norberto Bobbio. Busquejos de su filosofía del derecho en la cultura jurídica italiana*, Maracaibo (Venezuela): Astro Data, 2012.

Preve –pese al ser en parte uno de sus críticos– «Bobbio restauró el criterio de claridad en la exposición filosófica a mediados del siglo XX»[13]. Un valor expositivo y simplificador entonces, pero ciertamente no un método totalizador el de Bobbio ya que no pretendía responder a todos los asuntos posibles. El mismo filosofo turinés, sobre su método analítico –a veces dicotómico– destacó su carácter abarcador e inacabado: *«Fiel al método analítico, me preocupa observar el problema desde distintos puntos de vista. Observando un objeto desde diferentes lados, acabo por no llegar a una definición lineal y por dejar abierta la cuestión"*.[14]

Razones no exhaustivas para explicar la general recepción e influencia del pensamiento de Bobbio en América Latina.

A continuación, nos proponemos bosquejar una visión general antes de entrar en el estudio de la recepción de Bobbio en Colombia y su utilización como autor por parte de la Corte Constitucional de ese país. El valor de la claridad de Bobbio en una función primero formativa y luego práctica no sólo se denota en el ámbito jurídico y político italiano, sino, sobre todo –y quizás en el sentido de decisiones prácticas en mayor medida– en el apoyo a las transiciones democráticas, especialmente en América Latina. En palabras de Maurizio Viroli, Bobbio fue –quizá sin proponérselo– uno de los italianos que más hablaron al mundo: «Quien quiera darse cuenta del prestigio de Norberto Bobbio no tiene más que consultar los catálogos de las bibliotecas americanas, inglesas, españolas, portuguesas y de América Latina»[15]. Muestra de la recepción del pensamiento de Bobbio en to-

---

13 PREVE, C. *Le contraddizioni di Norberto Bobbio: per una critica del bobbianesimo cerimoniale.* Pistoia: Editrice CRT, 2004, p. 48.

14 BOBBIO, N. Epílogo para españoles. En: Á. LLAMAS, ed. *La figura y el pensamiento de Norberto Bobbio*. Madrid: Universidad Carlos III; Boletín oficial del Estado, 1994, pp. 311-318.

15 VIROLI, M. Un italiano che parlava al mondo, En: M. ASSALTO, A. PAPUZZI, A. SINIGAGLIA, coords. *Norberto Bobbio: il dubbio e la ragione.* Torino: La Stampa,

do el mundo es la difusión y traducción de sus obras en al menos diecinueve idiomas. La producción intelectual de Bobbio –recogida en el *Archivio Norberto Bobbio*, conservado en el *Centro Studi Piero Gobetti* de Turín[16]- consta de más de 5.000 títulos entre volúmenes, ensayos, conferencias, artículos, reseñas y entrevistas.

Como afirma Mario Losano en su reciente volumen *Norberto Bobbio. Una biografía culturale*: «En Bobbio, en definitiva, encontramos el recuerdo de las virtudes (míticas o reales) del Piamonte, pero no el provincianismo, ya que la actividad cultural de Bobbio no conocía fronteras»[17]. En ese panorama intelectual global, la zona geopolítica en la que Bobbio tuvo mayor acogida es, sin duda, la del mundo hispanohablante. La acogida de Bobbio en esta *área cultural es* en algunos aspectos incluso más penetrante que la considerable huella del pensamiento del filósofo turinés en Italia: la acogida de Bobbio en los países hispanohablantes es, en cierto sentido, una asimilación intelectual "total". Norberto Bobbio, además de ser un intelectual de fama mundial, encarnó la figura ejemplar del *pensador europeo* e internacional también porque «estudió a lo largo de su vida a los grandes pensadores de la cultura política y jurídica internacional, pero además fue capaz de construir su propia concepción de la democracia y supo interpretar de forma original las grandes ideologías políticas y los clásicos del pensamiento político. Sin pretender nunca crear nuevos sistemas teóricos, aportó claridad y profundidad de análisis».[18]

En este sentido, el pensamiento bobbiano, en sus múltiples niveles, ha tenido –y sigue teniendo– una incidencia significativa en los acontecimientos sociales, políticos y jurídicos de estos países, o, mejor dicho, en las transiciones democráticas (más o menos fi-

---

2004, pp.49-58.

16 Norberto Bobbio donó toda su biblioteca profesional al Centro Studi Piero Gobetti de Turín en 2004. Se trata de un corpus de unos 30.000 títulos (17.000 volúmenes, 8.000 entre separadas, títulos de revistas, colecciones completas y ediciones únicas).

17 LOSANO, M. G. *Norberto Bobbio: una biografia culturale*, Roma: Carocci, 2018, p.72.

18 VIROLI, M. Un italiano che parlava al mondo, *op. cit.*, pp.49-58.

nalizadas) de estos estados. Como señala Celso Lafer, la convergencia entre la filosofía del derecho y la filosofía política hizo de la obra de Bobbio un apoyo fundamental para la educación hacia la democracia en los países latinoamericanos que, desde finales de los años setenta luchaban «por volver a la democracia tras los peores años del régimen militar [...] tras el fracaso de una lucha armada revolucionaria»[19]. El pensamiento de Bobbio apoyaba una reflexión de las nuevas clases políticas sobre el "valor" de la democracia, sobre la importancia del "estado de derecho". En definitiva, puede afirmarse que «existe una constante en casi todos los autores que, en América Latina, han recibido e interpretado el pensamiento de Bobbio, y es la centralidad de la fundamental cuestión histórico teorética de la moderna *democracia jurídico-política*, de los desafíos de su consolidación y de los cíclicos e incumbentes peligros de su derrumbe»[20].

Más allá de las observaciones hasta aquí formuladas sobre la importancia del método bobbiano (analítico- dicotómico-crítico-explicativo)[21] y de su función clarificadora –al haber sido un modelo intelectual que alimentó una gramática y una cultura de la democracia para muchas generaciones– debemos ahora razonar sobre los medios de difusión que más determinaron el éxito de Bobbio en América Latina. Nos referimos aquí a la fundamental actividad editorial del Fondo de Cultura Económica: «ese gran puente entre Europa y la cultura en lengua española desarrollada durante medio»[22]. Desde luego, la primacía en las relaciones del filósofo turinés con el mundo hispanohablante reside en la precocidad temporal de las traducciones de su obra: la primera traducción al español de los trabajos de Bobbio en el ámbito iberoamericano se remonta a 1948,

19 LAFER, C. Bobbio in Brasile. En: V. PAZÉ, ed. *L'opera di Norberto Bobbio: itinerari di lettura*, Milano: F. Angeli, 2005, pp.95-121.

20 FILIPPI, A. *La filosofía de Bobbio en América Latina y España*. Buenos Aires; México D.F: Fondo de cultura económica, 2003, p.54.

21 POLITO, P. *Le parole dello spirito critico: omaggio a Norberto Bobbio*. Milano: Biblion, 2015.

22 FILIPPI, A. *La filosofía de Bobbio en América Latina y España*, op. cit., p.79.

y se realizó en México precisamente gracias al Fondo de cultura Económica, con la publicación del volumen *El existencialismo. Ensayo de interpretación*[23]. De hecho, después de Einaudi en Italia, la editorial que ha publicado el mayor número de obras de Norberto Bobbio es el Fondo de cultura Económica[24]. Muchas de las obras de Bobbio han sido traducidas al castellano y difundidas por la editorial mexicana en sus secciones extranjeras[25] y todo esto representó, por lo tanto, desde el punto de vista editorial, una caja de resonancia del pensamiento de Bobbio en el mundo hispanohablante.

Así pues, fueron especialmente las traducciones de las obras de Bobbio realizadas entre los años de 1970 y 1990 que –según Squella– «coincidieron con el momento más álgido del debate latinoamericano en torno a las posibilidades de consolidar las nuevas democracias»[26]. Por ende, el Bobbio que se ha recibido en Iberoamérica es el teórico de la democracia, y esto se manifiesta tanto en su difusión editorial como en sus apariciones y viajes que dieron lugar a conferencias y otras aportaciones (como entrevistas y artículos) que luego se convirtieron en parte integrante de la obra del intelectual turinés: «En tales reflexiones el pensamiento de Bobbio constituyó, por su claridad y defensa de una *definición mínima de*

---

23 BOBBIO, N. *El existencialismo. Ensayo de interpretación,* Lore Terracini (trad. de), México: Fondo de Cultura Económica, 1948. En 1947 ya se había publicado una contribución de Bobbio: "Filosofía y cultura en la Italia de hoy y de ayer" en Realidad: revistas de ideas, II, n.4 -gosto 1947, Buenos Aires, pp.47-61.

24 FILIPPI, A., *La difusión del pensamiento de Bobbio en México: el rol de la editorial Fondo de cultura Económica.* En: A. Filippi, *Filosofía y teoría política. Norberto Bobbio y América Latina*, Ed. Hammurabi, Buenos Aires, 2016, pp. 113-116.

25 Secciones del Fondo: Argentina, Brasil, Chile, Colombia, Ecuador, España, Estados Unidos de América, Guatemala, Perú y Venezuela. Sobre la importancia de la lengua española para la difusión del pensamiento del filósofo piamontés, tuve la oportunidad de pronunciar la conferencia *"Norberto Bobbio in lingua spagnola: il filosofo torinese nel mondo iberoamericano"* organizada por la Universidad de Salamanca (ELE USAL), el *"Centro Studi Piero Gobetti y Archivio N.Bobbio",* con motivo de la Feria internacional del Libro de Turín, 13/05/2019.

26 SQUELLA NARDUCCI, A., La influencia de Bobbio en Iberoamérica. En: Á. LLAMAS, *La figura y el pensamiento de Norberto Bobbio*. Madrid: Universidad Carlos III; Boletín oficial del Estado, 1994, pp. 283-308.

democracia, un punto de referencia obligado»[27], para aquellos países que, en diferentes maneras, tuvieron procesos de recuperación del régimen democrático. De ahí la recepción "total", es decir, integral de un pensamiento no entendido en compartimentos estancos sino en una visión de conjunto: el intelectual público, el filósofo del derecho y el de la política se transponían casi en una unitaria pero heterogénea teoría de la democracia. Y es precisamente el tema del poder[28] de sus límites y de su funcionamiento (no arbitrario) el que une al Bobbio filósofo del derecho y de la política como teórico de la democracia[29], «dos disciplinas, como ha propuesto Bobbio [...] que deberían andar al compás e integrarse recíprocamente».[30]

En suma, la concepción procedimental de la democracia propuesta por Bobbio (en los textos traducidos al español y en sus conferencias sudamericanas) no sólo tenía la función de señalar la importancia *procedimental* de los límites del poder proporcionados por el derecho, sino también de destacar el papel de la función *promocional* que el fenómeno jur*ídico aport*a, por ejemplo, en el ámbito de los derechos humanos y, por ende, a los poderes que confiere a la persona que sólo son posibles en el marco procedimental de la democracia (de ahí la importancia del Estado de Derecho, no sólo como límite a los poderes públicos, sino también como garantía de los derechos individuales). Según el profesor Alberto Filippi –ami-

---

27 Ibídem

28 GRECO, T. *Norberto Bobbio: un itinerario intellettuale tra filosofia e politica*. Roma: Donzelli, 2000. GRECO, T. Norberto Bobbio e la scienza del potere. En: N. BOBBIO, *Il problema del potere: introduzione al corso di scienza della política*. Torino: Giappichelli, 2020, pp. VII-LIII.

29 FILIPPI, A. Influencias de su teoría general del derecho y de la teoría de la democracia, en: A. Filippi, *La filosofía de Bobbio en América Latina y España*, Buenos Aires; México D.F: Fondo de cultura económica, 2003, pp. 47-73.

30 Tal y como señala una vez más Squella Narducci los discípulos y seguidores de Bobbio en Iberoamérica representan un numero sin embargo importante «en relación al número más bien escaso de personas que en nuestros países se dedican de verdad y seriamente a cuestiones de filosofía del derecho y de filosofía política». SQUELLA NARDUCCI, A. La influencia de Bobbio en Iberoamérica, op. cit., pp. 283-308.

go de Bobbio y junto a Squella uno de los principales estudiosos de su presencia e influencia en Iberoamérica– las conferencias sudamericanas de Bobbio tuvieron como objetivo final precisamente la «afirmación de normas y reglas que permitieran y garantizaran la construcción institucional de un orden democrático.»[31]

En definitiva, la visión de Bobbio reconocida en Iberoamérica consiste en una perspectiva unitaria que reúne la filosofía del derecho con la filosofía política. Según Salazar Carrión esa ha sido la "revolución copernicana" de Bobbio, es decir, no solo la armonización sino el «haber puesto la teoría del derecho a girar (y a verificarse) en tono a la teoría política»[32]. Esta configuración e interdependencia ha sido útil en muchos países para la «comprensión de la política y del poder en general, y de la política y el poder democrático en particular»[33]. Muchos de los textos de las conferencias de Bobbio en el mundo hispanohablante se originaron, confluyeron y complementaron ensayos muy importantes del filósofo italiano. Me refiero –como ejemplo significativo de esta armonía y de su recepción en el mundo hispanohablante– a los volúmenes *El futuro de la democracia* [34]

---

31 FILIPPI, A. Las conferencias sudamericanas de Bobbio: las condiciones institucionales para la democracia y la precariedad minifiesta de los presidencialismos. En: *Filosofía y teoría política. Norberto Bobbio y América Latina*, Ed. Hammurabi, Buenos Aires, 2016, pp. 187- 194.

32 SALAZAR CARRIÓN, L. Bobbio y su revolución copernicana. En: L. CÓRDOVA VIANELLO, P. SALAZAR UGARTE, coords. *Política y derecho: (re)pensar a Bobbio.* México: Siglo XXI (UNAM), 2005, pp. 229 y ss.

33 Ídem.

34 BOBBIO, N. *Il futuro de la democracia: una difesa delle regole del gioco*, Torino: Einaudi, 1984 [El futuro de la democracia, Fondo de Cultura Económica, México, 1986].

y *El tiempo de los derechos* [35]. Estos trabajos[36] reflejan la acogida total que tuvo Bobbio y la integridad de su pensamiento, en palabras del filósofo turinés, puesto que son entre aquellas obras donde «teoría jurídica y teoría política se integran y se completan recíprocamente, centrándose una en el concepto de "norma" y la otra en el concepto de "poder"»[37]. Pero estos temas –que armonizan la teoría jurídica y la filosofía política en una única visión de la democracia– más allá de la recepción española se cultivaron en las conferencias de 1986 en Argentina, Chile[38] y, sobre todo por lo que nos ocupa en este estudio, en el viaje a Colombia del 1987.

---

35 Nos referimos a la conferencia "L'età dei diritti", Universidad Complutense de Madrid, 14 septiembre de 1988, texto impreso y traducido en español con el título "Derechos del hombre y filosofía de la historia" en Anuario de Derechos Humanos, nº 5. Universidad Complutense, Madrid, 1988. El texto de la conferencia de Bobbio está publicado también en (Bobbio, N.) Il Terzo assente. Saggi e discorsi sulla pace e la guerra, P. Polito (ed.), Sonda, Turín, 1989 [El tercero ausente. Madrid: Catedra Teorema, 1997] con el título "L'età dei diritti" y en (Bobbio, N.) L'età dei diritti, Einaudi, Turín, 1990. [El tiempo de los derechos, trad. de Rafael de Asis Roig, Madrid: Editorial Sistema, 1991].

36 El primer volumen se abre precisamente y toma su título de una conferencia de Bobbio sobre "el futuro de la democracia" pronunciada en Madrid en el 1978. También de la capital española procede el texto de una conferencia sobre la "*età dei diritti*" de 1987 que dará título a todo el volumen dedicado al tema (El tiempo de los derechos).

37 BOBBIO, N. Prólogo. En: A. GREPPI, *Teoría e ideología en el pensamiento político de Norberto Bobbio.*, Madrid; Barcelona: Marcial Pons, 1998, pp. 9-12.

38 Conferencia impartida en el Instituto de Ciencia Política de la Pontificia Universidad Católica de Chile, 30 de abril de 1986. BOBBIO, N. 1986. Democracia y pluralismo, *Revista de Ciencia Política.* Chile, n.8, 1-2, pp.127-137. Vid. *Fundamento y futuro de la democracia: la visita de Bobbio a Valparaíso*. Chile: Edeval, 1986. Comprende también: Palabras de agradecimento de Norberto Bobbio y un estudio sobre "La definición mínima de democracia de *Norberto Bobbio*", de Agustín Squella Narducci.

La recepción de Bobbio en Colombia: un excurso desde su viaje a Bogotá hasta el impacto en el contexto constitucional colombiano

Ahora bien, comenzando con el viaje de Bobbio a Colombia y del análisis de sus conferencias y publicaciones relacionadas con este país, queremos llegar con más argumentos al análisis de algunas sentencias de la Corte Constitucional Colombiana en las que se ha citado al profesor turinés. Según el material del Archivo N. Bobbio, el profesor llegó a Bogotá[39] el domingo 30 de agosto de 1987. En la mañana del día siguiente, inauguró el Seminario "Democracia y coexistencia pacífica" en la Universidad Externado de Colombia organizado conjuntamente con el Instituto Italiano de Cultura en Colombia. En las dos sesiones del seminario, además del discurso inaugural, el profesor Bobbio pronunció dos conferencias. Concretamente en la tarde del 2 de septiembre, se presentó el libro de Bobbio, editado y traducido por el profesor colombiano Eduardo Rozo Acuña, que constituye la unión de sus obras sobre teoría del derecho –Teoría de la norma jurídica (1958) y Teoría del ordenamiento jurídico (1960)– en una Teoría general del derecho. Este primer intento de crear una teoría general "bobbiana" del derecho fue muy apreciado por parte de Bobbio y representó una panorámica sin precedentes de su labor teórico-jurídica también en Italia. Prueba de ello son las palabras pronunciadas en aquel discurso en que Bobbio subraya el valor del volumen que estibia en una visión general pero todavía estructural del derecho a la que – según el jurista turinés– se tenía que añadir (pero sin sustituir la anterior) una visión funcional (lo que había hecho con el volumen *Dalla struttura alla funzione*[40] de 1977) para tener una visión completa del fenóme-

---

39 ARCHIVIO NORBERTO BOBBIO (N.B.) – Stanza Ragazzi (SR); Sección de archivo *'Viaggio in Colombia'*, n° 719; Carpeta 147, Centro Studi Piero Gobetti, Turín: 1987-1988.

40 BOBBIO, N. *Dalla struttura alla funzione: nuovi studi di teoria del diritto*. Milano: Edizioni di Comunità, 1977. [De la estructura a la función, A. Martino (trad. de), Argentina: Editorial Universitaria, 1977.]

no jurídico «que es una esfera muy compleja de experiencias y cuyo conocimiento exige una visión global y no sectorial»[41]. Bobbio afirma en este discurso que esta multiplicidad de puntos de vista puede que no sea simultánea pero tampoco es incompatible –a diferencia de lo que se considera desde el punto de vista sociológico– sino que al contrario ayuda a la comprensión. A todo ello Bobbio añade la importancia de la dimensión promocional del fenómeno jurídico[42].

De naturaleza diferente, no jurídica sino más bien filosófica-política, fue la sucesiva conferencia titulada "Democracia y Europa" en la que el profesor no ofreció respuestas concretas a los sucesos de Colombia, aunque conocía bien el contexto, sino que proporcionó una delineación general, formal (o mínima) de la "democracia" que había triunfado en Europa a pesar de las dificultades (las guerras mundiales y los conflictos civiles y sociales habían asolado el continente europeo). A la misma solución democrática –un procedimiento democrático y pacificador basado en el pacto, que funcionó en Europa para superar los trágicos conflictos– se refiere Bobbio al pensar en Colombia, aunque no habla directamente del país anfitrión. El año en que Bobbio viajó a Colombia, 1987, fue políticamente importante,

---

41 Vid. Sección del ARCHIVO N.B. *'Viaggio in Colombia'* (SR. 719; 147.) Descripción sectorial del inventario: Traducción al español de Eduardo Rozo Acuña; texto dactilografiado de Bobbio "Agradezco al profesor Eduardo Rozo Acuña que haya asumido la tarea [...]". Prólogo en italiano traducido al castellano para Norberto Bobbio, "Teoría general del derecho" traducido por Eduardo Rozo Acuña, Editorial Temis, Bogotá–Colombia, 1987; programa del seminario "Democracia y coexistencia pacífica", Bogotá–Colombia, 31 de agosto-2 de septiembre de 1987, organizado por la Universidad Externado de Colombia y el Instituto Italiano de Cultura.

42 Ídem. [Más o menos estas mismas palabras de aquella conferencia escrita y pronunciada en italiano forman parte del prólogo para "Teoría general del derecho" de la primavera 1987 y luego traducido al castellano para la publicación de la obra]. El Derecho según Bobbio ya no se limitaba a la «función esencialmente negativa de proteger los derechos de los ciudadanos y reprimir sus violaciones, sino que había asumido también la de promover acciones recurriendo a sanciones positivas (recompensas e incentivos), escasamente consideradas en la teoría tradicional» Vid. BOBBIO, N. *Teoría general del derecho*, E. ROZO ACUNA, (ed. y trad.) Bogotá: Editorial Temis, 1987.

pero al mismo tiempo trágico para Colombia. De hecho, se celebraba entonces la primera consulta para representantes municipales, a la que se oponían los grupos armados y los cárteles de la droga, que suponían un desafío a la democracia que costó al menos dos mil vidas sólo en 1987. Era este el contexto entonces –que Bobbio conocía bien al haber sido informado por el Instituto Italiano de Cultura y el Ministerio de Asuntos Exteriores, habiendo recogido además numerosos artículos de revistas y periódicos antes de su viaje[43]– en el que el filósofo turinés presentó al público colombiano los principales rasgos de su teoría de la democracia.

El propio profesor piamontés admitió que prefería hablar en sus conferencias más de la enfermedad que del enfermo[44], lo que no significaba ignorar los problemas sociales del pueblo colombiano, sino proponer los procedimientos democráticos formales que habían salvado a Europa de los semejantes males que padecía en aquel momento histórico América Latina. En esta conferencia, por tanto, Bobbio se centra en los «universales procedimentales que caracterizan a la democracia»[45] – partiendo de la definición clásica de democracia dada por Pericles y tras un *excursus* de las doctrinas políticas-

---

43 Vid. Sección del ARCHIVO N.B. *'Viaggio in Colombia'* (SR. 719; 147.) Descripción sectorial del inventario: recortes de prensa; direcciones y documentos relativos a la organización del viaje. [Muy importantes fueron algunos artículos enviados por el Prof. Mario G. Losano, que en aquel momento se encontraba en un ciclo de enseñanza en Colombia.]

44 Vid. Sección del ARCHIVO N.B. *'Viaggio in Colombia'* (SR. 719; 147.) Descripción sectorial del inventario: Entrevista a Bobbio de Jairo E. Dueñas, *"Socialismo liberal: la tercera opción"* en: Lecturas Dominicales, 20 de septiembre 1987, pp. 10-12.

45 Vid. Sección del ARCHIVO N.B. *'Viaggio in Colombia'* (SR. 719; 147.) Descripción sectorial del inventario: Seminario "Democracia y coexistencia pacífica", Bogotà–Colombia, 31 agosto-2 septiembre 1987,Universidad Externado de Colombia /Instituto Italiano de Cultura. El texto de la conferencia se publicó en 1999 en la obra "Teoría general de la política" bajo el título "De la ideología democrática a los universales procedimentales". BOBBIO, N. *Teoria generale della politica*; M. BOVERO, ed. Torino: Einaudi, 1999, pp. 370-382. [Vid. BOBBIO, N. *Teoría general de la política* / M. Bovero, ed.; Antonio de Cabo, Gerardo Pisarello (trad. de), Madrid: Trotta, 2003, pp.449-462.]

jurídicas europeas[46] culmina enumerando los puntos esenciales que pueden determinar las formas de democracia como gobierno del pueblo y para el pueblo, pero "regulado" por normas que establecen no qué se debe decidir sino *quién* y *cómo* se debe decidir.

La primera regla contempla una condición de *inclusividad* al juego democrático en el que todos los ciudadanos –sin discriminación de raza, religión, sexo, condiciones económicas– deben gozar de derechos políticos y así poder expresar sus decisiones directamente o elegir a través de sus representantes. La segunda regla o universal procedural se refiere a una situación de *equivalencia* de condiciones –todos deben poder participar en condiciones de igualdad dentro del juego democrático– fundamental para la participación en los procesos de formación que permiten la representación política (sistemas electorales). La tercera regla general para garantizar la democracia se refiere a la *libertad de elección* de los ciudadanos y, por tanto, a la importancia de las condiciones para que los ciudadanos puedan elegir libremente (aquí se refiere principalmente a la cultura y a la educación cívica). La cuarta regla a la libertad de elección en condiciones de *pluralismo y alternabilidad*, es decir, «entre partidos con programas diversos y alternativos»[47]. Las dos últimas reglas democráticas se refieren a la *regla de mayoría* – en su aspecto numérico/cuantitativo y en sus características y límites cualitativos frente a los derechos fundamentales– y ser*án cruciales para abordar el impacto* del pensamiento de Bobbio en una de las sentencias de la Corte Constitucional Colombiana que hemos seleccionado para este estudio y que trataremos detenidamente en el siguiente apartado, en concreto, la C-699 de 2016 relativa a la cuestión de la refrendación popular y del "Fast track" después de la firma del Acuerdo de Paz con las FARC del 24 de noviembre de 2016.

---

46 Maquiavelo, Constant, Montesquieu, Rousseau, Kant, Kelsen, Popper, Ross, Schumpeter, Hayek.

47 Ibídem

Volviendo ahora a la recepción general de Bobbio en el contexto constitucional colombiano, es muy probable, junto con las razones metodológicas y editoriales explicadas anteriormente, que la visita de Bobbio en Colombia haya sido funcional a su recepción, considerando también el proceso constituyente que tuvo lugar pocos años después de su visita. En efecto, según el abogado colombiano Osvaldo Duque Luque los «trabajos de Bobbio en torno a los temas del Estado, el Derecho y la Política sirvieron de referencia a muchas propuestas de reordenamiento institucional promovidas en Colombia con motivo de la Asamblea Nacional Constituyente de la que resultó la Constitución de 1991»[48]. Retomando un análisis más general, lo que sin duda caracteriza la influencia de Bobbio en Colombia, es el aspecto pluralista y el uso transversal que se hace del pensamiento del filósofo turinés. Según Osvaldo Duque, este pluralismo fue un factor positivo en el impacto de la filosofía de Bobbio en diferentes culturas políticas, por ello la influencia del autor *torinese* es en cierto modo más valorable con respecto a la que tuvieron juristas como Kelsen o Cossío en Colombia, ya que éstos tenían verdaderos discípulos partidarios, mientras que «Bobbio no los has tenido. Quizá por ello, las distintas corrientes políticas tanto del liberalismo, el conservatismo y los movimientos socialistas lo citan indiscriminadamente.»[49]

Ahora bien, esta tendencia transversal de aceptación del filósofo piamontés, que puede haber tenido un efecto positivo cultural y políticamente, ha dado lugar sin embargo en la jurisprudencia constitucional colombiana a algunas interpretaciones erróneas, citas aisladas y a veces incluso inexactas o inapropiadas del pensamiento de Bobbio. Como prueba de ello, en este trabajo hemos elegido analizar la Sentencia C-355/06 de la Corte Constitucional sobre el tema del aborto (en la que se cita al autor italiano sin tener en cuenta que

---

48 SQUELLA NARDUCCI, A. La influencia de Bobbio en Iberoamérica, op. cit., pp. 283-308.

49 Ídem.

a lo largo del tiempo Bobbio se mostró muy indeciso y conflictivo sobre ese tema).

Bobbio en las sentencias de la Corte Constitucional Colombiana: algunos ejemplos de interpretaciones de un pensamiento complejo (entre citas adecuadas, impropias o incluso inanes).

Entre las decenas de sentencias y autos de la jurisprudencia constitucional colombiana en los que se cita el pensamiento de Bobbio[50] hemos preferido profundizar principalmente en dos porque ejemplifican muy bien la forma en que se ha utilizado al autor piamontés, es decir, no solo como jurista o fil*ó*sofo de la política y del derecho sino en la perspectiva abarcadora de la teoría jurídico-política de la democracia. La primera Sentencia de la Corte que analizaremos es la **C-699 de 2016**[51] y representa ciertamente un uso pertinente de la obra de Bobbio, a pesar de la escasa precisión en la elección de los trabajos científicos para argumentar las tesis de dicha sentencia. La segunda es la Sentencia C-355 de 2006[52] que, en cambio, presenta un uso "ornamental" e incluso discordante con el sentido y la evolución de la trayectoria de Bobbio no sólo como científico, sino como hombre de cultura e intelectual militante. A este respecto, es importante hacer una aclaración metodológica: no profundizaremos en los méritos de las sentencias, sino que nos limitaremos a analizar la forma en que se cita al autor, el contexto y las razones, así como

---

50 PEGORARO, L.; FIGUEROA MEJIA, G. 2016. Corti Costituzionali, Corti Supreme, Professori: le citazioni dottrinali nalla giurisprudenza del mondo (con particolare riferimento all'America latina), op. cit., pp. 47-49 [S. III América latina; 2.5. Colombia].

51 CORTE CONSTITUCIONAL DE COLOMBIA (2016). Sentencia C-699 de 16, [en línea, fecha de consulta 1 de marzo de 2023]. Disponible en: https://www.corteconstitucional.gov.co/relatoria/2016/C-699-16.htm

52 CORTE CONSTITUCIONAL DE COLOMBIA (2006). Sentencia C-355 de 2006, [en línea, fecha de consulta 1 de marzo de 2023]. Disponible en: https://www.corteconstitucional.gov.co/relatoria/2006/c-355-06.htm

la exactitud en la aplicación de sus pensamientos y posturas, que es finalmente el objetivo de esta obra y la intención de sus editoras.

La sentencia **C-699 de 2016** se refiere principalmente a dos tópicos –principio de mayoría y coexistencia pacífica– que Bobbio abordó de diferentes maneras ya en su viaje de 1987 y en sus conferencias. El primer concepto (que afrontó directamente en su conferencia "Democracia y Europa" justo dentro del Seminario Democracia y Convivencia Pacífica) se encuentra precisamente en los *universales procedimentales de la democracia* entre cuyas reglas formales el principio mayoritario es una de las principales; el segundo tema, que se relaciona con la sentencia en cuestión, se refiere al contexto de violencia y conflicto entre el Estado colombiano y las FARC (Fuerzas Revolucionarias de Colombia) y a la necesidad de un Acuerdo de Paz, que Bobbio aborda indirectamente en sus conferencias y de forma directa en sus apariciones en los medios de comunicación colombianos[53].

El contexto del que procede la sentencia C- 699 de 2016, concierne a los acontecimientos, decisiones legislativas y herramientas jurídicas del Gobierno colombiano tras la firma definitiva del Acuerdo de Paz con las FARC el 24 de noviembre de 2016. El Gobierno supuso promover los Acuerdos a través del Procedimiento Legislativo Especial (denominado también Fast Track y planteado en una parte del Acto Legislativo 1° de 2016). El Fast Track consistía entonces en «un andamiaje jurídico que le permitiera al Gobierno crear legislación ágilmente que sea fiel a lo pactado con las

53 Sin embargo, cabe partir de la constatación de que Bobbio consideraba que cuando se busca un acuerdo (incluso para la paz) primero hay que "reconocer" al sujeto con el que se quiere llegar a un acuerdo. Este reconocimiento es en sí mismo un riesgo ya que prevé una forma de legitimación que debe pero acompañarse por un abandono de la ilegalidad y la violencia. Bobbio era muy consciente, por ejemplo, del riesgo demostrado en Italia al tratar con grupos criminales o terroristas. Vid. Sección del ARCHIVO N.B., Stanza Valeria (973, 198) *"Recopilación de trabajos y documentación sobre la Mafia"*; y Stanza Archivio (1116, 227) *"Recopilación de documentación sobre terrorismo y atentados en Italia"*. Centro Studi Piero Gobetti, Turín: 1983 – 2000.

FARC»[54]. Este *procedimiento especial* agilizaba el desarrollo legislativo para «implementar los acuerdos y a la vez establecía ciertas prerrogativas y limitaciones al Congreso»[55]. La Corte Constitucional Colombiana con la sentencia C-699 de 2016 declaró la exequibilidad de algunas de las herramientas jurídicas del AL. 1° de 2016 y sobre todo se pronunció sobre las "condiciones" de validez de la refrendación popular (prevista al Art. 5°) mediante votación del Congreso.

Ahora bien, éste más que un posicionamiento de la Corte fue en cierto modo una especie de delegación de la decisión al Congreso, puesto que la Corte sólo dio parámetros para que el Congreso dispusiera posteriormente si su decisión final (es decir, la votación del 30 de noviembre en el Congreso para aprobar y poner en vigor el Acuerdo Final) podía entenderse como una "refrendación popular". En tal sentido la Corte se amparó en la situación de emergencia, es decir, en el carácter especial y provisional del procedimiento legislativo "Fast Track". Así las cosas, las principales cuestiones que nos ocupan se refieren a: primero, qué se entiende por refrendación popular; segundo, si correspondía al Congreso decidir sobre las condiciones para interpretar su decisión como "refrendación popular"; tercero, si un Acuerdo que afectaba un derecho fundamental como la Paz (según también el artículo 22 de la Constitución Política de Colombia qué identifica la Paz como derecho/deber) debía ser objeto de "refrendación popular". La Corte consideró, entonces, que «la búsqueda de la paz como un deber de obligatorio cumplimiento justificaba aplicar a un régimen transicional»[56] es decir unos procedimientos legislativos especiales al igual que el Fast Track. También consideró que el procedimiento legislativo especial era único e irrepetible, funcional sólo para la transposición legislativa de los Acuerdos de Paz, y que por esta razón tanto el Fast Track como la facultad presidencial de promulgar decretos (con fuerza de ley) se

---

54 DIMATÉ, J.; VERNAZA, S. Control de constitucionalidad al fast track: ¿Debilitando el poder constituyente. *Revista de Derecho*, 2017, 2.

55 Ídem

56 Ídem

ajustaban a la Constitución, por ser urgentes y estar relacionados con el derecho/deber fundamental de la Paz. En esta sentencia, la Corte juzga, por tanto, que la Paz es un derecho fundamental y que su persecución a través de determinados procedimientos especiales se considera parte de los procedimientos democráticos establecidos en la Constitución.

Una vez expresado el marco de la sentencia podemos volver a nuestro autor. En la conferencia colombiana de 1987 (Democracia y Europa) Bobbio deja claro que para él la democracia es sin duda la forma de gobierno del pueblo y para el pueblo, pero un gobierno regulado por leyes y procedimientos. Dentro de estos procedimientos universales de la democracia está la regla de la mayoría. Sin embargo, el fil*ósofo piamontés aclara* que la forma directa de manifestación de la mayoría no es el único principio que determina las condiciones procedurales de una democracia – puesto que la mayoría en democracia también puede expresarse a través de los votos y las decisiones de los representantes elegidos por el pueblo– y no sólo existe un criterio numérico, sino que también hay otro, en ciertos términos cualitativo, que se refiere al principio de mayoría. Según Bobbio la regla de mayoría debe *sí* valer «numéricamente» –ya que en democracia tanto para las elecciones como para las decisiones colectivas se considera elegida y válida la decisión que obtenga cuantitativamente el mayor número de votos– pero a condiciones que «ninguna decisión tomada por mayoría debe limitar los derechos de la minoría»[57].

Bobbio añade así un aspecto cualitativo al principio de mayoría, esto es, una especie de sensibilidad y limitación hacia los derechos fundamentales de los demás, especialmente los de las minorías, derechos que no pueden ser modificados por una mayoría a pesar de su dimensión cuantitativa. Aunque parezca que el principio de mayoría es fundamental en estas reglas universales, es importan-

---

57 Bobbio se refiere particularmente al «derecho de convertirse a su vez en mayoría en igualdad de condiciones». BOBBIO, N. *Teoría general de la política*, op. cit., p. 460.

te saber que en su concepción Bobbio nunca identifica la democracia con el principio mayoritario. Al contrario, en su teoría de la democracia queda claro que Bobbio apuesta por la democracia liberal, que desde un punto de vista procedimental se traduce en democracia representativa, un sistema de representación indirecta donde las deliberaciones son tomadas por las personas elegidas y libremente escogidas por el electorado. Esto conlleva el escepticismo de Bobbio hacia las herramientas "directas" de democracia, o al menos hacia el recurso excesivo a ellas: es el caso de la cautela del profesor piamontés hacia la forma de consulta del referéndum o refrendación popular directa[58].

Como también afirma Filippi, el poder del principio mayoritario, según Bobbio, debe detenerse frente al *territorio fronterizo considerado inalienable e inviolable de los derechos fundamentales.* Este concepto es imprescindible para abordar el tema de la refrendación popular analizado por la Corte Constitucional Colombiana en su sentencia C-699 de 2016. Este tipo de argumentación de Bobbio, recoge perfectamente el espíritu de la sentencia, pero sorprende que uno de los magistrados ponentes, al mencionar al autor en este sentido, cite *sólo* la obra "El futuro de la democracia" (quizá por ser la más célebre). La cita, de todas formas, es apropiada para destacar la concepción procedural de la democracia entendida co*mo «conjunto de reglas (primarias y fundamentales) que establecen quién está autorizado para tomar las decisiones colectivas y bajo qué procedimientos»*[59], pero es

58 Sobre el escepticismo de Bobbio acerca del uso de las consultas directas, véase también el artículo de Bobbio "La lezione dei 12 referendum" en el periódico *"La Stampa"* del 13 de junio de 1995, relativo al «supuesto y tan a menudo exaltado apego de los ciudadanos a la institución del referéndum»,ahora en: BOBBIO, N. La lezione dei 12 referendum. En: N. BOBBIO, *Contro i nuovi dispotismi: scritti sul berlusconismo*, Bari: Dedalo, 2008, pp.44-46. Vid. BOBBIO, N. *Il futuro de la democracia: per una difesa delle regole del gioco*, Einaudi, Turín, 1984, pp. 29-54 [Democrazia rappresentativa e democrazia diretta]. En español: BOBBIO, N. *El futuro de la democracia*, Fondo de Cultura Económica, México, 1986.

59 BOBBIO, N. *El futuro de la democracia*, Fondo de Cultura Económica, México, 1986, p.9.

realmente extraño se omite cualquier referencia a la conferencia de Bobbio en Colombia (posteriormente publicada con el título "De la ideología democrática a los universales procedimentales" en la traducción castellana de la Teoría General de la Política de 1999).

En cualquier caso –aunque no se hizo ninguna otra referencia a obras posiblemente más adecuadas– es sin duda un uso pertinente el de citar a Bobbio como un defensor de la democracia representativa y de sus procedimientos. Consideramos, entonces, apropiada y relevante la referencia a un autor además cuidadoso y hasta en algunos casos determinados, contrario al uso de las consultas directas en lo que se refiere a los derechos fundamentales. Pero –volvemos a repetir– en los argumentos de los magistrados ponentes (por ej., vid. C-699 de 2016, *«La paz es un derecho fundamental contra-mayoritario, y en consecuencia, no puede ser sometido a ninguna suerte de refrendación»*) citando al autor italiano se omiten también otros pasajes quizás aún más significativos. Por ejemplo, en el ensayo "La regla de mayoría: límites y aporías"[60] (ya publicado en Italia en el volumen "*La democrazia e il principio di maggioranza*"[61]) al hablar de los límites de aplicación de la regla de mayoría, Bobbio se refiere a *lo "inviolable" de los derechos del hombre y del ciudadano* –propios de las constituciones liberales– que «reside precisamente en que esos derechos no pueden limitarse, y mucho menos suprimirse, por medio de una decisión colectiva, aunque ésta sea mayoritaria. Por su carácter inalienables frente a cualquier decisión mayoritaria estos derechos fueron llamados derechos contra la mayoría».[62] De hecho, en el caso de los Acuerdos de Paz, más que limitar, por el contrario, se promueve

---

60 BOBBIO, N. *Teoría general de la política*, op. cit., pp. 462-489.

61 BOBBIO, N. La regola di maggioranza: limiti e aporie. En: N. BOBBIO, et al. *La democrazia e il principio di maggioranza*, Milano: Comunità di ricerca, Istituto di studi e ricerche socio-culturali, 1981, pp. 3-21.

62 BOBBIO, N. *Teoría general de la política*, op. cit., pp. 462-489. [7. Límites de aplicación; p. 478: *«en algunas constituciones se garantizan jurídicamente por medio del control constitucional de las leyes (es decir, de decisiones tomadas por mayoría), declarando ilegítimas las leyes que no respetan tales derechos»*].

un derecho fundamental como la Paz, según el artículo 22 de la Constitución Política de Colombia. Así lo entendió también la Corte Constitucional al decidir cuales condiciones cumplía el artículo 5 del A.L de 2016, en el cual se disponía la vigencia del mismo Acto Legislativo a partir de «la refrendación popular del Acuerdo Final para la terminación del conflicto y la construcción de una paz estable y duradera.»[63]

De modo que al definir lo que es la refrendación popular, la Corte estableció que era un «*proceso* con una serie de requisitos, como por ejemplo la efectiva participación ciudadana», que en todo caso podía ser llevado a cabo por una «autoridad democráticamente elegida». Las condiciones establecidas en la sentencia C-699 de 2016 en aquel contexto preciso y a falta de definición expresa en el ordenamiento, pueden resumirse de la siguiente manera: «la refrendación popular designa un (i) proceso, (ii) en el cual haya participación ciudadana directa, (iii) cuyos resultados deben ser respetados, interpretados y desarrollados de buena fe, en un escenario de búsqueda de mayores consensos, (iv) proceso que puede concluir en virtud de una expresión libre y deliberativa de una autoridad revestida de legitimidad democrática, (v) sin perjuicio de eventuales espacios posibles de participación ciudadana para la revisión específica de aspectos concretos ulteriores»[64]. De tal manera, la Corte decidió que mientras los órganos políticos encargados de aplicar las previsiones del Acto Legislativo 1 de 2016 se mantenían dentro de esos límites, podían definir ellos mismos si se había cumplido la refrendación popular. No obstante, lo que parece un cortocircuito estriba en que anteriormente los Acuerdos de Paz habían sido sometidos a referéndum popular, siendo además rechazados con una

63 DIMATÉ, J.; VERNAZA, S. Control de constitucionalidad al fast track: ¿Debilitando el poder constituyente. *Revista de Derecho*, 2017, 2.

64 CORTE CONSTITUCIONAL DE COLOMBIA (2016). Sentencia C-699 de 16, [en línea, fecha de consulta 1 de marzo de 2023]. Disponible en: https://www.corteconstitucional.gov.co/relatoria/2016/C-699-16.htm. [Vid. Expediente D-l 1601].

abstención cercana al 63% (por lo que ya sí hubo participación directa). Tras numerosas enmiendas (que interpretaban– y en cierta forma modificaban– los Acuerdos sin contar con la participación de todos los partidos y grupos sociales anteriormente implicados), ya no se optó por la vía del referéndum, sino por la vía congresual, manteniéndose sin embargo dentro de los procedimientos democráticos de expresión del consenso.

Por consiguiente, la pregunta que cabe hacerse ahora conociendo la teoría de la democracia de Bobbio es: ***¿toleraría la doctrina procedimental de Bobbio estos forzamientos y cortocircuitos entre formas directas de participación y formas indirectas o representativas***? La respuesta, por la que Bobbio fue correctamente citado en dos apartados de la sentencia C-699 de 2016, es que, para la promoción de la paz y la eliminación de la violencia, estos procedimientos especiales son tolerables. Al fin y al cabo, el objetivo último de la teoría de la democracia de Bobbio al entenderla como forma "racional" de gobierno es precisamente la eliminación de la violencia y la pacificación. Todo esto se desprende una vez más de su visita a Colombia. En un diálogo/entrevista con Mauricio García[65], el filósofo piamontés insiste en la importancia de la democracia definida como aceptación de reglas de juego pacíficas: «¿Qué es lo esencial en democracia? La democracia consiste en la aceptación de un determinado número de reglas para resolver los conflictos sin necesidad de recurrir a la violencia. Yo siempre digo que la democracia comienza cuando los individuos de un grupo deciden aceptar un conjunto de reglas que permiten afrontar los conflictos a través de procedimientos que no implican un recurso a la violencia. Es claro que la democracia funciona allí donde todos convienen en aceptar dicho *pacto*. De otro modo el sistema no funciona.»

---

65 Vid. Sección del ARCHIVO N.B. *'Viaggio in Colombia'* (SR. 719; 147.) Descripción sectorial del inventario: *Texto dactilografiado de una entrevista a Norberto Bobbio por Mauricio García*, sin título y sin fecha [con correcciones escritas por N. Bobbio]. Centro Studi Piero Gobetti, Turín: 1987-1988.

Las mismas conferencias colombianas respondían a la enorme preocupación de Bobbio hacia la violencia y por ende destacaban la importancia del pacto y de los acuerdos para reforzar las transiciones hacia la democracia. Bobbio se refería entonces tanto a una desmilitarización de las instituciones como a una reducción del uso de la violencia como medio de conquista social por parte de grupos de ciudadanos[66]. Así Bobbio: «*Yo me pregunto si en un país como Colombia aquellos que organizan estos grupos violentos de izquierda o de derecha, son conscientes del alcance de sus acciones. Por lo general la violencia no triunfa sino en periodos de grandes crisis. La violencia podría tener algún sentido cuando por las vías del sistema democrático no pueden resolverse los conflictos. Pero cuando por medio de la violencia no sólo no se consigue una mejoría de la situación, sino que además se empeoran los conflictos, pues entonces la violencia debe ser rechazada. Hay que tener en cuenta que, así como la democracia tiene sus límites también el uso de la violencia lo tiene.*»[67] Por lo tanto, Bobbio estaba familiarizado con los problemas de Colombia en aquel momento (1987), y ciertamente el camino que señaló consistía en responder a la violencia terrorista/revolucionaria de la época, no con la fuerza violenta del Estado, sino buscando un acuerdo pacificador. También en este sentido el uso de su pensamiento resulta adecuado en la sentencia C-699 de 2016. Para resolver el problema de la violencia, entonces en la concepción de la democracia en Bobbio es aceptable también el pacto, la negociación, el acuerdo con la condición de alcanzar la Paz: «*Es claro que mientras existan grupos que recurren a la violencia y se responda con la violencia no habrá democracia. En Italia por ejemplo hemos tenido la violencia terrorista. Esta violencia ha sido vencida por medio de los mecanismos propios del estado de derecho. [...] Es claro que si a la violencia revolucionaria se responde con la violencia contra-revolucionaria la democracia no puede sobrevivir. En Italia también han sido asesinados magistrados, mi-*

---

66 FILIPPI, A. Las conferencias sudamericanas de Bobbio..., op. cit., pp. 187- 194.

67 Vid. Sección del ARCHIVO N.B. *'Viaggio in Colombia'* (SR. 719; 147.) *Entrevista a Norberto Bobbio por Mauricio García*, op. cit. [inédita o de publicación aún no comprobada].

nistros, periodistas, jueces, abogados, etc., pero no ha habido contra-violencia por parte del estado.»[68]

La búsqueda de la pacificación (que descarta la modalidad violenta pero no todos los conflictos de la sociedad) es, por tanto, el núcleo de la teoría de la democracia de Bobbio, entre otras cosas porque la violencia convierte en *fútiles los universales procedim*ientos de la democracia (inclusividad, equivalencia de las condiciones de partida, libertad, pluralismo, alternabilidad) en palabras de Bobbio: «La democracia empieza a funcionar cuando la clase dirigente elegida democráticamente considera que para defender la democracia es necesario defenderla democráticamente. […] La única posible definición de democracia –repito una vez más– es aquella que se refiere a un sistema de gobierno en donde los conflictos son resueltos sin recurrir a la violencia. Es claro que la violencia del estado debe reaccionar a la violencia revolucionaria, pero dentro de los límites impuestos por el derecho.»[69]

En consonancia con lo citado, en esa concepción de la democracia hay que hacer todo lo posible para buscar la paz, la cual forma parte de la amplia esfera de los derechos fundamentales. Esta esfera puede interpretarse en Bobbio como una especie de territorio fronterizo ante el cual se detiene la fuerza del principio mayoritario[70]. Todo ello porque los procedimientos universales de la democracia no se limitan a la regla de la mayoría (manifestada de forma directa), sino que pueden encontrarse soluciones también por *vía* (indirecta) representativa o en la vía de la negociación, pero a pacto no de limitar los derechos fundamentales sino de promoverlos (siempre en el respeto de los derechos todas las minorías)[71]. En este sentido, Bobbio se refiere a la no coincidencia entre regla de

---

68 Ídem

69 Ídem

70 FILIPPI, A. Las conferencias sudamericanas de Bobbio…, op. cit., pp. 187- 194.

71 Vid. BOBBIO, N. *Elementi di política*. P. POLITO, ed., Milano: Einaudi scuola, 1998. BOBBIO, N. *Teoría general de la política*, op. cit., p. 478 [7. Límites de aplicación].

mayoría y democracia, cuando dentro de los sistemas democráticos existen otras modalidades para formar la voluntad colectiva. Aquí el autor piamontés hace hincapié en especial al método contractual, esto es, a «la solución de los conflictos sociales mediante el acuerdo (o negociación), que concluye [...] en un compromiso»[72]. También según este método negocial puede encontrarse entonces la paz que, en sentido positivo, puede entenderse –entre varias formas– como un conjunto de acuerdos por los que dos o más grupos «políticos» ponen fin a la guerra entendida como conflicto violento.[73]

El segundo fallo que merece análisis tipifica, **en nuestra opinión, lo inapropiado de citar un autor ignorando sus posiciones como intelectual público**. Este fue el caso de la cita de Bobbio en la sentencia **C-355 del 2006** de la Corte Constitucional[74] sobre el aborto en Colombia. Ésta decisión concierne a los derechos de autodeterminación de las mujeres (en los ámbitos reproductivo y sexual) y en nuestra opinión, más que una despenalización en la decisión de la Corte, se produjo una "parcial" exoneración del delito; parcial ya que, de hecho, sólo se produce en las condiciones específicas establecidas en la sentencia, en concreto: peligro para la vida o la salud de la madre; malformación del feto incompatible con la vida; cuando el embarazo es producto de abuso, violación, incesto, transferencia de óvulo o inseminación no consentida. La Corte Constitucional ha ratificado y fortalecido su postura, en varias sentencias subsecuentes, véase por ejemplo, la sentencia C-055 de 2022, que amplía la exoneración del aborto en todos los supuestos de la sentencia C-355 de 2006 hasta las 24 semanas de embarazo.

Una vez más aquí se utiliza una visión integral del pensamiento de Bobbio, combinando la teoría de la política con sus argumentos

---

72 BOBBIO, N. *Teoría general de la política*, op. cit., p. 472.

73 BOBBIO, N. *Pace: concetti, problemi e ideali*. Roma: Istituto della Enciclopedia Italiana, 1989, pp. 812-824.

74 CORTE CONSTITUCIONAL DE COLOMBIA (2006). Sentencia C-355 de 2006, [en línea, fecha de consulta 1 de marzo de 2023]. Disponible en: https://www.corteconstitucional.gov.co/relatoria/2006/c-355-06.htm

como filósofo del derecho. Así pues, no se menciona a Bobbio puramente como jurista, ni como teórico del derecho, ni siquiera como filósofo político. Se hace referencia (y esto es lo que ocurre en general con la jurisprudencia constitucional colombiana en la que se cita a Bobbio) sobre todo a obras que combinan la filosofía del derecho con conceptos político-teóricos. Por ejemplo, en la Sentencia C- 355 de 2006, se hace referencia a la reflexión de Bobbio sobre el vínculo entre los derechos humanos y el concepto de libertad (particularmente en la visión de la teoría política de la libertad). Se cita aquí a Bobbio para proporcionar un parámetro a los conceptos de libertad negativa y libertad positiva. La concepción negativa implica un estar libre de algo, es decir, "*una esfera de actividad personal protegida contra las injerencias de los poderes exteriores*" mientras que el concepto de libertad positiva acuerda en cierto sentido un poder efectivo de autodeterminación «*para llevar una determinada forma prescrita de vida*». En palabras de Bobbio: "*Todo ser humano debe disfrutar del poder efectivo de traducir a comportamiento concretos los componentes abstractos previstos por las normas constitucionales que atribuyen este o aquel derecho [...]para gozar de una vida digna*"[75]. .

El concepto de libertad se relaciona, entonces, con el poder de autodeterminación y con la dignidad de la vida humana. Hasta aquí parece acertado citar a Bobbio en este sentido, aunque en última instancia resulte incongruente presentar su concepción de la libertad con referencia al tema del aborto. Sobre todo, porque al autor

---

75 Las citas de Bobbio se encuentran en las Aclaraciones de voto de los Magistrados ponentes de la Sentencia C – 355 de 2006. En ambas ocasiones se hace referencia a Bobbio sin especificar en detalle la procedencia de la cita, que de hecho no sólo se encuentra en la Teoría general de la Política (como se informa en la sentencia), sino también y originalmente en "Eguaglianza e dignità degli uomini". Vid. BOBBIO, N., "La Declaración Universal de los Derechos del Hombre". En: N. BOBBIO, *Teoría general de la política,* op. cit., pp. 520-533. BOBBIO, N. "Eguaglianza e dignità degli uomini", En: Aa. Vv., *Diritti dell'uomo e Nazioni unite*, Padova: Cedam, 1963. Reimpreso en BOBBIO, N; POLITO, P. *Il terzo assente*, Torino, Sonda, 1989, pp. 71-83. [Bobbio N, El tercero ausente. N. Linares, trad. Madrid: Cátedra; 1997.]

piamontés siempre le ha resultado difícil tomar posiciones científicas sobre el tema y a menudo se ha mostrado cauteloso a la hora de aplicar sus perspectivas como argumentos a favor o en contra de la cuestión del aborto. Cuando se le preguntaba si el aborto era una libertad, un poder efectivo de autodeterminación, un derecho, tenía dificultades para pronunciarse, y, sobre todo, no lo hizo científicamente, pero sí en cierto sentido como intelectual público. El punto de vista de Bobbio sobre el tema del aborto era el de un laico con una perspectiva transversal: en el terreno de los derechos humanos, a Bobbio con frecuencia se le ha acusado de ser demasiado progresista, por un lado, y demasiado conservador, por otro. La de Bobbio –sobre el aborto– es de hecho una postura moderada: en sus trabajos académicos el autor no habló nunca del aborto como un derecho de autodeterminación ni de los derechos reproductivos como una libertad positiva "sin límites". Existe, sin embargo, un Bobbio intelectual, comprometido con las cuestiones éticas, un hombre de cultura, un Bobbio periodista que razonó sobre el tema.

Bobbio concede una entrevista pública sobre el aborto [*Laici e aborto*, entrevista de Giulio Nascimbeni. En: *Il Corriere della Sera*. A. 106, n. 107, 8 mayo 1981, p. 3. Disponible en: http://gobetti.erasmo.it/collocazione.asp?NTIT=2776] en la vigilia del referéndum sobre la abrogación de la Ley 194 que regula la interrupción del embarazo en Italia. En dicho referéndum el 68% de la población se declaró a favor de mantener intacta la Ley 194, que despenalizaba la interrupción voluntaria del embarazo en los casos en que el embarazo o el parto constituyeran un peligro para la salud física o psíquica de la mujer (o por otros motivos económicos, sociales o familiares graves) y dentro de los 90 primeros días de gestación por motivos de salud [Vid. ZANCHETTI, M. *La legge sull'interruzione della gravidanza: commentario sistematico alla legge 22 maggio 1978 n. 194*, Padova: CEDAM, 1992].

Bobbio no estaba en contra de la Ley 194, pero, como declaró a su entrevistador, no hablaba de buena gana del tema del aborto al ser un «problema muy difícil». En palabras de Bobbio: «es el clásico problema en el que uno se enfrenta a un conflicto de derechos y deberes [...] el derecho fundamental del concebido, ese derecho al nacimiento sobre el que, en mi opinión, no se puede transigir. Es el mismo derecho en nombre del cual estoy en contra de la pena de muerte. Se puede hablar de despenalización del aborto, pero no se puede ser moralmente indiferente al aborto».

Bobbio continuó la entrevista afirmando que junto al derecho a la vida del no nacido existe también «el derecho de la mujer a no ser sacrificada en el cuidado de niños que no quiere. Y hay un tercer derecho: el de la sociedad. El derecho de la sociedad en general y también de las sociedades particulares a no estar superpobladas y, por tanto, a ejercer el control de la natalidad». Aquí, según Bobbio, en el caso del aborto nos encontramos ante derechos casi incompatibles, cuya elección «es siempre dolorosa». Sostuvo en esa línea: «He hablado de tres derechos: el primero, el del concebido, es fundamental; los otros, el de la mujer y el de la sociedad, son derivados. Además, y éste es para mí el punto central, el derecho de la mujer y el derecho de la sociedad, que suelen citarse para justificar el aborto, pueden cumplirse sin recurrir al aborto, es decir, evitando la concepción. Una vez que se ha producido el concebimiento, el derecho del concebido sólo puede satisfacerse dejándole nacer».

En conclusión, la posición de Bobbio sobre el tema del aborto (expresada en esa entrevista) es de contraste o de duda moral ; pero es importante afirmar que, desde un punto de vista puramente jurídico, el filósofo piamontés no está de acuerdo con un verdadero "derecho al aborto" entendido sobre todo como "medio de control de la natalidad" (y en esto está conforme con la Ley 194), pero al mismo tiempo el Bobbio jurista afirma en esta entrevista que el aborto es una situación jurídica que debe ser regulada por la ley, afirmando sin embargo que «si la Ley 194 fuera bien aplicada, podría ser aceptada como una ley que resuelve un problema humana y socialmente relevante», como es el del aborto

Así entonces cabría preguntarse **¿puede ignorarse este ámbito intelectual de "hombre público" –que acompaña la trayectoria científica de un autor como Bobbio– cuando se cita a un autor en la jurisprudencia constitucional?**

Evidentemente, es una pregunta inane, pero también cabe cuestionarse: ¿habría estado sereno Bobbio al saber que se le citaba en el contexto de una cuestión en la que él mismo experimentaba dificultades éticas?

CONCLUSIÓN

Para finalizar podemos aplicar ese mismo interrogante a todas las citas explícitas de la jurisprudencia constitucional. Probablemente el hecho de proceder de una cultura jurídica jurisprudencial "muda", es decir, que no cita la doctrina de los profesores produce a un autor italiano siempre un prejuicio. A modo de conclusión, la cuestión teórica que queremos plantear es si detrás de una cita explícita hay una forma de **instrumentalización**, ya que cualquier interpretación jurídica difícilmente es una interpretación auténtica del pensamiento de un autor, y esto es válido tanto para la hermenéutica aplicada a la legislación o a la interpretación normativa como para la interpretación y aplicación a los casos concretos de la doctrina de los juristas teóricos (más difícil aún para las filosofías teóricas aplicadas al Derecho)[76].

Bibliografía

ARCHIVIO NORBERTO BOBBIO (N.B.) del Centro Studi Piero Gobetti, Turín. – Stanza Ragazzi (SR); Sección de archivo *'Viaggio in Colombia'*, 1987-1988, nº 719; Carpeta 147,. Descripción sectorial del inventario: Traducción al español de Eduardo Rozo Acuña; texto dactilografiado de Bobbio "Agradezco al profesor Eduardo Rozo Acuña que haya asumido la tarea [...]". Prólogo en italiano traducido al castellano para Norberto Bobbio, "Teoría general

[76] Sobre la cultura jurisdiccional de las Cortes que no citan explícitamente, véase especialemente el apartado titulado "Ragioni per citare, ragioni per non citare" en: PALICI DI SUNI, E., Corti, dottrina e società inclusiva: brevi annotazioni a partire dalla sintesi dei risultati della ricerca. En: *Giureconsulti e giudici. L'influsso dei Professori sulle sentenze. I Le prassi delle Corti e le teorie degli studiosi*. G. Giappichelli, 2016, pp. 7-21.

del derecho" traducido por Eduardo Rozo Acuña, Editorial Temis, Bogotá–Colombia, 1987; programa del seminario "Democracia y coexistencia pacífica", Bogotá–Colombia, 31 de agosto-2 de septiembre de 1987, organizado por la Universidad Externado de Colombia y el Instituto Italiano de Cultura.

BOBBIO, N., Scienza giuridica tra essere e dover essere.: *Rivista internazionale di filosofia del diritto*. n.45, 3-4, pp. 475-486, 1968

BOBBIO, N., Democracia y pluralismo, *Revista de Ciencia Política*. Chile, n.8, 1-2, 1986, pp.127-137. Vid. *Fundamento y futuro de la democracia: la visita de Bobbio a Valparaíso*. Chile: Edeval, 1986. Comprende también: Palabras de agradecimento de Norberto Bobbio y un estudio sobre "La definición mínima de democracia de *Norberto Bobbio*", de Agustín Squella Narducci.

BOBBIO, N., Ciencia del Derecho y anàlisis del lenguaje. En: Alfonso Ruiz Miguel, ed., *Contribuciòn a la teorìa del Derecho*. Valencia: Fernando Torres, 1980, pp. 173-200.

BOBBIO, N. *Dalla struttura alla funzione: nuovi studi di teoria del diritto*.Milano: Edizioni di Comunità, 1977. [De la estructura a la función, A. Martino (trad. de), Argentina: Editorial Universitaria, 1977.]

BOBBIO, N. *El existencialismo. Ensayo de interpretación,* Lore Terracini (trad. de), México: Fondo de Cultura Económica, 1948. En 1947 ya se había publicado una contribución de Bobbio: "Filosofía y cultura en la Italia de hoy y de ayer" en Realidad: revistas de ideas, II, n.4 -gosto 1947, Buenos Aires, pp.47-61.

BOBBIO, N. Epílogo para españoles. En: Á. LLAMAS, ed. *La figura y el pensamiento de Norberto Bobbio*. Madrid: Universidad Carlos III; Boletín oficial del Estado, 1994, pp. 311-318.

BOBBIO, N. *Il futuro de la democracia: una difesa delle regole del gioco*, Torino: Einaudi, 1984 [El futuro de la democracia, Fondo de Cultura Económica, México, 1986].

BOBBIO, N. La regola di maggioranza: limiti e aporie. En: N. BOBBIO, et al. *La democrazia e il principio di maggioranza*, Milano: Comunità di ricerca, Istituto di studi e ricerche socio-culturali, 1981, pp. 3-21.

BOBBIO, N. *Pace: concetti, problemi e ideali*. Roma: Istituto della Enciclopedia Italiana, 1989, pp. 812-824.

BOBBIO, N. Prólogo. En: A. GREPPI, *Teoría e ideología en el pensamiento político de Norberto Bobbio*., Madrid; Barcelona: Marcial Pons, 1998, pp. 9-12.

BOBBIO, N. Saggi sulla scienza giuridica, Torino: Giappichelli, 2011. BOBBIO, N. 1950. Scienza del diritto e analisi del linguaggio. *Rivista trimestrale di diritto e procedura civile*. 4, n. 2, pp. 342-367

BOBBIO, N. *Teoría general del derecho*, E. ROZO ACUNA, (ed. y trad.) Bogotá: Editorial Temis, 1987.

BOBBIO, N., "La Declaración Universal de los Derechos del Hombre". En: N. BOBBIO, *Teoría general de la política,* op. cit., pp. 520-533.

BOBBIO, N. "Eguaglianza e dignità degli uomini", En: Aa. Vv., *Diritti dell'uomo e Nazioni unite*, Padova: Cedam, 1963. Reimpreso en BOBBIO, N; POLITO, P.

Il terzo assente, Torino, Sonda, 1989, pp. 71-83. [Bobbio N, El tercero ausente. N. Linares, trad. Madrid: Cátedra; 1997.]

BOBBIO, N., “La lezione dei 12 referendum” en :*”La Stampa”*, 13 de junio de 1995. También en: N. BOBBIO, *Contro i nuovi dispotismi: scritti sul berlusconismo*, Bari: Dedalo, 2008, pp.44-46.

BOBBIO, N.; POLITO, P., Dialogo su una vita di Studi. *“Nuova Antologia”*, Firenze: Le Monnier n. 2200, 1996, pp. 40-63.

COTTINO, G., Il nostro futuro, con Bobbio e oltre Bobbio. En: M. BOVERO, ed. *Il futuro di Norberto Bobbio.* Roma: GLF editori Laterza, 2011, pp. 7-13.

DIMATÉ, J.;VERNAZA, S., Control de constitucionalidad al fast track: ¿Debilitando el poder constituyente. *Revista de Derecho*, 2017, 2.

FILIPPI, A., *La filosofía de Bobbio en América Latina y España*. Buenos Aires; México D.F: Fondo de cultura económica, 2003, p.54.

FILIPPI, A., *Filosofía y teoría política. Norberto Bobbio y América Latina*, Ed. Hammurabi, Buenos Aires, 2016.

GRECO, T., Norberto Bobbio e la scienza del potere. En: N. BOBBIO, *Il problema del potere: introduzione al corso di scienza della política*. Torino: Giappichelli, 2020, pp. VII-LIII.

GRECO, T., *Norberto Bobbio: un itinerario intellettuale tra filosofia e politica*. Roma: Donzelli, 2000.

LAFER, C., Bobbio in Brasile. En: V. PAZÉ, ed. *L’opera di Norberto Bobbio: itinerari di lettura*, Milano: F. Angeli, 2005, pp.95-121.

LOSANO, M. G., *Norberto Bobbio: una biografia culturale*, Roma: Carocci, 2018.

NASCIMBENI, G., *Laici e aborto*, entrevista a Bobbio. En: *Il Corriere della Sera*. A. 106, n. 107, 8 mayo 1981, p. 3. Disponible en: http://gobetti.erasmo.it/collocazione.asp?NTIT=2776]

PALICI DI SUNI, E., Corti, dottrina e società inclusiva: brevi annotazioni a partire dalla sintesi dei risultati della ricerca. En: *Giureconsulti e giudici. L’influsso dei Professori sulle sentenze. I Le prassi delle Corti e le teorie degli studiosi*. G. Giappichelli, 2016, pp. 7-21.

PAZ, M. C., *Derecho comparado y diálogo entre cortes. Homenaje a la constitución colombiana de 1991,* Ediciones Nueva Jurídica, 2021.

PEGORARO, L.; FIGUEROA MEJIA, G., Corti Costituzionali, Corti Supreme, Professori: le citazioni dottrinali nalla giurisprudenza del mondo (con particolare riferimento all’America latina) En: S. BAGNI, et al. *Giureconsulti e giudici: l’influsso dei professori sulle sentenze*. Torino: Giappichelli, 2016, pp. 22-75 [S. III América latina; 2.5. Colombia, pp. 47-49].

POLITO, P., Nota biografica. Norberto Bobbio (Torino, 1909-2004). En: N. BOBBIO, *De senectute e altri scritti autobiografici*. Torino: Einaudi. En español: BOBBIO, N. De senectute y otros escritos biográficos / E. Benítez (trad. de); apéndice a cargo de Pietro Polito. Madrid: Taurus, 1997.

POLITO, P. *Le parole dello spirito critico: omaggio a Norberto Bobbio*. Milano: Biblion, 2015.

PREVE, C., *Le contraddizioni di Norberto Bobbio: per una critica del bobbianesimo cerimoniale*. Pistoia: Editrice CRT, 2004, p. 48.

REVELLI, M., L'arte della chiarezza: Autobiografia di una generazione. En: C. GOBETTI, N. BOBBIO, *Il Centro studi Piero Gobetti: 1961-1981*. Torino: Centro Studi Piero Gobetti, 1982, pp.45-49.

ROBLES, G., Sistema expositivo y sistema jurídico en la Teoría Comunicacional del Derecho (TCD). Derecho & Sociedad, 2017, 48: 93-112.

ROBLES, G., *Teoría del Derecho. Fundamentos de Teoría Comunicacional del Derecho. Volumen II. Teoría de la Dogmática y del Método jurídico*. Navarra: Thomson-Civitas, 2015.

SALAZAR CARRIÓN, L., Bobbio y su revolución copernicana. En: L. CÓRDOVA VIANELLO, P. SALAZAR UGARTE, coords. *Política y derecho: (re)pensar a Bobbio.* México: Siglo XXI (UNAM), 2005, pp. 229 y ss.

SERPE, A. *El filósofo de la duda: Norberto Bobbio. Busquejos de su filosofía del derecho en la cultura jurídica italiana*, Maracaibo (Venezuela): Astro Data, 2012.

SQUELLA NARDUCCI, A., La influencia de Bobbio en Iberoamérica. En: Á. LLAMAS, *La figura y el pensamiento de Norberto Bobbio*. Madrid: Universidad Carlos III; Boletín oficial del Estado, 1994, pp. 283-308.

VIROLI, M., Un italiano che parlava al mondo, En: M. ASSALTO, A. PAPUZZI, A. SINIGAGLIA, coords. *Norberto Bobbio: il dubbio e la ragione.* Torino: La Stampa, 2004, pp.49-58.

ZANCHETTI, M., *La legge sull'interruzione della gravidanza: commentario sistematico alla legge 22 maggio 1978 n. 194*, Padova: CEDAM, 1992.

***

JURISPRUDENCIA: CORTE CONSTITUCIONAL DE COLOMBIA (2006). Sentencia C-355 de 2006, [en línea, fecha de consulta 1 de marzo de 2023]. Disponible en: https://www.corteconstitucional.gov.co/relatoria/2006/c-355-06.htm

CORTE CONSTITUCIONAL DE COLOMBIA (2016). Sentencia C-699 de 16, [en línea, fecha de consulta 1 de marzo de 2023]. Disponible en: https://www.corteconstitucional.gov.co/relatoria/2016/C-699-16.htm

Perspectivas teóricas y movimientos sociales en la jurisprudencia: Judith Butler en las sentencias de la Corte Constitucional de Colombia

Theoretical perspectives and social movements in case law: Judith Butler in the rulings of the Constitutional Court of Colombia

Ana María Díez De Fex[*]
Martha Cecilia Paz[**]

Resumen

* Abogada de la Universidad del Rosario (2013). Master en Políticas Públicas de la Central European University (2017). Actualmente, es candidata a Licenciada en Filosofía en la UNAD y cursa un Doctorado en Ciencias Sociales en la Universidad de Valencia. (España). Con experiencia en la Rama Judicial, ha trabajado en la Corte Constitucional de Colombia (2016) y en el Consejo de Estado (2017). Su investigación se centra en la intersección entre movimientos sociales y derechos humanos. Contacto al correo electrónico: ana10defex@hotmail.com.

** La Doctora Martha Cecilia Paz ha sido Magistrada Auxiliar de la Corte Constitucional Colombiana y docente en la Universidad del Rosario en el área de interpretación constitucional. Es egresada del programa P.I. L. de la Universidad de Harvard (Boston,Mass.); Especialista en Gestión Pública de la Universidad de los Andes (Col.); Master en Derechos Fundamentales de la Universidad Carlos III de Madrid (España); Especializada en Derecho Americano de la Universidad de la Florida (USA); Diplomada en Argumentación Constitucional con Perspectiva de Género del Instituto Flacso de México; Especialista en Justicia Constitucional de la Universidad de Pisa (It.) ; Diplomada en Diritto Comparato de la Universidad de Bologna (It.) y Diplomada por el Instituto de Derechos Humanos de Cataluña. Autora de obras y artículos en materia de derecho constitucional y promotora en Colombia de la *praxis comparada in situ* habiendo hecho estancias judiciales en la Corte Suprema de Justicia Argentina, en la Suprema Corte de México, en el Tribunal Constitucional Español, en la Corte IDH y en el Tribunal Europeo de Derechos Humanos en Estrasburgo. Miembro correspondiente de la Academia Colombiana de Jurisprudencia y de la Academia de Historia de Cartagena. Marpaz5corte@gmail.com

Este artículo explora la potencial influencia de las teorías de Judith Butler y de las consignas de algunos movimientos sociales LGBTQIA+ en las decisiones de la Corte Constitucional de Colombia, al examinar cómo se incorporan estas perspectivas en las sentencias judiciales. De las teorías de Butler se destaca la crítica a las nociones binarias de sexo y género, así como su concepto de performatividad de género. Se cuestiona si el feminismo es una teoría cultural o crítica, y se discute cómo las prácticas sexuales no normativas cuestionan la estabilidad del género como categoría de análisis. El texto concluye que las ideas de Butler y los movimientos LGBTQIA+ ejercen una influencia significativa en la jurisprudencia de la Corte Constitucional colombiana, destacando su compromiso con la inclusión y la justicia social al respaldar argumentos de igualdad y no discriminación.

Abstract

This paper investigates the potential influence of Judith Butler's scholarship and of the platforms of LGBTQIA+ social movements on the decisions of the Constitutional Court, examining how these perspectives are incorporated into judicial rulings. It highlights Butler's critique of binary notions of sex and gender, as well as her concept of gender performativity. It ponders whether feminism is a cultural or critical theory, and discusses how non-normative sexual practices challenge the stability of gender as an analytical category. The paper concludes that Butler's ideas, as well as LGBTQIA+ movements, challenge power structures and promote a more inclusive understanding of gender and sexuality.

INTRODUCCIÓN

Las consignas de los movimientos sociales, una vez están asimiladas en el marco de la argumentación jurídica de algunas de las Cortes, unen la teoría (filosofía y sociología) con la práctica (activismo y derecho)[1]. La filosofía, el derecho y los movimientos socia-

[1] En las fuentes del Argumento, Diego López Medina expone con claridad la manera como opera esta dinámica: las afirmaciones que conforman el argumento jurídico deben estar respaldadas con citas a fuentes jurídicas vigentes. Las fuentes no solo son formales, sino de todo tipo de documentos y estudios

les han mantenido a lo largo de la historia una relación simbiótica y cooperativa[2]. Entender las estructuras del conocimiento que se convierten en normas y dan apoyo a la toma de decisiones de los jueces y que al mismo tiempo se nutren de los cambios propuestos en la acción colectiva y movimientos sociales es parte del continuo devenir. En estas categorías se identifican tres velocidades, siendo la que va más lenta —pero más profunda en el conocimiento— la filosofía, seguida de manera descendente por el derecho y los movimientos sociales que, como está integrado en su nombre, implican una constante acción. En otras palabras, la filosofía (y en el caso de los movimientos sociales también la sociología) proporciona el fundamento conceptual profundo, el derecho establece las normas y regulaciones concretas, y los movimientos sociales impulsan el cambio y la acción directa en la sociedad.

El propósito de este texto es el de indagar acerca de la asimilación[3] de la teoría propuesta por la filósofa norteaméricana Judith Butler[4] en la jurisprudencia de la Corte Constitucional de Colombia, a través de un análisis del contexto en el que algunas sentencias introducen citas de, o sobre Butler para justificar una decisión y, a partir de ello, analizar la tensión entre la argumentación jurídica tradicional y la incorporación de perspectivas teóricas y movimientos sociales en el marco de la argumentación jurídica de algunas sentencias de la Corte Constitucional. La metodología involucró la identificación de citas relevantes en las sentencias que mencionaban

---

que comprenden la literatura de las distintas ramas del conocimiento humano, entre estas la sociología y la filosofía (López, 2009).

2 Para Roberto Gargarella, las Cortes y las protestas derivadas de los los movimientos sociales no son entidades separadas, sino que se encuentran en una relación dinámica que puede influir mutuamente en la promoción del cambio social y legal (Gargarella, 2012).

3 En la teoría impura del derecho de Diego Eduardo López Medina, la asimilación se refiere al proceso por el cual las teorías jurídicas producidas en los países centrales (o 'sitios de producción') se trasladan a los países periféricos (o sitios de recepción) (López Medina, 2004).

4 Judith Butler es una filósofa feminista, profesora de la Universidad de Berkeley (EE. UU.).

a Judith Butler, seguido de un análisis de estas citas para evaluar su relevancia. Las sentencias más representativas fueron seleccionadas de forma que aseguraran una muestra significativa para el estudio de la asimilación de la teoría de Butler en la jurisprudencia colombiana. En un primer momento, se expondrá de manera breve la perspectiva filosófica de Butler sobre el feminismo, género y el movimiento LGBTIQIA+. En un segundo momento se propondrá una posible respuesta a la pregunta por las fuentes del derecho que permite la asimilación tanto de las proclamas de los movimientos sociales como de la filosofía. En tercer lugar, se analizarán algunas citas textuales en la jurisprudencia para, a manera de conclusión, analizar la presencia de las ideas de la autora en la jurisprudencia.

SOBRE LA FILÓSOFA, EL FEMINISMO Y SU RELACIÓN CON EL MOVIMIENTO LGBTQIA+

Judith Butler Cleveland (Estados Unidos, 1956) es una filósofa feminista, profesora de la Universidad de Berkeley (EE.UU.) y autora de múltiples libros relativos al feminismo, que no solo ha sido citada en las sentencias de la Corte Constitucional Colombiana, sino que en 2021 fue invitada a participar en el "*XV Encuentro de la Jurisdicción Constitucional Colombiana: Diversidad y Reconocimiento*". En su más reciente publicación "*¿Quién teme al género?*", acusa a las feministas anti trans de formar "una alianza inconsciente" con las corrientes conservadoras, que han hecho del género una batalla cultural.[5] Butler se doctoró en filosofía en la Universidad de Yale con una tesis sobre el impacto de Hegel en el pensamiento francés del siglo XX. La consideración sobre la genealogía de los sujetos y las identidades, los campos de poder en los que aparecen, el papel de la alteridad en la identidad o la performatividad, son hilos conductores que atraviesan su extensa y heterogénea obra. Proviene de

5 Entrevista en el País de España, mayo 6 de 2024.

una familia de Europa Oriental que emigró a Estados Unidos, con antepasados judíos que fueron asesinados por los nazis y hace unos años se registró en California como persona no binaria.[6]

De un pensamiento derivado de las corrientes post estructurales de Foucault, Deleuze y Derridá, así como de una reintrepretación de las propuestas del feminismo de Simone de Beauvoir, Judith Butler, considerada hoy en día una de las intelectuales más influyentes del mundo a partir de sus aportaciones a los estudios de género, la política, y la ética, desafía las nociones binarias de sexo y género, al proponer que estas son construcciones sociales[7]. Al asumir este hecho, la autora desarrolla el concepto de performatividad de género, según el cual, la identidad se forma a través de la repetición de normas sociales. Al señalar que el género es un *performance,* sugiere que *este no es algo que alguien 'es' ontológicamente*, sino más bien algo que se construye y representa a través de acciones y comportamientos culturalmente codificados como masculinos o femeninos, que se exteriorizan a través de las formas en que las personas actúan, hablan, visten y, en general, socializan; según Judith Butler, no hay originales ni grado cero del género, sino que la naturaleza del género es ilusoria: es un acto performativo, derivado de una repetición estilizada de los actos. El cumplimiento de estas normas de género define la condición de "femenino" y "masculino", y las infracciones son sancionadas con la negación de tal condición[8]. Aprendemos

---

6 Idem.

7 Por ejemplo, en *El género en disputa: Feminismo y la Subversión de la Identidad* (Butler, 1990) la autora plantea que las prácticas sexuales no normativas cuestionan la estabilidad del género como categoría de análisis. "El género no debe interpretarse como una identidad estable o un lugar donde se asiente la capacidad de acción y de donde resulten diversos actos, sino, más bien, como una identidad débilmente constituida en el tiempo, instituida en un espacio exterior mediante una repetición estilizada de actos". (Butler, 1999,25).

8 Una forma de contrarrestar el argumento "biologista" que subyace en gran parte de la crítica a la teoría de la performatividad se encuentra en "La nueva biología de la mente". Esta perspectiva abarca nuevos enfoques de análisis psiquiátrico que plantean que la influencia del sentido de identidad sexual y la identidad de género en el cerebro está mucho más matizada desde la biología (Kandel, 2019).

y repetimos las normas de género a través de nuestras acciones, creando un sentido de nosotros mismos como 'hombre' o 'mujer'. Este performance puede ser restrictivo, particularmente para aquellos que no se identifican con el binario de género (Mikkola, 2024).

De sus obras *Deshacer el género* y el *Género en disputa* se colige claramente, que afirmar que el género es un núcleo ontológicamente fijo, una esencia segura, clara y distinta, es hacer imposible, invivible, la vida de un gran número de personas, y es hacer difícil, cuanto menos, la existencia de todo individuo. Para la autora, el género no es un asunto meramente personal y que nos afecte de manera exclusivamente individual. Es el marco social, colectivo y común, el que da sentido y significado a eso que llamamos identidad de género. En *Género en disputa* particularmente sostiene, que la diferencia entre los conceptos de sexo y género conllevan a una desintegración en la figura femenina, permitiendo que se refuerce la idea de que la «biología es el destino», manifestando que existen factores biológicos que determinan el sexo, pero que igualmente existe el género como construcción socio-cultural, por lo que es independiente del sexo y más flexible. Lo que permite establecer que el termino sexo indiscutiblemente no engloba características femeninas o masculinas comunes a todos los seres humanos, simplemente se establece como una reducción determinista netamente binaria, mientras que el género al ser una construcción cultural permite que se atribuyan características de masculinidad y feminidad que sean aplicables a otros sujetos, forjando así un adecuado proceso de identificación de género.

Esta perspectiva ha tenido un impacto significativo en el feminismo, los estudios de género y el movimiento LGBTQIA+, al cuestionar las estructuras de poder que perpetúan la desigualdad y la discriminación. A manera de ilustración, también en *El género en disputa* (1990), Butler hace una crítica al supuesto heterosexual dominante en la teoría feminista y expone sus consecuencias homofóbicas. En otras palabras, cuestiona por qué la heterosexualidad se asume como eje central de la diferencia sexual, al mismo tiempo que la norma en la teoría feminista ignora a las personas que no se ajustan a esta orientación sexual y contribuye así a la homofobia. A su vez, refuta la idea de que la práctica lésbica cristaliza los postulados de la teoría feminista ya que todas las formas de relaciones y expresiones sexuales deberían ser consideradas dentro del feminismo.

Una de las razones por las cuales la profesora Butler analiza el tema del cuerpo y su materialidad, tiene que ver con su perspectiva sobre las minorías y las poblaciones vulnerables. "Las mujeres, las personas de género disidente (no binario, es decir, ni masculino ni femenino), las minorías sexuales, generalmente no son reconocidas y por ende viven en un cuerpo que tampoco lo es". Se trata de personas que sufren insultos, acoso, prejuicios culturales, discriminación social y económica, patologización, entre otros tipos de violencia, lo que conduce a maneras marginadas de vivir en el mundo: "bajo las sombras, no como un sujeto social, sino como un fantasma". Entonces, ¿cómo pueden ser reconocidos los cuerpos cuando no se ajustan a la norma social de lo que deben ser? Es allí, afirma Butler, donde aparecen los movimientos sociales que buscan la visibilización y el empoderamiento político de las minorías, "hay que entender este reconocimiento como una lucha continua".[9]

La obra de Butler se considera fundante del campo disciplinar que surgió en los años noventa, llamado "teoría queer". Estos estudios, como ya se esbozó, parten de la consideración de que la orientación sexual y la identidad sexual o de género son el resultado de una construcción social y que, por lo tanto, no existen roles sexuales esenciales o biológicamente inscritos en la naturaleza humana, sino formas socialmente variables. La teoría queer rechaza la clasificación de los individuos en categorías universales como "homosexual", "heterosexual", "hombre" o "mujer", sosteniendo que éstas esconden un número enorme de variaciones culturales, ninguna de las cuales sería más fundamental o natural que las otras. Para Butler "la aspiración política de este análisis se

---

9 El pensamiento de Judith Butler. Entrevista. UNTREF, Buenos Aires, Argentina, 08-04-2019.

encuentra en el llamado a dejar que las vidas de las minorías de género y sexuales sean más posibles y más vivibles, que puedan moverse con libertad". Es decir, hacer del mundo un lugar mejor, donde las personas puedan vivir con su género "asignado" o "elegido" sin discriminación, sin amenazas, sin estigma ni temor. Su propuesta es una búsqueda de la igualdad y la libertad con el objeto de aliviar el sufrimiento y reconocer la diversidad corporal y cultural que existe y que afirma la complejidad humana.[10]

LA INTERSECCIÓN ENTRE LOS MOVIMIENTOS SOCIALES Y LAS FUENTES DEL DERECHO

En la intersección entre movimientos sociales y teoría jurídica se vislumbra un terreno impuro para el desarrollo teórico, donde convergen horizontes culturales diversos como la autobiografía y la militancia social, imbricadas en el pensamiento académico escindido de subjetividad y antes reconocido como 'puro'. En este contexto, se cuestiona el estructuralismo binario y resurge el posestructuralismo que plantea interrogantes sobre si el feminismo puede considerarse una teoría cultural o crítica, o si se aparta de ambas categorías[11]. En este escenario, el feminismo emerge como una fuerza disruptiva que desafía las normativas de género y sexualidad, socavando la estabilidad de estas categorías de análisis.

---

10 Ibid.

11 *El género en disputa* de Judith Butler surge desde una perspectiva crítica del feminismo francés, influyendo en sus ideas y convirtiéndose en un estudio de traducción cultural. Examina las teorías estadounidenses sobre el género bajo la influencia del posestructuralismo. A pesar de las críticas iniciales, esta perspectiva teórica ha encontrado un nuevo hogar en los estudios culturales y de género en Estados Unidos. Una evolución que ha difuminado la línea entre los estudios culturales y la teoría crítica, creando un terreno teórico nuevo e impuro, donde la teoría emerge en el proceso mismo de la traducción cultural (Butler, 1999 p. 11).

La incorporación de perspectivas teóricas y movimientos sociales en las sentencias de la Corte Constitucional de Colombia, abre un debate complejo sobre las fronteras de la argumentación jurídica[12] que requiere un análisis que considere las ventajas y desventajas de esta tendencia, así como las necesidades y derechos de todas las personas. Este debate hace uso del conocimiento jurídico disponible, producto de la interacción entre la academia, la práctica jurídica y la sociedad en general, para justificar una decisión judicial, que incorpora tanto fuentes del derecho formales como no formales. La influencia de la filosofía de Judith Butler se manifiesta en las citas integradas en las sentencias de la Corte Constitucional Colombiana, las cuales se examinan a continuación. Este análisis revela cómo la jurisprudencia de la Corte Constitucional se ve influenciada por las teorías de Butler, lo que destaca la **intersección entre movimientos sociales y teoría jurídica en la defensa de los derechos humanos y la lucha contra la discriminación**.

ANÁLISIS DE CITAS EN LA JURISPRUDENCIA DE LA CORTE CONSTITUCIONAL

La metodología utilizada implica que a partir de ocho sentencias que citan a Butler, se realiza un análisis de cada decisión y la relación de esta con la cita. En particular, para medir el rigor en el uso de las citas de Judith Butler en las sentencias, se hace una identificación, contextualización, verificación y finalmente, un análisis de la relevancia, pertinencia, utilidad, fiablidad y precisión de las citas para la ar-

12 Una parte de este debate se vio reflejado en el salvamento de voto de la Sentencia T-033 del 2022, por parte de la Magistrada Cristina Pardo Schlesinger, en el que cuestionó la decisión de la Corte. Entre los argumentos presentados se destacan las preocupaciones sobre la 'ideología de género', donde se cuestiona la validez científica de la teoría de género y se critica la "aceptación acrítica" de la misma por parte de la Corte Constitucional. Además, se plantean inquietudes sobre la creación de un tercer marcador de sexo, temiendo que genere indeterminación en el estado civil y dificultades prácticas en diversas

gumentación del texto[13]. Este cotejo de citas es seguido de un análisis temático del contenido que a continuación se presenta de manera cronológica a partir de la fecha de publicación de las sentencias.

SENTENCIA T-077 DEL 2016

Los hechos de este caso fueron expuestos en la sentencia de la siguiente manera: AA acudió a la Notaría Primera de Bogotá D.C. con el objeto de cambiar su nombre de AA a BB, porque en su criterio coincidía con la "identidad de género" que estaba construyendo desde tiempo atrás. Sin embargo, un año después acudió nuevamente a la entidad con el fin de cambiar por segunda vez su nombre, pasando de BB a AA, bajo el argumento de que por llevar el nombre femenino fue objeto de burlas en el ámbito laboral y familiar. La Notaría Primera de Bogotá D.C. atendió la petición de BB en forma negativa, aduciendo que el artículo 94 del Decreto Ley 1260 de 1970 (modificado por el artículo 6° del Decreto 999 de 1988), permite el cambio de nombre solo por una vez. Negada la acción de tutela en primera instancia, en sede de revisión la Corte Constitucional aborda la temática tomando como base de la discusión el respeto por la dignidad humana, eje a partir del cual se desarrollan las demás garantías superiores como la igualdad, la autonomía, el libre desarrollo de la personalidad y la personalidad jurídica, que según se planteó en la tutela, se ven amenazadas por la reacción social que recibió la parte accionante a consecuencia de la decisión de modificar su nombre de AA -masculino- a BB -femenino- con el fin de que coincidiera con su identidad de género.

En el cuerpo de la decisión de la Corte Constitucional se evidencia una mención a la filósofa Judith Butler, que dentro del texto se utiliza como parte de la justificación del apartado: *3.4. La población*

---

13 Para Ratti Mendaña, F. S. (2022), las categorías de análisis de las citas deben ser: *"(a) pertinencia y utilidad; (b) fiabilidad; (c) precisión; (d) autosuficiencia; (e) fidelidad y (f) coherencia".*

LGBTI como grupo históricamente discriminado[14]. A continuación, se presenta tal y cómo aparece en el texto:

> Para Judith Butler (2006) la marginación de las personas LGBT de ciertos escenarios sociales, en este caso el laboral, es producto de la exclusión social que se sustenta en un discurso hegemónico sobre la sexualidad circundante en la sexualidad reproducida socialmente y denominada por ella como matriz de heterosexualidad obligatoria. Por ello se establece una abyección de estas personas puesto que son ininteligibles para un común denominador de la sociedad que espera que exista una coherencia entre el sexo y el género (hombre- masculino, mujer- femenino) y la orientación sexual (heterosexual). Por esta razón estas personas que no se entienden, no se consideran posibles, naturales, producen extrañeza e incomprensión y ello genera rechazo y repudio porque al subvertir la norma sexual están retando o controvirtiendo la legitimidad del orden hegemónico de la heterosexualidad. Este precepto dominante no sólo excluye, sino que obliga a muchos y muchas a renunciar a sus derechos porque de igual manera se sienten abyectos y prefieren evitar la humillación manteniéndose en el borde. Los cuerpos transgresores, aquellos que no pueden mimetizarse u ocultarse se ubican entonces en ciertos espacios y roles (...) (Corte Constitucional de Colombia, Sentencia T-077/2016, párr. 25).

El texto, que parafrasea a Judith Butler al examinar la marginación de las personas LGBTQIA+ en contextos sociales debido a un discurso hegemónico sobre la sexualidad y la heterosexualidad obligatoria, se emplea en el apartado titulado: *La población LGBTQIA+ como grupo históricamente discriminado*, con el fin de poner en relieve la discriminación experimentada por estos grupos. En particular en esta sentencia, se evidencia una reutilización imprecisa de la cita, con un posi-

---

14 La Universidad Pablo de Olavide de Sevilla, España, a través del Laboratorio Iberoamericano para el Estudio Sociohistórico de la Sexualidades publicó los estudios sobre "*Diversidad Sexual en Iberoamérica*", entre ellos el artículo "*Entre el camuflaje y el autocontrol, acciones de discriminación en espacios laborales hacía la población LGTBI en las ciudades de Bogotá, Medellín y Cartagena (Colombia)*" realizado por el Grupo de Investigación Cultura, Ciudadanía y Poder en contextos Locales de la Universidad de Cartagena, realizó una investigación cualitativa de corte fenomenológico para reconocer las acciones de discriminación y exclusión laboral hacia lesbianas, gays y trans en las ciudades de Bogotá, Medellín y Cartagena en el año 2011 (López, 2013)

ble reencauche de información. La cita original del estudio citado[15], atribuye a Judith Butler (2006) la idea de que la marginación de las personas *LGBTQIA+* en ciertos ámbitos sociales, como el laboral, es producto de la exclusión social basada en un discurso hegemónico sobre la sexualidad. Se describe esta exclusión como una manifestación de la matriz de heterosexualidad obligatoria. La referencia bibliográfica asociada es la obra *Deshacer el género* de Judith Butler, publicada por Paidós en 2006. Esta cita se utiliza para desarrollar el concepto de discriminación contra las personas LGBTQIA+. Sin embargo, se observa una paráfrasis de paráfrasis, lo que sugiere que la información ha pasado por dos procesos de reinterpretación, y se advierte una imprecisión en la referencia y su reutilización.

En la sentencia en cuestión, se observa además un uso impreciso de la cita original atribuida a Judith Butler (2006) sobre la exclusión social de personas LGBTQIA+. La referencia proporcionada incluye un enlace incorrecto y, al buscar la fuente correcta, se descubre que la cita proviene de otro informe titulado *Raros y Oficios* de la Escuela Nacional Sindical y Corporación Caribe Afirmativo (2013), que a su vez cita el mismo texto de Butler, pero con un año de publicación diferente. Esta paráfrasis sucesiva genera imprecisiones en la referencia bibliográfica, lo que causa confusión en la cita y un desconcierto en lo que realmente se quiere destacar de ella de cara al tema tratado en la tutela. En términos generales, lo deseable para las altas Cortes que mantienen la costumbre de utilizar filósofos en apoyo de sus decisiones, es citar a un autor directamente, con traducciones fidedignas siempre que sea posible. Las citas directas son más precisas, confiables, claras y eficientes que las indirectas o difusas.

---

15 Disponible en https://dialnet.unirioja.es/servlet/libro?codigo=522731 (Del Río, 2013).

SENTENCIA T-376/19

En la Sentencia T-376/19, la Corte Constitucional abordó el tema de la discriminación hacia una persona homosexual con VIH/Sida en un entorno hospitalario. La Corte se preguntó si "el relato de un hombre homosexual que vive con VIH/Sida sobre la existencia de un entorno discriminatorio en la institución donde recibe la prestación de los servicios de salud, que incluye la referencia a burlas, tratos displicentes, murmullos y comentarios alusivos a su orientación sexual y su enfermedad, configuraba una vulneración al derecho fundamental a no ser discriminado".

La sentencia reconoció la discriminación basada en la orientación sexual y la identidad de género como una violación de derechos fundamentales. La cita a Judith Butler apunta a las expectativas sociales asociadas al sexo y cómo estas contribuyen a la discriminación de la comunidad *LGBTQIA+*. Butler sostiene que la sociedad tiende a ordenar los roles de sus miembros según diferencias biológicas (Butler, 2014) lo que lleva a la construcción de expectativas sobre cómo deben comportarse las personas en función de su género asignado. A partir de esos roles, paulatinamente se va configurando la identidad que la sociedad espera que cada uno de ellos asuma, expectativa que además se construye sobre una clave binaria, de manera que ser de un sexo excluye adoptar características del otro. Esto se refleja en el caso del hombre homosexual con VIH/Sida que experimentó discriminación en el entorno hospitalario debido a la no conformidad con las expectativas sociales de masculinidad y sexualidad. La pertinente inclusión de esta cita de Butler en la sentencia resalta la importancia de comprender cómo las normas pueden en determinados supuestos agravar y eternizar la discriminación hacia las personas *LGBTQIA+*.

SENTENCIA T-236/20

En este asunto, un ciudadano manifestó que las entidades de salud se negaron a practicarle el procedimiento quirúrgico de *mamoplastia reductora por ginecomastia,* necesario en el proceso de afirmación de su identidad de género, por considerarlo meramente estético sin un fin funcional, a pesar de haber sido prescrito por su médico tratante y no obstante contar con el dictamen de "disforia de género". La Corte enmarcó el problema jurídico en establecer si, en efecto, las entidades de salud vulneraron los derechos fundamentales de una persona transgénero al negarse a practicarle los procedimientos médicos propios de la transformación corporal correspondiente a su identidad de género, por considerarlos puramente estéticos y sin atender a las valoraciones para dar inicio al respectivo proceso de reafirmación identitaria.

La Corte destacó en la sentencia **T-236/20,** una de las más profusas en las citas**,** cómo esta negativa afecta la dignidad de la persona *trans* al tratarla como 'enferma' o 'anormal', basándose en discriminaciones con base en el género. En esta sentencia, la Corte toma citas directas de las obras de Butler en *Deshacer el género* (2006) en sus ediciones en inglés y en español, así como del *Género en disputa* (2007). Se citó acertada y prolijamente a Judith Butler para evidenciar cómo el diagnóstico *de disforia de género* impone presunciones que socavan la autonomía de las personas trans, reiterando estereotipos y patologizando su identidad,

Así fue el aporte teórico de la tesis de Butler en varios apartes de la sentencia:

> Judith Butler, reconocida académica en temas de género, entre otros temas, analiza los efectos que tiene el diagnóstico de disforia de género en las personas trans: "la diagnosis efectúa muchas presunciones que minan la autonomía transo Aprueba ciertas formas de asesoramiento psicológico que asumen que la persona diagnosticada está afectada por fuerzas que él o ella no entienden. Asume que esta gente vive en un engaño o en una disforia. Asume que ciertas normas de género no han sido encarnadas apropiadamente y que han tomado su lugar el error y el fracaso. Realiza presunciones sobre los padres y las madres, y sobre lo que es y lo que debe ser una vida normal de familia. Asume el lenguaje de la corrección, de la adaptación y de la normalización. Busca apoyar las normas de género del mundo en su composición actual y tiende a patologizar cualquier intento de producir el género de formas que no se conformen con las normas existentes (o que no logren conformarse a

> cierta fantasía dominante sobre cuáles son, de hecho, las normas actuales). Es un diagnóstico que ha sido pronunciado sobre algunas personas en contra de su voluntad, un diagnóstico que efectivamente ha quebrado la voluntad de mucha gente, especialmente la juventud queer y trans. ¨

Otro apartado de la sentencia, ahonda en el tema de la mano de Butler cuando afirma que en los procesos de diagnóstico de disforia de género las personas se ven obligadas a mentir sobre lo que realmente son en procura de obtener el dictamen requerido. La cita textual dice así: "La única manera de procurar los medíos con los que empezar esta transformación es aprendiendo a presentarse uno mismo utilizando un discurso que no es el propio, un discurso que borra a la persona en el acto de representarla, un discurso que niega el lenguaje que se quisiera utilizar para describir quien es uno, cómo llegó aquí y qué quiere de esta vida. Dicho discurso niega todo esto, pero al mismo tiempo mantiene la promesa, sí no el chantaje, de que se tiene una posibilidad de conseguir la propia vida, el cuerpo y el género que se quiere, si uno accede a falsear su propia identidad y, al hacerlo, apoyar y ratificar el poder de esta diagnosis sobre mucha más gente en el futuro"(Butler, Judith. *Deshacer el género*. Barcelona: Paidós, 2006. Pag. 135 y 136).

Cuando la sentencia alude a las identidades como diversas y complejas, refiriéndose implícitamente a la propuesta butleriana, indica que "la lógica binaria bajo la cual el género se reduce a dos opciones (hombre o mujer), es fuente de estigmatización y discriminación de las personas transgénero. Además, también contribuye a construir una concepción errada de las identidades trans, las cuales son vistas de manera uniforme y su proceso de reafirmación de género sólo es entendido como un tránsito unidireccional desde un punto definido a otro, esto es, de un cuerpo masculino a uno femenino o viceversa, en el que no es posible transitar permanentemente entre los géneros ni ubicarse en los límites de estas categorías, o simplemente construir otras categorías de género que cuestionen el binarismo hombre-mujer."

En este punto, la filosofía de Judith Butler vuelve a apoyar la *ratio* de la sentencia con un texto calificado por la Corte como "*clásico*" y que hace parte de la obra *El género en disputa*. La cita fue la siguiente:

"El género es una complejidad cuya totalidad se posterga de manera permanente, nunca aparece completa en una determinada coyuntura en el tiempo. Así, una coalición abierta creará identidades que alternadamente se instauren y se abandonen en función de los objetivos del momento; se tratará de un conjunto abierto que permita múltiples coincidencias y discrepancias sin obediencia a un telos normativo de definición cerrada.".

En suma, en esta sentencia, desde una fuerte influencia de Butler, la Corte analizó el contexto de discriminación y marginación que deben enfrentar cotidianamente las personas transgénero y reiteró la jurisprudencia constitucional sobre el derecho fundamental a la identidad de género y el acceso a los servicios de salud que se en los procesos de afirmación de género; determinó igualmente, que las identidades *trans* no pueden ser asumidas como un desorden o una enfermedad, por lo que, a partir de la jurisprudencia constitucional y de diversos instrumentos y pronunciamientos de organismos internacionales, se advirtió que la patologización de las identidades *trans* reproduce la estigmatización y discriminación y constituye una barrera de acceso a los servicios de salud que requieren en los procesos de afirmación de género. Se señaló también, que la incomprensión de la diversidad y complejidad de las identidades *trans* impacta negativamente en el acceso a los servicios de salud, pues se suelen reproducir los estereotipos de género y el código de género binario en las evaluaciones psiquiátricas que se realizan para diagnosticar la disforia de género y en los procedimientos médicos requeridos en los procesos de afirmación de género.

SENTENCIA T-443 DEL 2020

En este caso, un joven estudiante señaló haber sufrido diferentes tratos discriminatorios por parte de la institución educativa en la que se encontraba matriculado debido a su identidad de género diversa -hombre trans-. Por consiguiente, formuló acción de tutela solicitando la protección de su derecho fundamental al libre desarrollo de la personalidad ya que al impedirle asumir su identidad se le impedía igualmente continuar sus estudios en la institución.

Al referirse a la autonomía personal y al derecho a tener una identidad de género, la Corte Constitucional cita de manera directa un apartado de la obra de J. Butler *El género en disputa*[16]. La cita se refiere al concepto de orden obligatorio sexo-género-deseo, donde se naturaliza la relación entre el sexo asignado al nacer, el género y el objeto de deseo. Para Butler este discurso social dominante impone roles y expectativas basados en la anatomía física de una persona, conservando estereotipos de género y limitando la expresión de la identidad de género. La sentencia, además, se ayuda de otro argumento de autoridad al fundamentar su análisis en las definiciones adoptadas por Naciones Unidas, la Comisión Interamericana de Derechos Humanos y los principios de Yogyakarta, así como en los estudios críticos de género que han analizado las clasificaciones socioculturales que estructuran el género, el cuerpo y la sexualidad. En este contexto, se aborda la influencia histórica de la biología (Kandel,2019) en la fusión del sexo, la orientación sexual y el género, y cómo esto ha dado lugar a discursos que han dividido a las personas en diferentes grupos y posiciones de poder.

SENTENCIA T- 033 DEL 2022

La acción de tutela la promueve una persona que alegó ser transgénero[17] y no identificarse con ninguno de los géneros binarios,

---

16 A saber: Así, en su texto *Género en disputa*, la autora Judith Butler desarrolla la idea relativa al orden obligatorio sexo-género-deseo, según el cual, el discurso social dominante naturaliza la relación entre el sexo de una persona, su género, y por lo tanto su objeto de deseo. Por ejemplo, si una persona nace con el órgano falo, se crea un género hombre, cuyo objeto de deseo tiene que ser una mujer, de órgano vagina (2007).

17 Si bien la parte accionante manifiesta ser "*travesti*", en su escrito de tutela plantea que su identidad de género no corresponde al sexo asignado al nacer. Esta es la característica que define a las personas transgénero, lo que motiva el empleo

masculino o femenino. Precisó la tutela que su apariencia física no corresponde al imaginario social que se ha construido sobre ellos y que en su cuerpo confluyen características de ambas categorías. Con el propósito de reflejar su identidad en los documentos de identificación personales, cambió su nombre, el cupo numérico y su sexo en su registro civil de nacimiento y en su cédula. A pesar de ello, la concepción binaria con la cual está concebido este último documento hacía imposible que aquellas variaciones reflejaran su identidad individual. Por lo anterior, tuvo que optar por uno de dos marcadores de sexo ("*M*" o "*F*") cuando ninguno de ellos concuerda con su vivencia y con la construcción identitaria que ha hecho de sí. De esta manera, resaltó que, en su caso concreto, el documento de identificación no estaba cumpliendo su finalidad de identificar e individualizar a las personas.

Al abordar el tema en sede de revisión, la Corte Constitucional utilizó las ideas de Judith Butler para fundamentar sus argumentos sobre la performatividad de género en la defensa de los derechos de las personas LGBTQIA+ y otras poblaciones marginadas. En este caso, la Corte utiliza una de las notas propuestas por la Fundación Grupo de Acción y Apoyo a Personas Trans (GAAT, 2021), en el contexto de las "Manifestaciones de entidades públicas, instituciones académicas y organizaciones especializadas en diversidad sexual y de género"[18].

La cita se refiere a un concepto clave introducido por Judith Butler en su texto *El género en disputa* (2007): la *heteronormatividad*, la normalización de cuerpos, géneros y deseos bajo un modelo binario de género que impone la heterosexualidad[19]. Según Butler, la he-

---

de tal término que, conforme la Sentencia T-143 de 2018 (M.P. José Fernando Reyes Cuartas), incluye a aquellas personas travestis.

18 Transcripción textual de parte de la incorporación de la intervención hecha por el GAAT: "Se pronunció en el sentido de destacar la forma en que la población LGTBIAQ+ ha sido históricamente discriminada a partir de un sistema de ordenación que establece los límites de la normalidad en la sociedad, mediante la imposición de la heteronormatividad".

19 La heteronormatividad es un conjunto de normas sociales y culturales que privilegian la heterosexualidad como la única forma normal y natural de orientación

teronormatividad opera como un sistema de poder que excluye y marginaliza a quienes no se ajustan a sus normas. La cita de la Fundación[20], basada en las ideas de Butler, explica la heteronormatividad como un concepto que respalda el argumento sobre la finalidad de los documentos de identidad. Al no reconocer las identidades de género no binarias, estos documentos no las representaban y las excluían, basándose en un paradigma heteronormativo que resulta inadecuado. Sin embargo, aunque la cita utilizada por la Corte es pertinente y útil, y contribuye a la coherencia del argumento esgrimido, presenta algunas deficiencias de precisión y fidelidad en los términos establecidos por Florencia Soledad Ratti (2022). Para Ratti Mendaña (2022), las categorías de análisis de las citas deben ser: *"(a) pertinencia y utilidad; (b) fiabilidad; (c) precisión; (d) autosuficiencia; (e) fidelidad y (f) coherencia*". En este caso, la cita parece tener un *buen fondo,* pero al traerse de otro texto puede ser de *dudosa precisión*.

Otra de las citas relevantes de Butler[21] reitera en la sentencia cómo las personas con identidades de género diversas enfrentan estigmas y prejuicios basados en las normas sociales sobre género. Subraya, cómo estas normas sociales esperan que el género coincida con la anatomía y el sexo asignado al nacer. Esta perspectiva encaja

---

sexual. Estas normas asumen que todas las personas son heterosexuales a menos que se demuestre lo contrario, y que las relaciones más adecuadas y deseables son aquellas que se dan entre personas de sexos opuestos.

20 Transcripción textual de la nota al pie donde aparece la cita: "[115] Ibid. p. 14. Sobre este concepto, la Fundación explicó: "*Butler (1990) 5 En su texto El género en disputa entiende la heteronormatividad como una matriz de inteligibilidad cultural a través de la cual se naturalizan cuerpos, géneros y deseos mediante el modelo binario de género lo cual conlleva entonces a la práctica obligatoria de la heterosexualidad y la imposición de un modelo cisnormativo*"".

21 Transcripción textual de cita y referencia: "Entre aquellos grupos históricamente discriminados, se encuentran quienes experimentan identidades de género diversas. La Corte ha reconocido que están expuestos a estigmas y preconcepciones originadas en las reglas e imaginarios sociales sobre aquello que se asume normal en la vivencia del género. Son valorados en función de la expectativa social según la cual las construcciones alrededor del género coinciden con la anatomía de las personas y con el sexo asignado por la sociedad al individuo en el momento de su nacimiento" (Butler, 2002).

plenamente con Butler en su obra *Cuerpos que importan,* donde explora los límites tanto materiales como discursivos del concepto de *'sexo'*. Por otra parte, para la Corte, "la identidad de género en el marco de la Constitución de 1991, resulta indispensable apreciarla como resultado de la volición humana y no de su naturaleza. Antaño, por el contrario, el género se concibió como un resultado del sexo, al igual que lo era la orientación sexual, en un esquema que incluso antes del nacimiento fijaba en forma abstracta el destino de ser. A partir de él, a un cuerpo (mujer u hombre), le era asignada una orientación sexual (heterosexual) y un género (femenino o masculino)". En la actualidad, dice la sentencia, el género no se asigna, se vive y se construye.

Esta cita destaca la identidad de género como un ***derecho fundamental***, resaltando que es un constructo autónomo y precisando la necesidad de separarla del sexo asignado al nacer. Parece que es éste un caso en el que la Corte, desde la jurisprudencia, concede categoría *iusfundamenta*l a un derecho que no está en el catálogo expreso ni en los derechos fundamentales que emanan de la Constitución. El alto Tribunal, con todo el andamiaje de Butler, concedió el amparo de los derechos a la igualdad, a la dignidad humana, a la personalidad jurídica y al libre desarrollo de la personalidad y, en consecuencia, ordenó a la Notaría y a la Registraduría Nacional del Estado Civil que incorporaran en el componente de sexo del registro civil de nacimiento y de la cédula de ciudadanía del peticionario el marcador *"no binario"* o *"NB"*.

SENTENCIA T- 365 DEL 2022

Una mujer privada de la libertad presentó acción de tutela en contra de la Cárcel de Acacías y de la Dirección General del INPEC. Lo anterior, por la presunta vulneración de sus derechos fundamentales de petición, debido proceso, a la intimidad, a la integridad física y psicológica, a la igualdad y a las visitas íntimas. Aseguró que las entidades accionadas impidieron su visita íntima y familiar con otra persona también privada de la libertad de su mismo sexo. En la sentencia T-**365 del 2022** se analiza el derecho fundamental de la población LGBTQIA+ a disfrutar de la visita íntima sin discriminación y en igualdad de condiciones. La sentencia sostiene que las personas tienen el derecho a elegir, rechazar y autodeterminar su comportamiento sexual, garantizando así su libertad sexual, intimidad y libre desarrollo de la personalidad. Además, se destacó la persistencia de tendencias excluyentes arraigadas en los imaginarios sociales y las concepciones esencialistas sobre la sexualidad.

La cita de *Cuerpos que importan* (2002) de Judith Butler apoya ese argumento al señalar que las personas que optan por una orientación sexual o identidad de género diversa han sido históricamente discriminadas[22]. Se resalta cómo la normalización de la heterosexualidad como único comportamiento sexual aceptable, ignora otras formas de vida sexual, generando estigmas y prejuicios contra aquellos que desafían esta norma social. Estas ideas están respaldadas por las obras de Judith Butler, como en *Deshacer el género* (2006), que cuestionan la construcción social de la sexualidad y cómo se han establecido jerarquías sexuales basadas en concepciones esencialistas. La referencia a la obra *Cuerpos que importan* (2002) también ilumina la argumentación de cara a la construcción social de la sexualidad y sus implicaciones en la discriminación basada en la orientación sexual y la identidad de género.[23]

---

22 Transcripción textual de cita: "Con todo, actualmente, persisten tendencias a la exclusión sustentadas en los imaginarios sociales ligados a aquellas y construidos a través de la historia. Las concepciones esencialistas o biológicas y las de la construcción social de la sexualidad coexisten. A partir del primer enfoque, las prácticas sociales han generado una discriminación histórica en contra de las personas que han optado por una orientación sexual o una identidad de género diversa". (Butler, 2002)

23 Transcripción textual de la cita: "Según este paradigma, la heterosexualidad era la norma social y la biología el criterio para establecer y valorar las categorías sexuales (Butler, 2006). Asimismo, la familia (conformada mediante vínculo matrimonial) era el único escenario legítimo para desplegar la sexualidad. A partir de este sistema de pensamiento, la orientación sexual era valorada como un aspecto que solidificaba la familia y reivindicaba su potencia procreadora (Foucault, 2007), o las amenazaba. De esta suerte, las vivencias ajenas a la hete-

SENTENCIA C- 415 DEL 2022

El demandante en esta acción de inconstitucionalidad presenta un cargo de omisión legislativa relativa contra el artículo 2 de la Ley 2114 de 2021. Específicamente reprocha que el Legislador excluyera en los supuestos de la norma -referente a las licencias de maternidad, de paternidad y las parentales compartida y flexible- lo relacionado con las garantías de las parejas adoptantes del mismo sexo. La Corte por su parte, fijó la discusión constitucional en determinar si existió una exclusión injustificada al regular las licencias de maternidad, paternidad, parental compartida y parental flexible en relación con las parejas adoptantes del mismo sexo, y si ello implicaba una omisión legislativa relativa que desconociera el deber específico de protección especial a la niñez. La Corte en la sentencia **C- 415 del 2022** reconoce la omisión legislativa y dicta una sentencia aditiva para garantizar que estas parejas tengan los mismos derechos que las parejas heterosexuales, permitiéndoles definir quién disfrutará de las prestaciones de manera equitativa.

Butler aparece en la siguiente cita:

> Mientras el concepto clásico de familia está basado en la triada: sexualidad, procreación y convivencia, los nuevos arreglos familiares implican retar los propios criterios de parentesco. Qué significa ser padre o madre, cuáles son los vínculos sociales a partir de los cuales podemos considerarlos como tales y cómo situamos en la estructura social estos nuevos significados. [24]

La cita contextualiza el cambio en los conceptos tradicionales de familia y parentesco. Con esta referencia la Corte sugiere que los nuevos arreglos familiares desafían las concepciones establecidas sobre la parentalidad y los lazos familiares. Ciertamente Butler, en su trabajo, explora cómo el género y la identidad se construyen

---

rosexualidad no eran elecciones viables y resultaron fuertemente recriminadas. [(Butler,2002; Weeks,1998).

24 Butler Judith, *El género en disputa. El feminismo y la subversión de la identidad.* Barcelona, Editorial Paidós, 2007.

en el contexto social, lo que puede aplicarse a la comprensión de las transformaciones en las estructuras familiares contemporáneas. Esta cita de Butler bien traída en la sentencia, resalta la importancia de considerar las perspectivas de género y las dinámicas sociales al abordar tópicos constitucionales relacionados con la familia y la parentalidad en un contexto de permanente cambio.

SENTENCIA T-448 DE 2023

En esta sentencia, la Corte analiza la perspectiva de género al evaluar si la gravedad de una enfermedad del tejido uterino puede tener un impacto sustancial en la capacidad laboral de las mujeres que la padecen. En concreto se estudia la perspectiva de género en las decisiones judiciales para determinar si la endometriosis constituye un problema de género, dadas las disparidades en el diagnóstico y tratamiento, así como los efectos específicos que tiene en la vida de las mujeres, incluyendo aspectos laborales y sociales. Este análisis se enmarca dentro del contexto del problema jurídico planteado en el caso, que se centraba en determinar si el despido de una trabajadora con endometriosis, sin permiso del Ministerio de Trabajo, vulneraba sus derechos laborales y de salud. Para resolverlo, se apeló a un desarrollo argumentativo en consonancia con el enfoque de género y su relación con los estereotipos de género y la premisa crítica de que el género se estime. inmutable.

Con una leve mención a Butler la Corte sostuvo:

> El enfoque de género aplica a todos los temas constitucionales y legales en los que la interpretación social y cultural del sexo genera diferencias positivas o negativas entre las personas. Este enfoque tiene un carácter descriptivo y uno normativo y cada uno de ellos tiene una relación inseparable. En cuanto a lo descriptivo, este enfoque o perspectiva parte de reconocer que el sexo de las personas es interpretado social y culturalmente, lo que se conoce como género. Así, según el sexo de las personas, que suele determinarse acudiendo a elementos biológicos como los genitales, los cromosomas o los caracteres sexuales secundarios, se asignan ciertos roles, posiciones, expectativas y destinos en la sociedad. Dentro de esos roles y destinos específicos que se asignan hay dos que resaltan por su

> carácter discriminatorio. (...) El segundo es que el género es inmutable y no depende de la experiencia individual y que a cada género le corresponde una determinada orientación sexual que es la heterosexual (Corte Constitucional de Colombia, Sentencia T-448/23, párr. 52).

Esta cita hace referencia al enfoque de género y su relación con la asignación de roles y expectativas en la sociedad en función del sexo biológico. Se cuestiona que el género se considere inmutable y se relacione de manera predeterminada con una orientación sexual heterosexual. Una perspectiva que resalta cómo las construcciones sociales y culturales del género pueden derivar en discriminación, especialmente al asignar una posición de desventaja a lo femenino y al imponer la heterosexualidad como norma. Además de esta cita, la sentencia proporciona referencias bibliográficas que respaldan estas afirmaciones, incluyendo trabajos de Simone de Beauvoir, Shulamith Firestone, Adrienne Rich y Judith Butler. Desde un rigor en la argumentación, la inclusión de la cita de Judith Butler en la sentencia puede ser considerada estratégica pero innecesaria ya que hay otras autoras cuyos trabajos podrían abordar la problemática de manera más específica. Sin embargo, se destaca su posición como una autoridad reconocida en temas de derechos de las mujeres, además del género.

SENTENCIA C-324/23

En este caso, la Corte Constitucional examinó una demanda contra el Código Sustantivo del Trabajo en relación con la licencia en época del parto. Aducían los demandantes, que la exclusión de hombres *trans* y personas no binarias de estas disposiciones vulneraba el derecho a la igualdad y la dignidad, perpetuando estereotipos de género. La Corte moduló la sentencia para incluir a estos grupos como beneficiarios de la licencia, reconociendo que la norma era exequible en el entendido de que las licencias en la época del parto también son aplicables a los hombres trans y personas no binarias. Si bien la Corte Constitucional hace referencia a las ideas de Judith Butler sobre la construcción social de la identidad de género, no cita textualmente sus palabras; en lugar de ello, expone sus conceptos e incluye la referencia en un pie de página. Esta técnica de citar implícitamente puede generar "un desorden" en la lectura y comprensión de la decisión, porque no permite identificar claramente qué dijo exactamente el filósofo y qué parte es interpretación de la Corte.

La cita parafraseada dice: "*son valorados en función de la expectativa social, según la cual las construcciones alrededor de la identidad coinciden con la anatomía de las personas y con el sexo asignado por la sociedad al individuo en el momento de su nacimiento*," se encuentra en el contexto de un *obiter dicta* que sirve para fortalecer el argumento de la sentencia. Este pasaje se ubica en el párrafo 50: "Quienes experimentan otras formas de identidad de género están entre aquellos grupos históricamente discriminados. La Corte ha reconocido que estos se encuentran expuestos a estigmas, preconcepciones y obstáculos basados en las reglas e imaginarios sociales sobre aquello que se asume 'normal' en la vivencia individual y social de la identidad. (...)"

Este tipo de alusiones implícitas, se insiste, pueden dificultar la comprensión del argumento y la evaluación de la fidelidad de la Corte a las ideas originales de Butler o de cualquier filósofo o doctrinante, haciendo necesario para casos futuros explicitar de manera más clara cuándo y cómo se utilizan las ideas de un autor para asegurar la transparencia y precisión en el razonamiento de la sentencia . En este caso, la cita a la filósofa (Butler 2002) sirvió para fortalecer indirectamente el argumento de las licencias parentales. Principio del formulario

SENTENCIA SU-239 DE 2024

La Corte revisó las tutelas de seis mujeres que se sometieron a procedimientos estéticos (cuatro a inyecciones de biopolímeros y dos a implantes mamarios). Tres de ellas indicaron que sus parejas influyeron en su decisión e, incluso, asumieron los costos. Estos procedimientos afectaron su salud física y mental, y al buscar un diagnóstico y el consiguiente tratamiento en sus EPS (empresas promotoras en salud) enfrentaron barreras que consideraron como infracciones a sus derechos a la salud y a la vida digna.

En estos casos los médicos tratantes y las EPS negaron la prescripción y autorización de los servicios médicos argumentando que las cirugías estéticas y las complicaciones que de ellas se derivaban *no estaban incluidas en el PBS (Plan de Beneficios en salud).* Por ello, pese a reconocer la necesidad de los exámenes y de los procedimientos para tratar sus graves dolencias, las empresas de salud les advertían que debían asumir el costo para ser tratadas por médicos particulares. Aunque en cuatro de los casos los jueces de instancia concedieron la protección de los derechos a la salud y a la vida digna de las accionantes, en dos casos los jueces de tutela no solo no protegieron sus derechos, sino que además las señalaron de ser las causantes de sus síntomas por decidir realizarse los procedimientos estéticos. La Corte analizó el tema de los procedimientos estéticos desde la óptica del libre desarrollo de la personalidad de las mujeres y los estereotipos estéticos de género y unificó las reglas sobre la acción de tutela y las cirugías plásticas reconstructivas con fines funcionales.

En ese contexto, la Corte emplea la teoría de Judith Butler para abordar los conceptos de autonomía corporal y estereotipos de género en el escenario de los procedimientos estéticos. La referencia a Butler se encuentra en la sección que analiza cómo las decisiones de las mujeres respecto a intervenciones estéticas pueden estar influenciadas por las expectativas sociales y los estereotipos de género. La cita, específicamente extraída de la obra *Cuerpos que importan,* dice lo siguiente:

> "Donna Haraway y Judith Butler, por su parte, ven en la cirugía plástica un potencial para desafiar las normas de género y belleza tradicionales. Argumentan que, al modificar su cuerpo, las mujeres pueden cuestionar los estereotipos y construir una estética corporal que no se ajuste a las expectativas cisheteronormativas. En línea con estas ideas, algunos autores hablan de un nuevo movimiento del feminismo que contempla a la cirugía como una paradoja porque, además de ser un mecanismo de control estético, también es una posibilidad de empoderamiento femenino." La Corte explica la cita sosteniendo que, "en ese texto, Butler entiende la corporalidad como una forma para desafiar la correspon-

dencia entre el sexo, el género y el deseo. En ese sentido, destaca que la cirugía plástica es una forma para desafiar los estereotipos de género y, en general, esa correspondencia que se fundamenta en un sistema cisheteronormativo."

Según este enfoque, aunque las normas estéticas de la sociedad pueden imponer ciertos ideales, el acto de someterse a un procedimiento estético también puede ser visto como una expresión de autodeterminación y empoderamiento. La sentencia, al concentrarse en el vínculo entre decisiones estéticas y empoderamiento, parece no abordar cómo Butler considera que estas decisiones se enmarcan en un contexto social complejo de normas sobre sexo, género y sexualidad. Este uso de la teoría de Butler parece ambiguo y podría beneficiarse de una cita directa para mantener la fidelidad de su análisis sobre el poder estructural en la construcción de la identidad de género y la autonomía, evitando una interpretación reducida que no necesariamente refleja la profundidad de su teoría sobre los condicionamientos y las resistencias que definen la identidad de género y la autodeterminación. Se echan de menos ciertos pilares de la doctrina Butler en ese tópico tan específico que marcaba la sentencia. Por ejemplo, en sus obras, particularmente en "*Cuerpos que importan*" consideró necesario la autora poner de manifiesto la importancia de la performatividad en los patrones estéticos dominantes. A su juicio, los procesos de identificación no se dan como una actividad imitativa mediante la cual un ser consciente se moldea a imagen y semejanza de otro, sino que, por el contrario, "la identificación es la pasión por la semejanza, mediante la cual emerge primariamente el yo" (Butler, 2002: 35).

Estima Butler igualmente, que la belleza considerada como un atributo de la feminidad participa de los esquemas reguladores que hacen inteligibles los cuerpos de las mujeres únicamente si se ajustan a los requerimientos de ciertos modelos de belleza aceptados y promovidos. Así entonces, las prácticas y los discursos de la belleza forman parte del proceso de materialización de los sujetos femeninos, entre ellos la cirugía cosmética, al participar de dicha materialización de los cuerpos sexuados, gobernada por normas reguladoras que determinan que un cuerpo sea viable. Contribuye también, a la creación y a la recreación de las representaciones de la feminidad produciendo las diferencias de género. De la misma forma, Butler (2002) señala la imposibilidad de teorizar sobre la performatividad del género al margen de la práctica forzada y reiterativa de los regímenes sexuales reguladores que parten de un cuerpo de mujer y un cuerpo de hombre; en estos regímenes de *discurso–poder* no concurre la posibilidad de armonizar con el voluntarismo o el individualismo ni la existencia de un sujeto que elige. En la cultura de género vigente, afirma, las prácticas corporales como la cirugía cosmética tienen el objeto de modelar el sexo a partir de la materialización de las regulaciones impuesta por la hegemonía heterosexual, que a su vez, requiere de procesos identificatorios promotores de la asunción de tales normas y, finalmente, considerar la materialización de la norma en los cuerpos que gobierna como la producción de cuerpos que importan, del mismo modo la de aquellos cuerpos que no llegan a materializar dicha norma, serán considerados en el "exterior", es decir, la abyección (Butler, 2002: 38-39).[25]

A MANERA DE CONCLUSIÓN

El análisis temático revela la marcada influencia de las ideas de Judith Butler en la jurisprudencia de la Corte Constitucional colombiana, en especial para la defensa de los derechos de las personas LGBTQIA+ y otros grupos en situación de marginación. La utilización de la teoría de género de Butler en estas sentencias da cuenta de un compromiso decidido con la inclusión. Sin embargo, la asimilación de estas ideas en la jurisprudencia colombiana no está exenta de críticas y desafíos. Aunque se emplean citas de Butler para defender la igualdad y la no discriminación, su uso no siempre cumple con la promesa del

[25] Pensar el cuerpo de las mujeres: cuerpo, belleza y feminidad. Una necesaria mirada feminista
Muñiz, Elsa. **Sociedade e Estado; Brasilia** Tomo 29, N.º 2, (May/Aug 2014): n/a. DOI:10.1590/S0102-69922014000200006-

rigor en la jurisprudencia. En ocasiones, las citas parecen ser más un adorno intelectual que un verdadero diálogo con la teoría de Butler.

Un análisis de las sentencias de la Corte muestra que, aunque se cita a Butler para respaldar argumentos contra la discriminación y a favor de la redefinición de la familia, su presencia no siempre garantiza un análisis profundo y coherente. Esto genera interrogantes sobre la autenticidad y efectividad de su incorporación en la jurisprudencia colombiana. Es imperativa la necesidad de que la Corte vaya más allá de utilizar las ideas de Butler simplemente como un barniz progresista y se asegure de que se integren de manera significativa y coherente en sus decisiones, justificando así su citación en temas tan puntuales como los reseñados. Para lograr una real transformación hacia una sociedad más inclusiva y justa, la Corte desde la filosofía de Butler podría examinar críticamente las normas sociales que perpetúan la exclusión y la marginalización de las personas LGBTQIA+ y otros grupos minoritarios. A pesar de estas observaciones, la citación de la teoría de género de Judith Butler en la jurisprudencia colombiana es innegable, contribuyendo a desafiar las estructuras de poder que alientan la desigualdad y promoviendo una comprensión más inclusiva del género y la sexualidad en el ámbito constitucional.

Sentencias revisadas

Sentencia T-077/2016: (C.C., Sentencia T-077/2016, Colombia).
Sentencia T-033/22: (C.C., Sentencia T-033/22, Colombia).
Sentencia T-365/22: (C.C., Sentencia T-365/22, Colombia).
Sentencia C-415/22: (C.C., Sentencia C-415/22, Colombia).
Sentencia T-443/20: (C.C., Sentencia T-443/20, Colombia).
Sentencia T-448/23: (C.C., Sentencia T-448/23, Colombia).
Sentencia T-236/20: (C.C., Sentencia T-236/20, Colombia).
Sentencia C-324/23: (C.C., Sentencia C-324/23, Colombia).
Sentencia C-519/19: (C.C., Sentencia C-519/19, Colombia).
Sentencia T-376/19: (C.C., Sentencia T-376/19, Colombia).
Sentencia C-147/17: (C.C., Sentencia C-147/17, Colombia).
Sentencia T-314/11: (C.C., Sentencia T-314/11, Colombia).
Sentencia C-605/12: (C.C., Sentencia C-605/12, Colombia).

Bibliográficas

Beard, Mary; Furió, Silvia. *Mujeres y poder*. Barcelona: Crítica, 2018.

Birulés, Fina. *El género es extramoral. Entrevista con Judith Butler.* Barcelona: Metrópolis, núm. 72. 2008: pp. 1-6.

Burgos, Elvira. *Qué cuenta como una vida. La pregunta por la libertad en Judith Butler.* Madrid: Machado Libros, 2008.

Butler, Judith. *Cuerpos que importan*. Barcelona: Paidós, 2002.

Butler, Judith. *Deshacer el género*. Barcelona: Paidós, 2006.

Butler, Judith. *El género en disputa*. Tercera edición. Barcelona: Paidós, 2007.

Farji Neer, A. *Trayectorias, debates y experiencias clínicas en torno a los tratamientos quirúrgicos solicitados por la población trans. Sentidos profesionales a la luz de los debates feministas.* La ventana. Revista de estudios de género 6, no. 52. 2020: pp. 132-160.

Foucault, Michel. *Historia de la locura.* Tomo 1. Londres: Inissfree. 2018.

Grupo de Acción, F. G. Apoyo a Personas Trans (GAAT). *5 derechos en clave trans, análisis sobre la situación de los derechos a la movilidad, la educación, el trabajo, la salud y la vivienda de las personas trans en Colombia*. 2021.

Kandel, Eric R. *La nueva biología de la mente: qué nos dicen los trastornos cerebrales sobre nosotros mismos.* Barcelona: Paidós, 2019.

León, Maria José. *Las 'mujeres' como una categoría-contorno: ¿el antiesencialismo de Judith Butler puede ser operativo para la teoría jurídica feminista?* Bogotá: UNA Revista de Derecho 7, no. 2. 2022: pp. 137-160.

López Medina, Diego. *Las fuentes del argumento.* Bogotá: LEGIS, 2009.

Mikkola, Mari. *Feminist Perspectives on Sex and Gender.*"The Stanford Encyclopedia of Philosophy (Summer 2024 Edition), Edward N. Zalta & Uri Nodelman (eds.), forthcoming. Recuperado de https://plato.stanford.edu/archives/sum2024/entries/feminism-gender/ [30/03(2024)].

Muñiz, Elsa. Sociedade e Estado; Brasilia Tomo 29, N.º 2, (May/Aug 2014): n/a. DOI:10.1590/S0102-69922014000200006-

Pérez Álvarez, Alexander; Correa Montoya, Guillermo; Castañeda Castro, Wilson; Plata Chacón, Edgar. *Raros... y oficios: diversidad sexual y mundo laboral: discriminación y exclusión.* Medellín: Corporación Caribe Afirmativo; ENS, Escuela Nacional Sindical y CLACSO. 2013: pp. 66-80.

Pikara. *Feminismos: Miradas desde la diversidad*. Pikara's Magazine, 2019. Recuperado de

https://www.pikaramagazine.com/2019/11/libro-pikara-feminismos-miradas-desde-la-diversidad/#:~:text=%C2%A1Hemos%20sacado%20nuestro%20primer%20libro!:%20'Feminismos.%20Miradas,el%20objetivo%20del%20libro%20que%20hemos%20lanzado

Ramírez Bustamante, A.M. *Género, cuerpo y política en la teoría de la performatividad de Judith Butler*. Trabajo de Grado, Pontificia Universidad Javeriana, Bogotá, 2011.

Ratti Mendaña, F. S. (2022). Buenas prácticas en el uso de fuentes y citas en sentencias judiciales. *Revista de la Facultad de Derecho y Ciencias Políticas*, 52(136), 288-317.

Weeks, Jeffrey. *Sexualidad.* México: Paidós, 1998. p. 18

Conjurando embrujos Wittgenstein en la jurisprudencia constitucional colombiana

Removing spells

Wittgenstein in the Colombian constitutional case law

Aquiles Arrieta*

Resumen

Poder conocer la influencia del pensamiento e ideas de una determinada persona dedicada a la filosofía o la teoría, en una alta Corte, supondría poder analizar ampliamente todo tipo de influencias conscientes o no, expresas o implícitas. El propósito de este texto es modesto: contiene una aproximación, no completa ni exhaustiva, a la reflexión sobre la influencia que Ludwig Wittgenstein ha tenido en la jurisprudencia de la Corte Constitucional colombiana. No se pretende abarcar todas las cuestiones que al respecto se puedan plantear. El centro son las providencias judiciales de la Corte Constitucional Colombiana en las cuales se le ha citado expresamente. Qué ideas y metáforas suyas han sido empleadas. La revisión de los documentos jurisprudenciales se presenta de dos maneras. Primero de forma genérica, cuantitativa, para mostrar algunas de las líneas generales que los números dejan ver. Luego en detalle, caso a caso, cita a cita. Estos dos caminos ayudan a ver cómo la Corte ha utilizado la filosofía del filósofo vienés. De manera preliminar puede decirse que la jurisprudencia constitucional de Colombia ha usado a Wittgenstein en su trabajo de impartir justicia como un antídoto, una suerte de pócima que protege contra el peligro de sucumbir por completo a los embrujos del lenguaje.

---

* Abogado y filósofo de la Universidad de Los Andes. Su experiencia profesional ha transcurrido entre la docencia y la jurisprudencia. Trabajó en la Corte Constitucional por más de dos décadas para varios magistrados y magistradas, en donde se desempeñó como Magistrado Auxiliar y también como Magistrado encargado (2016-2017). Ha sido profesor universitario en pregrado, especializaciones y maestrías en diversas universidades. Actualmente se desempeña como Defensor delegado para asuntos constitucionales y legales de la Defensoría del Pueblo.

Abstract

To determine the influence of a high court officer's thoughts and ideas ——one dedicated to theoretical analysis and philosophy— would require a wide assessment of all sorts of conscious and unconscious influences of explicit and implicit nature. The purpose of this text is modest: it approaches in a non-comprehensive, non-exhaustive manner, how Ludwig Wittgenstein has influenced the case law of the Colombian Constitutional Court. It does not seek to cover all the issues that may be raised on the subject matter but focuses on the ideas and metaphors employed by rulings where the philosopher has been explicitly quoted. The review of these legal decisions is twofold. Firstly, in a generic, quantitative way, to draw conclusions based on the numbers. Secondly, more detailed on a case-by-case approach. These two dimensions attest to how this Viennese philosopher has been used by the Colombian Constitutional Court. It can be preliminarily asserted that Colombian constitutional case law has used Wittgenstein as an antidote, a kind of potion that protects against the danger to entirely succumb to the magical charm of words.

INTRODUCCIÓN

Las palabras de la Constitución son fuente de grandes controversias. ¿Cómo deben entenderse expresiones como "democracia", "libertad" o "dignidad"? ¿Qué quiere decir "desarrollo" o "interés general"? ¿Qué implica el carácter "social", "participativo" o "multicultural" de la nación? De hecho, ¿qué es "nación"? De todos los significados que existen de esos conceptos, algunos incluso contradictorios, ¿cuáles son los que dan alcance a la Constitución y permiten saber cómo resolver casos concretos aplicándola? Pero incluso si se sabe qué significa una expresión, hay preguntas sobre cuándo puede usarse, en qué circunstancias. Por ejemplo, ¿hasta qué punto la libertad de expresión y el libre desarrollo de la personalidad pueden justificar insultar y ofender a otra persona? ¿Hasta qué edad una persona es una "niña" o un "niño" y, por tanto, sus derechos fundamentales deben prevalecer sobre los de los demás? ¿Cuándo puede considerarse a una persona que es indígena? ¿Cuándo puede dejar de serlo? También existen debates sobre expresiones que pudiera ser inconstitucional usar siempre, en cualquier norma. Por ejemplo, ¿la expresión "comunidades negras" es discriminatoria? ¿El legislador está obligado a hablar de comunidades "afrodescendientes"? ¿Es inconstitucional hablar de "indios", "minusválidos", "sirvientes asalariados" o de "abogado de los pobres"? Estas son algunas de las cuestiones que han enfrentado los jueces constitucionales en el quehacer diario de la actividad de administrar justicia en este país como en muchos otros.

Para resolver este tipo de cuestiones, la Corte Constitucional de Colombia ha utilizado ideas, conceptos, metáforas, imágenes de muchos pensadores, entre ellos, de Ludwig Wittgenstein, filósofo nacido en Viena, Austria (1889–1951). Al revisar la jurisprudencia, se advierte que algunas de las reflexiones de este pensador le han ayudado a la Corte a comprender el lenguaje y aproximarse, con algún sentido, al significado de una palabra. La influencia de las ideas de Wittgenstein ha sido significativa. Sus aportes han jugado un papel en las prácticas de interpretación y en el análisis y solución de casos emblemáticos en los que el lenguaje era un elemento definitorio, primordial. Algunas veces directamente y otras indirectas, a través de autores como H.L.A. Hart o Genaro Carrió, o a través de sentencias de la propia Corte que siguen líneas jurisprudenciales fundadas inicialmente en las ideas o metáforas del filósofo vienés. La influencia de ideas, conceptos, metáforas de una persona puede ocurrir de distintas formas. Una Corte puede ser consciente o no de la influencia de un autor. Un juez puede saber que está usando las ideas de una determinada autora, de forma clara y consciente. Pero también puede estar usando una determinada idea que conoce y tiene incorporada en su pensamiento, sin necesariamente relacionarla con ella. Ahora bien, en aquellos casos en los que la influencia es consciente, esta puede ser expresa o implícita. Es decir, la autoridad judicial puede hacer expresa esta influencia y citar a la persona o no hacerlo. Saber que su reflexión tiene un determinado sustento, pero no indicarlo. Puede considerar, por ejemplo, que se trata de una reflexión demasiado académica o teórica, para hacer parte de una decisión judicial que resuelve un caso, una causa.[1]

I. LUDWIG WITTGENSTEIN, PENSANDO AL LÍMITE

Ludwig Wittgenstein nació en Viena (1889) en la etapa final del Imperio austrohúngaro. Murió a los 62 años (1951) en Cambridge, Inglaterra, donde se nacionalizó y desarrolló su labor académica y docente. Octavo y último hijo de una familia acaudalada, creció en medio de un ambiente cultural y artístico único, privilegiado, en una Viena en ebullición. El joven Ludwig creció mientras el siglo XIX perdía su apariencia y de él surgía lo nuevo, el siglo XX con sus tiempos modernos. Lo que una pluma influyente en su época llamó 'el laboratorio para la destrucción del mundo'.[2] Sus intereses profesionales se volcaron inicialmente en la ingeniería mecánica y, sobre todo, en la filosofía de la ciencia y de las matemáticas. Así, a través de los matemáticos y filósofos Gottlob Frege, primero, y Bertrand Russell, después, Wittgenstein llegaría a dedicar su vida a la reflexión filosófica, de acuerdo a su particular forma de entender el oficio.

El recorrido de Wittgenstein puede ayudar a entender las preocupaciones y reflexiones que lo ocuparon a lo largo de su vida.

---

1 En entrevista, el Magistrado Cepeda Espinosa sostuvo, por ejemplo, que él fue consciente de haber usado las ideas de Wittgenstein en debates en salas de revisión y en Sala Plena. No obstante, en muchas ocasiones el centro de la reflexión eran los argumentos, sin hacer referencia expresa a las fuentes o al filósofo. El reconocimiento de la autoría, obligado en ámbitos académicos, puede tornarse en incómodo o arrogante ruido en debates entre jueces.

2 Así llamó a esos tiempos Karl Kraus (1874-1936), influyente escritor y periodista, maestro de la sátira. Ludwig Josef Johann Wittgenstein creció en medio de artistas, músicos, escritores y grandes mentes y espíritus de la Viena de su tiempo. Entre muchas otras personas, fueron cercanos a la casa Wittgenstein artistas como Gustav Klimt, Egon Schiele, Oskar Kokoschka, músicos como Johannes Brahms, Gustav Mahler, Josef Labor o el arquitecto Adolf Loos.

Los cambios profundos en temas y asuntos a tratar contrastan con las líneas e hilos conductores de su reflexión. Como un tema musical que evoluciona a lo largo de la obra, volviendo una y otra vez. Uno de sus intereses es mostrar cuál es el sentido y el oficio de la filosofía, mostrándola como un quehacer que no se ocupa de dar respuestas a preguntas, sino que se ocupa de disolverlas cuando son meros embrujos, conjuros. Mostrar que el problema es querer responderlas. Esta idea, por ejemplo, encuentra en Wittgenstein, entre otras fuentes, las reflexiones de Heinrich Hertz.[3]

Wittgenstein tiene dos momentos diferenciables de su obra. Su primera etapa de trabajo, que se recoge en una de sus principales obras, el *Tractatus logico-philosophicus* (1922), se ocupa del lenguaje y de la lógica. Muestra la conexión entre el lenguaje y la realidad a través de la figura lógica de las proposiciones que hablan de los hechos, de todo lo que es el caso (T, 1.).[4] Para Wittgenstein esta relación, se *puede* mostrar, se puede ver, pero no *puede* decirse (T, 4.1212). En un aparte del texto, escrito en aforismos numerados con el sistema decimal de clasificación, el filósofo presenta la cuestión así:

> "4.121 La proposición no puede representar la forma lógica, se refleja en ella.
> Lo que en el lenguaje se refleja, nosotros no podemos expresarlo por el lenguaje.
> La proposición muestra la forma lógica de la realidad.

---

3 Cuenta Ray Monk en su biografía de Wittgenstein que una de las obras que leía de adolescente era Principios de mecánica de Heinrich Hertz, en el cual se "[...] aborda el problema de cómo comprender el misterioso concepto de 'fuerza' tal como se utiliza en la física newtoniana. Hertz propone que, en lugar de dar una respuesta directa a la cuestión de '¿qué es la fuerza?', el problema debería enfocarse replanteando la física newtoniana sin utilizar la 'fuerza' como concepto básico. '*Cuando eliminemos estas dolorosas contradicciones*', escribe, '*la cuestión referente a la naturaleza de la fuerza no habrá sido respondida; pero nuestras mentes, al no estar ya irritadas, dejarán de hacer preguntas ilegítimas*." | | Wittgenstein conocía este pasaje de Hertz virtualmente palabra por palabra y lo invocaba frecuentemente para describir su propia concepción de los problemas filosóficos y la manera correcta de solventarlos. [...]" (MONK, 1990; 40-41).

4 El Tractatus comienza con esa proposición fundamental: *El mundo es todo lo que es el caso* (T, 1.)

La exhibe." (T. 4.1212)

Desde esta primera etapa plantea su curiosa forma del quehacer filosófico, que supone no responder preguntas sino en disolverlas, no hablar del mundo, como lo hace la ciencia, sino en aclararlo. En sus palabras: "El verdadero método de la filosofía sería propiamente éste: no decir nada, sino aquello que se puede decir; es decir, las proposiciones de la ciencia natural – algo, pues, que no tiene nada que ver con la filosofía-; y siempre que alguien quisiera decir algo de carácter metafísico, demostrarle que no ha dado significado a ciertos signos en sus proposiciones. Este método dejaría descontentos a los demás –pues no tendrían el sentimiento de que estábamos enseñándoles filosofía-, pero sería el único estrictamente correcto. [...]" (T, 6.53)

Por supuesto, aquello que puede *mostrarse*, no *decirse*, con el lenguaje es crucial para 'superar' y abandonar viejas proposiciones sin sentido.[5]

En su segunda etapa, Wittgenstein mantuvo su interés por el lenguaje, pero con un giro: haciendo énfasis en el lenguaje ordinario, en las prácticas humanas. Se fija en la manera en que el lenguaje es usado en las distintas actividades de la vida, no únicamente de la forma en que los lógicos o los científicos lo utilizan. En el texto más representativo de esta segunda etapa, las *Investigaciones Filosóficas* (1953), resalta la multiplicidad de herramientas del lenguaje y de formas en que se emplean. A su parecer es interesante comparar esta variedad con lo que los lógicos han dicho de la estructura del lenguaje, "*incluido el autor del Tractatus*" (IF §23). De esta segunda parte provienen la mayoría de ideas, imágenes, metáforas, que la jurisprudencia constitucional colombiana ha usado del filósofo

---

5 Dice en el *Tractatus*: "6.54 Mis proposiciones son esclarecedoras de este modo; que quien me comprende acaba por reconocer que carecen de sentido, siempre que el que comprenda haya salido a través de ellas fuera de ellas. (Debe., pues, por así decirlo, tirar la escalera después de haber subido.) | | Debe superar estas proposiciones; entonces tiene la justa visión del mundo." (T, 6.54)

austriaco. A saber: el lenguaje como una caja de herramientas; el significado como uso; las relaciones de conceptos como parecidos de familia; el lenguaje como una práctica reglada, como un juego. A cada una de estas se hará referencia posteriormente, al analizar en detalle las providencias judiciales que las mencionan y las usan.

La obra de Wittgenstein, en su mayoría, se publicó de manera póstuma. Solo el Tractatus, un artículo académico, la reseña de un libro y un diccionario de pronunciación y ortografía para niños. El resto son voluminosas notas y apuntes, editados y publicados bajo la supervisión de sus discípulos (en especial, la filósofa irlandesa Elizabeth Anscombe). Esto, sumado a su carácter particular de escritura, en aforismos, observaciones, no fundada en una estructura argumentativa tradicional, lo que ayuda a tener dudas y lecturas diversas de sus textos. De cómo entenderlos. Las aproximaciones a Wittgenstein son diversas, en ocasiones a tal punto, que son excluyentes e incluso contradictorias.

Desde la publicación misma del *Tractatus* se presentaron estas controversias en torno al texto. Wittgenstein se lamentaba de la introducción escrita por Bertrand Russell al texto, por cuanto evidenciaba el no haber sido comprendido plenamente. Quizá sentía que no se veía lo que había querido mostrar. Para Russell, junto a otros autores, uno de los aportes significativos del *Tractatus* se reflejaba en su proposición final, entendida como una estocada final a la metafísica: "*De lo que no se puede hablar, mejor es callarse.*" (T, 7). Para Wittgenstein el asunto era más complejo, como lo evidencian algunas de sus aforismos finales: "Hay, ciertamente, lo inexpresable, lo que se *muestra* a sí mismo; esto es lo místico." (T, 6.522)[6] Luego,

6 Dice al respecto el *Tractatus*: "6.52 Nosotros sentimos que incluso si todas las posibles cuestiones científicas pudieran responderse, el problema de nuestra vida no habría sido más penetrado. Desde luego que no queda ya ninguna pregunta, y precisamente ésta es la respuesta. | | 6.521 La solución del problema de la vida está en la desaparición de este problema. (¿No es ésta la razón de que los hombres que han llegado a ver claro el sentido de la vida después de mucho dudar, no sepan decir en qué consiste este sentido?)"

Russell, como ocurrió con otros admiradores del *Tractatus*, no apreció las reflexiones del segundo Wittgenstein de la misma forma. Es más, las descalificó.[7] También ha ocurrido lo contrario. Algunos autores valoran menos la primera etapa y consideran que es precisamente la segunda etapa, con el rechazo de sus visiones iniciales, la que es significativa e importante.

En la actualidad, puede reconocerse que Wittgenstein es uno de los filósofos más importantes del siglo XX, por cuanto logró influir en ambos lados de la gran división de corrientes filosóficas en las academias occidentales durante esos años: la filosofía analítica y la filosofía continental. Así, se le ha visto como un pensador vienés, de corte anglosajón, analítico, que rompió con la tradición de pensamiento y reflexión continental y dio una estocada final a la metafísica. Pero a la vez, hay lecturas de él que resaltan su cercanía a la filosofía continental, sus autores y problemas.[8] Lecturas cercanas a Kant o, incluso, a ideas posmodernas. De forma similar, hay divergentes lecturas acerca de la relación entre sus dos etapas. Ambas son reconocidas e influyentes, las dos siguen siendo valoradas hoy. Pero mientras algunas lecturas consideran que son momentos que llegan a excluirse, otras consideran que no son tan diferentes e implican continuidad.[9]

El silencio de Wittgenstein sobre las discusiones en materia de política o derecho es elocuente. Wittgenstein vivió los convulsionados

---

7 Bertrand Russell, por ejemplo, dijo que Wittgenstein parecía haberse cansado del pensamiento serio y haber inventado una doctrina que hace innecesaria esa actividad (MONK, 1990; 431).

8 Resaltan, por ejemplo, la influencia en Wittgenstein de autores como Artur Schopenhauer, León Tolstói, Agustín de Hipona, Otto Weininger, Oswald Spengler, Baruch Spinoza o Søren Kierkegaard.

9 Varios temas concretos de reflexión filosófica ocuparon su atención. Así, por ejemplo, fundamentos y conceptos básicos de áreas como la matemática, la psicología o los colores. Por lo general, utilizando su curiosa forma de filosofar: disolver falsos problemas filosóficos, impidiendo que el uso de las palabras embruje la mente y la confunda, le impida ver, darse cuenta. Aunque no era tema de sus clases de filosofía, en múltiples diarios y cartas queda evidencia de sus reflexiones sobre otros asuntos propios de la cultura como el arte o la música.

tiempos de la primera parte del siglo XX, con sus dos guerras que le impactaron y afectaron directamente. Durante la primera guerra mundial fue soldado. En la segunda, su profundo compromiso ético y moral lo llevó a alejarse de su vida académica y convertirse en enfermero para heridos. Las profundas contradicciones y confrontaciones políticas de visiones moderadas y radicales acompañaron su vida, desde su juventud.[10] En el ámbito del derecho, aunque no fuera su campo de reflexión, su obra ha impactado. El Wittgenstein del *Tractatus* ha tenido influencias, por ejemplo, en los debates sobre lógica y derecho. Así ocurre con autores como Hans Kelsen.[11] El Wittgenstein de las *Investigaciones filosóficas* también ha impactado la reflexión jurídica. De hecho, es el que ha tenido mayor eco en la jurisprudencia constitucional colombiana. Las reflexiones que ha suscitado Wittgenstein en el debate jurídico son amplías. Pero son otros autores quienes han desarrollado tales puentes con las reflexiones jurídicas.[12] Entre ellos, autores como H.L.A. Hart o Genaro Carrió.

La influencia de Wittgenstein es amplia, incluso más allá de los círculos académicos.[13] Aunque gran parte de su obra sea compleja y

---

10 Durante un tiempo, Wittgenstein compartió escuela Dentro de los particulares encuentros y cruces históricos que tuvo Ludwig Wittgenstein en su vida, está el haber compartido unos años de escuela con Adolf Hitler (entre 1904 y 1905, en la Realschule de Linz).

11 Hans Kelsen, quien fue cercano al Círculo de Viena (grupo de pensadores que valoró especialmente la obra inicial de Wittgenstein), usa las tablas de verdad, creadas por Charles Sanders, en el formato desarrollado luego por el vienés en su *Tractatus*. Ver: (T, 4.441) y (KELSEN & KLUG, 1998).

12 Son varios los trabajos que establecen conexiones entre las ideas de Wittgenstein y la reflexión jurídica (por ejemplo: PITKIN, 1972; SCHAUER, 1991; PATTERSON, 1992 & 2004; NARVÁEZ MORA, 2004). Esto ocurre incluso con la famosa *Conferencia sobre ética* (CE) y reflexiones jurídicas a las que ésta ha dado lugar (por ejemplo, ver RORTY, 1993 y ARRIETA, 2002).

13 Un ejemplo de este impacto cultural: Como resultado de un concurso realizado hace unos años por un programa de radio de difusión cultural (*In Our Time*, de la BBC), se eligió a Wittgenstein como el tercer filósofo más respetado e influyente, luego de Karl Marx y David Hume, en primer y segundo lugar, respectivamente. Los siguientes puestos fueron: (4) Nietzsche, (5) Plantón, (6) Kant, (7) Tomás

de difícil acceso para el gran público, la historia de su vida y algunos de sus pensamientos más destacados, se han difundido ampliamente.

Presentado el autor de forma general, se puede pasar a mostrar su impacto en las providencias de la Corte.

II. EL USO DE WITTGENSTEIN EN LA JURISPRUDENCIA CONSTITUCIONAL: NÚMEROS

Ludwig Wittgenstein aparece citado en veintidós (22) providencias de la Corte Constitucional de Colombia (en adelante la Corte) desde el inicio de funciones en 1992 hasta el día de hoy (octubre, 2023). Se menciona pocas veces en contraste con el número de providencias en que aparecen otras voces de la filosofía o la teoría del derecho. Por ejemplo, Hans Kelsen más de 200 veces, H.L.A. Hart al menos 70, o Ronald Dworkin, más de 100. También tienen números altos voces filosóficas reconocidas como Aristóteles (más de 200), Emmanuel Kant (más de 170) o Platón (más de 80).[14]

---

de Aquino, (8) Sócrates, (9) Aristóteles y (10) Karl Popper. Ver: https://www.bbc.co.uk/pressoffice/pressreleases/stories/2005/07_july/13/radio4.shtml

14 Estos números indican la cantidad de providencias de la Corte en las que aparecería el nombre de estos autores. Son datos genéricos, no filtrados, que pueden aparecer en los antecedentes, las consideraciones, las aclaraciones o los salvamentos. Según el buscador de la Relatoría de la Corte (i) "Hans Kelsen"; (ii) "H.L.A. Hart" aparece en 69 providencias, "H. L. A., Hart" en 5 providencias (sin contar las providencias [225] en las que simplemente se cita "Hart" [claro, no todas estas entradas son para H.L.A. Hart, pues en algunos casos se trata de otros autores o casos, por ejemplo: Jhon Hart Ely, HART Oliver, *Stenberg v. Carhart*, Hart Publishing, Secretario Adjunto de la OEA Alberto Hart, Ministra Martha Helena Pinto de Hart, Viceministro Carlos Andrés de Hart Pinto, Luis Hartmann, Ruth Hartz de Caro o también la palabra "harto"]); (ii) "Hans Kelsen" aparece en 156 providencias, "H. Kelsen" en 6 providencias, "Kelsen, Hans" en 85 (solo "Kelsen" aparece en 319 providencias); (iii) "Ronald Dworkin" aparece en 57 providencias, "R. Dworkin" en 9, "Dworkin, Ronald" en 43 (solo "Dworkin" aparece en 123, en este caso hay entradas como, por ejemplo: Gerald Dworkin). Por otra parte, según el buscador de la Relatoría: (iv) "Aristóteles" aparece en 239 providencias; (v) "Kant" en 191 y (vi) "Platón" en 107.

Esta primera visión numérica podría llevar a pensar, erróneamente, que las ideas de Wittgenstein no han tenido un impacto como las de esos otros autores. Es difícil de medir, de sopesar. Pero, como lo mostrará el análisis detallado de las 22 providencias que citan al austriaco, su importancia es notoria y reiterada.

Las 22 providencias son 20 "sentencias" (decisiones finales sobre un caso jurídico, una causa) y 2 "autos" de la Corte (básicamente decisiones sobre asuntos que se presentan en el trámite de un caso [una causa], identificados como providencias 'A'). De las 20 sentencias, la mayoría, 14, son de constitucionalidad (demandas contra normas con fuerza de ley y un control previo y automático, identificadas como sentencias 'C'). Las demás, 6, son de tutela (casos de violación de derechos de personas concretas, identificadas como sentencias 'T' y en un caso 'SU').[15]

Tabla N° 1

Tipo de providencias que se cita a Ludwig Wittgenstein	
14	sentencias de constitucionalidad [C]
6	sentencias de tutela [T / SU]
2	autos [A]
22	**total providencias**

En tal sentido puede concluirse, que la mayoría de las veces en que la Corte ha empleado a Wittgenstein es en casos de constitucionalidad abstracta en los que el problema jurídico supone tensiones y cuestiones en torno al lenguaje legal. También cuando sus ideas han sido usadas por el alto tribunal en los casos de tutela, en los que se analiza la amenaza o violación de los derechos de una persona. Esto implica también que la mayoría de ocasiones el filósofo ha sido usado por la Sala Plena de la Corte (la totalidad de personas que

---

15 Las sentencias de tutela 'T' son de alguna de las salas de revisión conformada por 3 de las 9 personas que son magistradas de la Corte. Las sentencias de tutela SU, de unificación, son de la Sala Plena (las 9). Las sentencias de constitucionalidad, las C, siempre son de la Sala Plena.

la conforman); bien sea en una sentencia de constitucionalidad, en un Auto de Sala plena o en una sentencia de unificación (12 veces). En un número menor de casos, 5, se trató de providencias de Sala de Revisión (de solo tres de las nueve personas que conforman la Corte) y, en otras 5, fueron votos individuales.[16]

Tabla N° 2

Sala que dictó la providencia	
12	Sala Plena
5	Sala de Revisión
5	Votos individuales (aclaración o salvamento)
22	**total providencias**

De las 22 providencias, en 21 es la Corte en pleno la que cita al filósofo. La mayoría de las veces, 15, se cita en las consideraciones de la decisión. En 3 ocasiones en aclaraciones de voto a la sentencia, en 2 en salvamentos de voto y una vez en los antecedentes (al citar las consideraciones de una de las sentencias que lo mencionan). 4 Solo hay una providencia en la que el autor austriaco no aparece por cuenta de la Corte, sino de dos intervenciones consignadas en los antecedentes. En la sentencia C-804 de 2006 (caso *generalización en masculino*) quedó el registro de dos intervenciones que recurrieron a ideas del filósofo austriaco para sustentar su postura ante la Corte.[17] Fueron dos profesoras hablando, entre otros temas, de géne-

---

16 Opiniones que o bien concurren con la sentencia (aclaración de voto) o que se apartan de esta (salvamento de voto).

17 C-804 de 2006 (Caso *generalización en masculino*). La Corte resolvió declarar inconstitucional una norma que establecía como criterio de interpretación legal, el considerar que las expresiones masculinas plurales se refieren a la especie humana en general, incluyen por tanto a las mujeres y las niñas. Por tanto, se declaró inconstitucional la respectiva norma del Código Civil (art. 33) salvo las siguientes expresiones: *"la palabra persona en su sentido general se aplicará a individuos de la especie humana sin distinción de sexo."* Originalmente la norma del Código decía: '*Las palabras hombre, persona, niño, adulto y otras semejantes que en su sentido general se aplican a individuos de la especie humana, sin distinción de sexo, se entenderán que comprenden ambos sexos en las disposiciones de las leyes, a menos que*

ro. Una, en la participación de la Universidad Nacional, resaltó el lenguaje como una herramienta que no sólo sirve para describir el mundo, también lo constituye.[18] Y la otra profesora en sentido similar, en la participación de la Universidad de los Andes.[19]

---

por la naturaleza de la disposición o el contexto se limiten manifiestamente a uno solo. | | Por el contrario, las palabras mujer, niña, viuda y otras semejantes, que designan el sexo femenino, no se aplicarán a otro sexo, a menos que expresamente las extienda la ley a él.' Las expresiones resaltadas fueron las demandadas.

18 La profesora Lina María Céspedes Báez, participó en aquel momento en su calidad de abogada egresada de la Maestría de la Escuela de Estudios de Género de la Universidad Nacional de Colombia. En lo pertinente, en los antecedentes de la sentencia, se presentó la intervención así: "Respecto de la relación entre el lenguaje y la eficacia simbólica del derecho coincidió la interviniente con filósofos como Lyotard y Wittgenstein en el sentido de afirmar que las palabras no son un mero reflejo o representación de las cosas sino que ellas configuran a un mismo tiempo la realidad que intentan *'aprehender y establecen los límites entre la verdad y la mentira.'* De acuerdo con lo anterior, dijo la interviniente, *'el significado de las palabras no surge de su facultad de describir los objetos, sino a partir de su uso y su contexto.'* Llamó la atención la interviniente en cuanto al carácter performativo de las palabras comprendido como *'la virtualidad de construir simultáneamente el acto al cual se refieren.'* Para la interviniente los frutos cosechados en la lucha de las mujeres en el terreno de las leyes, de las instituciones y de las costumbres dentro de las sociedades occidentales comenzarán a cristalizar únicamente en el momento en que se garantice *'una revisión del uso del lenguaje y (...) la resignificación de ciertos conceptos.'* Los cambios, en su opinión, deben inscribirse *'en lo más profundo de la constitución de la conciencia y del lenguaje'.*"

19 La entonces directora de la Cátedra de Género y Derecho de la Universidad de los Andes, profesora Isabel Cristina Jaramillo. De acuerdo con la Corte, la intervención dijo, entre otras cosas, lo siguiente: "Respecto de la construcción y reproducción de las relaciones sociales en el lenguaje, también partió la interviniente de la perspectiva defendida por Ludwig Wittgenstein según la cual existe un estrecho nexo entre el lenguaje y las prácticas sociales. Indicó, a renglón seguido, que los filósofos de la reconstrucción han llegado al extremo de afirmar que no existe realidad fuera del lenguaje. Sea cual fuere el punto de partida, señaló la interviniente, *'se reconoce al lenguaje la potencia para afectar la manera en la que nos comportamos socialmente.'* De ahí que *'la lucha por el lenguaje se haya convertido en una lucha relevante para los grupos tradicionalmente excluidos o marginados, para quienes la transformación de las prácticas sociales debe atravesar una trasformación de las prácticas lingüísticas, aún si para algunos esta no es la panacea sino un paso más en un proyecto más amplio'.*"

Tabla N° 3

Parte de la providencia en que se cita	
15	consideraciones
3	aclaraciones
2	salvamentos
1	antecedente, voz de la Corte
1	antecedente, intervenciones
22	**total**

El filósofo vienés aparece en la jurisprudencia constitucional, fundamentalmente, por cuenta de las magistradas y los magistrados. Del total de las 22 veces que se ha citado, solamente en un caso la voz que trajo al filósofo es la de personas externas (intervinientes). Y de las 21 veces restantes, solamente en un caso el alto tribunal se limitó a reproducir una decisión anterior de la propia Corte. En los 20 casos restantes, las citas del autor vienés se usan para sustentar, usualmente de forma directa, una posición con relación a cómo analizar o resolver el caso. En la mayoría de los casos (en 15 de los 21), las ideas e imágenes de Wittgenstein son parte de la argumentación de la mayoría de la respectiva Sala. En 5 ocasiones se ha usado en votos particulares de magistradas y magistrados (3 veces en aclaraciones de voto y 2 en salvamentos de voto).

De las 21 ocasiones en las que la Corte ha empleado al filósofo, la mayoría, 12, las hizo la tercera de las cuatro Cortes Constitucionales que hasta el momento han tenido lugar. La actual Corte, la cuarta, tiene 6 citas. Además, hay dos citas en la etapa de transición entre la tercera y la cuarta corte, y una sola cita, la primera de todas, durante la segunda corte. Ni la Corte inicial de transición (1992 – 1993), ni en la primera Corte se cita directamente a Wittgenstein. Al respecto, es preciso señalar que las notas y citas que hace al inicio la Corte Constitucional son mucho más limitadas y escasas que las que van a haber después, en las siguientes configuraciones de la Corte. Es desde la tercera corte (2001 – 2009) que las citas y referencias a diversos autores aumenta considerablemente.[20]

Tabla N° 4

CITAS (por magistrados y cortes)			
		0	DE TRANSICIÓN (1992 – 1993) & PRIMERA CORTE (1993–2001)
1	Jaime Córdoba Triviño	1	SEGUNDA CORTE (2001–2009)
5	María Victoria Calle Correa	12	TERCERA CORTE (2009–2017)
3	Luis Ernesto Vargas Silva		
1	Jorge Iván Palacio Palacio		
3	Alberto Rojas Ríos		
2	Aquiles Arrieta Gómez (e)[21]	2	paso de la 3a a la 4a (2017)
1	Cristina Pardo	6	CUARTA CORTE (2017–2025)
1	Antonio José Lizarazo		
2	José Fernando Reyes Cuartas		
2	Diana Fajardo Rivera		
	total	21	

La mayoría de providencias han tenido por ponente a un magistrado (13 casos), en tanto el resto (8 casos) la ponente ha sido una Magistrada. Sin embargo, estos datos deben ser vistos con perspectiva de género para poder darles un valor adecuado, que tenga en cuenta el contexto y desarrollo de la Corte.

---

20 Mientras que sentencias como *dosis personal* (C-221 de 1994) tiene 9 notas al pie de página, *eutanasia* (C-239 de 1997) 11 notas al pie, el primer *estado de cosas inconstitucional en cárceles* (T-153 de 1998) 26 notas al pie y el caso de los *arhuacos cristianos* (SU-510 de 1998) 152 notas al pie, en contraste, sentencias posteriores como *sustancias y bebidas en espacio público* (C-253 de 2019) tiene 210 notas, la primera decisión que protege el *derecho a la interrupción voluntaria del embarazo* (C-355 de 2006) tiene 527, el segundo *estado de cosas inconstitucionales en cárceles* (T-388 de 2013) tiene 1188 y el caso *consulta previa y debida diligencia empresarial* (SU-123 de 2018) tiene 212 notas.

21 Magistrado encargado.

Tabla N° 5

Providencias por género	
Magistrados	13
Magistradas	8
Total	21

Aunque en términos totales hay más citas hechas por hombres que por mujeres, se debe tener en cuenta que ha habido muchas menos magistradas que magistrados en la Corte Constitucional de Colombia a lo largo de su historia.[22] De los 35 magistrados que ha tenido a lo largo de sus años de existencia, 6 han citado expresamente a Wittgenstein, es decir, el 18% de ellos. En contraste, 3 de las 7 mujeres que han sido magistradas lo han citado, es decir, el 43% de ellas.

Finalmente, la Corte Constitucional aborda nueve ideas, metáforas o imágenes básicas de Wittgenstein. En una misma providencia, cabe señalar, la Corte puede abordar más de una. La idea a la que más se ha recurrido es a entender el significado de una expresión como el uso que se le dé (14 veces). También se ha referido a ver el lenguaje enraizado en la persona, en los seres humanos (3). Se ha hecho referencia a las metáforas de 'parecidos de familia', 'juegos del lenguaje' y 'caja de herramientas' (cada una, 2 veces). Y, finalmente, a las imágenes e ideas de 'formas de vida', 'el lenguaje como una herramienta no sólo descriptiva', la 'indeterminación del lenguaje ordinario' y la 'comprensión de conceptos' (cada una, 1 vez).[23]

---

22 La de transición, con siete magistrados, y la primera Corte con nueve, no tuvieron mujeres, solo hombres. La segunda tuvo 1 mujer, la tercera comenzó con 1 y terminó con 2. Actualmente, la cuarta cuenta con 4 mujeres.

23 Posteriormente, al hacer referencia a cada una de las providencias, se hará presentará cada una de estas ideas, metáforas e imágenes, del filósofo vienés.

Tabla N° 6

ideas o metáforas de Wittgenstein	
14	significado como uso
3	lenguaje enraizado en la persona
2	parecidos de familia
2	juegos del lenguaje
2	caja de herramientas
1	formas de vida
1	el lenguaje no solo es descriptivo
1	indeterminación del lenguaje ordinario
1	comprensión de conceptos

Los temas y las cuestiones constitucionales tratadas en las providencias que citan y usan a Wittgenstein son nueve. El primero, y más tratado, es el del lenguaje legal o judicial que puede ser inconstitucional, por violar los derechos de las personas (9 veces). En segundo lugar, se ha usado para precisar y definir el alcance de términos específicos (3 veces). A saber: ¿puede hablarse de 'derechos de los animales' o de 'matrimonios de parejas del mismo sexo'? ¿Qué se entiende por 'rendir concepto jurídico'? El uso del lenguaje ofensivo (2 veces). Cada uno de los seis temas restantes sólo han ocupado a la corte 1 vez, a saber: claridad en los términos empleados en las normas, para asegurar la posibilidad de comprender cuáles son las conductas prohibidas (tipicidad sancionatoria). Discriminación lingüística, por el uso de un determinado lenguaje. Interpretación textual de normas legales. Criterios probatorios. Lenguaje claro y breve para las sentencias y, finalmente, lenguaje usado por la sentencia, cuidar las palabras usadas.

Tabla N° 7

tipo de cuestiones constitucionales[24]	
9	lenguaje legal o judicial inconstitucional
3	uso de conceptos concretos ('derechos' de animales; 'matrimonio' de parejas del mismo sexo; rendir 'concepto' jurídico)
2	lenguaje ofensivo
1	tipicidad sancionatoria
1	discriminación lingüística
1	interpretación textual
1	criterios probatorios
1	extensión del texto de las sentencias, lenguaje claro
1	lenguaje usado por la sentencia, cuidar las palabras usadas

En síntesis, apreciando los números generales se ve que Ludwig Wittgenstein ha influido en la Corte Constitucional en casos en los que el uso y la comprensión del lenguaje juegan un rol destacado. Observaciones del filósofo vienés sobre la psicología, la matemática, los colores, la música, la ética, la ciencia, la religión o la cultura en general, no son parte de los temas que impactan las sentencias. Son las ideas, metáforas e imágenes sobre el lenguaje, el significado o la interpretación las que se han considerado útiles para ver algunos problemas jurídicos constitucionales y poder solucionarlos y, en ocasiones, simplemente disolverlos. La presencia del autor se da ante todo en decisiones que ha tomado la Sala Plena de la Corte, de manera reiterada, en el estudio de acciones de inconstitucionalidad contra normas con fuerza de ley, o que la van a tener una vez aprobadas y sancionadas. También han sido usadas por la Sala Plena y algunas Salas de Revisión en casos concretos de acción de tutela, en los que se reclama la protección de los derechos fundamentales de alguna persona. Y han sido usadas por magistradas y magistra-

24 De las 21 providencias que citan a Wittgenstein, 20 de ellas lo usan para resolver el caso. Solo en una de esas providencias el filósofo se cita en los antecedentes del caso y no en las consideraciones (el Auto 021 de 2017).

dos, en sus votos individuales, concurrentes o disidentes, para dar sustento adicional a la decisión mayoritaria que se comparte o para argumentar las razones por las que se cuestiona. Aunque hay más citas hechas por magistrados, casi la mitad de las mujeres que han sido magistradas lo han usado, mientras que sólo una quinta parte de los hombres que han sido magistrados lo han hecho.

Esto en cuanto a una mirada general, a partir de los números. Ahora, se pasa a la mirada detallada de cada una de las 21 providencias, para ver *cómo* y *para qué* usó la Corte al filósofo austriaco.

III. EL USO DE WITTGENSTEIN EN LA JURISPRUDENCIA CONSTITUCIONAL; VIENDO LOS CASOS Y LOS DETALLES

Las providencias de la Corte Constitucional Colombiana en las cuales se ha citado expresamente a Wittgenstein se revisaron a la luz de varias preguntas: ¿qué ideas y metáforas del filósofo han sido empleadas? ¿Cuándo, con qué propósito, en qué casos específicos? Cuando se le ha usado, ¿se ha citado bien (material y formalmente)? ¿La idea o metáfora usada ha sido útil para comprender el problema jurídico del caso y para resolverlo? ¿O se le ha citado solo como un dicho de paso (*obiter dicta*) para dar contexto teórico adicional no necesario? ¿El uso que se ha hecho ha fijado precedentes que hayan trazado una línea jurisprudencial aceptada y sostenida?

Hay cuatro ideas-fuerza que la jurisprudencia constitucional ha empleado prioritariamente: comprender el lenguaje como una práctica enraizada en las personas; advertir las características propias del lenguaje ordinario, en el cual se expresa el derecho; el significado como uso y el lenguaje como prácticas ligadas a formas de vida. Ha empleado tres metáforas básicas: los juegos del lenguaje, la caja de herramientas y, en menor medida, los parecidos de familia. Aunque a continuación se presentan en apartados diferentes, no se trata de ideas desconectadas y completamente diferentes. Estas ideas y metáforas, relacionadas entre sí, son aproximaciones y reflexiones que buscan elucidar cuestiones de las prácticas con lenguajes.

La siguiente tabla tiene las 21 providencias de la Corte Constitucional de Colombia en las que se cita a Wittgenstein expresamente y se usa de alguna manera en el análisis del caso. Se indica el nombre, según el tema tratado, el magistrado o la magistrada ponente de la sentencia, del voto concurrente o del voto disidente, así como el concepto o la metáfora usada. Dentro de la lista se incluye la sentencia C-557 de 2001. Aunque esta no le cita expresamente, es quizá la primera ocasión en la que, con claridad, la Corte empleó ideas de Wittgenstein.

Tabla N° 8

	sentencia	nombre	MP	tema de la sentencia	concepto usado
0	C-557-01	*derecho viviente*	MJC	derecho viviente	significado como uso
1	C-1088-04	*locura furiosa*	JCT	lenguaje legal inconstitucional (capacidad mental diversa)	lenguaje enraizado–significado como uso
2	C-350-09	*buenas costumbres de servidor*	MVCC	tipicidad sancionatoria, lenguaje vago y ambiguo	indeterminación de los conceptos–características lenguaje ordinario
3	C-804-09	*idoneidad física*	MVCC	lenguaje y exigencia legal inconstitucional (capacidad física diversa)	lenguaje enraizado–significado como uso
4	T-1015-10	*criterios probatorios*	LEVS	Criterios probatorios constitucionales	comprensión de conceptos
5	C-605/12	*derecho al lenguaje*	MVCC	discriminación lingüística, lenguajes para sordos	juegos del lenguaje, caja de herramienta, significado como uso, lenguaje como parte de las formas de vida
6	T-691-12	*escenarios de discriminación*	MVCC	lenguaje inconstitucional; raza	significado como uso
7	C-066-13	*normalización social*	LEVS	lenguaje inconstitucional; capacidades diversas	lenguaje enraizado; no solo sirve para describir hechos
8	C-253-13	*comunidades negras*	AV, MVCC	lenguaje inconstitucional; raza	significado como uso
9	C-283-14	*circos sin animales*	AV JIPP, NPP	derechos de animales	parecido de familia
10	C-054-16	*espíritu de la ley*	LEVS	interpretación literal o gramatical	significado como uso

	sentencia	nombre	MP	tema de la sentencia	concepto usado
11	SU214-16	***defensa del matrimonio igualitario***	ARR	matrimonio personas del mismo sexo	caja de herramientas [parecidos de familia]
12	A021-17	***nulidad defensa del matrimonio igualitario***	ARR	NA	NA
13	C-042-17	***padecer discriminación***	AIAG	lenguaje legal inconstitucional (capacidad mental diversa)	significado como uso
14	C-110-17	***abogados de pobres***	ARR	lenguaje legal inconstitucional, pobreza	significado como uso
15	C-190-17	***sirvientes asalariados***	AIAG	lenguaje inconstitucional, sirvientes	significado como uso
16	C-390-17	***sirvientes acarreadores***	CPS	lenguaje inconstitucional, sirvientes	significado como uso
17	C-080-18	***JEP***	AJL	providencias breves	*lenguaje claro*
18	T-244-18	***alcalde atacado***	JFRC	comentarios críticos a gobernante local	*significado como uso*
19	T-362-20	***Carolina Sanín***	AV, DFR	lenguaje ofensivo	significado como uso, lenguaje como herramienta
20	A031A-22	***impedimento en aborto***	SV, DFR	rendir concepto' como causal de impedimento	juegos del lenguaje
21	T-141-23	***protección débil***	AV, JFRC	lenguaje usado en la sentencia	el significado como uso

* Las líneas sombreadas son de providencias en las que la Sala no cita ni usa a Wittgenstein; se cita en los antecedentes del caso o en el voto particular de un magistrado o una magistrada.

a) El rostro familiar de una palabra, la sensación de que [...] es el retrato vivo de su significado (IF P.II; 499)

Ni la Corte de transición (1992 – 1993) ni la primera Corte Constitucional (1993 – 2001) citaron a Wittgenstein expresa y directamente. ¿Por qué ocurrió esto? No es claro. No obstante, vale mencionar dos razones que puedan hacer parte de la respuesta. Quizá, tenga algo que ver que en los primeros años de la jurisprudencia constitucional de Colombia no se ponían muchas referencias bibliográficas, como sí ocurriría después. Aunque algunas de las sentencias de los años 90 hacen menciones a filósofos, en general, al inicio, la jurisprudencia buscaba hacer referencia a lo estrictamente necesario y jurídico.[25] Las notas al pie de página se entendían como una técnica propia de la academia y no de la jurisprudencia. Después, a partir de la segunda Corte (2001 – 2009), el número de referencias al pie aumentó. Se seguía considerando que era una excepción hacer una cita, pero se aceptaba. Si la regla en la academia es citar, en la jurisprudencia era no hacerlo, pero se podía excepcionalmente. Así, por ejemplo, en el año 2002, poner o no una cita al pie de página en la sentencia era una cuestión que podía ser objeto de amplio e intenso debate en Sala Plena.[26] El dar paso a las notas al pie de página tuvo al menos un efecto importante: simplificó el texto de las sentencias, lo descargó de referencias y lo clarificó.[27] Por otra parte se abrió la posibilidad de fundamentar mejor las decisiones y hacer más explícitos los marcos teóricos y conceptuales

---

25 Una de esas providencias, por ejemplo, es la sentencia y el salvamento de *dosis personal* (C-221 de 1994) que citan, entre otros, a Thomas Szasz, Erich Fromm, Richard Rorty, Lon L. Fuller, John Rawls, Emmanuel Kant, John Locke, Giuseppe Mazzini y Michel de Montaigne.

26 El autor del texto, como funcionario que hacía parte del equipo técnico de la Corte, participó en algunos debates de este tipo por aquella época.

27 Por una parte descargó el texto de referencias formales a los documentos oficiales (sus numeraciones, parámetros de identificación, etc.) a fechas, nombres de lugares o personas específicas. Mucha de esta información ahora se presenta mediante el aparato citatorio, que permite incluir toda esa información, sin que obstaculice el análisis y la argumentación a las audiencias del texto.

desde los cuales se habla. Quizá esto tenga que ver con el aumento de citas de varios filósofos y teóricos.

Junto al aumento de notas al pie que permitían dar mayor sustento o reflexión teórica o filosófica a las argumentaciones, otra razón para que no se hiciera mención de Wittgenstein puede tener que ver con las materias propias que trata este filósofo. Aunque son amplias y variadas, como se dijo previamente, no suelen referirse a los asuntos de la justicia, el derecho o la política de forma explícita. Las relaciones de su obra con el derecho solo se sugieren en sus textos, no son directas ni abiertas.

De cualquier forma, que la Corte de transición y la primera Corte no hayan citado a Wittgenstein expresamente, no permite concluir que sus ideas hayan estado ausentes. Además de las influencias inconscientes e involuntarias que pudo haber por esos años, se puede concluir que sí se usó en el quehacer de esas Corte de transición e inicial por varias razones. Para comenzar, Wittgenstein había sido estudiado y comprendido por algunos de los funcionarios de la institución y conocían su lugar en la obra de autores como H.L.A. Hart o en los debates de aquel momento acerca del lenguaje o la interpretación. Era, por ejemplo, el caso del magistrado Carlos Gaviria Díaz, jurista, profesor de teoría y filosofía del derecho, que conocía a Wittgenstein y, de hecho, se declaraba interesado por las ideas y expresiones culturales de la Viena de entreguerras.[28] Justamente, en una sentencia de 1994 del Magistrado Gaviria Díaz, en la que se trata de usar con sentido la expresión "*núcleo esencial del derecho*", es donde, por primera vez quizá, se cita a Hart para hablar de las características del lenguaje natural, de las zonas centrales de

---

[28] Entre otras personas, funcionarios de la Corte de los años 90 que conocían la obra de Wittgenstein, puede mencionarse a Rodolfo Arango Rivadeneira, Mauricio García Villegas, Isabel Cristina Jaramillo, Patricia Linares Prieto y Natalia Ángel Cabo. El Magistrado Carlos Gaviria Díaz, junto al profesor Jaime Ramos, fueron los directores de la tesis de grado de derecho y de filosofía del autor del presente artículo, la cual reflexionó, a partir de la las ideas de Wittgenstein, acerca de si el derecho es un juego del lenguaje particular (ARRIETA, 1998).

sentido, propias de los casos fáciles, y las zonas de penumbra, propia de los casos difíciles. Para Gaviria, las ideas de Hart (que como se mostrará más adelante, llevan con sí las ideas de Wittgenstein) permiten identificar casos de uso de la expresión "*núcleo esencial del derecho*" pero no dar una definición "unívoca y exacta al respecto".[29] Estas ideas se mantendrán y desarrollarán a lo largo de la jurisprudencia constitucional que, luego, las vinculará expresamente a Wittgenstein [ver luego el literal *e*].

b) "[...] con la expresión 'comprender una palabra' no nos referimos necesariamente a lo que sucede mientras estamos diciéndola u oyéndola, sino a todas las circunstancias que rodena el hecho de decirla." (CAM; 199)

Una de las primeras veces que la Corte Constitucional resolvió un caso con visiones acerca del lenguaje de Wittgenstein –sin citarlo explícitamente–, fue para reconocer y usar la '*doctrina del derecho viviente*'. En la sentencia C-557 de 2001 la Corte decidió que una norma legal acusada era constitucional a pesar de que su tenor literal podría parecer expresamente contrario a la Carta Política, por cuanto su significado y el alcance en las prácticas judiciales sí se ajustaban y eran conformes a la Constitución. En otras palabras,

---

29 Dice la sentencia: "¿Qué es el núcleo esencial? Consideraciones similares a las que se hicieran a propósito de la noción de orden público, caben en relación con la de núcleo esencial. Se trata de un concepto inevitablemente ambiguo, frente al cual todo intento de definición satisfactoria está abocado al fracaso. [...] H. L. A. Hart ha señalado cómo en la norma jurídica (la que por estar formulada en lenguaje natural, participa de la ambigüedad y la equivocidad que a él le son inherentes), puede distinguirse una zona central o núcleo y una zona de penumbra. Hacen parte de la primera, los hechos o circunstancias que sin duda están regulados por la norma. Y de la segunda, aquéllos cuya referencia a la norma resulta incierta y problemática. | | Es posible ejemplificar unos y otros pero, no lo es encerrarlos en una definición unívoca y exacta. Otro tanto ocurre con la noción de núcleo esencial de un derecho fundamental. [...]" (C-179 de 1994). En la sentencia la Corte analizó en control previo la constitucionalidad del Proyecto de ley estatutaria que regula los estados de excepción.

aunque la regla de papel, aparente, sí era contraria a la Carta, la regla viviente, la real y aplicable, no lo era.

La norma indicaba que *en los procesos de responsabilidad fiscal 'solamente' se podría demandar el acto administrativo con el cual termina el proceso*. Para los accionantes eso era inaceptable constitucionalmente, puesto que implica que no pueden ser cuestionadas judicialmente las violaciones a la ley que se hubiesen cometido durante el proceso de responsabilidad fiscal en aquellos actos administrativos distintos al último que termina el proceso. Sin duda, alegaron, es una abierta violación al derecho de defensa permitir que existan actos administrativos que no sean objeto de control judicial, al 'solamente' permitir demandar el acto de terminación del proceso. Se consideraba especialmente grave este asunto, teniendo en cuenta que es un proceso en el que se pueden imponer sanciones en contra las personas, precisamente por ser de responsabilidad fiscal.

No obstante, la Corte consideró que la norma legal no era inconstitucional, pues la manera en que se comprendía de forma reiterada en las prácticas judiciales ante los tribunales era con un sentido distinto. Se mostró que se entendía que las acciones judiciales pertinentes 'solamente' procedían contra el acto administrativo con el cual concluía el mencionado procedimiento, sin que los actos de trámite durante el proceso estuvieran exentos de control judicial, pues su legalidad se revisaba junto con la del acto definitivo. Esta era la posición usualmente asumida por el máximo tribunal en la materia (el Consejo de Estado), incluso con las normas que habían regido antes.[30]

---

30 La norma legal anterior (de 1993) a la estudiada (del 2000), no incluía la expresión 'solamente', sin embargo la interpretación y lectura que el Consejo de Estado hacía de la nueva regla era la misma, como si no estuviera presente dicha expresión. Para la Sala, la norma acusada "no impide el acceso a la justicia para demandar los actos preparatorios o de trámite, simplemente lo condiciona: primero, el interesado debe esperar a que termine el proceso de responsabilidad fiscal; y, segundo, debe demandar el acto que le puso fin al proceso para mostrar la relevancia de la irregularidad previa para la decisión final. Ambas

La Corte contempló la doctrina del *derecho viviente* con las siguientes palabras:

> "[...] cuando una norma puede ser interpretada en más de un sentido y entre las interpretaciones plausibles hay una incompatible con la Constitución -como sucede en este caso a juicio del demandante- la interpretación jurisprudencial y doctrinaria del texto normativo demandado debe ser tenida en cuenta para fijar el sentido, los alcances, los efectos, o la función de la norma objeto del control constitucional en un proceso, tal y como ha sido aplicada en la realidad.". Así, si la interpretación jurisprudencial y doctrinaria es "una orientación dominante bien establecida, el juez constitucional debe, en principio, acogerla salvo que sea incompatible con la Constitución. [...]" (C-557 de 2001).

De acuerdo a la decisión, tres ideas sustentan esta posición: (i) "*en buena medida, el sentido de toda norma jurídica depende del contexto dentro del cual es aplicada*"; (ii) "*atender el derecho vivo es una garantía de que la norma sometida a* [...] *control realmente tiene el sentido, los alcances, los efectos o la función que el juez constitucional le atribuye*"; y (iii) "*el juicio de constitucionalidad no debe recaer sobre el sentido normativo de una disposición cuando éste es diferente al que realmente le confiere la jurisdicción responsable de aplicarla*". (C-557 de 2001).[31]

---

condiciones son adecuadas para asegurar que la administración de justicia no sea perturbada ni sobrecargada." (C-557 de 2001).

31 De acuerdo con la Corte, con "el fin de que el derecho viviente en la jurisprudencia se entienda conformado, se deben cumplir varios requisitos que muestren la existencia de una orientación jurisprudencial dominante, bien establecida. Entre ellos, son requisitos *sine qua non* los siguientes: (1.) la interpretación judicial debe ser consistente, así no sea idéntica y uniforme (si existen contradicciones o divergencias significativas, no puede hablarse de un sentido normativo generalmente acogido sino de controversias jurisprudenciales); (2.) en segundo lugar, la interpretación judicial debe estar consolidada: un solo fallo, salvo circunstancias especiales, resultaría insuficiente para apreciar si una interpretación determinada se ha extendido dentro de la correspondiente jurisdicción; y, (3.) la interpretación judicial debe ser relevante para fijar el significado de la norma objeto de control o para determinar los alcances y efectos de la parte demandada de una norma." (C-557 de 2001).

De acuerdo con el magistrado ponente de la sentencia son tres las fuentes de las cuales bebió la Corte en esta oportunidad:[32] primera, comprender el significado como uso de las expresiones, siguiendo autores de la filosofía del lenguaje ordinario, especialmente Wittgenstein. Segunda, la doctrina del derecho viviente (*dottrina del diritto vivente*), desarrollada por la Corte Constitucional Italiana. Y tercera, la corriente de pensamiento identificada con el mismo nombre (derecho viviente), con amplio desarrollo en la llamada escuela sociológica del derecho.[33]

El *derecho viviente* es una noción de la jurisprudencia inspirada, entre otras, en las ideas de Wittgenstein que, como se mostrará posteriormente, sigue deambulando en las sentencias.

c) ¿Por qué sentimos como profundo *un chiste gramatical? (IF §111)*

La primera idea que la jurisprudencia constitucional tomó expresamente de Wittgenstein, con ocasión de una demanda contra

---

32 Entrevista con el Magistrado Manuel José Cepeda Espinosa, noviembre 23 de 2023.

33 Sobre la primera fuente, la relación entre la sentencia C-557 de 2001 (*derecho viviente*) y la tradición filosófica y del lenguaje en la que se encuentra Wittgenstein fue tratada previamente por el autor del presente texto (ARRIETA, 2001). Sobre la segunda fuente, la expresión 'derecho vivo' fue usada por primera vez por la Corte Constitucional Italiana a mediados de los años setenta (sentencia del 11 de diciembre de 1974, N° 276), desde entonces se ha desarrollado y consolidado para referirse, en términos generales, a interpretaciones decantadas en la jurisprudencia y la doctrina sobre el significado normativo que debe atribuirse a una norma concreta (SALVATO, 2015). Por su parte, la corriente estadounidense del derecho viviente también valora las normas vivas, en uso, en contexto, aunque, debe precisarse, su reflexión va más allá. Como lo dijo el jurista austro-húngaro Eugene Ehrlich en su texto fundacional *Los principios fundamentales de la sociología del derecho* a principios del siglo XX, el 'derecho vivo' no se limita a su influencia sobre las normas de decisión que aplican los tribunales o sobre el contenido de las leyes; determinarlo supone conocer los usos, las prácticas diarias, las relaciones de poder. El conocimiento de la ley viva, afirmaba, tiene un valor independiente, constituye el fundamento del orden jurídico de la sociedad humana. (EHRLICH, 1913, p.502).

la constitucionalidad de algunas palabras usadas en una norma legal centenaria, es que las formas del lenguaje están enraizadas profundamente en los seres humanos. Esta primera referencia es más un acompañamiento o una fundamentación teórica que un paso indispensable de la solución al caso analizado en la sentencia. A continuación, se mencionan cuatro providencias en que el autor se cita de esa forma. La idea se plantea en el primer caso que cita al filósofo y se reitera en dos casos más. La cuarta vez que se hace alusión a esa idea parece no ser una referencia adecuada ni recoger el sentido de las ideas de Wittgenstein.

La primera vez que la Corte Constitucional hace referencia a Wittgenstein, aunque no directamente, es en la **sentencia C-1088 de 2004 (*locura furiosa*)**. En esta sentencia, se declararon inconstitucionales las expresiones "*la locura fuere furiosa, o si el loco*" contenidas en el artículo 548 del Código Civil, por ser discriminatorias y contrarias a la dignidad humana, reiterando lo que ya había dicho la Corte Constitucional al respecto en un caso similar.[34] Aunque no se hace referencia expresa al filósofo, la nota al pie permite ver que se está hablando de sus ideas. Dice la sentencia:

> "[...] De allí la incidencia del lenguaje no sólo en la explicación sino también en la configuración de las relaciones sociales: Si la realidad humana es una realidad construida socialmente, en ese proceso de construcción el lenguaje cumple un papel muy importante. Con razón Hacker afirma: El lenguaje no tiene nada de trivial. Somos esencialmente criaturas que usan el lenguaje. Nuestro lenguaje, y las formas de nuestro

---

34 C-1088 de 2004 (*locura furiosa*). El texto del Código Civil acusado establecía: "*Pero si la locura fuere furiosa, o si el loco causare notable incomodidad a los habitantes, podrá también el prefecto o cualquiera del pueblo provocar la interdicción.*". En esta oportunidad se reiteró la sentencia C-478 de 2003 (MP Clara Inés Vargas Hernández), que había decidido la inconstitucionalidad de esas mismas expresiones, contempladas en otras normas del Código Civil (arts. 140 y 545), por ser discriminatorias pues "[...] las instituciones en las que se deben internar para el tratamiento respectivo a las personas que padecen una discapacidad en razón a su condición mental, deben tener una denominación acorde con la dignidad humana, la constitución y los tratados internacionales [...]".

lenguaje, moldean nuestra naturaleza, dan forma a nuestro pensamiento, e impregnan nuestras vidas"[3] (cursivas originales)."[35]

Nota el pie [3] de la sentencia: "P.M.S. Hacker. Wittgenstein. La naturaleza humana. Traducción de Raúl Meléndez Acuña. Bogotá: Editorial Norma, 1998. pág.18."

Aunque la Corte no aclara que Hacker está comentando ideas de Wittgenstein, la nota al pie de página permite concluirlo: es un libro acerca de las reflexiones de Wittgenstein sobre la naturaleza humana.[36] La cita empleada por la Corte muestra la importancia del lenguaje y cómo este no es algo trivial. Sin embargo, se pierde el contexto del debate filosófico original en que esta afirmación se produce, dejando de lado parte importante del sentido original de la reflexión filosófica a la cual se hacía referencia. En efecto, el texto citado en la sentencia de P.M.S. Hacker proviene de la primera parte de su libro, en la cual explica la curiosa concepción del quehacer filosófico para el austriaco, según la cual, se insiste, la filosofía se debería concentrar a resolver los malentendidos y enredos del lenguaje. En términos de Wittgenstein,

"La filosofía es una lucha contra el embrujo de nuestro entendimiento por medio de nuestro lenguaje." (IF §109)

Por esto dice Hacker en la cita que trae la sentencia: "*el lenguaje no tiene nada de trivial*". En otras palabras, que la filosofía se ocupe de los embrujos del lenguaje no es reducir la filosofía a cuestiones menores, precisamente porque el lenguaje no es trivial, modela las formas de vida humana. La filosofía es 'profunda' como el lenguaje, como los chistes gramaticales.[37] Ahora bien, en este caso, la idea

---

35 C-1088 de 2004 (*locura furiosa*), numeral 4 del apartado C, de las consideraciones.

36 Peter Michael Stephan Hacker es un filósofo y académico británico dedicado a la filosofía de la mente, del lenguaje y de la antropología.

37 Hacker en su libro sobre Wittgenstein y la naturaleza humana, luego del aparte citado por la Corte, retoma el texto de las *Investigaciones Filosóficas* que se ocupa de la cuestión: "§ 111 Los problemas que surgen de una malinterpretación de nuestras formas lingüísticas tienen el carácter de lo profundo. Son profundas inquietudes; se enraízan tan profundamente en nosotros como las formas de

wittgensteniana de la profundidad de las formas del lenguaje en la vida humana no es un concepto que haya jugado un papel crucial en la construcción de la solución del caso que estudiaba la sentencia. Entender la importancia del lenguaje como una actividad enraizada profundamente en las personas, la cual constituye su forma de vida y pensar, resalta su valor bajo el orden constitucional. Sin embargo, no es una idea que se emplee explícitamente en alguno de los argumentos que sostienen la decisión que se adoptó. Finalmente, debe decirse, en este primer caso (C-1088 de 2004, *locura furiosa*), también se introdujo otra de las ideas wittgenstenianas, pero sin reconocerlo así. Luego se abordará esta cuestión [literal *e*].

Esta primera idea que se retomó del filósofo (*las formas del lenguaje están enraizadas en lo humano*) se reiteró cinco años después en la **sentencia C-804 de 2009 (*idoneidad física*)**, a propósito de una acción que pedía la inconstitucionalidad de la '*idoneidad física*' como requisito legal para adoptar. La Corte decidió que la norma era constitucional en tanto razonable, entendiendo que esto no implica la exclusión, *per se*, de personas en situación de discapacidad y tampoco su discriminación.[38] La Corte dedicó un capítulo de sus

---

nuestro lenguaje y su significado es tan grande como la importancia de nuestro lenguaje. — Preguntémonos: ¿Por qué sentimos como profundo un chiste gramatical? (Y ésa es por cierto la profundidad filosófica)." Un chiste de este tipo, por ejemplo, es: "la próxima vez que lo vea, recuérdeme no hablar con usted" [*Next time I see you, remind me not to talk to you.*] (Groucho Marx).

38 Para la Corte, "la exigencia de que quien aspire a adoptar un hijo, cuente con idoneidad física, responde a un fin constitucionalmente legítimo, esto es, asegurar las mejores condiciones para el cuidado y atención de las necesidades del menor que se integra a una familia, acorde con sus derechos fundamentales y garantías constitucionales. A la vez, es una medida que resulta idónea para obtener esa finalidad constitucional. | | Sin embargo, también es claro que frente a las personas que tienen una limitación física y cumplen con las demás condiciones establecidas en la ley para adoptar un hijo, la medida puede resultar discriminatoria, si se tiene como única razón para negar la adopción. [...] | | Encuentra la Corte Constitucional que el artículo 68 de la Ley 1098 de 2006, exige una valoración integral de todas las condiciones de quien sea candidato a padre o madre adoptante. En esa medida, no se puede descalificar a una persona como posible padre o madre adoptante, por el sólo hecho de que tenga una

consideraciones (el cuarto) al 'uso de lenguaje por el legislador y su relevancia constitucional'. Hizo una cita extensa del primer caso [C-1088 de 2004 (*locura furiosa*)], complementándola con algunos ejemplos de casos concretos previos.

Reiterando los dos casos anteriores [C-1088 de 2004 (*locura furiosa*) y C-804 de 2009 (*idoneidad física*)], **la sentencia C-066 de 2013 (*normalización social*)** se ocupó de una acción de inconstitucionalidad sobre discriminación a personas en situación de discapacidad a partir del lenguaje legal. Cita indirectamente a Wittgenstein a través de la profesora Maribel Narváez Mora, para sustentar que el lenguaje no sólo es una herramienta que sirve para describir el mundo, sino también para crearlo. La afirmación de la sentencia y la nota que la sustenta son las siguientes:

> "Existe una línea jurisprudencial consolidada por esta Corporación, relativa a las funciones del lenguaje jurídico y la posibilidad que sus ámbitos valorativos y de validación lleguen a vulnerar derechos y valores constitucionales, en especial la igualdad y la dignidad humana de los sujetos destinatarios de las prescripciones legales. [21]
>
> Esta doctrina parte de advertir que el lenguaje normativo no se reduce a describir hechos y consecuencias jurídicas, sino que es posible adscribirle tres tipos de funciones definidas. La primera, de índole descriptiva en los términos mencionados. La segunda, de tipo valorativo, a través de la cual las normas, lejos de tener un carácter neutro, en realidad categorizan, arbitran y definen situaciones específicas, imponiéndoles determinado criterios que las promueven, rechazan, discriminan o distinguen de otras. La tercera, que puede definirse como de validación, refiere al papel que cumple el derecho, en general, y las normas jurídicas en particular, en la creación de realidades: las normas jurídicas tienen la función de constituir estándares para la conducta, a través de la definición de aquellos comportamientos permitidos y otros prohibidos. Si esas normas tienen tal estatus, sus expresiones validan como parámetro jurídico, y por ello coactivo, lo que ellas expresen. Esto más aún si se tiene en cuenta que estos preceptos son producto de procedimientos de-

---

discapacidad, sino que dicha condición debe ser evaluada en cada caso concreto por las autoridades y expertos, junto con los demás factores de idoneidad exigidos por la ley, y siempre en función de interés superior del menor, esto es, a la luz de las necesidades de amor, cuidado y protección del niño, niña o adolescente que será adoptado. [...]"C-804 de 2009 (*idoneidad física*).

mocráticos de formación, esto es, acuerdos representativos sobre lo que se estima correcto, incorrecto, objeto de afianzamiento o de rechazo. Por lo tanto, ese precedente comparte identidad teórica con las propuestas que desde la filosofía del lenguaje afirman que las expresiones del lenguaje natural, código que comparte el Derecho, no solo son descriptivas sino que construyen la realidad, en tanto califican y explican el ámbito fáctico.[22]" C-066 de 2013 (normalización social)

[21] Nota el pie original de la sentencia: "Ver, entre otras, las sentencia C-007/01, C-983/02, C-478/03, C-1088/04, C-1235/05, C-804/06 y C-804/09."

[22] Nota el pie original de la sentencia: "El lenguaje jurídico, desde esta perspectiva, tiene un valor convencional, con la pretensión, por supuesto no exenta de crítica, de validar una práctica social determinada. Al respecto, se ha contrastado la filosofía del lenguaje de Wittgenstein y el positivismo normativo de Hart, [...]. Vid. Narváez Mora, Maribel (2004) Wittgenstein y la teoría del derecho. Una senda para el convencionalismo jurídico. Marcial Pons, Madrid, p. 280."[39]

Concretamente, la profesora Narváez Mora usa las ideas del segundo Wittgenstein para presentar el positivismo jurídico como una concepción sobre el derecho y no como una teoría. A su juicio, la tesis

[39] La cita, en extenso, es la siguiente: "Al respecto, se ha contrastado la filosofía del lenguaje de Wittgenstein y el positivismo normativo de Hart, para considerar que "*... si se apela a la noción de convención para describir cómo es una práctica social, lo que no puede hacerse es pedir a esa descripción que vaya más lejos, explicando los motivos de quienes intervienen en esa práctica. Ése es un paso ilegítimo en la teoría positivista, dado que el enunciado filosófico* (EF) *del que parte ya presupone que no hay más que los hechos de los que hace depender la existencia de normas. Y, si hay algo más, no forma parte de la concepción del positivismo hartiano que propone una forma de concebir el fenómeno jurídico. Ahora bien, ese "algo más" sí puede ser el conjunto de afirmaciones verdaderas que se tengan como descripción empírica de lo que ocurre y que requiere de las reglas de representación del positivismo jurídico para adquirir sentido. Para aclarar la relación entre el convencionalismo descriptivo y el convencionalismo jurídico puede decirse que el primero se refiere a la defensa y práctica de un tipo de actividad filosófica: gramatical (la constatación de relaciones internas), y terapéutica (constatar que el problema filosófico es una vulneración de la gramática). Por su parte, el convencionalismo jurídico, enmarcado en una gramática iuspositivista en la que la tesis de las fuentes sociales tiene valor de EF, elabora una descripción en concreto de la práctica identificativa del derecho basada en convenciones sociales.' Vid*. Narváez Mora, Maribel (2004) *Wittgenstein y la teoría del derecho. Una senda para el convencionalismo jurídico.* Marcial Pons, Madrid, p. 280"

de las fuentes sociales (el derecho supone hechos sociales) funcionan como enunciados filosóficos y no como expresiones generales verdaderas en el seno de una teoría. En otras palabras, así como la filosofía de Wittgenstein no busca fundamentar o explicar el pensamiento y el lenguaje sino verlo y desenredar las ilusiones que pueda generar, el positivismo hartiano, sostiene, no busca fundamentar o explicar el fenómeno jurídico sino verlo, identificar la práctica social que se da y se reconoce como tal.[40] El contraste lo hace la autora con el carácter injustificado de las prácticas regladas. La corrección del uso del lenguaje depende de las prácticas en las cuales se da, no de la suficiencia de su fundamentación o justificación.[41]

Este caso se cita adecuadamente la autora que, a su vez, cita a Wittgenstein. Pero quizá, el sentido técnico y preciso de la discusión de teoría que se trae a colación con la cita supera el marco teórico que requería la sentencia para sustentar la idea que se estaba usando (a saber: el lenguaje no sólo es una herramienta que sirve para describir el mundo, sino también para crearlo). De manera similar, quizá también supera las consideraciones que llevaron a la

---

40 Como lo dice la profesora citada: "La consideración inicial es que la existencia de normas jurídicas depende de que tengan lugar ciertos hechos o se realicen ciertas acciones [...] | | [...] el positivismo hartiano no defiende que exista la forma correcta de hacerlo, sino que hace depender en qué consiste el derecho válido de la práctica social de identificación, sólo requiere de la existencia de la regla de reconocimiento [...] | | Hay que aclarar que eso no significa utilizar el concepto de convención social con pretensiones normativas, es decir, para defender el mantenimiento de unas u otras prácticas sociales, ni tampoco con la pretensión de responder a por qué debe identificarse el derecho como se hace. Eso sería preguntarse por la corrección o incorreción de nuestras propias prácticas [...]" NARVÁEZ MORA (2004; 190-191).

41 Dice la profesora: "[...] Siguiendo a Wittgenstein, en su acotación referida al uso de vocablos 'usar una palabra sin justificación no quiere decir usarla injustamente' (Wittgenstein, 1953: §289, 243), lo cual significa que tanto en el uso de vocablos como para la realización de cualquier actividad, en algún momento las justificaciones que se pueden ofrecer para la realización de dicha acción descansan sobre alguna base que no es cuestionada (no que no puede ser cuestionada). De no ser así, la propia actividad sobre la que nos preguntamos perdería su sentido, es decir, se convertiría en otra actividad." NARVÁEZ MORA (2004; 192).

decisión. En esta ocasión, al igual que las dos anteriores, la idea sirve para dar un contexto teórico, pero no hace un aporte directo a la argumentación del caso. No obstante, también se hará referencia a este caso luego [ver el literal *e*].

La cuarta providencia de este aparte es la **sentencia C-080 de 2018 (*JEP*)**, en la cual se estudió la constitucionalidad del proyecto de ley estatutaria de la JEP [Proyecto de Ley "*Estatutaria de la Administración de Justicia en la Jurisdicción Especial para la Paz*"]. Al analizar el artículo 74 del Proyecto, sobre las resoluciones y las sentencias de la JEP, la Corte consideró que es constitucional sugerir la brevedad de las sentencias, pues "*la escritura sintética no va en detrimento del deber de motivación*", sostiene que, al contrario, "*en ocasiones, una extensión indebida complejiza e impide entender las razones que tuvo el fallador para adoptar una decisión determinada, generando arbitrariedad.*" En tal contexto se dice:

> "La síntesis y la claridad a la hora de adoptar decisiones judiciales son valores que se deben impulsar al interior de la actividad judicial, ya que redundan en la materialización del derecho de acceso a la justicia (art. 228 C. Pol.). La claridad, como dijera Wittgenstein, es perfección y a ella deberíamos aspirar cuando hacemos uso del lenguaje que compartimos con los otros. [1022]" C-080 de 2018 (JEP).
>
> [1022] Nota el pie original de la sentencia: "WITTGENSTEIN, Ludwig (1999). "Investigaciones filosóficas, trad. Alfonso García y Ulises Moulines, Barcelona, Altaya."

Las *Investigaciones* se refieren a la claridad en diferentes apartes, pero, en realidad, no se afirma nunca que la claridad es perfección como lo sugiere la Corte.[42] Y, en cualquier caso, no lo haría para fijar una máxima a seguir al momento de redactar cualquier texto,

---

[42] Las *Investigaciones Filosóficas* usa las expresiones 'clara', 'claro', 'claridad', 'claramente', 'aclarar', en casi sesenta parágrafos y cuatro capítulos finales. A saber: [§5, §11, §24, §30, §33, §39, §47, §51, §56, §62, §65, §71, §77, §81, §82, §91, §100, §102, §130, §133, §141, §142, §145, §156, §162, §164, §179, §189, §282, §288, §314, §316, §318, §350, §351, §365, §386, §395, §398, §433, §456, §466, §472, §495, §505, §541, §552, §573, §591, §602, §633, §649, §665, §666, §686, §691, §692, §693, Parte II, capítulos IV, VII, IX, XI].

sin importar su contexto. De hecho, los escritos de Wittgenstein no son el mejor ejemplo de lo que normalmente se entiende por 'claridad'. De hecho, muchos de los pasajes de sus libros, publicados casi todos póstumamente, pueden ser considerados crípticos, apenas indicativos de sentido. En el prólogo de las *Investigaciones* él mismo sostuvo: "*No quisiera con mi escrito ahorrarles a otros el pensar, sino, si fuera posible, estimular a alguien a tener pensamientos propios. Me hubiera gustado producir un buen libro. Eso no ha sucedido, pero ya pasó el tiempo en que yo podría haberlo mejorado*".

En las *Investigaciones* a Wittgenstein le interesa, ante todo, la claridad conceptual, poder librar el pensamiento del embrujo de las palabras. No se trata de establecer con precisión absoluta todos los usos posibles de las palabras, sino de poder comprender las reglas con que se usan.[43] Ante todo, para poder 'disipar la niebla' (IF §5), desaparecer los problemas filosóficos.[44] En cualquier caso, la noción de 'claridad' como cualquier otra expresión, puede embrujar la mente. ¿Qué quiere decir 'estar claro', 'tener algo claro'?

Al respecto es reveladora la siguiente afirmación de las *Investigaciones* sobre el lenguaje que a diario se usa:

> "(IF §98). Por un lado, es claro que toda oración de nuestro lenguaje 'está en orden tal como está'. Es decir, que no aspiramos a un ideal: Como si nuestras oraciones ordinarias, vagas, aún no tuviesen un sentido totalmente irreprochable y hubiera primero que construir un lenguaje perfecto. — Por otro lado parece claro: Donde hay sentido tiene que haber orden perfecto. — Así es que tiene que hallarse el orden perfecto incluso en la oración más vaga."

---

43 Dice Wittgenstein: "Todo esto, sin embargo, sólo puede aparecer bajo la luz correcta cuando se haya alcanzado mayor claridad sobre los conceptos de comprender, significar y pensar. Pues también entonces se volverá claro lo que puede inducirnos (y me ha inducido) a pensar que quien pronuncia una oración y la significa, o entiende, ejercita por ello un cálculo según reglas definidas" (IF §81).

44 Dice Wittgenstein: "No queremos refinar o complementar de maneras inauditas el sistema de reglas para el empleo de nuestras palabras. | | Pues la claridad a la que aspiramos es en verdad completa. Pero esto sólo quiere decir que los problemas filosóficos deben desaparecer completamente" (IF §133).

d) "¿Pero es un concepto borroso en absoluto un concepto?" (IF §71)

Una de las ideas más usadas de Wittgenstein por la jurisprudencia, es el carácter poroso e indeterminado del lenguaje ordinario. Reconocer que el lenguaje del derecho no es un lenguaje técnico, diferenciado, con reglas específicas y precisas, sino que usa el lenguaje natural, con las características propias de éste. Aunque hay tres providencias que se contemplan en este apartado, la que introduce la idea de forma abierta será empleada posteriormente por otras sentencias, así no aludan a Wittgenstein. Es una idea que deambula en la jurisprudencia. Además, estas ideas sobre el lenguaje ordinario también llegarán, indirectamente, a través de otros autores que emplean al filósofo austriaco.

La idea de las características propias del lenguaje ordinario fue introducida expresamente por la **sentencia C-350 de 2009 (*buenas costumbres del servidor*)**, que se ocupó de una acción de inconstitucional contra una prohibición legal a los servidores públicos, por ser altamente indeterminada. Decidió que se "*viola la prohibición de tipos sancionatorios disciplinarios indeterminados cuando éstos emplean conceptos que no tienen un* 'grado de indeterminación aceptable constitucionalmente' [...]."[45] La Corte resaltó las características de los llamados conceptos jurídicos indeterminados. Dijo al respecto:

> "En el sistema jurídico existen sinnúmero de disposiciones normativas que contemplan conceptos jurídicos indeterminados, en ocasiones, incluso con un muy alto grado de vaguedad o ambigüedad. La filosofía analítica del derecho, centrada en el estudio de lo jurídico desde el lenguaje, aclaró desde mediados del siglo pasado que el lenguaje del derecho es el lenguaje natural, no es de carácter técnico. [3] Si bien existen casos en los cuales el derecho establece condiciones más o menos claras y

---

[45] La Corte resolvió declarar inconstitucional la prohibición a todo servidor público de 'Ejecutar en el lugar de trabajo actos que atenten contra la moral o las buenas costumbres', contemplada en el artículo 35 del Código Disciplinario Único –Ley 734 de 2002.

> precisas para el uso de ciertas palabras, en todo el sistema[46] o en parte de éste,[47] por lo general, el derecho usa el lenguaje ordinario. En esa medida, los sistemas jurídicos de toda sociedad deben lidiar con los problemas de indeterminación de sentido, propios de todo lenguaje natural, a saber: la ambigüedad, la vaguedad o la textura abierta." (C-350 de 2009, buenas costumbres del servidor)
>
> Nota la pie [3] de la sentencia: "Al respecto puede verse, entre muchos otros textos, la clásica respuesta del jurista argentino Genaro Carrió al jurista argentino, de origen español, Sebastián Soler en 1970, titulada Algunas palabras sobre las palabras de la ley [Editorial Abeledo-Perrot. Buenos Aires, 1971.] Genaro Carrió difundió en las escuelas jurídicas latinoamericanas buena parte de las ideas que sobre derecho y lenguaje había desarrollado escuelas anglosajonas; en especial, tradujo y difundió el libro del jurista inglés H. L. A. Hart, El concepto del derecho, el cual recoge a su vez, las revolucionarias ideas del filósofo austriaco Ludwig Wittgenstein." (C-350 de 2009, buenas costumbres del servidor)

En primer término, puede decirse que es adecuado presentar a H.L.A. Hart y a Genaro Carrió como dos autores que retoman las ideas de Wittgenstein y las aplican en el derecho. Hart, al abordar la cuestión de los términos generales y cualidades comunes de una definición al inicio de *El concepto del derecho*, reconoce el aporte de la noción wittgensteniana de 'parecido de familia'; concretamente hace referencia al parágrafo §66 de las *Investigaciones Filosóficas*.[48]

---

46 Los conceptos 'niño' o 'niña' que pueden ser altamente vagos. Usualmente surgen preguntas como: ¿en qué momento una persona deja de ser '*niño*'? ¿es el mismo momento en todos los casos? ¿existen diferencias entre los géneros respecto a en qué momento dejan de ser '*niños*' y '*niñas*', respectivamente? No obstante, la jurisprudencia constitucional ha señalado que 'niño' y 'niña' son palabras que deben usarse, de acuerdo con la Convención sobre los Derechos del Niño (1989), para referirse, según el género, a toda persona menor de 18 años; esta regla, sin duda, resuelve en gran medida los problemas de vaguedad, asegurando así el goce efectivo de los derechos de los niños.

47 En tal sentido, por ejemplo, la Ley 1276 de 2009 estableció qué cuando ésta usa la expresión '*adulto mayor*' se refiere a toda persona mayor de 60 años, o mayor de 55 con un notable desgaste físico, vital y psicológico. [Esta es la nota al pie [4] original de la sentencia C-350 de 2009]

48 Nota final a la página 18 del capítulo I de *El concepto del derecho* (HART, 1961; p.296): "[...] Para la noción de 'parecido de familia', ver Wittgenstein, *Philosophical Investigations*, i, par. 66-76. Cfr. Capítulo VIII, ap. I, sobre la estructura de

Posteriormente, al ocuparse del 'formalismo y escepticismo ante las reglas' Hart reconoce que en las *Investigaciones* "*Wittgenstein hace muchas observaciones importantes sobre las nociones de enseñar y seguir reglas.*" (HART, 1961; p. 315).

Genaro Carrió también usa el parágrafo §66 de las *Investigaciones* de Wittgenstein sobre los 'juegos' y la metáfora de 'parecido de familia' para explicar el concepto de ambigüedad (CARRIÓ, 1965; p. 29 y p. 47). Recurre a la metáfora del lenguaje como una caja de herramientas (IF §23) para mostrar los diferentes usos que pueden tener las expresiones (CARRIÓ, 1965; p. 39).[49] Muestra que las reflexiones de Wittgenstein sobre cómo seguir una regla son uno de los sustentos para desenredar el embrujo que atrapa tanto a realistas y escépticos de las reglas, como a formalistas y optimistas de estas (CARRIÓ, 1965; p. 88).[50] También usa la metáfora del lenguaje que 'se va de vacaciones' para referirse a casos en los que las expresiones

---

la palabra 'justo'. El consejo de Wittgenstein (óp. cit. par. 66) es peculiarmente relevante para el análisis de los términos jurídicos y políticos. Considerando la definición de 'juego' dice Wittgenstein. 'No digáis que *tiene* que haber algo común o no se los llamaría 'juegos'; *mirad* y *ved* si hay en realidad algo en común. Porque si los observáis no veréis nada común a *todos* sino semejanzas, relaciones, toda una serie de ellas' (a whole series at that)." La traducción es de Genaro Carrió.

49 En este famoso aparte de las *Investigaciones* (IF §23) en el que el filósofo austriaco cuestiona explícitamente una de las visiones que tenía del lenguaje en sus primeros años de trabajo. Carrió presenta la cita en el cuerpo de su texto, no al pie, en los siguientes términos: "[...] 'Es interesante comparar la multiplicidad de herramientas del lenguaje y de las maneras como son usadas, con lo que los lógicos (incluido el autor del *Tractatus Logicus Philosophicus*) han dicho acerca de la estructura del lenguaje.' Philosophical Investigations, The MacMIllan Co., New York, 1953, 'parágrafo 23')." (CARRIÓ, 1965; p. 39).

50 Carrió, en sus notas, se refiere concretamente a varios parágrafos de las *Investigaciones* (§68, §84, §99, §100). Para reforzar el punto cita un texto del profesor David Pole sobre Wittgenstein: 'Una regla está propiamente formulada cuando cumple su función en el contexto para el que fue concebida. Nuestro error radica en pretender reglas perfectas y completas'." (CARRIÓ, 1965; p.88) El libro citado es *The Later Philosophy of Wittgenstein*, un texto cuestionado por la crítica especializada luego de comprenderse mejor esta época del filósofo austriaco, pero reconocido como una de las primeras obras que trató de difundir su pensamiento maduro. (ASHBY, 1977).

jurídicas se usan sin sentido (CARRIÓ, 1973; p. 20).[51] Finalmente, uno de los usos más importantes de Wittgenstein por parte de Genaro Carrió, es para explicar la *textura abierta* del lenguaje.[52] El filósofo del derecho argentino cita al filósofo austriaco así:

> "Además del trabajo de Waismann citado en el texto, véase [(IF, §80]: 'Yo digo: Allí hay una silla', ¿Qué pasa si voy hacia ella, con el propósito de tomarla, y súbitamente desaparece de la vista? – Así que no era una silla sino una especie de ilusión. Pero en escasos momentos la vemos de nuevo y podemos tocarla, etc. – Así que después de todo la silla estaba allí y su desaparición fue una especie de ilusión. – Pero supongamos que después de un tiempo desaparece de nuevo, o da la impresión de que desaparece. ¿Qué habremos de decir ahora? ¿Tenemos reglas listas para tales casos, reglas que digan si podemos usar la palabra 'silla'? ¿Y habremos de decir que en realidad no atribuimos ningún significado a esa palabra porque no estamos provistos de reglas para toda aplicación posible de ella?'. " (CARRIÓ, 1965; p. 48).

---

51 Dice Carrió: "[...] es útil explorar esas formas de sinsentido, entre otras razones porque algunas de ellas ayudan a delimitar, desde afuera, el área dentro de la cual el lenguaje normativo puede usarse, por decirlo así, 'en serio' y con eficacia, y fuera de la cual, para repetir una metáfora conocida, se va de vacaciones y empieza a operar locamente como una turbina que girase en el aire fuera de sus engranajes" [Nota al pie número (1) original del texto de Carrió: "La metáfora es de Wittgenstein, *Philosophical Investigations*, Blackwell, §38, 88, 132, etc."]. En la sección de notas y comentarios de este texto, Carrió aborda las diferencias entre el primer y el segundo Wittgenstein, así como las continuidades entre estos dos momentos y las conexiones entre sus reflexiones y las de Kant (CARRIÓ, 1973; p.20).

52 Esta posición contrasta con Hart que no reconoce las ideas de Wittgenstein como una de sus fuentes para la noción de textura abierta. No obstante, reconoce como fuente el texto 'Verifiability' del matemático, físico y filósofo Friedrich Waismann para la idea de textura abierta, quien fuera un gran admirador de Wittgenstein en el círculo de Viena y, luego, un crítico. Carrió hace referencia a los dos autores, a Wittgenstein y Waismann. Hart también hace referencia a la importancia de esta idea para el derecho a través de Dewey [Logical Method and Law]; Stone [The Province and Function of Law] y dos textos propios [Hart; Theory and Definition in Jurisprudence' y 'Positivism and the Separation of Law and Morals'] (HART, 1961; 315). Sobre la relación entre Wittgenstein y Waismann ver (JANIK & TOULMIN, 1973).

Muchos de los conceptos jurídicos indeterminados constitucionales son conceptos de 'bordes borrosos', son indeterminados. Pero no por esto dejan de ser conceptos. De hecho, no funcionan mal, no deben ser precisados y clarificados para poder ser usados con sentido. Como dice Wittgenstein, "[...] –'*¿Pero es un concepto borroso en absoluto un concepto?*'– ¿Es una fotografía difusa en absoluto una figura de una persona? Sí; ¿puede siempre reemplazarse con ventajas una figura difusa por una nítida? ¿No es a menudo la difusa lo que justamente necesitamos?" (IF §71). Entender el carácter indeterminado de las palabras del derecho le ha permitido a la jurisprudencia comprender mejor el fenómeno jurídico. Saber que si bien el uso de conceptos jurídicos indeterminados es parte del sistema jurídico "*existen situaciones y contextos en los que el uso de este tipo de expresiones no es aceptado*", por ejemplo, *cuando normas sancionatorias no tienen un* 'grado de indeterminación aceptable constitucionalmente'." (C-350 de 2009, *buenas costumbres del servidor*).

Esta sentencia (C-350 de 2009), como se dijo, ha sido reiterada en varias oportunidades. En todo caso, como se mostrará luego [capítulo (III) del presente texto], es una de las ideas wittgenstenianas que ha sido difundida en la jurisprudencia a través de autores como Hart o Carrió.

En la **sentencia T-1015 de 2010 (*criterios probatorios*)**, se estudió la aparente violación de los derechos procesales constitucionales de una mujer y su hija, debido a la decisión de una autoridad judicial de concluir la investigación con el padre por presunto delito de acto sexual con menor de edad.[53] La Sala abordó la cuestión de cómo argumentar con hechos judicialmente y "*principalmente, a la luz de la* motivación *como un elemento central de la decisión judicial*". Sin embargo, indicó que dentro de los "*aportes iniciales*" se encontraban autores tales como Bentham, Pierce, Russell, Carnap y "*L. Wittgens-*

53 Aunque las autoridades judiciales no habían atendido adecuadamente algunos de los estándares de protección aplicables a este tipo de casos, la Sala consideró que ninguno de esos defectos logra cuestionar o minar las conclusiones probatorias a las que había llegado la justicia para decidir precluir investigación.

tein (cuya obra es imprescindible para la comprensión actual de conceptos como hechos, verdad, discurso)" (T-1015 de 2010). Es decir, se enuncian algunas de las ideas del filósofo austriaco (sin presentarlas o explicarlas), como fundamento de las reflexiones procesales concretas que son expuestas y aplicadas en la decisión.[54]

El último texto que hace relación al lenguaje natural como el lenguaje del derecho, es la **Aclaración de voto a la sentencia C-283 de 2014 (*circos sin animales*)**. La Corte consideró que eran razonables y proporcionadas las restricciones impuestas a las personas en sus libertades laborales (los domadores por ejemplo), recreativas o de educación por la prohibición de animales silvestres en los circos.[55] En su Aclaración de voto, dos magistrados recurrieron a un autor que usa el concepto wittgensteniano de 'parecidos de familia', para sugerir capacidades racionales y mentales en animales.[56] Se trata de un uso complementario, no desarrollado en

---

54 La sentencia recurre a autores como Luigi Ferrajoli, Michelle Taruffo, Marina Gascón, Perfecto Andrés Ibáñez y Jordi Ferrer Beltrán.

55 La Corte pudo "determinar la existencia de un fin constitucionalmente válido en la ley demandada (art. 1°), al propender por la protección de los animales silvestres en la garantía de la preservación del medio ambiente (deberes constitucionales). Los medios empleados resultan adecuados a la protección reforzada a los animales en cuanto integrante de la fauna del Estado colombiano. Igualmente son necesarios para garantizar la protección real de los animales silvestres contra todo acto de maltrato. Siempre podrá exigirse de los seres humanos un actuar conforme a parámetros dignos y, en este sentido, coherente con su condición de ser moral. Ello hace proporcional la medida legislativa adoptada en la consecución de los objetivos constitucionales." C-284 de 2014 (circos sin animales).

56 Dice la Aclaración: "Los animales son criaturas intencionales, que pueden tener conocimiento y racionalidad, sin que ello signifique que no haya diferencia alguna con los humanos o que la inexistencia de una unidad absoluta les impida ser sujetos de derechos: | | *'Al menos ciertas especies animales como la mayoría de los mamíferos, de las aves y algunos más, actúan con base en los estados mentales que tienen y en las inferencias que realizan a partir de ellos. Tanto la posesión de creencias como la atribución de racionalidad no es algo de todo o nada, sino más bien una cuestión de grado. Una lección importantísima de la psicología del Siglo XX es que la posesión de un concepto nunca depende de condiciones necesarias ni suficientes, sino que es un estado difuso y a lo más que se puede aspirar es a poseer un prototipo o a detectar parecidos de familia* [Nota el pie 349: Ver. Wittgenstein 1953: Margolis & Laurence 1999;

profundidad, lo cual no es reprochable si se tiene en cuenta que se trata de un voto concurrente y no de la sentencia, de la opinión de la mayoría.

e) "La pregunta '¿qué es realmente una palabra?' es análoga a '¿qué es una pieza de ajedrez?' (IF §108)

Quizá Wittgenstein haya servido a la Corte sobre todo para entender que el sentido de una expresión se lo da su uso y no, por ejemplo, la definición que de esta se dé en el diccionario. Esta idea, introducida por la sentencia C-557 de 2001 (derecho viviente) sin citar expresamente al autor, fue retomada por la mayoría de los textos jurisprudenciales en los que se ha hecho referencia expresamente al filósofo. Por eso en este apartado se citan 16 de las 21 providencias que lo citan.

La sentencia **C-1088 de 2004 (*locura furiosa*)**, como se dijo, es la primera ocasión en la que se hace referencia explícita al filósofo. Reconoce que es wittgensteniana una idea que no fue crucial para la construcción de la solución del caso (a saber, entender la importancia del lenguaje como una actividad enraizada profundamente en las personas, la cual constituye su vida y pensar). No obstante, esta sentencia introdujo la idea wittgensteniana del sentido como uso, la cual sí ocupa un papel importante en el argumento que da sustento a la solución del caso. El asunto es que la sentencia la presenta co-

---

Prinz2002]. *Los chimpancés y macacos, por ejemplo, despliegan habilidades de teoría de la mente (atribuir creencias y deseosa otros sujetos, es decir, saber que otros agentes son intencionales y no meramente autómatas) sólo en contextos de competencia y nunca de cooperación* [Nota al pie 350: Ver, Wimmer & Pemer 1983; Povinelli & Eddy 1996; Tomasello & Cali 1997; Haré el al. 2000: Bloom & Germán 2000: Flombaüm & Santos 2004, 2005; Santos et al. 2007; Kaininski et al. 2008.]. *[...] Los animales, aun con las diferencias y limitaciones señaladas y posiblemente muchas más que se podrían indicar, son criaturas inteligentes de las que podemos decir con propiedad que son racionales'* [Nota al pie 351: Morales, J. (2009). Racionalidad animal. En L.X. Farjeat (Ed.), la mente animal (pp.103-124). México: los Libros de Homero.]" Aclaración de voto a la sentencia C-283 de 2014 (*circos sin animales*). Se citan en el texto las notas al pie de página de la Aclaración.

mo si fuera de otro autor. La Corte consideró que la posibilidad de emplear el lenguaje ordinario de diferentes maneras –por ejemplo, emotivamente–, implica que "*cuando el legislador utiliza determinadas expresiones, no se puede circunscribir su significado a un uso exclusivo pues de tales expresiones bien puede hacerse un uso diferente*", y afirmó como sustento: "*Como lo expone Lledó*, 'El significado de una palabra es su uso en el lenguaje'[57]" (C-1088 de 2004, *locura furiosa*). Por supuesto, como lo sostiene el profesor Lledó en su texto *Lenguaje e historia*, esa afirmación es un famoso aforismo de Wittgenstein.[58]

En la sentencia **C-804 de 2009 (*idoneidad física*)**, también se retoma esta idea de comprender las expresiones de acuerdo a su uso, 'a las prácticas concretas de aplicación', con base en la sentencia C-1088 de 2004 (*locura furiosa*) y en lo dicho en una sentencia que reitera la doctrina del *derecho viviente*.[59] Con base en estos pre-

---

57 Nota al pie [2] original de la sentencia C-1088 de 2004 (*locura furiosa*): "Emilio Lledó. Lenguaje e historia. Madrid: Santillana S.A., 1996. pág.11."

58 En 1995, el filósofo sevillano Emilio Lledó Iñigo redactó una "*Nota previa a un prólogo*", que incluyó en la versión *Lenguaje e Historia* publicada en 1996 por Santillana (originalmente había sido publicado por Ariel, en 1978). En aquella *Nota previa*, Lledó retoma uno de los clásicos aforismos del filósofo austriaco, la idea del significado como uso, para postular que la excesiva y deliberada manipulación de las palabras permite reformularlo. Dice en su texto: "Es verdad que palabras semejantes, que arrastran una larga historia y que han estado, desde siglos, organizando la vida de los hombres y han sido objeto de usos múltiples y de manipulaciones diversas, arrastran en sus contextos una inmensa responsabilidad y abundantes contradicciones. El viejo y discutido aforismo de Wittgenstein de que «el significado de una palabra es su uso en el lenguaje» nos ha mostrado, en estos tiempos, que los «usos» no son manejos neutros y que, tal vez, sería más apropiado decir que «el significado de una palabra acaba siendo víctima de las manipulaciones a que lo sometemos». Manipulaciones hoy más posibles que nunca, ya que nunca ha tenido el lenguaje tantas vías para circular, tantos medios en los que transportarse, tantas autopistas sobre las que deslizarse." (LLEDÓ, 1978).

59 En la sentencia C-804 de 2009 (*idoneidad física*) se cita la sentencia C-901 de 2003, concretamente al haber considerado que: "el proceso de inconstitucionalidad se lleva a cabo a partir de la confrontación objetiva y racional entre el texto legal impugnado y el Estatuto Fundamental, [por lo que] precisar el contenido de la norma objeto de juzgamiento cuando existe duda, resulta ser

cedentes, la Sala consideró que 'idoneidad física' podían ser expresiones usadas conforme a la práctica constitucional de los derechos humanos.[60]

En la sentencia **T-691 de 2012 (*escenarios de discriminación*)**, se tuteló el derecho de un estudiante afro que fue discriminado en clase por un profesor que lo expuso a él y a todo su curso a expresiones racistas que normalizó y en las cuales insistió.[61] La Corte empleó la idea wittgensteniana del significado como uso para mostrar que no hay palabras o expresiones inconstitucionales, sino formas de usarlas en actos de habla concretos que violan la constitución.[62]

---

determinante a la hora de evaluar si en realidad la misma desconoce o vulnera alguno de los mandatos superiores que le sirven de sustento. Por este aspecto, el conocimiento que se tenga en torno a lo que constituye su ámbito de aplicación termina siendo *consustancial* al juicio de [constitucionalidad, y se] convierte en una laboral primordial a desarrollar por parte del órgano de control. Sobre el particular, ha dicho la jurisprudencia constitucional". La sentencia C-901 de 2003 reiteró la doctrina del *derecho viviente* (C-557 de 2001).

60 Resaltó que la "*experiencia internacional, los avances en los instrumentos internacionales de derechos humanos [...] han mostrado lo inadecuado de reducir el análisis sobre las capacidades de una persona con discapacidad en la vida social, a un diagnóstico médico. [...] la evaluación debe tener una mirada más holística e interdisciplinaria, en la que se examine también con detenimiento las capacidades para brindar amor, cuidado, protección, ejemplo, y orientación, del posible padre o madre adoptante en cuestión y las facilidades que brinda el entorno para desempeñar esta tarea.*" C-804 de 2009 (*idoneidad física*).

61 Para la Corte: "[...] cuando se usa en clase, por parte de un docente, una expresión que mantiene y preserva estereotipos racistas y esclavistas en las estructuras lingüísticas, se promueve un trato excluyente, que margina a las personas consideradas como parte de una determinada 'raza'. Promover, justificar o preservar el uso de expresiones racistas en el ámbito de la educación, así como invisibilizar su contenido discriminatorio, desconoce los derechos a la igualdad y la no discriminación, a la vez que supone un trato cruel y degradante". T-691 de 2012 (*escenarios de discriminación*). El profesor le dijo a los estudiantes que no se dejaran '*negrear*' por las empresas. Un estudiante, afro reclamó al docente el uso de la expresión, pero éste insistió en usarla por considerarla castiza, a pesar de que eso era un error. La expresión en cuestión no se usa en España, no es castiza; proviene y se usa en aquellos lugares de Latinoamérica en los que existió el comercio de trata de personas esclavizadas.

62 La sentencia se funda en la recopilación hecha en la sentencia C-605 de 2012 (*derecho al lenguaje*), a la que se hará referencia posteriormente [se retomó ex-

Citando al antropólogo Eduardo Restrepo, la Corte mostró que la expresión 'raza' puede usarse de una manera en que puede ser controvertida como errónea y racista. No obstante, sostiene, se puede usar una palabra distinta a 'raza' (como 'cultura', 'etnia' o 'grupo étnico'), pero con el concepto racista de 'raza'. En términos de Wittgenstein, cambiar la palabra como tal, para evitar un concepto que discrimina, no sirve de nada si esa nueva palabra se usa de igual forma a la anterior, con el mismo cálculo gramatical. Como dice Restrepo en parte de la extensa cita que hace la sentencia: "*De ahí que en algunos casos cuando se utiliza la palabra 'cultura', de lo que se está hablando realmente es de 'raza'; y esto, aunque no aparezca el término y a pesar de que a quien esté hablando le incomode y sea muy crítico frente a la utilización de la palabra de 'raza'. Cuando esto sucede se puede decir que la palabra 'cultura' (o cualquier otra en su lugar) se encuentra operando como un eufemismo del concepto de 'raza'.*" T-691 de 2012 (*escenarios de discriminación*).[63] El significado de una expresión es su uso. A partir de esta línea jurisprudencial que se aproxima al lenguaje desde sus prácticas y contextos de uso, la Corte introduce una metáfora que le permite analizar casos como ese y similares, a saber: '*escenarios de discriminación*'. De hecho, la Sala decidió que:

> "[...] toda persona tiene el derecho constitucional, en defensa de su dignidad, a no soportar en silencio un escenario de discriminación; al igual que toda persona tiene el derecho constitucional a no permanecer en ese escenario, tiene derecho a abandonarlo." T-691 de 2012 (escenarios de discriminación)

Esta vez, se cita adecuadamente a Wittgenstein para evidenciar el uso del lenguaje discriminatorio. Más allá de una censura constitucional de expresiones o palabras, hace un reproche a los usos que de ellas se hagan y afecten la dignidad humana de una persona. El uso

---

plícitamente la doctrina del derecho viviente (C-557 de 2001) y la sentencia C-1088 de 2004 (*locura furiosa*)].

63 La fuente, según la nota al pie original de la sentencia T-691 de 2012, es: "Restrepo, Eduardo (2012) Racismo y discriminación en *Intervenciones en teoría cultural*. Universidad del Cauca. Colombia, Popayán, 2012. Pág., 178."

del autor en esta ocasión no es decorativo o añadido, es útil, sirve para dar sustento a la solución del caso que se analizó y al precedente que se estableció.

El año siguiente, en la citada **sentencia C-066 de 2013 (*normalización social*)**, se retoma la cuestión. En esa oportunidad se declararon constitucionales dos normas que usaban la expresión "normalización social y plena", en la ley que establece mecanismos de integración social de las personas con limitación (Ley 361 de 1997) por cuanto pueden ser usadas en clave constitucional. Para la Corte, "*de la lectura de la norma se colige que ese concepto en modo alguno está dirigido a imponer un estándar de optimización al discapacitado, sino que refiere a la transformación de su entorno familiar, a fin de superar las barreras del entorno que impiden el goce efectivo de los derechos constitucionales de las personas con discapacidad*" (C-066 de 2013, *normalización social*).[64] La Corte declaró la constitucionalidad condicionada de las expresiones, "*en el entendido que que refiere únicamente y exclusivamente a la obligación del Estado y la sociedad de eliminar las barreras del entorno físico y social.*" Esta sentencia, siguiendo la jurisprudencia fijada -[C-1088 de 2004 (*locura furiosa*) y reiterada por C-804 de 2009 (*idoneidad física*)].-, entiende el significado como uso, una consideración que de hecho fue reclamada por la acción analizada.

Ese mismo año, la **Aclaración de voto a la sentencia C-253 de 2013 (*comunidades negras*)** de la Magistrada María Victoria Calle Correa empleó a Wittgenstein en un voto particular (titulado '*Protección ¿pero sólo de palabra?*') para apoyar la decisión de la sentencia C-253 de 2013 (*comunidades negras*), en los términos de la jurisprudencia sobre el lenguaje legislativo discriminatorio.[65] Un

---

64 La Corte sostuvo: "*tal hermenéutica del precepto* [...] *realza los valores y principios constitucionales, a su vez que alienta la eficacia de los deberes sociales hacia las personas con discapacidad, identificados por el derecho internacional de los derechos humanos.*" [C-066 de 2013 (*normalización social*)

65 La Aclaración de voto en cuestión tenía dos propósitos, acompañar la decisión adoptada en la sentencia C-253 de 2013 (*comunidades negras*) y advertir que en ella no se había resuelto, ni podía resolverse el problema jurídico acerca de la

ciudadano había cuestionado la constitucionalidad de la expresión "*comunidades negras*", usada en 18 normas con fuerza de ley (2 leyes del congreso y 16 decretos presidenciales).[66] A su parecer, no es

---

necesidad de haber sometido a consulta previa el uso de la expresión "comunidades negras" en todas esas leyes y decretos.

66 La Sentencia C253 de 213 advierte que la demanda se presentó contra de la expresión "comunidades negras" contenida en: la Ley 70 de 1993 "Por la cual se desarrolla el artículo transitorio 55 de la Constitución Política"; la Ley 649 de 2001 "Por la cual se reglamenta el artículo 176 de la Constitución Política de Colombia"; el Decreto 1332 de 1992, "Por el cual se crea la comisión especial para las comunidades negras, de que trata el artículo transitorio número 55 de la Constitución Política, sobre el reconocimiento de los derechos territoriales y culturales; económicos, políticos y sociales del pueblo negro de Colombia; y se establecen las funciones y atribuciones de la misma"; el Decreto 2374 de 1993 "Por el cual se adiciona el Decreto 2128 de 1992 y se dictan otras disposiciones"; el Decreto 2313 de 1994 "Por el cual se adiciona la estructura interna del Ministerio de Gobierno con la Dirección de Asuntos para las Comunidades Negras y se le asignan funciones"; el Decreto 2314 de 1994 "Por el cual se crea la Comisión de Estudios para la formulación del Plan de Desarrollo para las Comunidades Negras"; el Decreto 2663 de 1994 "Por el cual se reglamentan los capítulos X y XIV de la Ley 160 de 1994, en lo relativo a los procedimientos de clarificación de la situación de las tierras desde el punto de vista de la propiedad, de delimitación o deslinde de las tierras del dominio de la Nación y los relacionados con los resguardos indígenas y las tierras de las comunidades negras"; el Decreto 2248 de 1995 "Por el cual se establecen los parámetros para el Registro de Organizaciones de las Comunidades Negras"; el Decreto 2249 de 1995 "Por el cual se crea la Comisión Pedagógica de las Comunidades Negras"; el Decreto 851 de 1996 "Por el por cual se modifica y adiciona el artículo 1° del Decreto 2249 de 1995"; el Decreto 1627 de 1996 "Por el cual se reglamenta el artículo 40 de la Ley 70 de 1993"; el Decreto 2344 de 1996 "Por el cual se subroga el artículo 12 del Decreto 2248 de 1995, relativo a las Secretarías de las Comisiones Consultivas Regionales, Departamentales y Distrital de Bogotá"; el Decreto 1122 de 1998 "por el cual se expiden normas para el desarrollo de la Cátedra de Estudios Afrocolombianos, en todos los establecimientos de educación formal del país y se dictan otras disposiciones"; el Decreto 2253 de 1998 "Por el cual se crea la Comisión de Estudios para formular el Plan de Desarrollo de las Comunidades negras"; el Decreto 3050 de 2002 "Por el cual se reglamenta el artículo 57 de la Ley 70 de 1993"; el Decreto 1523 de 2003 "Por el cual se reglamenta el procedimiento de elección del representante y suplente de las comunidades negras ante los consejos directivos de las Corporaciones Autónomas Regionales y se adoptan otras disposiciones"; el Decreto 3323 de

correcto que la ley rinda culto a la esclavitud "*utilizando el mismo calificativo que usaron los esclavistas como lo es el uso de la palabra negro en contra de personas originarias de África, sin saber las consecuencias negativas que esta palabra tuvo en ese momento histórico y tiene en la actualidad*". La Corte decidió que no hay discriminación alguna. Como lo dice la Magistrada en su aclaración de voto:

> "Como lo señala la Sala Plena de la Corporación, no es posible analizar una expresión, como 'comunidades negras' en abstracto, de manera descontextualizada. La justicia constitucional no tiene por objeto evaluar la constitucionalidad de las expresiones del lenguaje de forma aislada, esto es, 'la constitucionalidad de las palabras', consideradas en sí mismas. Lo que le corresponde a la justicia constitucional es controlar el ejercicio del poder. Verificar que éste se ejerza y se aplique de acuerdo a la Constitución. Por tanto, al juez constitucional le corresponde evaluar los usos que se hagan del lenguaje en ejercicio de algún poder público o privado. Lo que importa pues, como lo han señalado importantes filósofos del lenguaje, es el uso de las palabras. [73] Lo que ha de interesar al juez respecto a las expresiones y palabras es cómo se empleen y para qué, en qué condiciones y con qué propósito. Es decir, el juez no debe determinar la constitucionalidad de las palabras consideradas en abstracto, sino en las acciones concretas que con ellas se hagan."
>
> [73] Nota original de la sentencia: "WITTGENSTEIN, Ludwig (1958) Investigaciones Filosóficas. UNAM. México, 2007."[67]

2005 "Por el cual se reglamenta el proceso de selección mediante concurso para el ingreso de etnoeducadores afrocolombianos y raizales a la carrera docente, se determinan criterios para su aplicación y se dictan otras disposiciones"; el Decreto 4007 de 2006 "Por el cual se modifican los artículos 2°, 3° y 6° y se deroga el artículo 4° del Decreto 3050 de 2002"; el Decreto 1720 de 2008 "por el cual se modifica la estructura del Ministerio del Interior y de Justicia y se dictan otras disposiciones" y el Decreto 3770 de 2008 "Por el cual se reglamenta la Comisión Consultiva de Alto Nivel de Comunidades Negras, Afrocolombianas, Raizales y Palenqueras; se establecen los requisitos para el Registro de Consejos Comunitarios y Organizaciones de dichas comunidades y se dictan otras disposiciones".

67 La Corte añadió: "Aunque es respetable que algunas personas no compartan el uso de la expresión 'comunidades negras' para autodefinirse, también es respetable que algunas personas sí compartan y usen tales expresiones para definirse. Como lo advierten en el proceso varias de las agencias estatales, el uso de la expresión 'comunidades negras' representa una conquista dentro de la lucha política por la protección y reivindicación de las minorías étnicas en Colombia. El uso de

La referencia formalmente es adecuada, al igual que el uso de las ideas del filósofo. El voto concurrente resalta el sitio de la sentencia C-253 de 2013 (*comunidades negras*) en la línea jurisprudencial sobre lenguaje discriminatorio, que es el marco de tal decisión.[68]

Tres años después, la **sentencia C-054 de 2016 (*espíritu de la ley*)**, resolvió una acción contra la regla de interpretación según la cual 'cuando el sentido de la ley sea claro, no se desatenderá su tenor literal a pretexto de consultar su espíritu' (art. 27, Código Civil). La Sala consideró que "*la regla de derecho de interpretación gramatical, adecuadamente comprendida, es exequible, pues en todo caso opera como una variable dependiente de la compatibilidad entre la Carta Política y los resultados del proceso interpretativo*." C-054 de 2016 (espíritu de la ley). Para la Corte, la interpretación literal no es una licencia para dejar de aplicar la Constitución, que es norma de normas (artículo 4°). En esta sentencia se recurrió a la idea del significado como uso, para mostrar la plasticidad de las palabras, así como las características propias del lenguaje ordinario (lenguaje natural) que afectan al derecho. La Corte contrasta la confianza que ha tenido la tradición jurídica en una visión del lenguaje exacto, claro y distinto, que permita aplicar con precisión y sin duda los textos legales, con la necesidad de comprender sus características de vaguedad, ambigüedad y textura abierta.[69] Sostuvo la Corte:

---

esas expresiones proviene del propio proceso de participación y acción política de las comunidades negras. Es por eso que fueron reconocidas como tales en el seno de la Asamblea Nacional Constituyente. De hecho, muchas de las normas acusadas en la acción de inconstitucionalidad de la referencia tienen por objeto central, desarrollar la especial protección que la Constitución Política, expresa y explícitamente, demanda del Estado para las comunidades negras." (Aclaración a la sentencia C-253 de 2013, *comunidades negras*).

68 La sentencia C-253 de 2013 (*comunidades negras*) cita, entre otras, las sentencias C-1088 de 2004 (*locura furiosa*), C-804 de 2006 (*generalizar en masculino*) y C-605 de 2012 (*derecho al lenguaje*).

69 Sobre las visiones tradicionales señaló la Corte: "El método de interpretación gramatical está fuertemente atado al concepto de infalibilidad legislativa antes explicado. Supone que, de manera corriente, las normas tienen un sentido lingüístico y deóntico claro, razón por la cual no cabe ser interpretadas, sino

"[...] se ha señalado en esta sentencia que el derecho legislado, al expresarse mediante el lenguaje ordinario, tiene atributos propios de ambigüedad y vaguedad que llevan a que las reglas sean usualmente indeterminadas y que solo se muestren determinables cuando se considere el contexto en que son aplicadas. Adicionalmente, cuando se trata de normas construidas bajo la estructura propia de los principios, su aplicación dependerá en toda circunstancia de su armonización concreta en cada caso particular, cuando son ponderadas frente a otras reglas y principios en tensión. Además, de una manera más general, la filosofía del lenguaje desde mediados del siglo anterior ha hecho énfasis en que la significación de los textos, entre ellos las normas jurídicas, no es estático sino esencialmente dinámico y opera como una variable dependiente del uso que de esas expresiones haga la comunidad lingüística de que se trate,[18] que en el caso analizado corresponde a los intérpretes de las previsiones contenidas en el orden jurídico. En contrario, la norma legal demandada supone que las previsiones legales pueden tener, cuando son "claras", un significado estático e inmanente, cualidades que no son posibles cuando se trata de formulaciones jurídicas expresadas en lenguaje natural." C-054 de 2016 (espíritu de la ley)

[18] Nota al pie original: Este concepto es desarrollado por varios autores, entre los que se destaca Ludwig Wittgenstein, quien en la segunda parte de su obra abandona la versión convencional y ordenada del lenguaje, para concentrarse en su consideración como un juego dinámico (juego del lenguaje), donde la significación queda atada a la utilización, a la "imagen del mundo" y a la "forma de vida" de los usuarios del lenguaje. Por lo tanto, es la interacción de dichos usuarios entre sí y con su entorno la que define el sentido y la significación. Vid. Wittgenstein, Ludwig (2008) Investigaciones filosóficas. Crítica, Barcelona."

Nuevamente ratifica la Sala Plena de la Corte Constitucional que se aparta de visiones del lenguaje anteriores a pensadores como Wittgenstein, que consideran que el significado de las expresiones

---

solo aplicadas silogísticamente. La fuerza de esta metodología hermenéutica es innegable en nuestro sistema jurídico, al punto que algunos de los intervinientes en este proceso y particularmente la Procuraduría General, aún consideran que ante el escenario de claridad y univocidad de la legislación, las tareas interpretativas no son permitidas, pues las mismas distorsionarían la voluntad del legislador. | | La Corte advierte, en cambio, que el método gramatical de interpretación debe enfrentarse a varias dificultades, relacionadas tanto con el derecho constitucional como con la teoría del derecho y la filosofía contemporánea del lenguaje." C-054 de 2016 (*espíritu de la ley*).

puede establecerse con exactitud. Visiones que consideran que las expresiones imprecisas, vagas o ambiguas son 'problemáticas', 'inadecuadas', y deben ser corregidas, en especial jurídicamente. Aunque no se cita ni se hace alusión a la jurisprudencia aplicable. en la materia, la sentencia hace un uso adecuado de las ideas de Wittgenstein, para sustentar el marco teórico de la sentencia y para fundar la solución del caso concreto.

Ese mismo año, en la **sentencia SU-214 de 2016 (*defensa del matrimonio igualitario*)**, la Sala Plena de la Corte tuteló el derecho a la igualdad de las parejas de personas del mismo sexo que venían accediendo al matrimonio a través de jueces y notarios.[70] El capítulo 6 de la sentencia [*El lenguaje como relación de poder. Determinación del significado de la palabra 'matrimonio'*], recurre a la noción de juegos del lenguaje para presentar los distintos usos que puede tener la expresión. Dice textualmente:

> "La noción de "juegos de lenguaje" articula signos y acciones, colocando el acento en el carácter social y contextual del significado que tienen las palabras dentro de una determinada cultura, un sistema de valores y unas formas de vida.[25]
>
> El lenguaje no pretende ser sólo un espejo de la realidad, sino además un 'sistema de reglas' compartidas por los hablantes, que nos permite interactuar y comprendernos mutuamente. De allí que utilizar un lenguaje sea 'actuar conforme a una forma de vida, asumir un modo de vivir en la sociedad'.[26] Emplear un determinado lenguaje es estar de acuerdo con un conjunto de patrones de conducta socialmente preestablecidos." SU-214 de 2016 (defensa del matrimonio igualitario).
>
> [25] Nota el pie original de la sentencia: "Wittgenstein, Tractatus Lógico-Philosophicus, París, Gallimard, 1961."
>
> [26] Nota al pie original de la sentencia: "Ibídem"

70 En este caso se resolvieron seis sentencias de tutela acumuladas. En una decisión previa, la Sala Plena de la Corte había dado un plazo de dos años al Congreso de la República para asegurar una protección formal y expresa a las parejas de personas del mismo sexo, advirtiendo que luego de ese tiempo, de no haberse aprobado otro tipo de protección legal, se aplicarían las reglas de matrimonio existentes.

La Corte reitera la tesis del derecho fundado en el lenguaje ordinario y considera que este no es neutro.[71] Tras mencionar aspectos de la evolución histórica de la institución y sintetizarlos,[72] retoma a al filósofo austriaco para concluir:

> "A manera de síntesis, se puede afirmar que la evolución del matrimonio da cuenta de que su actual configuración responde a la existencia de complejas interacciones entre aspectos de carácter cultural, religioso, sociológico, económico, ideológico y lingüístico. Su comprensión desborda el ámbito de lo estrictamente jurídico, llegando inclusive a lo que el antropólogo alemán Arnold Van Gennep denominó el 'escenario nupcial' o el 'rito de pasaje', significando con ello la importancia que el simbolismo matrimonial tiene para los individuos, sus familias y la sociedad en general.
>
> [...]
>
> De tal suerte que, siguiendo a Wittgenstein, la palabra 'matrimonio' no es la representación de un hecho constante y uniforme. Su configuración y uso sociales son evolutivos; revelan la existencia de un conjunto

---

71 Dice: "El derecho se sirve igualmente de un lenguaje preexistente en la sociedad como herramienta, con diversos propósitos: delimita y clasifica situaciones fácticas; fija límites a la conducta humana; define derechos y obligaciones; configura instituciones políticas y sociales; entre otros. | | El lenguaje jurídico no es neutro [...]"SU-214 de 2016 (*defensa del matrimonio igualitario*).

72 La Corte se refiere a la evolución de la institución marital así: "Una revisión de esta compleja historia, pone de presente la existencia de, al menos, las siguientes constantes y tensiones: (i) a lo largo de los siglos, el matrimonio ha conocido una ininterrumpida evolución; (ii) el derecho a contraer matrimonio ha sido objeto de diversas restricciones, fundadas en aspectos relacionados con el origen social de los contrayentes, nacionalidad, raza, religión y orientación sexual; (iii) de allí que, secularmente, la unión entre personas discriminadas no fuera calificada en términos de "matrimonio", ni gozaba de los mismos derechos y reconocimiento social que los cónyuges; (iv) la regulación jurídica del matrimonio (vgr. capacidad para contraerlo, consentimiento, efectos jurídicos, fines, disolución, etc.) ha sido fuente de controversias entre las autoridades religiosas y civiles; (v) correlativamente, la naturaleza jurídica del matrimonio ha sido abordada desde diversas ópticas (vgr. sacramento, contrato, institución de derecho natural, entre otras); y (vi) en la actualidad, en un Estado Social de Derecho, en un paradigma de separación entre la Iglesia y el Estado, la regulación del matrimonio desborda los clásicos cánones del derecho legislado (contrato civil), para ser comprendido desde la perspectiva de los derechos fundamentales." SU-214 de 2016 (defensa del matrimonio igualitario).

de valores presentes en una sociedad en una determinada época, amén de dibujar las contradicciones y tensiones que enmarcan las relaciones de poder en un contexto histórico y cultural.

Hoy por hoy, las expresiones 'matrimonio', 'relación matrimonial', 'celebración de matrimonio', "consumación y consolidación matrimonial", etcétera, corresponden a diversas expresiones que definen en común derechos fundamentales, que implican culturalmente la disposición de un programa de vida compartida por individuos de la especie humana." SU-214 de 2016 (defensa del matrimonio igualitario).

[45] Nota original de la sentencia: "Arnold Van Gennep citado por Martine Segalen en "L'Europe des rites de mariage". Paris, Ed. Robert Laffont, 2009, página 782."

Para la Corte la noción de lenguaje comprendida a partir de Wittgenstein es importante. Está al inicio y al final del capítulo que sirve de marco conceptual para la decisión, además de ser retomado por la Corte luego, al final de la sentencia.[73]

Se emplea adecuadamente la idea de 'juegos del lenguaje', para mostrar las muchas maneras en que se puede usar el concepto 'matrimonio'. Una expresión que, por ejemplo, sirvió para hablar de un rito religioso, de un acto jurídico civil y para hablar de ambas cosas. Es una expresión que se ha usado para discriminar y diferenciar, o para incluir y proteger a personas y familias. Pueden hacerse tres

---

73 El capítulo 9 de la sentencia SU-214 de 2016 (defensa del matrimonio igualitario) se ocupa de resumir las subreglas constitucionales fijadas por la Corte para resolver los casos analizados y los siguientes similares que se pudieran dar. En el capítulo 10 de esa misma decisión, se exponen los fundamentos de dichas subreglas constitucionales, reiterando nuevamente al filósofo. Dijo la Corte: "La construcción de las referidas subreglas constitucionales tiene los siguientes fundamentos: | | *Primer fundamento*: El lenguaje como relación de poder. Determinación del significado de la palabra "matrimonio". Siguiendo a Wittgenstein,[129] la Corte constató que la configuración del concepto de "matrimonio" responde no sólo a la representación de un hecho social, sino que envuelve un conjunto de valores, cargas afectivas y relaciones de poder existentes en una determinada sociedad. Se trata, en consecuencia, de una noción evolutiva, cuyos elementos y comprensión ha variado con el correr de los años." Nota al pie [129] original de la sentencia: "Wittgenstein, *Tractatus Lógico-Philosophicus*, París, Gallimard, 1961."

comentarios críticos a la sentencia. El primero, es de carácter formal: haber usado como fuente de las imágenes citadas ('juegos del lenguaje' y 'formas de vida') el *Tractatus Logico-Philosophicus*, obra de la primera etapa de Wittgenstein, en lugar de haberse referido a las *Investigaciones Filosóficas*, obra posterior y en la que sí se habla de esas imágenes.[74] De hecho, es en el *Tractatus* cuando el autor ve el lenguaje con sentido como una figura de la realidad. El segundo comentario es técnico. Se ha debido considerar al menos alguno de los precedentes constitucionales que han construido la línea jurisprudencial sobre la constitucionalidad de usos del lenguaje jurídico.

El tercer comentario consiste en sugerir un complemento. La metáfora usada (juegos del lenguaje) es útil para el análisis del caso. Los diferentes usos que puede tener el lenguaje a través de expresiones como matrimonio. No obstante, para mostrar la multiplicidad de concepciones y definiciones que se han tenido, y se tienen, de 'matrimonio' quizá hubiera sido útil recurrir a la noción de 'parecidos de familia'. La reproducción, un aspecto definitivo en muchos matrimonios, que incluso podría llegar a justificar el divorcio, puede ser un aspecto prescindible y no esencial en otros matrimonios. No suponen una definición única, precisa clara y distinta, siempre con los mismos elementos esenciales o estructurales.

Los distintos usos de 'matrimonio' se parecen bastante, como se parecen los miembros de una familia. Se comparten algunos aspectos característicos de su forma de ser (su cara, forma de nariz, tipo de pelo, ojos, etc.), pero no todos tiene todos. Reducir los rasgos de la familia a los que tienen en común todas las personas que hacen parte de ella los vaciaría. Solo quedaría uno o dos aspectos que, incluso, pueden ser los menos característicos de esos parientes (la forma de los labios o el largo de los dedos). De forma similar, las distintas formas de uso de un concepto como matrimonio no pue-

74 La cita que parecería dar sustento a la afirmación de la Corte podría ser, por ejemplo: "[...] La expresión '*juego* del lenguaje' debe poner de relieve aquí que *hablar* el lenguaje forma parte de una actividad o de una forma de vida. [...]" (IF §23)

den reducirse a sus elementos comunes porque se vaciarían. Hay elementos no comunes entre los distintos usos que son esenciales para cada uno de estos (como el que haya o no reproducción o que haya relaciones sexuales o no) y no pueden ser retirados. Por eso, la metáfora de los parecidos de familia invita a no buscar la esencia o elemento último entre todos los usos posibles de una expresión, como buscando su esencia última. Es una invitación a ser sensible a todos los diferentes usos, a sus parecidos, a sus distancias, a la forma como se mezclan. Identificar los parecidos entre usos de 'matrimonio' de forma similar a como se logra identificar los parecidos entre los miembros de una misma familia.

Esta cita de Wittgenstein que se hace en la sentencia SU-214 de 2016 (*defensa del matrimonio igualitario*) se ha reproducido dos veces. La primera en el **Auto 021 de 2017**, en el cual se resolvió no anular la sentencia SU-214 de 2016. Se citó en los antecedentes del caso, no como una de las consideraciones en las que se analiza o resuelve la decisión tomada en aquella oportunidad.[75] La segunda vez fue en la **sentencia T-244 de 2018 (*Alcalde criticado*)**. En esta oportunidad se resolvió no tutelar los derechos a la honra ni al buen nombre del Alcalde de Bogotá, en razón a las críticas y acusaciones hechas por un Concejal.[76] Dentro de las consideraciones que llevan

---

75 En el Auto 021 de 2017 (*nulidad defensa del matrimonio igualitario*) la Corte resolvió no anular la sentencia SU-214 de 2016 (*defensa del matrimonio igualitario*) por cuanto (i) fue aprobada por una mayoría suficiente (6 votos a favor, 3 en contra) y (ii) no desconoció el principio de cosa juzgada, (los casos de tutela resueltos en la Sentencia de unificación eran diferentes al analizado previamente por la sala [C-577 de 2011 (*matrimonio igualitario*)].

76 Para la Corte, el Concejal "[...] exponer su opinión, no realizó afirmaciones irrazonables y/o desproporcionadas y aunque provocan dudas sobre la génesis de la propuesta presentada a la corporación distrital, ello se enmarca dentro de las cargas soportables que deben asumir los actores del escenario político en aras de salvaguardar el patrimonio, el interés, la transparencia y la moralidad públicas." (T-244 de 2018, Alcalde criticado).

a la decisión (apartado 50), se reproduce la cita para indicar cómo debe juzgarse constitucionalmente el uso del lenguaje.[77]

Además de las nueve providencias que se han mencionado, a continuación, se hace una breve referencia a siete más que reiteran la línea jurisprudencial sobre el lenguaje jurídico como lenguaje ordinario.

El siguiente año, en la **sentencia C-042 de 2017 (*padecer discriminación*)**, siguiendo la jurisprudencia trazada al respecto, la Corte decidió que "*no es admisible la utilización de palabras cuyo significado, a la luz del contexto y objetivo de una norma, tengan el efecto de descalificar una expresión de la diversidad humana, como lo es, la diversidad funcional u orgánica de las personas. Cuando las expresiones usadas por el legislador admitan una interpretación acorde a la Constitución, la Corte debe preferir dicha interpretación. Además, el legislador debe adoptar un enfoque sensible de la dignidad humana para evitar que las leyes contengan expresiones que puedan reforzar los estereotipos y paradigmas que fomentan la discriminación y el rechazo*."[78] El demandante había pedido la inconstitucionalidad de varias expresiones contempladas en una ley de protección a personas con capacidad diversa. Al decir las normas que las personas en condición de discapacidad 'sufren' o 'padecen' una deficiencia, argumentó, vulneran el principio del

---

77 Dice la sentencia T-244 de 2018 (*Alcalde criticado*): "Los términos que se usen para ejercer cualquier acto comunicativo deben ser sopesados a fin de garantizar que lo expresado se mantenga en los límites del respeto, que se adapte al contexto específico en el cual se expone, en tanto '*el lenguaje no pretende ser sólo un espejo de la realidad, sino además un* 'sistema de reglas' *compartidas por los hablantes, que nos permite interactuar y comprendernos mutuamente. De allí que utilizar un lenguaje sea* 'actuar conforme a una forma de vida, asumir un modo de vivir en la sociedad'. *[182].* Emplear un determinado lenguaje es estar de acuerdo con un conjunto de patrones de conducta socialmente preestablecidos.[183]" Nota al pie [182] original de la sentencia: "Wittgenstein, Tractatus Lógico-Philosophicus, París, Gallimard, 1961". Nota al pie [183] original de la sentencia: "SU-214 de 2016."

78 Se resolvió, entre otras cosas, avalar las expresiones '*padece, sufran, sufre y padezcan*', (arts. 2, 16, 17 y 32 de la Ley 1306 de 2009), que deben interpretarse como 'tienen' o 'tengan' según corresponda, y no con una carga emotiva negativa

pluralismo, fundamental en un Estado social de derecho.[79] A su juicio, una 'discapacidad' es una expresión de la diversidad humana no valorada socialmente, no es el sufrimiento y padecimiento de una anormalidad, sino de una discriminación y desatención. En esta ocasión se reiteró la jurisprudencia sobre la constitucionalidad del lenguaje legal y a la que cita a Wittgenstein, al que nuevamente se hace referencia. La Sala reiteró que se controla la constitucionalidad de usos concretos de las palabras por poderes públicos o privados, no las palabras o las expresiones en abstracto.[80]

En la sentencia **C-110 de 2017 (abogado de los pobres)** se resolvió una demanda contra la constitucionalidad del uso de la expresión '*pobres*', referente a la figura '*abogados de los pobres*'. La Sala decidió esa vez que la expresión '*pobres*' no viola los principios de dignidad humana e igualdad, "*por cuanto carece de un uso peyorativo y discriminatorio para las personas que tienen recursos insuficientes para sufragar los costos de un abogado de confianza*."[81] Aunque se toma una

---

79 Expresiones contempladas en los artículos 2°, 8°, 10°, 12, 14, 15, 16, 17 y 32 de la Ley 1306 de 2009 "por la cual se dictan normas para la protección de personas con discapacidad mental y se establece el régimen de la representación legal de incapaces emancipados".

80 Dijo la Corte: "Se puede concluir entonces que la justicia constitucional no tiene por objeto evaluar la constitucionalidad de las expresiones del lenguaje de forma aislada, esto es, 'la constitucionalidad de las palabras', consideradas en sí mismas. Lo que le corresponde a la justicia constitucional es controlar el ejercicio del poder. Verificar que éste se ejerza y se aplique de acuerdo a la Constitución. Por tanto, al juez constitucional le corresponde evaluar los usos que se hagan del lenguaje en ejercicio de algún poder público o privado. Lo que importa pues, como lo han señalado importantes filósofos del lenguaje, es el uso de las palabras.[45] Lo que ha de interesar al juez respecto a las expresiones y palabras es cómo se empleen y para qué, en qué condiciones y con qué propósito. Es decir, el juez no debe determinar la constitucionalidad de las palabras consideradas en abstracto, sino en las acciones concretas que con ellas se hagan." [45] Nota al pie original: "Wittgenstein, Ludwig (1958) Investigaciones Filosóficas. UNAM. México, 2007." C-042 de 2017 (*padecer discriminación*).

81 Continúa la Corte: "En realidad, la locución "*pobres*" se usa para referenciar una garantía que significa la eliminación de una barrera del acceso de la administración de justicia, protección que suple la condición de negación de Derechos Civiles y

decisión que sigue la adecuada jurisprudencia construida al respecto, se cita expresamente al filósofo austriaco para aludir, de paso, al concepto de 'visiones de mundo'. Para la idea, que se menciona, no se desarrolla, se hace referencia a la introducción del *Tractatus* (borrador TS 204) en reciente y conmemorativa edición, con un pequeño error de transcripción en el nombre del filósofo.[82] Tenien-

---

Políticos, así como Sociales, Económicos y Culturales que padece esa población vulnerable. El empleo de la palabra por parte del legislador recoge la función que ésta ha tenido en el Derecho Internacional de los Derechos Humanos, la Constitución de 1991 y la jurisprudencia de la Corte Constitucional, posición que hace énfasis en un enfoque de derechos humanos que otorga un mensaje reivindicador de derechos y de resistencia a la dominación." Sentencia C-110 de 2017 (*abogado de los pobres*).

82 Al referirse al alcance del control constitucional al uso del lenguaje legal, la sentencia sostiene que excepcionalmente el juez puede someter a un juicio de constitucionalidad abstracto "el uso legal del lenguaje. Dicha opción surge de la idea de que los signos lingüísticos expresan visiones de mundo,[15] estructuras ideológicas,[16] prefiguran la realidad,[17] y construyen sujetos.[18]". Nota al pie [15] original de la sentencia: "Wittgnestein [*sic*], Ludwig, *Tratado lógico-filosófico. Logisch-philosophische Abhandlung*. Edición crítica de TS 204. Introducción y traducción de Jesús Padilla Gálvez. Valencia: Tirant [humanidades]. 2016, p. 52". Las otras notas al pie de la cita (16, 17 y 18) son las siguientes; nota al pie [16] original de la sentencia: "Foucault, Michelle, el orden del discurso, Gedisa editorial. Lección inaugural en la Escuela de Altos Estudios de París en 1970. Advierte que '*La doctrina efectúa una doble sumisión: la de los sujetos que hablan a los discursos, y la de los discursos al grupo, cuando menos virtual, de los individuos que hablan*'. P. 27". Nota al pie [17] original de la sentencia: "Berguer, Peter y Leckmann Thomas, La Constitución social de la Realidad, [Amorrortu] editores. Dichos escritores precisaron que '*el mundo de la vida cotidiana no solo se da por establecido como realidad por los miembros ordinarios de la sociedad en el comportamiento subjetivamente significativo de sus vidas. Es un mundo que se origina en sus pensamientos y acciones, y que está sustentado como real por éstos*' p. 36. Inclusive, ese espacio de la vida cotidiana se prefigura a partir del lenguaje y se comenta con medio de éste. Así, '*el lenguaje usado en la vida cotidiana me proporciona continuamente las objetivaciones indispensables y dispone el orden dentro del cual éstas adquieren sentido y dentro del cual la vida cotidiana tiene significado para mí.' P 56*". Nota el pie [18] original de la sentencia: "Foucault, Michelle, La verdad y las formas jurídicas, Gedisa editorial. En texto el autor francés indicó que "[*L*]*as condiciones políticas y económicas de existencia no son un velo o un obstáculo para el sujeto de conocimiento sino aquello a través de lo cual se forman los sujetos de conocimiento y, en consecuencia, las*

do en cuenta que la idea del significado como uso, de los juegos del lenguaje y las formas de vida son posteriores (pertenecen a las Investigaciones), la cita del Tractatus no parece la más acertada.[83]

La sentencia **C-190 de 2017 (sirvientes asalariados)** estudió una demanda en contra del uso legal de tales expresiones: '*sirvientes asalariados*'. Siguiendo su jurisprudencia, la Corte decidió que "*no es constitucionalmente admisible mantener la expresión* 'sirvientes' *en una norma del Código Civil para denominar a los trabajadores dentro de una relación laboral*", por connotar tratos discriminatorios y denigrantes de la condición humana. En este caso se cita textualmente el aparte respectivo de la sentencia C-042 de 2017 (*padecer discriminación*) que cita a Wittgenstein. Lo mismo ocurre en la sentencia **C-390 de 2017 (*sirvientes acarreadores*),** en la que la Corte decidió reiterar la inconstitucionalidad de usar la expresión '*sirvientes*' para

---

relaciones de verdad. Sólo puede haber ciertos tipos de sujetos de conocimiento, órdenes de verdad, dominios de saber, a partir de condiciones políticas, que son como el suelo en que se forman el sujeto, los dominios de saber y las relaciones con la verdad. Una historia de la verdad será posible para nosotros sólo si nos desembarazamos de estos grandes temas del sujeto de conocimiento, al mismo tiempo originario y absoluto, utilizando eventualmente el modelo nietzscheano". Pp 26 y 28".

83 En la página 52 de la edición especial del Tractatus que se cita se encuentra el prólogo en el que se dice, entre otras cosas: "El libro se trata sobre los problemas filosóficos y muestra –así lo creo– que el pensamiento estos problemas surge de la incomprensión de la lógica de nuestro lenguaje. El sentido cabal del libro se puede resumir en las siguientes palabras: lo que se pueda decir, a fin de cuentas, puede decirse con claridad; y sobre lo que no se puede hablar, sobre eso se tiene que guardar silencio. || Este libro quiere pues, también, trazar un límite al pensamiento, o mejor dicho, no al pensamiento, sino a la expresión del pensamiento. [...]. || este límite solo puede trazarse en el lenguaje y todo cuanto quede al otro lado del límite será, simplemente, un contrasentido." Como se ve, se trata de las ideas del primer Wittgenstein, para el cual el lenguaje es una representación, una figura del mundo, no una caja de herramientas, una práctica reglada como un juego en la que importa cómo se usan las fichas, como se hacen jugadas válidas, con sentido.

denominar a personas dentro de una relación laboral, por la carga discriminatoria y denigrante de la condición humana que supone.[84]

Las siguientes y tres últimas providencias que se mencionan no son decisiones de la mayoría de la Sala. Son dos salvamentos (disidencias) y una aclaración de voto (concurrencia).

En el **Salvamento de voto (*escenarios de discriminación desenfocados*) a la sentencia T-362 de 2020 (Carolina Sanín)**, la Magistrada, quien había sido la ponente original en el proceso, se apartó de la decisión que adoptó la mayoría de la Sala. A su juicio, la Universidad de los Andes si había violado el derecho al debido proceso y a la libertad de expresión de la profesora por haberla expulsado en razón a lo que ella había dicho. Si bien sus expresiones podían ser cuestionables y reprochables por fuertes o extremas, era la manifestación de opiniones y pensamientos frente a ataques y discriminaciones, producto de un discurso de odio. Contrario a lo que decidió la Sala, la Magistrada consideró que la Universidad ha debido optar por una forma de mitigar el impacto del ejercicio de la libertad de expresión que no implicara silenciarla y silenciar la conversación en la comunidad educativa.[85] Para llegar a esta decisión, se propuso utilizar tres herramientas conceptuales: la figura de *escenarios de discriminación* (T-691 de 2012); el concepto de *enfoque* y, por último, al concepto de *actos de habla* (este último se funda en J.L. Austin, Searle y Wittgenstein. Dice el voto disidente:

---

84 La Corte reitera la sentencia C-190 de 2017 (sirvientes asalariados) y también alude expresamente al filósofo austriaco al citar textualmente el aparte respectivo de la sentencia C-042 de 2017 (*padecer discriminación*).

85 En la ponencia de sentencia presentada originalmente a la sala, incluida en el Salvamento de voto titulado '*escenarios de discriminación desenfocados*', se proponía la siguiente decisión al caso: "la Universidad actuó de manera arbitraria y [...] sólo en apariencia satisfizo el debido proceso, cuando en realidad impuso una sanción a Carolina Sanín Paz por sus declaraciones en torno a varias políticas de la Institución. Una sanción que es particularmente lesiva de la libertad de expresión, pues conlleva un efecto silenciador: se anuncia al profesorado que las críticas fuertes o incómodas a la Universidad podrá llevar a la terminación de sus contratos."

"Por último, la Corte Constitucional utilizará el concepto de actos de habla, proveniente de la filosofía del lenguaje corriente,[246] que estudia el uso del lenguaje en situaciones cotidianas."

[246] Nota al pie original de la sentencia: "Fue desarrollado inicialmente por John Austin en su obra 'Hacer cosas con palabras'; posteriormente desarrollado por John Searle, entre otras, en su libro 'Actos de habla'; y, a través de Jürgen Habermas se integra a la teoría del discurso y la acción comunicativa (Ver, 'Teoría de la acción comunicativa' y 'facticidad y validez'. La teoría de los actos de habla constituye también un elemento muy relevante en la teoría del derecho y la teoría de la argumentación jurídica, de Robert Alexy. La teoría de los actos de habla surge en el marco del denominado "giro lingüístico" y particularmente a partir de los desarrollos de la filosofía del lenguaje corriente, en la Universidad de Oxford, en Inglaterra. Su precursor, John Austin vertió los elementos centrales de esta construcción en 20 lecciones, contenidas en su libro 'Hacer cosas con palabras'. Posteriormente, el filósofo estadounidense, John Searle, profesor de la Universidad de Berkeley, California, la desarrolló en diversos sentidos. Su influencia es notable en la teoría de la filosofía comunicativa de Habermas o Apel; y, posteriormente, en la teoría y filosofía del derecho, entre otros, en la obra de Robert Alexy, que atribuye determinadas características a los actos de habla normativos y, especialmente, una pretensión de corrección. Además, se considera un desarrollo paralelo al concepto de juegos del lenguaje, presentado por Ludwig Wittgenstein, uno de los filósofos más influyentes del siglo pasado, en sus Investigaciones filosóficas. H.L.A. Hart incorporó algunos de los elementos del uso del lenguaje al plantear que el derecho se vale del lenguaje ordinario para expresarse, razón por la cual padece de algunos de sus problemas, como la vaguedad del primero que conlleva a que toda expresión lingüística tenga una zona de penumbra." T-362 de 2020 (Carolina Sanín)

La solución que había sido propuesta a la Sala recogía un uso anterior de las ideas de Wittgenstein en la jurisprudencia (T-691 de 2012) y las retomaba, adicionalmente, a propósito de la noción de 'actos de habla'. La mención que se hace es adecuada.[86] Desafortu-

---

[86] La cita de la Corte sostiene que las ideas de Wittgenstein son paralelas a las de Austin, y no un desarrollo de las de aquel. Esta precisión, por ejemplo, es compartida por Genaro Carrió y Eduardo Rabossi. En el estudio introductorio de la traducción al español que ellos hicieron de *Cómo hacer cosas con palabras* quienes, luego de mencionar las dos escuelas de filosofía del lenguaje ordinario

nadamente, la mayoría de la Sala no acogió esta ponencia sino una solución menos protectora de los derechos y libertades fundamentales invocadas, contraria a las nociones básicas de libertad de cátedra y autonomía universitaria. La mayoría de la Sala trató el caso como una mera relación laboral entre trabajador y empleador, en el marco de una empresa.

En el **Salvamento de voto al Auto 031 de 2022 (*impedimento en aborto*)**, la Magistrada se apartó de la mayoría de la Sala por considerar que no se ha debido declarar impedido a uno de los magistrados de la Sala por haber dado opiniones para la prensa sobre la penalización del aborto. A su juicio la causal de 'rendir concepto' debería ser interpretada de forma estricta, por lo que no cualquier opinión podría considerarse tal. En esta oportunidad se vuelve a hablar de los actos de habla y se menciona la idea de juegos del lenguaje y los usos diversos a ciertos actos y restricciones.[87]

Finalmente, en el **Salvamento de voto a la sentencia T-141 de 2023 (protección débil)**, el Magistrado se apartó de la mayoría de la Sala, entre otras razones, por el lenguaje empleado en la sentencia. Hablar de una 'protección débil' a una mujer embarazada es un lenguaje cuestionable por el impacto en la protección del derecho. A su parecer, "*la Sala ha debido abarcar el análisis de forma en que las expresiones correspondan con los usos contextuales de las palabras*". En este caso, la alusión a Wittgenstein se hace en los siguientes términos.

> "El filósofo Ludwig Wittgenstein entendía que "el significado de una palabra es su uso en el lenguaje"[54]. Esta no es una cuestión menor en

---

(la de Wittgenstein y la de Oxford con raíces en Aristóteles) dan varias razones que sustentan su parecer (AUSTIN, 1962; 23-25).

87 Dice el voto disidente: "[...] una interpretación adecuada de la causal debe basarse en las razones subyacentes al régimen de impedimentos, el análisis de cada evento debería acudir a estas herramientas, pues es el contexto, y las condiciones del acto de habla las que permiten al juez determinar, con suficiente seriedad, si un mensaje determinado implica que el magistrado *rindió concepto* o si su expresión se ubica en otro ámbito, en otro *juego del lenguaje,* según la afortunada expresión acuñada por Ludwig Wittgenstein." Salvamento de voto al Auto 031 de 2022 (*impedimento en aborto*).

el ejercicio de la justicia, máxime desde el rol que ejerce la Corte Constitucional. Una proposición tiene sentido a partir de la decisión de darle significado a su contenido. Por ello, lo relevante no son las imágenes de las cosas sino la coordinación que hay entre ellas y las acciones que se suscitan por tal coordinación[55]. En el lenguaje debe existir una cadena metafórica de entendimiento, y cada uno de esos tramos debe tener su propio valor. De ahí la importancia en que los mensajes que dicte la Corte estén alineados tanto con el contexto en el que se emiten como con el impacto que tales proposiciones tienen para el ejercicio de los derechos fundamentales."

[54] Nota al pie original del Salvamento: "Wittgenstein, Ludwig. Philosophische Untersuchungen. Suhrkamp Verlag y Frankfurt am Main. 1953."

[55] Nota al pie original del Salvamento: "Santibáñez Yáñez, S. Los juegos del lenguaje de Fritz Mauthner y Ludwig Wittgenstein. Revista Teorema. Vol. XXVI/1, 2007, pp. 83-105."

La primera cita proviene de las *Investigaciones*, el último enunciado del parágrafo cuarenta y tres (IF §43). Se cita directa y adecuadamente.[88] Para el Magistrado, el uso de la expresión 'débil' en el contexto de la práctica jurisprudencial se convierte en una forma de impedir, en lugar de impulsar, la fuerza expansiva del derecho fundamental (la *vis* expansiva).[89] Aunque no desarrolla en detalle la conexión, quizá para no promover el efecto perverso de debilitar el derecho, el voto concurrente sugiere los impactos negativos que el lenguaje de la Corte puede generar entre las prácticas judiciales. La manera de usar las palabras de la jurisprudencia, considera, puede

---

88 Formalmente, puede decirse, se cita el año de publicación original de las *Investigaciones* [Trad. G. E. M. Anscombe. Blackwell, Oxford 1953], pero no el de publicación de la editorial Suhrkamp Verlag.

89 Dice la Aclaración: "En la Sentencia T-141 de 2023, la Sala Octava de Revisión determinó que la Sentencia SU-075 de 2018 ordenó una protección intermedia o débil a la estabilidad laboral reforzada. Sin embargo, tal interpretación del cambio del precedente es errada por dos razones. Por una parte, la nueva regla fijada en 2018 no implicó una protección débil para las mujeres. Por otra, no corresponde con la labor que ejerce este Tribunal. En mi criterio, el uso del lenguaje no puede ser un obstáculo para el avance hacia una mayor protección de los derechos fundamentales de la mujer." Salvamento de voto a la sentencia T-141 de 2023.

justificar y promover 'debilitar' la protección efectiva de los derechos de las mujeres embarazadas.

En el párrafo se cita también las ideas de Fritz Mauthner, un filósofo y escritor austriaco anterior a Wittgenstein, al cual había recurrido éste para contrastarse con aquel.[90] La idea de la Aclaración (*lo relevante no son las imágenes de las cosas sino la coordinación que hay entre ellas y las acciones que se suscitan por tal coordinación*) es como Mauthner es citado por el sociólogo y lingüista Cristián Santibáñez Yáñez, en un texto que se ocupa de la conexión entre los dos autores, a partir de la noción de juegos del lenguaje.[91] Aunque Wittgenstein expresamente se distanció de Mauthner, el texto citado por la Aclaración evidencia las coincidencias entre ellos dos, en especial con su segundo momento, el de las *Investigaciones*, no el primero, el del *Tractatus*.[92] La cita de la sentencia es, por tanto erudita y adecuada.

---

90 En el *Tractatus* lo usa de contraste. [T, 4.003 La mayor parte de las proposiciones e interrogantes que se han escrito sobre cuestiones filosóficas no son falsas, sino absurdas. De ahí que no podamos dar respuesta en absoluto a interrogantes de este tipo, sino solo constatar su condición de absurdos [...] 4.0031 Toda filosofía es 'crítica lingüística'. (En todo caso, no en el sentido de Mauthner.) Mérito de Russell es haber mostrado que la forma aparente de la proposición no tiene por qué ser su forma real. | | 4.01 La proposición es una figura de la realidad. La proposición es un modelo de la realidad, tal como nos la pensamos.]. Sobre las diferencias y contrastes de Mauthner y sus *Contribuciones a una crítica del lenguaje* (1901-1903) ver *La Viena de Wittgenstein* (JANIK & TOULMIN, 1973; 294).

91 La cita completa del texto citado por la Aclaración es: "Este último aspecto es parte de una concepción pragmática del lenguaje, y en Mauthner se explica del siguiente modo. Dado que todos los individuos pueden tener manifestaciones sensoriales distintas e indicarse potencialmente a través del lenguaje y, en lo fundamental, dado que es posible que los individuos no sepan qué nombre otorgar a una sensación y hacer que otro individuo le entienda, entonces lo importante no son las imágenes de las sensaciones, u otras, per se, sino las coordinaciones que hay entre ellas y las acciones que se suscitan por tal coordinación. De allí que en el lenguaje exista, como nos indicaba la cita anterior, una cadena metafórica de entendimiento, y que cada uno de sus tramos tenga su propia historia: las metáforas reproducen un valor diario, y este valor, a su vez, es el que logra, provoca o impulsa una acción, evento o suceso" (SANTIBÁÑEZ YAÑEZ, 2007).

92 Santibáñez Yáñez, siguiendo a Janik y Toulmin, defiende las coincidencias entre los dos autores, pese a la distancia que marcaba Wittgenstein frente al marcado

No obstante, quizá entra en un innecesario nivel de detalle técnico para poder sustentar la crítica al lenguaje utilizado por la mayoría de la Sala en la Sentencia T-141 de 2023 (*protección débil*).

f) "Nuestro hablar obtiene su sentido del resto de nuestra actuación." (SC §229)

La cuarta y última idea de Wittgenstein que ha impactado en la jurisprudencia constitucional se refiere a la relación que hay entre las prácticas lingüísticas y las formas de vida en que se insertan. Los usos de las expresiones están unidos a formas de ver y entender el mundo.

La sentencia **C-605 de 2012 (*derecho al lenguaje*)**, cuestiona la constitucionalidad de las normas legales que establecen el lenguaje de señas como "*la lengua natural de una comunidad de sordos, la cual forma parte de su patrimonio cultural y es tan rica y compleja en gramática y vocabulario como cualquier lengua oral*".[93] Además de haber violado la prohibición de repetir textos legales declarados inconstitucionales,[94] los accionantes presentaron dos acusaciones. Primera, el legislador viola el principio de igualdad al establecer que las personas sordas son "*parte del patrimonio pluricultural de la Nación y que, en tal sentido, son equiparables a los pueblos y comunidades indígenas y deben poseer los derechos*

---

relativismo cultural de Mauthner. Por ejemplo, resalta que este dice: "Pero el lenguaje no es un objeto de uso, ni tampoco un instrumento; sobre todo no es un objeto, no es más que su propio uso. Lenguaje es uso de lenguaje. FRITZ MAUTHNER, *Contribuciones*" (SANTIBÁÑEZ YAÑEZ, 2007).

93 Numeral 10, Artículo 1°, Ley 982 de 2005, '*Por la cual se establecen normas tendientes a la equiparación de oportunidades para las personas sordas y sordociegas y se dictan otras disposiciones*'.

94 La cuestión técnica fue: la eventual violación de la prohibición de reproducción de normas declaradas inconstitucionales (la Corte Constitucional había declarado inexequible una ley según la cual '*el Estado Colombiano reconoce la Lengua Manual Colombiana, como idioma propio de la Comunidad Sorda del País*' (art. 2°, Ley 324 de 1996)). Al respecto, la Corte decidió que el "*legislador no viola la prohibición de reproducir una regla declarada inconstitucional, cuando son disposiciones con* 'espectros de aplicación diferente', *esto es, con objetos y alcances jurídicos distintos, así aparentemente sean similares*." C-605 de 2012 (*derecho al lenguaje*).

conducentes" (art. 1°, num. 3, Ley 982 de 2005), pues les da el mismo tratamiento a dos grupos humanos que difieren en gran medida entre sí y que, por tanto, deberían ser objeto de trato diferente. Segunda, se reclamó que el legislador viola el principio de igualdad, el desarrollo armónico e integral de toda niña y niño, así como el libre desarrollo de la personalidad, al adoptar una serie de medidas legislativas para promocionar el lenguaje de señas entre las personas sordas, sin haber incluido a la vez protecciones similares para las personas sordas que usen su lengua oral.

La respuesta al primero de los problemas que dio la Corte es que no se viola el principio de igualdad al equiparar a las personas sordas con los pueblos y las comunidades indígenas, en especial por la especificidad de sus derechos lingüísticos diferenciados y la posibilidad, por ejemplo, de ser beneficiarios de acciones afirmativas. Y en cuanto a la segunda cuestión, se decidió que se pueden tomar medidas legislativas para promover la lengua de señas de manera amplia y general en la sociedad (acción afirmativa), siempre y cuando esta promoción no suponga privilegio o exclusión alguna de otro tipo de lengua o forma de comunicación. Para la Corte "*una interpretación excluyente en tal sentido es discriminatoria y contraria a la Constitución*" C-605 de 2012 (*derecho al lenguaje*). La decisión de la Corte partió de dos consideraciones cruciales, el derecho al lenguaje propio y, concretamente, el derecho al lenguaje propio de toda persona sorda, sordociega, sordomuda.[95]

---

[95] Dijo la Corte: "(i) En el orden constitucional vigente, los lenguajes de los seres humanos, en cualquiera de sus manifestaciones, son objeto de protección. Tanto la posibilidad de acceder a un lenguaje, como la posibilidad de usarlo de las múltiples y diversas formas en que se desee, para desarrollar la propia humanidad en el contexto de una comunidad. | | (ii) Toda persona sorda, sordociega y sordomuda tiene derecho constitucional a adquirir y expresarse jurídicamente, de forma válida, tanto por señas, incluyendo, por supuesto la Lengua de Señas de Colombia, LSC, como oralmente, por escrito o por otras vías que se desarrollen para el efecto, como parte de los ámbitos de protección concreta de los derechos a la libertad de pensamiento y libertad de expresión (art. 20, CP)." C-605 de 2012 (derecho al lenguaje).

En esta oportunidad la Sala Plena de la Corte recurrió a Wittgenstein para resaltar varias de sus metáforas, para ver la variedad de lenguajes que pueden emplear diferentes grupos de personas con capacidades diversas, para comprender que el significado de una expresión es su uso y que un lenguaje es parte de una actividad o de una forma de vida.

En primer lugar, a través de los cambios del propio Wittgenstein se muestra que el lenguaje no sólo es para describir el mundo, también puede ser usado de otras formas. Dijo la Corte:

> "Durante mucho tiempo, la reflexión acerca del lenguaje consideró, de manera prioritaria, que se trataba de una facultad humana cuya utilidad, principalmente, es describir el mundo, pintar la realidad que está ahí afuera. Podía tratarse de realidades físicas y metafísicas, [19] o solamente físicas,[20] pero en cualquier caso el lenguaje haría lo mismo: ser un espejo de lo que es, de lo que existe. Pero en la actualidad esa concepción ha cambiado. En los últimos siglos, en especial desde el siglo XX, las voces que desde la antigüedad abogaban por una visión del lenguaje diferente son ahora las aceptadas. Este nuevo giro lingüístico resalta que el lenguaje no sólo es el espejo de la realidad, no sólo sirve para pintar el mundo. Se postula que el fenómeno del lenguaje es complejo y diverso que no sólo tiene la función de describir, puede ser usado de muchas maneras.[21]"
>
> [19] Nota al pie de la sentencia: "Tal es la posición que sostiene Sócrates en el Diálogo Cratilo o Del lenguaje, del filósofo Platón, o la posición del filósofo medieval San Anselmo, en textos como Sobre la Verdad (De veritate)."
>
> [20] Nota al pie de la sentencia: "Por ejemplo la posición de lo que se ha denominado el primer Wittgenstein [Wittgenstein, Ludwig. (1921) Tractatus Logico–Philosophicus]."
>
> [21] Nota al pie de la sentencia: "Tal es la posición, por ejemplo, del segundo Wittgenstein [Wittgenstein, Ludwig. Investigaciones filosóficas, (1953)] pero también de otro gran número de autores que no corresponde mencionar al respecto en el presente momento."

También recurre a las metáforas de la caja de herramientas y de los juegos del lenguaje.[96]

En este caso (*derecho al lenguaje*), la Sala retoma explícitamente la doctrina del derecho viviente (C-557 de 2001) y la sentencia C-1088 de 2004 (*locura furiosa*), primer caso en el que se cita a Wittgenstein.[97] Con base en estos precedentes, las metáforas re-

---

96 Dijo la Corte: "El lenguaje puede ser visto como una caja de herramientas, llena de diferentes tipos de utensilios e instrumentos con múltiples usos, que pueden ser empleados de diferentes formas y maneras, en ciertos contextos y prácticas.[22] Cuando una persona aprende un lenguaje, básicamente aprende una práctica reglada, una actividad humana sometida a una serie de reglas. Es decir, aprende a usar ciertas herramientas en ciertos contextos de interacción humana. Esto lleva a una segunda metáfora, la de los juegos del lenguaje. La idea de que los lenguajes son actividades sometidas a reglas como los juegos, que también dependen de las reglas que se hayan establecido. No existe una única manera de jugar, ni existe un único juego. De forma similar, no existe un único lenguaje ni una única forma de emplearlo. [23]" [22] Nota el pie de la sentencia: "Wittgenstein, Ludwig. (1953) Investigaciones filosóficas. UNAM. México, 1986. Al respecto ver también, (1976) Sobre la certeza. Gedisa. Barcelona, 1987." [23] Nota al pie de la sentencia: "AUSTIN, J. L (1962) Cómo hacer cosas con palabras. Paidós. España, 1981. Los filósofos dedicados a la reflexión sobre el lenguaje, han evidenciado, por ejemplo, que éste puede ser usado simbólicamente. Esto es, que puede haber actos de habla que no se usan para describir las cosas del mundo, sino para crear nuevas cosas en el mundo. Al pronunciar ciertas palabras (o hacer ciertas señas, si fuera un lenguaje de señas), para añadir cosas al mundo, tales como hacer una promesa, un juramento, un contrato, insultar o dar una voz de aliento. En tales casos, el lenguaje, como se dijo, no describe el mundo sino que lo crea. Otro tanto podría decirse de usos tan disímiles del lenguaje como en la poesía, en los cantos de apoyo a un equipo de fútbol o al contar un chiste. En tales situaciones el lenguaje se usa de formas muy diversas. En esta perspectiva, se han hecho avances y aportes en la reflexión jurídica. Ver por ejemplo: Twining, William & Miers, David (1976) How to do things with rules. Cambridge University Press; o García Villegas, Mauricio (1993) La eficacia simbólica del derecho. Universidad de Los Andes. Bogotá, 1993." Sentencia C-605 de 2012 (*derecho al lenguaje*).

97 Dijo la Corte: "Siguiendo las teorías contemporáneas del lenguaje, la jurisprudencia constitucional ha considerado que el significado de una expresión proviene, ante todo, de su uso, de la manera en que es empleado en un contexto concreto. [24] Nota al pie de la sentencia: "Al respecto ver por ejemplo, el capítulo 5 de las consideraciones de la sentencia C-557 de 2001 (MP Manuel José Cepeda

saltadas y teniendo en cuenta el debate constitucional que se estaba analizando acerca de los lenguajes en tensión, consideró:

"Los lenguajes construyen mundos y realidades en tanto posibilitan el pensamiento; son, si se quiere, dos caras de la misma moneda. Adquirir un lenguaje, conocer y saber seguir las reglas de una determinada práctica lingüística, permite compartir las formas de vidas y usos de las personas que interactúan con tales herramientas. Permite pensar ciertas cosas, que de otra forma, no se podrían concebir. Adquirir una segunda lengua, aprender nuevos juegos del lenguaje con elementos propios de una lengua ya conocida, son verdaderas maneras de expandir el conocimiento y la mente. Es un camino para tener acceso a formas de vida no conocidas antes. Abrirse a un lenguaje es abrirse a nuevas realidades,

---

Espinosa), los considerandos 3 a 6 de la sentencia C-1088 de 2004 (MP Jaime Córdoba Triviño)." Posteriormente la sentencia C-602 de 2012 sostiene: "En el ámbito jurídico, el legislador tiene la libertad de establecer ciertos usos del lenguaje, no obstante, en la medida en que tales actos de habla construyen realidades y mundos posibles, se trata de facultades que son objeto de control en una democracia para evitar, entre otras, toda forma de discriminación. [31]" Nota al pie 31 de la sentencia: "Al respecto ver por ejemplo, la sentencia C-1088 de 2004 (MP Jaime Córdoba Triviño). Dijo al respecto: "cuando el legislador utiliza determinadas expresiones, no se puede circunscribir su significado a un uso exclusivo pues de tales expresiones bien puede hacerse un uso diferente. Como lo expone Lledó, '*El significado de una palabra es su uso en el lenguaje*' [Emilio Lledó. *Lenguaje e historia*. Madrid: Santillana S.A., 1996. pág.11]. De allí la incidencia del lenguaje no sólo en la explicación sino también en la configuración de las relaciones sociales: Si la realidad humana es una realidad construida socialmente, en ese proceso de construcción el lenguaje cumple un papel muy importante. Con razón Hacker afirma: '*El lenguaje no tiene nada de trivial. Somos* esencialmente *criaturas que usan el lenguaje. Nuestro lenguaje, y las formas de nuestro lenguaje, moldean nuestra naturaleza, dan forma a nuestro pensamiento, e impregnan nuestras vidas*' [P.M.S. Hacker. *Wittgenstein. La naturaleza humana*. Traducción de Raúl Meléndez Acuña. Bogotá: Editorial Norma, 1998. pág.18.]." En este caso se resolvió declarar inexequibles las expresiones "*si la locura fuere furiosa o si el loco*" contenidas en el artículo 548 del Código Civil. [La norma decía: *Artículo* 548.— Podrán provocar la interdicción del demente las mismas personas que pueden provocar la del disipador. | | Deberá provocarla el curador del menor a quien sobreviene la demencia durante la curaduría. | | Pero *si la locura fuere furiosa, o si el loco* causare notable incomodidad a los habitantes, podrá también el prefecto o cualquiera del pueblo provocar la interdicción. (se resalta la parte declarada inexequible)]."

> a nuevas maneras de verla y entenderla, de asumirla y relacionarse con ella." C-605 de 2012 (derecho al lenguaje).

El lenguaje como actividad humana, como forma de vida, implica que se protege en tanto fenómeno social, colectivo. Al respecto, se hace una breve alusión al debate de Wittgenstein sobre lenguajes privados.[98] Así pues, la sentencia C-605 de 2012 (*derecho al lenguaje*) hace un acopio de las ideas y metáforas de Wittgenstein que, hasta ese momento, de manera adecuada, para aplicarlas en el análisis y fundamento de la decisión que se toma, acerca de la promoción de un tipo de lenguaje (el lenguaje de señas para personas sordas). Además, defiende el derecho al lenguaje en tanto forma de protección integral de las personas, sus comunidades y sus formas de vida.

De este análisis detallado, caso a caso, surgen algunos números adicionales que ayudan a ver y dimensionar el impacto del autor en la jurisprudencia, y la manera cómo ha ocurrido. En la mayoría de providencias (13), Wittgenstein se cita en el marco teórico y efecti-

---

98 Dijo la Corte: "La construcción de formas lingüísticas disímiles y alternativas para muchas de las personas que son sordas y las requieren, como el lenguaje de señas, no pueden ser vista como la herramienta con la cual se remplaza parcialmente la capacidad lingüística de las personas en tal situación. Como un idioma inferior o que no permite expresar y desarrollar a plenitud el espíritu humano. La lengua de señas para sordos, al igual que las lenguas indígenas, cuenta con las características y condiciones propias de un lenguaje. No es un lenguaje menor o empobrecido. Son lenguas distintas que, como se dijo, abren el mundo a formas de vida y mundos posibles diversos y nuevos. Mundos por crear y desarrollar. Formas de ser de lo humano que enriquecen la diversidad y multiplicidad cultural de la cual goza Colombia. | | No se trata de proteger lenguajes secretos que comparten sólo dos personas para guardar sus secretos. Los lenguajes son manifestaciones sociales y culturales. De hecho, la noción misma de que pueda existir un lenguaje privado, es cuestionada por definición. [109] Los juegos de lenguaje se dan en comunidades de personas que participan de una serie de prácticas y acciones compartidas. El derecho al lenguaje es un derecho individual pero gestado y usado como una herramienta que nos permite una vida en sociedad." C-605 de 2012 (*derecho al lenguaje*). Nota al pie 109 de la sentencia: "Kripke, Saúl A. (1982) *Wittgenstein a propósito de reglas y lenguaje privado.* Tecnos. 2006."

vamente se usa en la solución del caso a resolver. En algunas ocasiones (5) se dejó en el marco teórico, en dos de ellas como un mero dicho de paso (*obiter dicta*).[99] Cuando se le ha mencionado prácticamente siempre se le ha citado, muy pocas veces (2) no se ha hecho alguna referencia a una fuente de su obra. La mayoría de las veces se le ha citado directamente (12) y algunas veces indirectamente (5), a través de otro autor. En dos ocasiones se le citó tanto directamente como indirectamente. Finalmente, de las 19 veces que se le cita, en la mayoría (12) se le cita adecuadamente. En otras ocasiones (7) la cita tiene algún problema o imprecisión. En otras palabras, las providencias que han recurrido a Wittgenstein, en su mayoría, lo han hecho porque es útil para comprender el caso que se analiza, el problema jurídico que se plantea, y la solución que se adopta. Suele hacerse referencia expresa a su obra, directa o indirectamente, mediante citas adecuadas. Existen casos en los que sólo juega un papel teórico o decorativo o en los que no se refieren fuentes de su obra con precisión, pero son la minoría.

Una vez vistas las referencias hechas por la Corte en cada una de las providencias de forma detallada, se harán algunos comentarios y anotaciones sobre el impacto de las ideas de Wittgenstein en la jurisprudencia de la Corte más allá de este conjunto de decisiones.

IV. IDEAS DEAMBULANDO POR LA JURISPRUDENCIA, ANOTACIONES DE IMPACTO

Establecer el grado de influencia de las ideas de Wittgenstein en la jurisprudencia constitucional colombiana es difícil, pues en muchos casos ésta ha sido indirecta o, a través de otros autores. Tal es el caso del jurista inglés H.L.A. Hart o del jurista argentino Genaro Carrió. Una de las influencias significativas de ambos autores en la

---

99 En una de las 21 providencias que cita a Wittgenstein, una de ellas solo lo hace en los antecedentes, no se usa en las consideraciones que dan lugar a la solución de la cuestión planteada.

jurisprudencia constitucional colombiana son las reflexiones sobre las características de ambigüedad, vaguedad y textura abierta del lenguaje natural que emplea el derecho.[100]

---

[100] Esta postura se ve, entre muchas otras, en la sentencia T-120 de 2014 (MP María Victoria Calle Correa), en la cual se sostiene que "la interpretación parte de un texto legal que utiliza el lenguaje natural y por lo tanto comparte su indeterminación, representada en la vaguedad de los conceptos y la ambigüedad de las palabras. Además, para cobijar supuestos generales, el Legislador acude a términos también generales que presentan una 'textura abierta'." Como sustento de esta afirmación la Sentencia advierte en nota al pie: "Estas afirmaciones se acercan a la exposición presentada por el filósofo del Derecho Herbert Hart, en su conocida obra *El Concepto de Derecho*. En el ámbito latinoamericano, el filósofo del derecho argentino Genaro Carrió efectuó consideraciones similares. El carácter no mecánico de la interpretación es, además, un presupuesto para la existencia del defecto sustantivo por interpretación errónea, expuesta en los fundamentos normativos de esta providencia. Así, en palabras de uno de los grandes autores de la citada corriente de pensamiento: "*aún si fuera posible, no sería deseable que el lenguaje del derecho se expresara en términos tan detallados que la cuestión de si esta regla se aplica o no a un caso particular siempre estuviera resuelta de antemano y nunca exigiera, en el momento de la aplicación efectiva, una nueva elección entre alternativas abiertas. | | La razón de tal elección nos es impuesta porque somos hombres y no dioses. Es una característica de la condición humana (y por ello también de la condición de los legisladores) que en todos los casos en que tratamos de regular... alguna esfera de la conducta por medio de criterios o pautas generales... nuestro empeño halla dos obstáculos conectados entre sí. El primero es nuestra relativa ignorancia de los hechos; el segundo, nuestra relativa indeterminación de propósitos. Si el mundo en que vivimos estuviera caracterizado únicamente por un número finito de notas y éstas, junto con todos los modos en que pudieran combinarse, fueran conocidas por nosotros, podríamos formular provisiones por adelantado para toda posibilidad. Podríamos elaborar reglas cuya aplicación a los casos particulares nunca exigiera una nueva elección. Todo podría ser conocido y, por ello mismo, las reglas podrían especificar por adelantado la solución para todos los problemas. Este sería un mundo adecuado para la teoría jurídica 'mecánica'. | | Obviamente ese mundo no es el nuestro; los legisladores humanos no pueden tener tal conocimiento de todas las posibles circunstancias que el futuro puede deparar. Esta incapacidad para anticipar trae consigo una relativa indeterminación de propósitos. Cuando osamos formular una regla general de conducta (por ejemplo, la regla de que no pueden entrar vehículos en un parque), el lenguaje usado en este contexto fija las condiciones necesarias que todo objeto tiene que satisfacer para estar comprendido por la regla, y podemos tener en mente ciertos ejemplos claros de lo que sin duda cae dentro de su ámbito. Ellos son los casos paradigmáticos, los casos claros (el automóvil, el bus, la motocicleta); y nuestro propósito al legislar está determinado, en esa medida, porque hemos*

Varias veces se ha hecho referencia a estas características del lenguaje ordinario haciendo alusión a las ideas de Hart a lo largo de los años.[101] De hecho, la Sala Plena ya habla de reiteración de la jurisprudencia sobre "*el uso del lenguaje por el Legislador y su relevancia constitucional*", según la cual se entiende, entre otras cosas, que el re-

hecho una cierta elección. Hemos resuelto inicialmente la cuestión de que la paz y la tranquilidad en el parque deben ser preservadas al costo, en todo caso, de la exclusión de la circulación de automóviles, buses y motocicletas. Por otra parte, mientras no coloquemos el propósito general de preservar la paz en el parque en conjunción con aquellos casos que inicialmente no consideramos, o quizás no pudimos considerar (un auto de juguete a propulsión eléctrica), nuestro propósito, en esa dirección, es indeterminado. No hemos resuelto, porque no hemos previsto, la cuestión que planteará el caso no contemplado cuando acaezca: si ha de sacrificarse o defenderse algún grado de tranquilidad en el parque, frente a aquellos niños cuyo placer consiste en usar ese juguete. Cuando el caso no contemplado se presenta, confrontamos las cuestiones en juego y podemos entonces resolver el problema eligiendo entre los intereses en conflicto de la manera más satisfactoria. Al hacerlo habremos resuelto una cuestión sobre el significado que, a los fines de esta regla, tiene la palabra general" (H.L.A. Hart, El Concepto de Derecho, p. 160-161)." [Nota al pie número 134 del texto de la sentencia]. En sentido similar ver la sentencia T-558 de 2016, en la que también se hace relación a la textura abierta del lenguaje. Las escuelas analíticas del derecho comparten una idea básica: el derecho emplea el lenguaje ordinario; si bien puede usar términos y expresiones de forma técnica, el derecho no es un lenguaje técnico particular con reglas gramaticales propias diferentes a las del lenguaje ordinario (al respecto ver el histórico debate entre Sebastián Soler y Genaro Carrió).

101 Ver entre otras las sentencias T-406 de 1992 (MP Ciro Angarita Barón), en la cual se reivindica el espacio de decisión y definición judicial del derecho que la interpretación del lenguaje concede a los jueces; C-820 de 2006 (MP Marco Gerardo Monroy Cabra), en la cual se declara inconstitucional restringir la facultad de dar interpretaciones legales con autoridad al legislador, excluyendo a la Corte Constitucional; C-001 de 2018 (MP Diana Fajardo Rivera), en la cual se estudia la constitucionalidad del uso de la expresión 'sirviente' en una ley sobre las obligaciones de los posaderos; SU-068 de 2018 (MP Alberto Rojas Ríos), en la cual se retoma esta concepción del lenguaje en Hart, a propósito de la jurisprudencia pensional sobre el régimen de transición. Estas ideas sobre las características del lenguaje ordinario también se han empleado sin hacer referencia a Wittgenstein ni a Hart, por ejemplo, la sentencia SU-053 de 2015 (MP Gloria Stella Ortiz Delgado), ver aparte 21 de las consideraciones.

curso fundamental para la formulación de enunciados es el lenguaje ordinario, el lenguaje natural (sentencia C-552 de 2019).[102]

La Corte ha evaluado la constitucionalidad de normas penales ambiguas que pueden poner en riesgo el ejercicio de derechos fundamentales como la protesta pública (C-742 de 2012).[103] Fundándose en Genaro Carrió y Alf Ross, la Corte precisó esa vez que "*todas las disposiciones de un Código Penal como el nuestro están formuladas en un lenguaje natural, aunque técnico. Eso es relevante porque según la teoría del derecho más autorizada sobre la materia de los límites del lenguaje normativo, todas las directivas expresadas en lenguaje natural, sin excepción, no sólo presentan a menudo problemas de ambigüedad semántica, sintáctica o pragmática, sino que incluso es posible aseverar que todas ellas están integradas por palabras vagas.*"[104] Para la Sala, por tanto, el lenguaje jurídico no es claro y preciso y, en tal sentido, "*el juicio de*

---

102 En este caso la Sala decidió: "luego de reiterar su jurisprudencia sobre el uso del lenguaje, y en particular, la relacionada con la expresión '*sirvientes*', [...] que no es admisible constitucionalmente, por desconocer el principio de dignidad humana y promover un trato discriminatorio, el precepto "*sirvientes*" para referirse a las personas que mantienen una relación laboral con el usuario o habitador." La nota al pie número 7 de la sentencia cita El concepto del derecho, precisando, como ocurre en muchas sentencias, que Genaro Carrió es su traductor: "*H.L.A. Hart afirmó: "... En todos los campos de experiencia, no sólo en el de las reglas, hay un límite, inherente en la naturaleza del lenguaje, a la orientación que el lenguaje general puede proporcionar. (...)*". El concepto del derecho, Traducción Genaro Carrió, Editorial Abeledo-Perrot, 3ª ed., Buenos Aires, 2009, pág. 157."

103 Corte Constitucional, sentencia C-742 de 2012 (MP María Victoria Calle Correa); en este caso se declaró la constitucionalidad de normas penales que criminalizan la obstrucción de vías públicas que afecten el orden público, por considerar que al exigirse que la conducta se haga por "medios ilícitos" deben cometerse actos "*que conllevan violencia*, [lo que] *sustrae en principio los comportamientos resultantes, del ámbito de protección del derecho a la manifestación*".

104 La sentencia C-742 de 2012 funda esta afirmación en la nota al pie 68 la cual dice lo siguiente: "Genaro Carrió, por ejemplo, dice que '[...] *todas las palabras que usamos para hablar del mundo que nos rodea, y de nosotros mismos, son, al menos, potencialmente vagas*'. Carrió, Genaro R.: 'Sobre los lenguajes naturales', en *Notas sobre Derecho y lenguaje*, 4ª edición, Buenos Aires, Abeledo Perrot, 1994, p. 34. Alf Ross asegura por su parte '[...] *que la mayor parte de las palabras son ambiguas, y que todas las palabras son vagas, esto es, que su campo de referencia es indefinido*'.

estricta legalidad de los tipos penales no puede ser entonces sólo un ejercicio de control sobre la calidad del lenguaje usado por el legislador" (C-742 de 2012).[105] La Corte, tres años antes, fundándose en lo dicho por Alf Ross (según la traducción de Carrió, tal como lo aclara en la sentencia), había hecho consideraciones sobre el uso del lenguaje en leyes tributarias (C-714 de 2009).[106]

A propósito de la constitucionalidad de normas de carácter penal, por ejemplo, ha dicho que las indeterminaciones lingüísticas son una razón para que la regla legal que la contenga deba interpretarse judicialmente (C-893 de 2012) y, además, en su contexto de uso (C-910 de 2012).[107] Claro, siempre y cuando el grado de inde-

---

Ross, Alf: *Sobre el Derecho y la justicia*, Trad. Genaro R. Carrió, 3ª edición, Buenos Aires, Eudeba, 2005, p. 170."

105 Corte Constitucional, sentencia C-742 de 2012 (MP María Victoria Calle Correa). Al respecto ver también la sentencia C-585 de 2015 [a propósito de la certeza tributaria] o las sentencias C-060 de 2018 y C-056 de 2019 [reiterando la C-585 de 2015].

106 En la sentencia C-714 de 2009 la Corte consideró: "[…] los vocablos *'reales productivos'*, como quizá todas las demás normas del ordenamiento tributario, no tienen un único sentido evidente. Pero eso no quiere decir que cualquier significado que se les atribuya a dichos términos sea arbitrario. Los vocablos acusados pueden ser razonablemente interpretados, aún en abstracto y sustrayéndolos del contexto de creación de la norma en la cual están insertos, con arreglo a cánones aceptables de interpretación de las normas jurídicas. Con todo, es posible precisar aún más el ámbito de significado de las expresiones demandadas, si se las inserta en el contexto situacional de creación de la norma jurídica que las contiene". La Corte funda su afirmación en la nota al pie número 44 que dice lo siguiente: "Sobre la posibilidad de precisar el significado de los vocablos con la inserción de los mismos en una situación real, *cfr.*, el siguiente ejemplo, planteado por Alf Ross: si se lee un letrero en el que se diga: *'Por aquí sólo pueden entrar cuidadores con animales'*, quizá se despierte una reacción de perplejidad, sobre el significado de los términos 'cuidadores' o del término 'animales'. Pero si ese aviso está dispuesto a la entrada de una exhibición ganadera, difícilmente puede haber dudas de que por esa entrada no pueden pasar cuidadores de canarios. Alf Ross. *Sobre el Derecho y la justicia*. Trad. Genaro Carrió, Buenos Aires, Eudeba, 2005, pp. 146 y ss.".

107 La sentencia C-893 de 2012 ha sido reiterada en varias ocasiones para establecer las características propias del lenguaje ordinario que sirven para entender una 'duda hermenéutica razonable'. Así, por ejemplo, las sentencias C-286 de 2017,

terminación sea constitucionalmente admisible (C-167 y C-169 de 2014).[108] También fundándose en Carrió, ha insistido en que no es posible determinar el significado de una expresión, ni sus eventuales cargas emotivas, sin considerar el contexto de su uso (C-135 de 2017).[109]

C-250 de 2019 (esta, aunque dice estar citando la sentencia C-839 de 2012, en realidad cita la C-893 de 2012), C-265 de 2019, C-029 de 2021 y C-277 de 2021.

108 En la sentencia C-167 de 2014 se tuvo en cuenta que "siguiendo al jurista Genaro Carrió, la jurisprudencia ha" empleado y valorado las características del lenguaje ordinario. La Sala decidió "(i) el uso de una expresión vaga o ambigua en una norma que establece una obligación tributaria no implica, per se, su inconstitucionalidad, ello sólo ocurre cuando la falta de claridad sea insuperable; (ii) el que una norma se pueda declarar constitucional, pero sólo si se obliga a una determinada interpretación, no es una solución, es una prueba de la violación de los principios de legalidad y certeza del tributo. Asimismo (iii) se reitera que el poder ejecutivo tiene la facultad para reglamentar la ley tributaria y definir sus condiciones de aplicación, de acuerdo con el orden constitucional vigente, siempre y cuando la disposición legal que se reglamente, identifique los elementos del tributo, con claridad y precisión." En sentido similar, citando a Genaro Carrió y Alf Ross, ver la sentencia C-169 de 2014, nota al pie de página número 58.

109 Corte Constitucional, sentencia C-135 de 2017; en este caso se declaró inconstitucional el título de la Ley 89 de 1890, *"por la cual se determina la manera como deben ser gobernados los salvajes que vayan reduciéndose a la vida civilizada"*. La sentencia afirma: "[...] en general la denotación y la connotación de las palabras y el significado de proposiciones está en función del contexto lingüístico y extra-lingüístico en el que se insertan. Sabemos, por ejemplo, que palabras como '*democracia*', '*garantismo*' o '*justicia*' pueden tener un significado relativamente preciso y determinable en algunos escenarios, mientras que en otros puede tener únicamente una carga emotiva, sin que sea posible determinar en abstracto los criterios para su uso." La sentencia C-135 de 2017 emplea a Carrió para llegar a su solución (ver la nota al pie número 57, que dice lo siguiente: "Sobre el significado emotivo que algunas expresiones lingüísticas tienen en contextos específicos, *cfr.* Genaro Carrió, *Notas sobre derecho y lenguaje,* Ed. Abeledo Perrot, Buenos Aires, 1976, pp. 22-24. Al respecto se sostiene lo siguiente: *'Se trata de palabras que son usadas, en forma ostensible o encubierta, para exteriorizar, despertar o agudizar ciertas actitudes de aprobación o desaprobación. 'Libertad', 'democracia', 'imperialismo', 'oligarquía', 'comunista', 'nacionalista', son solo un puñado de las numerosas palabras que, en determinados contextos, desempeñan tal función. Frente a esta dimensión del lenguaje se habla de 'significado emotivo' de ciertas palabras, como cosa distinta del significado descriptivo de ellas'.*").

Otro uso indirecto de las ideas y aportes de Wittgenstein se da a través de sentencias que no lo citan ni aluden a él directamente, pero recogen posiciones jurisprudenciales y sentencias en las que sí se ha hecho referencia explícita al autor. Por ejemplo, en 2021, la Corte tuteló los derechos al buen nombre, al honor, a la no discriminación, así como al principio de la dignidad humana de una persona venezolana residente en Colombia, en razón al acto de discriminación y estigmatización que implicaron declaraciones de la alcaldesa mayor de Bogotá en las que se refirió a la situación de seguridad de la capital y a la participación de los ciudadanos venezolanos en escenarios de criminalidad (T-386 de 2021). En las consideraciones de la sentencia, se abordó la importancia y el valor del lenguaje, resaltando expresamente que "*la jurisprudencia constitucional ha reconocido que, en situaciones y contextos específicos, la utilización de expresiones o cierto tipo de juegos del lenguaje son una manifestación del derecho a la libertad de expresión, aunque también advierte acerca de la existencia de límites parciales y excepcionales a ciertos usos del lenguaje*."[110] Son muchos los ejemplos adicionales que podrían citarse.[111]

La Corte, sin hacer referencia a Wittgenstein, ha mostrado que hay expresiones que pueden usarse en ciertos contextos, sin que se tenga una definición clara y distinta del concepto usado. Tal es el caso de la afirmación: '*el derecho a la salud es un derecho fundamental*' hecha en la sentencia T-760 de 2008 (protección estructural del derecho a la salud). Así no se cuente con una definición exacta y precisa de qué es 'derecho fundamental', es posible emplearla con

110 Corte Constitucional, sentencia T-386 de 2021. La sentencia cita como sustento de esta afirmación la sentencia C-605 de 2012 en la que sí se hace referencia explícita a Ludwig Wittgenstein y a la cual se hizo alusión previamente en el presente texto.

111 Por ejemplo, la sentencia C-113 de 2017 no cita al filósofo austriaco pero si cita la sentencia C-350 de 2009 (en la que sí se usa) para hablar del lenguaje, a propósito del uso de la expresión 'buenas costumbres' como límite al derecho de asociación de niñas, niños y adolescentes. Algo similar ocurre con la sentencia C-167 de 2014 o la sentencia C-234 de 2019.

sentido si se sabe cómo usarla.[112] También sin citar al filósofo austriaco, hay casos en los que al menos una magistrada ha mostrado los límites del uso de una expresión, los límites de su sentido. Así, por ejemplo, ha evidenciado que quizá hay expresiones en la jurisprudencia constitucional que pueden tener una carga simbólica o emotiva, pero no semántica, es decir no tienen un uso conceptual. Tal sería el caso de la expresión 'esencial' en el concepto de '*núcleo esencial del derecho*'. ¿Qué diferencia existe entre usarla o no? ¿Cuál es la diferencia entre el 'núcleo esencial del derecho a la salud' y el 'núcleo del derecho' a la salud? Como lo muestra una Magistrada en una aclaración de voto, se usaría con sentido la expresión 'núcleo *esencial* del derecho' si esta sirviera para distinguirlo de algo, por ejemplo, del 'núcleo *no esencial* del derecho'. (Aclaración de voto, C-942 de 2009). Dijo la Magistrada,

> "La expresión original en la cual se fundó la Corte Constitucional para acuñar la expresión 'núcleo esencial', como se indicó, fue la de 'contenido esencial' de un derecho, tomada de la dogmática y del constitucionalismo comparado, pero que también hace parte del ordenamiento constitucional vigente, a través del Decreto 2591 de 1991.[113]

---

112 Dijo la Corte al respecto: "La Corte Constitucional ha reconocido el carácter fundamental del derecho a la salud. En la presente sentencia, la Sala de Revisión no entra a analizar el concepto de '*derecho fundamental*'. Esta categoría es objeto de sinnúmero de debates doctrinarios y judiciales que no se pretenden zanjar en el presente proceso. Por ello, no entra a definir qué es un derecho fundamental, en general, ni cuáles son los criterios para su identificación o delimitación, entre otras cuestiones. No obstante, la jurisprudencia constitucional ha ido delimitando algunos aspectos del concepto, que serán retomados a continuación. En un primer momento, la Corte delimitó el concepto de forma negativa, indicando cómo no debe ser entendido. Posteriormente, aportó un elemento definitorio de carácter positivo. Sin embargo, se reitera, esta caracterización mínima del concepto de derecho fundamental no pretende definir la cuestión en términos generales. Estos elementos se retoman, en cuanto han permitido caracterizar el derecho a la salud como fundamental." sentencia T-760 de 2008 (protección estructural del derecho a la salud).

113 Decreto 2591 de 1991, artículo 1° — [...] | | La acción de tutela procederá aún bajo los estados de excepción. Cuando la medida excepcional se refiera a derechos, la tutela se podrá ejercer por lo menos para defender su <u>contenido esencial</u>, sin perjuicio de las limitaciones que la Constitución autorice y de lo

No obstante hay una diferencia notable entre las dos. Mientras que la última hace referencia a dos ideas distintas, la segunda hace referencia a la misma. En efecto con 'contenido' del derecho se hace alusión a los ámbitos de protección y garantías que este ofrece a las personas, y con la expresión 'esencial' se califican dichos contenidos, indicando que son centrales, indispensables, fundamentales. En cambio, con el núcleo esencial del derecho se hace referencia a lo mismo, esto es, a la parte central y determinante de un derecho.[114] Muchas de las expresiones de la sentencia C-942 de 2009 podrían remplazarse de esa manera y no perderían su sentido ni su alcance.

Ninguna de las expresiones de la sentencia cambiaría o se modificaría por el hecho de que se suprima la expresión 'esencial'. En la medida que ambas palabras hacen referencia a lo mismo (básico, central, fundamental) puede suprimirse la calificación de 'esencial' que se hace del núcleo del derecho fundamental.[115] [...]" (Aclaración de voto, C-942 de 2009).[116]

El 'método filosófico' de Wittgenstein para analizar conceptos muestra, justamente, que cuando un concepto no tiene límites, cuando no sirve para distinguir algo de algo, probablemente se esté empleando sin sentido (HOLGUÍN, 2003). Podría tener un lugar gramatical simbólico o emotivo, pero no conceptual. Por eso, quizá, el '*esencial*' del núcleo del derecho lleve a preguntas que antes de

---

que establezca la correspondiente ley estatutaria de los estados de excepción. (subrayas fuera del texto original).

114 Tal situación se hace evidente cuando se habla de la 'esencia de un derecho fundamental' o del 'núcleo de un derecho fundamental', ambas expresiones pueden ser sinónimas. La única forma de dar sentido independiente a las dos palabras sería postular la existencia de un 'núcleo no esencial' de un derecho, o algo por el estilo, al igual que las partes externas a dichos núcleos.

115 Esto tendría sentido si además del núcleo esencial del derecho, se hablara del núcleo no esencial del derecho, así como de las partes exteriores al núcleo esencial y no esencial del derecho.

116 Añadió la Magistrada: "[...] Aunque la imagen de núcleo de un derecho todavía tiene una gran carga de metáfora geográfica, sugiriendo que lo importante está en el centro, pensar en el *núcleo* de una red que cambia y evoluciona con el tiempo, puede darle nueva vida a esa imagen, para que siga sirviendo para lo que toda metáfora sirve facilitar la comprensión de un concepto, en este caso, de uno de los conceptos centrales del orden constitucional vigente: 'derecho fundamental'". Aclaración de voto, C-942 de 2009.

resolverse deberían disolverse. Son preguntas sin sentido que pueden embrujar mentes. Deshacerlas al verlas, parece, es el camino sugerido. Entender que en el 'núcleo esencial', lo 'esencial', quizá, esté de vacaciones. Esta influencia indirecta del filósofo también se da, por supuesto, con las sentencias que aplican la doctrina del derecho vigente, que, como se mostró, es una de las primeras ocasiones en que se emplearon indirectamente ideas y metáforas de en la jurisprudencia de la Corte para comprender y resolver un caso, el significado como uso.[117]

Establecer con precisión cuál es el grado de influencia que han tenido las ideas de Wittgenstein en la jurisprudencia constitucional colombiana no es fácil. Como se mostró, en muchos casos ésta ha sido indirecta, a través de otros autores, o de providencias que usan decisiones previas que sí lo usaron. Pero también pueden ser providencias que citan decisiones previas en las que, a su vez, se citan otras decisiones anteriores en las que sí se usaron, directa o indirectamente, las ideas o metáforas del filósofo vienés.

---

[117] La doctrina del 'derecho viviente' establecida en la sentencia C-557 de 2001 ha sido citada en varias oportunidades, entre ellas, por ejemplo, las sentencias C-901 de 2003, sobre liquidación de sentencias de jueces eclesiásticos; C-569 de 2004, sobre las acciones de grupo; C-803 de 2006, sobre suspensión provisional de actos administrativos; C-842 de 2010, sobre circunstancias de agravación punitiva; C-258 de 2013, sobre las normas de pensiones altas; C-390 de 2014, sobre causales de libertad; C-418 de 2014, sobre requisitos de pensión; SU-214 de 2016, sobre la defensa del matrimonio igualitario; C-015 de 2018, sobre rebaja de pena a intervinientes; C-284 de 2021, sobre *pacto de indivisión*; C-294 de 2022, sobre *sentencia proferida* y C-403 de 2022, sobre aplicación de distritos judiciales. En la sentencia SU-214 de 2016 se dio una disputa en torno a la aplicación de la doctrina del derecho viviente entre uno de los salvamentos de voto (el del Magistrado Gabriel Eduardo Mendoza Martelo) y la posición de la mayoría de la Sala. La sentencia no se fundó en la jurisprudencia constitucional fijada y reiterada sino en la presentación de la doctrina por parte del profesor italiano Zagrebelsky (concretamente, en la nota al pie número 4 de la SU-214 de 2016 se da de sustento de la doctrina así: "'Il Diritto Vivente' Zagrebelsky, Gustavo, *El derecho dúctil*, Madrid, Trotta, 2009." [Al respecto, confróntese con ZAGREBELSKY, 2008].

V. CODA

> ¿Cómo encuentro una palabra apropiada? ¿Cómo escojo entre las palabras? A veces es como si las comparara según finas diferencias en su olor: esta es demasiado…, esta es demasiado… –esta es la apropiada– Pero no siempre tengo que juzgar, explicar, a menudo podría limitarme a decir: "Sencillamente no concuerda" Estoy insatisfecho, sigo buscando. Finalmente llega una palabra: "¡Esa es!" A veces puedo decir por qué. Este es el aspecto que toma aquí el buscar y el encontrar. (IF P.II; 499)

Wittgenstein es un filósofo empleado con mesura por la Corte y, usualmente, de forma correcta y para algo. Quizá por lo particular de su escritura o de su forma de presentar las cuestiones que trata, quizá por no tratar asuntos jurídicos o de filosofía del derecho de forma directa, ha sido un filósofo poco citado o usado explícitamente. Sin embargo, no por esto sus ideas han impactado poco. Sus observaciones han servido a la Corte para ver, para comprender mejor, el fenómeno del lenguaje y su papel en las prácticas jurídicas. Su impacto, además, no sólo ha sido directo; también se ha dado a través de autores, algunos de ellos más cercanos a reflexiones propias del derecho o la política. Sus ideas han influido en casos en los que el uso y la comprensión del lenguaje juegan un rol destacado. Ideas, metáforas e imágenes sobre el lenguaje, el significado o la interpretación, útiles para ver algunos problemas jurídicos y solucionarlos o, en ocasiones, disolverlos. Ha sido usado ante todo en decisiones que ha tomado la Sala Plena de la Corte sobre la constitucionalidad de normas que tienen fuerza de ley o la tendrán, una vez aprobadas y sancionadas. Han sido usadas por la Sala Plena y algunas Salas de Revisión en casos concretos de protección de los derechos fundamentales de alguna persona. Y también se han usado en sus votos individuales, concurrentes o disidentes. Proporcionalmente, ha sido significativo su uso por parte de las magistradas que han pasado por la Corte.

Aunque hay evidencia de la comprensión y presencia, así sea indirecta, de las ideas de Wittgenstein en la transición y la primera

Corte, será desde la segunda que se comience a usar de una forma explícita. Luego su uso se incrementará y se aceptará ampliamente en la tercera y la cuarta Corte (la actual, 2024). Como se ha mostrado, **la influencia de Wittgenstein ha sido significativa en la jurisprudencia constitucional colombiana. Sus aportes han jugado un papel en las prácticas de interpretación y en el análisis y solución de casos emblemáticos en los que el lenguaje era un elemento primordial. Ha servido para comprender el lenguaje del derecho. Ha permitido a la jurisprudencia comprender el lenguaje como un conjunto de herramientas que pueden ser usadas de muchas maneras. El lenguaje no tiene una única función ni se usa de una única forma. Las palabras se emplean en diferentes contextos y se usan de formas distintas. Esto ha dado herramientas a la Corte para la comprensión de los textos** normativos, en especial las leyes y la Constitución, así como las actuaciones de personas y funcionarios en casos concretos. La jurisprudencia constitucional no considera que existan definiciones claras y distintas de los conceptos jurídicos, ni que tal precisión sea un requisito para su comprensión o aplicación. De igual forma, ha comprendido que las palabras se pueden usar para hacer cosas como atacar, discriminar o marginar. Son las acciones y no las palabras lo que se reprocha. Dicho de otra forma, lo que se controla constitucionalmente son los usos de las palabras, no las palabras en general.

En otras palabras, la Corte Constitucional ha empleado ideas de Ludwig Wittgenstein, con relativo éxito, para proteger la jurisprudencia de los embrujos del lenguaje y evitar que en ellos se pueda perder la justicia o la dignidad de las personas. Esa en últimas, parece ser la finalidad de todo este juego.

Bibliografía

ARRIETA, Aquiles (1998) *Un juego para iniciados*. Tesis de grado. Bogotá: Universidad de los Andes. Facultad de derecho y Facultad de filosofía. Inédita.

(2001) 'Expresiones en uso. Entre la vida del derecho, el significado y la responsabilidad fiscal', en *Derecho Constitucional. Perspectivas críticas*. Bogotá: Universidad de Los Andes y Legis Editores, 2001.

(2002) Acerca de la fundamentación de los derechos humanos, en La Filosofía y la crisis colombiana, Rubén Sierra (Ed). Bogotá: Editorial Taurus, 2002.

ASHBY, Ronald (1977) 'XVII—David Pole'. *Proceedings of the Aristotelian Society*, Volume 77, Issue 1, 1 June 1977.

AUSTIN, J.L. (1962) *Cómo hacer cosas con palabras*. Barcelona: Paidós, 1981.

BULYGIN, E., *et al*. [Eds.] (1983) El lenguaje del derecho. Homenaje a Genaro R. Carrió. Buenos Aires: Abeledo Perrot, 1983

CARRIÓ, Genaro. (1965) *Notas sobre derecho y lenguaje*. Buenos Aires: Abeledo-Perrot, 1990.

(1971) Algunas palabras sobre las palabras de la ley. Buenos Aires: Abeledo-Perrot, 1971.

(1973) Sobre los límites del lenguaje normativo. Buenos Aires: Astrea, 1973.

CASTAÑEDA, Felipe (2001) 'Ver un pato y ver un pato como liebre: Wittgenstein y la interpretación' en *El pensamiento de L.Wittgenstein, una presentación*. Bogotá: Aula & Universidad Nacional de Colombia, 2020.

EHRLICH, Eugene (1913) *Fundamental Principles of the Sociology of Law*. USA: Harvard University, 1936.

GLOCK, Hans-Johann (1996) *A Wittgenstein Dictionary*. UK: Blackwell, 1996.

HACKER, P.M.S. (1997) *Wittgenstein. La naturaleza humana*. Bogotá: Editorial Norma, 1998. [*Wittgenstein on Human Nature*. London: Phoenix, 1997].

HART, H.L.A. (1961) *El Concepto de Derecho*. Buenos Aires: Abeledo-Perrot, 1963 [1995].

HOLGUÍN, Magdalena (2001) 'Wittgenstein: la lógica de la ilusión' en *El pensamiento de L. Wittgenstein, una presentación*. Bogotá: Aula & Universidad Nacional de Colombia, 2020.

(2003) 'El método de Wittgenstein' en *Del espejo a las herramientas. Ensayos sobre el pensamiento de Wittgenstein*. Bogotá: Siglo del Hombre, 2003.

JANIK, Allan & TOULMIN, Stephen (1973) *La Viena de Wittgenstein*. España: Taurus, 1998.

KELSEN, Hans & KLUG, Ulrich (1988) *Normas jurídicas y análisis lógico*. Madrid: Centro de Estudios Políticos y Constitucionales, 1998.

LLEDÓ, Emilio (1978) *Lenguaje e Historia*. Madrid: Dykinson, 1970.

MONK, Ray (1990) *Ludwig Wittgenstein*. Barcelona: Anagrama, 1994.

NARVÁEZ MORA, Maribel (2004) *Wittgenstein y la teoría del derecho. Una senda para el convencionalismo jurídico*. Madrid: Marcial Pons, 2004.

PATTERSON, Dennis M. (Ed.) (1992) *Wittgenstein and Legal Theory*. USA: Westview Press, 1992.

(Ed.) (2004) *Wittgenstein and Law*. UK: Ashgate, 2004.

PITKIN, Hanna Fenichel (1972) *Wittgenstein: el lenguaje la política y la justicia*. Madrid: Centro de Estudios Constitucionales, 2004.

POLE, David (1958) *The Later Philosophy of Wittgenstein*. London: University of London & The Athlone Press, 1963.

RAMOS ARENAS, Jaime (2001) 'Confusiones gramaticales acerca de lo mental' en *El pensamiento de L.Wittgenstein, una presentación*. Bogotá: Aula & Universidad Nacional de Colombia, 2020.

RORTY, Richard (1993) 'Derechos Humanos, racionalidad y sentimentalidad', en *De los derechos humanos. Las conferencias Oxford Amnesty 1993*. Shute, S. & Hurley, S. (eds). Valladolid: Editorial Trotta, 1998.

SANTIBÁÑEZ YAÑEZ, Cristian (2007) 'Los juegos del lenguaje de Fritz Mauthner y Ludwig Wittgenstein' en *Revista Teorema*. Vol. XXVI/1, 2007. (pp. 83-105).

SALVATO, L., *ed.* (2015) '*Profili del «diritto vivente» nella giurisprudenza costituzionale*'. Página virtual de la Corte Constitucional de la República Italiana. Visitada en enero 2023.

www.cortecostituzionale.it/documenti/convegni_seminari/stu_276.pdf

SCHAUER, Frederick (1991) *Las reglas en juego* (*Playing by the rules*). Madrid: Marcial Pons, 2004.

WITTGENSTEIN, Ludwig (1918) TS204 Tratado Logico-filosófico (manuscrito). Valencia: tirant humanidades, 2019. [Introducción y traducción de Jesús Padilla Gálvez].

(1921) *Tractatus Lógico-Philosophicus* (T). Madrid: Alianza, 1973.

(1953) *Investigaciones Filosóficas* (IF) Barcelona: UNAM – Editorial Crítica, 1986.

(1958) *Cuadernos azul y marrón* (CAM). Madrid: tecnos, 1968.

(1969) *Sobre la certeza* (SC). Barcelona: Gedisa, 1988.

(1965) *Conferencia sobre ética / Lecture on Ethics* (CE). Caracas: bid & co. edito, 2017.

(1969) *Gramática Filosófica* (GF). México: Universidad Nacional Autónoma de México, 1992.

ZAGREBELSKY, Gustavo (2008) 'Realismo y concreción del control de constitucionalidad de las leyes' en *Estudios Constitucionales*, Año 6, N° 1, 2008 (pp. 325-335), Centro de Estudios Constitucionales de Chile, Universidad de Talca.

***

Providencias de la Corte Constitucional de Colombia

1992:

- Sentencia T-406 de 1992 (MP Ciro Angarita Barón) Caso, *estado social de derecho*.

- Sentencia C-179 de 1994 (MP Carlos Gaviria Díaz) Caso, *estados de excepción*.

2001:
- Sentencia C-557 de 2001 (MP Manuel José Cepeda Espinosa) Caso, *Derecho viviente*.

2003:
- Sentencia C-901 de 2003 (MP Rodrigo Escobar Gil) Caso, *Liquidación de sentencias eclesiásticas*.

2004:
- Sentencia C-569 de 2004 (MP Rodrigo Uprimny Yepes) Caso, *acciones de grupo*.
- Sentencia C-1088 de 2004 (MP Jaime Córdoba Triviño) Caso, *locura furiosa*.

2006:
- Sentencia C-803 de 2006 (MP Jaime Córdoba Triviño) Caso, *suspensión provisional de actos administrativos*.
- Sentencia C-804 de 2006 (MP Humberto Antonio Sierra Porto) Caso, *generalización en masculino*.
- Sentencias C-820 de 2006 (MP Marco Gerardo Monroy Cabra) Caso, *interpretación con autoridad*.

2008:
- Sentencia T-760 de 2008 Caso, *protección estructural del derecho a la salud*.

2009:
- Sentencia C-350 de 2009 (MP María Victoria Calle Correa) Caso, *buenas costumbres del servidor*.
- Sentencia C-714 de 2009 (MP María Victoria Calle Correa) Caso, *activos fijos reales productivos*.
- Sentencia C-804 de 2009 (MP María Victoria Calle Correa) Caso, *idoneidad física*.
- Aclaración de voto (*Una cuestión esencial*) de la Magistrada María Victoria Calle Correa a la sentencia C-942 de 2009 (Jorge Ignacio Pretelt Chaljub) Caso, *talento humano en salud*.

2010:
- Sentencia T-1015 de 2010 (MP Luis Ernesto Vargas Silva) Caso, *criterios probatorios*.
- Sentencia C-842 de 2010 (MP Mauricio González Cuervo) Caso, *circunstancias de agravación*.

2012:
- Sentencia C-605 de 2012 (MP María Victoria Calle Correa) Caso, *derecho al lenguaje*.
- Sentencia T-691 de 2012 (MP María Victoria Calle Correa) Caso, *escenarios de discriminación*.
- Sentencia C-742 de 2012 (MP María Victoria Calle Correa) Caso, *derecho a manifestarse*.

- Sentencia C-893 de 2012 (MP Luis Guillermo Guerrero Pérez) Caso, *archivo de la indagación.*
- Sentencia C-910 de 2012 (MP Luis Guillermo Guerrero Pérez) Caso, *personalidad para casa por cárcel.*

2013:

- Sentencia C-066 de 2013 (MP Luis Ernesto Vargas Silva) Caso, *normalización social.*
- Aclaración de voto (*'Protección ¿pero sólo de palabra?'*) de la Magistrada María Victoria Calle Correa a la sentencia C-253 de 2013 (MP Mauricio González Cuervo) Caso *comunidades negras.*
- Sentencia C-258 de 2013 (MP Jorge Ignacio Pretelt Chaljub), Caso, *normas de pensiones altas.*

2014:

- Sentencia T-120 de 2014 (MP María Victoria Calle Correa) Caso, *interpretación disciplinaria.*
- Sentencia C-167 de 2014 (MP María Victoria Calle Correa) Caso, *interpretación tributaria, tasa.*
- Sentencia C-169 de 2014 (MP María Victoria Calle Correa) Caso, *interpretación tributaria, arancel judicial.*
- Aclaración de voto de los Magistrados Jorge Iván Palacio Palacio y Nilson Pinilla Pinilla a la sentencia C-283 de 2014 (MP Jorge Iván Palacio Palacio) Caso, *circos sin animales.*
- Sentencia C-390 de 2014 (MP Alberto Rojas Ríos) Caso, *causales de libertad.*
- Sentencia C-418 de 2014 (MP María Victoria Calle Correa) Caso, *requisitos de pensión.*

2015:

- Sentencia SU-053 de 2015 (MP Gloria Stella Ortiz Delgado) Caso, *precedente y reintegro.*
- Sentencia C-585 de 2015 (MP María Victoria Calle Correa) Caso, *contribución diferencial.*

2016:

- Sentencia C-054 de 2016 (MP Luis Ernesto Vargas Silva) Caso, *espíritu de la ley.*
- Sentencia SU-214 de 2016 (MP Alberto Rojas Ríos) Caso, *defensa del matrimonio igualitario.*
- Sentencia T-558 de 2016 (MP María Victoria Calle Correa) Caso. *servicios de salud, sujetos especiales.*

2017:

- Auto 021 de 2017 (MP Alberto Rojas Ríos) Caso, *nulidad defensa del matrimonio igualitario.*
- Sentencia C-042 de 2017 (MP Aquiles Ignacio Arrieta Gómez) Caso, *padecer discriminación.*
- Sentencia C-110 de 2017 (MP Alberto Rojas Ríos) Caso, *abogado de los pobres.*

- Sentencia C-113 de 2017 (MP María Victoria Calle Correa) Caso, *buenas costumbres de menores de edad.*
- Sentencia C-135 de 2017 (MP Luis Guillermo Guerrero Pérez). Caso *reducir salvajes.*
- Sentencia C-190 de 2017 (MP Aquiles Ignacio Arrieta Gómez) Caso, *sirvientes asalariados.*
- Sentencia C-286 de 2017 (MP Gloria Stela Ortiz Delgado) Caso, *imputación estatal.*
- Sentencia C-390 de 2017 (MP Cristina Pardo Schlesinger) Caso, *sirvientes acarreadores.*

2018:

- Sentencia C-001 de 2018 (MP Diana Fajardo Rivera) Caso, *sirvientes posaderos.*
- Sentencia C-015 de 2018 (MP Cristina Pardo Schlesinger) Caso, *rebaja de pena a intervinientes.*
- Sentencia C-060 de 2018 (MP Gloria Stella Ortiz Delgado) Caso, *cuestiones tributarias.*
- Sentencia SU-068 de 2018 (MP Alberto Rojas Ríos) Caso, *lenguaje pensional.*
- Sentencia C-080 de 2018 (MP Antonio José Lizarazo Ocampo) Caso, *JEP.*
- Sentencia T-244 de 2018 (MP José Fernando Reyes Cuartas) Caso, *Alcalde criticado.*

2019:

- Sentencia C-056 de 2019 (MP Gloria Stella Ortiz Delgado) Caso, *territorialidad tributaria.*
- Sentencia C-234 de 2019 (MP Diana Fajardo Rivera) Caso, *moral social y patentes.*
- Sentencia C-250 de 2019 (MP José Fernando Reyes Cuartas) Caso, *garantías mínimas.*
- Sentencia C-265 de 2019 (MP Gloría Stella Ortiz Delgado) Caso, *tarifa preferencial.*
- Sentencia C-552 de 2019 (MP Diana Fajardo Rivera) Caso, *uso y habitación de sirvientes.*

2020:

- Salvamento de voto (*escenarios de discriminación desenfocados*) de la Magistrada Diana Fajardo Rivera a la sentencia T-362 de 2020 (MP Luis Guillermo Guerrero Pérez) Caso, *Carolina Sanín.*

2021:

- Sentencia C-029 de 2021 (MP Gloria Stella Ortiz Delgado), Caso *notificación razonable.*
- Sentencia C-277 de 2021 (MP Gloria Stella Ortiz Delgado), Caso *piso de protección social.*
- Sentencia C-284 de 2021 (MP Gloria Stella Ortiz Delgado) Caso, *pacto de indivisión*

- Sentencia T-386 de 2021 (MP Cristina Pardo Schlesinger), Caso, *discriminación criminal.*

2022:

- Salvamento de voto de la Magistrada Diana Fajardo al Auto 031 de 2022 (MP Paola Meneses Mosquera). Caso, *impedimento en aborto.*
- Sentencia C-294 de 2022 (MP Hernán Correa Cardozo) Caso, *sentencia proferida.*
- Sentencia C-403 de 2022 (MP Jorge Enrique Ibáñez Najar) Caso, *aplicación de distritos judiciales.*
- Salvamento de voto del Magistrado José Fernando Reyes Cuartas a la sentencia T-141 de 2023 (MP Cristina Pardo Schlesinger) Caso, *protección débil.*

***

La influencia de Dworkin en la jurisprudencia de la Corte Constitucional de Colombia. Entre democracia y constitucionalismo

The influence of Ronald Dworkin in the case law of the Constitutional Court of Colombia: Between Democracy and Constitutionalism.

*M. Lourdes Santos Pérez**

Resumen

Partiendo de algunas resoluciones de la Corte Constitucional de Colombia, se examina la influencia de Ronald Dworkin. Dos son los temas que se desarrollan en este sentido: la naturaleza y el papel de la jurisdicción constitucional, específicamente de dicho Tribunal, y las relaciones entre democracia y constitucionalismo.

Abstract

This study builds on the precedent set by the Constitutional Court of Colombia by analyzing the influence of Ronald Dworkin in two topics: (a) the role and nature of the constitutional judicial adjudication, emphasizing the Court's ones; and (b) the relationship between democracy and constitutionalism.

* Doctora por la Universidad de Salamanca (España) con la tesis La Filosofía Política de Ronald Dworkin y la relación con su teoría del derecho. Profesora de Interpretación y Argumentación Jurídica en la Facultad de Derecho de la Universidad de Salamanca. Profesora de Metodología Jurídica en la misma Institución. Fue investigadora de la Universidad de Nueva York, bajo la tutela del Profesor Ronald Dworkin.

I. LA CONSTITUCIONALIZACIÓN DE LOS DERECHOS

Sobre la base de algunas de las sentencias remitidas por la editora de este volumen colectivo[1], la influencia de Dworkin en la jurisprudencia de la Corte Constitucional Colombiana puede sintetizarse en dos grandes temas (o tal vez, en uno): la naturaleza y el papel de la jurisdicción constitucional -específicamente, de la Corte Constitucional Colombiana (I)- y las relaciones entre democracia y constitucionalismo (II).

El denominado fenómeno de la "constitucionalización de los derechos"[2], que se extendió a numerosos países europeos después de la Segunda Guerra Mundial, ha tenido también su proyección en América Latina, en especial a partir de la década de los ochenta, una vez derrotadas las dictaduras que gobernaron buena parte de la región. Ricardo Guastini acuñó la expresión "constitucionalización de los derechos" para referirse a un proceso de transformación de un ordenamiento jurídico a cuyo término este resulta "impregnado" por las normas constitucionales. Dicho de otro modo[3], como resultado de este fenómeno, el Estado constitucional pasa a operar como un "ideal regulativo para el desarrollo del derecho y de la cultura jurídica"[4].

La definición de "*Estado constitucional*" no resulta pacífica. Como advierte Manuel Atienza, si caracterizamos este como una unidad

---

1 Sentencia T-680/16, Sentencia C-1048/05, Sentencia SU-108/16, Sentencia SU 214/16, Sentencia C-233/21.

2 GUASTINI, Ricardo. "La 'constitucionalización' del ordenamiento jurídico: el caso italiano", *Estudios de teoría constitucional*, México, Fontamara, 2001.

3 El jurista italiano emplea otras expresiones que invitan a pensar que es reacio al fenómeno; concretamente, califica a las constituciones refrendadas por dicho proceso como "entrometidas" e "invasoras", capaces de 2.... "condicionar tanto la legislación como la jurisprudencia y la doctrina, así como la acción de los actores políticos y las relaciones sociales." *Ibidem*.

4 ATIENZA, Manuel. "Una Filosofía del Derecho para el mundo latino. Otra vuelta de tuerca", en *DOXA, Cuadernos de Filosofía del Derecho*, 37, p. 301, 2014.

política que cuenta con una declaración de derechos y una organización inspirada en cierta interpretación del principio de separación de poderes, también el Estado liberal de Derecho sería un Estado constitucional. En realidad, a juicio de este autor, esta forma de Estado no sería en puridad un Estado constitucional. La razón de ello es que la Constitución no tiene allí las mismas características que tendría en los Estados occidentales en la última etapa de su desarrollo. En este sentido, la existencia de catálogos de derechos que vinculen materialmente a los poderes públicos, así como de instancias de control que garanticen su supremacía serían sus notas distintivas. Como se señalaba hace un momento, numerosos Estados de América Latina también ha visto constitucionalizados sus ordenamientos en el sentido indicado, ya sea con la promulgación de nuevas constituciones, como ha sido el caso de Colombia, ya sea reformando profundamente las ya existentes[5].

Para seguir avanzando en la exposición, conviene señalar que *constitucionalismo* es una expresión ambigua porque, a veces, designa una forma de Estado, mientras que otras, sirve para referirse a una forma determinada de interpretar este fenómeno o, lo que es lo mismo, a una cierta concepción del derecho[6]. Pues bien, es aquí, en relación con este segundo significado de la expresión, donde la teoría del derecho de Dworkin adquiere interés para revisar la jurisprudencia de la Corte Constitucional de Colombia.

(1) Ronald Dworkin ha desarrollado una teoría del derecho con el fin de explicar y justificar los cambios que han tenido lugar como consecuencia de los procesos de constitucionalización de los derechos[7]. "Derecho como integridad" es el nombre con el que

---

5 No le falta razón a Atienza cuando señala que la constitucionalización es un fenómeno "esencialmente graduable". *Ibidem*

6 *Ibidem*.

7 Manuel Atienza ha señalado que el fenómeno de constitucionalización de los derechos no se ha traducido necesariamente en la articulación de un nuevo paradigma iusteórico. Véase ATIENZA, Manuel. "Ni positivismo jurídico ni neoconstitucionalismo: una defensa del constitucionalismo postpositivista".

designa su particular propuesta[8]. En concreto, el autor caracteriza la integridad como un ideal o valor propio de la vida política ordinaria, distinto de otros ideales o valores que forman parte del vocabulario político. De entre la variedad de esos ideales y valores, Dworkin llama la atención sobre tres a los que atribuye un lugar central en cualquier teoría política mínimamente articulada: los valores de equidad, justicia y debido proceso.

Con el rótulo de la equidad, Dworkin se refiere a una exigencia relativa a la forma correcta de distribución del poder político en sus diferentes ramas y niveles. A su vez, el término justicia se refiere al requisito de que el contenido distributivo de las decisiones que adopten los poderes públicos sea moralmente defendible, independientemente de que quienes los ocupan hayan sido o no elegidos de acuerdo con criterios equitativos. Finalmente, bajo la exigencia del debido proceso subyace la pretensión de que los procesos que se adopten para resolver las pretensiones de los ciudadanos en las distintas esferas de decisión pública respondan a criterios de corrección y rectitud. Pues bien, a esos tres valores o ideales centrales, que admiten una cierta variedad de interpretaciones, hay que agregar, según el autor, el valor de la integridad, que tiene un interés especial porque en cierto sentido es un valor de segundo grado, dado que se refiere a la forma como se aplican esos otros tres valores en una comunidad.

Así, igual que respecto de nuestros vecinos, amigos, colegas de trabajo, etc., podemos exigir que se comporten, si no de acuerdo a lo que nosotros entendemos que son las pautas correctas, sí al menos con coherencia de acuerdo con lo que ellos entienden que es correcto, del mismo modo el ideal de la integridad política "exige al gobierno hablar con una sola voz, actuar con arreglo a principios y de un modo coherente respecto de todos sus ciudadanos, extender a todos ellos los criterios substantivos de justicia o equidad que usa

---

En https://dfddip.ua.es/es/documentos/una-defensa-del-neopositivismo.pdf?noCache=1415618881091

8 DWORKIN, Ronald. *Law's Empire,* London, Fontana Press, 1986, p. 186.

para algunos"[9]. En otras palabras, bajo el ideal de la integridad se escondería la exigencia de que los poderes públicos se conduzcan de acuerdo con pautas de equidad (es decir, según principios de justicia, equidad y debido proceso) y no caprichosa ni arbitrariamente, aun cuando en la comunidad persistan desacuerdos más o menos profundo a propósito de cuáles son precisamente las exigencias de la justicia, la equidad y el proceso debido.

En esta presentación que Dworkin realiza de la idea de "integridad", señala además que actúa a lo largo y a lo ancho del funcionamiento de todo el sistema jurídico y político, aunque diferenciadamente. En este contexto, el autor distingue un principio de integridad legislativa y un principio de integridad jurisdiccional. El primero "pide a los legisladores que hagan que el derecho que legislan sea todo lo coherente posible"[10], mientras que el segundo explica por qué el pasado ha de tener fuerza ante un tribunal, y en este sentido, por qué los jueces han de concebir el cuerpo del derecho que ellos administran como un todo más que como un conjunto de decisiones discretas que libremente pueden crear o enmendar una por una sin tomar por el resto más que un interés estratégico[11].

A nosotros nos interesa analizar con más detalle el segundo de ellos, no sólo porque es en este escenario, el judicial, donde se revela de forma más significativa la importancia que tiene la integridad para la concepción dworkiniana del derecho, sino también porque permite aclarar algunas de las tesis expuestas por la Corte Constitucional en Colombia, sobre la naturaleza y la función de la jurisdicción constitucional. En este sentido, de acuerdo con el autor, la integridad, aplicada a la práctica jurisdiccional, exige a los jueces interpretar el material jurídico existente bajo la hipótesis de que fue creado por un único legislador, que además actuaba bajo un esquema coherente de principios. En este sentido, el trabajo de los jueces

---

9 *Ibidem,* p. 167.

10 *Ibidem.*

11 *Ibidem.*

consiste en resolver conflictos entre pretensiones a propósito de los derechos que tienen las personas con arreglo al derecho vigente. A diferencia del legislador, los jueces no pueden crear nuevos derechos alegando, por ejemplo, razones ligadas a objetivos colectivos. No hay duda de que, cuando resuelven casos difíciles, declaran existentes derechos y deberes que no estaban explícita o inequívocamente establecidos en las convenciones legales existentes. Pero esto no ha de entenderse en el sentido de que están creando derechos nuevos. Bajo la concepción del derecho como integridad, "el derecho contiene no sólo el estricto contenido explícito de esas decisiones sino también, más ampliamente, el esquema de principios necesario para justificarlas"[12]. Y eso exige considerar el material jurídico sacando a la luz los principios subyacentes.

Para facilitar la comprensión de su concepción, Dworkin propone una analogía entre la tarea jurisdiccional y la participación en un género literario que denomina "*novela en cadena*". De acuerdo con esta, la labor del juez es semejante a la que desempeñaría un escritor que se viera embarcado en la tarea de colaborar con otros en la creación de una única novela a cuya redacción todos ellos van incorporándose sucesivamente. Cada uno ha de hacer su aportación a la obra común, esforzándose por conseguir la mejor obra posible, trabajando dentro de una única novela. Y en esa tarea colectiva el trabajo de cada uno ha de ser a un tiempo conservador e innovador: cada uno de ellos, a su momento, ha de intentar que la historia progrese de la mejor forma posible, introduciendo nuevos episodios, tal vez cambios importantes en la trama, pero en todo caso sin pretender escribir una obra nueva: han de actuar todos ellos, por así decirlo, intentado obedecer a la lógica interna de la obra colectiva. De forma análoga, el principio de integridad jurisdiccional exige al juez considerar su trabajo como una cooperación productiva a una tarea colectiva.

Así las cosas, la **Corte Constitucional Colombiana asume los postulados de Dworkin mostrando un rechazo claro**

---

12 *Ibidem*, p. 227.

al *formalismo jurídico* sin incurrir por ello en alguna forma de activismo judicial. En este sentido, los jueces de ese Alto Tribunal son llamados a participar activamente en el proceso de determinar qué es derecho, si bien, a la manera de los novelistas en cadena, la aportación de cada uno debe resultar coherente con lo ya realizado[13]. Expresándolo de otro modo, la Corte no prescinde de la dimensión autoritaria del derecho, aunque, en su compromiso con la tutela y la protección de los derechos fundamentales, subraya la dimensión de valor que este también presenta. El símil de la novela en cadena es acogido expresamente por la Corte Constitucional para caracterizar su función, como lo muestra la sentencia **SU-108/16, sobre la libertad de conciencia.**

De modo que una jurisdicción comprometida con los principios constitucionales como la colombiana, no es necesariamente activista o, por decirlo en palabras de Atienza, "un juez activo no es lo mismo que un juez activista"[14]. Cuestión diferente serán los límites del activismo judicial, puesto que esto dependerá del grado de institucionalidad del país. En este sentido, buena parte de los países de América Latina, entre ellos Colombia, carecen de instancias distintas a la judicial para asegurar la tutela efectiva de los derechos, de modo que la acción de sus tribunales será -con este propósito- "más activa", sin que pueda ser tildada, al menos *a priori*, de arbitraria.

(2) Como se ha señalado *supra*, uno de los rasgos característicos del moderno Estado constitucional es estar organizado con arreglo a un sistema jurídico que incorpora el reconocimiento y la protección constitucional de unos derechos individuales que operarían como límites materiales frente al poder de los gobiernos. La elevación de las viejas declaraciones de derechos al rango de normas jurídicas superiores conduce de forma natural a la aparición de mecanismos de control de constitucionalidad de las leyes.

---

13 Sentencia SU-108/16.

14 ATIENZA, Manuel. "Ni positivismo jurídico ni neoconstitucionalismo: una defensa del constitucionalismo postpositivista". En: https://dfddip.ua.es/es/documentos/una-defensa-del-neopositivismo.pdf?noCache=1415618881091

Pues bien, este fenómeno ha empezado a ser, a pesar de su popularidad, objeto de fuertes críticas que insisten en que subvierte o compromete la democracia. En este sentido, la sentencia de la Corte **C-1048/05 sobre la reelección presidencial,** se pronuncia sobre este dilema acogiéndose de nuevo a la teoría de Dworkin. El punto de partida de la argumentación del autor consiste en reinterpretar la idea popular de que la democracia es una forma de gobierno del "pueblo". En este sentido, comienza por distinguir dos formas de "acción colectiva". Como cualquier otra forma de gobierno, la democracia envuelve algún tipo de acción colectiva: supone que un grupo de personas hace cosas que ninguna de ellas hace o puede hacer por sí sola. En particular, de una democracia decimos que es un régimen en el que gobierna el pueblo. Ahora bien, de acuerdo con el autor, es posible interpretar de dos maneras diferentes esta acción colectiva o de grupo: "estadística" y "comunalmente". Una acción es estadísticamente colectiva cuando lo que el grupo hace es sólo función de lo que miembros individuales del grupo hacen por sí solos, sin que en ello esté envuelto ningún sentido de estar haciendo algo como grupo. Así, por ejemplo, cuando hablamos de que el pueblo colombiano prefiere veranear en la playa, "pueblo" es una mera abreviatura lingüística, y el hecho de que mayoritariamente los colombianos tengan esa preferencia es un mero dato estadístico. Por el contrario, la acción es comunalmente colectiva cuando requiere que los individuos asuman la existencia del grupo como una entidad o fenómeno separado; por ejemplo, cuando decimos que una orquesta interpreta una sinfonía, no atribuimos la ejecución a una suma discreta de personas sino a esa colectividad que denominamos "orquesta".

A estas dos formas diferentes de acción colectiva podemos asociar dos formas diferentes de interpretar la idea de democracia como una forma de gobierno del pueblo: según una interpretación estadística, en una democracia las decisiones políticas son hechas en consonancia con una función mayoritaria de los votos, decisiones o deseos de ciudadanos individuales tomados uno a uno; según una interpretación comunal, en una democracia las decisiones políticas se imputan a una entidad diferente de la mera suma de individuos, el pueblo como tal. Así las cosas, una concepción estadística se ve en dificultades para explicar los límites característicos del constitucionalismo. Algunas limitaciones constitucionales pueden justificarse porque crean las condiciones que hacen posible la formación de la voluntad de una mayoría. Pero es obvio que no todas las limitaciones propias de un Estado constitucional pueden justificarse por esta vía. Por eso, para una visión estadística de la democracia, el constitucionalismo, que impone restricciones a lo que puede hacer y decidir una mayoría, es un principio limitante de la democracia, tal vez sensato dentro de una teoría política realista, pero en todo caso un principio en competencia con el principio democrático. Frente a ello Dworkin intenta defender que, interpretada la idea de democracia dentro de una concepción comunal, la existencia de límites constitucionales no sólo no supone un obstáculo para la democracia, sino que forma parte de sus condiciones de posibilidad.

Una dimensión comunal de democracia requiere, a juicio del autor, una constitución robusta que asegure las condiciones que ha de cumplir una asociación política para poder ser considerada una verdadera comunidad. Esas condiciones son de dos tipos: "estructurales" y "relacionales". Son condiciones estructurales aquéllas que describen el carácter que debe tener una comunidad para que pueda reconocerse como verdadera asociación política. Entre ellas, Dworkin menciona de pasada la de disponer de un territorio estable, compartir una historia, una lengua común, un conjunto de valores, etc., condiciones en cuyo análisis no tiene interés en detenerse. Más interés presta sin embargo a las condiciones relacionales, que describen el trato que una comunidad debe dispensar a sus individuos para que puedan sentirse parte de ella, como "miembros morales". En concreto, Dworkin señala tres: una condición de "participación", una condición de "consideración" y una condición de "independencia".

La condición o principio **de participación** establece con carácter general que en una democracia se debe conceder a todas las personas la oportunidad de influir en las decisiones políticas, sin que la fuerza de ese papel pueda estar limitada por presunciones sobre su talento o capacidad. Este principio es suficiente para explicar por qué se asocia la democracia con el sufragio universal, con la idea de una persona un voto y con la de que los cargos políticos están en principio abiertos a todos (aunque en la configuración concreta de estas instituciones juega un cierto papel la historia de la comunidad, y por esta razón pueden admitirse desviaciones). Finalmente, el principio de participación explica también por qué las libertades políticas, como la libertad de expresión y de manifestación, forman parte de la democracia sin necesidad de recurrir a la problemática idea de una igualdad de influencia: desde el punto de vista de una interpretación comunal de la democracia, estas libertades requieren que cada individuo pueda influir, no que su influencia tenga que ser igual.

Por su parte, el principio de **la consideración** establece que en una democracia interpretada comunalmente las decisiones colectivas deben reflejar igual solicitud por los intereses de todos sus miembros. Así, una democracia que distribuyera los recursos de forma poco equitativa no sólo estaría actuando de forma injusta, sino también de forma no-democrática. Ahora bien, esta definición del principio de la consideración suscita inmediatamente la pregunta de si, al disolver la línea de demarcación entre aspectos procedimentales y substantivos de la justicia, no se está bloqueando la distinción entre la justicia y los demás valores políticos. En el marco de una concepción estadística de la democracia, asevera Dworkin, parece que no hay dificultad alguna en decir que una decisión democrática puede ser injusta. Pero desde el momento en que, como ocurre con una concepción comunal, la idea de democracia se extiende más allá de los aspectos puramente procedimentales relativos a los procesos de decisión, parece que se impide esta forma de hablar, que sin embargo parece útil y con sentido. Para evitar esto, el autor propone la adopción de una versión débil del principio que exigiría, no que la comunidad consiga el mejor entendimiento de lo que requiere el principio abstracto de igual solicitud, sino sólo que acepte la idea como una exigencia abstracta. De este modo, se puede seguir hablando de democracia incluso cuando el proceso de decisión política produce decisiones injustas, pero con un límite: un sistema político con igualdad de voto en el que la mayoría distribuye todo para ella, sin atender en modo alguno a la suerte de alguna minoría racial o de otro tipo, contará, desde una concepción comunal, no como una democracia injusta sino como un sistema no democrático.

Finalmente, el principio de independencia reconoce a los miembros de la comunidad su condición de agentes morales, responsables de su propio juicio moral. Si el principio de la consideración es fundamental para pasar a una democracia comunal, esto es, para pasar a una forma de acción colectiva en la que "el pueblo" se entienda más comunal que estadísticamente, el principio de independencia es necesario para entender una democracia comunal como una forma de acción política (comunal) integrada y no monolítica. El principio de independencia insiste en que un gobierno democrático no tiene que dictar qué deben pensar sus ciudadanos en cuestiones de juicio moral o ético, sino que, por el contrario, tiene que limitarse a proporcionar un conjunto de circunstancias que le animen a llegar a creencias sobre esas cuestiones a través de una convicción reflexiva y en último término individual. Consecuente con esta definición, este principio prohíbe medidas dirigidas a intentar moldear las convicciones personales. Por lo demás, tiene importantes consecuencias estructurales para la democracia: se suma, para empezar, al principio de participación para tratar las libertades políticas como estructurales para la democracia; insiste, además, en asignar un lugar estructural a las garantías constitucionales de la libertad de expresión, asociación y religión; finalmente, sanciona alguna forma de tolerancia liberal frente a conductas poco ortodoxas como una condición de la democracia

Así pues, recapitulando, para que una asociación política pueda entenderse como una verdadera comunidad tiene que estar articulada de modo que cada individuo tenga una participación en el colectivo, una consideración en él, y al mismo tiempo, una independencia como agente moral respecto del colectivo. Frente a la concepción crudamente mayoritaria, que ve en la democracia un simple procedimiento de decisión por mayoría entre individuos independientes embarcados en un proceso competitivo en persecución de sus propios intereses, la concepción comunal que acoge la

Corte Constitucional Colombiana aboca a una concepción constitucional. Una democracia genuina es, pues, una forma de organización política en la que las funciones de gobierno son desempeñadas por el pueblo entendido como una forma de asociación colectiva, donde cada persona es un miembro moral y como tal parte activa en una empresa colectiva de autogobierno.

II. CODA

A la vista de las consideraciones precedentes, cabe concluir que la Corte Constitucional de Colombia reivindica, apoyándose en la teoría del Derecho de Ronald Dworkin, su papel en la defensa del Estado Constitucional, a través de una de sus instituciones, el llamado control de constitucionalidad. En este contexto, los jueces asumen el desafío de reinterpretar su historia constitucional para presentarla en su mejor aspecto, a la luz de los principios que le sirven de soporte. Los jueces se enfrentan en este sentido al legado de un Texto que ha generado una práctica de la que no pueden prescindir; pero al mismo tiempo, el cambio en las circunstancias políticas, sociales, económicas, etc., los coloca en la tesitura de, sin poder inventar nada, leer esta con nuevos ojos. Así, por ejemplo, la Sentencia SU-214/16 reconoce como constitucional el matrimonio entre parejas del mismo sexo; la Sentencia SU-108/16, la objeción de conciencia al servicio militar obligatorio; la Sentencia C-233/21, la eutanasia; la Sentencia T-680/16, la adopción de medidas de acción positiva en favor de ciertas minorías en el acceso a la educación.

Bibliografia

ATIENZA, Manuel. "Una Filosofía del Derecho para el mundo latino. Otra vuelta de tuerca", en *DOXA, Cuadernos de Filosofía del Derecho*, 37, p. 301, 2014.

ATIENZA, Manuel. "Ni positivismo jurídico ni neoconstitucionalismo: una defensa del constitucionalismo postpositivista". En: https://dfddip.ua.es/es/documentos/una-defensa-del-neopositivismo.pdf?noCache=1415618881091.

DWORKIN, Ronald. "Equality, Democracy, and Constitution: We the People in Court", en *Alberta Law Review*, 28, 1990.

DWORKIN, Ronald. *Law's Empire,* London, Fontana Press, 1986, p. 186.

GUASTINI, Ricardo. "La `constitucionalización´ del ordenamiento jurídico: el caso italiano", *Estudios de teoría constitucional*, México, Fontamara, 2001.

ATIENZA, Manuel. "Ni positivismo jurídico ni neoconstitucionalismo: una defensa del constitucionalismo postpositivista". En: https://dfddip.ua.es/es/documentos/una-defensa-del-neopositivismo.pdf?noCache=1415618881091

Michel Foucault: reflexiones sobre la prisión como técnica disciplinaria

Sentencia C-294 de 2021. Corte Constitucional Colombiana

Michel Foucault: Considerations on the prison as a disciplinary Method. Ruling C-294 of 2021. Constitutional Court of Colombia

Beatriz Salamanca*

Resumen

Este capítulo ofrece una reflexión sobre las citas y el uso de las ideas del filósofo francés Michel Foucault en la sentencia C-294-21 de la Corte Constitucional Colombiana, y propone algunas avenidas de interpretación para enriquecer la interacción del derecho y la filosofía en el planteamiento de la crítica al sistema penitenciario. Presentando una lectura más detallada del castigo como espectáculo público, y la transición hacia la corrección y el 'poder disciplinario', este capítulo señala las restricciones que surgen de lecturas aisladas de la obra de Foucault, y sugiere una mirada más amplia al pensamiento del autor, que permita una mejor comprensión de su impacto y recepción en los ámbitos jurisprudenciales.

Abstract

This chapter provides a reflection on the use of ideas from the French philosopher Michel Foucault in Colombian Constitutional Court ruling C-294-21, and proposes some avenues of interpretation to enrich the interaction between law and philosophy in criticizing the penitentiary system. By offering a more detailed reading of punishment as a public spectacle and the transition towards correction and 'disciplinary power,' this chapter highlights the limitations that arise from isolated readings of Foucault's work. It suggests a broader view of the author's thought to better understand its impact and reception in jurisprudence.

---

* Doctora en Filosofía, University College London; Master en Historia, Queen Mary University of London. Abogada, Pontificia Universidad Javeriana, Cali.

I. INTRODUCCIÓN: SENTENCIA C-294 DE 2021 DE LA CORTE CONSTITUCIONAL

En la sentencia C-294-21, la Corte Constitucional Colombiana declaró la inexequibilidad del Acto legislativo 01 2020, que reinstauraba la posibilidad de imponer la cadena perpetua en Colombia. Se trataba de una modificación al artículo 34 de la Constitución, que explícitamente prohibía las penas de destierro, prisión perpetua y confiscación. El Acto legislativo en mención proponía la siguiente modificación constitucional: "*De manera excepcional cuando un niño, niña o adolescente sea víctima de las conductas de homicidio en modalidad dolosa, acceso carnal que implique violencia o sea puesto en incapacidad de resistir o sea incapaz de resistir, se podrá imponer como sanción hasta la pena de prisión perpetua (...) En todo caso la pena deberá ser revisada en un plazo no inferior a veinticinco (25) años, para evaluar la resocialización del condenado*".

La reforma constitucional introducía de manera excepcional la cadena perpetua para homicidios y delitos sexuales contra niños, niñas y adolescentes, y la Corte Constitucional declaró la inexequibilidad de la medida, considerando que se trataba de una pena cruel e inhumana que negaba la posibilidad que tenía el condenado a reinsertarse a la sociedad. En su parte motiva, la sentencia estableció:

> "el derecho a la resocialización de la persona condenada es el fin primordial de la pena privativa de la libertad intramural. Este fin esencial de la pena de prisión es acorde con el principio de la dignidad humana, pues sólo si se reconoce que la persona condenada puede retomar su vida en sociedad, se comprende que es posible la modificación de su conducta y el desarrollo de su autonomía y su libre determinación. Conforme a lo anterior, la pena de prisión perpetua sin posibilidad de revisión puede constituir una pena cruel, inhumana y degradante, prohibida por los instrumentos internacionales, toda vez que se anula y se margina definitivamente al individuo de la sociedad (...) La Corte encontró que acoger ahora una sanción como la pena de prisión perpetua revisable configura un retroceso en materia de humanización de las penas, en la política criminal y en la garantía de resocialización de las personas condenadas".[1]

---

1 Sentencia C-294 de 2021, Corte Constitucional.

Este capítulo ofrece una reflexión sobre el uso de las ideas del filósofo francés Michel Foucault en esta sentencia, y propone algunas avenidas de interpretación para enriquecer la interacción del derecho y la filosofía en el planteamiento de la crítica al sistema penitenciario. Presentando una lectura más detallada del castigo como espectáculo público, y la transición hacia la corrección y el 'poder disciplinario', este capítulo señala las restricciones que surgen de lecturas aisladas de la obra Foucaultiana y sugiere una mirada más amplia al pensamiento del autor, que permita una mejor comprensión de su impacto y recepción en los ámbitos jurisprudenciales.

II. EL CASTIGO COMO ESPECTÁCULO PÚBLICO

En los supuestos de la demanda se hace referencia a la visión de Durkheim sobre la manera en la que las sociedades modernas habían logrado superar los castigos crueles y atroces del pasado, imponiendo el confinamiento como una sanción más civilizada y humana. En la sentencia se conecta este planteamiento con las ideas de Foucault, proponiendo una cierta afinidad entre ambos pensadores:

> "Algunos teóricos como Durkheim señalaron que los castigos severos eran una cualidad de "sociedades simples", las cuales mantenían sanciones crueles y atroces. En contraste, las sociedades modernas y civilizadas empezaron a utilizar el confinamiento como una sanción más humana. Foucault también resaltó la tendencia de las sociedades europeas de dejar el "espectáculo punitivo" y transformarlo en la sombra de su ejecución en las prisiones".[2]

Sin embargo, los Magistrados desatienden la crítica feroz de Foucault a la idea de 'progreso' histórico, y pasan por alto sus cuestionamientos sobre el proceso de transformación del espectáculo punitivo. Para Foucault, el fenómeno del **confinamiento** está falsamente ligado a la narrativa de la dignidad humana. De hecho, sugeriría que las penas del mundo posmoderno no son necesaria-

---

2 Sentencia C-294 de 2021, Corte Constitucional.

mente más humanas que las de tiempos precedentes. El propósito del filósofo francés es precisamente dar cuenta de la manera en la que la privación de la libertad, y la totalidad del sistema penitenciario, constituyen una herramienta de poder y subyugación, que utiliza categorías como 'corrección', 'disciplina' y 'delincuencia' para reprimir el margen de acción de grupos de personas que son vistos como una amenaza por las élites de turno en el poder.

Foucault abre *Vigilar y castigar* con la descripción del castigo público que sufre Damiens por haber cometido regicidio (asesinato del rey) en 1757: "(...) *y sobre un cadalso que allí habrá sido levantado [deberán serle] atenaceadas las tetillas, brazos, muslos y pantorrillas, y su mano derecha, asido en ésta el cuchillo con que cometió dicho parricidio, quemada con fuego de azufre, y sobre las partes atenaceadas se le verterá plomo derretido, aceite hirviendo, pez resina ardiente, cera y azufre fundidos juntamente, y a continuación, su cuerpo estirado y desmembrado por cuatro caballos y sus miembros y tronco consumidos en el fuego, reducidos a cenizas y sus cenizas arrojadas al viento*".[3] Este espectáculo punitivo constituía un ataque directo al cuerpo del condenado, y una forma de reivindicar el poder absoluto del soberano. Se trataba de un castigo público ejemplar con carácter disuasivo que buscaba evitar que otros adoptaran las mismas conductas, al igual que reforzar y validar la autoridad del soberano y las estructuras de poder existentes. Foucault inicia *Vigilar y castigar* con la escena del castigo de Damiens para enfatizar la inminente transición histórica hacia una nueva penalidad que, sin embargo, perpetuó suplicios del pasado con nuevos elementos. Para él, el sistema penal que surgió contenía "*unos castigos menos inmediatamente físicos, cierta discreción en el arte de hacer sufrir, un juego de dolores más sutiles, más silenciosos, y despojados de su fasto visible*".[4]

---

3 Foucault, *Vigilar y castigar: nacimiento de la prisión*. Traducción Aurelio Garzón del Camino. Buenos Aires, Siglo XXI, 2002, 6 (Foucault toma la cita de la *Gazette d'Amsterdam*, 1 de abril de 1757).

4 Foucault, *Vigilar y castigar*, 11.

La lectura que ofrece Foucault de la desaparición de los espectáculos públicos punitivos a finales del siglo XVIII y principios del XIX reúne varios elementos. Por ejemplo, el reo podía ocasionalmente despertar simpatías en las audiencias presentes en su ejecución. Si el castigo era exageradamente desproporcional al crimen, el público podía ponerse de lado del criminal, o empezar a cuestionar si el soberano estaba manejando sus políticas de manera adecuada. Un mínimo clima de zozobra, inestabilidad o desconfianza frente a la autoridad, podía ser suficiente para que el espectáculo público del castigo se convirtiera en un arma de doble filo que podía ser empleada contra la autoridad misma. La autoridad tuvo que crear nuevas tácticas para poder seguir sosteniendo las mismas estructuras de poder. Los reos empezaron a ser transportados de maneras menos visibles al público, y a finales del siglo XVIII, la mayoría de las sociedades evitaban llevar a cabo ejecuciones recreativas públicas. Se dio paso a prácticas como la guillotina, primero frente a los recintos judiciales, y posteriormente al interior de los mismos. El castigo pasó de ser un procedimiento que era parte de la consciencia colectiva, a una experiencia completamente secreta y abstracta que la sociedad ignora por completo. En ese sentido, más que una reforma humanitaria y basada en principios de dignidad humana, el confinamiento protegía a la autoridad del escrutinio público.

III. CORRECCIÓN

En un segundo apartado de la referida sentencia- C-294 de 2021- se incorporan ideas de diferentes teóricos, incluyendo a Foucault:

> "Por su parte, por mencionar algunos, teóricos como Benjamin Constant, Michel Foucault, Carnelutti y Ferrajoli se oponen a la prisión perpetua, al considerarla cruel, inhumana y degradante pues desconoce el fin primordial de la pena, como lo es la resocialización (...). Para Michel Foucault, quien criticó la prisión y su efectividad, la prolongación de la pena "desespera" a la persona condenada llevándola a ser indiferente con la "corrección de las costumbres"[5].

---

5 Sentencia C-294 de 2021, Corte Constitucional.

La cita de la sentencia pareciera indicar que la crítica de Foucault se enfoca en los escenarios de prolongación desmedida de la pena, que a su vez impiden una corrección efectiva del condenado. Sin embargo, esta interpretación tiene varias limitaciones. En primer lugar, la cita incorporada en la sentencia **C-294 de 2021** es un fragmento que Foucault toma de un escrito de 1773 (Vilan XIV, *Mémoire sur les moyens de corriger les malfaiteurs*), con el cual busca describir narrativas de la época que giran en torno a la idea de corrección. La *Mémoire* sugiere que una pena muy corta no sería suficiente para corregir, pero una pena demasiado larga desmotivaría por completo al condenado a reformarse. Desde el siglo XVIII la corrección es un tema recurrente en las iniciativas de reforma, pero lo que muchos lectores suelen pasar por alto es el hecho de que la corrección es precisamente uno de los componentes del sistema penal que Foucault critica. Otro factor fundamental, es que Foucault no actúa como un teórico legal que se pregunta por el fin de la pena. Desde una perspectiva filosófica, Foucault busca entender la naturaleza del poder e identificar los mecanismos a través de los cuales el poder adopta diversas formas en la sociedad.

Foucault advierte cómo desde sus inicios, los críticos del sistema penitenciario han denunciado su fracaso al intentar corregir al individuo. Para ello cita cifras publicadas por periódicos y teóricos franceses del siglo XIX como G. de la Rochefoucauld, E. Ducpétiaux, G. Ferrus, E. de Beaumont y A. de Tocqueville, que critican sus limitaciones para corregir, y su propensión a crear reincidencia, y más delincuencia[6]. Adicionalmente, da cuenta de discusiones de la época en donde ya se cuestionaban los abusos a los que se veían sometidos los presos, los estigmas y limitaciones para reinsertarse en la sociedad, y las calamidades económicas y emocionales que sufrían las familias de los reos. Sin embargo, el eje central del argumento de Foucault consiste en mostrar que las carencias que han sido detectadas desde los inicios del sistema penitenciario siguen siendo vistas

---

6 Foucault, *Vigilar y castigar*, 261-262.

como su solución. En sus propias palabras sostiene: *"Ahora bien, la respuesta a estas críticas ha sido siempre la misma: el mantenimiento de los principios invariables de la técnica penitenciaria. Desde hace siglo y medio, se ha presentado siempre la prisión como su propio remedio; la reactivación de las técnicas penitenciarias como la única manera de reparar su perpetuo fracaso; la realización del proyecto correctivo como el único método para superar la imposibilidad de hacerlo pasar a los hechos"*[7].

El autor muestra, que se siguen haciendo las mismas críticas de hace 200 años, y cuestiona la insistencia en dar vida a los llamados *'principios penitenciarios'*, cuya aplicación ha fracasado una y otra vez. Repetidamente se aplican los principios de corrección, clasificación, modulación de las penas, el trabajo como obligación y como derecho, la educación penitenciaria y el control técnico de la detención e instituciones anexas. Foucault compara el contenido de estos principios, esbozados en reflexiones de teóricos publicadas entre 1836 y 1857, con un proyecto de reforma penitenciaria de 1945, mostrando una completa equivalencia discursiva a lo largo de estos 100 años de historia. En la actualidad esta comparación se reitera en la sentencia C-294-21. En el fragmento de la aclaración de voto, se insiste una vez más en el componente de resocialización, y nuevamente con una cita de *Vigilar y castigar,* se expone lo siguiente:

> "Al momento de declarar los estados de cosas inconstitucionales, esta Corte reconoció -y reconoce- que el sistema carcelario presenta un gran nivel de hacinamiento que impide, no sólo que los reclusos vivan en un ambiente sano, en condiciones decorosas y acordes a su humanidad, sino que redunda en la imposibilidad de que a todos se les pueda brindar los medios necesarios para su resocialización (estudio, trabajo, etc.). Quiere ello decir que las cárceles colombianas, lejos de permitir que el condenado diseñe un proyecto de vida a desarrollar cuando regrese a la vida en sociedad, en realidad terminan siendo verdaderas universidades del crimen que generan ocio, violencia y corrupción, acelerando y propiciando nuevos ciclos de crimen. Como bien decía Foucault, "la prisión no puede dejar de fabricar delincuentes", más aún, cuando ni siquiera se les inculca un oficio útil"[8].

---

7 Foucault, *Vigilar y castigar*, 265.

8 Sentencia C-294 de 2021, Corte Constitucional.

Foucault ciertamente describe múltiples denuncias que se enfocan en las limitaciones del sistema para corregir, educar, o reinsertar. Pero lo que le interesa denunciar sobre la prisión es la manera en la que es utilizada como herramienta de dominación y técnica disciplinaria de administración de la población. En sus palabras:

> "Pero quizá haya que darle la vuelta al problema y preguntarse de qué sirve el fracaso de la prisión; para qué son útiles esos diferentes fenómenos que la crítica denuncia continuamente: pertinacia de la delincuencia, inducción de la reincidencia, trasformación del infractor ocasional en delincuente habitual, organización de un medio cerrado de delincuencia. ¿Quizá habrá que buscar lo que se oculta bajo el aparente cinismo de la institución penal que, después de haber hecho purgar su pena a los condenados, continúa siguiéndolos por toda una serie de mareajes (vigilancia que era de derecho en otro tiempo y que hoy es de hecho; pasaportes de los presidiarios antaño, y ahora el registro de penados y rebeldes) y que persigue así como "delincuente" a quien ha cumplido su castigo como infractor? ¿No se puede ver ahí más que una contradicción, una consecuencia? Sería preciso entonces suponer que la prisión, y de una manera general los castigos, no están destinados a suprimir las infracciones; sino más bien a distinguirlas, a distribuirlas, a utilizarlas; que tienden no tanto a volver dóciles a quienes están dispuestos a transgredir las leyes, sino que tienden a organizar la trasgresión de las leyes en una táctica general de sometimientos"[9].

IV. ILEGALISMOS

Las fallas de la prisión, sus limitaciones correctivas y de reinserción, no constituyen, según Foucault, una contradicción. En su lugar, son efecto y resultado del sistema penitenciario mismo, que tiene por objeto administrar 'infracciones', y utilizarlas como un mecanismo de dominación y sometimiento de ciertos grupos sobre otros. Para Foucault, esta dominación se despliega a través de conceptos como el de 'ilegalismos':

---

9 Foucault, *Vigilar y castigar*, 269.

"La penalidad sería entonces una manera de administrar los ilegalismos, de trazar límites de tolerancia, de dar cierto campo de libertad a algunos, y hacer presión sobre otros, de excluir a una parte y hacer útil a otra; de neutralizar a éstos, de sacar provecho de aquellos. En suma, la penalidad no "reprimiría" pura y simplemente los ilegalismos; los "diferenciaría", aseguraría su "economía" general. Y si se puede hablar de una justicia de clase no es sólo porque la ley misma o la manera de aplicarla sirvan los intereses de una clase, es porque toda la gestión diferencial de los ilegalismos por la mediación de la penalidad forma parte de esos mecanismos de dominación"[10].

Esa gestión diferencial o selectiva de los ilegalismos tiene una dimensión política. Históricamente, involucra circunstancias en las que fueron penalmente perseguidas conductas como abstenerse del pago de ciertos impuestos, negarse a someterse a la conscripción, o desafiar la autoridad. En el contexto de los movimientos obreros del siglo XIX, los ilegalismos recaerían en conductas como el daño a maquinaria, la creación de asociaciones, abandono del puesto de trabajo, o la vagancia. Como lo explica Foucault: "Inscríbense una clase entera de ilegalismos en unas luchas en las que se sabe que se afronta a la vez la ley y la clase que la impuso"[11]. Los ilegalismos crean categorías de criminalidad para aquellos grupos de personas que los poderosos de turno desean atacar. La retórica del siglo XVIII aludía a la proliferación de formas cada vez más especializadas de criminalidad, pero en realidad lo que había era un aumento de legislación que incorporaba una lista más extensa de comportamientos como criminales: "*no en modo alguno, como decían los contemporáneos, porque los cabecillas de la agitación popular fueran criminales, sino porque las nuevas formas del derecho, los rigores de la reglamentación, las exigencias ya del Estado, ya de los propietarios, ya de los patronos, y las técnicas más estrechas de vigilancia, multiplicaban las ocasiones de delito, y hacían caer del otro lado de la ley a muchos individuos que, en otras condiciones, no habrían pasado al campo de la criminalidad especializada*"[12].

---

10 Foucault, *Vigilar y castigar*, 269.

11 Foucault, *Vigilar y castigar*, 271.

12 Foucault, *Vigilar y castigar*, 271.

No se trataba entonces de la condena al inocente, sino de la proliferación de leyes que criminalizan a un mayor número de individuos, y bajo la influencia de las coyunturas políticas del momento. Los ilegalismos, según Foucault, "*han estado suficientemente marcados para servir de soporte al gran temor de una plebe a la que se cree a la vez criminal y sediciosa, al mito de la clase bárbara, inmoral y fuera de la ley*"[13]. Citando a pensadores del siglo XIX como Charles Comte y H. Lauvergne, Foucault expone un importante giro retórico que contribuye a forjar el vínculo entre pobreza y criminalidad:"*crimen no es una virtualidad que el interés o las pasiones hayan inscrito en el corazón de todos los hombres, sino la obra casi exclusiva de determinada clase social; que los criminales, que en otro tiempo se encontraban en todas las clases sociales, salen ahora "casi todos, de la última fila del orden social" (Ch. Comte, Traite de législation, p. 49); que "las nueve décimas partes de homicidas, asesinos, ladrones y de hombres viles proceden de lo que hemos llamado la base social" (H. Lauvergne, Les forçats, 1841, p. 337)*"[14].

En contraste con visiones previas de la criminalidad, Foucault presenta toda una serie de discursos del siglo XIX que rechazan el potencial de todo ser humano para cometer un crimen y direccionan el actuar delincuencial a ciertos grupos de personas. Estos pensadores reconocen que: "*sería hipócrita o ingenuo creer que la ley se ha hecho para todo el mundo en nombre de todo el mundo; que es más prudente reconocer que se ha hecho para algunos y que recae sobre otros; que en principio obliga a todos los ciudadanos, pero que se dirige principalmente a las clases más numerosas y menos ilustradas; que a diferencia de lo que ocurre con las leyes políticas o civiles, su aplicación no concierne por igual a todo el mundo (P. Rossi, Traité de droit pénal, 1829, I, p. 32), que en los tribunales la sociedad entera no juzga a uno de sus miembros, sino que una categoría social encargada del orden sanciona a otra que está dedicada al desorden*"[15].

---

13 Foucault, *Vigilar y castigar*, 272.

14 Foucault, *Vigilar y castigar*, 273.

15 Foucault, *Vigilar y castigar*, 272-273.

En términos equivalentes, Foucault cita un texto de Ch. Lucas de 1838 para ilustrar el naciente prejuicio contra ciertas clases, mostrando también la disparidad de poderes en los contextos judiciales: "*Recorred los lugares donde se juzga, donde se encarcela, donde se mata... Un hecho nos impresiona en todos ellos; en todos vemos dos clases de hombres bien distintas, de los cuales los unos se encuentran siempre en los sillones de los acusadores y de los jueces y los otros en los banquillos de los acusados y de los reos", lo cual se explica por el hecho de que estos últimos, por falta de recursos y de educación, no saben "mantenerse dentro de los límites de la probidad legal"(Ch. Lucas, De la réforme des prisons, II, 1838, p. 82)".*[16]

Así pues, el eje central del pensamiento de Foucault no es lo que ocurre al interior de las prisiones (el hacinamiento, la falta de corrección, educación o reinserción), sino las políticas clasificatorias, selectivas y desiguales que arremeten contra grupos humanos específicos que son percibidos en ciertos momentos como amenazas. Entre los ejemplos que sugiere se encuentran las instancias históricas en que la ley ha arremetido contra vagabundos, mendigos, rebeldes, prostitutas, traficantes de armas, alcohol, y más recientemente drogas. A estos ejemplos se podrían añadir los casos de aquellas comunidades históricamente perseguidas por sus ideas y creencias, al igual que aquellos que han sido criminalizados por su raza, género u orientación sexual.

V. PODER DISCIPLINARIO Y VERDAD JUDICIAL

De la mano del desarrollo de tecnologías industriales como la máquina a vapor, Foucault plantea la importancia de reconocer la evolución de ciertas tecnologías políticas, particularmente aquellas que se desarrollaron en los siglos XVII y XVIII. Una de estas tecnologías, aquella que ofrecería la infraestructura para el desarrollo del sistema penitenciario, la denomina Foucault 'disciplina' o 'poder disciplina-

---

16 Foucault, *Vigilar y castigar*, 273.

rio'. Se trata de un mecanismo de poder que controla a los individuos de la manera más minuciosa posible. Tiene por objeto vigilar y maximizar el desempeño y las capacidades al punto de poner a cada individuo en el lugar en donde se pueda obtener de él la mayor utilidad.[17] La corrección es uno de los componentes del poder disciplinario, y en lugar de castigar, se apoya en incentivos para inducir el comportamiento 'correcto'. Este sería uno de los giros fundamentales para el establecimiento del sistema penitenciario, un cambio que le garantizaría a las altas esferas del poder, una preservación sin precedentes de sus propias estructuras. En la prisión, el componente disciplinario involucraría una regulación pormenorizada del tiempo de los convictos. Cada actividad estaría cronometrada, desde las comidas hasta las tareas asignadas. No quedaría tiempo para actividades criminales, y todo pensamiento estaría enfocado en disciplinar la mente. Este poder disciplinario se alimentaría de tres estrategias: vigilar, normalizar, y examinar. Y el panóptico de Bentham sería la estructura ideal para la implementación de estas estrategias. Sin embargo, el panóptico no sólo fue concebido como una forma de controlar a prisioneros, sino como una estrategia más amplia para controlar la mente de los individuos, y la estructura idónea para vigilar, normalizar y examinar a poblaciones enteras. Para Foucault, el sistema penal no administra justicia, lo que hace es reforzar estructuras de poder, y asegurar la existencia de ciudadanos dóciles que se adaptan a un modelo de normalidad impuesto desde arriba.

Según Foucault, la detención penal no sólo involucra el encarcelamiento masivo, sino que representa un dispositivo disciplinario.[18] Este dispositivo requiere encerramientos y delimitaciones definidas del espacio, en donde se distribuyen a los individuos que van a ser disciplinados y supervisados, y al igual que las prisiones, también operan bajo estos principios las escuelas, los hospitales, las fábricas. A pesar de que el diseño de Bentham nunca se logró implementar completamente, para Foucault el componente más determinante

---

[17] Foucault, 'The Meshes of Power', en *Space, Knowledge and Power,* 159.

[18] Foucault, *Vigilar y castigar*, 261.

fue la masificación en el siglo XVIII de la idea de que este tipo de poder era posible y deseable. Un poder capaz de vigilar y supervisar todo. El prisionero nunca está seguro cuándo está siendo observado, convirtiéndose en su propio guardián. Del cuerpo del delincuente se pasó a su mente: corregir, modificar y disciplinar el comportamiento, una técnica de gobierno y dominación.

Estas reflexiones están íntimamente conectadas con otra importante dimensión del pensamiento de Foucault: la unión de poder y saber. En su serie de conferencias *La verdad y las formas jurídicas* dictadas en Río de Janeiro entre el 21 y 25 de mayo de 1973, Foucault explora cambiantes mecanismos de acceso a la verdad en diferentes escenarios judiciales a lo largo de la historia[19]. Según Foucault, una de las más grandes transformaciones judiciales de la historia tuvo lugar en el siglo XII con el surgimiento de una nueva versión de la figura de la indagación (*inquisitio*). Esta forma de acceder a la verdad – similar a las formas testimoniales de la Grecia clásica – involucraba, en principio, la participación de aquellos en posición de saber y con la capacidad de dar cuenta de los hechos. Antes del siglo XII era posible encontrar algunas formas de indagación en procesos administrativos al interior del Imperio Carolingio, y en decisiones eclesiásticas sobre aspectos espirituales y manejo de bienes. Para Foucault, este modelo inicial de indagación "*subsistió hasta el siglo XII cuando el estado naciente, o incluso antes, la persona del soberano que nacía como fuente de todo poder, pasa a confiscar los procedimientos judiciales*"[20].

Antes del siglo XII, el daño se concebía dentro de los parámetros del conflicto entre las partes, pero con las transformaciones de esta época el soberano empezó a estar más involucrado en el proceso. En este contexto surgiría la figura del 'procurador', que entró a participar en el proceso judicial como representante del poder político. Así mismo, el concepto de 'infracción' ya no expresaría el daño de un individuo a otro, sino un daño "al orden, al Estado, a la ley, a la

---

19 Foucault, *La verdad y las formas jurídicas.* Barcelona. Gedisa. 1996.

20 Foucault, *La verdad*, 81.

sociedad, a la soberanía, al soberano"[21]. El soberano, como víctima, exige reparación, convirtiendo el proceso judicial en maquinaria infalible para la confiscación de bienes y la obtención de recursos. Las nuevas formas de acceso a la verdad prometían ofrecer perspectivas más 'racionales', pero estuvieron acompañadas de radicales transformaciones en la naturaleza del poder político y judicial. La indagación constituye, por lo tanto, no solo un mecanismo para acceder a la verdad, sino también "*una manera de ejercer el poder*"[22]. Esta forma de saber-poder involucra una mayor injerencia del poder político en el universo jurídico, una manera de conocer, pero también de gobernar y administrar. Las formas previas de prueba saltan a la vista como variantes arcaicas y retrógradas, y, sin embargo, Foucault concluye: "*yo no creo que el procedimiento de indagación sea simplemente el resultado de una especie de progreso de la racionalidad. No fue racionalizando los procedimientos judiciales que se llegó a él, fue toda una transformación política, una nueva estructura política* (...)"[23].

Otro rasgo notable de estas transformaciones, es la tendencia hacia la secularización de castigos que antes estaban en manos de tribunales eclesiásticos. Como observa John Langbein en sus reflexiones sobre la criminalidad en el Renacimiento, los poderes monárquicos emergentes empezaron a ocuparse cada vez más de conductas como la brujería, la vagancia, el adulterio, la blasfemia, o el bestialismo, consolidando la elusiva categoría de crímenes sin víctima.[24] Un ejemplo es la *Constitutio Criminalis Carolina* promulgada por Carlos V en 1532, que imponía la pena de muerte por brujería. Esto también se vio influenciado por el hecho de que los juicios de brujería contaron con una significativa participación de delegados de la autoridad. Como anota

---

21 Foucault, *La verdad*, 76.

22 Foucault, *La verdad*, 83.

23 Foucault, *La verdad*, 82.

24 J. Langbein, *Prosecuting Crime in the Renaissance: England, Germany, France*. New Jersey. The Lawbook Exchange. 2005. Ver también Christina Larner, 'Crimen Exceptum? The Crime of Withcraft in Europe'. En: Gatrell, V.A.C. y Parker, G. *Crime and the Law: The Social history of Crime in Western Europe since 1500*. London. Europa Publications. 1980

Norman Cohn, en los esquemas judiciales previos, el individuo que hacía una acusación sin fundamento era responsable sobre el daño que pudiera infringir injustamente, y se encontraba sujeto a la ley del Talión como cualquier otro agresor. Con las prácticas emergentes de indagación, la acusación ya no era formulada solamente por el afectado, sino por el representante de la autoridad, exento de responsabilidad por el resultado del proceso. Al no hacerse responsable, el procurador, o delegado tenía más posibilidades de elevar cargos superfluos o formularlos de manera temeraria.[25]

CONCLUSIÓN

En *Vigilar y castigar*, Michel Foucault no hace una historia de la criminalidad ni de los castigos penales, sino que plantea la pregunta por la naturaleza del poder y la manera en la que el poder se encuentra difuminado en diferentes esferas de la sociedad. Esa obra no es una historia del trato que se le ha dado a los criminales en el pasado. Foucault prefiere la palabra *genealogía o arqueología*, pues la historia pareciera señalar la existencia de un antes y un después en el que el mundo superó los barbarismos del pasado y logró modernizarse. En contraste, su gran contribución consiste en mostrar que las relaciones de poder no gozan de esta linealidad y narrativa de progreso. De hecho, busca desestabilizar la sensación de superioridad con la que vemos el pasado, que nos impide ver las similitudes que aún persisten.

Bajo la mirada de la jurisprudencia de la Corte Constitucional en las citas analizadas, la prisión perpetua va en contra de la dignidad humana, pues impide la resocialización y modificación de la conducta del condenado. Sin embargo, Foucault es erróneamente interpretado como un autor que aboga por alcanzar estas metas de corrección del condenado. A la luz de sus ideas, el núcleo del rotundo fracaso del sistema penitenciario, no

---

25 N. Cohn, *Europe's Inner Demons:An Enquiry Inspired by the GreatWitch-hunt*. Sussex. Basic Books. 1975.

son las falencias y la precariedad que se vive al interior de las prisiones, sino los mecanismos de dominación que perpetúan estructuras de poder existentes. Desde su perspectiva, los suplicios públicos pasaron a ser reservados, y por lo tanto ocultos al escrutinio público, protegiendo a la autoridad de cuestionamientos. El objetivo de corregir al delincuente se presentó a través de discursos humanitarios y de modernización, pero en la práctica impuso estándares de comportamiento sujetos a los vaivenes políticos y al interés de ciertos grupos de silenciar y desarticular opositores. Desde el siglo XII, la intervención del poder político en el ámbito judicial ha generado mayor impunidad y arbitrariedad por parte de las élites. Foucault desarrolló una teoría del 'poder disciplinario' que no opera a través de la violencia y la represión física, sino a través de la vigilancia y supervisión, en donde el sentirse observado es suficiente para corregir y ajustar el comportamiento a los parámetros exigidos. No sólo en las prisiones sino en la sociedad en general, las fuerzas que mueven a comportarse de cierta manera no son visibles, y logran crear poblaciones con conductas, ideas y creencias estandarizadas y homogéneas. Foucault nos muestra la necesidad de ir más allá de los muros físicos de la prisión, y direccionar la mirada a los discursos e ideas compartidos a través de los cuales se 'normaliza' el actuar del sistema penitenciario.

Bibliografía

Cohn, N. *Europe's Inner Demons: An Enquiry Inspired by the Great Witch-hunt*. Sussex. Basic Books. 1975.

Corte Constitucional. Sentencia C-294 de 2021.

Foucault, *La verdad y las formas jurídicas.* Barcelona. Gedisa. 1996.

———, 'The Meshes of Power'. En *Space, Knowledge and Power: Foucault and Geography.* Hampshire. Ashgate. 2007.

———, *Vigilar y castigar: nacimiento de la prisión*. Traducción Aurelio Garzón del Camino. Buenos Aires. Siglo XXI. 2002.

Langbein, J. *Prosecuting Crime in the Renaissance: England, Germany, France*. New Jersey. The Lawbook Exchange. 2005.

Larner, Christina. 'Crimen Exceptum? The Crime of Withcraft in Europe'. En: Gatrell, V.A.C. y Parker, G. *Crime and the Law: The Social history of Crime in Western Europe since 1500*. London. Europa Publications. 1980.

La filosofía de Gadamer y Vattimo en la ratio decidendi de las sentencias de la Corte Constitucional colombiana

Gadamer's and Vattimo's philosophy in the ratio decidendi of the Colombian Constitutional Court rulings.

Liliana Ortiz Bolaños*

Resumen

La filosofía gadameriana transita el mundo de la vida desde la continua construcción de un acontecer, que sería contrario a aquel método tradicional pregonado por las ciencias tradicionales, según el cual el conocimiento se adquiere por la correspondencia de lo dicho con lo observado y comprobado empíricamente. Gadamer renuncia a apostar por estas antiguas previsiones y resuelve que lo más importante para el ser humano en el devenir del conocimiento, es el trascurrir de la vida bajo los conceptos que no describen simplemente al ser humano, ni lo recrean, sino que instan para que el pensamiento fluya desde los momentos extraños que suceden en la historia, trasladarlos a un momento actual y soportarlo en aspectos íntimamente relacionados con: la condición humana, el mundo vital, el diálogo, la historia y el lenguaje. El mundo que se instala en el intérprete a partir del seguimiento de los aspectos mencionados se puede identificar como un mundo interpretado y en continua interpretación/aplicación. Por tanto, la filosofía hermenéutica se convierte en una matriz ineludible en el proceso de interpretación constitucional. De otra parte, Gianni Vattimo inscribe su pensamiento alrededor de una filosofía hermenéutica situada en la historia como foco que produce la comunicación en el mundo vital y a partir de ahí se genera un pensamiento que busca formar un nexo entre intérprete-mundo. Desde estos dos postula-

* Doctora en Derecho. Universidad Externado de Colombia. Docente de Filosofía del Derecho y Teoría del Derecho; docente investigadora de la Pontificia Universidad Javeriana, Cali. Contacto: liliana.ortiz@javerianacali.edu.co.

dos, se intenta en este capítulo, una reflexión crítica sobre el uso de estas teorías en dos casos resueltos por la Corte Constitucional Colombiana.

Abstract

Gadamerian philosophy transits the world of life from the continuous construction of an event, which would be contrary to that traditional method preached by the traditional sciences, according to which knowledge is acquired by matching what is said with what is observed and empirically proven. Beyond which, Gadamer renounces betting on these old forecasts and resolves that the most important thing for the human being in the evolution of knowledge is the passing of life under concepts that do not simply describe the human being, nor recreate it, rather, they urge thought to flow from the strange moments that occur in history, transfer them to a current moment and support it in aspects closely related to: the human condition, the vital world, dialogue, history and language. The world that is installed in the interpreter from the monitoring of the mentioned aspects can be identified as an interpreted world and in continuous interpretation/application. Therefore, hermeneutic philosophy becomes an unavoidable matrix in the process of constitutional interpretation. On the other hand, Gianni Vattimo inscribes his thought around a hermeneutic philosophy located in history as the focus that produces communication in the vital world and from there a thought is generated that tries to form a link between interpreter-world. From these two postulates, a critical reflection is attempted on the use of these theories in two cases resolved by the Colombian Constitutional Court.

I. INTRODUCCIÓN

Hans-Georg Gadamer, erigió su filosofía hermenéutica desde tres aspectos medulares que hacen de la condición humana un mundo vital: el diálogo, la historia y el lenguaje. A partir de ellos, se van desprendiendo diversos subtemas que fortalecen el proceso interpretación/aplicación; así, la historia da vía libre al uso de prejuicios que afianzarán el diálogo con los "otros"; el diálogo entre seres humanos que conocen y comprenden su mundo vital, permitirá abrir ese espacio histórico e integrarlo a un nuevo mundo vital compartido; y el lenguaje asumirá la función de identificar al "ser" en tanto artífice de un pensamiento circular que implica la revisión del pasado con miras a su actualización permanente.

Por su parte, Gianni Vattimo postula que su filosofía hermenéutica debe mirar más allá de la gadameriana, bajo la idea de una versión hermenéutica más completa de esa condición histórica del "ser", una historia que se genera poco a poco, en un continuo pensamiento, en una imparable comunicación con los "otros" y sus historias; la capacidad del intérprete se centra en que éste no puede ser heredero de un lenguaje ya definido, sino un constructor que constantemente debe pensar en la "procedencia", en el acontecer de su mundo vital. La reflexión que aquí se presenta intenta formar un diálogo interpretativo entre la *ratio decidendi* ofrecida por la Corte Constitucional, en dos sentencias que hacen alusión directa e indirecta a la filosofía de Gadamer y de Vattimo, y la interpretación de la filosofía de los autores señalados, desde un ángulo crítico y reconstructivo de los argumentos que podrían mejorar la narrativa expresada por la Corte Constitucional. De esta forma, este capítulo se divide en dos partes: La filosofía hermenéutica de Gadamer en manos de la argumentación constitucional y 2. Gianni Vattimo, una respuesta más allá de la interpretación y su relación con la construcción argumentativa de la Corte Constitucional.

II. LA FILOSOFÍA DE GADAMER Y LA ARGUMENTACIÓN CONSTITUCIONAL

En la Sentencia T-331 de 2021, La Corte Constitucional en su Sala Novena de Revisión resolvió una acción de tutela interpuesta a través de apoderado por el señor Eder Bernardo Van Grieken Epiayú (indígena Wayú) contra el Auto de 27 de junio de 2019, proferido por el Juzgado Cuarto de Ejecución de Penas y Medidas de Seguridad de Medellín, que fue confirmado por la Sala de Decisión Penal del Tribunal Superior de Medellín. Mediante estas decisiones judiciales, las autoridades negaron el traslado del tutelante de un establecimiento penitenciario y carcelario administrado por el

Estado colombiano a su resguardo indígena. Según se lee en el fallo de tutela proferido por la Corte Constitucional, el Señor Eder Bernardo había sido condenado a la pena privativa de la libertad por el delito de homicidio agravado. La Corte Constitucional, revisó al Auto proferido por el juzgado de Ejecución de penas y medidas de seguridad, que fue despachado negativamente y que había decidido sobre la solicitud del traslado del Señor Eder Bernardo. Dicho Juzgado argumentó que el señor Eder no conservaba su identidad cultural por haber dejado su comunidad hace varios años y por pertenecer al colectivo LGTBQIA+, pese a que el informe psicosocial afirmaba lo contrario. Esta providencia fue a su vez confirmada por la Sala Penal del Tribunal Superior de Medellín. En sede de revisión, la Corte Constitucional discutió los derechos a la integridad cultural de las comunidades indígenas, el derecho a la dignidad humana, al debido proceso, igualdad e identidad cultural, el derecho constitucional a la diversidad étnica de las comunidades indígenas, los procesos de re-etnificación indígena; la posibilidad de que una persona indígena cumpla en el resguardo la pena privativa de la libertad impuesta por la jurisdicción ordinaria a una comunidad indígena, además de la definición de las dimensiones individuales y colectivas de la protección de la jurisdicción indígena, frente al proceso de pérdida de identidad cultural.

La Corte consideró que el señor Eder Bernardo Van Grieken es un indígena con conciencia de pertenencia a una comunidad indígena y que, además, conserva su lengua materna, según lo sustentó el informe psicosocial. Demostró, además, que la Comunidad Wayú reconoce al tutelante como miembro de la comunidad, "*incluso, teniendo plena conciencia de su preferencia sexual*"[1]. Estos argumentos esgrimidos por la Corte Constitucional pueden ser ubicados bajo la perspectiva hermenéutica contemporánea, especialmente aquella madurada por Hans-Georg Gadamer. Al efecto, la Corte criticó la justificación argumentativa de las instancias judiciales, calificándolas como *simples*

---

1 Sentencia T-331 de 2021, La Corte Constitucional. M.P. ALBERTO ROJAS RÍOS

especulaciones respecto a las dificultades que tendría el señor Eder Bernardo para adaptarse a la vida en el Resguardo, dada su pertenencia a la comunidad LGBTQIA+. Ligado a este, otro argumento que la Corte desglosa de la sede judicial y a su vez critica, se relaciona con el uso de "*prejuicios y estereotipos culturales sobre lo que debe ser un hombre indígena Wayú y sobre lo que implica ser una persona occidental*"[2].

Una razón más que la Corte considera errónea y que fue mencionada por el Juzgado y el Tribunal de instancia, fue la equivocada "*anticipación a la experiencia, y en esa medida se trata de una comprensión errada sobre la realidad (...)*"[3]. La Corte intenta reparar estos errores argumentativos y para tal fin, pone énfasis en un aspecto que ha sido tratado detalladamente por la hermenéutica gadameriana: la existencia vital. En tal sentido, subraya la necesidad de que el juez de tutela piense en un método sobre cómo interpretar la existencia vital al interior de una comunidad indígena. Para la Corte, no existe una única manera de existir ni al interior de una comunidad indígena ni en general en el mundo vital; así, el Alto Tribunal vislumbró un espectro de racismo y homofobia por parte de los jueces inferiores, que le condujo en sede de revisión a la aplicación del enfoque diferenciado y a la protección de la identidad étnica del tutelante, alejando la creencia de estereotipos, contrario a los argumentos esgrimidos por las sedes judiciales que fallaron en primera y segunda instancia.

La discusión en la Corte se centró en analizar la negativa de las autoridades judiciales en seguir los precedentes jurisprudenciales sobre la materia, y en la subjetiva interpretación del informe psico-social[4]. De esta forma, inició una reconstrucción del mundo

---

2 Sentencia T-331 de 2021, La Corte Constitucional. M.P. ALBERTO ROJAS RÍOS

3 Sentencia T-331 de 2021, La Corte Constitucional. M.P. ALBERTO ROJAS RÍOS

4 La Corte refiere las siguientes sentencias: "T-921 de 2013 y T-515 de 2016, de conformidad con el contexto cultural y vivencial en el que se desarrolla cada comunidad indígena y así "maximizar en la mayor medida posible el principio del respeto al pluralismo étnico, siempre teniendo en cuenta la estructura social y el derecho de origen de cada pueblo".

vital del actor y para ello, se preguntó cómo ejecutar una sentencia proferida por un juez penal ordinario dentro del derecho penal colombiano, al interior de una comunidad indígena que no prevé dentro de sus reglas una situación semejante. Sostuvo, por ejemplo, que generalmente, una comunidad indígena "*prioriza otras formas de solución de los conflictos, tales como la reconstrucción del tejido social o la aplicación de paradigmas que a ojos occidentales responden a lógicas de justicia restaurativa*". Consideró entonces, que una solicitud de traslado, como la solicitada debió "*ser objeto de un ejercicio de armonización sensible a las diferencias culturales, que permita la protección de la integridad y la autonomía de las comunidades indígenas, por un lado, y las finalidades constitucionales de la pena (que no son unívocas y tampoco son exclusivas del derecho mayoritario), así como la satisfacción de los derechos de las víctimas, por el otro, cuando esa tensión exista*".

Con ello, sugiere la Corte, que los jueces de tutela, conduzcan sus argumentos hacia la comprensión particular de cada caso, y en este en especial, pide que se apliquen los principios de diversidad étnica y respeto al pluralismo cultural, de cara a un diálogo intercultural (comunidad indígena-Estado). Este diálogo debe cumplir unas reglas hermenéuticas como por ejemplo, las establecidas en la Sentencia C-463 de 2014: (i) respeto por la autonomía, (ii) estructura de un diálogo más allá del simple cúmulo de información; (iii) posibilidad de un encuentro directo con la comunidad; (iv) respeto a las víctimas; (v) garantizar la finalidad de la pena y proteger los derechos fundamentales, así como proteger la cosmovisión indígena, sus costumbres y sus prácticas. Este último argumento de la Corte coincide implícitamente con los elementos principales que conforman la filosofía gadameriana: diálogo, comunicación, respeto por lo diverso y desocultamiento de lo extraño.

Para la Corte, este diálogo debe tener como fin una traducción entre la "*ejecución de una sanción privativa de la libertad determinada por un juez ordinario, para que su ejecución se produzca en una comunidad indígena que no cuente con pena de prisión*". En este punto, y en concordancia con lo señalado de forma precedente, la Corte Constitucional fijó su atención en una cita directa a la obra de Hans-Georg

Gadamer, en el siguiente aparte: "*el diálogo intercultural exige que se produzca una* ***traducción***[5] ***o adaptación cultural*** *de instituciones judiciales y legales occidentales a prácticas culturales no occidentales, igual de coercitivas, pero sin la apariencia de derecho occidental*"[6]. Complementa este argumento con la idea de la comprensión de la distancia entre mundos diversos como los de la comunidad Wayú y las normas estatales ordinarias, en una clara referencia a elementos presentes en la obra de Gadamer. La Corte finalmente, solicitó a las autoridades judiciales, realizar una justificación suficiente sobre cómo podría llevarse a acabo el cumplimiento de la pena proferida por el juez ordinario, a partir de un diálogo intercultural. Al efecto, señaló que "*debe examinarse si es posible traducir la sanción de la justicia penal ordinaria a una sanción proporcional dentro del derecho Wayú*". La Corte solicitó la participación de todos los actores en el proceso y de la comunidad especialmente, y con una "*fuerte flexibilidad de las autoridades judiciales, pues la finalidad de este procedimiento será la maximización de la diversidad étnica y el respeto al derecho propio y tradicional de los pueblos*"[7].

---

5 Sentencia T-331 de 2021. La Corte señaló de forma expresa: "Traducir es un ejercicio cognitivo en el que, un lector, un traductor, desde un lugar de identidad, asume la tarea de comprender la diferencia, la alteridad, y acercarla la mismidad. Es decir, convertir lo ajeno en propio o a la inversa. Ello demanda un ejercicio de flexibilidad y adecuación en la que, la traducción acomodará la diferencia a las categorías propias. Ese adecuar es un gesto político de acercar la alteridad a la diferencia. Cfr. GADAMER Hans Georg. Verdad y Método I. Editorial Salamanca, 1996. Pág. 335. (cita directa de la Corte Constitucional).

6 Sentencia T-331 de 2021, La Corte Constitucional. M.P. ALBERTO ROJAS RÍOS.

7 Sentencia T-331 de 2021, La Corte Constitucional. M.P. ALBERTO ROJAS RÍOS. Con base en el precedente constitucional contenido en las sentencias T-921 de 2013, T-642 de 2014, T-975 de 2014 y T-515 de 2016 se fijaron entre otras, las siguientes reglas jurisprudenciales: "los documentos bajo las autoridades indígenas son medios de conocimiento relevantes, pertinentes y suficientes para clarificar la condición de indígena de una persona (…) la identidad indígena no es una definición ontológica que debe responder a los criterios de las autoridades estatales, por lo que, al momento de identificar a una persona como miembro de una parcialidad, deben preferirse las determinaciones de las propias autoridades tradicionales. el Estado tiene la obligación de respetar los procesos de auto reconocimiento, reetnificación y fortalecimiento

La cita de Hans-Georg Gadamer que la Corte Constitucional incluyó en el texto de la sentencia, respalda asertivamente el argumento de la traducción de mundos, entendiendo que la comprensión entre ellos debe instalarse en un mundo lingüístico común. Sin embargo, la Corte deja de lado que en la integridad del caso en estudio pudo contar también con una interpretación hermenéutica.

El mundo de la vida (que en la sentencia es recurrente) es un mensaje que Hans-Georg Gadamer ha sostenido a lo largo de sus planteamientos al otorgar un lugar en el mundo a la comprensión de los otros, señalando los horizontes móviles de pensamiento entre prejuicios diversos y entre pensamientos disímiles e históricos[8]. Es claro, que, en este caso, si se acude a la filosofía gadameriana, el "Ser" es entendido más allá de la existencia y propone utilizar múltiples derroteros entre varias interpretaciones posibles y razonables. Para la comprensión de esos mundos junto con sus diversos horizontes también es útil la historia como ruta cognitiva, por tanto,

---

cultural de las prácticas, usos y costumbres de las autoridades indígenas y de los individuos que la integran". Se agrega que debe respetarse el carácter pluriétnico y multicultural de la nación. La Corte consideró que "el Juzgado Cuarto de Ejecución de Penas y Medidas de Seguridad incurrió en un defecto fáctico, pues dio al informe psicosocial de 11 de abril de 2019, un alcance que no tenía, cercenando partes que indican la pertenencia a la comunidad indígena del actor, y maximizando aspectos secundarios del informe, conforme al cual, se produjo un proceso irreversible de aculturización y pérdida de identidad". La Corte Constitucional revocó la Sentencia del 26 de junio de 2020, proferida en primera instancia por la Sala de Casación Civil de la Corte Suprema de Justicia, confirmada en segunda instancia por la Sala de Casación Laboral de la Corte Suprema de Justicia el 29 de julio de 2020. Tuteló los derechos fundamentales al debido proceso y a la identidad cultural de Eder Bernardo Van Grieken Epiayú. Además, identificó nuevas reglas jurisprudenciales dirigidas a armonizar los criterios fijados en las Sentencias T-921 de 2013, T-515 de 2016 respecto a la estructura societal de los pueblos indígenas.

8 GADAMER, Hans-Georg y Vietta Silvio. "Hermenéutica de la Modernidad. Conversaciones con Silvio Vietta". Editorial, Trotta, Madrid, 2004. Ante una pregunta formulada por Vietta, sobre la memoria, y Gadamer responde: "Aquí siempre recuerdo a Esquilo. Cuando describe lo que Prometeo les trajo a los hombres. Durante largo tiempo la ida d ellos hombres transcurrió de forma monótona. Sólo cuando él les trajo la memoria se transformaron en nombres activos y esperanzados". p. 45.

en este caso, una interpretación de la visión histórica, por ejemplo, de la comunidad Wayú, junto con la historia del propio tutelante hubieran podido servir como argumentos indispensables para una comprensión contextual de dos mundos en principio muy lejanos.

La concepción de los prejuicios, junto con la historia y el diálogo en la filosofía gadameriana, nos da impulso para ir más "allá de nosotros mismos". En ese diálogo entre dos o más mundos, o entre dos o más perspectivas, se logra articular un horizonte común, por eso en Gadamer, la comprensión de "lo otro" pasa por el encuentro con el lenguaje y la forma de vivir del ser[9]. En este punto, una versión más ampliada del concepto de diálogo tiene directa relación con la filosofía hermenéutica, cuestión que pudo haber abordado la Corte Constitucional, con el fin de lograr una interpretación más integral de la filosofía hermenéutica. De esta forma, Gadamer invita a estar abierto a preguntas, a interpretar nuevas situaciones, en un continuo proceso de "interpelación", en un hecho comunicativo permanente. El diálogo es una fusión entre tú y yo, una fusión de horizontes que recorren sitios argumentativos conocidos, pero también extraños. En tal condición, gracias a la filosofía gadameriana, las personas podemos pensar en común, sobre aquellos conceptos que posibilitan la convivencia de los hombres una forma de vida social y jurídica. Para Gadamer en el "desocultar" aquello que es desconocido inicia el proceso de acercamiento a la verdad y por tanto a la comunicación explícita con el "otro". En este sentido, y habiendo recurrido magistralmente a la cita de Gadamer, la Corte pudo ampliar su argumento fijando con-

---

9 GAMA, Luis Eduardo. "El método hermenéutico de Hans-Georg Gadamer". Escritos–Fac. Filos. Let. Univ. Pontif. Bolívar, vol.29 no.62 Bogotá Jan./June 2021, Epub Oct 28, 2021. Igualmente, MONTEAGUDO, Cecilia, "El Mundo de la vida en la filosofía hermenéutica de Hans-Georg Gadamer", ARETÉ Revista de Filosofía Vol. XIII, N°. 1, 2001 pp. 37-57. Se trata de un estudio sobre la relación entre el lenguaje y el método en la filosofía gadameriana. Igualmente, VATTIMO, Gianni, en "El fin de la modernidad. Nihililismo y hermenéutica en la cultura posmoderna", Editorial, Gedisa, Colección hombre y sociedad. Serie Mediaciones. Traducción: Alberto L. Bixio, segunda edición, 1997. Barcelona. Sobre la comprensión de la relación entre verdad y lenguaje.

ceptualmente más elementos presentes en la filosofía gadameriana[10]. En adelante, se enunciarán algunos aspectos que pudo incluir la Corte constitucional en la sentencia referida.

En el planteamiento de la hermenéutica filosófica trazada por H-G. Gadamer es posible conjugar conceptos, como el círculo hermenéutico, la historia efectual, la tradición, el diálogo, que en su conjunto asumen la difícil tarea de permitir una nueva visión del mundo.[11] H-G Gadamer se encontró de frente con el auge del positivismo epistemológico que había nacido en la morada del denominado Círculo de Viena. De todos los aspectos controversiales que Gadamer veía en dichos planteamientos, encontró que el uso del método trastocaba todos los intereses filosóficos. Comenzó entonces, una revisión de dicho concepto sometiendo la crítica desde Aristóteles, pasando por Dilthey y Heidegger.[12] El mundo que buscaba comprender la filosofía gadameriana no se ubicaba en una dicotomía del sujeto describiendo al objeto, como había sido la intensión de la ciencia moderna. Para lograr una visión multidimensional del mundo, en el que pudiesen permanecer, crecer y cambiar puntos de vista disímiles, formuló una reflexión crítica del concepto de verdad; la verdad para Gadamer de-

---

[10] GADAMER, Hans-Georg. "Verdad y Método II", Trad. Manuel Olasagasti, Editorial, Sígueme, Salamanca/España, 2002. También GIRALDO, Giraldo, Ana María y ORTIZ Bolaños, Liliana. "El concepto de verdad en Gadamer y Brandom: presupuestos para la construcción de teorías en la ciencia del Derecho". Revista de Estudos Constitucionais, Hermenêutica e Teoria do Direito (RECHTD). V. 11. No. 3. 2019. DOI: https://doi.org/10.4013/rechtd.2019.113.05.

[11] Ibídem. p. 51. También en GADAMER, Hans- Georg. "El giro hermenéutico". Trad. Arturo Parada, Madrid: Cátedra, Colección Teorema, serie mayor, 2001, Madrid. Igualmente, en GADAMER, Hans-Georg. "El problema de la conciencia histórica". Trad. Agustín Domingo Moratalla, Tercera Edición, Tecnos, Madrid. 2007.

[12] Ibídem. p. 309 y 311. También en, ORTIZ Bolaños Liliana. "El significado de la Hermenéutica en la Teoría Comunicacional del Derecho. Una reflexión sobre el círculo hermenéutico". En "Teoría Comunicacional del Derecho y otras direcciones de Pensamiento jurídico contemporáneo", Libro Homenaje al profesor Gregorio Robles. Coordinadores Cristina Hermida del Llano, Diego Medina Morales, María J. Roca Fernández, Editorial, Tirant lo blanc, Valencia. España, 2020.

bería estar atada al continuo vivir del ser humano en el mundo.[13] El concepto de facticidad giró hacia una dimensión dialogal, en la que pueden intervenir todos aquellos que estén dispuestos a hacer preguntas, con la condición de que estas preguntas estén precedidas por un conocimiento de su propia historia.

De esta forma, la multiplicidad de horizontes de pensamiento se convierte no en relativismo, sino en un mundo de la vida, en el que siempre es posible pensar en sus aspectos más complejos, aquellos elementos ininteligibles, aquellas situaciones ocultas.[14] En definitiva, se trata de pensar en la condición humana como una existencia que significa algo, que significa mucho, y que puede cambiar de significado.[15] Los significados a su vez, en la filosofía gadameriana están ubicados en un tránsito histórico/temporal que representan una interpretación circular de la historia y de los prejuicios vitales particulares, que es un mundo ya conocido, sobre el que ya tenemos experiencia a diferencia del *a priori* kantiano. Aquello que hace parte de la finitud del ser humano es impulsado por el diálogo, por la lingüística, por aquello susceptible de ser compartido incluido aquello que consideramos extraño, incomprensible. El propósito de Gadamer es entrelazar aquel mundo fáctico con el mundo humano, dimensiones que habían estado separadas por obra del positivismo, pero más que una confusión ontológica, se trata de una difuminación de razones para construir un mundo en el que sea posible ver la convivencia de múltiples significados que efectivamente viven porque sobre ellos es posible dialogar. De esta forma, el mundo del método ha quedado reservado para la creación efectivamente teórica de las disciplinas, pero no debe hacer parte del inicial pensamiento existencial (habitable) del ser humano[16]. Es decir, antes de la teoría no habría razón para

---

13 Ibídem. p. 312. También, QUINE, Willard. "Acerca del conocimiento científico y otros dogmas. Trad. Francisco Rodríguez Consuegra, Ediciones Paidós. I.C.E de la Universidad Autónoma de Barcelona, Barcelona, 2001.

14 GADAMER, Hans-Georg. Op. cit. p. 312.

15 Ibídem. p. 313.

16 Ibídem. p. 313. También, LAFONT, C. "Gadamer y Brandom: sobre la interpretación". Signos Filosóficos, XII (23), 2010, p. 99-118.

permitir que el método de haga cargo de aspectos icónicos como el arte, la historia, el espíritu. Justamente en el arte Gadamer descubrió que la filosofía hermenéutica se podría "comprobar" de alguna manera. Al interpretar una obra de arte, se va más allá de la rigurosidad de las reglas del método, que son muy estrechas para comprender el mundo vital, al contrario, el intérprete se inserta en una posibilidad de múltiples interpretaciones que además estarían acompañadas de un lenguaje común para todos y de un enfoque dirigido hacia la tradición, hacia aquello que nos ha sido legado. Este mundo, el existencial, el dialogante, el mundo pre-teórico propuesto por la hermenéutica gadameriana, dará paso a la construcción de un mundo epistemológico de teorías "verdaderas".

Para la filosofía hermenéutica gadameriana lograr la verdad, es desocultar, oír y ver aquello que aún no ha sido pensado, aquello que es realmente extraño para nuestro pequeño mundo vital y por ello, es necesario ampliar en círculos cada vez más la posibilidad de pensar que esos mundos distintos pueden ser pensados y vividos[17]. Esta vivencia gadameriana no corresponde únicamente al presente porque el intérprete proviene de algún sitio y puede conectar con aquel mundo en una continua transferencia dialogada, que no se consolida ni es permanente[18]. El diálogo se va construyendo hermenéuticamente a través de interpelaciones, de continuas preguntas que intentan entrar en el mundo de los "otros".[19] Los interrogantes pueden ser infinitos y tiene que ver con nuestras condiciones humanas más allá de la simple conjunción e interpretación de datos[20]. La filosofía gadameriana intenta una apertura de ese mundo vital que nos compromete con los otros y con nuestros propios prejuicios, con nuestra historia que señala el camino para que surja la revelación de aquello que acontece en el mundo[21]. Con su

17 Ibídem. p. 56.
18 Ibídem. p. 57 y 59.
19 Ibídem. p. 59.
20 Ibídem. p. 60.
21 Ibídem. p. 62.

filosofía Gadamer nos invita a pensar, a dialogar, a poner en práctica nuestra capacidad para hablar, para someter nuestros puntos de vista a otros, antes de emitir un juicio[22].

En el sometimiento de nuestro mundo (prejuicios, puntos de vista) a otros, en la producción del diálogo se genera la verdad: un significado común en que se hace presente aquello que es extraño o que se consideraba oculto para nosotros.[23] Esta finalmente, es la experiencia del conocimiento, de la historia y de la condición humana en el planteamiento gadameriano: un aproximarse y alejarse en una continua reflexión crítica que invita a apartar como conocimiento la simple descripción de los hechos o de aquello que es extraño.[24] Es posible entonces, articular en un conjunto de argumentos que soportarán un fallo judicial, una filosofía como la gadameriana que conduce a una mejor comprensión de estos sucesos vitales que no tienen una respuesta dada y que permiten una apertura a la multiculturalidad, a la diversidad y a valoración de los pensamientos de "otros".

I. GIANNI VATTIMO, UNA RESPUESTA MÁS ALLÁ DE LA INTERPRETACIÓN Y SU RELACIÓN CON LA CONSTRUCCIÓN ARGUMENTATIVA DE LA CORTE CONSTITUCIONAL

En la Sentencia C-076/18, la Corte Constitucional realizó el control automático de constitucionalidad del Acto Legislativo 05 de 2017, "*Por medio del cual se dictan disposiciones para asegurar el monopolio legítimo de la fuerza y del uso de las armas por parte del Estado*".[25]

---

22 Ibídem. p. 61 y 62

23 Ibídem. p. 62, 206, 207, 209 y 223.

24 Ibídem. pp. 245 y 247.

25 "Artículo 1°. Adiciónese el artículo 22A a la Constitución Política de Colombia, el cual quedará así: Artículo 22A. Como una garantía de No Repetición y con el fin de contribuir a asegurar el monopolio legítimo de la fuerza y del uso de las armas por parte del Estado, y en particular de la Fuerza Pública, en todo el territorio,

En la ratio decidendi la Corte explicó y corroboró que el trámite legislativo cumplió todas las exigencias legales y constitucionales. Analizó igualmente, que la norma que pretende adicionar un artículo nuevo a la Constitución Política no realiza una sustitución a la misma, al realizar una interpretación basada en la autocontención *"judicial self restraint"*. Expresó la Corte, que "*el texto normativo incorporado a la Constitución cumple la función de elevar y reafirmar a nivel constitucional la prohibición de conformar grupos armados ilegales, cuestión que a partir de una interpretación histórica adquiere un alto valor simbólico y normativo para el Estado social y democrático de derecho, pues permite dar sólidas bases constitucionales a la proscripción de un fenómeno presente y recurrente en el contexto del conflicto armado en Colombia, sin que ello implique en manera alguna que tales conductas o comportamientos estuvieran permitidos antes de su entrada en vigencia*".

La Corte también estudió la naturaleza, eficacia y efectividad de la norma en revisión, demostrando que presenta contenidos, declarativos, teleológicos, e imperativos. Al hilo discutió en un reconocimiento expreso a la Constitución como fuente del derecho, que el fin de la norma es reafirmar "*una obligación por parte del Estado colombiano de mantener el monopolio del poder estatal en todas sus formas en un contexto específico en el que se han vulnerado sistemáticamente los derechos humanos (…) razón por la cual transmite un reconocimiento de la verdad histórica (…) elevada a rango constitucional*". Y agrega que resulta imperiosa su vigencia, dado el "cumplimiento del mandato de *verdad* como pilar de la justicia transicional al reconocer lo que efectivamente ocurrió en el conflicto armado".

---

se prohíbe la creación, promoción, instigación, organización, instrucción, apoyo, tolerancia, encubrimiento o favorecimiento, financiación o empleo oficial y/o privado de grupos civiles armados organizados con fines ilegales de cualquier tipo, incluyendo los denominados autodefensas, paramilitares, así como sus redes de apoyo, estructuras o prácticas, grupos de seguridad con fines ilegales u otras denominaciones equivalentes. La ley regulará los tipos penales relacionados con estas conductas, así como las sanciones disciplinarias y administrativas correspondientes, Acto Legislativo 05 del 29 de noviembre de 2017".

La Corte añade a su narrativa, una cita indirecta a pie de página de Gianni Vattimo en el siguiente argumento: "En segundo lugar, en lo concerniente al contexto político de su inclusión, la reforma en revisión contiene una clara evocación al mandato de verdad (*cita a Vattimo*), y de manera abierta rechaza y proscribe la actuación paramilitar que ocurrió en las últimas décadas del siglo XX y las primeras del siglo XXI en Colombia (...). Esto se justifica en el contexto político y social el cual evidencia fuertes evocaciones simbólicas derivadas de un proceso de justicia transicional que busca la no repetición como pilar de este tipo de justicia" (...). La cita a Vattimo es la siguiente: "*Aquello que hace valer un pensamiento [...] no es lo que se dice, sino más bien aquello que deja no dicho haciendo venir todo a la luz, quedándose en un modo que no es aquel del enunciar"(pg. 74).*

Esta puntual reflexión que adelantó certeramente la Corte Constitucional explica que un recorrido hacia la consolidación de la verdad (en este caso del conflicto armado) necesita de argumentos que se encuentran aún escondidos, en una clara referencia a la búsqueda de la vida en la historia. Este contexto exigía una cita directa de Vattimo y una deliberación más profunda puesto que el tema abordado por la Corte requería una manufactura hermenéutica de la condición histórica de los conceptos de conflicto armado, de paz, de uso de las armas y de la defensa de los derechos humanos. Esto es, por ejemplo, que, sin una visión constructiva y reconstructiva de la vida en su pleno sentido, no es posible arribar a la tan anhelada idea de la paz.

Así, es necesario entender que, si el juez constitucional utiliza dimensiones conceptuales de filósofos en particular, una argumentación de tal envergadura como la que se realiza en sede constitucional debe abarcar conceptos a través de los cuales sea posible comprender un mundo más amplio, más ancho y más articulado al intérprete que los simples hechos que acontecen, como sostiene Gianni Vattimo. En efecto, el autor sustenta su filosofía en la condición histórico-hermenéutica del "ser", una historia que se construye y no se encuentra dada, hecha y terminada. Por el contrario, el intérprete no puede ser simplemente un heredero de un lenguaje ya definido. En tanto la hermenéutica pretenda un rechazo a la metafísica debe dedicarse a pensar en una "procedencia", en la comunicación histórica que busque siempre los aconteceres, más que la simple descripción de los hechos.

Para Vattimo, la identificación de la verdad no tiene relación con una correspondencia directa con los hechos, ni con la presencialidad, sino con una hermenéutica que interpreta el habitar, el recordar el olvido, y es en este punto en el que es posible ubicar a Vattimo como fuente de argumentación para analizar el caso en cuestión. Al respecto, Vattimo explica que el Ser en tanto no se ontologiza en el presente, debe acudir a las historias, a múltiples historias, en un acaecimiento. Por ello, si argumentamos la defensa de los derechos humanos y la búsqueda de la paz y la convivencia pacífica nada más cercano a ello, que la hermenéutica de Vattimo, en tanto destaca que la verdad no se debe confundir con una representación fenomenológica, ni con un mundo desierto de historia, sino con un evento que siempre se logra construir, que es permanente, que es posibilidad, apertura. El encuentro con los horizontes de otros no implica, entonces una estática argumentativa, ni un saber riguroso, contrario a ello, Vattimo piensa que la filosofía hermenéutica es movilidad, actividad y renovación, además de provocar el encuentro entre disímiles paradigmas. Existen mundos contrapuestos, universos culturales distintos próximos y lejanos, que necesitan de la apertura hacia la construcción histórica de una forma de vida no pasiva, sino crítica en la que el consenso es una pieza fundamental.

Gianni Vattimo escribió su texto "*Mas allá de la interpretación*" publicado en español en el año 1995, y en él comprende que la fundamentación de las denominadas ciencias del espíritu y de la ontología fenomenológica pertenece al horizonte de la "posmodernidad"[26]. Ese horizonte de interpretación pretende que todo proceso de conocimiento se inserte entre otros, en los siguientes problemas límites: "*la inevitabilidad del círculo hermenéutico, la imposibilidad de un*

---

26 VATTIMO, Gianni. "Más allá de la interpretación". Pensamiento Contemporáneo 39. Trad. Pedro Aragón, Rincón, Barcelona, 1995. p. 9

lugar "neutral" para la teoría, la remisión de toda la teoría de sus horizontes históricos de gestación, la constitutiva presencia de prejuicios en los juicios científicos y éticos, la crítica de la idea de objetividad (...)"[27] Para Vattimo de este horizonte nace una "*vocación nihilista de la hermenéutica*" y sobre él busca ubicar la validez actual de la hermenéutica, descartando la metafísica y siguiendo en este punto más a Heidegger que a Gadamer[28]. Según Vattimo la filosofía hermenéutica nació en el arco Heidegger-Gadamer teniendo como base la lingüisticidad, el sentido del Ser y la interpretación[29].

Con esos elementos, según Vattimo la filosofía gadameriana, promueve una dirección de pensamiento hacia la condición del concepto de verdad que implica una interpretación de la experiencia humana[30]. Desde este concepto de verdad gadameriano que tiene raíces en el concepto de verdad heideggeriano, Vattimo confía en que es posible hablar de "*conformidad o disconformidad de enunciados y estado de cosas*", porque el "Ser" experimenta una "apertura".[31] Esta experiencia del Ser, no puede compararse ni fundamentarse en el a priori kantiano, porque para Vattimo la experiencia de la verdad surge por su propio crecer en el mundo, por su construcción histórica.[32] De esta afirmación deriva Vattimo que la hermenéutica debe comprenderse como una filosofía que envuelve otras teorías que explican entre otros temas, las transformaciones sociales.[33] Como conclusión sustenta Vattimo que la historia solamente se puede na-

27 Ídem.

28 En este sentido, menciona que "(...) son pensadores hermenéuticos no sólo Heidegger, Gadamer, Ricoeur o Payreson, sino también Habermas y Apel, Rorty y Charles Taylor, Jacques Derridá y Emmanauel Lévinas. Lo que liga a todos estos autores no es una tesis común, sino más bien aquello que Wittgenstenin (otro pensador hermenéutico, en el sentido vago...) llamaba una semejanza de familia; o, más exactamente aún, un aire de familia, una atmósfera común". p. 37

29 Ibídem. p. 39.

30 Ibídem. p. 40 y 41.

31 Ibidem. p. 41.

32 Ibídem. p. 45.

33 Ibídem. p. 45.

rrar "en términos nihilistas."[34] Según esta filosofía, los puntos de vista sobre la interpretación del mundo, simplemente no pueden pensarse como parte de la verdad entendida como una correspondencia directa con el mundo, un mundo entendido como un hecho, tampoco se trata de atender puntos de vista sobre gustos o estados de ánimo. Así, para Vattimo esa relación directa entre el mundo y el intérprete no puede existir porque la verdad no puede ser un simple "*reflejo objetivo del estado de las cosas (en tal caso, del hecho de que hay múltiples perspectivas…), que, por el contrario, la filosofía de la interpretación rechaza*"[35]. Sin embargo, es preciso preguntarse por la verificación o falsificación de aquellas afirmaciones, ideas o interpretaciones que los seres humanos producimos a lo largo de nuestra propia historia. En tal sentido, Vattimo constata que "*el sujeto no es el portador del a priori kantiano, sino el heredero de un lenguaje histórico-finito que hace posible y condiciona el acceso a sí mismo y al mundo*"[36]. Pretende así, otorgar a la hermenéutica un papel más ubicado en la procedencia, en la comprensión de las épocas de la humanidad.[37] Aunque reconoce que para completar la denominada "*vocación nihilista*" de la hermenéutica se debe identificar la verdad, no con la objetividad tradicional del método científico-positivo, sino con el concepto de "evento", tal como estructuró Heidegger[38]. Desde esta perspectiva, el nihilismo proviene del acontecer del Ser al interior de la historia, una historia narrada, que proviene de un tiempo pasado, porque de lo contrario la metafísica hará protagonismo[39].

---

34 Ibídem. p. 45. También en, VATTIMO, Gianni, "Más allá del sujeto. Nietzsche, Heidegger y la hermenéutica". Trad. Juan Carlos Gentile Vítale. Segunda edición. 1992, Ediciones PAIDOS, Barcelona. Sobre la concepción hermenéutica de la historia en Vattimo: Aquello que es verdaderamente humano "es el cuidado de lo que ha sido, de los residuos, de las huellas". Así, la historia acontece en aquello que "se corre el riesgo de que desaparezca en el pasado como continuidad de la experiencia, concatenarse de los significados". p. 13.

35 Ibídem. p. 45.

36 Ibídem. p. 46.

37 Ibídem. p. 48.

38 Ibídem. p. 49.

39 Ibídem. p. 49 y 50

Así, apartarse de la metafísica para Vattimo es buscar la historia, es "*un acordarse del olvido*"[40]. En conclusión, la presencialidad del ser tiene que ver con una hermenéutica nihilista, una hermenéutica interpretativa de la verdad, no como descripción de los hechos, que para Vattimo implica no identificar al Ser ni como presencia ni como ente, sino de "recordar el olvido", volver a la historia[41]. El autor sella su punto de vista al afirmar, que el Ser proviene de varias historias, esto significa que el Ser siempre acaece en la historia, acontecimiento que deriva en la disolución de la verdad como correspondencia, último aderezo de la hermenéutica como nihilismo[42]. Sin embargo, con todo, para Vattimo es importante que también la hermenéutica se haga cargo de la verdad de los fenómenos.

Vattimo enfatiza que la verdad como conformidad con un objeto, con aquello dado, no es posible porque tendríamos que concebir al Ser como "*Grund, como principio más allá del cual no se puede ir, que acalla todo preguntar*"[43]. Por ello, para Vattimo, el Ser hermenéuticamente debe ser considerado evento y a partir de esta posibilidad nació la idea de verdad como apertura. Más allá de Gadamer y Heidegger, Vattimo acude a Rorty, con el fin de distinguir entre "*epistemología tradicional" y "hermenéutica"; una diferencia que se contrae a la búsqueda de "cuerpos de saber rigurosos y la solución de problemas a la luz de paradigmas que dictan las reglas para la verificación de las proposiciones (….) y la hermenéutica es en cambio, la actividad que se despliega en el encuentro con horizontes paradigmáticos distintos, que no se dejan valorar en relación con algún tipo de conformidad*".[44] ¿Qué implica entonces la verdad hermenéutica? [45] La filosofía hermenéutica de Heidegger y Gadamer llevan a Vattimo a pensar en la elevación de la verdad como apertura, sobre la verdad como conformidad; esta reflexión

---

40 Ibídem. p. 50.
41 Ibídem. p. 51.
42 Ibídem. p. 52.
43 Ibídem. p. 124.
44 Ibídem. p. 127.
45 Ibídem. p. 128.

pudo conducir a la búsqueda de horizontes histórico-culturales que se pueden mantener unidos por que comparten una misma lingüisticidad. En este devenir histórico lingüístico se produce efectivamente la verificación y validación, esto es, la verdad. En este punto, esa convivencia genera algunas "*reglas para la solución de problemas en su interior, y, en su conjunto, se da como fundamentación que no está a su vez fundamentada, ni siquiera por la continuidad histórica que parece aún actuar en Gadamer*"[46].

Vattimo explica que la apertura a la verdad se realiza solamente desde la idea del habitar un determinado universo lingüístico, o un paradigma en todo caso valorando la condición histórica.[47] Siguiendo a Gadamer explica que "ese habitar no recibe de forma pasiva una vida ya hecha e inmodificable bajo una condición histórico-cultural"[48]. El habitar se comprende porque se trata de una interpretación crítica al interior de un habitar[49]. Por ello, ese habitar, en Vattimo no es un acto silencioso y estable, por el contrario, implica muchas veces pensar en el desconocimiento, para luego pensar en la articulación comunicacional y consecuentemente "Ser de otra manera"[50]. La consecuencia en Vattimo, es que el Ser está dentro de lo verdadero y por ello, podemos emitir afirmaciones, juicios verdaderos hermenéuticos, en un proyecto de "*identificar el paradigma o el universo cultural en que nos encontramos arrojados con el mundo real*".[51] A partir de la hermenéutica filosófica Heideggeriana y gadameriana, no es posible pensar que la verdad es aquella planteada por la relación entre evidencia y conformidad de las afirmaciones y el estado de las cosas, por ello según discute Vattimo, la "*verdad como conformidad, y también como evidencia incontrovertible experimental en la certeza de la consciencia, sólo es un momento secundario en el ámbito*".[52] La me-

46 Ibídem. p. 129.
47 Ibídem. p. 130.
48 Ibídem. p. 133 y 135.
49 Ibídem. p. 131.
50 Ibídem. p. 131, 132, 133.
51 Ibídem. p. 133.
52 Ibídem. p. 137.

tafísica había constituido el culmen de la plenitud de la certeza de la empresa científica plena, y por ello, la consciencia también estaba involucrada en ese mundo, ese era la función de la ciencia moderna, así lo plantea Vattimo al recordar el nacimiento por lo menos moderno, de la idea de verdad[53]. En la hermenéutica, esa experiencia estética es una especie de "localización *desfondante*" junto con el concepto de habitar (de la tradición), en la que se vive y se ha vivido, a diferencia del anhelo de las ciencias experimentales que centran el concepto de verdad en la objetividad, encuentra Vattimo que esos rasgos de la experiencia estética.[54] En tal sentido, y si se comprende a Vattimo, la tradición se convierte en una herencia abierta, una herencia hacia construcción de la verdad que se va componiendo de múltiples voces, saberes, universales culturales y en ello encuentra Vattimo, lo inacabado, lo que siempre se puede volver a pensar. En una clara reminiscencia a Heidegger, esa multiplicidad se va notando porque los puntos de vista no se superponen, porque se trata de un proceso de comunicación a través de la "*transmisión de aperturas distintas en cada momento como distintas son las generaciones de los hombres*"[55]. Al tiempo reconoce que la multiplicidad no es sinónimo de arbitrariedad, contrario a ello, se trata de mundos lingüísticos localizados en herencias variantes, vistos desde horizontes que los hacen posibles, en definitiva, abiertos[56]. La metafísica huye porque debe pensarse en la temporalidad, en aquello que denomina, "*La multiplicidad de voces sobre cuyo fondo solamente las verdades singulares adquieren auténtica verdad no es, a su vez, estructura última, que se da como verdadera en lugar del ser como unidad, principio, fundamento*"[57]. Vattimo pone acento en el evento recordando a Heidegger, y, por tanto, alejarse de lo inmediatamente dado, es permitir que la verdad asuma una función de proyección. Se trata de una verdad como apertura,

---

53 Ibídem. p. 138.
54 Ibídem. p. 138 y 139.
55 Ibídem. p. 140.
56 Ídem. p. 142.
57 Ibídem. p. 142.

que asume "*el desfondamiento como destino*".[58] Concluye Vattimo, que esa apertura hermenéutica tiende a la universalidad al tiempo que deber ser pensada en términos de racionalidad, esto es, pensar que el estar en el mundo heideggeriano pertenece a esa apertura como un proyecto que se estructura desde el habitar, como una experiencia poética. Y el desenlace es que, "*decir la verdad significa expresar -manifestar, articular-la pertenencia a una apertura en la que se está ya desde siempre yectado*"[59]. Ese proyecto se instala en aspectos como, el sentido común, gusto, cultura, que son conceptos estéticos y que quedaron oscurecidos por las prácticas del positivismo científico[60].

A partir de este postulado, la reflexión sobre la racionalidad de la hermenéutica debe ser comprendida según anuncia Vattimo en esa dirección histórica de la tradición, concepto desde el que puede ser comprendida una obra de arte o un texto, incluida la misma teoría hermenéutica, en cuanto es necesario pensarlos desde los efectos de las diversas interpretaciones pertenecientes a la historia y su transmisión, "*como un mensaje que viene del pasado (...) o de cualquier parte*"[61]. Es el ejercicio de la interpretación el que logra que el conocimiento no esté ni precedido ni antecedido de descripción ni de objetividad convirtiendo a la hermenéutica en una posibilidad racional, tal como es presentada por Vattimo[62]. El autor precisa que la filosofía hermenéutica debe pasar por una condición ontológica, que se despliega al interior de la interpretación de un proceso histórico racional (argumentación y no intuición)[63].

Para Vattimo pensar en la ontología de la hermenéutica es imprescindible porque de lo contrario, la hermenéutica caería en una teoría de "la multiplicidad" o un "hecho último", o un esquema no

---

58 Ibídem. p. 144 y 149.
59 Ibídem. p. 149.
60 Ibídem. p. 154.
61 Ibídem. p. 155.
62 Ibídem. p. 156.
63 Ibídem. p. 157, 158 y 159.

argumentable[64]. La hermenéutica tendría relación con el destino del Ser el destino del ser introducido en la interpretación y en la historia como proceso racional que nos permite saber hacia "dónde vamos y cómo debemos ir"[65]. Más allá de Verdad y Método, Vattimo piensa que la hermenéutica debe también pensar en la racionalidad técnica y con ello destaca que "*la hermenéutica es una "consecuencia" de la modernidad más que su confutación*"[66]. Concluye que la hermenéutica no se debe oponer al mundo científico-técnico, sino que debe hacer parte de una verdadera transformación del concepto del ser.[67] En tal sentido, Vattimo arriba a la profundidad de su teoría, según la cual la hermenéutica debe consistir "*en la afirmación de que la interpretación racional (argumentativa) de la historia no es "científica" en el sentido del positivismo, pero que tampoco, ni mucho menos, es puramente "estética*"[68]. Así, impone una función a la hermenéutica: "*articular en una forma cada vez más completa y explícita su inspiración original; lo que significa también la tarea de corresponder responsablemente a la llamada que le llega de su herencia*"[69].

Una vez revisada la teoría hermenéutica de Vattimo, la historia es vista desde otros ángulos abiertos a la interpretación de todo aquello que acontece y que no es posible dejar en el olvido. Por tanto, estos argumentos son directamente aplicables a la sentencia que aquí se analiza y en la que la Corte Constitucional Colombiana integró al texto una referencia indirecta a quién ha hecho de la historia una afinación del mundo de la vida y que corresponde a varios momentos hermenéuticos que responden a una vida en paz.

64 Ibídem. p. 158.
65 Ibídem. 158 y 159.
66 Ibídem. 160.
67 Ibídem. 160.
68 Ídem.
69 Ibídem. 161.

CONCLUSIÓN

Después del afianzamiento de la ruta ontológico-hermenéutica que comenzó con Heidegger al que siguió Gadamer y de alguna manera finaliza en Vattimo, las posibilidades de comprender un texto, una obra de arte, una pieza musical, en sentido general, cambiaron de forma concluyente para la humanidad y su mundo habitable. Se concluyó, que el lenguaje crea mundos diversos y que el ingreso a uno de esos mundos, pasa por la creación de diálogos continuos, ilimitados y razonables. La convergencia de todas las condiciones humanas en el comprender significa que los seres humanos tenemos una altísima capacidad para encontrarnos dialogalmente con otros, para comprender la historia, los prejuicios, pero también para dar múltiples significados a aquello que es aún extraño, desconocido, apartado. La interpretación jurídica, por tanto, no podría escapar a este habitar hermenéutico que permite al juzgador ver aquello que no se observa a simple vista (semántica, por ejemplo), e ir tras múltiples significados que, si se piensan en conjunto pueden ofrecer una imagen del mundo de la vida que signifique "algo" para el mundo jurídico. Aquellos aspectos humanos, como la historia, la capacidad de comunicación, la estructuración de diálogos y la consideración hacia el "otro", hacia lo extraño, hacia lo diferente, posibilitan la creación de argumentos que, a su vez, proveen de conceptos a la ratio decidendi, que finalmente debe ser la portadora de la justicia para la protección y garantía de los derechos humanos.

Bibliografía

GADAMER, Hans-Georg y Vietta Silvio. "*Hermenéutica de la Modernidad. Conversaciones con Silvio Vietta*". Editorial, Trotta, Madrid, 2004.

___"*Verdad y Método II*", Trad. Manuel Olasagasti, Editorial, Sígueme, Salamanca/ España, 2002.

___ "*El giro hermenéutico*". Trad. Arturo Parada, Madrid: Cátedra, Colección Teorema, serie mayor, 2001, Madrid.

___ "*El problema de la conciencia histórica*". Trad. Agustín Domingo Moratalla, Tercera Edición, Tecnos, Madrid. 2007.

GAMA, Luis Eduardo. "*El método hermenéutico de Hans-Georg Gadamer*". Escritos– Fac. Filos. Let. Univ. Pontif. Bolívar, vol.29 no.62 Bogotá Jan./June 2021, Epub Oct 28, 2021.

GIRALDO, Giraldo, Ana María y ORTIZ Bolaños, Liliana. "*El concepto de verdad en Gadamer y Brandom: presupuestos para la construcción de teorías en la ciencia del Derecho*". Revista de Estudos Constitucionais, Hermenêutica e Teoria do Direito (RECHTD). V. 11. No. 3. 2019. DOI: https://doi.org/10.4013/rechtd.2019.113.05.

ORTIZ Bolaños Liliana. "*El significado de la Hermenéutica en la Teoría Comunicacional del Derecho. Una reflexión sobre el círculo hermenéutico*". En "Teoría Comunicacional del Derecho y otras direcciones de Pensamiento jurídico contemporáneo", Libro Homenaje al profesor Gregorio Robles. Coordinadores Cristina Hermida del Llano, Diego Medina Morales, María J. Roca Fernández, Editorial, Tirant lo blanc, Valencia. España, 2020.

QUINE, Willard. "*Acerca del conocimiento científico y otros dogmas*. Trad. Francisco Rodríguez Consuegra, Ediciones Paidós. I.C.E de la Universidad Autónoma de Barcelona, Barcelona, 2001.

LAFONT, C. "*Gadamer y Brandom: sobre la interpretación*". Signos Filosóficos, XII (23), 2010, p. 99-118.

MONTEAGUDO, Cecilia, "*El Mundo de la vida en la filosofía hermenéutica de Hans-Georg Gadamer*", ARETÉ Revista de Filosofía Vol. XIII, N°. 1, 2001 pp. 37-57.

VATTIMO, Gianni, en "*El fin de la modernidad. Nihililismo y hermenéutica en la cultura posmoderna*", Editorial, Gedisa, Colección hombre y sociedad. Serie Mediaciones. *Traducción:* Alberto L. Bixio, segunda edición, 1997. Barcelona.

___"*Más allá de la interpretación*". Pensamiento Contemporáneo 39. Trad. Pedro Aragón, Rincón, Barcelona, 1995.

____"*Más allá del sujeto. Nietzsche, Heidegger y la hermenéutica*". Trad. Juan Carlos Gentile Vítale. Segunda edición. 1992, Ediciones PAIDOS, Barcelona.

Hegel en las decisiones de la Corte Constitucional colombiana: Crimen y Castigo

Hegel in the decisions of the Colombian Constitutional Court: Crime and Punishment

> *Me someto a la ética,*
> *pero no comprendo en modo alguno por qué es más glorioso*
> *bombardear una ciudad sitiada*
> *que asesinar a alguien a hachazos.*
> *Dostoyevski, 2012, Crimen y Castigo, p. 465.*

Mario Roberto Solarte*

Resumen

Hegel es uno de los grandes filósofos de todos los tiempos, especialmente importante para las discusiones contemporáneas en diversos campos. Esto incluye al derecho, lo que puede observarse en la producción académica sobre su obra, así como en las referencias que traen algunas sentencias de la Corte Constitucional Colombiana. La diferencia entre el material académico y las referencias que traen algunas sentencias de las Cortes, es que las primeras suelen trabajar sobre los textos del filósofo, mientras que las segundas sobre consideraciones generales. El artículo analiza la pertinencia de una cita de Hegel por parte de la Corte constitucional colombiana y hace una crítica sobre la necesidad de la correcta lectura del filósofo.

---

* Doctor en Filosofía por la Pontificia Universidad Javeriana. Áreas de trabajo: Filosofía social con énfasis en a) Los problemas de orden y desorden sociales, en particular en relación con la violencia y la economía. b) Hegel, Girard, Levinas, Benjamin, Pregrado, Universidad Javeriana Filosofía. Tesis de grado. El concepto de voluntad en la Introducción a la Filosofía del Derecho de Hegel.

Abstract

Hegel is one of the greatest philosophers of all times, particularly important in the current discussions on different fields. This includes law, where this is reflected in the academic output about his works and in the quotes about this author used in some judgments of the Colombian Constitutional Court. The difference between the academic output and the quotes about this author used in some judgments is that the former is based on the works written by Hegel, while the latter work on general considerations. This article analyzes the relevance of a quote about Hegel used by the Colombian Constitutional Court and makes a reflection on the need to properly interpret this philosopher.

1. INTRODUCCIÓN

Este es el caso de la sentencia de constitucionalidad C-939/02, sobre los decretos de conmoción interior, y en concreto sobre el poder punitivo del Estado. En ella, el Magistrado Ponente, Eduardo Montealegre, sostiene lo siguiente:

> "En la concepción del ius puniendi existe una estrecha conexión entre la teoría de la pena y el modelo de Estado. Las diversas formas de evolución del mismo en los dos últimos siglos, se han reflejado directamente en la estructura del derecho penal y en sus categorías principales. Las teorías absolutas de la pena, por ejemplo, que encontraron su fundamentación filosófica en Kant y Hegel (máximos exponentes del idealismo alemán) se corresponden con una concepción clásica del Estado, según la cual el derecho debe limitarse a crear mecanismos que limiten el poder del soberano frente al individuo. A partir de la concepción del "hombre como un fin en sí mismo", propio de la ética kantiana, y del entendimiento de la pena "como una negación de la negación" característica de la dialéctica de Hegel, se justificó la teoría retributiva de la pena. De conformidad con esta, la pena solo tiene como finalidad la realización de la justicia (Kant) o el restablecimiento del derecho abstracto, desconocido por la voluntad particular del delincuente (Hegel). Por el contrario, las teorías de la prevención (general y especial) encuentran mejor su explicación en un modelo de estado intervencionista."

En los siguientes capítulos se analizará, si realmente la teoría de la pena en Hegel, calificada de "retributiva" en la cita de la Corte Constitucional, se corresponde con lo realmente propuesto por el filósofo.

2. EL DERECHO ABSTRACTO

Al presentar el desarrollo de sus *Líneas Fundamentales de la Filosofía del Derecho*[1], Hegel afirma que la división del Derecho Abstracto corresponde a la *voluntad inmediata*, en su concepto abstracto, es decir, sin sus interacciones concretas en la sociedad y el Estado; se trata de la *personalidad* y las relaciones de su existencia con cosas inmediatas a través de relaciones formales, al margen de sus contenidos (FD § 33). Esta esfera es abstracta porque permanece en las relaciones entre las personas, haciendo abstracción de la comunidad (Brooks, 2013 p. 37). A su vez, este Derecho Abstracto de la persona se divide en tres procesos: a) la posesión de la cosa y b) las relaciones contractuales entre las personas como propietarias. Pero cuando la voluntad de la persona particular se contrapone a su propio concepto tenemos c) lo ilícito y el delito (FD §40).

Aunque se suele presentar la noción de persona como fruto del derecho romano, Hegel considera que es en el mundo moderno donde se ganan tanto la plena consciencia de lo que significa ser persona, como lo que esto implica en la práctica del derecho y de la vida política de los pueblos (FD §62). Este derecho, entonces, es un producto histórico; la "racionalidad" de este Derecho Abstracto sería entonces el compendio de las mejores prácticas de las sociedades de la modernidad occidental en lo relativo a la propiedad, desde la perspectiva de las personas, como voluntades o libres arbitrios abstractos, sin mayor consideración de sus contextos. En la medida en que las instituciones de estas sociedades occidentales se han generalizado, podemos pensar que el derecho de la persona abstracta es un

1 En adelante se citará como FD seguido del parágrafo.

derecho adecuado a lo que podríamos llamar "naturaleza humana" alcanzada en esta modernidad. En estas sociedades, los individuos se conciben como personas y exigen ser reconocidas como tales, al menos en sus relaciones con otros que están mediadas por propiedades. No se trata de la propiedad de los medios de producción ni de la propiedad correspondiente a las necesidades básicas, sino de un nivel mucho más básico: de la propiedad de las cosas como necesidad para el reconocimiento de la libertad personal, cuyo punto de partido compartimos con los otros animales, que también se apropian (hacen suyos, consumen) de "objetos" para subsistir (FD, §47; Komasinki, 2018, p. 527). Este reconocimiento implica salir precisamente de este nivel abstracto de la arbitrariedad personal (Brooks, 2013, p. 35).

Una de las cosas importantes que vamos a suponer en esta exposición es que se trata de relaciones entre seres humanos que son cuerpos vivientes orgánicos (*organischen Körper*), cuyo sentido de ser personas se gana a través de su apropiación de sí como un acto voluntario FD (§47). La posesión de bienes se comprende aquí como la encarnación de la voluntad de una persona. Por otro lado, las relaciones en torno a las propiedades implican un primer nivel de reconocimiento de la voluntad entre las personas, y el crimen significa una lesión a la voluntad de otra persona (FD §96), que la convierte en víctima. Esto es, sin duda, una ruptura con los vínculos propios del reconocimiento entre personas (Brooks, 2013, p. 36).

La tercera sección del Derecho Abstracto se titula: **Lo ilícito,** y abarca del § 82 al §104, que es la transición a la Moralidad. Lo más notable de este texto es la reflexión de Hegel sobre el problema del castigo por los crímenes. Lo usual es que el castigo implica un tratamiento duro; quienes son juzgados culpables de delitos son castigados, por ejemplo, con la pena de muerte, sufrir un daño físico extremo, ser encarcelado, o, si no es algo tan severo, con alguna perdida de libertad, como ser multados o confiscados sus bienes. Los castigos implican acciones que en cualquier otro contexto serían juzgadas moralmente como incorrectas por ser la violación de los derechos o la imposición de sufrimiento. Por esta razón, la práctica del castigo en los sistemas penales modernos necesita una justificación filosófica (Knowles, 2002, p. 139). Folio

En el Derecho Abstracto, Hegel expone la naturaleza y estructura de los derechos de las personas. Entonces, la cuestión es ¿cómo una teoría de los derechos puede respaldar las prácticas del castigo? Hegel dice que, hasta ahora, particularmente en lo que respecta al contrato, hemos estado estudiando la *apariencia* (*Erscheinung*) del derecho (FD §82). Lo que este término nos dice no es que hayamos estado estudiando un mero fenómeno de superficie, la apariencia frente a la realidad de los derechos. La esencia no es algo que esté oculto por la apariencia; es más bien la totalidad necesaria, estructurada, de todas las apariencias. Su afirmación crucial es que la doctrina de los derechos hasta ahora desarrollada en el Derecho Abstracto es incompleta, una parte solamente de toda la verdad sobre los derechos. Entonces, esta exposición inicial del castigo, que es abstracta y referida al libre arbitrio de las personas, necesita ser completada con una lectura sistemática que solo puede ocurrir en el mundo social concreto, en la "eticidad". (Brooks, 2013, p. 41).

¿Qué falta? Para encontrar los ingredientes que faltan, tenemos que considerar el fenómeno de las malas acciones. Hasta ahora, las personas se han relacionado a través de contratos, acuerdos entre ellas que no tienen el valor de las leyes en una sociedad organizada con un Estado; la cuestión es si las personas que crean, libremente y en común, acuerdos o contratos los cumplirán o no (Brooks, 2013, p. 41). Esto ocurre porque los contratos o acuerdos entre personas están sometidos a la arbitrariedad, "y así queda expuesto a la injusticia" (*und bleibt somit dem Unrechte preisgegeben*) (FD §81 *Zuzat*). Cuando la gente hace el mal (*Unrecht*), en particular, cuando violan los derechos de otras personas, la apariencia de derecho se convierte en un *simulacro* (*Schein*) (§82-3) (Ross, 2009, 70), es decir, una verdad como negación de los derechos. De este modo, las malas acciones presentan un problema, ya que nosotros tenemos un mundo en el que los derechos son reclamados y reconocidos como necesarios por la libertad personal, pero en realidad, en el caso de su violación, estos derechos son rechazados.

El proceso de lo que Hegel ha diagnosticado como una contradicción, nos llevará a reconocer que los derechos son reales y válidos, es decir, no simplemente una *apariencia*, sino que llegan a hacerse "efectivamente reales y vigentes" (*es sich alsWirkliches und Geltendes bestimmt*) a través de la negación de la injusticia (FD §82 Obs). El propósito principal de la discusión de Hegel sobre el crimen, la injusticia, lo incorrecto (*Das Unrecht*), es establecer esta última afirmación: que los derechos deben ser exigibles en principio y en la práctica (Knowles, 2002, p. 140). A esta conclusión se llega a través de un argumento que cubre el terreno familiar del crimen y el castigo y que ofrece una solución a los problemas que estas prácticas crean. Hegel está preocupado principalmente por comprender la teoría y la práctica modernas de los derechos y juzga que esto requiere una apreciación del castigo que solo va a estar completa en su consideración social, es decir, en la Sociedad Civil (Brooks, 2013, p. 41).

3. LA DIVERSIDAD DE LAS MALAS ACCIONES

La *apariencia* de derecho es una afirmación falsa sobre el derecho hecha por una persona cuya acción entra en conflicto con los acuerdos básicos que ha suscrito con otras personas, aunque todos aspiramos a considerar como válidos los acuerdos que suscribimos con otras personas. Los malhechores se equivocan al pretender derechos contra los acuerdos o contratos, así como en las falsas afirmaciones que hacen o que sus acciones implican y que vienen en tres variedades.

En primer lugar, pueden cometer **infracciones** involuntarias. En los casos de conflictos no voluntarios, ninguna de las partes discute los acuerdos o contratos que rigen la propiedad. Ambas partes insisten en que sus acciones se ajustan al Derecho, pero se trata de una contradicción entre pretensiones de derechos. Tales "colisiones de derechos" (*Rechtskollisionen*) (FD §84) pueden ser resueltas por una autoridad reconocida en los procesos propios del Derecho civil, lo que solo ocurre en concreto por fuera de la esfera del Derecho Abstracto; cuando se dicte una sentencia al respecto, una de las partes obtendrá el derecho. La voluntad particular, expresada en el juicio interesado del lado que está equivocado, será negada como regla para el caso particular. El infractor está obligado a renunciar a su pretensión, a pesar de la reivindicación genuina de su propio interés que declara en el asunto en cuestión. Lo que es esencial a esta variedad de irregularidades, es que quien obra mal no rechaza deliberadamente los acuerdos o contratos (Knowles, 2002, p. 141), ni, en la esfera de la Sociedad Civil, las leyes del derecho civil que determinan lo correcto. Folio

La segunda variedad de irregularidades ocurre cuando uno de quienes han llegado a un acuerdo o contrato, engaña a la otra parte. Ambos cumplen partes del acuerdo. Las irregularidades consisten en juegos de apariencias, opiniones que imitan los procedimientos de los contratos legítimos, pero engañan a la otra parte en cuanto a su naturaleza o procedencia, y de ahí, sobre el verdadero valor del intercambio. Esto ocurre porque en este ámbito, el Derecho Civil solo aparece como la esencia, únicamente exigida pero no real, sometida al libre arbitrio de las personas, y, de ese modo, como algo no esencial (*Unwesentliches*) y aparente (*Scheinendes*) (FD §87; §89). Si se avanza a la perspectiva de la Moralidad, veremos que la *intención* es **fraudulenta:** se ejecuta operando aparentemente con las reglas válidas que rigen los contratos aceptables por las personas. Lo que ocurre es que al violar las reglas que rigen los acuerdos o contratos, en ese mismo momento se las reconoce.

La actividad delictiva o **crimen** se concibe como *violencia, fuerza* o *coerción* (*Gewalt*): es el ejercicio de forzar la voluntad de otra persona, ya que esta voluntad está encarnada en su propiedad. Así, ejerces violencia contra mí cuando dañas o robas mi propiedad, o cuando me amenazas o me coaccionas con hacer estas cosas como un medio para hacerme cumplir tu voluntad (FD §90). Otros ejemplos de delitos incluyen el incumplimiento del contrato y el incumplimiento de los deberes para con la familia o el Estado (FD §93 Obs). Hegel también menciona perjurio, traición, falsificación, (§95), asesinato, esclavitud y persecución religiosa (FD §96). Sin duda, podríamos añadir a la enumeración la agresión física, la violación y muchos otros quebrantamientos de los derechos de las personas.

La característica central de la comprensión de Hegel del delito es una interpretación del comportamiento coercitivo del criminal como un rechazo omnicomprensivo del derecho: cómo la violencia o la coacción niegan la existencia concreta de la libertad de una persona (Komasinki, 2018, p. 529), "se destruyen inmediatamente a sí mismas en su concepto" (FD §92). El núcleo del argumento de Hegel es esta sentencia: "*la coacción se supera por la coacción*" (*daß Zwang durch Zwang aufgehoben wird*) (FD §93). Hegel describe este proceso como: "La primera coacción ejercida como violencia por quien es libre, violencia que vulnera la existencia de la libertad en su sentido *concreto*, el derecho en cuanto derecho, es el *delito* (*Verbrechen*) —un *juicio infinito negativo* en su sentido pleno" (FD §95); nosotros lo llamamos el *crimen*. Sostiene Knowles que, si un robo me afecta, este niega que el objeto robado sea legítimamente mío; además, niega mi condición de persona, mi "*capacidad jurídica*" (*Rechtsfähigkeit*) (§95) y, por implicación, todo el régimen de los derechos civiles. El *castigo* apunta a impugnar el rechazo del criminal a los derechos de las personas (Knowles, 2002, p. 142). Por tanto, el derecho penal es la coerción que supera la coacción (Komasinki, 2018, p. 529).

De ahí que el delito se describa como una nulidad manifestada en la posterior anulación de la infracción del derecho: el castigo es la negación de la negación, "la manifestación de esta nulidad suya es la aniquilación de aquella trasgresión, que asimismo entra en la existencia: la realidad efectiva del derecho, en cuanto necesidad del derecho que se media consigo misma por la superación (*Aufhebung)* de su trasgresión" (FD §97). El término *Aufhebung* que Hegel utiliza en este contexto es mucho más rico que la usual traducción como "superación", pues significa esencialmente anular o abolir, y conservar o retener. *Aufheben* también puede significar "elevar" (Magge, 2010, p 238; Inwood, 1992, p. 283). La *Aufhebung* del crimen implica tanto la cancelación del mal como la preservación de la voluntad común. Para Hegel, el crimen es una nulidad porque pretende eliminar al derecho en cuanto derecho; entonces "el castigo es solo una negación de la negación" (FD §97 Agregado: *die Strafe nur Negation der Negation ist*) que busca "el restablecimiento del derecho" (FD § 99) (Brooks, 2013, p. 42). En este sentido, es tanto retributivo como restaurativo: "El castigo es una contracoerción que restablece el derecho establecido por la voluntad" (Komasinki, 2018, p. 532). En este contexto, Hegel se refiere a la teoría de la pena como ***retribución***:

> El [acto de] superar el delito es una retribución en la medida en que es, según el concepto, lesión de la lesión y en que el delito tiene, según la existencia, una extensión cualitativa y cuantitativa determinada, por lo que también la tiene su negación como existencia concreta. Esta identidad que descansa en el concepto no es sin embargo la igualdad en la característica específica de la trasgresión, sino en la característica que es en sí (an sich), según el valor de la misma. (FD §101).

Tenemos que explorar lo que esto implica en concreto. El punto específico es una negación de la opinión de Kant que, en la *Metafísica de las Costumbres* (Kant, 2008), vincula necesariamente derecho y coerción. El pensamiento de Hegel, es que no podemos apelar directamente al significado o concepto de derecho para establecer que los derechos son exigibles en el sentido de llevar una autorización para el uso de la coerción contra sus infractores. Así, cuando dice "el derecho abstracto es *derecho de coacción*" (FD §94), no se trata de una definición ni de una verdad analítica. Para llegar a esta conclusión necesitamos explorar el texto.

4. EL RESTABLECIMIENTO DEL DERECHO

En el caso de la **infracción** involuntaria, que puede ser una disputa sobre derechos, o con respecto a daños o destrucción de la propiedad, la persona que obra mal no ha rechazado la capacidad jurídica de la parte perjudicada, ni ha impugnado el orden de los derechos civiles. El proceso en un juzgado civil, en el orden concreto de la Sociedad Civil, implica adjudicar el daño, y en el caso de lesiones personales o daños a la propiedad (Knowles, 2002, p. 143), imponer una indemnización en la medida del *valor (Wert)* del daño (FD §98, Agregado).

Pero no sucede lo mismo con respecto al **crimen** propiamente dicho. Knowles (2002, p. 144) reconstruyen así el argumento de Hegel: El criminal ha rechazado la personalidad de la víctima junto con el régimen abstracto de derechos civiles que expresa la posición personal de todos. Sin embargo, no podemos inspeccionar esa capacidad personal para los derechos, y si lo pudiéramos hacer, llegaríamos a que la víctima se ha dejado violentar, es decir, que la situación podría no haber ocurrido si la víctima hubiera actuado de otro modo (FD §91). Tampoco podemos identificar el perjuicio causado al régimen de derechos:

> esta voluntad que es en sí (el derecho, la ley en sí [an sich]) es más bien lo que no existe externamente y en esta medida lo invulnerable (…) La existencia positiva de la transgresión es solo en cuanto voluntad particular del transgresor (FD §99).

Conocemos la acción del criminal hacia la víctima, que irrespeta la personalidad jurídica y, en ese sentido, sabemos que (el criminal) no tiene respeto por la libertad que encarnan las reglas del Derecho Civil, aunque no podemos inspeccionar en el interior de su libertad para encontrar evidencia de la falta de respeto que ha demostrado. Pero en el carácter del crimen, en su rechazo a los principios del derecho civil, tanto en general como en la persona de la víctima, podemos identificar una impugnación al régimen del derecho. A menos que esta amenaza se interrumpa a través de una herida a la voluntad del criminal, debemos suponer que fue exitosa, que está lesionando a una persona e incumpliendo las reglas del derecho. Por tanto, el castigo, la coacción contra la voluntad del criminal, es necesaria para la reafirmación de las reglas del derecho (FD §99). Este es un argumento oscuro (Knowles, 2002, p. 144), difícil (Komasinki, 2018, p. 533). La afirmación crucial es la frase final del § 99: "La trasgresión de ésta en cuanto voluntad existente es pues el [acto de] superar [*Aufheben*] el delito —*que de otro modo sería válido*— y el restablecimiento del derecho".

Podemos tratar de parafrasear la posición de Hegel en el §99 así: si se viola un derecho manifiesto y el infractor no es castigado (suponiendo que sea conocido y se pueda aplicar su castigo) debemos considerar su acción como inocente; si ha tomado alguna propiedad, debemos considerar que esa propiedad es suya. Esto último significa la frase de que el acto criminal "*de otro modo sería válido*" FD (§99).

Por el contrario, si se castiga al criminal, se restaura públicamente el *statu quo* ante el crimen; tanto la condición moral de la víctima como sus derechos específicos son reivindicados. El hecho no puede ser a la vez un crimen y un derecho (Knowles, 2002, p. 145). También se sugiere esta interpretación por una nota posterior: "para la sociedad sería imposible dejar un delito sin castigo, porque de hacerlo lo pondría como algo justo" (FD §218, Agregado) Folio

Lo que dice Hegel nos pide argumentar la justificación del castigo por violaciones de derechos de las personas. Se necesita un argumento, lo que equivale a un análisis o articulación de vínculos conceptuales. Si a lo que nos enfrentamos es al análisis familiar, como señala Wood (Wood, 1992: 43-5), la conclusión será parroquial y conservadora. Pero entonces tal vez "nosotros" podamos encontrar un acuerdo sobre cómo pensamos en "nuestra" parroquia, y tal vez esta empresa pueda permitir la comprensión de esa verdad concerniente al derecho, la ética y al Estado. Si, por el contrario, estamos siguiendo el camino de una lógica especulativa, todavía tenemos que desempolvar las metáforas que llenan el espacio conceptual de esta afirmación: "el derecho se restablece al negar esta negación suya; [es decir] mediante el proceso de su mediación, al retornar a sí a partir de su negación, el derecho se determina como efectivamente real y vigente, pues antes sólo era en sí (*an sich*) y algo inmediato" (FD §82).

De acuerdo con Knowles, al argumento de Hegel en §99 le falta una premisa (Knowles, 2002, p. 146). La verdad conceptual en el corazón del argumento del restablecimiento de derechos sería: "los derechos no se reconocen como adecuadamente (actualizados) como demandas válidas, vinculantes para otros, a menos que se castigue su violación siempre que sea posible" (Knowles, 2002, p. 147). Parece que en nuestro mundo los derechos no pueden ser protegidos, el derecho no puede ser restaurado, mediante acciones no punitivas. El castigo es necesario y está justificado para las personas que reclaman el restablecimiento de sus derechos y para respetar los derechos como expresión del libre arbitrio. Para Komasinki (2018) el argumento es el siguiente:

> La primera premisa es que el delito es el acto voluntario de una persona racional con libre albedrío. La segunda premisa es que el derecho es la realización de la libertad (FD §-29; ver también FD §4). Esto significa que el delito en cuanto acto libre tiene al menos la apariencia de derecho en la medida en que es una expresión del libre albedrío. Para evitar aceptar el crimen como un derecho real, Hegel aclara que la libertad que se produce en el derecho real expresa una voluntad universal (FD §21, Agregado) y conecta la subjetividad con la objetividad (FD §25-28). Así, el crimen como acto de voluntad tiene sólo una apariencia de derecho, porque es una expresión subjetiva que intenta volverse universal y objetiva (p. 533).

En consecuencia, la restauración que genera el castigo no recae sobre la acción del criminal, sino sobre su carácter de persona o ser racional, ya que repara su condición de miembro del mundo del derecho real. Este argumento puede ser apoyado examinando la discusión de Hegel sobre la justicia en la Sociedad Civil (Knowles, 2002, p. 147; Komasinki, 2018, p. 534). El castigo sólo puede restablecer el derecho si las instituciones por las que es efectuado constituyen el medio de reconocimiento público de derechos. Esto implica que las personas han sido educadas en estos derechos (FD § 209-211; 215) y se pueden reconocer en ellos, es decir, sí los pueden asumir como productos de las decisiones tomadas gracias a las interacciones sociales (Komasinki, 2018, p. 536). El reconocimiento colectivo requiere instituciones públicas. Dentro del planteamiento de Hegel, en las instituciones de la Sociedad Civil que administran justicia, el Derecho Penal sale de su abstracción al ser postulado objetivamente como ley, universalmente promulgada e inteligiblemente codificada, ejercida públicamente en audiencia pública después del juicio con jurados (FD §§209–29). En estos juicios se debaten las pruebas y se demuestran los crímenes, con procedimientos "determinados legalmente" (FD, §222).

De este modo, pierde las limitaciones de la perspectiva descontextualizada propia de ese nivel "abstracto." Por una parte, se sale de una consideración entre dos partes, la víctima y el criminal, y la sociedad emerge como el ámbito en que son posibles los contratos, los crímenes y los castigos reglados legalmente. Tampoco hay lugar a la venganza, sino que las penas se han establecido y aprobado socialmente, alejándose de la inmediatez del dolor y la furia, y dando paso a la mediación razonable de los jueces y jurados. Cuando el criminal se somete al juicio, se restituye su condición de igualdad ante la ley, propia de la ciudadanía (Komasinki, 2018, p. 537).

La práctica penal, tras los procedimientos judiciales que han establecido el hecho de la conducta delictiva, deja claro a todas las partes (víctima, criminal y sociedad en general) que los derechos en cuestión son como manda la ley. Así son reconocidos los derechos de la víctima, su condición moral (ahora jurídica) de persona con capacidad de derechos (Knowles, 2002, p. 147). Además, el interés público también se recupera al contrarrestar un peligro para la sociedad (FD §218) Los tribunales castigan a los criminales en proporción a la gravedad de sus actos. Su gravedad está determinada no sólo en relación con su culpabilidad como tal, sino en relación con "la peligrosidad de la acción para la sociedad" (FD §218, Obs) que sus acciones plantean. La afirmación de Hegel es que deberíamos castigar los crímenes más severamente en proporción a la amenaza que representan para la sociedad. Y esta sensación de amenaza es *contextual*, pues "un código penal pertenece por eso especialmente a su época y a la situación que en ella ocupa la sociedad civil" (FD §218, Obs). Brooks pone esta afirmación en su suelo concreto que es el Estado: "En tiempos de paz y prosperidad, el Estado se verá menos amenazado por la existencia de crímenes debido a su capacidad más limitada para amenazar la continuación del Estado. Los crímenes plantean mayores amenazas en tiempos de disturbios civiles o guerra que en tiempos de paz." (Brooks, 2013, p. 49).

El último aspecto que debemos considerar es la posibilidad del indulto: "De la soberanía del monarca emana el derecho de gracia del delincuente, pues sólo a ella corresponde la realización del poder del espíritu de convertir lo hecho en no hecho y de aniquilar el delito en el perdón y el olvido" (FD, §282). En la observación de este parágrafo, Hegel se refiere a la discusión anterior, del §95, que remite a este nivel superior, donde el Estado (acá, el soberano) tiene potestad para perdonar crímenes, sin derrumbar por ello el derecho. (Komasinki, 2018, p. 539). De este modo, “reconcilia la ley, que cambia lentamente, con la realidad del derecho en el Estado” (Komasinki, 2018, p. 540). Este aspecto pone en cuestión una posición plenamente retributiva.

5. EL DERECHO DEL CRIMINAL AL CASTIGO

Revisando la posición a la que hemos llegado hasta ahora podemos concluir, que tenemos un buen argumento que vincula la legitimidad del castigo con la necesaria exigibilidad de los derechos. Pero no hemos llegado al corazón de la doctrina hegeliana, que afirma que el castigo es el derecho del criminal (Knowles, 2002, 148). Esta es una doctrina muy difícil de entender. El texto dice:

> La trasgresión que revierte sobre el delincuente no es solamente justa en sí (an sich) — en tanto que justa es al mismo tiempo su voluntad que es en sí (an sich) una existencia concreta de su libertad, su derecho—, sino que también es un derecho puesto en el delincuente mismo, es decir, en su voluntad existente, en su acción. Pues en su acción, en cuanto acción de un ser racional, está implícito que sea algo racional, que mediante ella es establecida una ley a la cual él ha reconocido en su acción para sí y bajo la cual por tanto puede ser subsumido como bajo su derecho (FD §100).

Es decir, que la herida o lesión (*Verletzung*) que se inflige al criminal no es solo en sí mismo algo justo, sino que, al mismo tiempo, es la voluntad como existencia concreta *(Dasein)* de su libertad, es decir, su derecho. También es un derecho del propio criminal (*ein Recht an der Verbrecher selbst*), un derecho postulado en su voluntad existente, en su acción. La razón que da Hegel es que está implícito en su acción, como la de un ser racional que es de carácter universal, que al actuar ha establecido una ley que ha reconocido para sí mismo en su acción, y en virtud de la cual, por lo tanto, puede ser subsumido como bajo su derecho.

El argumento necesita ser desentrañado cuidadosamente. ¿En qué sentido el castigo que se inflige sobre el criminal es justo en sí mismo? Hegel nos está recordando que el castigo consiste en hacer cumplir las reglas del derecho. Ya que el criminal es una persona y las personas reclaman y respetan los derechos (FD §36), es voluntad del criminal que las pretensiones de los derechos sean efectivas; la libertad del criminal demanda que los derechos efectivos se expresen y protejan. Por lo tanto, es un derecho del criminal, como de cualquier otra persona, que los criminales sufran un castigo.
El argumento siguiente es un problema: mediante la acción del criminal "es establecida una ley" (FD §100). ¿Cuál es la ley que se establece por la acción del criminal? Como hemos visto, el crimen es el rechazo de los derechos de la víctima, de la persona misma y del régimen de derechos civiles en general (Knowles, 2002, p. 149).

El problema con el crimen, en esta esfera del Derecho Abstracto, no puede ser la intención que tuvo el criminal. Al llegar a acuerdos o contratos, que las personas se comprometen a respetar, se afirma la mutualidad de los derechos, que el crimen lesiona. El reconocimiento básico de este nivel (FD § 51) implica que un crimen es una acción que rompe el orden de los derechos abstractos que rigen el trato entre las personas. ¿Cuál es la ley que reconoce el criminal en su acción y bajo la que "puede ser subsumido como bajo *su* derecho" (FD §100)? Todos comprendemos que el crimen es un rechazo sistemático de ciertos derechos que esta acción infringe. También sabemos que, al hacerlo, el criminal rechaza la fuerza del derecho. Entonces, podría ser que el argumento diga que, ya que el criminal sabe o debería saber que su acción implica que está bien violar los derechos de una persona, este "principio" puede ser precisamente lo que se le aplique. El castigo que se sigue del crimen y del proceso penal, parece justificable de acuerdo con un principio que la persona no puede negar. Este argumento es semejante al que escuchamos con frecuencia pidiendo que el delincuente sea tratado exactamente del mismo modo que como trató a sus víctimas.

Pero la institución que aplica el castigo reconoce la posición del criminal como persona: "*en la acción* del delincuente reside también la racionalidad formal, *el querer del individuo*". Que la pena sea considerada como conteniendo *su* propio derecho: entonces se *honrará* al delincuente como ser racional. Este honor no se le concederá si el concepto y la medida de su pena no se toman de su misma acción; tampoco si se le considera sólo como un animal dañino que hay que hacer inofensivo o con el fin de la intimidación y de la enmienda (FD §100 Obs).

La institución penal adopta la perspectiva moral del criminal (Knowles, 2002, p. 150). En el derecho abstracto, todos los agentes son personas. Cada persona se distingue por una capacidad de derechos, por su consciencia como titulares de derechos, y cada persona reconoce el mandamiento del derecho que les exige ser personas y reconocer a otros como personas. Con todo esto, debe quedar claro que el criminal es una persona de la que se puede esperar que tenga una comprensión tan completa del régimen de derechos como cualquier otra persona. Si no está claro para el criminal, entonces estaríamos ante lo que, en sentido actual, es estudiado como sociopatía, que difícilmente cumple con el estándar moral de las personas.

Según Knowles, este argumento puede contener las siguientes afirmaciones: 1. Los individuos reclaman derechos entre sí y reconocen que otros reclaman derechos equivalentes para ellos mismos. 2. Los individuos no ven ninguna perspectiva de que otros respeten sus derechos mientras ellos mismos sean inmunes a las reclamaciones de derechos de los demás. 3. Cada uno exige una garantía de buena fe en los principios de los derechos que los otros declaran, y están dispuestos a garantizar. 4. Todos aceptan que el castigo puede adoptar la forma de acciones que, en otros contextos, equivaldrían a una violación de sus derechos. 5. Por lo tanto, aquellos que desean que sus derechos sean garantizados y protegidos están dispuestos a enajenar sus derechos, si ellos llegan a violar los derechos de los demás (Knowles, 2002, p. 151).

Se encuentran argumentaciones de este tipo en Rousseau; hablando de la pena de muerte, pero usando un argumento que se puede aplicar a otros casos, afirma que: la pena de muerte infligida a los criminales puede ser considerada casi bajo el mismo punto de vista: para no ser víctima de un asesino se consiente en morir, si se llega a serlo. En este pacto, lejos de disponer de la propia vida, no se piensa sino en garantizarla, y no es presumible que alguno de los contratantes premedite hacerse ahorcar (Rousseau, 2014, p. 38).

Ahora bien, la referencia para el argumento de tipo contractual que cita Hegel en la Observación al § 100 es a Beccaria y no a Rousseau. Es una posición a favor del castigo y en contra de la pena de muerte. Hegel conocía este argumento contractual, pero sus posiciones lo obligan a no emplearlo. Ya sabemos que considera que el Estado no es un tipo de contrato (FD §100 Obs; §75, §258); pero aquí está discutiendo el castigo como un elemento del Derecho Abstracto (Knowles, 2002, p. 152).

A medida que se desarrolle el argumento veremos cómo la práctica del castigo se ubica en la Administración de Justicia dentro de la Sociedad civil, un elemento que solo tiene existencia concreta dentro del Estado. De hecho, la defensa del castigo que Hegel elabora en su discusión sobre la Administración de Justicia (FD §220) se limita a recapitular los puntos filosóficos expuestos en la discusión del crimen y el castigo del Derecho Abstracto, aunque añade mucho más detalle sobre su articulación institucional y aplicación práctica. En este contexto, el crimen se toma como un rechazo a las reglas positivas de la Sociedad Civil que protegen los derechos de los ciudadanos.

Pero Hegel nunca desarrolló un argumento hipotético contractual para justificar el castigo, que podría haber usado mientras negaba que el contrato fuera la fuente del Estado y de la obligación de los ciudadanos con la ley. Su argumento completo es el siguiente:

> "él (el Estado) es lo superior, lo que tiene una pretensión sobre esta vida y también sobre esta propiedad y exige el sacrificio de ellas". Además, no es sólo el concepto de delito, lo racional del mismo en sí y para sí, con o sin consentimiento de los individuos lo que el Estado ha de hacer valer, sino que en la acción del delincuente reside también la racionalidad formal, el querer del individuo (FD §100 Obs)."

En esta Observación, Hegel hace afirmaciones importantes: considera que el Estado exige el sacrificio de la vida y la propiedad de los ciudadanos, como se verá al hablar de la guerra (FD § 323). En ese contexto, el Estado hace valer el derecho, lo racional "*en y para sí* con o sin el consentimiento de los individuos" (FD §100 Obs). Finalmente, dice que en esto está implícito "*la racionalidad formal*, el querer del individuo" (FD §100 Obs). Esto último puede comprenderse como la universalización formal del principio de la acción del delincuente, cuya universalización sostiene que el criminal reconoce esta implicación.

Hegel sostiene que, sobre la base de que el delincuente puede no reconocer de hecho los principios del Derecho o la legitimidad del castigo por sus crímenes, no se puede decir que realmente haya aceptado el castigo a través de un contrato. Para Knowles (2002), empleando sus propias premisas, Hegel podría haber demostrado la necesidad del castigo recurriendo a formas del argumento hipotético contractualista que cita, sin asumir un mayor compromiso.

Hay un aspecto adicional en la afirmación de que el castigo es un derecho del delincuente. Hegel insiste en que, aunque el delincuente rechaza la personalidad de la víctima, él mismo sigue siendo una persona y debe ser tratado como tal: "Que la pena sea considerada como conteniendo su propio derecho: entonces se *honrará* al delincuente como ser racional" (FD §100 Obs). En este sentido, el castigo no solo retribuye el crimen según su valor, sino que rehabilita al delincuente, restaurando su condición de persona en la sociedad, ya que recibe un trato de acuerdo a su condición humana. Y esta condición humana ya no trata de las relaciones abstractas de los contratos y las propiedades, sino de la vida misma (Komasinki, 2018, p. 540) en su concreción, en sus condiciones de posibilidad:

> La vida, por ser la totalidad de los fines, tiene derecho ante el derecho abstracto. Si, por ejemplo, alguien puede conservar su vida robando un pan, evidentemente hay aquí una lesión de la propiedad de un hombre, pero sería injusto considerar esta acción como un robo ordinario. Si no se le permitiera actuar de esta manera a un hombre cuya vida peligra, sería determinado como carente de derecho, y al privarlo de la vida se le negaría la totalidad de su libertad. Para asegurar la vida hay que tener en cuenta, por supuesto, una multitud de factores, y si miramos al futuro, debemos considerar cada uno de ellos. Pero lo necesario es vivir ahora;

> el futuro no es absoluto y queda librado a la contingencia. Por eso la necesidad del presente inmediato puede justificar una acción injusta, pues con su omisión se cometería a su vez una injusticia, y en realidad la mayor injusticia, la total negación de la existencia de la libertad. (FD §127 Agregado).

Esta reflexión nos lleva a pensar en el sistema social como un conjunto de condiciones que han de prevenir el crimen, garantizando la vida y las condiciones para que esta sea vivida en libertad a través del buen funcionamiento del sistema de normas. Se trataría de una forma de prevención general positiva (*positiven Generalprävention zu*) de las leyes, incluidas las penales (Mohr, 2005, p.109).

Ahora bien, ¿qué formas del castigo no se derivan el concepto y el criterio de castigo por el propio acto del criminal? La retribución se entiende como una teoría que establece como justificación que la pena lleva su justicia intrínseca como respuesta al crimen. Esta es la posición básica de Hegel, que lo distancia de los enfoques del castigo como prevención, como disuasión, amenaza o correctivo, en las que se concibe el castigo como un mal que debe ser infligido con el fin de promover algún bien (Knowles, 2002, p. 154). Si esto es cierto, entonces el criminal se concibe como el medio para producir ese bien. Si el bien de la prevención del delito se logra amenazando con castigar, "con esta fundamentación de la pena se actúa como cuando se le muestra un palo a un perro, y un hombre, por su honor y libertad, no debe ser tratado como un perro" (FD §99, Agregado). Si utilizamos a los delincuentes como instrumentos de propósitos sociales, buscando disuadirlos o reformarlos, los tratamos "como un animal dañino que hay que hacer inofensivo" (FD §100 Obs). En otras palabras, las justificaciones del castigo de acuerdo a las consecuencias que se buscan no respetan al criminal como portador de derechos, no lo honran como una persona. Entonces el castigo como un derecho del criminal parece admisible si se lee de esta manera, insistiendo en que los derechos en cuestión del delincuente se deben restringir al proceso criminal, no permitiendo el castigo excesivo del culpable o el castigo de los inocentes.

Hasta aquí hemos identificado dos líneas de argumentación para la justificación del castigo. La primera pide la restauración del derecho frente al crimen; esta línea se acerca a las perspectivas que buscan el castigo por sus efectos en la sociedad. La segunda argumenta que el castigo es un derecho del criminal, de conformidad con una ley deducida de su propia acción. Knowles sostiene que este argumento es débil porque podemos concluir que el castigo es permisible pero no obligatorio, de modo que es incompleto (Knowles, 2002, p. 155).

Esto nos lleva, nuevamente, a buscar la respuesta completa de Hegel en su exposición de la Sociedad Civil. En la Sociedad Civil el castigo es explícitamente función de las autoridades judiciales involucradas en la Administración de justicia. En §220 Hegel da el argumento para el castigo en su versión final. El derecho contra el delito en la forma de la *venganza* (FD § 102) es sólo derecho *en sí* (*an sich*), no justificado en la forma de lo jurídico (*Rechtens*), es decir, en su existencia (*Existenz*). En lugar de la parte lesionada interviene lo *universal* lesionado, que tiene su realidad efectiva propia en el tribunal, y asume la persecución y el castigo del delito. Así, el castigo deja de ser la represalia tan sólo *subjetiva* y contingente mediante la venganza y se transforma en la verdadera reconciliación del derecho consigo mismo. En la *pena* en sentido objetivo, como reconciliación de la *ley* que se restituye a sí misma mediante la superación (*Aufheben*) del delito, *se hace realmente efectiva* en cuanto *ley válida*.Y en la consideración subjetiva del trasgresor, como reconciliación de su *ley sabida por él y válida* para él y *para su protección*, él encuentra, con la satisfacción de la justicia, solamente la acción de *algo suyo* (*des Seinigen*) (§220).

Parece que, al restablecer los derechos, no hay un lugar para el delincuente y su crimen. Las relaciones de las instituciones penales con el criminal son secundarias al fin del proceso, que es la restauración del Derecho. El restablecimiento de los derechos es una función pública. Es la cara objetiva de lo que Hegel más tarde llama “la verdadera reconciliación del derecho consigo mismo” (FD §220), lo que el crimen requiere y sobre lo que recaen los efectos del castigo. El aspecto subjetivo de la reconciliación del derecho consigo mismo se revela en la respuesta del criminal; se aplica la reconciliación subjetivamente al criminal en que la ley, que es conocida por él y es válida para él y para su protección, se le impone de tal manera que él mismo encuentra en ella la satisfacción de la justicia: "en la consideración subjetiva del trasgresor, como reconciliación de su ley sabida por él y válida para él y para su protección, en cuya ejecución él encuentra, con la satisfacción de la justicia, solamente la acción de algo suyo" (FD §220).

Ahora podemos ver cómo los defectos de los argumentos expuestos en el Derecho Abstracto se pueden remediar, ya que el castigo pretende reunir aspectos objetivos y subjetivos de la reconciliación del derecho. La perspectiva subjetiva puede comprenderse así: el criminal debe reconocer que su castigo es legítimo en la medida en que procura el restablecimiento del derecho, un objetivo que él mismo respalda como apropiado para la ley. Así, todos los ciudadanos aceptan la validez del fin del restablecimiento de los derechos, no por la función social del castigo, sino porque es necesaria para la protección de los derechos que ellos mismos reclaman. Entonces, el Estado debe castigar a los criminales si esto protege los derechos. Esto ahora equivale a una razón positiva para que el Estado castigue (Knowles, 2002, p. 156). En la perspectiva objetiva, la preocupación para restaurar el derecho se convierte en una función propiamente retributiva, que contará con el respaldo de los ciudadanos.

La transparencia de la Administración de Justicia sirve para integrar instituciones que identifiquen, persigan y castiguen la criminalidad. La restauración del derecho se realiza mediante mecanismos sociales que demuestran a todos por igual la naturaleza de sus derechos, sus derechos relacionados y las sanciones que deben imponerse en caso de incumplimiento. Las instituciones explicitan, a través de sus leyes, procesos y del régimen penal, los derechos por los que las personas exigen protección.

Este conocimiento, explícito en la alineación de la subjetividad y objetividad, no está disponible para el criminal en el Derecho Abstracto donde el castigo toma la forma de venganza y la venganza engendra retaliación (FD §102). Pero está disponible en la Sociedad Civil, donde la reconciliación del derecho con el derecho, que es necesaria frente al crimen, se logra por el imperio de la ley, sirviendo a fines que todos los ciudadanos respaldan porque garantizan sus derechos, y que son despachados en los tribunales que hacen evidente ese respaldo a las personas (Knowles, 2002, p. 157).

6. LA PROPORCIONALIDAD DEL CASTIGO

La teoría jurídica de la retribución puede ser una doctrina relacionada con la posibilidad de justificación de la pena, o una doctrina que fije el nivel apropiado o la medida proporcional del castigo, o ambos. Para Hegel es ambos. Es fácil comprender las intuiciones que muestran que la retribución funciona como una medida de castigo apropiado, pero es difícil mostrar el argumento con suficiente precisión.

Esta teoría se remite, en su versión más simple, a la ley del talión (Éxodo 21:23-5): "Si unos hombres, (entran) en el curso de una riña (…) (y) resultare daño, darás vida por vida, ojo por ojo, diente por diente, mano por mano, pie por pie, quemadura por quemadura, herida por herida, cardenal por cardenal." (Éxodo, 21, 22-25. Biblia de Jerusalén). Hay obvias objeciones a esta ley que se levantaron desde de la misma época de estos textos, porque la proporcionalidad del castigo es difícil de precisar. Pero el Nuevo Testamento propone un giro hacia el perdón y la reconciliación, superando la ley del ojo por ojo. Como dice Hegel:

> Es muy fácil presentar la retribución de la pena como un absurdo (como hurto por hurto, robo por robo, ojo por ojo, diente por diente, con lo que uno se puede imaginar al culpable tuerto o desdentado), absurdo con el que el concepto no tiene nada que ver, sino que únicamente se tiene que achacar a aquella igualdad específica que se ha aducido. El valor como lo que hay de internamente igual en las cosas, que son completamente diferentes en su existencia específica, es una determinación que ya aparece en el contrato (vid. § 77), e igualmente en los casos civiles contra el delito (§ 95) y gracias al cual la representación de la característica inmediata de la cosa se eleva a lo universal (FD §101, Obs).

Tenemos que abandonar la idea de la retribución como un castigo literalmente igual al crimen. En su lugar, debemos buscar una igualdad de *valor* (FD §101) entre el crimen y el castigo. Esto suena bien, pero es difícil de especificar. Hegel ya ha dicho que no todos los delitos son igual de graves. La ley de Draco, que castiga con la muerte penas leves, y los códigos mafiosos, que castigan con la muerte cualquier sospecha de falta, no reconocen la diferencia en cuanto a su gravedad entre los delitos considerados desde el punto de vista cuantitativo y cualitativo (FD §96 Obs). Por otro lado, Hegel considera que, en cuanto el crimen como los castigos son daños, transgresiones, lesiones o heridas (*Verletzungen*), en cuanto tales, son "equiparables" (FD §101 Obs).

Knowles sostiene que la igualdad de valor de crimen y castigo pide que los castigos sean *proporcionales*: cuanto más grave es el crimen, más grave debería ser el castigo (Knowles, 2002, p. 158). Con la comprensión del marco retributivo como mínimo, y más bien abierto a un modelo de justicia proporcional está de acuerdo Brooks (Brooks, 2013, pp. 50-51). Este principio permite rechazar las representaciones de la medida adecuada del castigo, en particular propuestas por algunos utilitaristas. ¿Cómo fijamos el nivel correcto que permita equiparar crímenes y castigos? Hegel señala que lo hacemos en otros contextos. Los contratos generalmente realizan una igualdad de *valor* entre bienes dispares que los contratistas intercambian y, en el caso de las demandas civiles, las indemnizaciones suponen equiparar bienes o valores de otro modo incomparables (FD §101 Obs).

El castigo no es compensación, pero la compensación nos enseña que las personas pueden aplicar cánones para evaluar la igualdad de valor. ¿Cómo encontramos cánones aceptables? Esta es la tarea de los legisladores y jueces que tienen en cuenta factores tales como la incidencia del delito y el peligro que la conducta delictiva representa para una sociedad. Como ya dijimos, para Hegel, "un código penal pertenece por eso especialmente a su época y a la situación que en ella ocupa la sociedad civil" (FD §218 Obs); "un código penal no puede valer para toda época" (FD §218, Agregado). Esto supone que la Administración de justicia será sensible a las concepciones cambiantes de la gravedad de los delitos en las circunstancias en las que se cometen. Como los procesos legales han de ser transparentes e informarse a la comunidad, la opinión pública puede ayudar a modelar continuamente la política sobre los castigos. Una comunidad puede incluso tener en cuenta consideraciones de disuasión o rehabilitación cuando decide sobre “la *modalidad* de la pena” (FD §99 Obs), suponiendo que el valor de las medidas alternativas es aproximadamente igual (Brooks, 2013, p. 49).

7. LA VENGANZA Y LA NECESIDAD DE IR MÁS ALLÁ DEL DERECHO ABSTRACTO

El Derecho Abstracto es abstracto en varios sentidos diferentes. Una dimensión obvia de la abstracción se refiere al hecho de que hemos estado elaborando una concepción del estatus normativo de la persona (Knowles, 2002, p.160), un relato de los derechos que exige la personalidad (derechos a la integridad física, a la propiedad y al intercambio contractual), junto con un argumento para llegar a la conclusión de que estos derechos son ejecutables (por sentencias civiles y castigos a los crímenes).

Los argumentos centrales expuestos se abstraen del contexto económico y jurídico en el que las demandas, el intercambio mediado por contratos y la aplicación de los derechos tienen lugar. Esta limitación se hace especialmente clara cuando reflexionamos sobre las medidas apropiadas para el castigo. El castigo justo requiere el tipo de mecanismos sociales que sólo aparecen disponibles en la Sociedad Civil, en sí misma un elemento del Estado (Ross, 2009, 74). Pero en el Derecho Abstracto, la retribución tomará la forma de la venganza y el castigo será juzgado inevitablemente como el ejercicio de un libre arbitrio (FD §102). El criminal puede ser castigado con demasiada dureza, el castigo puede llevar al criminal a considerar que se ha convertido en víctima, que sus derechos deben ser restaurados. Entonces, “la venganza, por ser la acción positiva de una voluntad particular, es una nueva trasgresión; debido a esta contradicción, cae en el progreso al infinito y se transmite sin límite de generación en generación" (FD §102).

Las personas del Derecho Abstracto se ven correctamente a sí mismas como personas, reclaman sus derechos y constatan que estos son generalmente reconocidos, así como ellas reconocen los derechos de las demás. También juzgan correctamente que estos derechos son exigibles a los crímenes mediante el castigo, pero se encuentran incapaces de acordar una medida correcta para el castigo. Se enredan en la retaliación. Sus intentos de justicia expresan un interés subjetivo y toman una forma subjetiva, ya que en el Derecho Abstracto nos hemos abstraído de las instituciones reales que son las únicas que pueden conferir objetividad o concreción a los procesos de justicia (Knowles, 2002, p. 161).

La subjetividad, concebida en términos de la particularidad de las voluntades tanto del castigador como del castigado, envenenan la búsqueda de justicia, y este defecto no puede ser subsanado dentro de la esfera del Derecho Abstracto, utilizando sólo los recursos normativos de las personas concebidas abstractamente. Pero si la subjetividad es el problema, esto sugiere que investigar la subjetividad misma puede proporcionar los recursos de los que carecen las personas. Tal vez nosotros podemos especificar cómo una voluntad, que es particular y subjetiva, puede querer lo universal (FD §103), es decir, puede generar principios para ordenar el acuerdo intersubjetivo que falta en la etapa final de Derecho Abstracto.

En resumen, tenemos un argumento que concluye que las normas sociales no pueden ser una cuestión únicamente de los derechos de las personas. Tales derechos necesitan ser efectivos, pero las únicas medidas de realización que están disponibles bajo un régimen normativo tan limitado conducen a nuevas violaciones de derechos. Necesitamos una comprensión más amplia del sujeto humano y su voluntad que el previsto en el dominio abstracto de las personas, lo que conduce a la Moralidad en la presentación de la obra de Hegel.

8. LO QUE NOS DEJA EL DERECHO ABSTRACTO

Ahora bien, hemos concluido nuestra discusión sobre un aspecto del Derecho Abstracto. Este representa para Hegel el esquema normativo más primitivo que responde a una concepción básica que los humanos modernos, occidentales al menos, tienen de sí mismos, la persona atómica y discreta. En la historia de la autocomprensión humana, el conocimiento que cada uno de nosotros tenemos como personas ha sido difícil de ganar. También lo ha sido nuestra comprensión de las implicaciones de este modo de autoconcepción: que reclamamos reconocimiento para nosotros mismos al tiempo que reconocemos a las demás personas como portadores de derechos, los que asumimos que deben ser exigibles mediante la imposición de castigos si han de ser reales, si realmente son para mejorar nuestra libertad (Knowles, 2002, p. 162).

Pero surgen dos preguntas. La primera se refiere a si el relato de los derechos que hace Hegel es suficiente. Los derechos que Hegel delinea, los derechos a la vida y a la integridad corporal, la propiedad privada y el intercambio, son un conjunto limitado. Hegel menciona otros derechos de la persona, derechos a la libertad de voluntad, vida ética y religión (FD §66), que pueden denominarse derechos de conciencia. Los derechos positivos o de bienestar, derechos a la disposición de bienes y servicios como la educación y la salud no se mencionan. Podría decirse que las doctrinas de estos derechos no habían sido elaboradas en el tiempo de Hegel. Más importante que esto, sin embargo, es la idea de que tales derechos corresponden a demandas que no se hacen a las personas por sí solas, sino a las instituciones como la familia, el Estado o incluso a los organismos internacionales. Como tales, no tendrían cabida en el Derecho Abstracto, que es el estudio de las normas interpersonales. Un segundo conjunto de derechos que Hegel no considera en el Derecho Abstracto es el de los derechos políticos. Una vez más, estos no son derechos que tienen cabida en el Derecho Abstracto, ya que este no es un régimen político. Aquí se tienen reglas y principios, pero no leyes. La esfera del Derecho Abstracto, de acuerdo con Knowles, es similar a un estado de naturaleza moralizado, como propone Locke (Knowles, 2002, p. 163).

Esta insuficiencia abre la segunda cuestión relativa al Derecho abstracto: ¿Hasta dónde está articulada la esfera de los derechos y qué se respeta en ella? Podemos estar de acuerdo con Hegel en que el Derecho Abstracto es una concepción empobrecida de las normas sociales y de la Moralidad, que en la práctica se trata de normas inaplicables, ya que solo pueden ser efectivas dentro de la Vida Ética como acontece en un Estado de derecho. Parafraseando a Tom Brooks, podemos decir que el Derecho Abstracto hace una presentación de los derechos de la persona, sus relaciones a través de los contratos, y las sanciones a los crímenes, pero desde un punto de vista "ilustrativo", porque solo podremos apreciar su necesidad desde la Sociedad Civil. (Brook, 2013, p. 37). Esto ocurre porque los principios del Derecho Abstracto se recogen en las estructuras de Vida ética, donde gana contextos concretos en la familia, la Sociedad Civil y el Estado.

En punto a la cita de Hegel traída en la sentencia C-932 de 2002, habría que concluir que todo lo expuesto hace que no se pueda atribuir sin mayores precisiones la teoría retributiva de la pena a la Filosofía del Derecho de Hegel (Campos, 2022). En realidad, la posición de Hegel conjuga diversos elementos de las teorías del castigo merecido para los crímenes, en algo que McDonough (2004) llamó una teoría pluralista del castigo. Del mismo modo, Komasinki (2018) considera que la posición de Hegel no se puede reducir a una teoría retributiva, pues incluye elementos de disuasión y rehabilitación. Por su parte, Merle (2010) sostiene que Hegel no aboga por una teoría de la retribución sobre los crímenes y sus castigos en sus posiciones fundamentales, expuestas en la Sociedad civil (p. 110). La lectura del castigo como retribución solo es posible en la perspectiva limitada del derecho abstracto, es decir, de las relaciones entre una víctima que clama por venganza y el criminal, aunque en ese ámbito ya se ve que la equivalencia (ojo por ojo) no es sostenible. En el orden de la realidad concreta, en la Sociedad Civil, la justicia constituye un sistema que garantiza los derechos por procedimientos públicos de demostración de la culpa y por un sistema de rehabilitación del criminal a su condición de ciudadano. (Moyar, 2023, p. 115).

De manera que, así como las sentencias de la Corte Constitucional Colombiana trabajan con gran finura los detalles de la argumentación jurídica, las referencias a filósofos como Hegel en estas sentencias son una invitación a que cuando sean citados se profundice en el estudio de las obras clásicas de la historia de la Filosofía que claramente nutren las grandes discusiones jurídicas.

Bibliografía

Brooks, T. (2013). *Hegel's Political Philosophy. A Systematic Reading of the Philosophy of Right*. Edinburgh: Edinburgh University Press.

Campos, B. L. (2022). Delito, pena y reconciliación en la perspectiva sistemática: Hegel y el Derecho del Delincuente. En: *Aporía, Revista Internacional de Investigaciones Filosóficas*, Nº 23, pp. 76-90.

Dostoyevski, F. (2007). *Crimen y Castigo.* San José de Costa Rica: Imprenta Nacional.

Hegel, G.W.F. (1970). Grundlinien der Philosophie des Rechts. En *Werke in zwanzig Bänden*

mit Registerband, 7, editado por Eva Moldenhauser y Karl Michel. Frankfurt: Suhrkamp Verlag.

Hegel G. W.F. (1988). *Principios de la Filosofía del Derecho*. Traducción de Juan Luis Vermal. Buenos Aires: Edhasa.

Hegel G. W.F. II. (2010). *Líneas fundamentales de la Filosofía del Derecho*. Traducción y notas de María del Carmen Paredes Martín. Madrid: Gredos.

Inwood, M. (1992). *A Hegel Dictionary.* Oxford: Blackwell.

Kant, E. *La Metafísica de las costumbres.* (2008). Traducción Cortina, A & Conill, Jesús. Barcelona: Tecnos.

Komasinki, A. (2018). Hegel's Complete Views on Crime and Punishment. En: *Journal of the American Philosophical Association,* pp. 525-244.

Knowles, D. (2002). *Routledge Philosophy GuideBook to Hegel and the Philosophy of Right*. Londres: Routledge.

Magge, G. A. (2010). *The Hegel Dictionary*. Londres: Continnum.

McDonough, R. (2004). Disjunctive crime and Hegel's Theory pf Punishment. En: *Philosophy Today.* Summer; 48, 2, pp. 148-167.

Merle, J-C. (2009). *German Idealism and the Concept of Punishment*. Cambridge, UK: Cambridge University Press.

Mohr, G. (2005). Unrecht und Strafe, en: Siep, Ludwig (compilador). *Hegel, Georg Wilhelm Friedrich. Grundlinien der Philosophie des Rechts*. 1era edición, Berlín, Alemania, Editorial Akademie Verlag, pp. 95-124.

Moyar, D. (2023).The Value of a Right. Status and Equivalence in Hegel's Philosophy of Right. En: Moyar, D; Padgett-Walsh, K; Rand, S. *Hegel's Philosophy of Right. Critical Perspectives on Freedom and History*. New York: Routledge.

Rose, D. E. (2007). *Hegel's 'Philosophy of Right':A Reader's Guide*. Londres: Continuum.

Rousseau, J-J. (2014). *El contrato social o Principios de derecho político*. Traducción de Villaverde, M. J. Madrid: Tecnos.

Wood, A. (1992). "Reply". *Bulletin of Hegel Society of Great Britain*, 26, 34-50.

Desarrollo, uso y abuso de la filosofía de Kant en la jurisprudencia constitucional colombiana

Development, use and abuse of Kant's philosophy in Colombian constitutional case law

Camila Herrera Pardo*

Resumen

El presente estudio tiene por objetivo determinar el peso de la filosofía kantiana en la jurisprudencia constitucional colombiana. Para tal fin es preciso establecer, desde el principio, dos niveles de análisis: uno conceptual y otro citacional. El primer nivel se refiere a la adopción de principios, conceptos y perspectivas de origen kantiano como elementos de la argumentación constitucional. Se trata de una incorporación doctrinaria que puede ser o no explícita y que en muchos casos aparece como algo que se da por sentado. El nivel citacional se refiere al uso de alusiones o citas de Kant dentro de la argumentación constitucional, como elemento de autoridad. Como es de suponer, existe un gran ámbito de intersección entre los dos niveles y es que idealmente, citar textualmente a un autor implica la apelación a un concepto o sistema conceptual. Sin embargo, nada excluye un uso totalmente ornamental de la referencia bibliográfica, en el que no haya gran riqueza conceptual, o la antedicha incorporación conceptual sin referencia bibliográfica explícita. Así, por ejemplo, en algunos casos el tribunal constitucional puede argumentar en clave claramente kantiana, sin citar al autor de Königsberg, como sucede, por ejemplo, en aquellos casos en los que se apela a una noción de dignidad fuertemente relacionada con el reconocimiento de la autonomía o del respeto de la persona humana como fin en sí mismo.

---

* Abogada de la Universidad de la Sabana, Doctora en Derecho de la Universidad de Navarra. Profesora de Filosofía del Derecho en la Universidad de La Sabana. Correo electrónico. camila.herrera@unisabana.edu.co. Orcid: https://orcid.org/0000-0001-6018-6167

Abstract

This study is aimed at determining how influential the philosophy of Kant is in the Colombian constitutional case law. For this purpose, it is necessary to establish, from the beginning, two types of analysis: one on concepts and the other on quotes. The first one, involves the study of the Kantian principles, concepts and approaches used in the constitutional arguments. This is a doctrinal adoption that may be explicit or not and, in many cases, it appears as something taken for granted. The second one, relates to the use of references or quotes of Kant in the constitutional argument, as a source of authority. Predictably, there is a close relationship between these two types of analysis because ideally quoting an author implies making use of a concept or conceptual system. However, this does not preclude the use of a bibliographic reference without any conceptual richness, or a conceptual adoption without any explicit bibliographic reference. Thus, for example, in some cases the constitutional court may argue in clearly Kantian terms, without quoting the philosopher of Königsberg. This is what happens, for example, in some cases where the notion of dignity is closely linked to the recognition of autonomy or respect of man as an end in himself.

1. IMPACTO DE LA FILOSOFÍA KANTIANA EN LA JURISPRUDENCIA COLOMBIANA A NIVEL CITACIONAL

a) Funcionalidad y pertinencia

Lo primero que llama la atención en relación con las prácticas citacionales de la Corte Constitucional respecto de la filosofía kantiana, es la frecuencia de las referencias a la obra del filósofo alemán por parte de la Alta Corporación. Concretamente, en la actualidad (2023) el buscador jurisprudencial de la Corte Constitucional registra 184 referencias al pensamiento de Kant[1], cifra que hace de

[1] La búsqueda arroja 188 resultados, pero algunos corresponden a errores. Por ejemplo, hay un auto de la Magistrada Diana Fajardo que convoca a una audiencia

este autor el quinto autor y el segundo filósofo más citado por la Corte siendo únicamente superado por Kelsen (295 menciones), Aristóteles (238 menciones), Alexy (236 menciones) y Hart (219 menciones). La mayor parte de las alusiones a la filosofía kantiana por parte de la Corte corresponden a reiteraciones jurisprudenciales, esto es, a la incorporación de fragmentos de algunas sentencias hito[2] contentivas de citas textuales o contextuales de Kant; su función en la arquitectura argumentativa de la sentencia suele ser, casi siempre de refuerzo, siendo raras las ocasiones en las que la cita hace parte de la *ratio decidendi.* De hecho, del total de sentencias analizadas, las menciones a Kant únicamente aparecieron vinculadas a la formulación de una subrregla determinante del sentido del fallo, en cinco sentencias[3]. De igual manera, la cita de Kant está asociada

---

pública sobre un asunto que involucra, entre otros grupos, a la comunidad Kantínurwa (Cfr. A-250/23) y una sentencia del Magistrado Jorge Ignacio Pretelt en la que por un error de digitación, se sustituyó el nombre Karl por la palabra "Kant". Asimismo, las alusiones a autores como Kantorowicz, son registradas por el sistema como casos de mención a Kant.

2 Sobre el concepto de sentencias hito, cfr. Diego Eduardo López Medina, *El Derecho de los jueces,* obligatoriedad del precedente constitucional, análisis de sentencias y líneas jurisprudenciales y teoría del derecho judicial, Bogotá, 2007, pág. 166.

3 Como bien lo explica López Medina, la identificación práctica de la *Ratio Decidendi* en una sentencia no es una labor que admita precisión matemática ni respuestas categóricas. En teoría se puede definir a la *ratio decidendi* como aquella subregla que determina el sentido del fallo, de modo que, sin ella, el resultado sería otro. Sin embargo, en la práctica, la identificación de esta subregla es difícil en tanto que, por un lado, en una parte significativa de los casos se presenta una confluencia de subreglas y razones, cada una de las cuales bastaría para sustentar el sentido del fallo. Por otra parte, bien parte de la interpretación jurisprudencial, tanto auténtica, como de los demás intérpretes, consiste en una labor de identificación y reinterpretación de la *ratio decidendi.* Recuérdese para el efecto, el caso de la reinterpretación de la *Ratio Decidendi* de las sentencias C-222/96 y C-245 de 1996, llevada a cabo por la Corte Constitucional en la sentencia Sentencia SU047/99. En todo caso, para efectos de este estudio se aceptará como *Ratio decidendi,* cualquier formulación de una subregla que baste para sustentar la dirección del fallo, con independencia de que se formule en concurrencia de otras subreglas con la misma aptitud para sustentar la decisión. En todo caso, se admite que existe una cierta subjetividad en la determinación del peso de una subregla en la argumentación por lo que, no se pretende una exactitud matemática.

a la formulación de una razón determinante para salvar el voto en nueve casos y a la razón principal o determinante en la que se funda la aclaración en doce casos. En el resto de las ocasiones, la referencia al filósofo aparece en el contexto de exposiciones generales o históricas sobre el desarrollo de alguna noción constitucional y su uso tiende más a lo académico y a lo ornamental. En otras palabras, Kant figura en secciones argumentativas que bien podrían haberse suprimido, sin afectar con ello el sentido de la argumentación.

Estas referencias "superfluas" pueden explicarse, en muchas ocasiones, por la acentuada tendencia del alto tribunal a la *sobreargumentación*. No escapa, en efecto, a la experiencia de cualquiera que haya tenido contacto con la extensa jurisprudencia de la Corte Constitucional, que las sentencias de esa Corporación suelen adoptar un estilo casi académico o monográfico. Las sentencias de cientos de páginas no son excepcionales y el tratamiento detallado del desarrollo histórico de una institución jurídica, o el recuento pormenorizado de cada una de las posturas doctrinales sobre un problema en particular son, hasta cierto punto, parte de la práctica habitual de la Corte. Los ejemplos de las alusiones "doctrinales" a la filosofía kantiana son tan abundantes, que mencionarlos a todos sería metodológicamente imposible. Sin embargo, algunos casos bastarán para probar esta aserción. En el campo penal, por ejemplo, es común que las sentencias fundamenten cualquier consideración sobre la penalización de una conducta o la aplicación de la pena, en la distinción entre el modelo de pura retribución representado por Kant, y el modelo utilitarista de Bentham, así la resolución del problema jurídico no exija distinguir entre el fin retributivo y el fin de utilidad social, y la ratio *decidendi* no esté relacionada con esta distinción.[4] **En todos estos casos, de hecho, tanto la cita de Kant como el mismo recuento doctrinal podrían haber**

---

4 Sentencia No. C-394/95 (Vladimiro Naranjo), C-261/96 (Alejandro Martínez Caballero); Sentencia C-592/98 (Fabio Morón) C-939/02 (M.P: Eduardo Montealegre), Sentencia T-635/08 (Mauricio González), Sentencia C-397/10 (Juan Carlos Henao).

desaparecido, sin que ello supusiera cambio alguno en la jurisprudencia.

En otros casos, la **alusión a la filosofía kantiana, además de ser innecesaria, parece forzada e incluso incorrecta**. La sentencia T-1233/01 (M.P Jaime Araújo Rentería), es ejemplo paradigmático de este uso, ya no solamente superfluo sino decididamente forzado. El caso sometido a la consideración de la Corte, era el de la demanda de un ciudadano cuya imagen apareció en una exposición de fotografías tomadas en la vía pública; alegó el accionante, que de ello se derivaba un menoscabo de su derecho a la intimidad y a la imagen personal. Para resolver el caso, la Corte manifestó que no se configuraba tal violación *iusfundamental* por cuanto al salir a las vías públicas el transeúnte se somete a la observación de los demás viandantes, añadiendo que no cabe a la persona esperar ser "dueña o regente" del modo en que los demás interpreten las conductas percibidas, "*pues a despecho de toda objetividad absoluta, cada cual forma su propio conocimiento sobre el ser a partir de una combinación de cuanto aporta la realidad con las formas de su sensibilidad y las categorías de su entendimiento*". La frase, de evidente acento kantiano, va acompañada de una nota a pie de página en la que se invita al lector a remitirse a la "*noción de Kant sobre el conocimiento, en la Crítica de la Razón Pura*". Además de lo desproporcionado que resulta la remisión a examinar toda la teoría del conocimiento de Kant, y por lo tanto, a las largas meditaciones sobre la naturaleza de la ciencia, los juicios hipotéticos *a priori* o el saber metafísico, que nada tienen que ver con el problema jurídico propuesto en el caso, la invocación de la autoridad kantiana para alegar la subjetividad del conocimiento es bastante dudosa, puesto que si bien es cierto que el filósofo niega que el conocimiento humano dependa exclusivamente de la realidad externa, también lo es que las categorías mentales son estructuras comunes a todos los sujetos cognoscentes y, por lo tanto, universales[5]. Análogas consideraciones se pueden hacer respecto de

---

5 Cfr. Béatrice, Longuenesse, *Kant on the human standpoint,* Cambridge, Cambridge University Press, 2005, pág. 24.

las citas a las categorías kantianas, y por lo tanto al conjunto de la teoría crítica del conocimiento en la sentencia T-1022/01 (M.P Jaime Araújo), cuya única funcionalidad en la sentencia era hacer un llamado a la "moderación y al buen juicio" respecto de las cuestiones relativas al régimen de los derechos humanos en el seno de las comunidades indígenas..

A la mencionada tendencia "academicista" del alto tribunal constitucional colombiano, se suma el recurso casi retórico de *la autoridad de Kant*. Existen ocasiones en las que la invocación de la filosofía kantiana simplemente opera como refuerzo de la línea argumentativa con la autoridad de uno de los padres del pensamiento liberal. En estricto sentido, afirmar que en el modelo constitucional de 1991 el reconocimiento de la dignidad comporta exigencias de carácter absoluto, no difiere demasiado de la afimación de que según Kant la dignidad comporta exigencias incondicionales. La razón por la cual la Corte Constitucional (o en ocasiones, los magistrados disidentes) menciona explícitamente a Kant en más de sesenta oportunidades[6] en el contexto de exposiciones sobre la dignidad, bien puede

---

6 **Sentencias** No.T-002/92 (M.P Alejandro Martínez Caballero), No.T-270/95 (Jorge Arango) T-211/95 (Alejandro Martínez Caballero), T-311/95 (Alejandro Martínez Caballero), No.T-270/95 (Alejandro Martínez Caballero), T-472/96 (Eduardo Cifuentes), C-679/98 (Carlos Gaviria) T-475/14T-618/00 (Alejandro Martínez Caballero), T-149/02 (Manuel José Cepeda), T-744/03 (Marco Gerardo Monroy), C-1088/04 (Jaime Córdoba), C-933/07 (Jaime Araújo ,) T-812/08 (Jaime Córdoba), T-009/09 (Manuel José Cepeda), T-271/10 (María Victoria Calle), C-577/11 (Gabriel Eduardo Mendoza), T-931/12 (María Victoria Calle), SU189/12 (Gabriel Eduardo Mendoza), T-475/14 (Alberto Rojas) , C-635/14 (Gabriel Eduardo Mendoza), C-313/14 (Gabriel Eduardo Mendoza), C-143/15 (Luis Ernesto Vargas), C-328/16 (Gloria Stella Ortiz), T-514/16 (María Victoria Calle), SU214/16 (Alberto Rojas), C-134/17 (M.P. Alberto Rojas), C-333/17 (Iván Escrucería), SU140/19 (Cristina Pardo), T-398/19 (Alberto Rojas), C-062/21 (Gloria Stella Ortiz), C-172/21 (Diana Fajardo, Jorge Enrique Ibáñez), C-233/21 (Diana Fajardo), C-025/21 (Cristina Pardo), C-083/22 (Karena Caselles), **aclaraciones** a las sentencias C-695/02 (M.P. Jaime Córdoba, Acl. Rodrigo Escobar, Marco Gerardo Monroy, Álvaro Tafur) C-355/06 (Jaime Araújo y Clara Inés Vargas, acl. Jaime Araújo), C-336/08 (M.P Clara Inés Vargas, acl. Jaime Araújo), T-098/11, (M.P Nilson Pinilla, acl.

hallarse en que al señalar la genealogía del principio en uno de los fundadores de la filosofía liberal y de la ilustración, este adquiere un peso supraconstitucional. No se trata ya solamente de una construcción de la jurisprudencia o de un consenso de los constituyentes de 1991. Pertenece a lo más acendrado de la tradición ilustrada. Desconocerlo es devolverse a los modelos pre-ilustrados, parecen insinuar los magistrados, tan prestos a invocar el nombre de Kant cada vez que la temática lo permite. De alguna manera se podría sostener, que se trata de un esquema argumentativo de carácter más tradicional que legal-racional, en el que el recurso retórico a uno de los "fundadores de la tradición" se asemeja a la invocación de los ancestros o los "padres de la patria". De hecho, la Corte es explícita en reconocer a Kant una cierta paternidad respecto del sistema jurídico occidental. Así, por ejemplo, en sentencia C-660 de 1996 (M.P Carlos Gaviria), la reflexión sobre el análisis de los alcances

---

Humberto Sierra), Sentencia C-294/21 (Cristina Pardo, acl. Diana Fajardo), **salvamentos** a las sentencias C-221/94 (.M.P Carlos Gaviria, Salv.deVladimiro Naranjo, Hernando Herrera y Fabio Morón), C-1050/05 (M.P Manuel José Cepeda, salv Jaime Araújo), C-034/06 (Alfredo Beltrán, salv. Jaime Araújo), C-1055/05 (Clara Inés Vargas, salv. Jaime Araújo) C-1056/05 (Jaime Córdoba, salv Jaime Araújo), C-1054/05 (Rodrigo Escobar Gil, salv. Jaime Araújo) , C-1044/05 (Álvaro Tafur, sal. Jaime Araújo), C-1045/05 (Clara Inés Vargas, salv Jaime Araújo), C-1046/05 (Alfredo Beltrán, salv. Jaime Araújo) C-1057/05 (Humberto Sierra, salv. Jaime Araújo,) C-1053/05 (Álvaro Tafur, salv. Jaime ARAÚJO) C-1051/05 (Clara Inés Vargas, salv. Jaime Araújo), C-1048/05 (Manuel José Cepeda, Rodrigo Escobar, Marco Gerardo Monroy, Humberto Sierra, Álvaro Tafur, Clara Inés Vargas, salv. Jaime Araújo) , C-1041/05 (Manuel José Cepeda, Rodrigo Escobar, Marco Gerardo Monroy, Humberto Sierra, Álvaro Tafur, Clara Inés Vargas , salv. Jaime Araújo), C-1047/05 (Jaime Córdoba,, salv. Jaime Araújo)C-174/06 (M.PJ aime Córdoba, salv. Jaime Araújo), C-1043/05 (Manuel José Cepeda, Rodrigo Escobar, Marco Gerardo Monroy, Humberto Sierra, Álvaro Tafur, Clara Inés Vargas), salv. Jaime Araújo), C-1040/05 (Manuel José Cepeda, Rodrigo Escobar, Marco Gerardo Monroy, Humberto Sierra Álvaro Tafur, Clara Inés Vargas, salv. Jaime Araújo) C-370/06 (Manuel José Cepeda, Jaime Córdoba, Rodrigo Escobar, Marco Gerardo Monroy, Álvaro Tafur, Clara Inés Vargas, salv. Alfredo Beltrán),C-075/07 (M.P Rodrigo Escobar, salv. Jaime Araújo),T-614/16 (M.P Jorge Iván Palacio, salv. Alberto Rojas, Sentencia C-055/22 (Antonio Lizarazo, salv. Cristina Pardo)

del principio de la autonomía de la voluntad, comienza retrotrayéndose a una triada de autores fundacionales respecto de la tradición actual: "***Para algunos de los filósofos del siglo XVIII como Kant, Hobbes y Rousseau, autores de teorías políticas que fundan gran parte del derecho occidental contemporáneo,*** *la voluntad es la principal fuente de las obligaciones ya sea que se manifieste directamente, a través de acuerdos suscritos por los particulares, o indirectamente, a través de la ley en forma de voluntad general"(negrilla fuera de texto).* Cita que en idénticos términos será reiterada después en sentencia C-641 de 2000 (M.P. Fabio Morón), y en supuestos similares en la sentencia T-216 de 2008 (M.P Humberto Antonio Sierra).

Tal vez en ningún caso se haga más patente este uso retórico de la autoridad kantiana en la argumentación constitucional, que en la discusión suscitada a partir de la consideración de la constitucionalidad del Acto Legislativo 02 de 2003. En esta ocasión, la sentencia mayoritaria, bajo la ponencia de los Magistrados Jaime Córdoba y Rodrigo Uprimny, explicaba la importancia del control de los vicios formales del proceso reformatorio constitucional fundándose en la comprensión kantiana del principio de publicidad:

> A nivel general, el control de los vicios de procedimiento en la formación de las leyes o en la aprobación de las reformas constitucionales es sin lugar a dudas una de las funciones más trascendentales de la justicia constitucional, en las democracias contemporáneas. La razón de esa importancia es clara: la soberanía popular hoy se expresa, en gran medida, a través de deliberaciones y decisiones sometidas a reglas procedimentales, que buscan asegurar la formación de una voluntad democrática de las asambleas representantivas, que exprese obviamente la decisión mayoritaria, pero de tal manera que esas decisiones colectivas, que vinculan a toda la sociedad, sea un producto de una discusión pública, que haya permitido además la participación de las minorías. Y es que en una democracia constitucional como la colombiana, que es esencialmente pluralista, la validez de una decisión mayoritaria no reside únicamente en que ésta haya sido adoptada por una mayoría sino además en que ésta haya sido públicamente deliberada y discutida, de tal manera que las distintas razones para justificar dicha decisión hayan sido debatidas, sopesadas y conocidas por la ciudadanía y que, además, las minorías hayan podido participar en dichos debates y sus derechos hayan sido respetados. Por consiguiente, para esta concepción, la democracia no es la tiranía de las mayorías, pues los derechos de las minorías deben ser respetados y

> protegidos. Además, en la democracia constitucional, las decisiones colectivas deben ser deliberadas en público pues de esa manera se logran decisiones más racionales, justas e imparciales. Por ello, Kant consideraba que uno de los principios trascendentales del derecho era el siguiente: "son injustas todas las acciones que se refieren al derecho de otros hombres cuyos principios no soportan ser publicados". El proceso legislativo no debe ser entonces únicamente un sistema de agregación de preferencias o que simplemente legitima acuerdos privados o negociaciones ocultas sino que debe constituirse en una deliberación pública, en la cual los representantes de los ciudadanos, sin olvidar los intereses de los votantes que los eligieron, sin embargo discuten públicamente y ofrecen razones sobre cuál es la mejor decisión que puede adoptarse en un determinado punto (Sentencia C-816/04) negrilla fuera de texto).

La cita de la *Paz Perpetua* empleada por los magistrados ponentes, cabe notarlo, no constituía una novedad. Antes de la referida sentencia había sido ya citada en 1996, 2002, 2001[7] y con posterioridad, se convertiría en un lugar común en la argumentación sobre el proceso deliberativo en la democracia. Pero esta vez, la invocación del pensamiento kantiano fue objeto de una severa crítica del magistrado Manuel José Cepeda, quien en su salvamento de voto denuncia **el uso de la cita como una estrategia falaz que busca encontrar en la autoridad del maestro de Königsberg un modo de sanear la carencia de un auténtico fundamento constitucional y el formalismo en que incurre la sentencia, amén de ser un elemento distractor en la argumentación, carente de pertinencia, toda vez que los vicios alegadamente encontrados en el examen de constitucionalidad no tenían que ver con la publicidad.** En palabras de Cepeda:

> Para terminar esta disidencia solitaria, una breve reflexión sobre la importancia de las formas en el derecho. La sentencia (párrafos 136 y ss) remata su argumento exaltando el significado del respeto a los procedimientos que promueven la deliberación publica y aseguran el goce efectivo de los derechos, en especial los de las minorías. Los procedimientos son

---

[7] Sentencias C-386/96 (Alejandro Martínez), C.915/01 (Eduardo Montealegre), C-915/01 (Eduardo Montealegre, y C-215/02 (Eduardo Montealegre y Clara Inés Vargas).

una parte esencial de la democracia, en especial si esta ha de ser más que un conjunto de foros para la negociación de intereses de grupo. Comparto esa exaltación de las formas jurídicas. Pero rechazo el formalismo. Son cosas bien distintas. Citar a Kant no transforma el formalismo excesivo en que incurrió la mayoría en razones sustanciales puras. En eso también falla el esfuerzo argumentativo de la sentencia. La cita de Kant, por lo demás, no es pertinente. En esta sentencia no se juzgó la falta de deliberación, ni de publicidad. Esta reforma constitucional fue públicamente debatida.

Además, preocupa que la Corte al explicar la cita de Kant censure de manera velada lo que un congresista puede o no defender. Alarma que la sentencia exija que "la voluntad democrática ...sea lo más imparcial posiblelo que equivale a impedir que predominen las ideologías, las corrientes de pensamiento, las opiniones–sí parciales–de cada congresista que esta en el Congreso para representar ideas, intereses, grupos, en fin. No es claro en qué queda el pluralismo cuando la Corte le exige al Congreso que sea imparcial y tampoco se ve quién tiene la facultad de imponer imparcialidad a un órgano por esencia político, no judicial. Pero muestra que para la mayoría de la Corte lo que esta detrás de esta reforma, y de lo que se juzgó en esta ocasión, es una decisión del Congreso que terminó por "olvidar los intereses de los votantes que los eligieron". No le corresponde a la Corte declarar inconstitucional una reforma constitucional por esa razón recóndita, apenas insinuada en la sentencia buscando la absolución de Kant. La Corte no puede sustituir al Congreso en la identificación de los intereses de los votantes. Mucho menos invalidar una reforma constitucional porque no le parece compatible con los intereses de los votantes. Eso es lo que menos me gusta del formalismo excesivo: después de él, o antes de él, hay visiones sobre qué es lo que más le interesa a unos votantes o al país. Definir eso le corresponde a las ramas del poder público elegidas directamente por el pueblo, representativas de la diversidad nacional y responsables ante esos votantes cuyos intereses han de defender. No a la Corte. Por lo menos no esgrimiendo un argumento formalista y anunciando que ella dirá qué es "lo verdadero", lo verdaderamente bueno para los votantes, lo verdaderamente democrático [Pero hay que reconocer que, en este fallo, la Corte se acercó a éste, que es el principal pecado del formalismo (Manuel José Cepeda. Salvamento de voto a la sentencia C- 816 de 2004).

b) Autenticidad y modo de la citación

En adición al uso a veces forzado, innecesario e impertinente de la autoridad de Kant, y de su funcionalidad raramente asociada a la *ratio decidendi*, cabe señalar que las prácticas citacionales de la Corte Constitucional Colombiana en sus referencias a la obra kantiana son, cuanto menos, cuestionables. Para empezar, es notable que muchas veces la obra de Kant funciona como un tópico cuyo conocimiento se da por sentado. En muchas ocasiones, más que una referencia concreta a una obra, simplemente se **invoca** el "*pensamiento de Kant*" o un más o menos etéreo "*sentido kantiano*". De hecho, de 184 sentencias analizadas, 93 carecen de referencia a la obra (menos aún a la edición o a la página) de la que proviene el tema kantiano aludido. En otras palabras, la mayoría de referencias jurisprudenciales a este filósofo son vagas alusiones, que dependen de un conocimiento previo que el magistrado presupone del lector sobre la obra de Kant. Y aunque, ciertamente, un lector de mediana cultura filosófica puede deducir el lugar del *corpus* kantiano al que el magistrado (u otro interviniente) se refiere (v.gr. cuando se alude al concepto de dignidad se puede inferir una remisión a la Fundamentación de la Metafísica de las Costumbres), tal práctica desdice de la vocación de las sentencias a ser entendidas por el público en general y no por una élite cultural.

Por lo demás, llama la atención la recurrencia de una cita textual (que aparece entrecomillada) sin referencia alguna en el texto y que atribuye a Kant la máxima que reza "*el ser humano es libre de sus actos, pero esclavo de sus consecuencias*", la cual le es ajena al autor y que a partir de las citas de la Corte Constitucional ha empezado a ser atribuida a Kant en el ámbito académico colombiano. También vale mencionar que, en más de una ocasión, las citas directas y explícitas están incompletas[8]. Asimismo se destacan casos en los que las referencias a Kant aparecen dentro de citas textuales de jurisprudencia o de otros autores.[9] En concreto, la Corte Constitu-

---

8 A modo de ejemplo, en las aclaraciones del Magistrado Jaime Araújo a las sentencias T-297 de 08 (M.P. Clara Inés Vargas), T-476 de 08 (M.P. Clara Inés Vargas) y T-1095/08 (M.P. Clara Inés Vargas) hay una indicación general de búsqueda de la postura kantiana sobre la relación del Derecho y la Moral en la Metafísica de las Costumbres, pero no se indica en qué parte de la aludida obra se encuentra tal distinción.

9 C-679/98 (M.P.Carlos Gaviria)

cional ha citado a Kant vía Rawls (y este a su vez a través de Mejía Quintana)[10] , Nussbaum y Sunstein[11], Bobbio[12], Kaufmann[13] y Recasens Siches[14], Prieto Sanchís[15], Kersting[16], Ferrajoli y Oppenheim[17]. Ello supone que la influencia kantiana está mediada en algunos casos por uno de sus intérpretes. Es notable, por ejemplo, cómo en la citación a partir de Rawls, Kant es leído a través de un prisma mucho más constructivista y mucho menos legalista.

c) Obras citadas y núcleos temáticos de citación

En lo que respecta a las obras efectivamente citadas por la Corte, el análisis realizado evidencia que la más citada es la *Fundamentación de la matafísica de las costumbres*, con 30 referencias explícitas. Le siguen *La paz perpetua* con 18, la *Metafísica de las costumbres*, o alguna de las partes que la componen citada como obra autónoma (*Principios Metafísicos de la Doctrina del Derecho*) con 11, el ensayo *¿Qué es la ilustración?* con 5, así como la *Crítica de la Razón pura, La antropología en sentido pragmático*, las *Lecciones de ética,* la *Crítica del Jucio*, el ensayo "*Acerca de un pretendido derecho a mentir por filantropía*", y la *Filosofía de la Historia*, cada una de ellas con una cita directa. Si se cuentan las citas implícitas, esto es, la invocación de Kant sin mención de una obra particular que sin embargo podría identificarse por el contexto, habría que añadir 60 alusiones a la *Fundamentación de la metafísica de las costumbres*, 17 a la *Metafísica de las costumbres*, cinco a *La Paz*

---

10 C-209/16 (M.P Jorge Iván Palacio, Salvamento Gloria Ortiz), C-002/18 (Carlos Bernal, Salvamento Gloria Stella Ortiz), C-556/17 (M.P Diana Fajardo, salvamento Gloria Ortiz)

11 Sentencia T-216 de 2018 (M.P. Antonio Lizarazo. Acl. Gloria Ortiz), C-045/19. Acl. Gloria Ortiz), T.608/11 (M.P Juan Carlos Henao)

12 T.320/12, M.P. Adriana Guillén.

13 C-814/01 M.P Marco Gerardo Monroy, C.958/14 (M.P Martha Sáchica)

14 T-211/95 (Alejandro Martínez)

15 T-194/95 (José Gregorio Hernández, salv. Eduardo Cifuentes, Alejandro Martínez y Vladimiro Naranjo)

16 C-054/16 (Luis Ernesto Vargas)

17 C-630/11 (M.P María Victoria Calle, salv. Luis Ernesto Vargas)

Perpetua y sendas referencias individuales a la *Crítica de la Razón Pura, La religión dentro del límite de la razón* y las *Lecciones de Ética*.

En general, la mayoría de estas remisiones (particularmente las de la *Fundamentación a la Metafísica de las Costumbres*) tratan de alusiones genéricas al concepto kantiano de dignidad, entendido como órbita de indisponibilidad del ser humano y proscripción de todo tratamiento que le tenga "solamente" como un medio. Se destaca también la cita implícita al modelo penal kantiano, asociado a una pretensión "metafísica" o a una idea de retribución perfecta que se estima no enteramente aplicable en nuestro sistema. Esta alusión, muchas veces tácita y simplemente mencionada en términos de "idea kantiana", lo es a las secciones del libro XXXX de la *Metafísica de las costumbres* en las que se trata del derecho penal. Igualmente, existen remisiones a *La paz perpetua* específicamente para relacionar el modo de gobierno republicano, el respeto de los derechos humanos con la paz, y la importancia del principio de publicidad del proceso legislativo, aunque en general, en este ámbito citacional prevalecen las referencias directas.

Relacionado con lo anterior, pero quizá más interesante, **son los núcleos temáticos a los que se asocian las citas implícitas o explícitas de la obra de Kant**. Ello, por supuesto, queda anticipado en las líneas anteriores. Como se puede intuir a partir del análisis citacional de las referencias implícitas, la gran mayoría está relacionada con la invocación de la noción kantiana de dignidad, que tiene un carácter basilar en la arquitectura conceptual de la jurisprudencia constitucional. Esto tiene sentido toda vez que, como se verá más adelante, la idea de dignidad como ámbito de indisponibilidad vinculado con el carácter racional y libre del hombre, es la huella más profunda del pensamiento kantiano en el constitucionalismo colombiano y, en general, en la tradición liberal del Estado de Derecho. La invocación de la noción de dignidad puede ser enunciada (las más de las veces) como *definición,* pero en otros casos se formula también normativamente, a modo de *imperativo ca-*

tegórico[18]. Tanto el concepto de dignidad como órbita infranqueable y no negociable y el imperativo de tratamiento del hombre como fin en sí mismo, aparecen muy frecuentemente vinculados a un énfasis en el respeto de la autonomía personal (equiparación material de la dignidad a la autonomía) y a la calificación de los derechos humanos como consecuencia necesaria de la dignidad, de donde su no reconocimiento o restricción deviene en incompatible con la dignidad y, por ende, en directa contradicción con elementos fundantes del sistema constutucional. El primero de los énfasis mencionados, esto es, el de la equivalencia dignidad-autonomía, o de dignidad-intangibilidad es objeto de toda una línea jurisprudencial[19] que terminará siendo plasmada en la sentencia T-881 de 2002 (M.P. Eduardo Montealegre).[20]

A esta equiparación de dignidad y autonomía cabe añadir la de un cierto ámbito de intangibilidad de bienes no patrimoniales, que la Corte también ha asociado a la dignidad y que, igualmente cabría enlazar con las formulaciones del imperativo categórico. En segundo lugar, cabe señalar la continuidad entre la afirmación del carácter digno del hombre, en términos kantianos, y la exigencia de respeto incondicional de los derechos que de ella se siguen. Hay en la jurisprudencia constitucional una insistencia innegable de arraigamiento e inescindibilidad de los derechos humanos a la dignidad del hombre. La dignidad, **entendida en sentido kantiano, se presenta como fundamento de todo derecho fundamental, de donde se desprende que, una vez afirmada la igual**

---

18 Cfr. C-542/93 (M.P. Jorge Arango), T-090/1994 (M.P. Hernando Herrera), C-045/98 (M.P. Jorge Arango), C-521/98 (M.P. Antonio Barrera) T-556/98 (José Gregorio Hernández) y T-587/98 (M.P. Eduardo Cifuentes).

19 Entre las sentencias más representativas de esta línea, anteriores a su consolidación en la sentencia T-881 de 2002 encuentran las siguientes: T-532/92 (Eduardo Cifuentes), C-542/93 (Jorge Arango), C-221/94 (M.P. Carlos Gaviria), T-477/95(Alejandro Martínez), T-472/96 (M.P. Eduardo Cifuentes), y C-239 de 1997 (M.P. Carlos Gaviria),

20 Esta sentencia, a su vez, se constituye en hito para las futuras referencias jurisprudenciales en materia de dignidad.

dignidad de todos los hombres, la jurisprudencia derive la conclusión de una imposibilidad de distinción en lo que concierne al reconocimiento de todos los derechos directamente derivados de ella. Esta vinculación entre "la noción kantiana de dignidad" y el catálogo de los derechos fundamentales particulares se hace patente, por ejemplo, en la aclaración de voto del Magistrado Araújo a la sentencia C-075 de 2007[21].

Otro núcleo citacional importante, tiene que ver con los atributos del derecho y del sistema jurídico, tomado mayoritariamente de la *Metafísica de las Costumbres*, y particularmente de su prime-

---

21 En esta ocasión, ha de recordarse, la Corte Constitucional se pronunició sobre la exequibilidad de una ley que, al definir la unión marital de hecho y el régimen patrimonial de los compañeros permanentes, definía las susodichas uniones como relaciones permanentes entre un
y una mujer, excluyendo, por consiguiente, a las parejas del mismo sexo. En el fallo la Corte sostuvo que la norma en cuestión era, en efecto, discriminatoria pues implicaba un vacío en la regulación de los efectos patrimoniales de las uniones homosexuales, redundante en su desprotección jurídica. Además, estimaba la Corte, aunque la Constitución no obliga a la total asimilación jurídica de las parejas del mismo sexo y las parejas homosexuales, en el caso concreto no existía ninguna razón que justificara una diferencia en la situación de unas y otras parejas por lo que el trato desigual se entendía discriminatorio. La Corte restrinigió, sin embargo, su fallo al ámbito de la regulación patrimonial, sin pronunciarse sobre otra órbita de derechos. El Magistrado disidente manifestó entonces que la sentencia resulta discriminatoria por haber restringido la decisión a la órbita puramente patrimonioal, sin hacer una plena equiparación del régimen jurídico de las parejas homosexuales y heterosexuales (incluída la posibilidad de contraer matrimonio). Para efectos de este estudio, lo realmente importante es la afirmación de que dicha restricción, que en su concepto supone el no reconocimiento pleno del catálogo de derechos fundamentales para las personas homosexuales, es incompatible con el concepto constitucional de dignidad, que es kantiano. En otras palabras, que la idea de indisponibilidad y de condición de fin en sí mismo es inseparable de la exigencia de reconocimiento de todos los derechos derivados de la dignidad humana.. La postura fue reiterada en la aclaración a la sentencias Sentencia C-798/08. Posteriormente pasaría a constituirse en una de las razones de cambio jurisprudencial en la sentencia SU214/16 (M.P Alberto Rojas)

ra parte, los *Principios Metafísicos del Derecho.* La teoría kantiana del derecho aparece unida a tres núcleos temáticos distintos. Por una parte, se evidencia la invocación de la noción de derecho como orden caracterizado por la coactividad y su vinculación a la institucionalidad. Este argumento aparece recurrentemente, y como razón de distanciamiento de las sentencias mayoritariamente aceptadas, en las reiteradas aclaraciones de voto del Magistrado Jaime Araújo Rentería a cierta línea jurisrpudencial que reconoce protección humanitaria a la población desplazada sin que, en su opinión, se cumplan satisfactoriamente los requisitos de concreción y especificidad de la obligación que la dotarían de plena coactividad y, por ende, de juridicidad[22]. Paradójicamente, el mismo magistrado que con tanto empeño recurre a la separación entre orden moral y orden jurídico a partir de una consideración de la teoría kantiana del derecho, plantea, más adelante, serias objeciones a la retribución por el cumplimiento de deberes como la cooperación con la justicia, la solidaridad o la protección de la moralidad pública, con base en la exigencia de acciones desinteresadas y el cumplimiento incondicional del deber que Kant señala como requisito del mérito moral y que, a la luz de su filosofía, es pertinente únicamente para el enjuiciamiento moral (esto es, interno) de la conducta, siendo, por tanto, jurídicamente irrelevante[23]. Por otra parte, la teoría jurídica kantiana, puede aparecer para justificar el deber del legislador de atender a algún tipo de estándar moral. Así, por ejemplo, en sen-

---

22 T-401/92 (M.P. Eduardo Cifuentes),T-402/92(M.P. Eduardo Cifuentes),T-123/94 (M.P. Vladimiro Naranjo),T-036/95 (M.P. Carlos Gaviria),T-572/99 (M.P. Fabio Morón),T-879/01 (M.P. Clara Inés VarGAS). La intangibilidad está relacionada con la tercera formulación del imperativo categórico, que proscribe toda instrumentalización, pues esta sustrae a lo que es digno del ámbito de lo que es negociable, esto es, de lo que cabe disponer en aras de la consecución de un fin externo.
Acraciones de voto del Magistrado Jaime Araújo Rentería a las sentencias T-025/04 (M.P. Manuel José Cepeda), T-297/08 (M.P. Clara Inés Vargas), T-476/08 (M.P. Clara Inés Vargas),T-1095/08 (M.P. Clara Inés Vargas),T-572/08 (M.P. Humberto Antonio Sierra),T-647/08 (M.P. Clara Inés Vargas).

23 Cfr..Immanuel Kant, Metafísica de las Costumbres,Madird, Rei Andes, 1995. Tr. Adela Cortina y Jesús Conill, págs. 17 y 18.

tencia C-814 de 2001 (M.P. Marco Gerardo Monroy) la definición kantiana de derecho como coordinación de libertades se usa para reforzar el concepto de derecho como sistema de mínimos morales (en contraposición a los sistemas de máximos morales), distinto, pero no contrapuesto, al orden de la eticidad[24].

Otro de los núcleos temáticos en los que se encuentra cierta reiteración a las ideas kantianas desarrolladas en la *Metafísica de las Costumbres* es el del derecho penal. En este caso, las citas están asociadas a recuentos históricos sobre los modelos de justicia (utilitaria o retributiva) que inspiran al sistema penal colombiano. En estos eventos, como ya se advirtió, la funcionalidad de la referencia es *cuasi-teórica* y el estilo de citación indirecto. Simplemente se menciona el modelo de retribución perfecta como uno de los ejemplos de estructuración posible del sistema penal del cual no hace perfecto eco el colombiano. Igualmente, recurrente, es el uso de alusiones implícitas y explícitas a la *Paz Perpetua* y su idea de un republicanismo cosmopolita, usualmente para servir de soporte teórico de la exigencia de publicidad del acto legislativo. En este sentido, la cita que dice "*son injustas todas las acciones que se refieren al derecho de otros hombres cuyos principios no soportan ser publicados*"[25] se convierte en una suerte de lugar común en la fundamentación de decisiones relativas a la necesidad de cumplir con las exigencias formales del trámite legislativo[26]. En igual medida, *La Paz Perpetua* es utilizada para resaltar la conexión entre el régimen

---

24 "Echando una mirada retrospectiva a lo que la Filosofía del Derecho ha estudiado en torno de las relaciones entre la moral y el derecho, podemos apreciar cuan disímiles han sido las distintas respuestas. En efecto, para citar algunos ejemplos, para Kant el derecho es independiente de la moral, pero no contrario a los postulados éticos" (Vladimiro Naranjo, Salvamento de voto a la sentencia 239/97)

25 Cfr. Immmanuel Kant, *La paz Perpetua,* Madrid, Tecnos, 1998, Tr. Joaquín Abellán, pág. 61.

26 Cfr. Sentencias, C-386/96 (M.P. Alejandro Martínez,) C-225/95 (M.P. Alejandro Martínez) , C-816/04 (M.P. Jaime Córdoba y Rodrigo Uprimny), C-872/02 (M.P. Eduardo Montealegre), C-957/99 (M.P. Álvaro Tafur), C-386/03 (M.P. Rodrigo Escobar); C-1056 /03(M.P. Alfredo Beltrán), C-1147/03 (M.P. Rodrigo Escobar), C-370/04 (M.P. Jaime Córdoba y Álvaro Tafur), C-915/01 (M.P. Eduardo Montealegre)

republicano y los ideales y valores del Estado[27] y la comunidad mundial, en particular, la paz[28].

Las menciones al principio de publicidad que, como ya se ha dicho, están asociadas a una insistencia en el respeto a los procedimientos formales del diálogo legislativo, están ligadas asimismo a la invocación de la autoridad kantiana, para destacar que la sede legislativa es el escenario de la construcción de la moralidad colectiva, o si se quiere, para asociar el proyecto democrático kantiano con una ética constructivista. Cabe destacar que, así como en las referencias teóricas a la separación del derecho y la moral las citas kantianas suelen ir acompañadas de remisiones a autores que han interpretado su doctrina en clave positivista, particularmente con remisiones a Kelsen cuando se invocan los pasajes de Kant, y más específicamente los de *La Paz Perpetua* para subrayar la idea del debate democrático como sede de la construcción de una ética pública dialógicamente construida, la Corte usualmente trae a colación la filosofía kantiana indirectamente vía autores constructivistas como Rawls o el profesor Óscar Mejía Quintana. En este sentido, existe una consolidada lectura rawlsiana de la tradición kantiana en la jurisprudencia constitucional, que complementa la más formalista de tipo kelseniano.

A lo anteriormente expuesto merece añadir, que la cita recurrente a la máxima atribuida a Kant de *la libertad de los actos y la sujeción a las consecuencias de los mismos*, es de especial relevancia en casos concernientes al derecho al buen nombre. Destaca, asimismo, el uso del contraste kantiano entre la mayoría y la minoría de edad en diversos contextos, dentro de los que se destacan fallos relacionados con la protección jurídica del menor de edad, o en fallos concernientes a la participación democrática como manifestación de la mayoría de edad y autonomía de los ciudadanos o de sectores de la ciudadanía.

---

27 Cfr. T-478/15, (M.P. Gloria Stella Ortiz), C-379 /16 (M.P. Luis Ernesto Vargas), aclaración de voto de Alejandro Martínez Caballero a la sentencia C-572 de 1997 (M.P Jorge Arango)

28 C-408/96, M.P Alejandro Martínez Caballero, C-699 de 2016 (M. P. María Victoria Calle).

Finalmente, cabe indicar un núcleo de citación de la filosofía de Kant en las controversias relativas a los derechos de los animales. En este contexto lo usual es encontrar una alusión al pensamiento de Kant *via* Sunstein y Nussbaum, en el que todo derecho fundamental es vinculado a la dignidad y autonomía de la persona y, por ende, la cuestión de la titularidad jurídica de los animales se responde negativamente. Dicha posición aparece confrontada, sin embargo, con nuevos matices más abiertos a la protección animal, (si bien no necesariamente abiertamente favorables al reconocimiento de la personalidad jurídica)[29]. Empero, como se verá más adelante, en este núcleo citacional hay una peculiar reinterpretación del pensamiento kantiano para derivar de la formulación del imperativo categórico[30], un deber de abstención de la crueldad gratuita. Sobre este punto se volverá más adelante.

d) El uso de la citación por parte de los Magistrados

Es importante notar, por lo demás, que la mayoría de invocaciones al pensamiento kantiano provienen de un núcleo reducido de magistrados. Más concretamente, las menciones analizadas[31] se distribuyen del siguiente modo entre los magistrados: Jaime Araújo, 33; Alejandro Martínez, 14; Gloria Stella Ortiz, ; Alberto Rojas, 10; Eduardo Cifuentes, 8; María Victoria Calle, 7; Diana Fajardo, 6; Juan Carlos Henao 6; Vladimiro Naranjo, 6,; Carlos Gaviria, 5; Eduardo Montealegre, 5; Fabio Morón, 4 Gabriel Eduardo Mendoza, 4; Cristina Pardo, 4; Manuel José Cepeda 3 Jaime Córdoba,3;

---

[29] Sentencias, C-1041/05 (M.P . Manuel José Cepeda, Rodrigo Escobar, Marco Gerardo Monroy, Humberto Sierra, Álvaro Tafur y Clara Inés Vargas) ,T-216/08 (M.P. Humberto Sierra),T-608/11 (M.P. Juan Carlos Henao),T-095/16 (M.P. Alejandro Linares);Salvamento de Voto de María Victoria Calle, Nilson Pinilla y Jorge Iván Palacio a la sentencia C-889/12 (M.P. Luis Ernesto Vargas)

[30] Cfr. Aclaración de voto de la Magistrada Gloria Stella Ortiz a la sentencia T-095/16 y el Salvamento de voto de la Magistrada Diana Fajardo a la sentencia SU-016/20.

[31] 178, esto es, excluyendo las sentencias en donde la cita de Kant proviene de las intervenciones de entidades públicas o ciudadanos.

Marco Gerardo Monroy, 3; Rodrigo Uprimny, 3 ; Mauricio González, ; Luis Ernesto Vargas, 3; Ciro Angarita, 2; Martha Sáchica, 2; Luis Guillermo Guerrero, 2; Nilson Pinilla, 2; Iván Escrucería, 2; Clara Inés Vargas, 1; Karena Caselles; Jorge Pretelt; Rodrigo Escobar, 1; Alfredo Beltrán, 1; Álvaro Tafur, 1; Adriana Guillén, 1; Jorge Enrique Ibáñez, 1; José Fernando Reyes, 1.

Esta distribución no es indicativa sino de la frecuencia numérica de la citación y no refleja ni la adhesión conceptual del magistrado a la filosofía kantiana, ni el impacto de la cita en la jurisprudencia posterior. Lo que parecen indicar, más bien, es la propensión de los funcionarios a la teorización académica y al empleo de argumentos de autoridad.

e) El uso por parte de intervinientes en el proceso judicial

Cabe notar así mismo, que el recurso a la autoridad kantiana es una práctica común a todas las partes e intervinientes en el proceso constitucional y no solamente una estrategia argumentativa de los jueces. Kant también es invocado, en efecto, como fuente de motivación para la demanda o en el contexto de intervenciones ciudadanas o de autoridades.

Así, en la sentencia T-314/11 que trata del caso de dos personas transgeneristas a quienes se niega el ingreso a un acto público, una de las intervenciones ciudadanas apela al imperativo categórico kantiano para condenar la homosexualidad, que, de perpetuarse, correría riesgo la preservación de la especie humana. Más insólita aún es la intervención del Ministerio de Agricultura en la Sentencia C-781/12 que identifica la noción kantiana de *mal radical,* con la violación de los derechos humanos, es decir, un manejo absolutamente diverso al que aparece en la obra del filósofo de Könisberg, en la que tal concepto se emplea para explicar la tendencia al mal en el hombre, esto es, como una especie de versión secular del pecado original[32]. Otra intervención ciudadana se refiere a Kant (sin

---

[32] Immanuel Kant, *La religión dentro de los límites de la Recta Razón,* Madrid, Alianza Editorial, 1981, Tr. Felipe Marzoa, págs 19 y ss.

especificar la obra) como ejemplo del filósofo que define al matrimonio en términos de unión de hombre y mujer[33]. En la sentecia C-554/16, a su vez, algún interviniente cita la máxima kantiana según la cual, *lo único irrestrictamente bueno es la buena voluntad*, como ejemplo de neutralidad moral del Estado, que no corresponde al ordenamiento jurídico actual. Finalmente, en la sentencia T-451/93, un peticionario acude al "*concepto kantiano de equidad*" sintetizado, según él, en la máxima *summum ius, summa iniuria,* para reclamar la violación de los derechos fundamentales por formalismos jurídicos en el contexto de un proceso judicial. Como parece ser la regla general en el caso de las apelaciones a la filosofía, el uso de la máxima y de la autoridad del filósofo son incorrectas.

Aparte de lo anterior, las sugerencias a Kant en espacios extraprocesales por parte de funcionarios públicos (en concreto, el Procurador General de la Nación), han sido tenidas en cuenta por otros intervinientes para solicitar su recusación. Así, en los autos **339/09 y Auto 069/10** se resuelve sobre la solicitud formulada por un ciudadano que recusa al Procurador General de la Nación entre otras razones, por haber considerado que la tendencia neo constitucional de interpretar los derechos fundamentales de acuerdo con los pronunciamientos de órganos internacionales, va en contra de la soberanía nacional, y abre la puerta a los posibles excesos de un gobierno global, anticipados por Kant en la Paz Perpetua.

33 Cfr. Intervención en sentencia C-071/15.

2. ANÁLISIS CONCEPTUAL DE LA FILOSOFÍA KANTIANA

a) La inserción del constiucionalismo colombiano en la tradición jurídica kantiana

Hasta ahora se ha expuesto la manera en que la Corte Constitucional invoca de modo explícito la filosofía kantiana. De este análisis se puede concluir que el **"llamado" a Kant en la jurisprudencia constitucional es frecuente, mayoritariamente innecesario, muchas veces incorrecto desde el punto de vista bibliográfico y alguna vez apócrifo**. Visto lo anterior, conviene examinar el impacto conceptual de la filosofía kantiana en la jurisprudencia constitucional. A este respecto vale mencionar que Kant es el autor más influyente en la comprensión contemporánea de la dignidad, la cual, a su vez, constituye uno de los fundamentos centrales del modelo de Estado Social y Democrático de Derecho adoptado por la Constitución Colombiana de 1991, razón por la que la filosofía kantiana tiene un impacto significativo desde el punto de vista conceptual. Si el número de alusiones explícitas al pensamiento kantiano es significativo, según lo visto en los acápites precedentes, la adopción implícita de su argumentación es realmente omnipresente.

La impronta kantiana en la jurisprudencia constitucional es notable. Como la misma Corte lo ha destacado, Kant es uno de los padres de la filosofía liberal que se encuentra en la base, tanto del moderno estado de derecho, como de su evolución en el Estado Social de Derecho. De Kant ha tomado el derecho moderno la idea de autonomía como capacidad de autolegislación y la idea de que el orden jurídico no puede imponer motivaciones éticas (individuales), siendo por tanto un escenario que permite libremente la coexistencia de diferentes máximas de conducta[34]. También es kantiana

[34] Cfr. Immanuel Kant, *Metafísica de las Costumbres,* ob.cit.págs. 17, 23-24.

la insistencia en el gobierno republicano y la identificación de los principios de libertad, sujeción a la ley e igualdad como sus pilares[35] y la aspiración a un orden jurídico internacional que funde la paz mundial. Pero por sobre todas las cosas, Kant es uno de los autores que más influye en la comprensión moderna del principio de dignidad humana, tanto en lo que tiene que ver con su conexión con la autonomía, como en lo que tiene que ver con la exigencia del reconocimiento del hombre como fin en sí mismo y, por lo tanto, sustraido de cualquier condicionamiento o negociación.[36]Este principio es el eje articulador de todo el ordenamiento jurídico neo constitucional que, en cierto modo, es en su conjunto, un gran desarrollo de las exigencias de la dignidad humana, especialmente, en lo tocante a los derechos humanos, todos los cuales han sido reputados como emanaciones de la dignidad.

Es imposible sobredimensionar lo que significa el impacto de la idea kantiana de dignidad, no solo en lo que se refiere a la construcción del constitucionalismo colombiano, sino en el campo del constitucionalismo contemporáneo en general. Y es que, como muchos lo han puesto de relieve, el constitucionalismo posterior a la segunda posguerra está de tal modo centrado sobre la eminencia y respeto que merece el ser humano que ha dado en llamarse el "*constitucionalismo de la dignidad*" (dignitarian constitutionalism)[37]. Más

---

35 Cfr. Immanuel Kant, *La Paz Perpetua,* ob.cit, pág. 15-21

36 Cfr. Immanuel Kant, Fundamentación de la Metafísica de las Costumbres, Madrid, Alianza Editorial, tr. Roberto. R. Aramayo, 2012, página. 86.

37 El concepto de "constitucionalismo de la dignidad" o "dignitarian cosntitutionalism" se usa amplaiamente para designar al modo de entender las relaciones politicas y jurídicas fundamentales cuyo centro se encuentra en el reconocimiento del carácter digno de la persona humana y la incondicionalidad de sus exigencias. Como señala Moyn, la narrativa tradicional de la historia del neoconstitucionalismo, vincula su nacimiento con el retorno a las ideas de Kant, tras la segunda guerra mundial, si bien este autor estima que dicha interpretación es incorrecta, siendo el actual modelo legatario de los aportes del constitucionalismo irlandés. En este caso, dejando de lado los debates sobre el origen del modelo, lo importante es destacar que la centralidad del principio-valor de la dignidad no es solo una de las características sino el rasgo central del constitucionalismo

específicamente, las dos grandes constituciones contemporáneas que sirvieron de inspiración a la Carta de 1991, esto es, la Ley Fundamental de Bonn de 1949 y la Constitución Española de 1978, son inequívocamente orbitantes sobre un concepto de dignidad que, al menos en gran parte, bebe de Kant, tanto en su consagración en la Carta como en su desarrollo jurisprudencial por parte de los órganos competentes.

Refiriéndose al lugar de la dignidad en el sistema constitucional alemán, Enders señala que "los intérpretes de la Ley Fundamental alemana y especialmente la Corte Constitucional Federal son unánimes en admitir que la dignidad humana, tal y como está consagrada en el artículo 1.1 de la Ley Fundamental ("la dignidad humana será inviolable") consituye el valor central de todo el orden jurídico emanado de la Constitución, y sirve especialmente como la base de todos los derechos fundamentales[38]". El citado autor reconoce asimismo que, aunque existe una polémica sobre la influencia real de Kant en el proceso constituyente (dado que en los debates se le cita muy pocas veces por nombre), no existe duda sobre el influjo de la filosofía liberal, de la que Kant es culmen, en la mencionada constitución ni sobre el poder hermenéutico de la filosofía kantiana a la hora de establecer el significado del concepto fundamental de dignidad[39]. Eberle a su vez explica el origen del constitucionalismo alemán contemporáneo en términos de un retorno a Kant: "*La adopción de la Ley Fundamental en 1949, después de la debacle de la*

---

contemporáneo. (Cfr. Samuel Moyn, "The Secret History of Constitutional Dignity", en Yale Human Rights and Development Law Journal, 39 (2014), pág. 39; ver también Ángel J. Gómez- Montoro, "De qué hablamos cuando hablamos de dignidad" en Manuel Aragón Reyes (dir) *La Constitución de los españoles: estudios en homenaje a Juan José Solozabal Echavarría,* 2019, Navarra, Fundación Manuel Giménez Abad-Centro de Estudios Políticos y Constitucionalespágs. 539 a 558; Ben A. McJunkin "Ensuring dignity as public safety", en American Criminal Law Review, Vol. 59. 2022, pág. 1642.

38 Christoph Enders, " Human Dignity in Germany" en Paolo Becchi y Klaus Mathis (eds). *Handbook of Human Dignity in Europe,* Springer Nature, Switzerland, 2019 pág. 281.

39 Ibidem. Pág. 284.

Segunda Guerra Mundial, supuso el inicio de un nuevo orden constitucional en Alemania. Buscando distanciarse de los horrores del nazismo, la Ley Fundamental rompe tajantemente con su pasado inmediato y busca en lo profundo de la tradición alemana para fundamentar el orden jurídico en un idealismo moral y racional, específicamente el de Kant"[40] . Más adelante afirma que, aunque en el origen del concepto de dignidad de la ley fundamental de dicho país confluyen la "*idea cristiana de derecho natural*", la filosofía moral kantiana y otras teorías seculares sobre la autonomía, "*en la jurisprudencia sobre dignidad de la Corte Constitucional, sin embargo, se ha seguido principalmente la teoría kantiana de la autonomía moral*"[41]. Por su parte, el constitucionalista alemán Bernhard Schlink, sostiene lo siguiente sobre la pertinencia del enfoque kantiano para entender las exigencias absolutas de la dignidad: "*Si el objetivo es constituir a la dignidad como el último recurso y el derecho absoluto que las cortes pueden hacer valer y el Estado debe respetar, es obvio recurrir a Kant, porque él entiende a la dignidad humana como un absoluto que prohíbe cualquier instrumentalización y exige que todos sean tratados como sujeto y nunca como un objeto*".

Igualmente, el constitucionalismo español, de notable influencia en la configuración dogmática y jurisprudencial del Derecho constitucional colombiano, ha recibido el fuerte influjo de la filosofía kantiana en lo tocante a la comprensión del concepto jurídico de dignidad. En el campo doctrinal, por ejemplo, es reconocido el estudio del profesor Atienza sobre el significado del principio de dignidad humana en la constitución española, desarrollado desde una perspectiva eminentemente kantiana.[42]

---

40 Edward. J Eberle, "Observations on de Development of Huan dignity and personality in German Constitutional Law: An Overview." En Liverpool Law Review, (2012) 33, pág. 203 (traducción propia).

41 Ibidem, pág.206.

42 Cfr. Manuel Atienza, "Sobre la dignidad en la Constitución española de 1978" en "Esther González Hernández, Rafael Rubio Núñez; Benigno Pendás García (dir.), *España constitucional (1978-2018): trayectorias y perspectivas,* Madrid, Centro de Estudios Políticos y Constitucionales, 2018, págs. 669-682

Dicho lo anterior, cabe aclarar, que la afirmación de que el concepto de dignidad del neoconstitucionalismo alemán, español e hispanoamericano (consecuentemente, también el colombiano) tenga una profunda influencia del pensamiento kantiano no necesariamente quiere decir que **esta influencia sea exclusiva**. De hecho, el mismo Eberle, citado anteriormente para resaltar el componente kantiano en la configuración del concepto de dignidad en el derecho alemám, reconoce abierta y explícitamente que esta noción también recibe influjos de una tradición anterior, que el autor llama indebidamente "derecho natural cristiano"[43] o sobre "otras doctrinas seculares". Lo mismo puede decirse del concepto constitucional de dignidad desarrollado por la Corte Constitucional Colombiana, donde la noción kantiana de dignidad como autonomía coexiste con otras líneas de definición de la dignidad fundadas en un iusnaturalismo clásico más abierto a la metafísica y, una visión de la dignidad que, a partir de una justificada vinculacion de la dignidad con la exigencia de ciertas condiciones de vida, llega a identificar en ocasiones a la dignidad con las referidas condiciones. Esta coexistencia de desarrollos puramente kantianos del concepto de dignidad con formas de fundamentar e interpretar el principio genera, como es de esperar, rupturas y contradicciones internas dentro de la dogmática y jurisiprudencia de los países que adptaron el constitucionalismo de la posguerra. Dichas quiebras internas y potenciales contradicciones, valga decirlo, son un terreno todavía inexplorado por la ciencia del derecho constitucional actual. Para efectos de este estudio, baste decir que, aunque no monolíticamente, el concepto kantianno de dignidad, al fundamentar los ejes centrales (o más específicamente al concepto central) del sistema de principios constitucionales, permea medularmente casi todo el sistema iusfundamental de los constitucionalismos de posguerra y sus

---

43 La crítica a esta denominación viene del hecho de que gran parte de las doctrinas expuestas por autores como Tomás de Aquino o los juristas medievales son tomasdas de autores pre-cristianos como Aristóteles, Cicerón o los juristas romanos.

herederos. Y toda vez que estos constitucionalismos orbitan sobre el apartado iusfundamental, la influencia kantiana, via construcción del concepto de dignidad, es imposible de desconocer.

La influencia conceptual kantiana no se limita, por otra parte, a la recepción e incorporación directa de las ideas de Kant. Tan importante como ésta, es también su *influencia indirecta* a través de las interpretaciones de autores que recogen y desarrollan su obra. Así, por ejemplo, la ya mencionada distinción kantiana entre los ámbitos de la moralidad y el derecho no solo pasa a la jurisprudencia constitucional vía lectura directa de las obras del filósofo alemán, sino también a través de su desarrollo por los grandes exponentes del positivismo del siglo XX, principalmente por el profesor Hans Kelsen[44]. Pero, así como Kant se deja sentir en lo que el más puro positivismo legó a la tradición constitucionalista, algunas de las más relevantes formas de antipositivismo y antiformalismo contemporáneos tienen una impronta típicamente kantiana, como sucede, por ejemplo, con la filosofía de Dworkin[45], indudablemente influyente en la doctrina y la jurisprudencia constitucional colombiana. Igualmente, de la idea kantiana de autolegislación sujeta al imperativo de universalización beben todas las formas de éticas constructivistas, del diálogo y de mínimos que no poca influencia han tenido en la jurisprudencia constitucional colombiana. Muy particularmente, cabe destacar el peso que ha tenido la lectura rawlsiana del "constructivismo moral kantiano"[46], y toda la teoría del Derecho como

---

44 Sobre la filiación kantiana del positivismo kelseniano, cfr. Miguel Herszenbaun, "El método en la Teoría pura del Derecho de Kelsen en diálogo con Kant, el Neokantismo y la modernidad" en Con-textos kantianos. 17, 2023: 57-70, doi. **https://doi.org/10.5209/kant.88696**

45 Sobre la influencia kantiana en la obra de Dworkin véase su propio testimonio en *Justice for Hedgehogs,* Cambridge, Mass, Harvard University Press, 2011, pág. 19; ver también Luke MacInnis, "The Kantian Core of Law as Integrity" en Jurisprudence, (2015) 6(1); págs. 45 a 76.

46 La inspiración kantiana de la obra de Rawls se hace patente en el prefacio de su obra más conocida, la *Teoría de la Justicia,* donde el autor norteamericano reconoce: "Lo que he tratado de hacer es generalizar y llevar la teoría tradicional del contrato social representada por Locke, Rousseau y **Kant**, a un nivel

equidad e imparcialidad que, sobre las bases de la filosofía ilustrada, ha edificado el filósofo norteamericano, así como en las reglas de la argumentación y el diálogo en derecho que han entrado a la doctrina constitucional vía Habermas[47] y Alexy[48].

Lo dicho pone de manifiesto algo que se resaltará en líneas subsiguientes: la posibilidad de desarrollos distintos e incluso contradictorios de una misma tradición. La filosofía kantiana, como se hace patente por la mención de sus seguidores, puede dar lugar simultáneamente a posturas formalistas y antiformalistas sobre el derecho, a maximizaciones o relativizaciones de la diferencia entre moral y lo jurídico, al positivismo más extremo o a las modernas críticas del positivismo. Esta diversidad en las interpretaciones de Kant no se queda en el plano doctrinal sino que entra también a la jurisprudencia constitucional que, tal y como se hace patente en otras partes de este libro, es receptora de las filosofías receptoras del kantismo ya mencionadas. De allí surge,

---

más elevado de abstracción. De este modo espero que pueda desarrollarse de manera que no esté ya expuesta a las objeciones más obvias que a menudo se piensa que la destruyen. Más aún. Esta teoría parece ofrecer otra explicación sistemática de justicia que es superior, al menos así lo sostengo, al utilitarismo dominante tradicional. **La teoría resultante es de naturaleza sumamente kantiana**. De hecho no reclamo ninguna originalidad por las ideas que expongo" (John Rawls, *Teoría de la Justicia,* México, Fondo de Cultura Económica, 2006. Tr. María Dolores González, págs. 10). Ver también el célebre artículo "Kantian Constructivism in Moral Theory" en The Journal of Philosophy, Vol. 77, No. 9 (Sep. 9, 1980), pp. 515-572, citado en repetidas sentencias de la Corte vía Óscar Mejía Quintana. Cfr. Sentencias: C-209/16 (salvamento de Gloria Stella Ortiz); C-002/18 (salvamento Gloria Stella Ortiz); C-565/17 (salvamento de Gloria Stella Ortiz).

47 Sobre la influencia kantiana en la teoría habermasiana, cfr. Anders Bordum, "Immanuel Kant, Jürgen Habermas and the categorical imperative" en Philosophy & Social CriticismVolume 31, Issue 7, 2005, págs. 851 – 874.

48 Sobre la impronta kantiana de la teoría del discurso práctico de Alexy, cfr. Alfonso Jaime García Figueroa "Kant y Alexy: Reglas, principios y unidad del discurso práctico. Una lectura actual de la filosofía jurídica Kantiana" en Alfonso Castro Sáenz, Francisco Javier Contreras, Fernando Higinio Llano Alonso, José Manuel Panea Márquez (coord.) *A propósito de Kant: Estudios conmemorativos en el Bicentenario de su muerte,* Sevilla, Innovación Editorial Lagares, 2003, págs. 191-210

por lo demás, la posibilidad de sentencias e incluso de líneas jurisprudenciales encontradas que, partiendo de los mismos postulados de la filosofía kantiana lleguen a conclusiones diametralmente opuestas. Dos ejemplos importantes a este respecto lo consituyen las discusiones en materia del límite y alcance de los derechos a la vida y el libre desarrollo de la personalidad y una interesante y exótica polémica sobre los derechos de los animales, que se expondrán *ad infra*.

b) Argumentación desde Kant vs las conclusiones de Kant

Después de haber visto la profundidad de la herencia conceptual kantiana en la jurisprudencia constitucional colombiana, conviene llamar la atención en la diferencia entre la argumentación hecha a partir de postulados kantianos y la concordancia con las conclusiones y las posturas de Kant. En efecto, la revisión de la jurisprudencia constitucional permite evidenciar el recurso a principios y conceptos de origen kantiano, como el de autonomía, dignidad o imperativo categórico, definidos, por lo demás, en un sentido muy parecido al que lo hiciera el filósofo alemán. En estos mismos casos, puede observarse, sin embargo, que a partir de premisas indiscutiblemente kantianas se llega a conclusiones diversas e incluso diametralmente contradictorias a las que sobre el mismo temas o temas similares llegó Kant.

Un ejemplo notable al respecto lo constituyen las líneas jurisprudenciales que contraponen el deber de conservar la propia vida con el libre desarrollo de la personalidad, esto es, las tocantes a temas como el suicidio asistido (eutanasia con consentimiento del paciente). En ellas, además de una cierta identificación de "*las condiciones de vida digna*" con la dignidad humana, totalmente ajenas al pensamiento de Kant, la Corte enlaza la idea de dignidad con la de autolegislación autónoma, de donde funda el derecho a decidir sobre la regla relativa al fin de la propia vida. Así, en la sentencia C-239/97 (M.P. Carlos Gaviria Díaz) se reitera la jurisprudencia en materia de dignidad para concluir la relatividad del deber de conservación de la propia vida y derivar de la dignidad como autonomía, el derecho a poner fin a los sufrimientos. Conviene citar *in extenso:*

> Este principio atiende necesariamente a la superación de la persona, respetando en todo momento su autonomía e identidad. En este sentido la Corte señaló:
>
> "El principio de dignidad no sería comprensible si el necesario proceso de socialización del individuo se entendiera como una forma de masificación y homogenización integral de su conducta, reductora de toda traza de originalidad y peculiaridad. Si la persona es en sí misma un fin, la búsqueda y el logro incesantes de su destino conforman su razón de ser y a ellas por fuerza acompaña, en cada instante, una inextirpable singularidad de la que se nutre el yo social, la cual expresa un interés y una necesidad radicales del sujeto que no pueden quedar desprotegidas por el derecho a riesgo de convertirlo en cosa".
>
> Por otra parte, el mismo artículo 1 de la Constitución, en concordancia con el artículo 95, consagra la solidaridad como uno de los postulados básicos del Estado Colombiano, principio que envuelve el deber positivo de todo ciudadano de socorrer a quien se encuentra en una situación de necesidad, con medidas humanitarias. Y no es difícil descubrir el móvil altruista y solidario de quien obra movido por el impulso de suprimir el sufrimiento ajeno, venciendo, seguramente, su propia inhibición y repugnancia frente a un acto encaminado a aniquilar una existencia cuya protección es justificativa de todo el ordenamiento, cuando las circunstancias que la dignifican la constituyen en el valor fundante de todas las demás.
>
> En estos términos, la Constitución se inspira en la consideración de la persona como un sujeto moral, capaz de asumir en forma responsable y autónoma las decisiones sobre los asuntos que en primer término a él incumben, debiendo el Estado limitarse a imponerle deberes, en principio, en función de los otros sujetos morales con quienes está avocado a convivir, y por tanto, si la manera en que los individuos ven la muerte refleja sus propias convicciones, ellos no pueden ser forzados a continuar viviendo cuando, por las circunstancias extremas en que se encuentran, no lo estiman deseable ni compatible con su propia dignidad, con el argumento inadmisible de que una mayoría lo juzga un imperativo religioso o moral.

Tanto el vocabulario como los conceptos utilizados en este caso son inequívocamente kantianos, sin embargo, la conclusión arribada por la Corte es diametralmente opuesta a la que defiende el mismo Kant en la *Fundamentación de la Metafísica de las Costumbres,* para quien el suicidio para evitar el sufrimiento, aún extremo, es incompatible con la dignidad humana y no supera el imperativo categórico. En sus palabras:

> Uno que, por una serie de desgracias lindantes con la desesperación, siente despego de la vida, tiene aún bastante razón para preguntarse si no será contrario al deber para consigo mismo el quitarse la vida. Pruebe a ver si la máxima de su acción puede tornarse ley universal de la naturaleza. Su máxima, empero, es: hágome por egoísmo un principio de abreviar mi vida cuando ésta, en su largo plazo, me ofrezca más males que agrado. Trátase ahora de saber si tal principio del egoísmo puede ser una ley universal de la naturaleza. Pero pronto se ve que una naturaleza cuya ley fuese destruir la vida misma, por la misma sensación cuya determinación es atizar el fomento de la vida, sería contradictoria y no podría subsistir como naturaleza; por tanto, aquella máxima no puede realizarse como ley natural universal y, por consiguiente, contradice por completo al principio supremo de todo deber[49].

Y adelante, se lee :

> Según el concepto del deber necesario para consigo mismo, habrá de preguntarse quien ande pensando en el suicidio, si su acción puede padecerse con la idea de la humanidad como fin en sí. Si, para escapar a una situación dolorosa, se destruye él a sí mismo, hace uso de una persona como mero medio para conservar una situación tolerable hasta el fin de la vida. Mas el hombre no es una cosa; no es, pues, algo que pueda usarse como simple-medio; debe ser considerado, en todas las acciones, como fin en sí. No puedo, pues, disponer del hombre, en mi persona, para mutilarle, estropearle, matarle[50].

Más contundente aún es el filósofo alemán en sus *Lecciones de Ética,* en las que afirma enfáticamente el carácter sagrado de la vida y no exige el heroísmo, en términos diametralmente contrarios a la negación de tal sacralidad y del deber de actos heróicos, en la sentencia antes citada. Se lee, en efecto, en las *Lecciones de Ética:*

> Los apologetas del suicidio pretenden aparecer como abanderados de la libertad humana con su argumento de que cada uno es muy dueño de disponer de la propia vida a su antojo. De ahí que incluso hallemos entres sus filas a personas bienintencionadas. Bajo ciertas circunstancias se ha de sacrificar la vida (si no puedo conservar mi vida sino violando mis deberes conmigo mismo, me veo obligado a sacrificarla con el objeto de no con-

---

49 Immanuel Kant, *Fundamentación de la Metafísica de las Costumbres,* ob.cit. A. 54. pág. 127

50 *Ibidem,* A67 pág. 139.

> travenir tales deberes), pero el suicidio no admite justificación bajo ningún respecto. El ser humano detenta una inviolabilidad en su propia persona; se trata de algo sagrado que nos ha sido confiado. Todo se halla sometido al hombre salvo él mismo, a quien no le es lícito eliminar. Sería imposible que un ser necesario se autodestruyese; un ser no necesario ve su vida como condición de cualquier otra cosa. Este ser entiende que la vida le ha sido confiada como algo sagrado y se estremece ante cualquier afrenta a la que se le someta, caul si se tratarade un sacrilegio. Aquello de lo que el hombre puede disponer han de ser cosas. A este respecto los animales son considerados cosas, pero el hombre no es una cosa; sin embargo, cuando el hombre dispone de su vida cobra el valor de un simple animal. Quien obra así no respeta a la humanidad y se convierte en una mera cosa, en un objeto al que cualquiera puede tratar a su capricho como si fuera un animal o una cosa, algo que ha dejado de ser humano y puede ser adiestrado como un caballo o un perro; al convertirse a sí mismo en cosa no puede exigir que otros deban respetar en él su condición de ser humano, ese estatus al que él mismo ha desdeñado. La humanidad es digna de aprecio y así debe ser estimada en cualquier persona, aun cuando se trate del más málvado de los hombres[51].

Incluso, en contra de la inexistencia de un deber de heroismo y aceptación del sufrimiento[52], famosamente citado por la Corte en dicha ocasión, Kant afirma explícitamente la existencia del susodicho deber de heroísmo y se decanta por el carácter sacral de la vida[53].

---

51 Immanuel Kant, *Lecciones de Ética,* Buenos Aires, Austral, 2003. Tr. Roberto Rodríguez Amarayo, Concha Roldán Panadero, pág. 192.

52 "Job es un patético ejemplo de valor para sobrellevar la existencia en medio de circunstancias dolorosas y degradantes; pero la resignación del santo, justificable y dignificante sólo por su inconmovible fe en Dios, no puede ser el contenido de un deber jurídico, pues de nadie puede el Estado demandar conductas heroicas, menos aún si el fundamento de ellas está adscrito a una creencia religiosa o a una actitud moral que, bajo un sistema pluralista, sólo puede revestir el carácter de una opción. Nada tan cruel como obligar a una persona a subsistir en medio de padecimientos oprobiosos, en nombre de creencias ajenas, así una inmensa mayoría de la población las estime intangibles. Porque, precisamente, la filosofía que informa la Carta se cifra en su propósito de erradicar la crueldad. Rorty lo ha expresado en palabras exactas: quien adhiere a esa cosmovisión humanística, es una persona que piensa "que la crueldad es la peor cosa que puede hacer". (C-239 de 1997, M.P Carlos Gaviria Díaz)

53 Immanuel Kant, *Lecciones de Ética,* ob.cit. pág. 192-193.

Algo análogo podría decirse del recurso a la noción kantiana de dignidad como fundamento de la extensión del régimen matrimonial o de unión civil en el caso de las parejas del mismo sexo. En este caso, también ocurre que las premisas kantianas han de verse con el hecho de que -como es de esperar en un autor del siglo XVIII- Kant tenga posturas absolutamente contrarias a la posibilidad de matrimonio o, en general, a cualquier tipo de relación sexual, de carácter homogéneo (para emplear sus palabras), uniones que reciben en su obra el apelativo de *crimina carnalis contra natura,*[54] llegando al punto de afirmar que ellas "hacen al hombre indigno de su humanidad"[55].

Ahora bien, ¿qué valoración cabe dar al hecho de que la Corte Constitucional apele a una línea de argumentación kantiana para llegar a conclusiones enteramente opuestas a las que Kant expone en su obra? Ciertamente, la disonancia entre el desarrollo de los conceptos kantianos desarrollados por la Corte y las afirmaciones del propio Kant pueden sugerir que la conclusión a la que arriba el tribunal no es tan claramente necesaria, dada la existencia de un desarrollo alterno que, por lo demás, proviene del mismísimo autor invocado -o aludido implícitamente- como fuente de la argumentación.

No debe concluirse, sin embargo, que la divergencia entre las conclusiones de la Corte, a partir de los principios de la filosofía kantiana y las conclusiones a las que llega el propio Kant, constituyan de por sí una práctica abusiva en la argumentación de la Corte, como sí puede decirse de las citas forzadas e innecesarias y, más aún, de la creación de citas apócrifas, de las que se habló en la primera parte de este trabajo. Ello debido a que, en toda tradición intelectual, las ideas adquieren una cierta autonomía después de su formulación, por lo que es perfectamente posible que el desarrollo de una de ellas por parte de intérpretes posteriores, revele dimensiones que el padre de la tradición no haya previsto. Tampoco existe un deber de repetición exacta respecto de un autor, mucho menos por parte de quien tiene una

---

54 Ibidem, pág. 211.

55 Ibidem.

exigencia reforzada de autonomía. **Así pues, la constatación de que la presencia de principios kantianos en la argumentación constitucional pueda coexistir con conclusiones contrarias a las que aparecen en las obras del autor alemán, simplemente revela la posibilidad de desarrollos paralelos e incluso encontrados de dichos principios. O si se quiere, que existan auténticos debates constitucionales fundados en la filosofía kantiana**.

c) Sobre las interpretaciones encontradas de la filosofía kantiana en la jurisprudencia constitucional.

Como se ha mencionado con anterioridad, el principio de dignidad es el fundamento de los sistemas constitucionales de posguerra, llamados también "constitucionalismos de la dignidad". De la dignidad emanan todos los derechos que, convenientemente, se entienden como expresiones suyas. Por ello, no es de extrañar que buena parte de las discusiones sobre derechos fundamentales sean, en el fondo, discusiones sobre el alcance y las exigencias de la dignidad humana en casos concretos. Y como, según se ha visto, en buena parte la noción constitucional de dignidad proviene de la filosofía kantiana, muchos de los debates sobre asuntos iusfundamentales polémicos se hacen en clave kantiana.

El debate sobre el aborto es ilustrativo a este respecto. Por la extensión temporal del debate en esta materia, en este estudio bastará con analizar algunas de las sentencias y salvamentos más relevantes al respecto. Dada la extensión promedio de estas sentencias, y considerando que ni los magistrados que sostuvieron la inexequibilidad de la penalización general del aborto, ni los que defendieron su constitucionalidad discutieron el significado general del principio de dignidad, se dará por sentado que las dos partes aceptan que la dignidad comporta el respeto de la autonomía, y, sobre todo, un ámbito de respeto absoluto por la condición de fin en sí mismo que se predica de la persona humana. Tampoco existió discusión alguna respecto de que tal condición exige la no instrumentalización, o lo que es lo mismo, la distinción fuerte entre persona y cosa, y la consecuente sustracción de todo espacio de negociación. Lo realmente interesante es cómo desde dos posturas diferentes se interpreta la concreción de este principio en el caso del aborto.

En la sentencia C-355 de 2006 (M.P. Jaime Araújo y Clara Inés Vargas), la tesis mayoritaria sostuvo la incompatibilidad de la dignidad -entendida como autonomía e inviolabilidad del propio ser- con la penalización del aborto en tres casos puntuales. En el caso del aborto sobreviniente a la violencia sexual consideró que:

> En este caso concreto, el legislador colombiano consideró que la pena prevista para el delito del aborto debía atenuarse debido a la especial afectación de ciertos derechos fundamentales de la mujer embarazada, como su dignidad y su libre desarrollo de la personalidad. Sin embargo, el legislador consideró que la mujer aún en tales hipótesis extremas de afectación de su dignidad y autonomía debía ser juzgada y condenada como delincuente. Una regulación en este sentido es desproporcionada porque en definitiva el supuesto sigue siendo sancionable penalmente y en esa medida continúan siendo gravemente afectados los bienes constitucionalmente relevantes de la mujer gestante.
>
> En efecto, a juicio de esta Corporación, ésta debe ser una de las hipótesis bajo las cuales debe considerarse que la interrupción del embarazo no es constitutiva de delito de aborto, no sólo por la manera como fue inicialmente contemplada por el legislador sino también porque en este caso la prevalencia absoluta de la protección de la vida del nasciturus supone un total desconocimiento de la dignidad humana y del libre desarrollo de la personalidad de la mujer gestante, cuyo embarazo no es producto de una decisión libre y consentida sino el resultado de conductas arbitrarias que desconocen su carácter de sujeto autónomo de derechos y que por esa misma razón están sancionadas penalmente en varios artículos del Código Penal

Y más concluyente aún, considera que la prohibición del aborto en estos casos supone una instrumentalización de la mujer:

> Llevar el deber de protección estatal a la vida en gestación en estos casos excepcionales hasta el extremo de penalizar la interrupción del embarazo, significa darle una prelación absoluta a la vida en gestación sobre los derechos fundamentales comprometidos de la mujer embara-

zada, especialmente su posibilidad de decidir si continúa o no con un embarazo no consentido. Una intromisión estatal de tal magnitud en su libre desarrollo de la personalidad y en su dignidad humana, privaría totalmente de contenido estos derechos y en esa medida resulta manifiestamente desproporcionada e irrazonable. La dignidad de la mujer excluye que pueda considerársele como mero receptáculo, y por tanto el consentimiento para asumir cualquier compromiso u obligación cobra especial relieve en este caso ante un hecho de tanta trascendencia como el de dar vida a un nuevo ser, vida que afectará profundamente a la de la mujer en todos los sentidos.

La argumentación kantiana se hace más evidente en el caso de la aclaración de voto del Magistrado Araújo, quien directamente abogaba por una despenalización total, postura derrotada en ese momento:

> Tratar a las mujeres conforme al derecho fundamental a la dignidad humana consagrado en el articulo 1 de la Constitución, es siguiendo a Kant tratarla como algo mas que una máquina reproductora. Su dignidad es vulnerada cuando es violada; cuando se le insemina artificialmente o se le trasfiere un óvulo fecundado sin su consentimiento. En estos tres casos la mujer es cosificada. Se le convierte en un instrumento, ya sea para satisfacer los deseos del violador o los planes de quien le trasfiere el óvulo o la insemina. También se le cosifica cuando se le obliga a procrear contra su voluntad, esto es contra su libertad. En todos los casos en que no se le da a la mujer su libertad de no procrear, cuando se le obliga contra su voluntada tener un hijo se le instrumentaliza y cosifica, se le trata de manera indigna como vientre sin conciencia del cual se sirven o sobre el cual deciden los demás. La penalización del aborto viola el artículo 1 de la constitución que consagra no solo el derecho fundamental sino algo más valioso como es el principio fundamental de la dignidad de las mujeres.

En el salvamento de voto de los Magistrados Monroy y Escobar, se reitera la definición kantiana de dignidad y especialmente, en lo tocante al *imperativo de no instrumentalización*:

> De otra parte, la expresión dignidad, referida al ser humano, ha de entenderse como manifestación de que el individuo de la especie humana constituye un fin en sí mismo y posee un valor intrínseco. En virtud de ello, ha de considerarse contrario al orden jurídico y social todo aquello que contribuya a la instrumentalización de la humanidad, esto es, a la

reducción de cualquier individuo humano a la categoría de medio, esto es, de ser disponible y utilizable para la consecución de los fines de otro

La diferencia radica, en que el salvamento hace énfasis en que la dignidad se predica de todo ser humano en virtud de su naturaleza racional[56], en tanto que en la sentencia se hace radicar en un factor externo, como el nacimiento. De este modo, el mandato de no instrumentalización ha de predicarse no solo de la mujer sino del ser humano no nacido. Por lo que en el salvamento también se argumenta en términos de instrumentalización y cosificación del ser humano, refiriéndose al llamado aborto terapéutico, los Magistrados que salvaron el voto sostuvieron:

> (...) la acción propia del aborto terapéutico supone necesariamente la instrumentalización del ser humano, es decir, su reducción categoría de medio y la consecuente negación de la dignidad, por cuanto en estricto sentido se llama medio a aquello que, no pudiendo ser tenido como fin en sí mismo (ser digno), puede ser utilizado para la consecución de necesidades o fines que le son externos.
>
> Despojar al ser humano de su estatuto jurídico propio, negar su indisponibilidad frente a terceros, equivale a negar su condición de sujeto de derechos, y no habiendo en el Derecho más categoría que la de sujeto de derechos propios u objeto de derechos ajenos, supone necesariamente el reconocimiento del principio de que un ser humano puede, por razones temporales, funcionales o circunstanciales (el peligro de muerte de otro sujeto de derecho) ser considerado propiedad ajena, por cuanto sólo es posible disponer de lo que es propio. De esta manera, el reconocimiento del derecho a disponer de alguien así sea por la realización del más loable de los fines, supone de suyo la aceptación de una forma sutil de esclavitud, y por lo tanto está en abierta contradicción con el artículo 17 de la Carta Política, que proscribe toda forma de esclavitud, servidumbre o trata de seres humanos.
>
> La aceptación del aborto, aún en casos excepcionales y extremos, implica de suyo, un retorno a modelos jurídicos en los que se aceptaba

56 Esta interpretación es consistente con lo dicho por Kant, sobre la fundamentación de la dignidad en la naturaleza racional (cfr. *Fundamentación de la Metafísica de las Costumbres,* ob.cit, A 84 -85; págs. 154 a 155). Lo que hacen los magistrados que salvan el voto en este caso es afirmar que tal naturaleza no se identifica con el uso efectivo de la razón, siempre variante y gradual, sino que pertenece a la esencia.

> la distinción de los seres humanos entre personas (sujetos de derecho) y no personas o esclavos, es decir seres que se encuentran bajo el dominio de otro.
>
> Así pues, a juicio de los magistrados disidentes, la penalización del aborto aun en circunstancias en que el embarazo representa un riesgo para la vida de la madre, lejos de constituir un atentado contra la dignidad de está, se erigía en un mecanismo para proscribir la utilización del feto, y por ende el desconocimiento de su dignidad.

Y más adelante manifestaron refiriéndose a otro cargo:

> En las líneas anteriores los magistrados disidentes hemos explicado por qué el aborto en los casos aludidos no soporta un examen de proporcionalidad, en cuanto el sacrificio absoluto de derechos en cabeza del no nacido supera ampliamente la restricción de derechos en cabeza de la madre. Lo anterior lleva a aceptar que la necesidad de preservar el derecho al libre desarrollo de la personalidad no puede justificar la acción directamente occisiva sobre la vida de un tercero, menos aun cuando éste se encuentra en total estado de indefensión. Ello nuevamente supondría una relativización tácita del principio de dignidad humana que, como se ha hecho ver, es uno de los principios fundamentales del Estado, según la cláusula social de Derecho. Ciertamente, la acción propia del aborto en caso de violación y delitos similares supone la necesaria instrumentalización del ser humano, es decir, su reducción categoría de medio, y la consecuente negación de su dignidad. Equivale a despojarlo de su estatuto jurídico propio, negar su indisponibilidad frente a terceros, su condición de sujeto de derechos, y la admisión absurda de que ser humano puede, por razones temporales, funcionales o circunstanciales, ser considerado propiedad ajena, lo cual supone de suyo la aceptación de una forma de esclavitud, en abierta contradicción con el artículo 17 de la Carta Política.

Muy similares debates respecto de la interpretación del principio de dignidad y el imperativo de no instrumentalización, se dan en las sentencias más recientes sobre el mismo tema. Así, en la sentencia C-055 de 2022 la Corte reiteró las observaciones sobre la conexión entre la dignidad humana y la negativa de la posibilidad de una penalización total. Fue más allá del precedente, sin embargo, considerando contraria a la dignidad (entendida como autonomía) la procendencia de medidas penales existiendo órbitas no punitivas de protección de los bienes jurídicos (como la vida del nasciturus).

Más significativa es sin embargo, la postura expresada en el voto disidente que invoca directamente la noción kantiana de dignidad:

> La exigencia kantiana de no tratar a las personas como cosas es máxima absoluta del ordenamiento constitucional. La exigencia de reconocimiento de la eminencia humana es absoluta e incondicional. Y ello significa, independiente de cualquier condición en la que se pueda encontrar histórica y contingentemente el ser humano. Se reconoce independientemente de la edad, sexo, condición económica, mérito moral, clase social, etnicidad, religión, etc. Allí donde se encuentre un ser humano, se encuentra un ser al que el ordenamiento reconoce como superior e indisponible[57].

Sobre esta observación de la naturaleza de la dignidad, los magistrados disidentes fundan su oposición al debilitamiento en la protección del derecho a la vida del nasciturus, en virtud de una condición accidental (grado de desarrollo, nacimiento) que supuso la sentencia mayoritaria.

Algo parecido ocurre en las ya referidas sentencias que se ocupan de los conflictos vida -autonomía, especialmente en el ámbito de la eutanasia. Al respecto, ya se han citado, con detalles, los argumentos aducidos por la Corte en su momento para sostener la imposibilidad de imponer a las personas máximos morales o un deber de conservar la vida aún a costa de grandes y heróicos sufirmientos. Vistas estas posturas, es interesante ver cómo son contestadas con argumentos que, si bien no son explícitamente kantianos replican casi textualmente lo dicho por Kant en las *Lecciones de Ética* sobre las implicaciones de la renuncia a la propia vida, citado también *ad supra.* Se lee, en efecto, en el salvamento del Magistrado Vladimiro Naranjo:

> De esta manera, la decisión de la cual me aparto constituye si no un cambio de jurisprudencia, sí un cambio radical de postura de los magistrados que suscribieron en su momento estos fallos. En efecto, antes reconocían que los derechos fundamentales eran irrenunciables, y en el presente fallo, al entender que existe un derecho a la muerte, o que la vida es un bien jurídico disponible, implícitamente aceptan que es posible renunciar a la vida propia, consintiendo en la propia eliminación.

---

57 Salvamento de voto de la Magistrada Cristina Pardo a la sentencia C-055 de 2022.

> Este cambio de postura conlleva un desconocimiento de la naturaleza humana. Si es posible renunciar al más fundamental de todos los derechos, a aquél que es presupuesto ontológico del ejercicio de todos los demás, incluidos la libertad, la igualdad, la dignidad etc., entonces ¿porqué no admitir la renunciabilidad de todos estos?. ¿Si es posible que yo renuncie a mi vida para optar por la muerte, entonces porqué no puedo renunciar a mi derecho a la libertad, por ejemplo, y aceptar la esclavitud?[58].

También la discusión sobre el consumo de sustancias estupefacientes (en la medida llamada "dosis personal") supuso una confrontación sobre la interpretación de la dignidad y la autonomía, nuevamente, en términos kantianos. En la sentencia C-221 de 1994, el Magistrado Carlos Gaviria Díaz enfatiza:

> El considerar a la persona como autónoma tiene sus consecuencias inevitables e inexorables, y la primera y más importante de todas consiste en que los asuntos que sólo a la persona atañen, sólo por ella deben ser decididos. Decidir por ella es arrebatarle brutalmente su condición ética, reducirla a la condición de objeto, cosificarla, convertirla en medio para los fines que por fuera de ella se eligen.
>
> (...)
>
> Cuando el Estado resuelve reconocer la autonomía de la persona, lo que ha decidido, ni más ni menos, es constatar el ámbito que le corresponde como sujeto ético: dejarla que decida sobre lo más radicalmente humano, sobre lo bueno y lo malo, sobre el sentido de su existencia. Si la persona resuelve, por ejemplo, dedicar su vida a la gratificación hedonista, no injerir en esa decisión mientras esa forma de vida, <u>en concreto</u>, no en abstracto, no se traduzca en daño para otro. Podemos no compartir ese ideal de vida, puede no compartirlo el gobernante, pero eso no lo hace ilegítimo. Son las consecuencias que se siguen de asumir la libertad como principio rector dentro de una sociedad que, por ese camino, se propone alcanzar la justicia.
>
> Reconocer y garantizar el libre desarrollo de la personalidad, pero fijándole como límites el capricho del legislador, es un truco ilusorio para negar lo que se afirma. Equivale a esto: "Usted es libre para elegir, pero sólo para elegir lo bueno y qué es lo bueno, se lo dice el Estado".

---

[58] Salvamento de voto del Magistrado Vladimiro Naranjo a la sentencia C-039 de 1997.

> Y no se diga que todo lo que el legislador hace lo hace en función del interés común, porque, al revés, el interés común resulta de observar rigurosamente las pautas básicas que se han establecido para la prosecución de una sociedad justa. En otros términos: que las personas sean libres y autónomas para elegir su forma de vida mientras ésta no interfiera con la autonomía de las otras, es parte vital del interés común en una sociedad personalista, como la que ha pretendido configurar la Carta Política que hoy nos rige.
>
> Si el derecho al libre desarrollo de la personalidad tiene algún sentido dentro de nuestro sistema, es preciso concluir que, por las razones anotadas, las normas que hacen del consumo de droga un delito, son claramente inconstitucionales.

El salvamento de voto, por su parte, acude a argumentos kantianos tomados de la *Critica del Juicio*, para sostener que el consumo de drogas es una conducta incompatible con la dignidad humana y destructiva de la libertad, por lo que no cabe al Estado reconocerla como expresión del libre desarrollo de la personalidad:

> La persona humana está pues destinada a unos fines, y ello implica que bienes como la vida, la salud y la integridad física, psíquica y moral, están traspasados de finalidad y de trascendencia. La libertad se tiene para aumentar el señorío de la persona sobre el entorno, y no para degradar la personalidad. La libertad supone un imperativo ético inescindible y por ello contribuye a los fines supremos del hombre. Esto enlaza -dice Kant- con la ley natural. Tal ley no es tampoco un añadido meramente extrínseco al hombre; la ley racional que dirige las tendencias de éste hacia sus fines propios, es la regla y medida de los actos humanos. De ahí que lo fundamental que aparece respecto de la vida, de la integridad física, psíquica y moral, y de la salud, sea el deber de conservarlas. Pero a la vez, como el hombre -según se ha manifestado- es un ser de fines, y la libertad es un despliegue del ser personal, tal facultad se encauza a los fines del ser humano[59].

---

59 Salvamento de voto de los Magistrados José Gregorio Hernández, Hernando Herrera, Fabio Morón y Vladimiro Naranjo a la sentencia C-221 de 1994. Al final del párrafo citado, los magistrados remiten en nota de pie de página a " Kant, Emmanuel. Crítica del juicio (París, 1965). Pág. 23 ss". Es de notar que la interpretación de la noción de dignidad acá propuesta no es del todo consistente con la filosofía kantiana, en la que la que los imperativos jurídicos y morales básicos notoriamente carecen de una fundamentación metafísica de carácter teleológico.

d) Kant a examen y reconsideración en la discusión sobre los derechos de los animales

Por último, cabe resaltar un ámbito de debate especialmente relevante pues, en cierto modo, muestra la variedad de argumentaciones posibles a la luz del pensamiento kantiano, pero, sobre todo, porque en este campo, se empieza a percibir un distanciamiento con la definición kantiana de dignidad, que hasta el momento se tenía por indiscutida.

En general, la referencia a Kant en materia de protección animal viene dada en el contexto de un recuento de las docrinas filosóficas sobre el estátus jurídico de los animales. Este contexto parte de la mención a doctrinas filosóficas de la materia que niegan la titularidad jurídica de los animales, entre ellas la de Kant[60], quien figura como ejemplo de negación tajante de tal subjetividad. Dentro de este recuento se da un posicionamiento crítico respecto de la teoría kantiana de la dignidad y de los derechos humanos (o más claramente, de una interpretación) a la que se considera insuficiente, incluso respecto de la protección de los derechos de ciertos grupos humanos:

> cabe indicar, además, que las condiciones de racionalidad previstas por Kant, son también condiciones de una democracia deliberativa, en los términos de autores como Habermas o Apel. En efecto, la justicia de esos principios o su corrección moral se basa en la satisfacción de condiciones mínimas de diálogo o la posibilidad de construir acuerdos por parte de seres libres, iguales y autónomos. En consecuencia, la ausencia de esas cualidades en los animales no humanos da lugar a una versión adicional del rechazo al reconocimiento de sus derechos. Estos no existen —desde esta óptica— porque el discurso de los derechos no tiene para ellos sentido.
>
> Sin embargo, los autores que defienden la existencia de esos derechos (que actualmente se identifican como animalistas) plantean interesantes críticas a esas teorías. En términos generales, no lo hacen con el propósito de descartar su validez, pues reconocen que han sido por muchos años las mejores formas de comprender las organizaciones po-

60 Cfr. Sentencia SU016/20, Sentencia SU016/20, Sentencia C-283/14, Sentencia T-216/08, Sentencia C-041 de 2017; C-889/12; Sentencia ,T-608/11; Sentencia C-041/17

líticas basadas en el respeto por los derechos. Lo que plantean, en cambio, es que sin perjuicio de todas sus ventajas conceptuales, e incluso sus virtudes políticas, hay espacios imperfectos en ellas. Algo que hace falta y que parece necesario incorporar o explicar hoy en día, tras la toma de conciencia sobre situaciones que reclaman, de forma acuciante, respuestas desde la teoría de la justicia y los derechos humanos.

En primer término, a la dignidad concebida desde una concepción kantiana le hace falta explicar la dignidad de las personas que, por razones asociadas a graves condiciones psíquicas, o de cualquier otra naturaleza, no podrían adelantar los razonamientos que, para las teorías citadas hacen de los seres racionales agentes morales[258]. Por la misma razón, a las teorías contractualistas les hace falta dar cuenta de la situación de quienes no están en capacidad de suscribir el pacto, y esa deficiencia es particularmente delicada porque ninguna persona respetuosa del Estado constitucional de derecho, la cláusula general de igualdad y la promoción de las condiciones materiales de igualdad (artículo 13 CP), y el derecho internacional de los derechos humanos, aceptaría que quienes enfrentan una condición mental como la descrita carecen de derechos humanos. Por el contrario, todo aquel que reconozca los derechos humanos, como leyes del más débil según la afortunada metáfora acuñada por Luigi Ferrajoli, debe considerar que estos sujetos son titulares de derechos, y que su respeto debe ser reforzado[61].

Igualmente, la Magistrada Gloria Stella Ortiz, resume la historia de la polémica doctrinal de los derechos de los animales, y al hacerlo, plantea críticas a la noción kantiana de dignidad, hasta el momento indiscutida:

(e)s pertinente reconocer que la discusión actual sobre estas materias se consolida genéricamente a partir de dos premisas filosóficas opuestas, que por ser teóricas, no tienen una expresión definitiva en contextos jurídicos actuales. La primera de ellas es una posición antropocéntrica radical, que desconoce por completo los intereses, necesidades o el sufrimiento de los animales y se centra en su mera utilidad para los seres humanos, negando cualquier tipo de responsabilidad moral de las personas frente a estos seres vivos o su naturaleza sintiente. La segunda, desde el otro extremo, es una mirada completamente opuesta a la primera, que le reconoce a los animales de manera plena, en virtud de su naturaleza sintiente y de su similitud con los seres humanos, un lugar en la sociedad

61 Aclaración de voto de la Magistrada María Victoria Calle C-283 de 2014.

y unos derechos, que se estructuran en igualdad de condiciones a los reconocidos a las personas en la actualidad.

Ahora bien, el antropocentrismo fundado en la superioridad ontológica del hombre sobre la naturaleza[1],–a partir de influencias éticas judeo-cristianas y kantianas que colocaron a las personas en una posición de dominio pleno frente a los animales, es una postura límite que se ha transformado significativamente en las últimas décadas, al admitir el valor de los animales en la naturaleza y su importancia relacional con las personas, a partir de un reconocimiento del medio ambiente como fundamento de la vida. Por ende, desde distintas aproximaciones filosóficas y éticas, se le ha venido dando un reconocimiento mayor a los animales como seres que aunque son diferentes al hombre, tienen capacidad de sentir, y especialmente de padecer dolor, por lo que deberían ser acreedores de protección por parte de las legislaciones ante su naturaleza sintiente. A consecuencia de ello muchos ordenamientos han dejado de ser enteramente antropocéntricos, para optar por aproximaciones que en mi concepto son más garantistas, las cuáles, sin embargo, tampoco reconocen a los animales como titulares plenos de derechos subjetivos.

(...)

Quienes se ubican en esta línea de pensamiento, sostienen frente al antropocentrismo clásico, por ejemplo, que la noción de dignidad humana tradicional favorece que se les reste valor a los animales bajo la idea de una especie de "especieismo", que sería como una forma de discriminación a estos seres vivos, fundada en la raza o en la prevalencia de lo humano.

Por lo tanto, abogan por encontrar desde la filosofía premisas nuevas que habiliten un mayor reconocimiento de los derechos de los animales, pero en condiciones de igualdad con las personas. En esta línea de pensamiento, Tom Regan, desde una perspectiva utilitarista pero partiendo de premisas igualitarias, sostiene que los intereses de todos los involucrados en una situación particular deberían ser sopesados de manera igual, para decidir cuál es el mejor resultado, sin que los intereses de los humanos sean considerados superiores automáticamente frente a otros, en la medida en que los animales tienen un valor inherente, ya que junto con las personas son sujetos que también experimentan la vida[1].

Martha Nussbaum, en la misma línea, sostiene desde su teoría de las capacidades, que deberíamos preservar y reconocer la dignidad de todos los seres vivos, identificando precisamente los atributos (capacities) que cada uno de ellos tienen y que les permiten tener una vida floreciente, de acuerdo con sus diferentes cualidades individuales. A su juicio, la idea de la racionalidad como presupuesto sobre el que se construye el concepto de valor frente a los seres humanos en las visiones más antropocentristas, y que le dan atributos al concepto de dignidad, es limitada. Con Kant,

> los animales estaban excluidos del ámbito de la justicia, por su falta de auto conciencia, pero Nussbaum critica la idea de racionalidad como criterio para diferenciarnos de ellos, teniendo en cuenta que cuando consideramos la situación de personas mentalmente afectadas, que son seres humanos que técnicamente carecen de dicha racionalidad, en todo caso respetamos su dignidad particular con independencia de su condición. Desde esta perspectiva, ella defiende la idea de una dignidad fundada en capacidades variadas, que permita reconocer que los animales tienen un valor inherente, en la medida en que poseen atributos propios que les permiten tener una vida valiosa. Intenta entonces desde una perspectiva aristotélica hacer a la dignidad humana compatible con la dignidad de los animales, para promover una protección jurídica concreta en su favor[62].

Hay que destacar que el campo de los derechos de los animales es el único lugar en el que hasta el momento se ha observado una crítica fuerte a la noción kantiana de dignidad y la visión antropológica del derecho, cabe suponer que si algún día se da un cambio radical en la fundamentación de los derechos y en la definición de dignidad (hasta el momento las discusiones parecen girar más en torno a la interpretación de esa definición) ha de ser en este ámbito temático.

Por otra parte, al lado de la interpretación tradicional de la filosofía kantiana como paradigma de negación de los derechos de los animales, en algunos casos aparecen ciertas lecturas que fundan estos derechos, justamente, en elementos de la filosofía kantiana. Así por ejemplo, la Magistrada Gloria Ortiz, siguiendo la interpretación de Sunstein, sostuvo:

> El debate de la protección de los derechos de los animales, como lo explica Cass Sunstein[93], se puede resumir en dos posiciones: (i) quienes defienden el concepto de bienestar animal; y (ii) aquellos que consideran que existe una justiciabilidad de los derechos de los animales. El primero, se limita a impulsar reformas legales que proscriban los tratos crueles contra los animales mientras que el segundo se opone a cualquier uso de los animales, entendido claro como una acción abusiva, injustificada y desproporcionada contra los mismos. Esta última idea se fundamenta en la formulación del imperativo categórico kantiano, aquella premisa que sostiene que los seres humanos deben ser tratados como un fin en si mismo y no como un medio. Así, dentro de la estructura de la exigibilidad

---

62 Aclaración de voto de la Magistrada Gloria Stella Ortiz a la sentencia C-045 de 2019

> de estos derechos entonces, se entiende que dicho imperativo se debe extender a todos los seres sintientes, o por lo menos a algunos de ellos[63].

El párrafo citado ilustra la flexibilidad de los argumentos kantianos. En el caso concreto, aparece una alternativa de fundamentación de los derechos animales en una cierta interpretación del impertativo categórico. La interpretación propuesta es incorrecta, en la medida en que es muy claro que Kant quiso restringir el imperativo de tratamiento como fin en sí mismo al modo de tratar a otros seres humanos. De hecho, la formulación textual del imperativo es "obra de modo que uses a la humanidad, tanto en tu persona como en la persona de cualquier otro, siempre al mismo tiempo como fin y nunca simplemente como medio"[64]. Dicho esto, ¿cabría justificar el deber de cuidado y abstención de la crueldad en otra formulación del imperativo categórico? En mi opinión sí, y por ello la propuesta de la Magistrada Ortiz puede entenderse como un aporte positivo. Ciertamente, la regla según la cual el hombre puede acabar con el ambiente y todo cuanto le rodea (animales incluidos) por simple gusto o capricho, no puede elevarse a norma universal. Y la crueldad gratuita desdice de la racionalidad y por lo tanto de la dignidad del hombre. Subsiste la pregunta de si esta norma que se deriva de la primera formulación del imperativo categórico sería, a la luz del pensamiento kantiano, una norma jurídica. Esta sin embargo, es pregunta abierta a la espera de discusiones posteriores.

3. CONCLUSIÓN

De lo visto se puede concluir que el impacto de los conceptos kantianos en la jurisprudencia constitucional es máximo, especialmente en lo referente al aporte que la noción de dignidad de este

---

63 Aclaración de voto de la Magistrada Gloria Stella Ortiz a la sentencia T-095/16.

64 Immanuel Kant, *Fundamentación de la Metafísica de las Costumbres,* ob. cit. A 66-67, pág. 137

autor ha tenido en la consolidación del principio constitucional de dignidad y, por lo tanto, del sistema iusfundamental colombiano. Es de notar que este concepto ha tenido distintos desarrollos, no siempre armónicos entre sí e incluso distintos de las conclusiones a las que, sobre el mismo tema, llegó el propio Kant. Lo anterior no significa necesariamente que el alto tribunal haya incurrido en prácticas argumentativas abusivas. Es lo que ocurre normalmente en la historia de las tradiciones intelectuales.

En lo que se refiere a las prácticas citacionales de la Corte, esto es, a las referencias explícitas al pensamiento de Kant, se observa que la citación es abundante, especialmente si se le compara con otros pensadores, e incluso con constitucionalistas puros. La cantidad de citas no va aparejada de pertinencia ni fidelidad bibliográfica. En gran parte, las referencias al pensamiento de Kant son alusiones vagas que parecen dar por sentado que el lector conoce de antemano el pensamiento kantiano. En otros casos, las citas son apócrifas. Además, en la mayoría de los casos el recurso al pensamiento de Kant opera de modo puramente ornamental, sin que las ideas invocadas tengan incidencia real en la arquitectura argumentativa de las sentencias. En este sentido se puede decir, que aunque el uso de las ideas kantianas es evidente, las prácticas citacionales no están libres de un cierto grado de abuso, debido tal vez, a la tendencia a la sobreargumentación y al academicismo jurisprudencial que caracteriza al alto tribunal.

Bibliografía

Sentencias, aclaraciones, salvamentos de voto y autos
1992
T-002/92 (M.P Alejandro Martínez Caballero)
T-123 de 1994 (M.P. Vladimiro Naranjo)
T-401 de 1992 (M.P Eduardo Cifuentes)
T-402 de 1992 (M.P. Eduardo Cifuentes)
T-532/92 (Eduardo Cifuentes)
C-542 de 1993 (M.P. Jorge Arango)
T-451/93 (M.P. Jorge Arango)
T-090 de 1994 (M.P. Hernando Herrera)

C-221/94 (Carlos ria. Sentencia y **salv.** Vladimiro Naranjo, Hernando Herrera y Fabio Morón)
C-394/95 (M.P Vladimiro Naranjo)
T-036 de 1995 (Carlos Gaviria Díaz)
T-194/95 (José Gregorio Hernández, **salv**. Eduardo Cifuentes, Alejandro Martínez y Vladimiro Naranjo)
T-211/95 (M.P Alejandro Martínez),
C-225/95 (Alejandro Martínez)
No. T-270/95 (M.P Jorge Arango)
T-311/95 (M.P. Alejandro Martínez)
T-477/95(Alejandro Martínez),
C-261/96 (M.PAlejandro Martínez)
C-408/ 96,(M.P Alejandro Martínez)
T-472/96 (M.P. Eduardo Cifuentes)
C-386/96 (Alejandro Martínez)
C-239/97 (M.P. Carlos Gaviria, sen y **salv.** Vladimiro Naranjo)
C-572 de 1997 (M.P Jorge Arango, **acl.** Alejandro Martínez)
C-679/98 (M.P Carlos Gaviria)
C-592/98 (M.P Fabio Morón)
C-679/98 (M.P.Carlos Gaviria)
T-572/ 1999 (Fabio Morón)
C-957/99 (Álvaro Tafur)
T-618/00 (Alejandro Martínez)
C-814/01 (M.P. Marco Gerardo Monroy)
C-915/01 (M.P Eduardo Montealegre)
T-879 de 2001 (M.P. Clara Inés Vargas)
C-215/02 (Eduardo Montealegre y Clara Inés Vargas)
C-695/02 (M.P. Jaime Córdoba, Acl. Rodrigo Escobar, Marco Gerardo Monroy, Álvaro Tafur)
C-872 de 2002 (M.P. Eduardo Montealegre)
C-939/02 (M.P: Eduardo Montealegre)
SU-881/02 (M.P Eduardo Montealegre) (
T-149/02 (M.P. Manuel José Cepeda)
C-386/03 (M.P. Rodrigo Escobar)
C-1056/03 (M.P. Alfredo Beltrán)
C-1147/03 (M.P. Rodrigo Escobar)
T-744/03 (M.P. Marco Gerardo Monroy)
C-370/04 (M.P. Jaime Córdoba y Álvaro Tafur)
C-816 de 2004 (M.P. Jaime Córdoba y Rodrigo Uprimny)
T-025 del 2004 (M.P. Manuel José Cepeda. **acl.** Jaime Araújo)
C-1088/04 (Jaime Córdoba)

C-1040/05 (Manuel José Cepeda, Rodrigo Escobar, Marco Gerardo Monroy, Humberto Sierra Álvaro Tafur, Clara Inés Vargas, **salv.** Jaime Araújo)
C-1041/05 (Manuel José Cepeda, Rodrigo Escobar, Marco Gerardo Monroy, Humberto Sierra, Álvaro Tafur, Clara Inés Vargas , **salv.** Jaime Araújo)
C-1043/05 (Manuel José Cepeda, Rodrigo Escobar, Marco Gerardo Monroy, Humberto Sierra, Álvaro Tafur, Clara Inés Vargas, **salv.** Jaime Araújo),
C-1044/05 (Álvaro Tafur, **salv**. Jaime Araújo),
C-1046/05 (Alfredo Beltrán, **salv**. Jaime Araújo)
C-1047/05 (Jaime Córdoba,, **salv**. Jaime Araújo)
C-1048/05 (Manuel José Cepeda, Rodrigo Escobar, Marco Gerardo Monroy, Humberto Sierra, Álvaro Tafur, Clara Inés Vargas, **salv**. Jaime Araújo)
C-1050/05 (M.P Manuel José Cepeda, **salv.** Jaime Araújo)
C-1051/05 (Clara Inés Vargas, **salv.** Jaime Araújo)
C-1053/05 (Álvaro Tafur, **salv**. Jaime ARAÚJO)
C-1054/05 (Rodrigo Escobar Gil, **salv.** Jaime Araújo)
C-1056/05 (Jaime Córdoba, **salv** Jaime Araújo)
C-1057/05 (Humberto Sierra, **salv**. Jaime Araújo)
C-034/06 (Alfredo Beltrán, **salv**. Jaime Araújo)
C-355/06 (Jaime Araújo y Clara Inés Vargas, **acl**. Jaime Araújo; **salv.** Marco Gerardo Monroy, Rodrigo Escobar)
C-370/06 (Manuel José Cepeda, Jaime Córdoba, Rodrigo Escobar, Marco Gerardo Monroy, Álvaro Tafur, Clara Inés Vargas, **salv.** Alfredo Beltrán)
C-075/07 (M.P Rodrigo Escobar, **salv**. Jaime Araújo),
C-933/07 (Jaime Araújo)
T-216/08 (M.P. Humberto Sierra)
C-336/08 (M.PClara Inés Vargas, **acl.** Jaime Araújo)
C-798/08 (M.P Jaime Córdoba)
T-297/08 (M.P Clara Inés Vargas, **acl.** Jaime Araújo)
T-4767 08 (M.P Clara Inés Vargas, **acl.** Jaime Araújo)
T-572/08 (M.P Humberto Sierra, **acl.** Jaime Araújo)
T-635/08 (M.P Mauricio González)
T-647/08 (M.P.Clara Inés Vargas, **acl.** Jaime Araújo)
T-812/08 (M.P Jaime Córdoba)
T-1095/08 (M.P. Clara Inés Vargas, **acl.** Jaime Araújo)
Auto 339/09 (M.P. Nilson Pinilla)
T-009/09 (Manuel José Cepeda)
Auto 069/10 (M.P. María Victoria Calle)
C-397/10 (Juan Carlos Henao)
T-271/10 (María Victoria Calle),
C-577/11 (Gabriel Eduardo Mendoza)
C-630/11 (M.P María Victoria Calle, **salv.** Luis Ernesto Vargas)
T-098/11, (M.P Nilson Pinilla, **acl.** Humberto Sierra)

T-314/11 (M.P Jorge Iván Palacio)
T-608/11 (M.P Juan Carlos Henao)
C-781/12 (M.P. María Victoria Calle)
C-889/12 (M.P. Luis Ernesto Vargas, **salv.** Voto de María Victoria Calle, Nilson Pinilla y Jorge Iván Palacio)
SU189/12 (M.PGabriel Eduardo Mendoza)
T-320/12 (M.P. Adriana Guillén)
T-931/12 (M.P.María Victoria Calle)
C-283/14 (M.P. Jorge Iván Palacio)
C-313/14 (Gabriel Eduardo Mendoza)
C-635/14 (M.P Gabriel Eduardo Mendoza)
C-958/14 (M.P Martha Sáchica)
T-475/14 (.P. Alberto Rojas)
C-143/15 (M.P. Luis Ernesto Vargas)
T-478 de 2015 (M.P. Gloria Stella Ortiz)
T-095/16 (M.P. Alejandro Linares, **acl.** Gloria Stella Ortiz)
C-054/16 (Luis Ernesto Vargas)
C-209/16 (M.P Jorge Iván Palacio sent y **salv**. Gloria Ortiz),
C-328/16 (Gloria Stella Ortiz)
C-379/16 (M.P. Luis Ernesto Vargas)
C-554/16 (M.P. Jorge Iván Palacio
C-699/16 (M. P. María Victoria Calle).
SU-214/16 (Alberto Rojas)
T-514/16 (María Victoria Calle)
T-614/16 (M.P Jorge Iván Palacio, salv. Alberto Rojas)
C-041/17 (M.P. Gabriel Eduardo Mendoza y Jorge Iván Palacio)
C-134/17 (M.P. Alberto Rojas)
C-333/17 (Iván Escrucería)
C-556/17 (M.P Diana Fajardo, **salv.** Gloria Ortiz)
C-002/18 (Carlos Bernal, **salv**. Gloria Stella Ortiz)
T-216 de 2018 (M.P. Antonio Lizarazo, **acl**. Gloria Ortiz),
C-045/19. (M.P Antonio José Lizarazo, **acl.** Gloria Ortiz)
SU140/19 (M.PCristina Pardo)
SU-016/20 (M.P. Luis Guillermo Guerrero, **salv.** Diana Fajardo)
T-398/19 (M.P Alberto Rojas)
C-025/21 (Cristina Pardo)
C-294/21 (Cristina Pardo, **acl**. Diana Fajardo)
C-062/21 (Gloria Stella Ortiz)
C-172/21 (Diana Fajardo, Jorge Enrique Ibáñez)
C-233/21 (Diana Fajardo)
C-055/22 (Antonio Lizarazo y Alberto Rojas, salv. Cristina Pardo)
C-083/22 (Karena Caselles)

Libros y artículos

Manuel Atienza, "Sobre la dignidad en la Constitución española de 1978" en "Esther González Hernández, Rafael Rubio Núñez; Benigno Pendás García (dir.), *España constitucional (1978-2018): trayectorias y perspectivas,* Madrid, Centro de Estudios Políticos y Constitucionales, 2018, págs. 669-682

Anders Bordum, "Immanuel Kant, Jürgen Habermas and the categorical imperative" en Philosophy & Social Criticism, Volume 31, Issue 7, 2005, págs. 851 – 874.

Ronald Dworkin, *Justice for Hedgehogs,* Cambridge, Mass, Harvard University Press, 2011.

Edward. J Eberle, "Observations on de Development of Huan dignity and personality in German Constitutional Law: An Overview." En Liverpool Law Review, (2012) 33, pág. 201-233.

Christoph Enders, " Human Dignity in Germany" en Paolo Becchi y Klaus Mathis (eds). *Handbook of Human Dignity in Europe,* Springer Nature, Switzerland, 2019 pág. 281-318.

Alfonso Jaime García Figueroa "Kant y Alexy: Reglas, principios y unidad del discurso práctico. Una lectura actual de la filosofía jurídica Kantiana" en Alfonso Castro Sáenz, Francisco Javier Contreras, Fernando Higinio Llano Alonso, José Manuel Panea Márquez (coord.) *A propósito de Kant: Estudios conmemorativos en el Bicentenario de su muerte,* Sevilla, Innovación Editorial Lagares, 2003, págs. 191-210

Miguel Herszenbaun, "El método en la Teoría pura del Derecho de Kelsen en diálogo con Kant, el Neokantismo y la modernidad" en Con-textos kantianos. 17, 2023: 57-70, doi. https://doi.org/10.5209/kant.88696

Immanuel Kant, Fundamentación de la Metafísica de las Costumbres, Madrid, Alianza Editorial, tr. Roberto. R. Aramayo,

Immanuel Kant, *Metafísica de las Costumbres*, Madrid, Rei Andes, 1995. Tr. Adela Cortina y Jesús Conill

Immanuel Kant, *La paz Perpetua,* Madrid, Tecnos, 1998, Tr. Joaquín Abellán.

Immanuel Kant, *La religión dentro de los límites de la Recta Razón,* Madrid, Alianza Editorial, 1981, Tr. Felipe Marzoa.

Immanuel Kant, *Lecciones de Ética,* Buenos Aires, Austral, 2003. Tr. Roberto Rodríguez Amarayo, Concha Roldán Panadero

Béatrice, Longuenesse, *Kant on the human standpoint,* Cambridge, Cambridge University Press, 2005

Diego Eduardo López, *El Derecho de los jueces,* obligatoriedad del precedente constitucional, análisis de sentencias y líneas jurisprudenciales y teoría del derecho judicial, Bogotá, 2007,

Luke MacInnis, "The Kantian Core of Law as Integrity" en Jurisprudence, (2015) 6(1); págs. 45 a 76.

Ben A. McJunkin "Ensuring dignity as public safety", en American Criminal Law Review, Vol. 59. 2022, pág. 1643-1664

Ángel J. Gómez- Montoro, "De qué hablamos cuando hablamos de dignidad" en Manuel Aragón Reyes (dir) *La Constitución de los españoles: estudios en homenaje a Juan José Solozabal Echavarría,* 2019, Navarra, Fundación Manuel Giménez Abad-Centro de Estudios Políticos y Constitucionalespágs. 539 a 558

Samuel Moyn, "The Secret History of Constitutional Dignity", en Yale Human Rights and Development Law Journal, 39 (2014), págs. 39-73.

John Rawls, *Teoría de la Justicia,* México, Fondo de Cultura Económica, 2006. Tr. María Dolores González.

John Rawls, Kantian Constructivism in MoralTheory" enThe Journal of Philosophy, Vol. 77, No. 9 (Sep. 9, 1980), pp. 515-572.

La disidencia en la sentencia sobre despenalización del consumo de la dosis personal de la Corte Constitucional colombiana y la errónea invocación a Carlos Nino

The dissent in the judgement on the decriminalization of the consumption of the personal dose of the Colombian Constitutional Court and the erroneous invocation of Carlos Nino

Juliana Tumini[1]

Resumen

En este artículo me ocuparé de analizar el uso que se hace de una cita de autoridad en la fundamentación de una sentencia judicial. Haré referencia específica a la obra del filósofo argentino Carlos Nino, que se toma en apoyo a la argumentación del voto disidente en la sentencia No. C-221/94 de la Corte Constitucional, "Despenalización del consumo de la dosis personal" (ref.: Expediente No. D- 429). Mostraré que se extraen párrafos textuales del libro Ética y derechos *humanos* y se los interpreta de manera opuesta a la posición normativa del autor.

Abstract

In this article, I will analyze the use of an authoritative citation in the justification of a court ruling; specifically, the reference to the work of the Argentine philosopher Carlos Nino that is taken in support of the

1 Juliana Tumini, Doctora en Derecho. Docente e Investigadora de la Facultad de Derecho (Universidad Nacional de Mar de Plata, Argentina), Co- directora del Centro de Investigación Carlos Nino y CIDDH Alicia Moreau de la misma casa de estudios.

argumentation of the dissenting vote in the judgment of the Colombian Constitutional Court of May 1994 in judgment No. C-221/94, "Decriminalization of the consumption of personal dose" ref.: File No. D-429. I will show that textual paragraphs are extracted from the book Ethics and Human Rights and interpreted in a way that is contrary to the author's normative position.

1. INTRODUCCIÓN

Carlos Nino (1943, Buenos Aires, Argentina-1993, La Paz, Bolivia), jurista destacado y comprometido con la época, sin desatender la diversidad de temas jurídicos que lo apasionaron, desplegó gran parte de su capacidad en el esfuerzo de justificar moralmente los derechos humanos y el sistema democrático; en especial, la democracia deliberativa. Sus elaboraciones teóricas fueron, son, y serán una fuente de reflexión y de evaluación racional de nuestras prácticas jurídicas.

En este artículo me ocuparé de analizar el uso que se hace de una cita de autoridad en la fundamentación de una decisión judicial; específicamente la referencia a la obra del filósofo argentino que se toma en apoyo a la argumentación del voto de la disidencia en la sentencia de la Corte Constitucional Colombiana de Mayo de 1994 en la sentencia No. C-221/94, "Despenalización del consumo de la dosis personal" ref.: Expediente No. D- 429. Mostraré que se extraen párrafos textuales del libro Ética y derechos *humanos* y se los interpreta de manera opuesta a la posición normativa del autor.

Se pasa revista a la fundamentación del voto de la mayoría, se indica también cuál fue la postura de la disidencia y se argumenta en favor de la relevancia del uso correcto de las citas. Explicaré luego el modo en que se cita de manera errónea al filósofo argentino en la sentencia de referencia, para mostrar cómo -de manera contraria a lo que quieren sostener en el voto de la disidencia-, el pensamiento de Nino fundamenta la no punición del consumo de estupefacientes. Recurriendo a la concepción de Nino se mostrará cuál es la relación del buen uso de las fuentes externas en las sentencias judiciales con la democracia.

1. JUSTIFICACIÓN DE LAS DECISIONES JUDICIALES Y SUS PARA EL SISTEMA DEMOCRÁTICO.

Como es sabido, en los sistemas constitucionales el poder judicial no sólo tiene la potestad de aplicar el derecho a los casos individuales, sino que además tiene el deber de controlar la constitucionalidad de las leyes. Tal como lo señala Orunesu (2012), en el derecho comparado son los órganos jurisdiccionales quienes resultan competentes para realizar el control; dicha autoridad puede otorgarse a cualquier órgano jurisdiccional, -lo que se llama "control difuso"- o bien a uno específico, como por ejemplo los Tribunales Constitucionales Alemán, Español o Italiano. En este tipo de diseño institucional –concentrado- , el rol protagónico lo tiene una Corte Constitucional; tal es el caso del modelo mixto del Estado Colombiano desde 1992, año a partir del cual comienza el funcionamiento de la Corte producto de la Reforma Constitucional del año anterior (Restrepo Tamayo 2023).

A los efectos del tema que estamos abordando podríamos hacernos algunas preguntas orientadoras: ¿qué relación existe entre la fundamentación de una sentencia y la exigencia democrática?, ¿qué es y cómo debe ser la motivación de una sentencia y qué papel juegan en ella las citas de autoridad?, ¿cuál fue la posición de Carlos Nino respecto de la justificación de las sentencias judiciales y del rol del juez en tanto decisor?

Como punto de partida, se puede decir que la motivación de una sentencia judicial es un discurso justificativo constituido por argumentos racionales, o la expresión lingüística de las razones que justifican la decisión tomada (Ferrer Beltrán 2011). En el derecho moderno se requiere que las decisiones judiciales estén fundadas, respaldadas por el derecho; la autoridad judicial debe explicitar las razones de su decisión, no sólo debe justificarla sino también darla a conocer públicamente (Rodríguez 2021).

La argumentación que se expresa en la sentencia, a su vez, no se evalúa sólo por su corrección lógica, sino que es preciso que las premisas sean correctas; esa doble evaluación queda recogida en la distinción entre justificación interna y justificación externa de las decisiones judiciales. Con un grado de simplificación extrema, podemos decir que la primera hace referencia a la justificación lógica- la relación entre las premisas y la conclusión-, mientras que la segunda, se ocupa de la justificación de las premisas. Si las premisas forman parte de un argumento de contenido teórico o descriptivo, podremos requerir su verdad; en cambio, si dichas premisas son normativas, habrá que determinar cuál es el criterio de corrección para justificarlas. En cualquier caso, lo que se evalúa desde una perspectiva de justificación externa es la solidez del argumento (Ferrer Beltrán, Apuntes sobre el concepto de motivación de las sentencias judiciales 2011, 95)

La fundamentación racional de las sentencias judiciales resulta de mayor relevancia en los casos en que se resuelven temas que suscitan gran preocupación para la sociedad y en los que además hay posiciones antagónicas, difíciles de conciliar. Roberto Gargarella nos recuerda algunos ejemplos emblemáticos como el de la modificación de criterio en la Corte Suprema de Argentina entre *Bazterrica* y *Montalvo* acerca de la punición de la tenencia de drogas para consumo personal. En Estados Unidos, con algunos casos vinculados a la cuestión social como fueron la transición de *Dred Scott v. Sandford* a *Brown v. Board of Education*, y de *Brown* al reciente *Parents Involved in Community Schools v. Seattle*. El conocimiento de la historia de la jurisprudencia nos debería servir para saber que en cuestiones de gran importancia pública, las comunidades jurídicas suelen estar muy divididas:

> "…Es decir, aún en relación con los derechos más básicos, algunos de los miembros del tribunal piensan que la Constitución dice una cierta cosa, mientras que otra parte del mismo tribunal considera que la Constitución dice exactamente lo contrario (i.e., una parte considera que la

> Constitución ampara el consumo personal de estupefacientes, mientras que el resto del tribunal sostiene lo opuesto). (Gargarella, CELS s.f.)."

En ese sentido, hay dos cuestiones que se intersectan: el hecho del desacuerdo y el cuestionamiento de la legitimidad democrática de los jueces. Por un lado, y a partir de la estipulación Waldroniana del llamado "hecho del desacuerdo", que grafica las disidencias en una misma sociedad, es preciso asumir que puede haber oposiciones fuertes que no encuentran un punto en común pero cuya resolución exige atribuir autoridad para su resolución. En su variante tradicional, es el poder judicial el encargado de resolver dichos conflictos; en las alternativas más actuales se buscan opciones mayoritarias, más democráticas: por ejemplo, a través de mecanismos como la cláusula *notwithstanding* de Canadá, o el "reenvío legislativo", pensadas luego de la revolución francesa. Gargarella refiere precisamente a lo avanzado de la Corte Constitucional Colombiana que ha propuesto diversos mecanismos destinados a promover el diálogo entre poderes –mecanismos tales como las mesas de diálogo, en donde se reúnen representantes de las distintas ramas del gobierno, más empresas o grupos de particulares partícipes del conflicto en juego. (Gargarella, CELS s.f.). En Argentina hay dos ejemplos pioneros de este tipo de abordaje como lo fueron los casos "Matanza Riachuelo" y "Verbitsky" (Gargarella 2006).

El tema que nos ocupa –el de la punición de la tenencia para consumo de estupefacientes- es uno de aquellos nodales para la sociedad, en el que se manifiestan posturas por completo antagónicas y en los que por tanto la fundamentación de la sentencia toma un relieve fundamental. Si es un puñado de personas, en el rol de jueces (jueces de un Tribunal Constitucional), los que decidirán respecto de un tema que divide a la sociedad, la obligación de dar razones de la decisión resulta más fuerte que en casos menos debatidos.

Carlos Nino, preocupado por la democracia, entendió, -tal como lo señala Rodríguez- que el razonamiento jurídico es una especie de razonamiento moral. (J. L. Rodríguez 2021, 762). La obligación moral del juez de cumplir con el derecho deriva, para Nino, de principios morales que prescriben promover derechos individuales básicos. En su construcción teórica, el control de constitucionalidad de las leyes es sobre todo necesario respecto de aquellos derechos que sean presupuesto de la deliberación democrática:

> "Todo esto lleva en la práctica, según creo, a que un juez moralmente responsable que se enfrenta con una norma jurídica que considera injusta haga una distinción según que los derechos en cuestión sean condición necesaria para el desarrollo del mismo discurso moral o de su sucedáneo, el procedimiento democrático – como el derecho a la vida o a la libertad de expresión- o no lo sean. (...) Es preciso insistir en que la distinción depende de la medida en que ellos condicionan el valor epistemológico de tales decisiones democráticas. Esto tiene, como es obvio, una gran relevancia para definir el alcance del control judicial de constitucionalidad..." (Nino, Ética y derechos humanos. Un ensayo de fundamentación 1984, 405, 406, 408)

La cita anterior es elocuente: para Nino el control judicial de constitucionalidad tiene una función ineludible respecto de la democracia. Puesto que él concibe que la democracia – en especial en su versión deliberativa- suplanta el discurso moral y ello es la fuente de la legitimidad de su autoridad, el resguardo de los requisitos procedimentales para que la deliberación sea posible y ofrezca un valor epistemológico es central. Ese control es tarea del poder judicial: que se respeten los derechos que tienen implicancias procedimentales para el desarrollo del discurso público en el marco del sistema democrático.

Me interesa poder formular cuál sería un argumento posible -desde la propia perspectiva de Carlos Nino- para articular la relevancia de la corrección del uso de citas de autoridad en las sentencias judiciales con una exigencia democrática. El argumento resumido es el siguiente: si la democracia es legítima y tiene autoridad debido a que funciona como un sucedáneo del discurso moral, y puesto que para que este otorgue una cierta garantía epistemológica se deben garantizar ciertos presupuestos procedimentales, estos últimos deberán ser resguardados a través del control judicial de la constitucionalidad de las leyes. Además, es el principio de autonomía individual el que constituye un presupuesto del discurso moral y por tanto del discurso democrático; ello es así porque de acuerdo con el autor argentino, la legitimidad procedimental de la democracia implica que debamos escuchar a todos los sujetos morales.

La democracia para Nino sería una especie de discurso moral que, si garantiza ciertas exigencias procedimentales, es capaz de preservar en más alto grado (en comparación con cualquier otro sistema de decisiones colectivas), los rasgos del discurso moral originario, pero al mismo tiempo tendría la capacidad de evitar las características de inestabilidad y de ser inconcluyente que posee el discurso moral (Nino 1984). El valor epistemológico de la democracia reside en la capacidad que ofrecería la discusión para *acercarse a la verdad moral* a través de su capacidad para detectar errores de conocimiento y bajo la exigencia de conformidad mayoritaria – que suplanta la exigencia de unanimidad-. En función de ello, Nino presume que *el resultado del discurso se aproxima a una solución correcta, o sea, consiste en un principio que habría sido aceptado en condiciones de racionalidad, conocimiento e imparcialidad (Nino, Ética y derechos humanos. Un ensayo de fundamentación* 1984, 397).

Por otro lado, el discurso democrático tendría una función práctica que consistiría en la capacidad para superar conflictos y lograr la cooperación social a partir de la convergencia de acciones y actitudes derivada de la aceptación compartida de los mismos principios de conducta (Nino 1984), y frente al discurso moral originario tendría la ventaja de establecer límites temporales para la toma de decisiones y reemplazar el consenso unánime por la aprobación mayoritaria. La democracia entonces, fija exigencias respecto de la fundamentación racional de las sentencias. En el marco teórico de Nino, con el objetivo de que se resguarden las condiciones procedimentales del discurso democrático – en primer lugar la autonomía individual-. Como se afirmó antes, uno de los requisitos del discurso moral y por ende del discurso democrático es la garantía de la autonomía individual en tanto se considera que toda persona moral es fuente de argumentos y por eso mismo todas deben participar en la deliberación y en las decisiones colectivas (Nino 1984).

Por supuesto que la formulación de Nino respecto de que la justificación de las decisiones judiciales es un tipo de justificación moral, los supuestos y las implicancias de esa afirmación han sido fuertemente criticadas (Rodríguez 2021). Sin embargo, no sólo por una cuestión de espacio y pertinencia no puedo dar cuenta de esos debates, sino que el objetivo es otro: señalar que para el autor argentino, la justificación de las sentencias judiciales es una exigencia del mismo sistema democrático.

2. LAS CITAS DE AUTORIDAD COMO PARTE DE LA FUNDAMENTACIÓN DE LAS SENTENCIAS

El largo prolegómeno acerca de algunas vicisitudes en torno a la fundamentación de las sentencias judiciales introduce el tema de las citas de autoridad – en este caso filosófica- como parte integrante de la fundamentación de la sentencia (o de un voto). Sea que funcionen como una de las premisas del argumento, o sea que sólo aparezcan con el fin de otorgarle más brillo a un planteo que no necesita de dicho texto como apoyatura, su uso no es inocuo y no debe hacerse de manera errónea.

El tratamiento de la utilización de citas en las sentencias judiciales y de la búsqueda de criterios y sistematización de esas formas correctas de uso, se ha comenzado a indagar de manera reciente. Así como se produjo una democratización de la religión a partir de la traducción de la Biblia a los lenguajes nacionales – como la que hizo Lutero al alemán-, lo que permitió que los fieles pudieran acceder a la palabra sagrada sin necesidad de un intermediario, hay en la evaluación actual de la función judicial una tendencia a acercar las decisiones judiciales a los justiciables para democratizar el conocimiento técnico jurídico; en esa línea por ejemplo, aparecen todos los estudios vinculados al "lenguaje claro"[1]. Y es en ese mismo sentido que podemos considerar la necesidad de que las citas estén correctamente indicadas y su contenido sea accesible a cualquier lector.

El adoptar un método y una técnica pública para el uso de las citas aparece como una necesidad no meramente formal porque lo contrario torna imposible ubicar el contenido original y así poder hacer una evaluación crítica de su uso. ¿Es realmente eso que se cita lo que quiso decir el autor?, ¿es compatible con el resto de su desarrollo teórico?, ¿las implicancias que deriva el voto de la cita son coherentes con una mirada completa del texto del cual fue tomada la cita?[2] La cita no sólo debe ser atinente y relevante, sino que debe ser presentada como resultado del análisis del juez y no producto de un copiado sin reflexión personal y articulada con el resto del argumento. Menos que menos será positivo que la cita se presente descontextualizada de la obra de la que se está extrayendo y que, encima, se utilice para fundar una decisión contraria a la que hubiera sostenido su autor (Ratti Mendaña 2022). Las cuestiones

---

1 Para un análisis de la reciente resolución de la Corte Suprema de la Argentina respecto de la aplicación del "lenguaje claro" en las sentencias judiciales, véase el artículo de Leiza M. Centurión Olguín y de Alejandro R. Retegui Abogado, "El lenguaje claro llega a la Corte Suprema", La Ley 28 de febrero de 2024. Los autores destacan que unos de los principios del uso de un lenguaje claro es el de la democratización del lenguaje público: "... *El tercer principio es que el lenguaje claro tiene como finalidad promover la democratización del derecho, esto es, que los textos legales sean entendidos por la comunidad en general. No solo para que las burocracias sean más amigables y accesibles, sino para que la gente conozca y comprenda el derecho que la rige. Si no se logra este objetivo, se corre el riesgo de que la conversación pública se convierta en elitista, incluso alquímica, propia de grupos mistéricos*. (Leiza y Retegui 2024).

2 *"Las citas, cuando no son claras y fácilmente ubicables, pierden relevancia porque impiden la constatación independiente de su contenido. El problema es evidente en cómo los jueces citan sus fuentes. Esta dispersión y falta de método en la citación disminuye la utilidad de los fallos judiciales. De particular gravedad resulta que las altas Cortes Colombianas no tengan normas estandarizadas para la citación de su propia jurisprudencia. La cita anti técnica de las fuentes del argumento abunda, razón por la cual se hace compleja la reconstrucción y el análisis crítico de los argumentos utilizados por un autor."* (López Medina, Las fuentes del argumento 2009, 3).

de forma, -muchas veces soslayadas- contribuyen a una verdadera transparencia de la decisión, ya que, si no podemos acceder a la fuente, mal podremos evaluar el sentido que el autor de la cita ha dado a esas palabras, si se ha sacado de contexto o si forma parte de un argumento mayor cuya evaluación pueda darnos un resultado contrario al que se toma en la motivación de la sentencia.

Florencia Ratti Mendaña realiza un análisis detallado de los usos de las citas en las sentencias judiciales y destaca la importancia de que las referencias sean adecuadas y completas con el fin de que el juez pueda dar cuenta del uso de la información brindada por otras personas; para permitir al lector acceder a las fuentes originales; con el fin de distinguir los argumentos del juez de los que han sido tomados de otros; y porque permiten acceder a las fuentes para obtener más información o con el fin de corroborar si han sido usadas e interpretadas de manera adecuada por el sentenciante. (Ratti Mendaña 2022). Las implicaciones sustantivas de la cita tienen que ver con que ella puede contribuir a que el lector de la sentencia – sus destinatarios directos: las partes; o los indirectos: la ciudadanía y los operadores de la justicia- comprendan la justificación de una manera integral, y aporte al convencimiento de la justicia de la decisión (Ratti Mendaña 2022). Si la cita utilizada a modo de reafirmación de la argumentación es inatinente, o su contenido confunde la línea argumental, su utilización será perjudicial; incluso puede debilitar la fuerza de lo que se está tratando de justificar. Esta exigencia–la de justificar racionalmente las decisiones judiciales- se torna más imperiosa cuando se trata – tal como en el caso bajo análisis- de sentencias que tratan cuestiones controvertidas para la sociedad, ya que las citas son capaces de aportar un apoyo externo a las premisas normativas y ofrecer una coherencia adicional al argumento, o al menos, servir para complementar la explicación de la motivación razonada.

3. EL CASO EN CUESTIÓN. LA TERGIVERSACIÓN

El cinco de mayo de 1994, la Corte Constitucional Colombiana, en la sentencia No. C-221/94, "despenalización del consumo de la dosis personal" Expediente No. D- 429, decidió en relación con la acción pública de inconstitucionalidad incoada por el demandante Alexandre Sochandamandou, quien sostuvo la inconstitucionalidad (inexequibilidad) de las normas literal j) del artículo 2o. y artículo 51 de la Ley 30 de 1986.

Las normas objetadas[3] fueron el artículo 2°, en el que se define cuál es la cantidad de marihuana, cocaína y metacualona que califica como *dosis para uso personal* y el art. 51, que establece las sanciones para aquellos que lleven, conserven o consuman cualquiera de las drogas definidas en el artículo 2.[4] La mayoría interpretó que las

---

3 Para un análisis de la evolución de la regulación normativa de la diversas acciones en torno a la drogas consideradas ilícitas, véase: **Porte de estupefacientes en el ordenamiento jurídico colombiano. Una mirada crítica a la luz de la teoría del delito.** Carlos Alberto Jiménez Cabarcas. DOI: 10.18601/01210483.v43n114.06. The article was received on **Mon, 29 Nov 2021**, accepted on **Fri, 02 Sep 2022**, and published on **Tue, 04 Apr 2023**. https://revistas.uexternado.edu.co/index.php/derpen/article/view/8302/13808#info. Copyright & License Tue, 04 Apr 2023 in *Derecho Penal y Criminología*.

4 *"**artículo 2o.** Para efectos de la presente ley se adoptarán las siguientes definiciones: **j)** Dosis para uso personal: Es la cantidad de estupefaciente que una persona porta o conserva para su propio consumo. Es dosis para uso personal la cantidad de marihuana que no exceda de veinte (20) gramos; la de marihuana hachís la que no exceda de cinco (5) gramos; de cocaína o cualquier sustancia a base de cocaína la que no exceda de un (1) gramo, y de metacualona la que no exceda de dos (2) gramos. No es dosis para uso personal, el estupefaciente que la persona lleve consigo, cuando tenga como fin su distribución o venta, cualquiera que sea su cantidad".*

*"**artículo 51.** El que lleve consigo, conserve para su propio uso o consuma, cocaína, marihuana o cualquier otra droga que produzca dependencia, en cantidad considerada como dosis de uso personal, conforme a lo dispuesto en esta ley, incurrirá en las siguientes sanciones:*

a) Por primera vez, en arresto hasta por treinta (30) días y multa en cuantía de medio (1/2) salario mínimo mensual.; b) Por la segunda vez, en arresto de un (1) mes a un (1) año y multa en cuantía de medio (1/2) a un (1) salario mínimo mensual, siempre que el nuevo hecho se realice dentro de los doce (12) meses siguientes a la comisión del primer;

disposiciones atacadas- menos el artículo 2°. Literal j, que define qué cantidad de droga implica "tenencia para consumo personal"- se oponían al contenido de la Constitución.

Entendieron que los artículos de la Constitución contrariados por la norma eran: el primero, que funda el Estado en la dignidad humana; el segundo, que impone al Estado el deber de garantizar la efectividad de los derechos y deberes consagrados en la Constitución y el quinto, en el que se reconocen a la autonomía como uno de los derechos inalienables de la persona; también, el dieciséis, que consagra expresamente ese derecho y el trece que hace lo propio con el derecho a la igualdad ("Despenalizacion del consumo de la dosis personal" 1994). La mayoría del Tribunal ofrece una justificación filosófica de los preceptos constitucionales que le otorgan una mayor solidez a la argumentación. Sostienen en ese sentido que la Carta Magna responde a un ideal del derecho como un orden de imposición que se diferencia de la moral en que exige conductas por la fuerza y que por eso mismo – en un sistema jurídico basado en el respeto a la autonomía y al desarrollo de la libre personalidad de cada uno- las interferencias estatales sólo pueden estar justificadas cuando el accionar del sujeto atente contra terceros. Si eso no sucede, sólo compete a la moral censurar dicha conducta. Ello se deriva principalmente del respeto a la autonomía individual que

---

c) El usuario o consumidor que, de acuerdo con dictamen médico legal, se encuentre en estado de drogadicción así haya sido sorprendido por primera vez, será internado en establecimiento psiquiátrico o similar de carácter oficial o privado, por el término necesario para su recuperación. En este caso no se aplicará multa ni arresto; La autoridad correspondiente podrá confiar al drogadicto al cuidado de la familia o remitirlo, bajo la responsabilidad de ésta a una clínica, hospital o casa de salud, para el tratamiento que corresponda, el cual se prolongará por el tiempo necesario para la recuperación de aquél, que deberá ser certificada por el médico tratante y por la respectiva Seccional de Medicina Legal. La familia del drogadicto deberá responder del cumplimiento de sus obligaciones, mediante caución que fijará el funcionario competente, teniendo en cuenta la capacidad económica de aquella. El médico tratante informará periódicamente a la autoridad que haya conocido del caso sobre el estado de salud y rehabilitación del drogadicto. Si la familia faltare a las obligaciones que le corresponden, se le hará efectiva la caución y el internamiento del drogadicto tendrá que cumplirse forzosamente."

se desprende de la Constitución, a la igualdad y a la no discriminación; como consecuencia de esos presupuestos es que aparece como necesaria la prohibición de que se castigue la tenencia de estupefacientes para consumo personal ("Despenalizacion del consumo de la dosis personal" 1994, 11).

Este punto de partida les sirve para desplegar el argumento central: si el legislador sólo está habilitado a regular la conducta que afecte a terceros, cuando sanciona una conducta que sólo afecta al individuo, habría tres únicas maneras de interpretar dicha prescripción: en el sentido de que sólo expresa un deseo sin implicancias normativas; que el legislador se asume dueño de la conducta de las personas incluso cuando esas acciones no tengan nada que ver con terceros; y por último, puede significar que reprime dichas conductas porque supone que la conducta de esos individuos puede afectar a otros. Concluyen, que la Constitución ampara la autonomía individual y que en consecuencia es la persona quien –por sí misma- debe darle sentido a su existencia.

Por ende, sólo se puede restringir este poder si en su ejercicio entra en conflicto con la autonomía de otros:

> "El considerar a la persona como autónoma tiene sus consecuencias inevitables e inexorables, y la primera y más importante de todas consiste en que los asuntos que sólo a la persona atañen, sólo por ella deben ser decididos. Decidir por ella es arrebatarle brutalmente su condición ética, reducirla a la condición de objeto, cosificarla, convertirla en medio para los fines que por fuera de ella se eligen. Cuando el Estado resuelve reconocer la autonomía de la persona, lo que ha decidido, ni más ni menos, es constatar el ámbito que le corresponde como sujeto ético: dejarla que decida sobre lo más radicalmente humano, sobre lo bueno y lo malo, sobre el sentido de su existencia. Que las personas sean libres y autónomas para elegir su forma de vida mientras ésta no interfiera con la autonomía de las otras, es parte vital del interés común en una sociedad personalista, como la que ha pretendido configurar la Carta Política que hoy nos rige. Si el derecho al libre desarrollo de la personalidad tiene algún sentido dentro de nuestro sistema, es preciso concluir que, por las razones anotadas, las normas que hacen del consumo de droga un delito, son claramente inconstitucionales. ("Despenalizacion del consumo de la dosis personal" 1994).

El voto en disidencia (Salvamento de voto a la sentencia No. C-221/94), suscrito por los Magistrados José Gregorio Hernández Galindo, Hernando Herrera Vergara, Fabio Morón Diaz y Vladimiro Naranjo Mesa, se introduce bajo el título de "L*os límites al libre desarrollo de la personalidad"* y se lo embellece con dos citas reveladoras, una que trae a G. Mazzini: "*La verdadera libertad no consiste en el derecho a escoger el mal, sino en el derecho a elegir sólo entre las sendas que conducen al bien; y* otra que invoca a Montaigne: *"La verdadera libertad consiste en el dominio absoluto de sí mismo".* Allí se afirma que, la interpretación de la mayoría, de acuerdo con la cual el derecho al libre desarrollo de la personalidad implicaría: *"la facultad ilimitada de cada quien de hacer o no hacer lo que le plazca con su vida, aun llegando a extremos de irracionalidad, -como atentar contra su propia integridad física o mental-, constituye un funesto error; pero peor aún resulta interpretar que tal derecho puede ejercerse aun en perjuicio de los demás. El libre desarrollo de la personalidad se basa, entonces, en el principio de una justa autonomía del hombre, como sujeto personal de sus actos. En virtud de la razón natural, que es expresión de sabiduría, la razón humana es la suprema ley del hombre."*("Despenalizacion del consumo de la dosis personal" 1994).

Este es un primer argumento de la disidencia, basado en su interpretación de la autonomía individual, a la que considera moldeada a partir de la razón humana, pero no entendida en términos de una capacidad para decidir por sí mismo cómo conducir su vida, sino bajo el supuesto de que es una razón natural – expresión de *sabiduría*- que excluye la posibilidad de atentar contra la propia integridad física o mental. En un recorrido que nos acerca al perfeccionismo, -para los jueces de la disidencia- la autonomía individual está sujeta a ciertos parámetros de lo que es una buena vida. Luego recurren al principio de la dignidad humana- que exigiría el respeto y la promoción incondicional de la vida corporal- , el que a su juicio sería rechazado de aceptar la impunidad de la tenencia para consumo ya que se estima que el uso de drogas: "*impide la realización personal, por anular de forma irreversible tanto el entendimiento como la voluntad, es decir, torna al hombre en esclavo del vicio, como ocurre en el caso patético de la droga"*("Despenalizacion del consumo de la dosis personal" 1994).

El argumento de protección social también aparece desarrollado y es en ese contexto en el que se afirma que el consumo de drogas es lesivo del bien común y desconoce el interés general. Se lo apoya en las normas constitucionales que resguardarían el interés general frente al particular; así como se invoca la defensa de los derechos de la familia.

La cita de Nino – en siete largos párrafos- se introduce de manera desgajada, como un título independiente y sólo con la alegación de que se transcribe el *muy autorizado concepto del jurista Carlos Santiago Nino*, en su obra "Ética y derechos humanos". Dichos párrafos forman parte de la introducción del título 2 del capítulo X denominado: "*Los límites de la interferencia estatal: el perfeccionismo*", en los que el autor explica de manera pormenorizada cuáles son los efectos individuales y sociales del consumo y del mercado de las drogas ilegales. Señala allí los efectos nocivos en las capacidades afectivas, intelectuales y laborales del individuo así como por supuesto los daños físicos que incluso pueden llevar a la muerte. En términos sociales, dice que es "contagioso" ya que cada adicto introduciría a otros en el vicio y así la drogadicción se convertiría en una epidemia. Relaciona también el consumo con la comisión de algunos delitos y el desempleo. Por último, reseña diferentes aristas del argumento perfeccionista de acuerdo con el cual el hábito de consumir drogas es considerado disvalioso ya que sería la manifestación de un carácter moral defectuoso, que se opone a la conservación de la capacidad de tomar decisiones y el ser partícipe de nuestra vida; tal como lo expone Nozick, lo que se opone al goce de experiencias "artificiales" (Nino 1984) .

Lo llamativo, es **que esa introducción del tema, es la plataforma a partir de la cual Nino desplegará una larga argumentación rebatiendo cada uno de los argumentos esgrimidos a favor de la punición de la tenencia de drogas para consumo personal; justificando, por tanto, una conclusión diametralmente opuesta a la de la disidencia en la sentencia C-221/94**. En *Ética y derechos humanos* (Nino 1984), el texto citado por los Magistrados que firman la disidencia, Nino se ocupa de justificar específicamente -como un modo de graficar de manera coherente su propuesta de fundamentación de los derechos humanos- por qué no debería castigarse penalmente el consumo o la tenencia para consumo personal. Sostiene que hay al menos tres planteos independientes que pretenden justificar la punición del consumo y /ó tenencia para consumo personal: el argumento perfeccionista, el argumento paternalista y el argumento de la defensa social. Precisamente, uno de los objetivos de Nino es desbrozar estos tres argumentos que aparecen en ocasiones indiferenciados, tal como sucede en el voto de disidencia. El argumento del perfeccionismo se apoya en la autodegradación moral que importa el consumo de drogas para sostener la necesidad de su castigo; el segundo se funda en el intento de proteger a los individuos de sí mismos, a través del castigo del consumo de estupefacientes. Por último, el argumento de la defensa social se apoya en la pretensión de proteger a terceros de los daños potenciales que sobre ellos puede provocar quien consume estupefacientes.

El principio de autonomía de la persona, el que articula toda su concepción de los DDHH y de la democracia, es caracterizado como aquél que ordena *que siendo valiosa la libre elección individual de planes de vida y la adopción de ideales de excelencia humana, el Estado (y los demás individuos) no debe interferir en esa elección o adopción, limitándose a diseñar instituciones que faciliten la persecución individual de esos planes de vida y la satisfacción de los ideales de virtud que cada uno sustente e impidiendo la interferencia mutua en el curso de tal persecución.* (Nino, Ética y derechos humanos. Un ensayo de fundamentación 1984, 204, 205) . Como ya se dijo, Nino utiliza el ejemplo de la discusión respecto del castigo de la tenencia para consumo de drogas para poder mostrar cómo impacta el respeto a la autonomía individual en los casos en lo que se discute la interferencia estatal sobre la vida de los individuos.

Asumir una posición perfeccionista implica necesariamente desconocer el derecho derivado de la autonomía individual; y si bien en algunos casos – cuando la protección de los intereses genuinos de los individuos puede realizarse sin necesidad de imponer indirectamente intereses que no son reconocidos por sus supuestos titulares- el paternalismo no ataca la autonomía (como por ejemplo el uso de cinturón de seguridad, la prohibición del "salero" en las mesas de los restaurantes), en el que nos ocupa sí lo hace porque necesariamente implica imponer a los individuos castigados unos valores de vida que no comparten; por último, si es posible – y en este caso lo es- ejercer la defensa social sin restringir el derecho a la autonomía individual, entonces no está justificado limitar la autonomía de quienes consumen drogas. (Nino 1984, 445) .

Su conclusión es que, en función de las implicancias del principio de autonomía individual, ni las objeciones perfeccionistas, ni las paternalistas ni de la defensa social, están en condiciones de justificar de manera concluyente la punición de la tenencia de drogas para consumo personal.

4. CONCLUSIÓN

En este recorrido se pudo mostrar que la cita de Carlos Nino que utiliza la disidencia en apoyo de la fundamentación de su decisión, da a entender que el autor sostenía una postura diametralmente opuesta a la que en verdad defendía, la cual, incluso, podría ser cercana al contenido del voto mayoritario. Esa constatación permitió a su vez reflexionar acerca de la importancia de que las citas de autoridad en las sentencias judiciales se incorporen de manera formalmente correcta; pero, además, que su contenido sea pertinente y coherente con el argumento que se presenta como fundamento de la decisión. De otro modo sería casi imposible para el justiciado y para los lectores interesados, hacer una evaluación adecuada de la argumentación judicial; lo que impacta de manera directa en la posibilidad de la impugnación de su contenido.

Además, se articuló en este capítulo la concepción democrática de Nino con su opinión respecto del control de constitucionalidad de las leyes como un modo de reafirmar la necesidad de que las citas utilizadas en las sentencias judiciales sean formal y sustancialmente correctas. Si la democracia es una especie de discurso moral regimentado, y si el control de constitucionalidad de las leyes aparece como insoslayable en relación con el resguardo de ciertas garantías procedimentales del discurso, puede colegirse que los **contenidos intertextuales de las sentencias deben tener su fuente claramente asignada para que los receptores de esa decisión – que incluye a cualquier ciudadano y lector interesado- tengan la posibilidad real de comprender, juzgar y eventualmente cuestionar de primera mano ese contenido que se incorpora al texto decisorio**.

Bibliografía

"Despenalizacion del consumo de la dosis personal". Expediente No. D- 429, C-221/94 (Corte Constitucional Colombiana, 5 de Mayo de 1994).

Ferrer Beltrán, Jordi. «Apuntes sobre el concepto de motivación de las decisiones judiciales.» *Isonomía 34*, 2011: 88-107.

Gargarella, Roberto. «CELS.» *CELS.* s.f. https://www.cels.org.ar/common/documentos/gargarella.pdf (último acceso: 13 de febrero de 2024).

—. «La Corte, el Riachuelo y las Comisarías.» *Página 12*, 18 de Julio de 2006: https://www.pagina12.com.ar/diario/contratapa/13-70077-2006-07-18.html.

Jesús, Vega. «Revus.» *Revus.* 28 de Diciembre de 2017. URL: http://journals.openedition.org/revus/3990; DOI: https://doi.org/10.4000/revus.3990 (último acceso: 28 de Noviembre de 2023).

Leiza, Centurión Olguín, y Alejandro Retegui. «El lenguaje claro llega a la Corte Suprema.» *La Ley*, 2024: 1-6.

López Medina, Diego. *Las fuentes del argumento.* Medellín: Legis , 2009.

Nino, Carlos. *Ética y derechos humanos. Un ensayo de fundamentación.* Buenos Aires: Astrea, 1984.

Orunesu, Claudina. *Positivismo Jurídico y Sistemas Constitucionales.* Madrid: Marcial Pons, 2012.

Pawlik, Michael. «Presupuestos y límites del deredcho penal del ciudadano.» *Derecho Penal y Criminología DOI: https://doi.org/10.18601/01210483.v44n117.02*, 2023: 11-30.

Ratti Mendaña, Florencia. «Buenas prácticas en el uso de fuentes y citas en sentencias judiciales.» *Revista de la Facultad de Derecho y Ciencias Políticas*, 2022: 288-317.

Restrepo Tamayo, John. «Síntesis de la contribución institucional de Corte Constitucional de Colombia en tres décadas de funcionamiento.» *Derecho global. Estudios sobre derecho y justicia*, 2023.

Rodríguez, Jorge Luis. *Teoría Analítica del Derecho.* Madrid: Marcial Pons, 2021.

La argumentación ética de Martha Nussbaum en la sentencia de la Corte Constitucional colombiana que rechaza el habeas corpus como acción orientada a evitar el cautiverio del oso Chucho

Martha Nussbaum's ethics in the Colombian Constitutional Court ruling that rejects the use of habeas corpus to protect bear Chucho from being held in captivity

Pablo Martínez Becerra*

Resumen

El proceso judicial iniciado por la presentación de un *habeas corpus* para lograr trasladar al oso andino *Chucho* a un lugar de semicautiverio, incluye argumentos éticos de Martha Nussbaum. Junto con mostrar el modo en que se usan algunos de sus argumentos para respaldar la "liberación" del oso (por ejemplo, que la dignidad radica en las capacidades), señalamos que el discurso filosófico puede servir para generar un hiato entre legislación vigente y sentencia. Finalmente, explicamos que los defensores del *habeas corpus* para Chucho, tienen una detractora en Nussbaum, por ocupar una estrategia que, poseyendo efectividad, carece de "coherencia" teórica.

---

* Facultad de Humanidades Universidad de Playa Ancha. Valparaíso (Chile). Doctor en filosofía, moral y política por la Universidad de Valencia, España. Investigador de la obra de Martha Nussbaum. https://orcid.org/0000-0002-2866-6694. pablo.martinez@upla.cl MARTINEZ BECERRA, Pablo. **El «enfoque de las capacidades» de Martha Nussbaum frente el problema de la ética animal.** *Veritas* [online]. 2015, n.33, pp.71-87. ISSN 0718-9273. http://dx.doi.org/10.4067/S0718-92732015000200004.

Abstract

The judicial process initiated by the filing of a *habeas corpus* to achieve the transfer of the Andean bear Chucho to a place of semi-captivity, includes ethical arguments by Martha Nussbaum. Along with showing how some of her arguments are used to support the "liberation" of the bear (e.g., that dignity lies in capabilities), we point out that philosophical discourse can serve to generate a hiatus between current legislation and sentencing. Finally, we explain that the advocates of habeas corpus for Chucho have a detractor in Nussbaum, for employing a strategy that, while effective, lacks theoretical "coherence".

1. INTRODUCCIÓN

El presente capítulo tratará sobre la relación entre filosofía y derecho y de cómo se articula la argumentación de ambas dimensiones disciplinares. La consideración de un tema tan amplio y densamente debatido surge como consecuencia de intentar desarrollar una tarea específica y acotada, a saber: dar cuenta del uso de la ética animal de la filósofa neoyorquina Martha Nussbaum en la argumentación de un caso judicial que está circunscrito, en principio, a los lindes del derecho animal. De manera ineludible, este análisis, junto con permitirnos juzgar el aporte y pertinencia de la argumentación de Nussbaum en un proceso judicial, nos dará ocasión para volver a criticar ciertos aspectos de lo defendido en su filosofía, a la vez que ahondamos en sus razonamientos.

El caso puntual que hemos de poner en relación con el discurso filosófico de Nussbaum, es el que se suscitó por el traslado de un oso andino (*tremarctos ornatus*) desde su semicautiverio en la reserva Río Blanco en Manizales (Col.) a las condiciones de cautiverio del zoológico de Barranquilla, (Col.). El punto central que da ocasión a la polémica, es la presentación de un *habeas corpus* para intentar apoyar la moción del traslado, "liberación", del oso[1]. Como era

---

1 Sentencia AHC-4806 de 2017.

de esperar, este recurso que reclamaba el derecho de libertad del animal, generó un desplazamiento de la argumentación al plano de los principios éticos que era ineludible sobre todo para quienes respaldaban la procedencia del *habeas corpus*, pues, la contraparte, si bien no pudo eximirse de debatir a nivel del discurso filosófico, ya tenía bastante a su favor con la legislación vigente.

Sin duda, nos parece adecuado exponer las directrices fundamentales de la teoría de la justicia de la filósofa neoyorquina —enmarcada en el liberalismo político—, para dar contexto a la apelación a su pensamiento. Luego de ello, mostraremos los aspectos filosóficos del caso y de cómo se argumentó conforme a su ética animal en la Corte Constitucional Colombiana.

1.1. La ética animal desde la teoría de la justicia de Nussbaum

Las teorías de la justicia, como la defendida por Nussbaum, se enfocan en fundamentar el marco normativo compartido y universalmente exigible dentro de las sociedades liberales democráticas (Nussbaum, 2012). Se puede decir que, en cuanto liberales, estas teorías rehúsan establecer una concepción comprensiva de la vida buena, mientras que, como democráticas, buscan conformar un marco normativo de igualdad que entiende la justicia social como dotación de condiciones de entrada equitativas para todas las personas. Sin embargo, Nussbaum, a diferencia de la canónica concepción de justicia de John Rawls, pretende traspasar con su "enfoque de las capacidades" los márgenes de la sociedad estadounidense y de las democracias afines, para establecer una ética del "desarrollo humano que trascienda las fronteras de los distintos países, [y] que sea transcultural" (Cortina, 2009, 147). A su vez, la filósofa no descarta que la "vida buena" pueda ser un objetivo político, y para que esto no resulte ser una propuesta premoderna, debe sortear, con toda seguridad, la posibilidad de estar prescribiendo una doctrina sustantiva respecto a cómo hay que vivir. Singularmente, el enfoque de las capacidades logra conjugar el principio de libertad, que es irrenunciable para una postura liberal, no tanto con la "vida buena" como tal, sino con los resortes que la permiten (Martínez Becerra, 2015). Precisamente, los mínimos de justicia, para Nussbaum, son capacidades que nos facultan para "funcionar" en los ámbitos de la vida que valoramos. Por ello, la postura de Nussbaum continúa siendo una propuesta moderna porque no está prescribiendo la forma en que "hay que vivir", más bien está estableciendo las condiciones básicas que todas las personas han de tener aseguradas políticamente (Estado) para tener la posibilidad de vivir bien a su manera. Sin duda este florecimiento vital no se consigue tan solo accediendo a los "bienes primarios" —derechos y libertades básicas, base económica y las bases sociales de respeto a sí mismo (Rawls, 2013, 177)—, sino, además, creando capacidades cuyo mínimo debe ser asegurado por el Estado (Nussbaum, 2012, 52-55).

Respecto a las teorías de la justicia en general, se puede afirmar que el referente normativo "político" que se intenta fundamentar y legitimar desde la reflexión filosófica, ha de estar compuesto por mínimos de justicia que, con densidades variables según sea la concepción de lo que debe el Estado a las personas, han de manifestar los intereses universalizables de los seres humanos. Se trata de proponer como norma aquello que "todos podríamos querer" y que viene a ser, de todas formas, el ideal propio de la razón (*Ideal der Vernunft*), puesto que los ideales de la imaginación (*Ideal der Einbildungskraft*) entre los que se cuenta la "felicidad", como bien enseñaba Kant, permanecen en el plano "comprensivo" y denso de los intereses puramente particulares que se desenvuelven en la esfera individual de la libertad (Kant, 2012, 122). A causa de ello, el que la razón sea actualmente adjetivada, con afán de superar todo reductivismo, de sentiente, dialógica, "cordial", etc., parece seguir siendo la fuente que da la posibilidad de establecer y proponer legítimamente un marco normativo susceptible de ser compartido. Por ello, las teorías de la justicia de más diverso cuño han solido poner en la capacidad racional, que permite deliberar, pactar, consensuar, etc., el referente, no solo para poder participar en los procesos de deliberación normativa y de creación de la voluntad general, sino la condición de la inclusión en el goce de derechos.

Conforme a lo dicho, el ser sujeto de derecho ha estado definido por la posibilidad de ejercer la capacidad racional en los procesos tendientes a alcanzar acuerdos normativos políticos. Por ello, si las "**fronteras de la justicia**" progresivamente se han ido abriendo al postularse una mayor inclusión, ha sido en primera instancia en vistas a asumir el posible interés racional de aquellos que, por diversos motivos, se encuentran "privados" del uso de razón (niños, "discapacitados"), pero, por bastante tiempo, ni siquiera se ha pensado que dichas fronteras se pudiesen desplazar más allá de la "especie humana". Esto significa que parecía impensable hacer partícipes de titularidad de derechos a los seres que "carecen" de razón de acuerdo a la "norma de su especie" (Nussbaum, 2007, 185). Por ello, hasta hace algunas pocas décadas, todas las teorías de la justicia se podían haber calificado —según el apelativo creado en 1971 y ahora consagrado—, de "especistas" (Pelluchon, 2018, 29) al defender que: si acaso los derechos les conciernen a otras especies distintas a la humana, será de manera indirecta, en clara subordinación al interés del ser racional y de acuerdo a la posibilidad de analogar o asemejar las capacidades animales a las humanas. En consonancia con esto, algunas propuestas como, por ejemplo, la de Rawls defienden que existen deberes morales hacia los animales, que él denomina "deberes de compasión y de humanidad" (Nussbaum, 2007, 327). Al decir de Nussbaum: "*El hecho de que Rawls omitiera a los animales de su teoría de la justicia se debe, pues, tanto a su concepción kantiana de la persona como a la estructura de la posición del contrato social. A diferencia de Kant, Rawls sostiene que tenemos ciertos deberes morales hacia los animales; no obstante, la justicia es patrimonio exclusivo del ámbito humano*" (Nussbaum, 2007, 331).

Sin embargo, pese a Rawls, acontecía que mientras dentro de la ética animal se ampliaban los argumentos utilitaristas que situaban la sintiencia, la agencia y la conación como tópicos para determinar el estatuto moral de los animales, se apuntalaba el desplazamiento de las fronteras de la justicia de tal forma que era cuestión de tiempo que los filósofos políticos teorizaran la inclusión de otras especies. En el fondo, la argumentación que respaldaba un enfoque *pathocentrista* (Cortina, 2009, 114), es decir, aquel que se centra en la capacidad de sentir sufrimiento, hacía viable que el problema animal pudiera constituirse en un asunto de justicia y, por tanto, debatible en los términos de inclusión o exclusión política tal como ocurre en la ética-política de Nussbaum.

1.2. Justicia interespecie y "politización de la causa animal"

Ciertamente, el devenir del "derecho animal" en las diversas legislaciones nacionales, nos da ciertas claves concretas de la evolución de la consideración moral y de la inclusión política de los animales. Por ejemplo, en Chile la legislación ha transitado por tres etapas de desarrollo que, pese a haberse designado con una nomenclatura que puede confundir, nos ilustran de la transformación de la consideración del animal. En la primera etapa, se dictan normas relativas a las "sanidad animal" a fin de aumentar la producción y evitar la transmisión de enfermedades entre los mismos animales y de estos a los humanos, en la segunda, se busca el "bienestar animal" reconociendo el deber de evitar su sufrimiento y, además, se logra hacer concordar en parte las normativas locales con las normas más universales propias de la legislación internacional, la última, se enfoca en la "protección animal" contando con su sintiencia en términos más complejos (como sujetos de emociones que sufren, entre muchos otros padecimientos, estrés, aburrimiento) y se logra categorizar el problema animal tomando en cuenta cual es el tipo de "relación" con los seres humanos (Montes, 2018, 111).

Sin duda, es difícil pensar que esta última etapa no contemple diversos aspectos de las anteriores, pues, qué duda cabe que "proteger" al animal es, también, velar por su bienestar y viceversa. Pero, a nuestro entender, acontece que, más allá de la designación, lo que va marcando la transición de una etapa a otra es el intento gradual de considerar al animal moral, jurídica y políticamente como un ser cuyo interés cuenta por sí mismo, es decir, evitando valorar la promoción de su vida buena, y la protección de la misma, por medio de tasar el grado de beneficio que puede acarrear para el ser humano.

En otras palabras, lo que se ha de evaluar son las consecuencias que determinado trato o normativa tiene para la vida del propio animal. Esto supone que se le considere como fin en sí mismo, tal valoración conlleva, a su vez, que al nivel jurídico se realice el paso desde una legislación que los entiende "como bienes muebles semovientes" a una que les considera, al menos, con un estatuto jurídico que contempla su "agentividad" (Montes, 2018, 111).

De manera casi paralela, en el plano de la reflexión filosófica, se ha intentado pasar de teorías de la justicia de carácter especistas y raciocéntricas, a teorías de la justicia "interespecies", como es la de Nussbaum, preocupadas por las condiciones de justicia social que el Estado debe prescribir para el bienestar (florecimiento) tanto del ser humano como del animal (Nussbaum, 2007, 323). Al pretender una justicia interespecies, la perspectiva disciplinar propia de las teorías de la justicia, acoge en sí una parte importante de la ética animal que se ve reforzada en su desarrollo como disciplina práctica, sobre todo, por el grado de exigibilidad con la que se revisten sus pretensiones. Por ello, se ha dicho que la causa animal ha dado cierto giro que bien puede ser denominado "politización de la causa animal" (Rey Pérez, 2018, 52-62). Esto significa que el centro de la "ética animal", ha sufrido un desplazamiento, desde una argumentación moral que respalda el buen trato hacia el animal en encontrar similitudes con el ser racional o en la idea kantiana del rol educativo que tiene el cuidado de los mismos, entre otros referentes, hacia una fundamentación de los principios políticos que han de regir en una sociedad pluralista en la que se han de considerar los intereses de los animales en cuanto miembros, algunos cercanos otros distantes, de la comunidad.

Por tanto, las teorías de la justicia con este grado de inclusividad, no ponen el acento en posibles deberes morales para con los animales, ni se limitan a justificar las bondades del trato caritativo para con ellos, puesto que lo que pretenden es ir más allá del mero rango de invitación para dar a la "ética animal" los referentes normativos de obligatoriedad propios de la justicia garantizada por el Estado. Esto supone que la "organización política y social de la sociedad", ha de tener en cuenta el interés de los animales no humanos desde un marco que asume el reto de lograr una, singularísima, "igualdad" interespecies que dice relación con contar con sus intereses. Se asume que la sensible trama de relaciones entre la acción humana y la vida de los animales nos fuerza a aceptar, al decir de Pelluchon, que "nuestra política es siempre zoopolítica" (Pelluchon, 2018, 58).

A nuestro entender, "politizar la causa animal" es, principalmente, trasladar el debate en torno al trato animal al discurso práctico propio de las teorías de la justicia y, por tanto, intentar responder por cuáles han de ser los deberes del Estado respecto del animal en términos de derechos y justicia social. Por ello, la causa animal para realizar su "giro político" no necesariamente ha tenido que esperar que Donaldson y Kymlicka desarrollaran su extrapolada "teoría de la ciudadanía animal" que defiende que "a algunos animales es mejor verlos como conciudadanos de nuestra comunidad política cuyos intereses cuentan a la hora de determinar nuestro bien colectivo" [*some animals are best viewed as co-citizens in our political community whose interests count in determining our colletive good*] (Donaldson & Kymlicka, 2011, 54). En cierto modo, basta con entender a los animales, como bien dice Pelluchon, como "sujetos políticos", sin llegar a atribuirles ciudadanía, para considerarlos dentro de la justicia. Además, como certeramente expresa la filósofa francesa, no se les quita esta inclusión política a los animales por considerar que "solo los humanos pueden ser plenamente ciudadanos, sean cuales sean sus capacidades de expresar su voluntad y su participación en las decisiones colectivas" (Pelluchon, 2018, 61)

2. EL CASO DEL OSO CHUCHO: LÍMITES DE LA LEGISLACIÓN Y ESTRATEGIA DISCURSIVA

El debate público y la contienda jurídica que es centro de nuestro análisis y que esbozamos más arriba, se generó el año 2017 en Colombia a causa del traslado de un oso andino llamado Chucho al zoológico de Barranquilla. Dicho traslado motivó diversos intentos de revertir la medida para así devolver al animal a la reserva de Río

Blanco en Manizales o a un lugar similar de semicautiverio. Esta pretensión tomó forma a nivel judicial el día 16 de junio de 2017 gracias a la presentación ante el Tribunal Superior de Manizales de un recurso de *habeas corpus* por parte del abogado Luis Domingo Gómez Maldonado. Ese mismo año 2017, la Sala Civil de la Corte Suprema de Justicia, con ponencia del Magistrado Luis Armando Tolosa, concedió el *habeas corpus*, asumiendo con el fallo aspectos que, estando respaldados argumentativamente en el plano moral, no estaban sancionados jurídicamente en el derecho colombiano, a saber: se concedía a Chucho, al menos tácitamente, el estatuto de sujeto de derecho y cierta "personalidad" que se hacía derivar de su sintiencia[2]. Precisamente, el zoológico de Barranquilla apoyándose en esto –es decir, atendiendo a que la normativa jurídica vigente en Colombia no prescribía dicho estatus para los animales— interpuso una acción de tutela contra esa decisión alegando que se violaba el debido proceso[3]. Se había procedido aduciendo un supuesto derecho de libertad del animal ausente del derecho colombiano, sin contar con aquello que sí garantizaba la Constitución como era la responsabilidad humana del cuidado animal. Finalmente, la Corte Constitucional de Colombia, el día 16 de enero de 2020 en sede de revisión constitucional profirió Sentencia de Unificación, y le dio la razón al zoológico de Barranquilla al determinar que el *habeas corpus* sólo procede cuando se trata de cautelar la libertad de los seres humanos[4]. Por su carácter sintético, esta sentencia nos sirve de referente principal para abordar los puntos coyunturales de la discusión.

La pretensión de trasladar a Chucho apelando a un recurso que protege la autonomía humana, ha sido objeto de numerosos comentarios y análisis que van desde los realizados por expertos (juristas, filósofos, biólogos, etólogos, etc.), pasando por artículos de prensa, hasta llegar a las opiniones ciudadanas más variopintas. Está claro que el recurrir al *habeas corpus* era un intento, según la afortunada

2 Sentencia AHC-4806 de 2017, 28.

3 Auto 381 de 2019.

4 Sentencia SU-016 de 2020, 1.

expresión consagrada por Nussbaum, de ampliar las "fronteras de la justicia" que implicaba en buena medida que, para los abogados "defensores de la libertad de Chucho", la letra de la ley, e, incluso, su dúctil espíritu, no eran suficientes ya para responder a lo que requería el oso, sino que era necesario pasar de la discusión legal a la discusión moral.

Tengamos presente la afirmación del Magistrado Luis Armando Tolosa Villabona, emitida en el marco de la sentencia de 2017, que concede al oso Chucho la "protección invocada por vía de *habeas corpus*::"[…] en la estructura actual del derecho son sujetos el inmenso grupo de personas jurídicas: sociedades comerciales, asociaciones, colectividades públicas, a las cuales siendo realidades inanimadas se les reconoce personalidad jurídica y algunas garantías procesales. ¿Por qué no otorgar personalidad jurídica a las otras realidades verdaderamente "animadas" sintientes y vivas, más allá de la apreciación del tradicional deber humano de protección de la naturaleza como objeto?"[5]. En efecto, el Magistrado Tolosa, situándose en una perspectiva filosófica tradicional como es la que interpreta el mundo desde una *scala naturae* —a la que se refiere abundantemente Nussbaum en su último libro (2023)—, implícitamente sostenía que es entitativamente superior un ente vivo a uno inerte y esa superioridad se mantiene cuando se le compara con entidades colectivas que no son "sustanciales". Hay bastantes razones para dar el favor al Magistrado Tolosa, pero, la legislación, pese a su propia sentencia judicial, no estaba por el momento con él. Justamente, el Magistrado apoyaba la dirección que había seguido la demanda del abogado Gómez Maldonado, es decir, tenía sentido invocar el supuesto "derecho de libertad" del oso Chucho, haciendo *una transposición de una prerrogativa de los seres humanos al "mundo" de los seres sintientes.*

De acuerdo a lo anterior, esta apelación —que encontraría un lugar más apropiado en la discusión legislativa parlamentaria—, trasladaba, de forma inevitable, el foco del debate en la Corte a

---

5 Sentencia AHC- 4806-2017 de 2017, 11-12.

la consideración del alcance de los principios y a la discusión del estatuto moral de los animales. Este desplazamiento implicaba, que la disputa jurídica daba lugar a la reflexión moral ("política"), pues no se trataba, desde ese momento, de solo aplicar la ley, sino de discutir en torno a los fines. El discernimiento de tales problemas supone adscribirse a una perspectiva que está dentro de los márgenes de la disciplina ética y, en particular, a la nueva subdisciplina que responde al nombre de "ética animal". Por ello, no debe sorprender que preguntas que, regularmente están dirigidas a determinar el sentido existencial de los seres humanos se transfieran a la vida animal. Concretamente, en la contienda judicial en torno a Chucho, aparece la exigencia de responder preguntas reservadas hasta no hace mucho al vivir humano: cómo ha de vivir el animal, en qué consiste su florecimiento, qué elementos permiten que su vida no se malogre y sea una *vida buena*, etc[6]. Todos estos cuestionamientos se subsumen en el problema del valor moral del animal no humano que, llevado al límite, termina, como sucede en la obra de Nussbaum, en la discusión en torno a la atribución de "dignidad".

Cabe decir que la ética animal, en su actual constitución, depende de un trabajo interdisciplinar permanente que, en buena parte, orienta sus esfuerzos en consagrar sus principios y directrices en las normas vinculantes del "derecho animal". **Por tanto, quienes sostienen que en las Cortes de justicia (Suprema o Constitucional) los argumentos extra o pre jurídicos retrasan los fallos desviando el foco de lo que tipifica la ley, están en lo cierto, pero, yerran si piensan que la discusión acerca de los fines propios de la ética no debe tener lugar ni siquiera tratándose de asuntos controversiales Sin duda, en determinados asuntos sí sobra la disputa ética y hace el ridículo quien esgrime argumentos morales en aquellos casos en que la aplicación del derecho se mueve en lo evidente. Pero, como sucede ejemplarmente en el caso**

---

6 Sentencia SU-016 de 2020, 101.

del traslado de Chucho, el carácter controversial daba lugar a una exigencia de entrecruce disciplinar en el que la ética es la piedra de toque. Por tanto, no debe pensarse que en todos los casos de debate jurídico se esgrimen argumentos filosóficos sin pertinencia, pues, cuando los casos suponen preguntas que, por ser fundamentales, se instalan en la controversia, es ineludible el ejercicio de una reflexión moral que vaya acompañada de otras consideraciones que, en principio, parecen obstaculizar el ejercicio del derecho.

En definitiva, los casos controversiales no son necesariamente controversiales porque ciertos abogados pierden el tiempo en las grandes preguntas o quieran presumir de versados, sino que, a la inversa, las grandes preguntas aparecen justamente como consecuencia de asumir el carácter poco pacífico de los mismos y, además, según piensan algunos, a causa de las limitaciones de la legislación vigente. Así, en el caso de Chucho, la controversia iniciada por la petición de *habeas corpus* conllevaba la pregunta de si la conducta animal se rige por el principio de libertad o ha de atenerse a la seguridad propia de la tutela.

Ahora bien, hay que decir que, en Cortes Constitucionales como la colombiana, estas recurrencias a argumentos filosóficos tienen efectos y, en este caso, sería ingenuo afirmar que la "*causa animal*" no ha cosechado sus frutos —inmediatos o remotos— del caso del oso Chucho para favorecer el desplazamiento de la valla fronteriza que impide el goce de una amplia justicia animal. Precisamente, en su último libro, Nussbaum vuelve a apuntar, reiterando la crítica a la postura de Stephen Wise, al "aspecto estratégico" que puede tener el recurrir a determinada argumentación antropológico-ética, incluso que se conduzca ésta desde principios equivocados. Muestra que en los tribunales puede ser una buena estrategia para respaldar eficazmente una causa específica, el apelar a una argumentación que pueda parecer sensata a la mayor parte de los jueces en cuanto responde a su propia imagen del mundo. De acuerdo con ello, Wise, al entender de Nussbaum y conforme a sus propias declaraciones en su libro *Sacudiendo la jaula*[7], sustenta su enfoque recurriendo a la similitud de ciertos animales con los seres humanos, más allá de la coherencia filosófica que este argumento pueda tener, dado el efecto que puede suscitar en la sensibilidad y en la voluntad de los jueces.

Dice la filósofa:

> Wise es ante todo un abogado. No trata tanto de crear la mejor teoría filosófica del derecho animal como de argumentar a favor de una mejor posición de los animales, utilizando los materiales, jurídicos y teóricos, de que dispone. Mucha gente piensa que la extensión de la personalidad a las corporaciones fue un gran error, y por lo que sabemos el propio Wise puede pensar lo mismo. Pero argumenta a partir de precedentes como un abogado astuto: ya hemos decidido esto, ahora tenemos que ver sus implicaciones para la cuestión animal. Su enfoque en la similitud es más estratégico que filosófico: sólo intenta mover la aguja con los jueces, empezando por donde están. Así que criticar su teoría como teoría puede ser un poco grosero. No obstante, se presenta como una buena base para la argumentación pública, y persuade, en la medida en que lo hace, sólo en la medida en que la gente la cree (Nussbaum, 2023, 29)[8].

Teniendo esto presente, la acción de *habeas corpus* para el oso Chucho cuesta no entenderla como una continuación de la cruzada

---

7 Como expresa Wise: "[…] *Rattling the Cage* no se escribió solo como un trabajo de historia, ciencia o filosofía, sino como modelo para una campaña de lucha estratégica y permanente en aras de establecer, principalmente, que los chimpancés tienen capacidad de poseer derechos" (2018, 14)

8 Wise is above all a lawyer. He is not so much trying to create the best philosophical theory of animal law as he is trying to argue animals into a better position, using the materials, legal and theoretical, at his disposal. Many people think that the extension of personhood to corporations was a big mistake, and for all we know Wise himself may think this. But he is arguing from precedent like a shrewd lawyer: we've already decided this, now we need to see its implications for the animal question. His focus on similarity is strategic more than philosophical: he is just trying to move the needle with judges, beginning from where they are. So to criticize his theory as a theory may be a bit churlish. Nonetheless, it is put forward as a good basis for public argument, and it persuades, insofar as it does, only to the extent that people believe it.

estratégica de Wise por ganar derechos para ciertos animales. Según parece, se aplicaba el "modelo" del profesor de Harvard (*bodily liberty*), valorando su efectismo, pese a que era fácil advertir, incluso para los mismos abogados que recurrían a esta figura, que, de acuerdo a la legislación colombiana, se podía aducir la existencia de un "defecto procedimental absoluto"[9]. La fórmula parece probada ya que antes, durante el 2013, el propio Wise, a través de la organización NhRP (Nonhuman Rights Project) por él fundada, se dedicó a presentar recursos de *habeas corpus* en favor de chimpancés cautivos en el Estado de Nueva York que, si bien derivaron en rechazos, constituyeron pasos importantes en la causa animal (Wise, 2018, 15)[10]. Además, en Latinoamérica existían antes de la acción judicial en favor de Chucho, antecedentes de la efectividad del *habeas corpus* como son los casos de las orangutanas Sandra y Cecilia en Argentina, y, con posterioridad, no ha dejado de mostrarse efectivo teniendo en cuenta la orden de traslado del chimpancé Toti del zoológico de General Roca a un santuario en Brasil (2023)[11]. Sin embargo, la vía del *habeas corpus*, a pesar de que ya había sido transitada con éxito en la nación trasandina y en los EEUU, como muestra Nussbaum (2023), se concede dentro de las limitaciones propias de las medi-

---

9 Corte Suprema de Justicia. Providencia Ahc4806-2017 de 2017, 2

10 The Nonhuman Rights Project, Inc., on behald ofTommy, v., Patrick C. Lavery (2013); The Nonhuman Rights Project, Inc., on behalf of Kiko, petitioners, against Carmen Presti, y otros, respondents (2013); The Nonhuman Rights Project, Inc., on behalf of Kiko, petitioners, against Carmen Presti, y otros, respondents (2016);The Nonhuman Rights Project, Inc., on behalf of Hercules and Leo, petitioners, against Samuel L. Stanley jr. M.D., as president of State University of New York at Stony Brook a/k/a/ Stony Brook University, and State University of New York at Stony Brook a/k/a Stony Brook University, respondents (2013).

11 Las sentencias referidas a los casos de estos tres animales son los siguientes: Asociación de funcionarios y abogados por los derechos de los animales y otros contra GCBA sobre Amparo. EXPTE. A2174-2015/0. 21 de octubre 2015; Tercer Juzgado de Garantías de Mendoza. Argentina. EXPTE. P-72.254/15. 3 de noviembre 2016; Juzgado de Familia de General Roca. EXPTE. RO-29420-F-0000. 01 de febrero de 2023.

das excepcionales que suelen declararse procedentes cuando se trata de "favorecer" especies amenazadas o a animales que sensibilizan por su semejanza con los seres humanos.

Ciertamente, Nussbaum señala que es necesario el uso de una racionalidad estratégica a la hora de abrir puertas o despejar las fronteras que favorezcan la causa animal, pero entiende que a largo plazo la efectividad de ciertas argumentaciones poco "coherentes", terminan transitando un camino sin salida que trabajosamente hay que desandar. Volveremos a esto más adelante a propósito de los últimos juicios, algo reformulados, de Nussbaum sobre Wise.

3. NUSSBAUM COMO REFERENCIA EN EL CASO DEL OSO CHUCHO

Aparentemente, las argumentaciones ético-políticas de Nussbaum condicen más con la posición que pretendía la "liberación" del oso Chucho. Sin embargo, la consideración de una libertad sin más, valorada en sí misma, encuentra su forma y sentido en conexión a las posibilidades de florecimiento y, en ese momento, la filosofía de Nussbaum parece apoyar la causa contraria. A continuación, enumeramos y analizamos las referencias que se hacen de la autora en la Sentencia SU-016 de 2020:

3.1. En el resumen de las contestaciones al auto de pruebas se recoge la posición del profesor, especialista en ética aplicada, Eduardo Rincón Higuera, quien se apoya en Nussbaum para defender el cambio de perspectiva que supone atribuir al animal un valor en sí mismo no muy distinto al de los seres humanos[12]. Precisamente Nussbaum, se desmarca en buen grado de la posición de Kant cuando deja de distinguir el valor de los animales del valor incondicionado de aquel ser que no puede ser instrumentalizado como es, en exclusiva, la persona humana. Para Nussbaum, el valor absoluto de

---

12 Sentencia SU-016 de 2020, 13.

la persona humana, la imposibilidad de asignarle un precio, en otras palabras, su "dignidad", puede, en cierto modo, predicarse de los animales. Por lo mismo, el profesor Rincón en la parte extensa de su contestación[13], entiende la vida buena del animal como "aquella en la que un animal disponga de sí mismo para sí mismo" de acuerdo a su dignidad, con lo cual, a nuestro entender, descarta que se pueda conjugar en ciertos casos la vida buena del animal, su florecimiento, con cierta tutela o, al menos, con un "paternalismo débil". Pero, lo cierto es que, si bien Nussbaum piensa que la agencia y conación de los "animales no humanos" ha de desenvolverse en un modo muy deseable de autonomía, esto no excluye que, "en muchos casos, el uso inteligente y prudente de los parques zoológicos y animales en general puede ser uno de los ingredientes de una política destinada a proporcionar vidas dignas a los miembros de estas especies. Muchos animales estarán mejor en un zoo imaginativo y bien cuidado que en libertad en la naturaleza (al menos, en las actuales condiciones allí reinantes de peligro y escasez)" (Nussbaum, 2007, 370).

A nuestro entender, la argumentación de Nussbaum queda así alineada con la posición del zoológico de Barranquilla, y esto es aún más claro cuando cabe asimilar el caso de Chucho al ejemplo que pone la filósofa acerca de la posibilidad de extinción de los tigres: "el trato digno a los tigres vivos reales acaba quedando vinculado a la preservación de la especie" (Nussbaum, 2007, 370). Es decir, la tutela se puede relacionar, según el enfoque de Nussbaum, con el buen vivir del individuo, pero también, en determinados casos, como es el caso de especies amenazadas, con la preservación. A su vez, no hay que olvidar que la "liberación" de Chucho, desde una propuesta que tiene como centro las capacidades, sólo cobra sentido si eso le permite acercarse a su florecimiento mejor que como lo haría en el zoológico. Según parece, a la edad de Chucho, y de acuerdo a su biografía, conviene más velar por sus "funcionamientos", es decir, por un ejercicio vital más pleno de acuerdo a las capacidades ya ad-

---

13 Sentencia SU-016 de 2020, 100-102.

quiridas, puesto que no cabe el ideal de la creación de capacidades para su ejercicio libre. Entendemos que, de acuerdo a Nussbaum, la posibilidad de estar a la altura de su dignidad, estaría más acorde con las posibilidades de preservación propias de un zoológico acondicionado para su vida. Junto al argumento expuesto arriba, Rincón recalcó, en un claro intento de descartar el especismo, que la pertenencia a una especie no es un atributo moral que sirva de referente normativo en esta materia. Por ello, no es la apelación a la pertenencia a la especie humana la que vuelve inmoral la explotación, el abuso, el maltrato, etc., sino la sintiencia[14].

3.2. En el apartado que da cuenta de las "Consideraciones de la Corte" y, en específico, en el subapartado que se titula: "La protección de los animales silvestres en tanto seres sintientes con valor propio", se hace una referencia a Nussbaum como parte del grupo de autores que defiende el valor en sí mismo de los animales. La tesis de una *dignidad extendida* a los animales, Nussbaum la vuelve a reiterar en su libro *La tradición cosmopolita*, cuya publicación original data del 2019, cuando expresa: "Aunque la dignidad es, a mi juicio, un concepto muy vago, está estrechamente relacionado con esas respuestas morales, y entre su no muy definido contenido está la idea de que el individuo digno es fin en sí mismo, y no un mero medio para los fines de otro. Parece injusto que apreciemos dignidad en nuestro propio tipo particular de forma de vida animal y no en los de otros animales. [...] Así que, hasta donde yo alcanzo a ver, si los seres humanos tienen dignidad es en virtud de su posesión de una serie de capacidades complejas para una vida sintiente que aspira a florecer. Pero eso también puede decirse de otros animales" (Nussbaum, 2020, 267).

3.3. En el "Salvamento de voto de la Magistrada Diana Fajardo Rivera a la sentencia SU016/20", acertadamente se realiza una "defensa de una mayor sensibilidad constitucional hacia los animales no

---

14 Sentencia SU-016 de 2020, 13.

humanos"[15]. La Magistrada, para respaldar los aspectos que definen la posición de los griegos en la evolución de la relación con los animales, recurre a Nussbaum[16]. Precisamente, Nussbaum ha tratado de matizar la visión jerárquica del mundo propia de los griegos, sobre todo la de Aristóteles, en la que el animal no está más que ordenado al bien del ser humano, recurriendo a la "admiración" que el filósofo griego muestra ante el animal. Ciertamente, a Aristóteles sea por ciertas conductas, sea por la "belleza" o bien por su parecido con los seres humanos, el animal se le muestra como algo maravilloso. Sin embargo, como ha hecho notar la filósofa Adela Cortina, dicha admiración en su sistema no tiene las consecuencias éticas que Nussbaum le quiere atribuir, como sí las tiene su concepción jerárquica del universo (Cortina, 2009, 153). Incluso, en el libro *La tradición cosmopolita*, la profesora de la Universidad de Chicago sostiene, atendiendo a las críticas y rectificando, que es su proyecto de justicia animal el que pretende sacar las consecuencias éticas de la admiración ante el espectáculo que ofrece la vida animal, pero dichas consecuencias no están presentes en Aristóteles. Por eso rescata "ciertos aspectos de Aristóteles", pero, añadiendo explícitamente: "aunque él no llegara a desarrollar nunca las implicaciones éticas de su tesis de que «todos» los animales son maravillosos" (Nussbaum, 2020, 25). En su flamante libro *Justice for Animals*, reafirma: "¿Cómo se vincula el asombro con la preocupación ética? Aristóteles mismo no hizo el vínculo. A diferencia de muchos otros pensadores de la Grecia antigua, parece no haber llevado sus reflexiones sobre el asombro al ámbito ético" (Nussbaum, 2023, 11-12)[17].

3.4. La Magistrada Fajardo vuelve a citar a Nussbaum en su disidencia y lo hace a instancias de poner reparos a la restricción en la extensión del "*valor intrínseco*" de los animales de acuerdo a la pose-

---

15 Sentencia SU-016 de 2020, 48.

16 Sentencia SU-016 de 2020, 53.

17 How is wonder linked to ethical concern? Aristotle himself did not make the link. Unlike many other ancient Greek thinkers, he appears not to have pursued his reflections about wonder into the ethical domain.

sión, o no, de ciertas características que vienen a ser las propias del ser humano[18]. En nota a pie de página la Magistrada cita el artículo de Nussbaum *Working with and for animals: Getting the theorical framework right*[19], en el que critica a Steven Wise por recurrir, como lo hicimos ver al principio, a la semejanza con el ser humano para respaldar el valor intrínseco de los animales y el sucesivo otorgamiento de derechos, dice Nussbaum: "Wise piensa que estas especies de animales son muy parecidas a los humanos, y hace de esa semejanza la base de su cruzada para ganarles algunos derechos legales limitados" (2017, 611). En *Working with and for animals*, Nussbaum muestra como Wise corre la frontera de la justicia al incorporar a los animales que son "casi como nosotros", pero, partiendo de esta razón equivocada y acientífica, pone una barrera infranqueable para la participación de la justicia a los animales que no se nos asemejan. Dice la filósofa neoyorquina: "La primera puerta se abre, pero luego se cierra de golpe detrás de nosotros: nadie más se incluye. En lugar de la vieja línea, tenemos una línea ligeramente diferente, pero en realidad no es tan diferente, y la mayor parte del mundo animal aún se encuentra afuera en el dominio oscuro de la cosidad" (Nussbaum, 2017, 613)[20]. Como señalamos más arriba, Wise, al entender de Nussbaum, sobrepone el carácter estratégico y funcional del principio de semejanza (*so like us*) en relación con el avance de la causa animal, sin reparar en que el valor de un punto de partida argumentativo ético no se mide por su índole efectista, sino por su coherencia y alcance en términos de justicia. Por lo demás, según el decir de la filósofa, "las teorías defectuosas —como las de Wise— dan consejos defectuosos" (2023, XXV)[21].

---

18 Sentencia SU-016 de 2020, 58.

19 Se reproduce, con modificaciones, como parte de su libro *Justice for animals* (2023).

20 The first door is opened, but then it is slammed shut behind us: nobody else gets included. Instead of the old line, we have a slightly different line, but it is not really all that different, and most of the animal world still lies outside in the dark domain of thinghood. (Texto presente, también, en *Justice for animals*).

21 Defective theories give defective advice.

3.5. Apelando a Nussbaum, la Magistrada Fajardo muestra la necesidad de traspasar los márgenes de la perspectiva contractualista en cuanto que, desde ella, solo puede defenderse un enfoque de ética animal basado en deberes de compasión o caridad sin poder transitar a los de justicia[22]. En efecto, desde la perspectiva contractual como la de Rawls, la cooperación social es fundamental y, por tanto, debe darse un tipo de reciprocidad de la cual solo los animales racionales participan. Sin embargo, Nussbaum mantiene el valor de la reciprocidad, pero, tal como sucede con su concepto de "dignidad", asignándole un sentido más amplio que puede considerársele presente en relaciones claramente asimétricas como puede ser la entablada entre "las personas con deficiencias mentales" con "aquellos que viven junto a ellos", y entre humanos y animales (Nussbaum, 2007, 144). Dice la filósofa: "la clase de sociabilidad propia de los seres humanos incluye relaciones simétricas como las que destaca Rawls, pero también relaciones de asimetría más o menos extrema; e insiste en que sigue habiendo reciprocidad y un funcionamiento plenamente humano en tales relaciones asimétricas" (2007, 167). Pese al valor que le concede Nussbaum a estos aspectos poco visibles y sutiles de lo que implica la reciprocidad humana, lo cierto es que el centro de su concepción del "deber ser" propio de la "cooperación social" se desplaza más allá del "beneficio mutuo" (2007, 22). Como de algún modo quedó establecido, para la filósofa, la idea de respeto a la dignidad (humana y animal) es la que puede dar el referente que justifique la cooperación "gratuita" respecto de aquellos que, dadas sus desventajas, por lo general invencibles, tienen poco que ofrecer. Las fronteras de la justicia, para Nussbaum, se abren a la inclusión cuando a quienes se han de integrar pueda asignárseles un valor en sí y no exclusivamente cuando es capaz de retribuir.

3.6. Reitera la Magistrada Fajardo la cita a Nussbaum para mostrar cómo es necesario incorporar, más allá de la restringida idea de *dignidad kantiana*, una noción de "respeto" que tome en cuenta que

---

22 Sentencia SU-016 de 2020, 59.

compartimos con los animales la fragilidad y que considere nuestra racionalidad sin oposición a la animalidad[23]. Sin duda esta idea que Nussbaum recoge de Aristóteles, permite superar los dualismo y ciertas brechas infundadas entre seres humanos y animales no humanos. Mas, reconocer el lugar que ocupa la animalidad, y por tanto el cuerpo, en el filósofo griego, a nuestro entender, no es equivalente a dejar de pensar que, para él, son los seres con *logos* los que pueden, junto con suscitar asombro, merecer el mayor "respeto".

3.7. La Magistrada Fajardo da cuenta de la necesidad de complementar el enfoque utilitarista *pathocentrista*, con la idea, de raigambre aristotélica, que pone al florecimiento como sentido de la creación de capacidades[24]. Para Nussbaum, son teorías si no defectuosas, al menos insuficientes: el enfoque utilitarista basado en la sintiencia, el basado en la semejanza (*so like us*) y el enfoque kantiano de la dignidad restringida a los seres racionales (2023, XXV). Sin embargo, todos ellos complementan su enfoque de las capacidades, incluso a la perspectiva que se basa en la consideración de los animales en razón de que son casi "como nosotros", le asigna el valor de haber sido pionera y de haber contribuido al progreso de la causa animal y de la misma ética animal en su relación con el derecho.

3.8. En la "Aclaración de voto a la sentencia", la Magistrada Gloria Stella Ortiz Delgado explica de manera pertinente, cómo diversos autores argumentan en favor del reconocimiento del animal como sujeto de derecho, señalando, en clara alusión a Nussbaum, que el enfoque centrado en las capacidades plantea razones para dar este paso hacia el reconocimiento animal. Aludiendo expresamente a la profesora de la Universidad de Chicago, la Magistrada afirma: "Parafraseando a Martha Nussbaum, insisto en que el ordenamiento constitucional debe ofrecer justicia para los animales y, asimismo,

---

23 Sentencia SU-016 de 2020, 59.

24 Sentencia SU-016 de 2020, 59-60.

debe superar la visión antropocéntrica que gobernó el derecho liberal individualista"[25].

CONCLUSIÓN

En el análisis desarrollado, que ha intentado acercarse al uso de la argumentación filosófica de Martha Nussbaum en un litigio en torno al traslado o permanencia de un oso andino en las condiciones dadas por un zoológico colombiano, hemos advertido la forma en que el discurso filosófico complementa los argumentos jurídicos, pero, sobre todo, cómo algunos abogados los esgrimen con independencia del valor determinante de lo sancionado en la ley. En otras palabras, en diversos pasajes pareciera que el peso de la argumentación filosófica en la Corte Constitucional Colombiana tuviese eficacia sin verse en la necesidad de conectarse a la ley vigente. En el caso del oso Chucho, precisamente por la utilización de un mecanismo judicial que está diseñado para los seres humanos (*habeas corpus*) y no para los animales, se advierte una sobrecarga de la discusión en torno a la fundamentación ética —más allá que se acepte que el carácter controversial así lo amerita—, en desmedro de la "discusión procesal" (García Lozano, 2021, 189). Así, la fundamentación de los "derechos morales" en los tribunales, parece contarse como suficiente para dar lugar a la prescripción de "derechos jurídicos", en este caso, el derecho a la autonomía de Chucho. A nuestro entender, la consideración de un derecho más amplio, susceptible de transformación y abierto a su desarrollo, parece confundirse con la perentoriedad de aceptar que la justificación filosófica posee sin más la capacidad normativa propia de la legislación, a la vez, que la idea de un derecho vivo y flexible, tiende a dar un peso insólito a la sensibilidad del momento respecto a un tema. Sin duda, con esto no se está diciendo que los "estrados judiciales" quedan fuera de las posibles transformaciones del marco jurídico y que hay que atenerse a una legislación rígida, incon-

25 Sentencia SU-016 de 2020, 150.

movible y alejada del *ethos* social, sino simplemente que las buenas razones filosóficas y los signos de los tiempos no pueden desconocer todo el valor vinculante del ordenamiento legal vigente y saltarse de dar una solución de continuidad entre ley y sentencia.

Ahora bien, la posición que pretendía el *habeas corpus* para el oso Chucho, saca importantes elementos argumentativos éticos del enfoque de las capacidades de Nussbaum que son útiles para intentar apoyar su liberación: su valor en sí mismo, su dignidad, su derecho a florecer y desplegar sus capacidades, etc. Sin embargo, esta posición que busca que el animal pueda ejercer su supuesto derecho de libertad, se incorpora, de alguna manera, en el "modelo de Stephen Wise" que, para la propia Nussbaum, habiendo logrado avances inusitados en la "incorporación de la ética animal en el ámbito jurídico", no puede alcanzar los niveles de universalidad e inclusión que se le exigiría a una teoría de la justicia animal. Nussbaum manifiesta que la propuesta de Wise corre la valla fronteriza de la justicia, pero, dicha valla sigue siendo arbitrariamente excluyente. Justamente, la arbitrariedad surge del haber recurrido a una argumentación que, siendo en buen grado efectiva, sigue descansando en el limitado criterio de la semejanza con el ser humano. Es decir, la apelación al *habeas corpus* es un intento de asimilación jurídica del animal al ser humano que descansa en la asimilación psicobiológica, esto pese a que en la moción de la liberación de Chucho se esgriman argumentos de otras fuentes filosóficas entre las que se cuenta el enfoque de las capacidades de Nussbaum.

Se puede sostener que, si Wise ocupa en los tribunales del Estado de Nueva York estratégicamente el *habeas corpus* desde la consideración del parecido de los grandes simios con los seres humanos (*so like us*), la defensa de la causa de la liberación de Chucho no hace algo muy distinto. Es el propio Wise quien, oficiando como uno de los expertos ante el tribunal, defiende la personalidad jurídica de Chucho, para así dar lugar al *habeas corpus* sin que se exija la creación de un "nuevo concepto legal"[26]. Pero, como ya sostuvimos,

[26] Sentencia SU-016 de 2020, 18.

Nussbaum es detractora de este enfoque estratégico, porque, si bien ha logrado mejorar la vida de determinados individuos, no tiene la base conceptual apropiada para una perspectiva abierta a seres sintientes que no se nos asemejan. A largo plazo, el marco de Wise es contraproducente, por esa suerte de elitismo interespecie que termina suscitando. Por este motivo, no es extraño que Nussbaum afirme: "la elección de un marco influye hacia donde podremos ir. Es importante obtener la teoría correcta por razones de verdad y compresión. Y también es importante tener una estrategia que nos lleve en la dirección correcta, en lugar de señalarnos un callejón sin salida" (Nussbaum, 2017, 613)[27]. Por ello, para terminar, recogemos un juicio de la magistrada Gloria Ortiz Delgado que va en la misma línea de Nussbaum:

> "las vías para el logro de esa justicia deben ser creativas, particulares y no meras adaptaciones de las categorías jurídicas conocidas. Los animales y el ambiente merecen y requieren fórmulas de interpretación jurídica que los conciban en su verdadera dimensión y que reconozcan sus complejidades"[28].

Referencias

Campos Baena, I. J. (2021). Garantías constitucionales y jurídicas de los animales en Colombia: un análisis de la jurisprudencia de la corte Constitucional. En Y. Mozo Montilla y J. R. Ramírez Lemus (eds.), *Protección de los animales en Colombia. Perspectivas jurídicas, políticas, económicas y en el territorio* (pp. 162-152). Bogotá: Ediciones Universidad Cooperativa de Colombia.

Cortina, A. (2009). *Las fronteras de la persona. El valor de los animales, la dignidad de los humanos.* Madrid: Taurus.

Donaldson, S. and Kymlicka, W. (2011). *Zoopolis. A Political Theory of Animal Rights.* Oxford: Oxford University Press.

---

27 The choice of a theoretical framework influences where we will be able to go. It is important to get the theory right for reasons of truth and understanding. And it is also important to get a strategy that starts us in the right direction, rather than pointing us down a blind alley.

28 Sentencia SU-016 de 2020, 150.

García Lozano, L. F. (2021). Un acercamiento al concepto de protección de los animales desde la mirada de la sociología jurídica. En Y. Mozo Montilla y J. R. Ramírez Lemus (eds.), *Protección de los animales en Colombia. Perspectivas jurídicas, políticas, económicas y en el territorio* (pp.174-199). Bogotá: Ediciones Universidad Cooperativa de Colombia.

Kant, I. (2012). *Fundamentación para una metafísica de las costumbres*. Madrid: Alianza Editorial.

Martínez, P. (2015). El "enfoque de las capacidades" de Martha Nussbaum frente al problema de la ética animal. *Veritas* (33), 71-87.

Montes Franceschini, M. (2018). *Derecho animal en Chile*. Santiago de Chile: Libromar.

Mozo Montilla, Y. y Ramírez Lemus, J. R. (eds.). (2021), *Protección de los animales en Colombia. Perspectivas jurídicas, políticas, económicas y en el territorio*. Bogotá: Ediciones Universidad Cooperativa de Colombia.

Nussbaum, M. (2007). *Las fronteras de la justicia. Consideraciones sobre la exclusión*. Barcelona: Paidós.

Nussbaum, M. C. (2012). *Crear capacidades: propuesta para el desarrollo humano*. Barcelona: Paidós.

Nussbaum, M. C. (2020). *La tradición cosmopolita. Un noble e imperfecto ideal*. Bogotá: Paidós.

Nussbaum, M. C. (2023). *Justice for Animals: Our Collective Responsibility*. New York: Simon & Schuster.

Nussbaum, M. C. (2017). Working with and for Animals: Getting the Theoretical Framework Right. *Denver Law Review* (94), pp.609-625.

Pelluchon, C. (2018). *Manifiesto animalista. Politizar la causa animal*. Barcelona: Penguin Random House.

Rawls, J. (2013). *Liberalismo político*. México: FCE.

Rey Pérez, J. L. (2018). *Los derechos de los animales en serio*. Madrid: Dykinson. S.L.

Wise. S. M. (2018). *Sacudiendo la jaula. Hacia los derechos de los animales*. Valencia: Tirant lo Blanch.

Jurisprudencia

Corte Suprema de Justicia de Colombia. Sentencia AHC-4806 de 2017 (26 de julio). M.P. Luis Armando Tolosa Villabona.

Corte Constitucional de Colombia. Auto 381 de 2019 (10 de julio).

Corte Constitucional de Colombia. Sentencia SU-016 de 2020 (23 de enero). M.P. Luis Guillermo Guerrero Pérez.

Tercer Juzgado de Garantías de Mendoza. Argentina. EXPTE. P-72.254/15 de 2016 (03 de noviembre).

Asociación de funcionarios y abogados por los derechos de los animales y otros contra GCBA sobre Amparo. Argentina. EXPTE. A2174-2015/0 de 2015 (21 de octubre).

Juzgado de Familia de General Roca. Argentina. EXPTE. RO-29420-F-0000 de 2023 (01 de febrero).

The Nonhuman Rights Project, Inc., on behald of Tommy, v., Patrick C. Lavery (2013): Third Judicial Department, 3 de diciembre de 2013.

The Nonhuman Rights Project, Inc., on behalf of Kiko, petitioners, against Carmen Presti, y otros, respondents (2013): State of New Yourk, Supreme Court County of Niagara. 9 de diciembre de 2013.

The Nonhuman Rights Project, Inc., on behalf of Kiko, petitioners, against Carmen Presti, y otros, respondents (2016): Supreme Court of the State of New York, New York County. 29 de enero de 2016. Memorandum. N° 150149/16.

The Nonhuman Rights Project, Inc., on behalf of Hercules and Leo, petitioners, against Samuel L. Stanley jr. M.D., as president of State University of New York at Stony Brook a/k/a/ Stony Brook University, and State University of New York at Stony Brook a/k/a Stony Brook University, respondents (2013): State of New Yourk, Supreme Court County of Suffolk. 5 de diciembre de 2013. Order to show cause & writ of habeas corpus. Index N° 13-32098.

Las citas de John Rawls en la jurisprudencia de la Corte Constitucional de Colombia

Constitutional Court's case law references to Jhon Rawls

Martha Cecilia Paz[*]
Ronald Zuleyman Rico Sandoval[**]

Resumen

En este texto exploramos los usos directos de la teoría de John Rawls en la jurisprudencia de la Corte Constitucional Colombiana. Para ello delimitamos el campo de investigación a las sentencias en que efectivamente se ha citado al filósofo norteamericano, luego exploramos en tales fallos la forma como se han abordado algunos conceptos claves de la teoría rawlsiana.

Abstract

In this text, the authors explore the direct applications of John Rawls' theory in the case law of the Constitutional Court of Colombia. For this

---

* Exmagistrada auxiliar de la Corte Constitucional. Magíster en Derechos Fundamentales de la Universidad Carlos III de Madrid (España); Especialista en Derecho Constitucional en la Universidad de Salamanca (España); Especialista en Justicia Constitucional de la Universidad de Pisa (Italia); Especialista en Derecho Comparado de la Universidad de Bologna (Italia) y egresada del programa P.I. L. de la Universidad de Harvard, (alumna del profesor Rawls en el verano de 1994). Ha sido docente en Interpretación Constitucional de la Universidad del Rosario. Contacto: marpaz5corte@gmail.com.

** Abogado javeriano, especialista en Derecho Constitucional de la Universidad del Rosario, Magíster en Filosofía de la Pontificia Universidad Javeriana y Doctor en Filosofía de la misma universidad. Docente en pregrado y postgrado en el área de derecho procesal y probatorio. Correo electrónico: ricor@javeriana.edu.co. https://orcid.org/0000-0003-0747-9846. Autor de varios artículos en filosofía sobre Platón, Walter Benjamin, René Girard y John Rawls; sobre este último: "La teoría de John Rawls en la jurisprudencia constitucional", en la Revista *Estudios Socio-Jurídicos* (23-1, 2001) de la Universidad del Rosario.

purpose, they limit the analysis to the rulings where the American philosopher has been cited, to further explore how certain key concepts of Rawlsian theory have been interpreted in such decisions.

1. INTRODUCCIÓN

John Rawls[1] —"Jack" para los amigos— nació el 21 de febrero de 1921 en un hogar de clase media moderadamente acomodada de Baltimore, Maryland, siendo el segundo de cinco hermanos. Su madre, Anna Abele Rawls, era una mujer consumada y políticamente activa, y una de las primeras presidentas de la recién fundada Liga de Mujeres Votantes de Baltimore. Su padre, William Lee Rawls, era un abogado de éxito, muy respetado.

La primera infancia de Rawls estuvo marcada por la trágica muerte de dos de sus hermanos pequeños, Bobby y Tommy, uno de los cuales murió tras contraer difteria de él, una experiencia que le dejó una profunda apreciación del papel de la suerte en la configuración de nuestras vidas. A pesar de su cómoda educación, de adulto Rawls recordaba cómo su sentido de la injusticia se había despertado por la lucha de su madre por los derechos de la mujer, y por una creciente conciencia de la pobreza y el racismo a medida que hacía amistad con otros niños menos privilegiados, a veces, con la desaprobación de sus padres. Rawls se destacó en la escuela, y en 1939 se matriculó en la Universidad de Princeton, donde probó suerte en asignaturas como Química, Música, Matemáticas e, incluso, Historia del arte, antes de decidirse por la Filosofía. En Princeton se interesó mucho por la Teología y la Ética, y planeaba estudiar Teología y hacerse sacerdote en la Iglesia Episcopal. Pero estos planes se vieron interrumpidos por la Segunda Guerra Mundial. Tras graduarse en 1943, Rawls se alistó como soldado raso en la infantería, donde se formó como radio-señalizador antes de ser destinado a Nueva Guinea, Filipinas y, por último, Japón.

---

1 Sobre los datos biográficos de Rawls ver Pogge (2010).

Rawls experimentó de primera mano la violencia y la inhumanidad de la guerra: su división participó en intensos combates (fue condecorado con una Estrella de Bronce por su peligroso trabajo tras las líneas enemigas), y atravesó los restos de Hiroshima poco después de que fuera devastada por una bomba atómica estadounidense en agosto de 1945.Las experiencias de Rawls como soldado y su creciente conciencia de las atrocidades del Holocausto le provocaron una profunda crisis de fe, que lo llevó a abandonar sus creencias y ambiciones cristianas. En 1946 regresó a Princeton como estudiante de Filosofía, motivado por una nueva serie de preguntas que darían forma a la obra de su vida. Ante el derramamiento de sangre y la crueldad de la guerra, Rawls se preguntó si la vida humana en la Tierra era realmente redimible. Si Dios no puede ser la base de nuestra fe en la posibilidad de una sociedad justa, ¿entonces qué puede serlo? ¿Qué nos exige exactamente la justicia? ¿Y es realista pensar que una sociedad justa es posible? Rawls dedicó el resto de su vida a responder a estas preguntas. El 24 de noviembre de 2002 John Rawls falleció en su hogar en Lexington, después de una rápida pero indolora declinación de su salud.

La teoría de John Rawls ha dominado por mucho tiempo los debates filosóficos contemporáneos del pensamiento liberal occidental. El punto central de su filosofía es determinar cómo debe estructurarse una sociedad para que sea justa. En la medida en que una sociedad es justa, los individuos que pertenecen a ella están en posibilidad de desarrollarse plenamente y alcanzar sus ideales y sus fines. En una sociedad cuyo principio es la justicia, acontece una reducción sustancial de los conflictos entre los individuos y ello da lugar a una sana convivencia social. John Rawls ha sido una figura fundamental en la filosofía política. Quienes se dedican a esta parte del conocimiento deben forzosamente dialogar con sus teorías (Nozick, 2017, p.183) y por ello, no resulta extraño que la Corte Constitucional haya forjado alguna parte de su jurisprudencia a partir de una construcción teórica en donde confluyen los conceptos claves de la teoría de la justicia de Rawls. No en vano el guardián de la constitución política en las democracias actuales, debe construir argumentos jurídico políticos que armonicen el texto superior con la realidad nacional, y la teoría rawlsiana constituye un buen punto de apoyo. Como lo señala la profesora María Luisa Rodríguez, "*la filosofía política ha llegado a influenciar de tal manera al derecho que los jueces constitucionales al decidir procesos judiciales, han actuado como puentes para dotar de factibilidad a las teorías propiciadas desde la filosofía política*" (Rodríguez, 2008, p. 238). Daniel Chandler, economista y filósofo (London School of Economics) en un libro de reciente publicación (2024) denominado "**Libres e iguales, un manifiesto por una sociedad justa**", ofrece una defensa a viva voz del igualitarismo liberal descrito por Rawls, e intenta tender un puente entre los principios de Rawls y las cuestiones de política práctica. Efectivamente, el puente entre la teoría y la práctica nos conduce a reflexionar en este estudio, sobre los usos de la teoría de Rawls en los casos concretos resueltos por la Corte desde las posturas del filósofo.

Para analizar la forma en que la doctrina de Rawls ha sido utilizada por la Corte Constitucional Colombiana, valga una pequeña digresión. Primero, es preciso diferenciar entre uso e influencia. La *influencia* puede ser entendida como *inspiración* y ésta, a su vez como iluminación del intelecto (Farkasfalvy, 2018). La influencia sería como el aire que es invisible a los ojos pero que se manifiesta en la realidad, incluso si se trata de una leve brisa. Es decir, la influencia no es perceptible fácilmente, pero se puede evidenciar en los efectos que produce. En teoría del análisis del discurso se le reconoce como cita implícita o no expresa (Lozano, Peña-Marín y Abril, 2009)[2]. Bajo esta óptica, es claro que la teoría rawlsiana ha impactado el actuar de la Corte Constitucional, incluso cuando no se lo cita directamente sino cuando se adaptan sus tesis al ámbito constitucional colombiano. Segundo, cuando se *utiliza* una teoría o un autor, debemos distinguir, además, entre el uso directo y el indirecto. Por *uso directo* entenderemos la introducción de un texto (usualmente de otro autor) en el propio discurso para establecer una "*relación dialógica*" (Lozano, Peña-Marín y Abril, p. 149) esto es, para entablar un diálogo bien sea para adscribirse a sus postulados (seguir la teoría) o bien para refutarla. En estos supuestos, el diálogo pretende

---

2 Martha Cecilia Paz utiliza la expresión *criptorecepción* para referirse a las citas implícitas en el caso de la citación de jurisprudencia entre Cortes (Paz, 2021).

ser objetivo o neutro dado que se identifica al interlocutor, se expone su idea central y se cuestiona mediante la proposición de argumentos racionales. Una sentencia no es el escenario para la construcción o el desarrollo de sistemas conceptuales, pero sí es evidente cómo las Altas Cortes acuden a las citas directas de filósofos a veces para apoyar teóricamente una decisión, ora para exponer las diversas posiciones que sobre un tema se han planteado. Por *uso indirecto* proponemos el que no entabla un diálogo con la cita, sino que la *emplea* con una finalidad personal del hablante. En teoría de la argumentación, el hablante, esto es, el emisor de un mensaje, como afirman Perelman y Olbrecht-Tyteca (Atienza, 2005), busca persuadir y convencer a su auditorio, al destinatario del mensaje. En esa tarea de persuasión y de convencimiento se puede acudir a citas como argumentos de autoridad, estableciendo un enlace de coexistencia entre el autor citado y el argumento que se sostiene. Este tipo de citas constituyen en ocasiones, meras referencias, sin que pueda afirmarse que el argumento del emisor se apoye necesariamente en el autor o texto citado.

En la jurisprudencia de la Corte Constitucional podemos encontrar citas directas e indirectas de la obra de Rawls. Las primeras se dan cuando la voz de la Corte, expresada por el magistrado o magistrada ponente, acude al filósofo norteamericano para apoyar alguna de las tesis que la Corporación sostiene. Como veremos más adelante, también existe un uso directo del filósofo norteamericano en las voces disidentes de los fallos, esto es, en las aclaraciones y salvamentos de voto; ellas, obvio es recordarlo, no representan la posición de la Corte sino la suya propia, pero marcan una tendencia en algunas posturas alternativas. La segunda forma de citación, esto es, cuando no se dialoga con la teoría rawlsiana, puede expresarse o bien como un *obiter,* como una mención aislada[3], o como referencia a una sentencia anterior que sí utilizó directamente la teoría de Rawls. En algunos casos, conceptos como libertad, equidad o razón pública han sido ci-

3 A modo de ejemplo, en la sentencia C-893/01, la Corte afirma, en una nota al pie, que los jueces de paz deciden en equidad sin que "deban recurrir a la concepción sobre el tema .de un eminente filósofo, como Aristóteles o John Rawls".

tados de forma expresa por el Alto Tribunal; en otros, la teoría de Rawls en la jurisprudencia de la Corte Constitucional Colombiana, demanda un ejercicio imaginativo para sacar a la luz su utilización implícita, como se pudo ver, por ejemplo, en la sentencia C-734 de 2002, (una de tantas) donde la equidad tributaria tratada en la sentencia tenía todos los visos rawlsianos pero la sentencia no lo expuso expresamente. En suma, en determinados casos, la figura del filósofo refulge como parte fundamental de la argumentación de la Corte o como apoyo de las voces disidentes, en tanto que, en otras, funciona como un argumento de autoridad, donde *solo es suficiente nombrarlo.* El objetivo de este texto, más allá de proveer una taxonomía de los usos jurisprudenciales de la teoría de la justicia de John Rawls, es identificar las sentencias donde se lo cita de **manera directa** y presentar una aproximación de la pertinencia o no de la interpretación que la Corte hace de la teoría rawlsiana al resolver casos concretos. Para ello, primero expondremos cuáles serían esas sentencias donde Rawls es **un interlocutor activo**, para luego analizar la forma en que la Corte Constitucional ha empleado la filosofía del norteamericano en sustento de sus consideraciones para resolver un caso en concreto.

2. PUNTO DE PARTIDA

Según el buscador de la Corte Constitucional colombiana, entre 1992 y 2021, el Alto Tribunal ha citado, directa o indirectamente, algún texto de John Rawls en cuarenta y cinco sentencias. En el siguiente cuadro presentamos las sentencias en las que ha sido citado, con indicación del magistrado ponente, quién realiza la cita y el texto citado de Rawls. En algunos casos, la referencia es directa, en otros es indirecta pues es otro autor el que lo cita, o una sentencia anterior o, en ocasiones, tan solo se menciona al filósofo sin mayor relevancia en la sentencia.

Tabla 1

	Ponente	Sentencia	Año	¿Quién cita?	Texto citado	Clase de cita
1	Ciro Angarita Barón	T-406	1992	Cita del ponente	*Teoría de la Justicia*	Cita a Rawls
2	Jorge Arango Mejía	T-139	1993	Cita del ponente	*Teoría de la Justicia*	Cita a Rawls
3	Carlos Gaviria Diaz	C-179	1994	Cita del ponente	No se indica	Cita a Rawls
4	Carlos Gaviria Diaz	C-221	1994	Cita del ponente	*A theory of justice*	Cita a Rawls
5	Eduardo Cifuentes Muñoz	T-401	1994	Cita del ponente	*A theory of justice*	Cita de la sentencia C-221/94
6	Alejandro Martínez Caballero	C-562	1996	Cita del ponente	*Teoría de la Justicia*	Cita a Rawls
7	José Gregorio Hernández Galindo	C-510	1997	Cita del ponente	*A theory of justice*	Cita de la sentencia C-221/94
8	Clara Inés Vargas Hernández	C-893	2001	Cita del ponente	No se indica	Se menciona
9	Rodrigo Escobar Gil	T-1207	2001	Citado en la aclaración de voto Rodrigo Uprimny Yepes	No se indica	Se menciona
10	Rodrigo Uprimny Yepes	C-1260	2001	Cita del ponente	*A Theory of Justice*	Se menciona
11	Marco Gerardo Monroy Cabra	T-654	2004	Citado en la aclaración de voto Rodrigo Uprimny Yepes	No se indica	Se menciona
13	Clara Inés Vargas Hernández	C-338	2006	Cita del ponente	No se indica	Cita de la sentencia C-893/01
13	Clara Inés Vargas Hernández	C-338	2006	Cita del ponente	No se indica	Cita de la sentencia C-893/01

	Ponente	Sentencia	Año	¿Quién cita?	Texto citado	Clase de cita
14	Manuel José Cepeda Espinosa	SU-174	2007	Citado en la aclaración de voto Jaime Araujo Rentería	No se indica	Se menciona
15	Jaime Araújo Rentería	C-933	2007	Cita del ponente	*Liberalismo Político*	Se menciona
16	Humberto Antonio Sierra Porto	T-571	2008	Cita del ponente	*Teoría de la Justicia*, citado en Marina Gascón Abellán, *Obediencia al derecho y objeción de conciencia.*	Cita indirecta
17	Clara Inés Vargas Hernández	C-713	2008	Cita del ponente	No se indica	Cita de la sentencia C-893/01
18	Humberto Antonio Sierra Porto	C-132	2012	citado en la aclaración de voto Humberto Antonio Sierra, de ponencia de congresistas	No se indica	No es cita de la Corte
19	Juan Carlos Henao Pérez	C-249	2012	Salvamento de voto de Mauricio González	*Liberalismo Político*	Cita a Rawls
20	Luis Ernesto Vargas Silva	C-288	2012	Se cita en el informe de ponencia de la norma revisada	No se indica	No es cita de la Corte
21	Adriana María Guillén Arango (E)	T-320	2012	Cita del ponente	*Liberalismo Político*	Cita a Rawls

	Ponente	Sentencia	Año	¿Quién cita?	Texto citado	Clase de cita
22	Humberto Antonio Sierra Porto	SU-399	2012	Salvamento de voto de Jorge Iván Palacio	*A Theory of Justice*	Cita de la sentencia C-1260/01
23	Adriana M. Guillén Arango	SU-400	2012	Salvamento de voto de Jorge Iván Palacio	*A Theory of Justice*	Cita de la sentencia C-1260/01
24	Adriana María Guillén Arango	T-603	2012	Cita del ponente	Castañar Pérez, J., *Breve historia de la acción no violenta*	Cita indirecta
25	María Victoria Calle Correa	C-742	2012	Salvamento de voto de Jorge Iván Palacio	*Teoría de la Justicia*, citado en Marina Gascón Abellán, *Obediencia al derecho y objeción de conciencia*.	Cita de la sentencia T-571/08
26	Luis Ernesto Vargas Silva	C-889	2012	Salvamento de voto de Jorge Iván Palacio, Nilson Pinilla y María Victoria Calle	*Teoría de la Justicia*	Cita una sentencia del Consejo de Estado.
27	Jorge Ignacio Pretelt Chaljub	T-933	2013	Lo citó un interviniente	*Teoría de la Justicia*	No es cita de la Corte
28	Jorge Iván Palacio	C-283	2014	Aclaración de voto de María Victoria Calle	*Liberalismo Político* y *Teoría de la Justicia*, por referencia de Martha Nussbaum, *Las fronteras de la justicia*.	Cita indirecta

	Ponente	Sentencia	Año	¿Quién cita?	Texto citado	Clase de cita
29	Jorge Iván Palacio	C-387	2014	Cita del ponente	*Teoría de la Justicia*	Cita a Rawls
30	Gabriel Eduardo Mendoza Martelo	T-541	2014	Aclaración de voto de Jorge Iván Palacio	*Teoría de la Justicia*, citado en Marina Gascón Abellán, *Obediencia al derecho y objeción de conciencia*.	Cita de la sentencia T-571/08
31	Mauricio González Cuervo	C-284	2015	Aclaración de voto de Jorge Iván Palacio y María Victoria Calle	*Liberalismo Político*	Cita a Rawls
32	Mauricio González Cuervo	C-448	2015	Aclaración de Voto de Alberto Rojas Ríos	*Teoría de la Justicia*	Cita a Rawls
33	Luis Ernesto Vargas Silva	T-097	2016	Cita del ponente	No se indica	Se menciona
34	Alejandro Linares Cantillo	C-205	2016	Cita del ponente	*Teoría de la Justicia*	Cita a Rawls
35	Jorge Iván Palacio	C-209	2016	Salvamento de voto de Gloria Stella Ortiz	García Martínez J., *La imaginación jurídica*; Nino C. *El constructivismo ético*; Mejía Quintana, *Teoría consensual del derecho. El derecho como deliberación pública*.	Cita indirecta

	Ponente	Sentencia	Año	¿Quién cita?	Texto citado	Clase de cita
36	Luis Guillermo Guerrero	C-467	2016	Salvamento de María Victoria Calle y Alberto Rojas Ríos	Martha Nussbaum, *Las fronteras de la justicia*	Cita indirecta
37	Alberto Rojas Ríos	T-507	2016	Cita del ponente	No se indica	Se menciona
38	María Victoria Calle Correa	C-699	2016	Salvamento de Alberto Rojas Ríos	*A Theory of Justice*	Cita a Rawls
39	Gabriel Eduardo Mendoza Martelo Jorge Iván Palacio	C-041	2017	Salvamento de Alberto Rojas Ríos	*Teoría de la justicia*	Se menciona
40	Diana Fajardo Rivera	C-565	2017	Salvamento de voto de Gloria Stella Ortiz	García Martínez J., *La imaginación jurídica*; Nino C. *El constructivismo ético*; Mejía Quintana, *Teoría consensual del derecho. El derecho como deliberación pública.*	Cita indirecta

	Ponente	Sentencia	Año	¿Quién cita?	Texto citado	Clase de cita
41	Carlos Bernal Pulido	C-002	2018	Salvamento de voto de Gloria Stella Ortiz	García Martínez J., *La imaginación jurídica*; Nino C. *El constructivismo ético*; Mejía Quintana, *Teoría consensual del derecho. El derecho como deliberación pública.*	Cita indirecta
42	Antonio José Lizarazo Ocampo	C-045	2019	Aclaración de Diana Fajardo	*Liberalismo Político*	Cita a Rawls
43	Luis Guillermo Guerrero	SU-016	2020	Salvamento de voto de Diana Fajardo	Martha Nussbaum, *Las fronteras de la justicia*".	Cita indirecta
44	Alberto Rojas Ríos	SU-073	2021	Cita del ponente	No se indica	Se menciona
45	Diana Fajardo Rivera	C-077	2021	Salvamento de José Fernando Reyes Cuartas	*A Theory of Justice* y *Political Liberalism*	Cita a Rawls

Del anterior cuadro informativo es posible sacar algunas conclusiones preliminares: los años en los que no se citó al autor norteamericano fueron: 1995, 1998 a 2000, 2002 a 2003, 2005, 2009 a 2011 y desde el 2022 a lo que va corrido del año 2024, es decir, durante trece años. Por el contrario, se pueden identificar dos periodos de citación así: (a) el primero que va de 1992 a 2008, con un total de diecisiete sentencias y (b) el segundo que va de 2012 a 2021 en donde todos los años se verifican citas de Rawls, siendo los años 2012 y 2016 los que más registran (nueve y seis respectivamente). Sin embargo, estos datos no son tan alentadores si se tiene en cuenta que algunas veces se lo trae a la sentencia como argumento de autoridad, otras, son citas indirectas pues se referencia a una sentencia anterior que sí la citó, o a algún lector de Rawls, como Martha Nussbaum, Amartya Senn, García Martínez, Mejía Quintana, y en ocasiones, no lo menciona la Corte sino algún interviniente (C-132/12, C-288/12 y T-933/13).

Conviene mirar detalladamente, quién y cómo se emplearon las referencias: a Rawls se lo menciona con mayor frecuencia por quienes aclaran o salvan voto (23 sentencias). De las cuarenta y cinco sentencias, solo en veinte de ellas es citado Rawls por el ponente; de éstas, cuatro fueron reiteración de dos precedentes (C-221/94 y C-893/01), en seis solo se mencionó al autor sin mayor incidencia en la argumentación y dos fueron citas indirectas, es decir, se citó a otro autor que refería a Rawls. Dicho esto, solo quedan 8 sentencias en las cuales la Corte Constitucional, a través de la voz del ponente, acudió al autor norteamericano para expresar o desarrollar algún argumento.

En la siguiente tabla presentamos las sentencias que **abordan directamente** al filósofo norteamericano y el tema bajo el cual fue referenciado:

Tabla 2.

	Ponente	Sentencia	Año	Texto citado	Tema
1	Ciro Angarita Barón	T-406	1992	*Teoría de la Justicia*	Igualdad y justicia distributiva
2	Jorge Arango Mejía	T-139	1993	*Teoría de la Justicia*	Solidaridad social (justicia distributiva)
3	Carlos Gaviria Diaz	C-179	1994	No se indica	Principio de libertad
4	Carlos Gaviria Diaz	C-221	1994	*A theory of justice*	Principio de libertad
5	Alejandro Martínez Caballero	C-562	1996	*Teoría de la Justicia*	Igualdad y justicia distributiva
6	Adriana María Guillén Arango (E)	T-320	2012	*Liberalismo Político*	Razón pública
7	Jorge Iván Palacio	C-387	2014	*Teoría de la Justicia*	Principio de libertad
8	Alejandro Linares Cantillo	C-205	2016	*Teoría de la Justicia*	Imparcialidad

Según lo anterior, la mayoría de las sentencias que se apoyan en Rawls son de los años 1992 a 1996, por lo que puede afirmarse que su uso más extendido fue en ese primer período de la Corte Constitucional, en tanto que, en el segundo periodo, disminuyó su *presencia citacional*. A su vez, se advierte de los datos recogidos, que la *Teoría de la justicia* es el texto más citado del autor norteamericano, puesto que el *Liberalismo político* solo se menciona en un par de sentencias. Pueden entonces identificarse tres conceptos de la teoría rawlsiana en la jurisprudencia constitucional, a saber, (i) los usos del principio de libertad; (ii) la igualdad en función de una justicia distributiva y (iii) la razón pública. De los tres dará cuenta este capítulo, a la luz del análisis de algunas sentencias a ellos alusivas.

3. LOS USOS DEL PRINCIPIO DE LIBERTAD

La filosofía política de John Rawls está construida para una democracia liberal, en tanto se apoya en el contractualismo propio de las revoluciones democráticas del siglo XVIII (Vergés Gifra, 2015, p. 42). La hipótesis de ese contrato social tiene en la mira a una sociedad democrática en la que sus integrantes, en una posición igualitaria, deciden asociarse para vivir en armonía y libertad. Esto, a su vez, implica que los asociados puedan gozar de un mínimo de libertad que les permita desarrollarse y manifestar su voluntad, es por eso que una democracia se reputa liberal cuando pueden satisfacerse unos mínimos de libertad e igualdad. Sobre esto Samuel Freeman recuerda: "La concepción de justicia de Rawls es *democrática* porque provee *igualdad de oportunidades* y busca establecer *igualdad de oportunidades* en preferencias educativas y ocupacionales. Es *igualitaria* porque busca mantener el "*valor equitativo*" de las libertades políticas, establece "justa igualdad de oportunidad" y determina el mínimo social buscando el beneficio máximo de los miembros menos favorecidos de la sociedad" (Freeman, 2016, p. 60).

Esos derechos y oportunidades se encuentran en los dos principios de justicia que formuló Rawls desde la libertad e igualdad.

El primero, que aquellas libertades individuales que él consideraba "básicas" deben ser maximizadas y. priorizadas por encima de otros bienes sociales y económicos. El segundo, fue el denominado principio de la diferencia, el cual establece que, si bien a todos se les debe ofrecer una "justa igualdad de oportunidades", las desigualdades sociales y económicas deben estar concebidas para beneficiar a los miembros de la sociedad menos favorecidos.

En esta sección nos ocuparemos del primer principio asociado a la libertad. En *Teoría de la justicia* se formuló de la siguiente manera: "Cada persona ha de tener un derecho igual al esquema más extenso de libertades básicas que sea compatible con un esquema semejante de libertades para los demás" (Rawls, 2011, p. 67). En el *Liberalismo político*, Rawls dará un paso más al afirmar que ese conjunto de libertades puede ser exigido por cada individuo de la sociedad "y esas libertades tienen que ser garantizadas en su valor justo" (Rawls, 2006, p. 31). La premisa es clara: el Estado debe garantizar la libertad y cada individuo puede reclamarla. Pero aquí *libertad* no es entendida como simple autodeterminación, sino como un "esquema de libertades", es decir, un conjunto de libertades básicas que son comunes a todos. "La idea primordial del primer principio es que hay ciertos derechos y libertades básicos de la persona que son más importantes que otros, y que se necesitan para caracterizar el ideal moral de las personas libres e iguales" (Freeman, p. 61). Como afirma Ángel Puyol González, "se trata, pues, de priorizar políticamente la libertad de pensamiento, de conciencia, de expresión, de reunión, la integridad física y psicológica de las personas, y las libertades políticas" (Puyol González, 2015, p.44).

Según la distinción que hicimos previamente (Tabla 2), tres fallos citan directamente el principio de libertad de Rawls: las sentencias **C-179/94 y C-221/94**, ponencias del Magistrado Carlos Gaviria Díaz, y la sentencia **C-387/14** con ponencia del Magistrado Jorge Iván Palacio. En el primero de los fallos, la sentencia **C-179/94**, se revisó el proyecto de ley que más tarde sería la Ley 137, Estatutaria de los Estados de Excepción. En el prolegómeno al estudio del proyecto, la Corte Constitucional recordó que la finalidad de los actos del Estado es el imperio del derecho y, consecuentemente, la negación de la arbitrariedad "porque sólo de ese modo pueden ser libres las personas que la norma jurídica tiene por destinatarias". Es decir, el contenido axiológico del Derecho lo constituye el principio de libertad. En seguida la Corte explicó:

> La libertad, resulta ser entonces el valor axial del Estado de derecho, a secas, y del Estado social de derecho que, consciente de que aquélla sólo es posible bajo condiciones de igualdad real, busca propiciarlas, para que, así, el patrimonio ideológico justificativo de esa forma de organización política no sea una mera ilusión.
>
> Las instituciones del Estado de Derecho no son, pues, fines en sí mismas. Su sentido puramente instrumental se esclarece a plenitud cuando se identifican los bienes que están llamadas a garantizar, entre los cuales ocupan un lugar axiológicamente privilegiado los derechos fundamentales que no son otra cosa que ineludibles inferencias del concepto originario de libertad seguridad, que se incrementa y enriquece en la medida en que las circunstancias históricas plantean al hombre nuevos retos, y determinan una mayor complejidad en la acción interferida.
>
> Pero ninguna garantía mejor para la preservación de esos bienes, que la injerencia de sus titulares en el ejercicio del poder. Y cuanto más directa e inmediata, tanto más eficaz.
>
> La democracia surge, entonces, como lógico corolario del régimen de libertades, justamente, bajo la forma de libertad participación. De estirpe liberal y democrática es, pues, sin duda, la filosofía que informa al Estado social de derecho.
>
> La teoría personalista, ínsita a él, persigue la superación de la tensión dialéctica individuo-sociedad mediante la concepción del hombre como persona dotada de dignidad (fin en sí mismo y no medio para un fin), que requiere de la organización social más perfecta hasta ahora lograda –el Estado– para poder realizarse de manera plenaria sin interferir en la realización plenaria de los otros. El principio de libertad formulado por Rawls condensa la realización cabal de esa idea: "Toda persona tiene derecho a un régimen de libertades básicas que sea compatible con un régimen similar de libertades para todos".

La explicación de la Corte es de estirpe claramente rawlsiana : i) se apega a la idea de la libertad como fundamento de derecho; (ii) recuerda que el Estado es el conjunto de instituciones que desarrolla el fin de la libertad; (iii) considera la libertad bajo diversas manifestaciones (libertades básicas) y (iv) asevera que la libertad solo es posible en condiciones de igualdad (en alusión a la relación con el principio de equidad).

El segundo de los fallos anunciados, **C-221/94**, es considerado por la profesora María Luisa Rodríguez como una de las sentencias que *"encarnan la fundamentación del principio de autonomía individual como pilar del derecho al libre desarrollo de la personalidad"* (Rodríguez, 2008, p. 22). Allí el Alto Tribunal analizó la despenalización del consumo personal de drogas ilícitas y se refirió a las tres tesis en que se argumentaba la prohibición: la primera, la del peligrosismo, que justificaba la prohibición del porte mínimo de drogas con base en el potencial peligro que podría causar una persona bajo los efectos de una droga ilícita, fue desechada en tanto que el derecho penal no sanciona posibilidades sino conductas efectivamente realizadas. La segunda, en donde el Estado se asume dueño de la vida de los administrados, fue descartada con fundamento en la filosofía libertaria y democrática en que se sustenta la Constitución. La tercera tesis, el paternalismo estatal, considera que la prohibición del consumo es manifestación de un mensaje de buena voluntad tendiente a que las personas cuiden su salud, so pena de internamiento en establecimiento de carácter psiquiátrico o similar; para la Corte, esta justificación, propia de los regímenes totalitarios, desconoce el libre desarrollo de la personalidad. en este sentido, esta postura solo podría ser considerada como un mero deseo de autocuidado, más no un deber en estricto sentido cuyo incumplimiento genere una sanción punitiva. Con base en estas consideraciones el Alto Tribunal concluyó:

> La primera consecuencia que se deriva de la autonomía, consiste en que es la propia persona (y no nadie por ella) quien debe darle sentido a su existencia y, en armonía con él, un rumbo. Si a la persona se le reconoce esa autonomía, no puede limitársela sino en la medida en que entra en conflicto con la autonomía ajena. John Rawls en "A theory of justice" al sentar los fundamentos de una sociedad justa constituida por personas libres, formula, en primer lugar, el principio de libertad y lo hace en los siguientes términos: "Cada persona debe gozar de un ámbito de libertades tan amplio como sea posible, compartible con un ámbito igual de libertades de cada uno de los demás". Es decir: que es en función de la libertad de los demás y sólo de ella que se puede restringir mi libertad.

De las críticas más elaboradas a este Rawls en el marco de la sentencia de la dosis personal acompañamos a la profesora María Luisa Rodríguez (Rodríguez, p. 254) en el siguiente texto:

> "La forma en que el ponente interpreta este primer principio sin conectividad con el segundo, le lleva a afirmar que en la medida que el autoconsumo no afecta la libertad de los demás, y por ende parecería que no limita ni la autonomía ni la salud de los demás , no es viable su prohibición, mientras que lo que aduce Rawls es lo siguiente, la libertad individual sólo se puede restringir en aras de la libertad misma, (colectiva) es en función de la libertad de los demás (colectiva), y sólo de ella que se puede restringir mi libertad individual. El ponente entiende, que la única libertad que se ve afectada con el consumo de drogas es la del consumidor, pero no visualiza un posible riesgo en el ejercicio de las libertades de los otros, ya no de afectar su salud sino de disfrutar de un contexto de seguridad. Mientras que con el argumento rawlsiano, es factible restringir la libertad individual en aras de garantizar la libertad colectiva y por tanto es viable limitar la libertad del consumidor de drogas en pro de posibilitar el libre ejercicio de las libertades de los otros en un contexto de seguridad. La apuesta de Rawls a la seguridad y la permeabilidad de los derechos fundamentales con tal de no poner en riesgo la colectividad hace que la cita de Rawls en la sentencia de la despenalización de la dosis personal resulte más que inoportuna e innecesaria. Innecesaria porque si de los que se trataba era de abultar el discurso relativo a que en los derechos fundamentales no cabe ninguna restricción salvo que se afecten los derechos de los demás, no hacía falta llegar a Rawls, bastaba con hacer uso de los teóricos clásicos del liberalismo que han entendido la libertad como ausente de toda restricción."

Sin embargo, es indudable que el compromiso teórico del Magistrado Gaviria Díaz con la filosofía de la justicia de Rawls es palmario. En ambos fallos (**C-179/94 y C-221/94**) la Corte Constitucional asume como suya la tesis rawlsiana de las libertades básicas como límite a la actuación del Estado, frontera que no puede traspasar so pena de socavar el fundamento más íntimo de la existencia humana. Con posterioridad, estas opiniones de Rawls fueron referenciadas en la sentencia C-387 de 2014, que revisó la constitucionalidad de los literales b) y d) del artículo 326 de la Ley 906 de 2004 (modificado por el artículo 4° de la Ley 1312 de 2009) que establecía programas especiales para superar problemas de dependencia a drogas o bebidas alcohólicas y sometimiento a tratamiento médico o psicológico. Nuevamente la Corte destacó el carácter humanista del Estado, enfocado en el respeto por las libertades fundamentales, lo que implica que "aquellos comportamientos que solo conciernen a la persona y, por ende, son expresiones propias del *núcleo básico* del derecho al libre desarrollo de la personalidad, no pueden ser restringidos por el legislador." Aquí el énfasis se centró en que el límite al libre desarrollo de la personalidad son los derechos de los demás. Como se aprecia, hay una relación de continuidad entre los fallos de 1994 y el de 2014, lo que permite afirmar que la postura **vigente de la Corte, en consonancia con Rawls, es que, en un Estado democrático liberal debe garantizarse el respeto por la autonomía del ser humano como manifestación del principio de libertad.**

4. LA IGUALDAD EN FUNCIÓN DE UNA JUSTICIA DISTRIBUTIVA

El segundo principio de la justicia según Rawls parte de reconocer las desigualdades sociales y económicas de una sociedad. En efecto, nacer en el seno de una familia rica o pobre, con oportunidades o sin ellas, parece ser una lotería. Por eso, desde la teoría de Rawls, si no se pueden evitar las desigualdades al menos el Estado debe intervenir para que "a) se espere razonablemente que [las desigualdades] sean ventajosas para todos y, b) se vinculen a empleos y cargos asequibles para todos", de tal manera que se reduzca (la brecha inequitativa (Rawls, 2011, p. 68). En estos términos fue la primera formulación del segundo principio en *Teoría de la Justicia*:

> Las desigualdades económicas y sociales han de ser estructuradas de manera que sean para:
>
> a) mayor beneficio de los menos aventajados, de acuerdo con un principio de ahorro justo, y
>
> b) unidos a los cargos y las funciones asequibles a todos, en condiciones de justa igualdad de oportunidades. (Rawls, 2011, p. 280).

Este principio se aplica, en primer lugar, a la distribución del ingreso y la riqueza, no para provocar una utópica situación de igualdad, sino para generar situaciones favorables para todos y, en segundo lugar, para permitir la accesibilidad a empleos y posiciones de mando (Rawls, 2011, p. 68). Para garantizar lo anterior, el segundo principio de la justicia debería estar integrado con dos componentes: el "principio de diferencia" y el "principio de la justa igualdad de oportunidades". En un sistema económico cerrado, esto es, aquél en el que existe un número limitado de mercancías (sistema de libertad natural), el principio de eficiencia apuntaría a que para que alguien se vea beneficiado en el proceso de redistribución de la riqueza, otra persona tendría que verse desmejorada. Rawls se pregunta cómo hacer justo un sistema económico de tal manera que no se produzca esta inequidad. La corrección del libre mercado, afirma, tiene lugar "dentro de un marco de instituciones políticas y jurídicas que regulen las tendencias generales de los sucesos económicos y conserven las condiciones sociales necesarias para la justa igualdad de oportunidades" (Rawls, 2011, p. 79). La idea, entonces, es corregir "los efectos arbitrarios de la lotería natural" (Rawls, 2011, p. 79), lo cual implica ir más allá, es decir del principio de eficiencia hacia el principio de diferencia. Según este principio "las expectativas más elevadas de quienes están mejor situados son justas si y solo si funcionan como parte de un esquema que mejora las expectativas de los miembros menos favorecidos de la sociedad" (Rawls, 2011, pp. 80-81). En otras palabras, no habrá ganancia para alguien a menos que la otra parte también se beneficie. Pero el principio de diferencia no se reduce a esta posibilidad, ya que considera que una situación diferente (desigualdad) puede ser considerada justa y por ello permisible si al eliminarla haría más gravosa la situación de las personas menos favorecidas.

En la misma línea lo expone Miguel Ángel Rodilla, filósofo del derecho, traductor de Rawls, cuando indica que *"la introducción del principio de igualdad equitativa de oportunidades para regular el acceso a las diversas posiciones y cargos supone ya una importante transformación de*

Rawls de la ideología liberal[4]. *Las "[...] políticas dirigidas a asegurar la igualdad de oportunidades intentan ciertamente aminorar los efectos que puedan tener contingencias sociales arbitrarias, tales como haber nacido en el seno de una familia rica o haber crecido en un medio social cultivado, en la distribución de la riqueza y en las posibilidades de autorrealización derivadas del desarrollo efectivo de los talentos y capacidades naturales y de su empleo en tareas socialmente productivas. [...] [Por] supuesto carece de sentido atribuirse mérito alguno por haber nacido bien dotado o dirigirse reproches por haber crecido en un medio cultivado; el azar social y los resultados de la lotería natural son meros hechos que no constituyen base alguna de mérito o demérito y no son ni justos ni injustos. Justo o injusto es el modo como el sistema social opera con ellos: sencillamente, el modo como las instituciones sociales utilizan las diferencias naturales y permiten que operen el azar y la suerte es lo que define el problema de la justicia."*

La igualdad de posibilidades atiende a la distribución de ventajas desde el punto de vista de las capacidades que se precisen para ello. En este sentido, se requiere, por un lado, acceso a la educación que permita la capacitación necesaria para acceder a determinados cargos, y, a su vez, la posibilidad real de llegar a tales empleos. Así formulado, hasta ahora, el principio de igualdad se predica de las actuaciones del Estado; sin embargo, Rawls también analiza la posibilidad de aplicar el referido principio a las personas. Para ello parte de la premisa de un deber de colaboración social según el cual los individuos, en una sociedad, deben renunciar a una porción de su libertad con tal que se produzca una ventaja para todos. Estas ventajas están mediadas por lo que Rawls denomina *deberes naturales*, es decir, aquellos deberes que existen por naturaleza –por el simple hecho de existir– como son los de ayuda y socorro cuando otros lo necesitan.

Estos elementos, distribución de riquezas, principio de diferencia y deber de colaboración han sido abordados por la Corte Cons-

---

4 Cfr. la presentación de M. A. Rodilla, Razones del impacto de una teoría de la justicia para una caracterización de la obra de John Rawls. En: *Justicia como equidad: materiales para una teoría de la justicia*. Tecnos. Madrid, 1999.

titucional en distintos fallos. En primer lugar, la sentencia T-406/92 es un ejemplo de justicia distributiva en donde la Corte "consideró que la implementación de Rawls resultaba oportuna para llenar de contenido el primer principio de la Constitución referente al estado social de derecho" (Rodríguez, p. 249). En dicho fallo, la Corte ordenó la terminación del alcantarillado en un barrio de Cartagena. El fundamento de tal decisión consistió en la distribución de recursos públicos, sin embargo, la referencia a este tema espinoso fue más bien timorata:

> Si fuese necesario dar elementos de juicio en abstracto sobre la justicia distributiva -cuestión de por si temeraria- se podría recurrir al principio de igualdad, ampliamente debatido en la teoría de la justicia de las últimas décadas, a partir del cual toda distribución de recursos, para ser justa, deba mejorar al menos la condición de los más desfavorecidos.

La providencia en cuestión ha sido considerada como una sentencia-hito o fundadora de línea, porque el Magistrado ponente, Ciro Angarita Barón, se permitió construir una estructura teórica que cimentó los estudios sobre los conceptos de valores, principios y reglas. Sin embargo, en punto de un desarrollo de la teoría de la distribución de recursos de Rawls hubiera ameritado una mayor profundización dado lo complejo y amplio del concepto, como se ha visto en la explicación anterior. Con todo, la presencia del tema puede verse, al menos de manera implícita, en los fallos posteriores que se apoyaron en la sentencia T-406/92 como por ejemplo, la T-622 de 2016 donde se aborda la justicia distributiva como uno de los postulados en que se inspira la consagración del Estado Social de Derecho, "*principio cardinal de nuestro ordenamiento jurídico-político, que irradia a todas las instituciones y autoridades estatales con el objeto de lograr la promoción y establecimiento de condiciones de vida dignas para todas las personas y la solución de las desigualdades reales que se presenten en la sociedad.*" En este último fallo no se citó a Rawls, pero es claro que hay una presencia implícita de la teoría rawlsiana de la distribución de recursos; es lo que se infiere del siguiente extracto:

> "En relación con la justicia distributiva ha estimado que en la asignación de los recursos económicos de una sociedad se deberá tender a

> privilegiar a los sectores menos favorecidos y, que este principio, sirve de fundamento al diseño y ejecución de un régimen impositivo, a las reglas de elaboración presupuestal, a la jerarquización del gasto y a la fijación de prioridades en materia de prestación de los servicios públicos. De hecho, uno de los fines esenciales de nuestro modelo de ESD es promover la prosperidad general y garantizar la efectividad de los derechos, deberes y principios constitucionales, que, junto con el derecho fundamental a la igualdad de oportunidades, guían la interpretación de la Constitución Económica e irradian todos los ámbitos de su regulación, por ejemplo, en materias como régimen impositivo, presupuestal, gasto público; explotación de recursos naturales y producción, distribución, utilización y consumo de bienes y servicios."

En segundo lugar, el **principio de diferencia** podría estar presente en 2 sentencias o por lo menos aparece insinuado en las sentencias **C-562/96 y C-205/16**. En el primero de los fallos se analiza la posibilidad de ingresar al escalafón docente de bachilleres que presten sus servicios de docencia en zonas de difícil acceso. De conformidad con el art. 105 de la Ley 115 de 1994, sólo podrían ser nombrados en la planta de personal docente quienes hubiesen sido seleccionados previo concurso, salvo el caso de bachilleres que estuvieren prestando sus servicios al tiempo de expedida la ley, quienes tendrían dos años para cumplir los requisitos del cargo y así entrarían al escalafón docente. Dicha ley, además, previó que en el caso de bachilleres que se encontraran prestando sus servicios docentes en zonas de difícil acceso y en proceso de profesionalización comprobado, tendrían dos años más para reunir requisitos y entrar al escalafón docente. El problema sugerido en la demanda era el de lograr el acceso equitativo a empleos públicos, por lo que la norma se acusaba de violar el principio de igualdad. Sin embargo, la Corte argumentó en favor de la exequibilidad condicionada de la disposición, precisando que el mecanismo de acceso al escalafón estaría ajustado a la Constitución solo si era extraordinario para garantizar la continuidad del servicio de educación básica en estos lugares apartados. Gracias a la utilización en la *ratio* de la teoría rawlsiana de la distribución desigual de oportunidades, el fallo permitió una mayor ventaja para los menos favorecidos (principio de la diferencia). El aparte de nuestro interés dice así:

> "En tal medida, como lo enseña John Rawls, todos los valores de la sociedad deben ser distribuidos igualitariamente, a menos que una distribución desigual de alguno o de todos estos valores redunde en una ventaja para todas las personas. En ese sentido, según Rawls la injusticia consistirá en desigualdades que no beneficien a todos."

A primera vista parecería un *tour de force* para convalidar una disposición que *prima facie* afectaba el principio de igualdad; pero es claro que se acudió a Rawls para sustentar una decisión en la que, a juicio de la Corte, el trato desigual se encontraba injustificado. (Rodríguez, p. 250). En efecto, la lectura que hace el ponente, Alejandro Martínez Caballero, admite la diferencia en el trato entre personal en provisionalidad y el vinculado por medio de concurso, a partir de la tesis de la distribución equitativa de ganancias. Esta posición, en el caso en concreto, luce lógica bajo la premisa de que, en ciertas zonas de difícil acceso, la educación no siempre puede ser garantizada con el personal docente vinculado por medio de concurso. La postura arriesgada, se justifica políticamente a partir de las tesis de Rawls.

En la sentencia **C-205/16**, la Corte introduce a Rawls en la siguiente frase: "*si resulta difícil determinar la justicia, no así la imparcialidad y la decisión tomada por una autoridad imparcial, amerita ser calificada como justa*". Cita sin más a "*John, Rawls, Teoría de la justicia, traducción de María Dolores González, 2 edición, Fondo de Cultura Económica, México, 1979*. En este punto la cita puede ser interpretada como una referencia a **toda la teoría de la justicia** de Rawls lo que de por sí denota un uso impropio y exagerado de la doctrina del filósofo; y así visto, además, cae en una simple mención sin contexto que acude a Rawls cada vez que de manera general se hable de justicia, con lo cual, bien podría citarse entonces cualquier filósofo que hubiere tratado el tema desde la antigüedad. Siempre será encomiable y ejemplar la labor de la Corte Constitucional Colombiana en su esfuerzo por situar a grandes pensadores en la *ratio* de sus causas y de celebrar por igual la erudición casi propedéutica de la jurisprudencia que así lo refleja; sin embargo, si estamos ante una Corte de larga data en la dinámica de las citas de filósofos, la mínima exigencia que se le debe a la motivación del fallo es que las citas sean correctas y precisas; una cita precisa exige que el juez indique exactamente cuál es el apartado de la obra filosófica que se está transcribiendo y que a su juicio resulta pertinente para su razonamiento. **La legitimidad de las Cortes depende crucialmente del modo en que deciden y, más importante que ello, de las razones que invocan en apoyo de su decisión. Si bien la cita filosófica *per se* podría no impactar el contenido de la decisión misma y las órdenes en ella dispuestas, está claro que aquellas razones podrían quedar estructuralmente *debilitadas* si las fuentes en las que se apoyan son inconsistentes, impropias, imprecisas o inaccesibles.** Buceando un poco sobre la posible utilidad de la mención de Rawls en este caso y siendo benevolentes con la intención de la Corte al hacer la cita, podría verse también como una referencia a la imparcialidad como elemento característico de la justicia. Veamos:

Inmediatamente después de la referida cita, la Corte sostiene: *"La imparcialidad es una garantía que se deriva de la igualdad de las personas ante la ley e implica una serie de exigencias para el juez, en el caso judicial (artículo 229 de la Constitución), y para el procedimiento, que apuntan al desinteresamiento y objetividad al momento de desarrollar el proceso y adoptar la decisión. Literalmente la imparcialidad significa ausencia de partido o de posición frente al asunto*." El Alto Tribunal se enfrentaba a un tema aparentemente pacífico: el decreto oficioso de pruebas en el proceso penal. El precedente contenido en la sentencia **C-396/07**, era suficientemente claro al señalar que tal poder en manos del juez generaba un desequilibrio en el juicio penal, el cual debía estar caracterizado por una "igualdad de armas" entre los sujetos del proceso (acusador-acusado); sin embargo, en este caso, la Corte convalidó tal función en cabeza del juez penal militar, al considerar que su actuación está en función de la verdad, más que la del juez penal. En palabras de la Corte, "*esto quiere decir que la finalidad de esta prerrogativa [el decreto oficioso de pruebas] no es la de favorecer a una de las partes en el proceso penal militar, como podría ser, por ejemplo, la de solventar las falencias probatorias de la fiscalía, sino buscar la verdad* *y materializar la justicia"*. La Corte parece efectuar una comparación que afecta el principio de igualdad de las partes en el proceso penal militar, en contraste con el proceso penal ordinario, lo que supondría la aplicación del principio de diferencia rawlsiano, pero aun en esta hipótesis, vemos a Rawls un tanto ''fingido'' porque se lo trae a colación, no para desarrollar tal principio, sino para insistir, casi en una obviedad: que la imparcialidad del juez es lo que caracteriza a la decisión justa. Pero, ¿cómo se garantiza la justicia en el juicio penal de la prueba de oficio? ello no queda suficientemente claro en la providencia con Rawls o sin Rawls, de manera que fue una cita casi ornamental sin impacto en la argumentación.

En tercer lugar, la sentencia **T-139/93** desarrolla el deber de colaboración. Jorge Arango Mejía, como ponente, se apoya en Rawls a fin de desarrollar el principio constitucional de solidaridad para contribuir al logro y mantenimiento de la paz. Dado que todos debemos contribuir a la realización de tal fin, es claro que debemos aceptar la presencia de la policía cerca a nuestros lugares de residencia; en consecuencia, se estimó irracional el traslado de una unidad de la fuerza pública, como lo pretendían los accionantes. En este sentido, la igualdad que se exige al Estado es dable exigirla a la comunidad para que soporte, por igual, las cargas que impone el ordenamiento jurídico a efectos de garantizar los valores superiores. Así concluyó la Corte:

> "Conviene insistir en que el ejercicio de los derechos y libertades reconocidos por la Carta, no es un asunto unilateral, una prebenda que deben recibir las personas en general, sin que en contraprestación deban realizar esfuerzo alguno, ni comprometerse con nada. El mandato constitucional, en forma perentoria, señala que el ejercicio de los derechos y libertades implica responsabilidades".

5. UNA RAZÓN PÚBLICA LEJOS DE RAWLS. LA SENTENCIA T- 320 DE 2012

A lo largo de sus dos grandes obras, la Teoría de la Justicia y el Liberalismo Político, como ya hemos esbozado, Rawls afirma que es la democracia el mejor sistema de gobierno, y de hecho, su propuesta sólo tiene validez en el escenario de una democracia. Igualmente, la construcción de una noción común de justicia en medio de una sociedad multicultural, sólo es posible si lo que prevalece es el espíritu democrático. En el pensamiento de Rawls están contenidos, en suma, elementos democráticos como la defensa de la libertad, la defensa de la autonomía individual, la promoción de una participación igual en los asuntos del Estado y la creación, o bien, el reconocimiento de dos espacios, lo público y lo privado. Todas, herramientas por igual del juez constitucional, paradigma, al decir de Rawls de los dictados de la razón pública. La razón pública, como el mismo término lo sugiere, es la razón que los individuos ejercen en el ámbito público, es la reflexión y deliberación en torno a los asuntos públicos. "La razón pública (…) es la facultad a través de la cual toda sociedad políticamente organizada define las bases de su sistema político, sus instituciones fundamentales, la estructura y modalidades de sus procesos y prácticas políticas, sus proyectos de largo plazo y las decisiones públicas de toda índole que eslabonan su existencia en el tiempo"[5].

Rawls se ocupa de manera directa de la razón pública sólo después de que escribe la *Teoría de la justicia*. El paso de la *Teoría de la justicia* al *Liberalismo político* supuso un cambio de perspectiva. En la *Teoría*, Rawls se propuso encontrar una concepción de la justicia que todos los ciudadanos estuvieran dispuestos a suscribir por juzgar que representaba lo universalmente bueno y justo. En el *Liberalismo político*, en cambio, planteó la búsqueda de un consenso *político* que permitiera que las personas convivieran pacíficamente en un mismo espacio a pesar de tener profundas diferencias étnicas, religiosas o

---

[5] Cfr. Godoy (2001, p. 40).

ideológicas, a pesar de tener distintas concepciones sobre lo bueno y profesar diferentes doctrinas comprehensivas.[6] La razón pública es uno de los ideales de toda ciudadanía que se considere a sí misma democrática. Ella gobierna las deliberaciones de los ciudadanos sobre los temas fundamentales de su vida política. En el momento de fijar los términos de cooperación, los ciudadanos deben tener en cuenta sólo aquellas ideas que hayan sido aceptadas por todos como reguladoras. La razón pública no se pronunciará sobre todos los asuntos políticos sino sólo sobre aquellos que estén relacionados con la justicia dado que, por más que se pretenda mantener al margen de lo político a las doctrinas comprehensivas y las distintas concepciones del bien, habrá una tendencia a involucrarlas y eso es lo que se debe evitar. En consecuencia, el alcance de la razón pública, no cobija toda la política sino solo los "*esenciales constitucionales* y la justicia básica de sus estructuras"[7]. De modo que, la Corte Suprema de Justicia de Estados Unidos y la Corte Constitucional colombianas, organismos encargados de proteger los esenciales constitucionales, serán los modelos de la razón pública y sus magistrados deberán, por lo tanto, tomar las decisiones con base en aquellos criterios que hayan recibido la aprobación unánime. "La principal expresión de esta razón pública es, en un régimen democrático, la Corte Suprema de Justicia [y la Corte Constitucional en los países en donde el control constitucional se encuentra asignado a un Tribunal Constitucional]. Es allí donde se defienden los esenciales constitucionales y (...) los derechos básicos iguales y libertades ciudadanas que deben ser respetados por la mayoría en cualquier circunstancia"[8]. De acuerdo con Rawls, el ejemplo paradigmático (exemplary) de la razón pública debe ser el razonamiento de los jueces, sobre todo, aquel de los magistrados de la corte suprema de Justicia o de la corte constitucional cuando la guarda de la integridad de normas constitucionales reposa en ella. El papel especial

---

6 ibídem, pág. 45.

7 Mejía (2005, p. 120).

8 Mejía, Óscar. Op. cit., pág. 118. El material entre corchetes es nuestro.

de los tribunales de justicia, en una democracia constitucional, los convierte en el paradigma de la razón pública.[9]

Ahora bien, la razón pública también es un concepto que ha aterrizado en la jurisprudencia constitucional colombiana. Específicamente nos referimos a la sentencia **T-320 de 2012** que podríamos denominar como una *oda a la cita impertinente*, donde se estudió la conciliación como mecanismo autocompositivo en el cual son las "partes en disputa quienes resuelven su conflicto de manera pacífica" Se refería la sentencia a la conciliación en materia laboral, como un mecanismo de eliminación de litigios sin necesidad de tener que surtir en su integridad un proceso jurisdiccional**. "*De allí que la conciliación haya sido concebida desde su origen como un mecanismo autocompositivo de solución de controversias, en el cual son las mismas partes en disputa quienes resuelven su conflicto de manera pacífica, al contrario de lo que sucede con los mecanismos de heterocomposición, en los cuales un tercero dirime la controversia*"**. Consideró la sentencia que la conciliación era una herramienta que "no sólo es útil para resolver conflictos y, cuya consecuencia casual, que no finalidad perseguida, es la descongestión de la jurisdicción, sino que también constituye una educación para la democracia y un instrumento que la afianza, en tanto propicia el diálogo y la deliberación entre personas con posturas disímiles, situación que a la postre reafirma la tolerancia, el pluralismo ideológico y facilita el debate en una democracia constitucional, en tanto favorece la búsqueda y la exposición de argumentos que pretenden convencer al otro de una tesis, argumentos que, **por lo general, son de razón pública, según la conocida tipología planteada por John Rawls."** Cita la corte un fragmento aislado del Liberalismo Político que dice lo siguiente:

Para Rawls, la razón pública, a diferencia de las razones no públicas, supone que los individuos, *"[c]omo seres razonables y racionales,*

[9] Cfr. *The Cambridge Companion to Rawls*. Ed. de Samuel Freeman. Cambridge University Press, New York, 2003

y sabiendo que profesan una diversidad de doctrinas razonables, religiosas y filosóficas, deberían ser capaces de explicarse unos a otros los fundamentos de sus actos en términos que cada cual espere razonablemente que los demás puedan suscribir, por ser congruentes con su libertad y su igualdad ante la ley. Tratar de satisfacer esta condición es una de las tareas que nos pide cumplir este ideal de la política democrática. Entender cómo debemos conducirnos como ciudadanos democráticos incluye la cabal comprensión de un ideal de razón pública". Cfr. RAWLS, John. *Liberalismo político* (1993).

Estimamos que nada más contrario a la noción de razón pública que el mecanismo de la conciliación para resolver controversias particulares; a la luz del significado correcto del concepto de razón pública, no es posible invocar a Rawls, *casi en el aire*, en el marco de un procedimiento de solución de conflictos particulares y menos apelar a la idea de razón pública como un predicado o un horizonte de la discusión suscitada en una conciliación. Tal como se ha expuesto, Rawls reserva la idea de razón pública a los esenciales constitucionales y cuestiones de justicia básica solamente[10]. Es precisamente a eso a lo que hace alusión la cita que de Rawls presenta la Corte pero que infortunadamente la inserta en un caso errado, la explicación condensada de la cita es la siguiente: sólo las razones públicas que emplean valores políticos que se podría esperar que otros razonablemente apoyaran pueden ser presentadas como razón pública. Las decisiones ordinarias, o los temas periféricos de los ciudadanos, que no abordan estas preocupaciones fundamentales no están sometidas a los mandatos de la razón pública. ¿Por qué no? La respuesta está en su contenido restrictivo. Sólo ciertos tipos de razones son públicas, las que son la base para cuestiones relativas a la concepción de gobierno, igualdad de oportunidades, libertades básicas, y similares[11]. Los ciudadanos pertenecientes a las distintas entidades y agrupaciones de la sociedad civil, dice Rawls en el Liberalismo Político, por ejemplo, iglesias, universidades y gremios, pueden discutir de acuerdo con sus propias **razones no públicas**.

---

10 *ibidem*

11 Cfr. Hugo Seleme (2004, p. 330).

Aunque habrá debate en aquellos escenarios en los cuales aparecen los individuos con sus respectivas doctrinas comprehensivas, sólo se considerará como dominio de la razón pública aquel espacio *jurídico* en el que estén en juego cuestiones de justicia básica y esenciales constitucionales. Por estas potísimas razones, la cita de Rawls (razón pública) en el marco de la noción de una conciliación que pretendía solucionar un tema particular de carácter laboral, es absolutamente improcedente. Ni aun en gracia de discusión, considerando la doctrina de Rawls en su versión posterior inscrita en su obra *El derecho de gentes y una revisión de la idea de Razón Pública*[12] cabría la remisión que de la conciliación se hace a la razón pública, por cuanto esa razón pública ampliada e inclusiva conservó la esencia plasmada en el Liberalismo Político, solo que aceptó la admisión de visiones comprehensivas al momento de discutir sobre los valores públicos compartidos. En todo caso la cita malograda fue textualmente del Liberalismo Político.

6. ANÁLISIS DE LOS USOS DIRECTOS DE RAWLS

Como se puede apreciar de las citas efectuadas, salvo el *excursus* hecho para analizar la cita respecto a la razón pública, la Corte Constitucional acude con mayor frecuencia a Rawls para fundamentar posiciones en las que está en juego el principio de igualdad o de equidad. En estos casos no analiza la equidad como una pretensión de igualdad matemática, sino bajo el **principio de diferencia** que permite efectuar distinciones en la distribución de cargas, siempre que tal situación conduzca a una mayor ventaja para los asociados, en particular para las personas menos favorecidas.

Hasta aquí podemos destacar que la presencia del filósofo de Baltimore en las sentencias de la Corte Constitucional ha sido expresa y con una marcada relevancia en los fallos del primer periodo, esto

---

12 Cfr. James P. Madigan (2002)

es, en la década de los noventa del siglo pasado. Quizás ello se deba a que la práctica constitucional de la época, reclamaba la "justificación y aplicación de una nueva concepción de justicia" (Rodríguez, p. 241). O como afirma Diego López Medina, la Corte Constitucional de los noventa ofreció un espacio institucional "de recepción, adaptación y legitimación de nuevas formas de comprender el derecho (...) buscando una nueva doctrina que permitiera racionalizar un campo del derecho en el que la cultura local no tenía mucha experiencia: los derechos fundamentales" (López Medina, 2004, p. 435). Ahora bien, en tales sentencias se hace patente un compromiso teórico de los ponentes, Ciro Angarita, Carlos Gaviria y Alejandro Martínez, tendiente a la innovación y reorientación del canon teórico local, como afirma López Medina, en aras de la búsqueda de la igualdad, la garantía de la libertad y la estructuración del Estado Social de Derecho, como lo destaca Rodríguez. Por ello, no resulta extraño que fueran los mencionados magistrados quienes primero tendieron el puente entre la teoría rawlsiana de la justicia y la práctica judicial de los casos concretos, lo que permitió introducir las nociones de libertad como autonomía y la equidad bajo el principio de diferencia.

Sin embargo, en las décadas siguientes se aprecia un marcado declive, un notable desinterés por la teoría de Rawls, al menos desde el punto de vista de la **citación explícita** de la Corte entendida como la voz del ponente; ya no se trata de una teoría de vanguardia que se introduce en el ámbito colombiano, sino de un autor del canon que *se cita de vez en cuando.* Esto se confirma si se tiene en cuenta que las siguientes citas directas ya no son del ponente sino de quienes aclaran o salvan voto, como se analizará en el capítulo siguiente. Un Rawls *decadente* en la jurisprudencia constitucional colombiana podría ser el eco de lo que se ha preguntado la reciente (2023) publicación del libro que ya anotábamos al inicio, del profesor Daniel Chandler, economista y filósofo (*London School of Economics*) "**Libres e iguales, un manifiesto por una sociedad justa**", respecto a la validez del pensamiento de Rawls y la vigencia de una filosofía de hace 50 años promovida hoy en escenarios democráticos fracturados, precarios y convulsionados. Advierte el autor que *"una* *creciente sensación de descontento con la democracia liberal ha surgido en todo el mundo. Sus causas son un sistema político dominado por los ricos; la profunda influencia de la clase, la raza y el género en las oportunidades de las personas; la distribución inmensamente inequitativa del dinero, el poder y el prestigio social y la catástrofe ecológica futura.*" La obra igualmente sustenta el descontento actual en el populismo autoritario de grandes líderes del mundo lo que "*amenaza con destruir nuestras libertades fundamentales y debilitar la democracia misma*".

7. LAS DISIDENCIAS O DESACUERDOS

Una decisión judicial es, antes que nada, una argumentación racional. En cuerpos colegiados, el ponente redacta un texto que contiene la decisión y las razones en las que se funda. En este caso, se pueden identificar dos tipos de auditorios de la decisión judicial colegiada, en términos de Perelman y Olbrecht-Tyteca, a saber: uno universal y otro particular. El auditorio universal puede estar representado, teóricamente, por la generalidad de las personas. Esto es así porque las decisiones de las Altas Cortes no solo deciden casos concretos, sino que se dirigen al país y mediante este ejercicio se reconocen o restringen derechos a los integrantes de la sociedad. De ahí que la redacción de los fallos, desde la perspectiva del auditorio universal, no está en función del caso, sino del lector que se prefigura tanto en la posición (i) del juez inferior que va a decidir a futuro casos similares, como (ii) en el de la ciudadanía que los reclamará.[13] El auditorio particular, de otra parte, puede estar representado por dos sujetos bien diferentes: por un lado, las partes del caso, destinatarias naturales de la decisión y, por otro lado, los demás magistrados y magistradas que integran las respectivas salas.

---

[13] Jordi Ferrer Beltrán recuerda que esta perspectiva es reconocida como la "concepción democrática del proceso judicial" porque su finalidad "es la de ofrecer una explicación a la sociedad de la justicia que imparten los tribunales" (Ferrer Beltrán, 2017, p. 65)

Para el caso concreto de los pares del magistrado ponente, el ejercicio argumentativo de la sentencia, se orienta a buscar la adhesión de ese auditorio concreto respecto de la decisión y de la tesis expuesta como soporte. Si el ponente persuade a sus compañeros de Sala, la decisión resulta apoyada de manera unánime; en caso contrario, la ponencia es derrotada y el caso pasa a otro magistrado quien redactará la sentencia según los lineamientos de la discusión que se haya dado. Una posición intermedia es aquella en la que se consigue que una mayoría respalde la decisión; en este caso se pueden presentar dos tipos de disidencia: o bien salvamento o bien aclaración del voto. El salvamento de voto expresa la disconformidad respecto de la decisión adoptada mayoritariamente por la Sala. La aclaración de voto se presenta cuando se está de acuerdo con la decisión, pero no con la motivación. Las opiniones de los magistrados disidentes no son fuente de derecho (precedente obligatorio), como sí lo es la sentencia adoptada por la mayoría, pero es claro que contribuyen a la discusión extraprocesal, porque abren el debate público. Por ejemplo, Ruth Bader Ginsburg reconocía las siguientes utilidades de las opiniones disidentes: (i) generan un impacto interno en las Salas de decisión ya que en algunos eventos pueden ayudar a afinar y aclarar el proyecto inicial; (ii) tienen un impacto (que podemos llamar) semi interno al alinear a los miembros de la corporación para futuros casos, así, la opinión disidente de hoy podría ser la opinión mayoritaria de la Corte en casos futuros y (iii) producen un efecto en la legislación, ya que pueden impulsar o sustentar cambios legislativos; Iman Zekri añade, que la voz disidente puede proporcionar a la parte perdedora la satisfacción de que sus argumentos, si bien no han sido acogidos, al menos han sido escuchados (Zekri, 2020).

Con base en las anteriores reflexiones, se analizan las voces disidentes que, de una u otra manera, se apoyaron en la teoría de Rawls para apartarse de la opinión mayoritaria. Según el cuadro que pudimos elaborar en la segunda sección de este texto, Rawls ha sido citado en salvamentos y aclaraciones de voto en las siguientes sentencias:

Tabla 3

	Magistrado ponente	Sentencia	Año	Quien cita	Cita de Rawls
1	Juan Carlos Henao Pérez	C-249	2012	Salvamento de voto de Mauricio González Cuervo	*Liberalismo político.*
2	Mauricio González Cuervo	C-284	2015	Aclaración de voto de Jorge Iván Palacio y María Victoria Calle	*Liberalismo político.*
3	Mauricio González Cuervo	C-448	2015	Aclaración de Voto de Alberto Rojas Ríos	*Teoría de la justicia.*
4	María Victoria Calle Correa	C-699	2016	Salvamento de Alberto Rojas Ríos	*A Theory of Justice.*
5	Antonio José Lizarazo Ocampo	C-045	2019	Aclaración de Diana Fajardo	*Liberalismo político.*
6	Diana Fajardo Rivera	C-077	2021	Salvamento de José Fernando Reyes Cuartas	*A Theory of Justice* y *Political Liberalism.*

Como se puede apreciar, la teoría rawlsiana ha tenido más acogida en los magistrados disidentes que en los ponentes en lo que hemos denominado la segunda etapa de citación de la Corte, esto es, después del año 2012. Incluso, es notable que el *Liberalismo político* de Rawls haya adquirido más relevancia en los últimos años que en la primera etapa de la Corte donde primaban las citas de la *Teoría de la justicia*. Se destaca, además, que estas voces discrepantes se han dado en sede de control abstracto de constitucionalidad, donde el debate se realiza más a nivel teórico, en tanto busca desentrañar la hermenéutica correcta de la Constitución. Encontramos tres salvamentos de voto de magistrados que no estuvieron de acuerdo con la decisión, y tres aclaraciones de voto de magistrados que apoyaron la decisión mas no la argumentación. Agruparemos tales disidencias, según la obra de Rawls citada en esos fallos.

Los temas de la obra *Teoría de la justicia* abordados en una aclaración de voto y en dos salvamentos, se concretaron en el principio de igualdad y en el de la justicia procedimental. Del primero ya hemos dicho suficiente, por lo que aquí el comentario es breve: en la sentencia **C-448/15**, la Corte declaró exequible una expresión del artículo 136 del Código Civil que se refiere al matrimonio *in extremis*; el magistrado Alberto Rojas Ríos aclaró su voto para destacar que la ponencia no había aplicado de forma correcta el test de igualdad en tanto que "prescindió del análisis de necesidad". Para explicar lo anterior, tan solo era necesario una exposición de la metodología del test, sin embargo, el magistrado quiso hacer una enunciación teórica sobre la igualdad y acudió a Rawls, sin que se evidenciara su pertinencia. Es más, no puede afirmarse que allí se desarrollara en algo el principio de igualdad rawlsiano, por lo que la cita sólo fue un mero referente al pasar. Esto, claro está, no niega la relevancia a la crítica que hace el disidente a la posición mayoritaria.

La justicia procedimental o puramente procesal es un concepto que reclama una suerte de procedimientos equitativos que, de cumplirse, sus resultados necesariamente serían justos. De esta manera, visto desde Rawls, "un sistema económico cuyas reglas satisfacen completamente la justicia como equidad exhibe una justicia puramente procesal" (Freeman, p. 420). La justicia puramente procesal está relacionada con la segunda faceta del principio de equidad que es la igualdad de oportunidades. Por ello, en un sistema justo se establecen una serie de reglas procedimentales a las cuales los asociados deben adecuar su comportamiento, y cuando ello se logra, de la cooperación de los individuos se obtiene un mayor beneficio para todos, lo que se traduce en una mejor distribución de riquezas, empleos y beneficios para los menos aventajados.

De cara a las voces disidentes, debemos señalar que la justicia procedimental fue mencionada en dos salvamentos de voto. En la sentencia **C-699/16**, la Corte Constitucional declaró exequible los artículos 1 y 2 (parciales) del Acto Legislativo 1 de 2016 "Por medio del cual se establecen instrumentos jurídicos para facilitar y asegurar la implementación y el desarrollo normativo del acuerdo final para la terminación del conflicto y la construcción de una paz estable y duradera". Uno de los magistrados que salvó parcialmente su voto, Ríos destacó que la paz es un derecho fundamental y por ello no puede ser sometido a la voluntad de la mayoría; sin embargo, la justificación del argumento desde Rawls no parece el más adecuado:

> Otros autores, como John Rawls, proponen un concepto de democracia en términos de justicia procedimental pura, según la cual se deben satisfacer los deseos de los sufragantes, confiriéndole un valor vinculante a los resultados de la elección.
>
> En este orden de ideas, prima facie se puede sostener que los procedimientos fundados sobre el principio mayoritario, resultan ser los más adecuados en una sociedad para resolver los conflictos: el resultado será calificado en términos de "justo", y en palabras de Rawls, vinculante para todos. Lo justo y obligatorio para una sociedad será aquello que, en un determinado momento histórico, la mayoría de sus integrantes así lo decidan.

Lo expuesto en la cita puede ser cierto desde el punto de vista práctico (la regla de las mayorías implica que sus decisiones son vinculantes), pero tal conclusión no se desprende directamente de las posturas de Rawls. El acápite que se podría relacionar con la cita sería el capítulo 31 de *Teoría de la justicia* donde se expone la "*secuencia de las cuatro etapas*", esto es, el procedimiento mediante el cual las personas en la posición original descorren el velo de la ignorancia y en el transcurso de ello erigen las instituciones necesarias para un Estado bien ordenado. Brevemente: Rawls quiere identificar los principios de la justicia y para ello, hipotéticamente, pide que nos situemos en una posición de absoluta ignorancia respecto de nuestra situación particular (lo que implica ponernos un "velo de la ignorancia"), pues sólo así elegiremos la libertad y la equidad como axiomas en los que se sustenta un Estado; pero para ordenar el Estado se requiere de instituciones que permitan la aplicación de los dos principios, las cuales se crearían según una secuencia de cuatro etapas en donde nos despojaríamos de dicho "velo" poco a poco, partiendo de una abstracción normativa hacia casos concretos que reclaman justicia. Esas etapas son: (i) establecer un congreso constituyente que redacte, en abstracto, una constitución; (ii) establecer un congreso que redacte, de forma menos abstracta, las leyes según los principios de la justicia; (iii) establecer una administración y (iv) establecer jueces que resguarden y apliquen las leyes justas a casos particulares.

Es en esta instancia donde Rawls se refiere a la regla de las mayorías: el filósofo norteamericano afirma que una decisión mayoritaria sería un ejemplo de justicia procesal imperfecta, puesto que cada ciudadano elige según sus propias opiniones las que no siempre coinciden con las de los demás "*ya que es muy probable que los juicios y las creencias de los hombres difieran, especialmente cuando sus intereses están en juego*" (Rawls, 2011, p. 187); por lo anterior, se "*tiene que averiguar en qué casos las decisiones mayoritarias habrán de cumplirse y en cuáles pueden ser rechazadas como no obligatorias*" (Rawls, 2011, p. 188). Como ello no puede dejarse al arbitrio de las personas, serán las instituciones las que se encarguen de establecer lo que es justo en los casos concretos. Aquí Rawls destaca el procedimiento legislativo como el escenario donde las políticas sociales y económicas tienen como objetivo la maximización de las expectativas de los menos aventajados, pero reconoce que "*es imposible realizar el ideal de la justicia procesal perfecta*" (Rawls, 2011, p. 189), es decir, nada garantiza que el procedimiento legislativo conduzca siempre a un resultado justo. El Magistrado disidente consideró que la paz, en tanto que derecho fundamental no se regía por la regla de las mayorías, es decir, que no se podría someter "*al escrutinio popular la vigencia de [por ejemplo] derechos fundamentales tales como aquellos de las minorías sexuales, étnicas o religiosas en Colombia*", aspecto que, entre líneas, sí estaría en consonancia con la tesis rawlsiana, pero en el salvamento se restringió el uso de Rawls y sólo se lo citó para afirmar que la democracia se edifica en la regla de las mayorías. Luego, para los fines del salvamento de voto, la cita de Rawls no aparece muy nítida.

En la sentencia **C-077/21**, la Corte declaró exequible el artículo 2 (parcial) de la Ley 1960 de 2019, que estableció normas sobre concurso de ascenso, también denominado concurso (parcialmente) cerrado. El Magistrado José Fernando Reyes Cuartas salvó el voto porque en su criterio tal mecanismo de elección de los empleados públicos no cumple con la ventaja epistémica de los concursos abiertos en tanto éstos otorgan mayor garantía a la hora de elegir a los mejores candidatos. Para sustentar su opinión disidente, Reyes Cuartas señaló lo siguiente:

> Advierto que cuando se trata de diseñar procedimientos para obtener resultados justos, el poder público puede apelar a los mecanismos de justicia procesal. Eso significa que el Estado confía la justicia de los resultados a la calidad y al diseño de los procedimientos. En ese marco, se puede optar por los esquemas de justicia procesal perfecta e imperfecta. (aquí la cita de Rawls tanto de la Teoría como del Liberalismo). Los concursos de ascenso abiertos e igualitarios son un mecanismo de justicia procesal con tendencia a la perfección. (...) Por el contrario, cuando existe un concurso parcialmente cerrado -como ha sido establecido en el artículo 2 de la Ley 1960 de 2019-, este deja de ser un mecanismo de justicia procesal perfecta y se convierte en un mecanismo de justicia procesal imperfecta. Eso significa que todavía existe un criterio sustancial que permite evaluar la justicia de los resultados, pero el procedimiento diseñado ya no asegura que el resultado sea justo. (...) Reconozco que no siempre es posible diseñar procedimientos de justicia procesal perfecta. Sin embargo, cuando existe la opción de construir procedimientos de justicia procesal perfecta y procedimientos de justicia procesal imperfecta, la Constitución exige elegir a los primeros. Esto es así porque tanto los principios del mérito como de la igualdad ordenan implementar los procedimientos de selección de los empleos públicos que aseguren la elección de los mejores candidatos. Bajo mi perspectiva, el legislador se encuentra ante un caso en el que, ante la posibilidad de optar por un procedimiento de justicia procesal perfecta se ha inclinado por uno de justicia procesal imperfecta y, con ello, ha vulnerado los mandatos constitucionales que derivan del mérito, la igualdad y el derecho de acceso a las funciones y cargos públicos.

Como se advierte, las referencias del Magistrado disidente apuntan tanto a la *Teoría de la justicia* como al *Liberalismo político*. Para comprender mejor lo anterior debemos destacar que Rawls distingue tres clases de justicia procedimental, según se tenga (i) un criterio previo e independiente que garantice la justicia de un acto y (ii) que al seguirse el procedimiento establecido se obtenga un resultado justo. Las tres variantes son: (a) justicia procedimental perfecta en la que se cumplen ambos requisitos; (b) justicia procedimental imperfecta en la que no se tiene un criterio previo que garantice la justicia de la decisión; y (c) justicia procedimental pura en el que tampoco hay un criterio de justicia, pero sí un procedimiento que es el que garantiza la justicia de la decisión. Dicho esto, el salvamento acierta al considerar que la norma enjuiciada es un caso de justicia procedimental imperfecta, ya que el sistema de ascenso allí regulado no garantiza la justicia del resultado (elección de los mejores).

Así entonces, la premisa fundamental del salvamento es eminentemente rawlsiana: un concurso público afectado por una externalidad que distorsiona el resultado (establecer criterios que favorezcan a los empleados de carrera para participar en un concurso de ascenso) no permite garantizar el acceso a los cargos públicos en igualdad de condiciones, luego la norma acusada puede ser vista como violatoria del segundo principio de la justicia enunciado por Rawls. No obstante, el problema de la cita es otro: por un lado, plantea como lo opuesto a la justicia imperfecta el modelo denominado justicia perfecta, pero olvida que tal perfección se da en función de la existencia de un criterio independiente que permita determinar lo justo del resultado, solo que el mismo Rawls consideró que tal justicia "era rara, si no imposible" (Ralws, 2011, p. 90). Por otro lado, la disidencia deja de lado que la justicia imperfecta lo es porque no tiene un criterio de corrección, pero ello no impide llegar a un resultado justo, solo que no es fácilmente verificable. Para donde parece apuntar el salvamento es hacia la llamada *justicia puramente procesal*, caso en el cual la justicia del resultado se sustenta en el apego al procedimiento establecido, que, en criterio del Magistrado que salva su voto, lo sería el procedimiento ya conocido del concurso abierto.

Por su parte, en las disidencias que se fundamentaron en el *Liberalismo político* se destacan para lo que interesa a este capítulo, dos conceptos: (i) la ideología comprehensiva y (ii) el consenso traslapado. Breve y puntualmente podemos decir que una doctrina comprehensiva es aquella que contempla un sistema de valores y creencias (morales, religiosas o filosóficas) que abarca, de manera global, un conjunto de ideas sobre la vida. "*En las sociedades modernas, bajo condiciones de libertad, las personas de hecho acogen 'doctrinas comprehensivas' incompatibles, ya sean religiosas o seculares, y en ellas encuentran el sentido último y el propósito de su propia vida*"

(Nussbaum, 2014, p. 8). Cada persona puede tener su propio sistema de creencias, por ejemplo, la opinión frente a temas como el aborto o la eutanasia dependen de la idea que se tenga sobre el inicio y el fin de la existencia humana. La teoría expuesta por Rawls no se apoya en ninguna doctrina metafísica o religiosa y en este sentido, es respetuosa de las creencias individuales. Sin embargo, para garantizar una vida en comunidad, no admite que una doctrina comprehensiva prime sobre otras. Para lograr lo anterior, se decanta por un consenso entre las diferentes doctrinas comprehensivas razonables. Empero, el consenso al cual apunta no es solo de convivencia y respeto (*modus vivendi*), pues el filósofo se dirige a destacar que las diferentes personas que integran la sociedad, de manera racional elegirán una concepción liberal de la justicia, a ello el filósofo lo denomina "consenso traslapado" y puede evidenciarse en el respeto a la Constitución como norma que contempla los diferentes principios aceptados por la comunidad que se identifica con los postulados liberales de la justicia (por ello también se habla de consenso constitucional). Según Martha Nussbaum el consenso traslapado (otras veces traducido como consenso superpuesto) es vital para la estabilidad de una democracia ya que se sustenta en el consenso "entre personas que acogen diferentes doctrinas dentro de un amplio abanico de concepciones comprehensivas del bien, de corte religioso o secular" (Nussbaum, p. 17). En este sentido, cuando el Estado respeta las diferentes doctrinas comprehensivas, manda el mensaje de que todos los ciudadanos deben respetar tal clase de doctrina en los demás; es este consenso o respeto mutuo lo que permite no solo la vida en comunidad, sino el respeto y apoyo al mismo Estado. "Los ciudadanos apoyarán la concepción política por sí mismos como algo compatible con (y de hecho como parte de) cualquier doctrina comprehensiva que acojan. Al mismo tiempo apoyarán tal concepción como la base de un tipo de convivencia caracterizada por la reciprocidad y el respeto mutuo." (Nussbaum, p. 12).

La primera disidencia que se apoya en el *Liberalismo político* es el salvamento de voto del Magistrado Mauricio González Cuervo a la sentencia **C-249/12**. En este fallo se declaró inexequible el Acto Legislativo 4 de 2011 que incorporaba un artículo transitorio a la

Constitución Política. Consagraba, para quienes estaban en provisionalidad, un sistema de homologación del tiempo de servicio por las pruebas de conocimiento. La Corte entendió que hubo una sustitución de la Constitución por violar el principio axial de la carrera administrativa. El Magistrado disidente, por el contrario, afirmó que no existió tal sustitución y ello porque,

> para valorar si un cambio constituye un derrumbe constitucional es necesario considerar que una variación constitucional puede tener entre sus propósitos (i) ajustar los valores constitucionales básicos a las cambiantes circunstancias políticas y sociales, (ii) incorporar a la Constitución una comprensión más amplia e inclusiva de esos valores o (iii) adaptar las instituciones básicas para desechar debilidades que han salido a la luz en la subsecuente práctica constitucional.

Esta referencia está tomada del capítulo 6 de *Liberalismo político* donde se analizan los supuestos de enmiendas constitucionales inválidas. El filósofo afirma que una enmienda constitucional puede tener los tres propósitos citados por el magistrado disidente, por lo que si la reforma que ha propuesto el poder ordinario (constituyente derivado) sustituye la norma superior o contradice de manera fundamental la tradición jurídica superior, se produciría una ruptura constitucional, o lo que en Colombia se ha denominado sustitución de la constitución por alteración de sus ejes definitorios. El Magistrado disidente mostró su apoyo a la exequibilidad de la norma declarada inexequible por la mayoría, porque en su sentir eran más importantes los beneficios del cambio que la alteración misma del eje definitorio de la Constitución que la sentencia pretendía defender. Empero, el uso que en el salvamento se hace del filósofo se aleja de lo que éste pregona: el magistrado disidente acude a Rawls para afirmar que al analizar una reforma constitucional no sólo se deben tener en cuenta los ejes definitorios –que es a lo que apunta el filósofo de Baltimore– sino, además, "*los resultados favorables que del cambio constitucional pueden derivarse para otros intereses también protegidos por la Constitución*". Este matiz que introduce el Magistrado no se encuentra en Rawls, quien, por demás, cita como ejemplos de fractura constitucional el implantar una religión de Estado (en contra de la Primera Enmienda) o restringir el voto femenino (en contra de la Decimonovena Enmienda), de lo que se sigue que para el filósofo los ejes temáticos o contenidos básicos de la Constitución no son negociables. Por tanto, el añadido de mirar los *resultados favorables* no es de cuño ralwsiano como lo introdujo la disidencia.

En la sentencia **C-284/15**, la Corte declaró exequible la expresión "*principios de derecho natural*" contenida en el artículo 4 de la Ley 153 de 1887. En este caso, los Magistrados María Victoria Calle Correa y Jorge Iván Palacio estuvieron de acuerdo con la decisión, pero reclamaron a la mayoría de la Sala el que no se excluyera del concepto a las *doctrinas comprehensivas*, dada la cercanía del mismo con la idea de derecho natural. Una postura magistral coherente con las tesis de Rawls, puesto que, si en una sociedad bien ordenada se requiere llegar a un consenso constitucional, ello solo se logra impidiendo que una ideología comprehensiva se posicione por encima de las demás y, por ende, ""*la remisión a los "principios del derecho natural" contenida en el artículo 4º de la Ley 153 de 1887 ha de entenderse en el contexto del sistema constitucional vigente, como un llamado a los parámetros normativos que puedan ser aceptados por la sociedad que se rige por esta Constitución, para dotar de contenido los principios fundamentales que en ella se establecen. Tal remisión excluye la posibilidad de llenar de contenido a la expresión "derecho natural" a la luz de alguna determinada concepción religiosa o ideología comprehensiva, en los términos en que significa esta expresión de John Rawls en El liberalismo político, que sólo valga para algunos de los miembros de la sociedad y que sea incompatible con el orden de valores expresado en la Constitución. (Aclaración de voto).*" Conforme a lo anterior, para los magistrados que aclararon su voto, era deseable una mejor argumentación de la decisión mayoritaria, en punto de precisar que cuando el ordenamiento jurídico acude a los "principios de derecho natural" no se está refiriendo a una concepción iusnaturalista del Derecho o a una determinada doctrina religiosa o ideológica, pues en su sentir ello comprometería la interpretación de la Constitución con una determinada doctrina comprehensiva, de cara a la tesis de Rawls.

Por último, en la sentencia **C-045/19**, la Corte declaró inexequibles varias normas sobre la caza deportiva. En este asunto, la

Magistrada Diana Fajardo Rivera manifestó su apoyo a la decisión mayoritaria, pero destacó, entre otras cosas, que "*la Constitución Política de 1991 no se compromete de forma definitiva o necesaria con visiones teóricas específicas y particulares*". Si bien es cierto que en esta disidencia la mención a Rawls fue un parafraseo cuya identificación se hizo en nota al pie de página, se evidencia un uso adecuado en la discusión que sobre el tema se viene desarrollando al interior de la Corte Constitucional sobre los derechos de los animales. El párrafo donde se referencia al filósofo norteamericano dice lo siguiente:

> *Los textos constitucionales son marcos normativos fundamentales en una sociedad, que dan vida a las estructuras de poder que la rigen y a las limitaciones y funciones que se le imponen al ejercicio del poder. Su permanencia en el tiempo depende, en buena medida, en ser textos amplios e indeterminados, no cerrados, a los cuales pueden dotar de sentido las diferentes generaciones. Las constituciones son textos de carácter político y jurídico que dan las pautas básicas para gobernar a las mayorías políticas, sean estas de centro, de izquierda, de derecha o de la tendencia que se quiera. La Constitución debe ser un marco de acción para cualquier tipo de Gobierno y de mayoría política, que le dé un mínimo cauce a su proceder, pero no le imponga una camisa de fuerza que le impida maniobrar y actuar. En tal medida, no hay un compromiso específico y unívoco entre la Constitución y una posición política determinada. Este carácter abierto de los textos constitucionales, permite a las sociedades construir a lo largo de las décadas consensos que se entrecruzan en torno a los principios y reglas básicas de la Constitución.*

Con tonos marcadamente rawlsianos, afirma la Magistrada, que un texto constitucional no se identifica con una teoría comprehensiva, sino con un consenso traslapado. Del disenso de la Magistrada Fajardo se entiende entonces, desde Rawls, que aquellas doctrinas comprehensivas, como las antropocéntricas que ven a los animales como *cosas,* no representan el contenido teórico de la Constitución Colombiana y por ello el consenso al cual apunta es el de determinar el lugar jurídico de los animales de cara a los "nuevos conocimientos y descubrimientos", sin dejar de lado "el conocimiento ancestral que la diversidad cultural de Colombia tiene y ofrece."

8. A MODO DE CONCLUSIÓN

Varias conclusiones podemos aventurar en este texto. Lo primero, es que la teoría de Rawls ha sido citada de **manera expresa** en las sentencias que se analizaron. Sin embargo, ello no quiere decir que sea el único uso en 33 años de existencia de la Corte Constitucional. Por el contrario, Rawls ha servido como argumento de autoridad en varios casos donde efectivamente se menciona, pero sin un impacto en la decisión judicial. Esta doble citación (la expresa y la mera referencia), confirma que la Corte ha asumido o incorporado las tesis de Rawls de forma también implícita. Lo segundo, es que, si bien en los primeros años de la Corte Constitucional era citado como apoyo de la tesis mayoritaria, en los últimos años Rawls ha sido abordado principalmente por las voces disidentes. En tercer lugar, es dable destacar que las primeras citas de Rawls tenían como finalidad la de incorporar al debate interno teorías foráneas que permitieran un desarrollo del texto constitucional de 1991, sobre todo de cara al principio de igualdad y equidad, pero más recientemente su uso puede ser visto como un claro límite a las conductas de los asociados para evitar que primen doctrinas comprehensivas particulares, y se mantenga un consenso sobre los fines de la justicia.

Pese a que algunos usos de las teorías de Rawls parecen más bien maniqueos porque no responden directamente a lo expuesto por el autor sino a los intereses argumentativos del hablante (magistrado ponente o disidente), no en vano Rawls se ha convertido en un autor del canon que bien vale la pena citar de vez en cuando. Como bien lo expresa la profesora María Luisa Rodríguez, no hay que olvidar que las tesis rawlsianas no son normas jurídicas, pero sí inspiradoras de un orden social y político desde que la Corte inició su utilización en la jurisprudencia del año 1992 (Rodríguez, p. 259). Así pues, es evidente, como dice Daniel Chandler,(Chandler 2023) que la estatura de Rawls lo posiciona como un filósofo sin rival, y pese a que su influencia se ha notado en unos años más que otros, su citación se ha respetado por la Corte Constitucional colombiana a lo largo de los años, lo que permite afirmar que su teoría provee una rica terminología indispensable para los análisis constitucionales en todos los tiempos.

Bibliografía

Corte Constitucional, sentencias
T-406/1992
T-139/1993
C-179/1994
C-221/1994
T-401/1994
C-562/1996
C-510/1997
C-893/2001
T-1207/2001
C-1260/2001
T-654/2004
C-668/2004
C-338/2006
SU-174/2007
C-933/2007
T-571/2008
C-713/2008
C-132/2012
C-249/2012
C-288/2012
T-320/2012
SU-399/2012
SU-400/2012
T-603/2012
C-742/2012
C-889/2012
T-933/2013
C-283/2014
C-387/2014
T-541/2014
C-284/2015
C-448/2015
T-097/2016
C-205/2016
C-209/2016

C-467/2016
T-507/2016
C-699/2016
C-041/2017
C-565/2017
C-002/2018
C-045/2019
SU-016/2020
SU-073/2021
C-077/2021

Atienza, M. (2005). *Las razones del Derecho. Teorías de la argumentación jurídica*. México: Universidad Nacional Autónoma de México.

Cruz M., A. (2013). "Influencia del pensamiento de Rawls en la jurisprudencia de la Corte Constitucional colombiana". En *Saber, Ciencia y Libertad*, Vol. 8, No. 2, pp. 19-27. Bogotá: Universidad Libre de Colombia. https://doi.org/10.18041/2382-3240/saber.2013v8n2.1901.

Chandler, D. (2023). *Free and Equal.WhatWould a Fair Society Look Like?* Allen Lane.

Farkasfalvy, D. (2018). *A Theology of the Christian Bible: Revelation–Inspiration–Canon*. Catholic University of America Press. Tomado de: https://eds.p.ebscohost.com/eds/ebookviewer/ebook/bmxlYmtfXzE4NTcxOTRfX0FO0?sid=a1654756-b6bd-4e49-9e40-8d11de9be26e%40redis&vid=1&format=EB&lpid=lp_vii&rid=0, consultado el 12/06/2024.

Ferrer Beltrán, J. (2017). "Apuntes sobre el concepto de motivación de las decisiones judiciales". En Cruz Tejada (coord.) *Nuevas tendencias del derecho probatorio*, pp. 57-75. Colombia: Ediciones Universidad de los Andes.

Freeman, S. (2016). *Rawls* (A. García de la Siena, trad.). México: Fondo de Cultura Económica.

Ginsburg R. B. (2010). "The Role of Dissenting Opinions". En *Minnesota Law Review. 2010;95(Issue 1):1-8*. Tomado de: https://search.ebscohost.com/login.aspx?direct=true&AuthType=sso&db=edshol&AN=edshol.hein.journals.mnlr95.3&lang=es&site=eds-live&scope=site, consultado el 14/06/2024.

Godoy, O. (2001). "Democracia y razón pública". En *Estudios Públicos Nº 81*. Santiago de Chile: Centro de Estudios Públicos.

López Medina, D. (2004). *Teoría impura del derecho. La trasformación de la cultura jurídica latinoamericana*. Bogotá: Legis, Universidad de los Andes y Universidad Nacional de Colombia.

Lozano, J., Peña-Marín, C. y Abril, G. (2009). *Análisis del discurso. Hacia una semiótica de la interacción textual*. Madrid: Cátedra.

Madigan, J. P. (2002). "The Idea of Public Reason Resuscitated". *En William and Mary Bills of Rights Journal, Vol. 10 Issue No. 3*. https://scholarship.law.wm.edu/wmborj/vol10/iss3/

Mejía, Óscar. *Teoría política, democracia radical y filosofía del derecho. Legitimidad, validez y eficacia en el pensamiento contemporáneo.* Temis. Bogotá, 2005. Pág. 120.

Nozick, R. (2017). *Anarquía, Estado y utopía* (R. Tamayo, trad.). México: Fondo de Cultura Económica.

Nussbaum, M. (2014). "Una revisión de 'Liberalismo político' de Rawls". En *Revista Derecho del Estado n.° 32, enero-junio de 2014, pp. 5-33.* Universidad Externado de Colombia.

Paz, M. C. (2021). "La fuerza persuasiva del derecho comparado como método de interpretación. La experiencia de la Corte Constitucional en Colombia". En Paz, Bonilla (coords.) *Derecho comparado y diálogo entre Cortes. Homenaje a la Constitución colombiana de 1991*, pp. 337-391. Bogotá: Ediciones Nueva Jurídica.

Pogge, T. (2011). "John Rawls: una biografía". En *Co-herencia*, *7(12),* 13–42. Recuperado a partir de https://publicaciones.eafit.edu.co/index.php/co-herencia/article/view/15. Universidad EAFIT.

Seleme, H. (2004). *Neutralidad y justicia. En torno al liberalismo político de John Rawls*. Madrid: Marcial Pons.

Puyol González, A. (2016). *Rawls. El filósofo de la justicia*. Buenos Aires: Editorial: Emse Edapp.

Rawls, J. (2011). *Teoría de la Justicia* (M. Dolores, trad.). México: Fondo de Cultura Económica.

Rawls, J. (2006). *Liberalismo Político* (S. R. Madero, trad.). México: Fondo de Cultura Económica.

Rico Sandoval, R. Z. (2021). "La teoría de John Rawls en la jurisprudencia constitucional". En *Estudios Socio-Jurídicos, 23(1).* Tomado de: https://revistas.urosario.edu.co/index.php/sociojuridicos/article/view/9837, consultado el 12/06/2024. https://doi.org/10.12804/revistas.urosario.edu.co/sociojuridicos/a.9837

Rodilla, M. A. (1999). "Razones del impacto de una teoría de la justicia para una caracterización de la obra de John Rawls." En Rawls *Justicia como equidad Materiales para una teoría de la justicia*. Madrid: Tecnos.

Rodríguez, M. L. (2008). "John Rawls y el pronunciamiento constitucional". En González y Pérez, *Pluralismo, legitimidad y economía política. Ensayos críticos sobre la obra de John Rawls*, pp.237-270. Bogotá: Universidad Nacional de Colombia y Universidad Externado de Colombia.

Vergés Gifra, J. (2015). *Rawls. La justicia es la virtud más importante de una sociedad democrática*. España: Ed. RBA.

Zekri, I. (2020). "Respectfully Dissenting: How Dissenting Opinions Shape the Law and Impact Collegiality Among Judges". En *Florida Bar Journal, [s. l.], v. 94, n. 5, p. 8–17, 2020.* Tomado de: https://search.ebscohost.com/login.aspx?direct=true&AuthType=sso&db=asn&AN=145292052&lang=es&site=eds-live&scope=site, consultado el 14/06/2024.

¿Hay presencia del pensamiento de Richard Rorty en las decisiones de la Corte Constitucional colombiana?

¿Are Richard Rorty's ideas reflected in the decisions of the Colombian Constitutional Court?

Iván Leonardo Martínez Pinilla*

Resumen

El presente capítulo analiza la presencia de la filosofía de Richard Rorty en la jurisprudencia de la Corte Constitucional Colombiana; en el texto se identifica una única cita que se usa repetidamente en la jurisprudencia y que pretende reforzar la idea rortiana según la cual el sufrimiento humano es una condición odiosa, una patología social que debe ser enfrentada.

Abstract

This text analyzes Richard Rorty's philosophical presence in the decisions of the Colombian Constitutional Court. The document identifies but one reference —repeatedly cited— by the Court reinforcing Rorty's idea that suffering is not only a dreadful condition, but a social pathology that must be faced.

1. INTRODUCCIÓN

A partir de una cita aislada, el presente artículo expone algunos elementos básicos de la literatura -filosofía- de Rorty mediante

* PhD en Derecho Público (Tor Vergata University of Rome), Magister en Protección Internacional de Derechos Humanos (Sapienza University of Rome) y Magister en Gestión de la Construcción de paz (Instituto especializado , Roma).

una acción de contraste con la jurisprudencia constitucional; para hacerlo plantea la postura epistemológica de Rorty de negación de substancias inmutables y de verdades últimas y analiza el tratamiento que la Corte Constitucional Colombiana ha dado a la sustancialidad de ciertos conceptos, entre ellos el de dignidad humana. Entiende este artículo, que si bien la Corte no hace explicita la presencia de Rorty, al menos en parte, sí se ha visto obligada a afrontar una "flexibilización" o "desustanciación" de todo concepto ante la contingencia de la decisión judicial. Encuentra también alguna presencia de Rorty en el ámbito de la autonomía de la voluntad, exponiendo claramente una contradicción entre la pretensión jurisprudencial de que los ciudadanos se comporten como *ironistas liberales* y la actitud *metafísica* del Tribunal. El texto finaliza con una conclusión intermedia, señalando que Rorty es más una ausencia que una presencia consciente de la jurisprudencia, a pesar de la contingencia de su labor decisional y exhorta a observar con más cuidado el potencial creativo de las tesis rortianas para la construcción de léxicos nuevos, inherentes a todo proceso de elaboración en la jurisprudencia constitucional.

2. LA AUSENCIA DE RORTY

En palabras de la Corte, "*la Filosofía que informa la Carta se cifra en su propósito de erradicar la crueldad*". Para dar sustento a esta idea, la Corte presenta a Rorty mediante una minúscula y descontextualizada nota al margen, en la cual acuña "**el repudio a la crueldad**" como fin último de la Constitución Política. Aparte de esta tímida interpretación rortiana, las sentencias bajo estudio no hacen ninguna otra mención explícita al autor ni a su obra. Rorty en la jurisprudencia de la Corte Constitucional no es más que una sombra diluida que no muestra ni tenuemente sus formas. No es el fantasma o la huella Derridiana. No. Rorty en la jurisprudencia analizada existe solo como un "*nominativo de lujo*" desprovisto de cuerpo. Y es que no podría ser de otra forma, resulta imposible pretender una presencia rortiana fuerte en un círculo de cultura altamente informado por el racionalismo, un ambiente a todas luces "*alcalino*" a la propuesta neo- pragmatista de Rorty.

En efecto, las sentencias bajo estudio presentan una única y aislada cita textual del pensamiento de Richard Rorty incluida desde 1997 en la sentencia C-239/97,[1] donde la Corte abordó por primera vez el fenómeno del homicidio por piedad. No obstante, la cita intenta sustentar una idea poderosa: **la Constitución de 1991 tiene como propósito erradicar la crueldad** y este elemento se erige como límite insoslayable a la hora de evaluar el derecho de la autonomía personal. Sin mayor elaboración, de forma nominal y como cita única, el nombre de Rorty es usado por la Corte para fortalecer la idea según la cual la crueldad es una "patología social" que debe combatirse.

> "[n]ada tan cruel como obligar a una persona a subsistir en medio de padecimientos oprobiosos, en nombre de creencias ajenas, así una inmensa mayoría de la población las estime intangibles. Porque, precisamente, la filosofía que informa la Carta se cifra en su propósito de erradicar la crueldad. Rorty lo ha expresado en palabras exactas: quien adhiere a esa cosmovisión humanística, es una persona que piensa "que la crueldad es la peor cosa que puede haber." [C-239 de 1997 citando a Richard Rorty. Contingencia Ironía y Solidaridad. Ediciones Paidos, Barcelona, 1991, Pg.154]."

A partir de la sentencia emblemática C-293 de 1997, y mediante esa precaria cita, la Corte pretende estipular un fin último de la Carta Política; de hecho, cada vez que debe volver sobre el tema, a veces interpretando la autonomía personal en su faceta negativa

---

1 Acción pública de inconstitucionalidad: José Euripides Parra presenta demanda contra el artículo 326 del Código Penal "*Homicidio por piedad. El que matare a otro por piedad, para poner fin a intensos sufrimientos provenientes de lesión corporal o enfermedad grave o incurable, incurrirá en prisión de seis meses a tres años*") el demandante consideró que dicha disposición viola los artículos 1, 2, 4, 5, 6, 11, 12, 13, 14, 16, 18, 44, 45, 46, 47, 48, 49, 50, 83, 94, 95 numerales 1,2 y 4, 96, 97, 98, 99, 100, 277 numerales 1, 2, 3 y 7, 282 numerales 1 y 2, 365 y 366 de la Constitución.

-libertad negativa- es decir, como derecho del individuo frente al Estado, y otras, como prerrogativa positiva -libertad positiva- como obligación del Estado en nombre del conglomerado social de actuar sin limitaciones a la autonomía del individuo, la Corte recurre a la cita[2] para recordar que la crueldad es una patología social y que esa condición indeseable pone en riesgo los derechos a la autonomía individual.

En cuanto a las sentencias de constitucionalidad de ciertas normas que buscan limitar la autonomía individual, la referencia a Rorty siempre está presente: es el caso de la sentencia C-639/10[3] en la que se analiza la prohibición de venta de cigarrillos por unidad, o la sentencia C-930/08[4] que estudia el uso del cinturón de seguridad en asientos traseros.

De igual forma, en la revisión de casos individuales, en donde los ciudadanos pretenden vulnerado su derecho a la autonomía individual, la Corte hace referencia consistente a la misma cita: *la crueldad como patología social*. La Corte ha acudido a la cita rortiana cuando existen conflictos derivados de tratamientos médicos de alto riesgo, en donde el médico tratante se niega a la práctica de un determinado procedimiento y el paciente desea que se le practique. Así, en

2 En 13 ocasiones ha sido citado Richard Rorty por la Corte Constitucional según los datos arrojados por la Relatoría de la Corporación hasta 2023.

3 Acción pública de Inconstitucionalidad: Adriana Patricia Ocampo Uribe, demandó el parágrafo del artículo 3° de la Ley 1335 de 2009 "*Disposiciones por medio de las cuales se previenen daños a la salud de los menores de edad, la población no fumadora y se estipulan políticas públicas para la prevención del consumo del tabaco y el abandono de la dependencia del tabaco del fumador y sus derivados en la población colombiana*".

4 Corte Constitucional, Acción pública de Inconstitucionalidad, C-930 de 2008: Francisco José Fernández Mejía solicita la declaratoria de inexequibilidad contra el artículo 82 (parcial) de la Ley 769 de 2002. "*Cinturón de Seguridad. A partir de los vehículos fabricados en el año 2004, se exigirá el uso de cinturones de seguridad en los asientos traseros, de acuerdo con la reglamentación que sobre el particular expida el Ministerio de Transporte*".

sentencia T-234/07[5], por ejemplo, la Corte sintetizó la *ratio* del fallo mediante la siguiente cuestión:

> ¿quién puede decidir sobre la realización de la cirugía laminectomía (incluida en el POS), el médico o el paciente; teniendo en cuenta que este último alega que se ha vulnerado su derecho a decidir sobre el sometimiento a un tratamiento médico cuyos riesgos está dispuesto a asumir?

También en la sentencia T 452/10[6], la Corte, pese a no hacer una referencia explícita a la autonomía individual, pero sí asumiéndola de forma implícita, sintetizó la cuestión mediante el siguiente problema jurídico:

> "debe determinar si los demandados vulneraron los derechos fundamentales a la vida y a la integridad física del señor (...) al negarse a extraerle el cuerpo extraño dejado en su tórax tras la práctica de una cirugía".

A renglón seguido puntualizó: "A fin de resolver el asunto, la Sala se pronunciará sobre los siguientes tópicos: (...) (ii) *el derecho fundamental del paciente a la autonomía en torno a la práctica de tratamientos médicos y el consentimiento informado*".

---

5 Corte Constitucional, Acción de Tutela, Proceso de Revisión de Fallo. T-234 del 2007: El ciudadano Nicolás Alfonso Acevedo Cardona solicitó que el juez constitucional ordene a su Empresa Prestadora de Salud (EPS) la práctica de una cirugía de columna debido a que la junta medica correspondientes consideró que, en el caso en concreto, la cirugía de columna traería más riegos que beneficios al paciente

6 Corte Constitucional, Acción de Tutela, Proceso de Revisión de Fallo. T- 452 del 2010: El ciudadano Gustavo Sarmiento fue sometido a una cirugía a corazón abierto con el objetivo de hacerle "*un reemplazo valvular aórtico con prótesis biológica*". Después de aquella cirugía se encontró un cuerpo extraño alojado en el tórax. Su médico tratante afirmó que "(el cuerpo extraño) *se encuentra en un sitio en el que no tiene posibilidades de producir molestias o complicaciones, ello aunado al hecho, de que realizar una nueva cirugía para extraerlo, acarrearía un grave riesgo para su vida*", sugirió que era mejor no intervenir. Ante lo cual el accionante consideró que la respuesta del Hospital amenazó sus derechos fundamentales ya que "*según otras opiniones médicas este cuerpo extraño es posible retirarlo y ciertamente con el tiempo dejarlo allí puede causar muchas molestias y hasta poner en peligro mi integridad física y mi vida*"

En el mismo plano de decisión, la sentencia T-508 de 2019[7] indagó sobre la autonomía de la voluntad de una ciudadana que necesitaba un procedimiento de Histerectomía Radical. Para tal efecto, la Corporación se preguntó si *¿una entidad promotora de salud vulnera los derechos fundamentales a la salud, a la seguridad social y a la dignidad humana de una mujer al no autorizarle un procedimiento que ha sido prescrito por un médico no adscrito a la EPS y que posiblemente permite tratar las patologías que padece, debido a su edad y a que este restringiría su posibilidad biológica de tener hijos?*

Por último, en la sentencia T- 732 de 2009[8], de nuevo se analizan las obligaciones derivadas de la autonomía personal, esta vez, respecto del derecho del paciente a decidir sobre el tratamiento más idóneo posible y la obligación por parte del sistema de salud de garantizarlo. Todas las sentencias en donde esa escueta nota al pie ha sido utilizada, se circunscriben al ámbito de la autonomía de la voluntad, del libre desarrollo de la personalidad y, sobre todo, a la responsabilidad que la vida democrática impone sobre cada uno de sus ciudadanos. Parece evidente, que el ámbito semántico donde ha sido introducida esta idea rortiana, es efectivamente un espacio fértil para analizar la filosofía que se muestra de forma tenue y embrionaria en un Rorty aún ausente pese a su presencia nominal.

---

7 Corte Constitucional. Acción de Tutela, Proceso de Revisión de Fallo. T-508 de 2019: La ciudadana M.G.P solicitó al juez constitucional ordenar al médico tratante practicarle una Histerectomía radical atendiendo a un sinnúmero de complicaciones médicas en su aparato reproductivo. El médico tratante argumentó que no le ordenaría ese procedimiento "(...) *debido a que a sus 30 años no tiene hijos y que más adelante esta decisión puede repercutir en su estado de ánimo o en las decisiones futuras y se puede arrepentir*".

8 Corte Constitucional. Acción de Tutela, Proceso de Revisión de Fallo. T-732 de 2009: Un ciudadano solicitó la protección de sus derechos fundamentales de petición, a la salud, a la vida digna y al libre desarrollo de la personalidad que consideró vulnerados por la EPS demandada al negarse a autorizarle la implantación de una "prótesis peneana inflable de tres cuerpos" prescrita por médicos especialistas no vinculados a la institución prestadora del servicio de salud con el objetivo de tratar la disfunción eréctil que padece y atendiendo a su edad (28 años).

Resultaría imposible para mí afirmar que Rorty existe en las sentencias citadas o que sus posturas comienzan a abrirse espacio por los rincones de la sala plena o de las salas de revisión de la corte constitucional que tal vez, sin quererlo, ponen a Rorty en el ámbito semántico, a mi juicio adecuado para el despliegue de su "literatura"[9]. Me explico, nada más fecundo para hablar de Rorty que la discusión en torno a la autonomía de la voluntad, el desdén por la crueldad, el papel de la sociedad o el *interés general,* todo ello en la retórica de la Corte. Me propongo entonces en las páginas por venir, explorar algunos elementos básicos de la filosofía de Rorty, intentado siempre contrastarlos con las construcciones conceptuales que, a mi juicio, existen hoy en la jurisprudencia de la Corte Constitucional.

Es primordial hacer una aclaración antes de emprender la tarea: parto de la idea según la cual, toda jurisprudencia posee un *plano de inmanencia*[10], un universo de conceptos que intentan dirigir la toma de decisiones, un horizonte hermenéutico-interpretativo de teorías yuxtapuestas que no es estable, sino sometido al devenir de los acontecimientos que, sin embargo, puede ser más o menos observado mediante actos de lenguaje. **Se trata de una cierta "epistemología" detrás de toda decisión judicial**. Sin duda la reflexión rortiana viene en mi ayuda al denominar este *plano de inmanencia* simple y sencillamente como un *léxico.* Es decir, un modo de hablar que se ha venido creando con el devenir histórico y que la Corte Constitucional Colombiana utiliza consciente o inconscientemente en toda providencia. Lo que en adelante llamaré *léxico* de la Corte, posee ciertos "usos habituales" que retornan cada vez que la Corte se pronuncia; no obstante, al no existir ningún léxico estático, también posee "usos nuevos", "condicionantes contingentes" que

---

9 Rorty sostiene con vehemencia la necesidad de "abandonar" la filosofía "pura" decantándose por una filosofía "sucia" practica, encontrando en la literatura un buen ejemplo de filosofía útil para pensar el mundo.

10 Me refiero aquí a la construcción de Deleuze en: *Quest-ce que laphilosophie?* En este sentido la inmanencia equivale a la imagen del pensamiento y designa el horizonte intuitivo o preconceptual de los conceptos filosóficos.

van imponiendo la transformación paulatina de la jurisprudencia. Estas dos elaboraciones lingüísticas -léxico estático y léxico contingente- irán dando forma y dinamicidad al avance progresivo de la acción jurisprudencial. La única labor que me corresponde entonces es observar cómo la irrupción de lo contingente trasforma lo habitual creando cada vez y en cada caso, un léxico nuevo.

3. EL RECHAZO DE UN LÉXICO ÚLTIMO AUTORREFERENCIAL: ¿LA DIGNIDAD HUMANA DE LA CORTE COMO LÉXICO ÚLTIMO?

Rorty se opone con todas sus fuerzas al racionalismo Kantiano, a todas sus vertientes y derivaciones. El neopragmatismo expuesto por el autor propone cualquier sustancialidad como obstáculo, la búsqueda de la sustancia en oposición a la forma es una empresa de resultados limitados.

> "el antiesencialista niega que haya una manera de separar un objeto del resto del universo excepto como aquel objeto del que es verdadero un cierto conjunto de oraciones. Dice, con Wittgenstein, que la ostensión sólo funciona con el trasfondo de una práctica lingüística y que la autoidentidad de la cosa identificada es, en sí misma, relativa a una descripción. El antiesencialismo piensa que la distinción entre cosas relacionadas y relaciones es, simplemente, una manera alternativa de formular la distinción entre aquello de lo que estamos hablando y lo que decimos acerca de ello. Como dijo Whitehead, esta distinción es una hipostatización de la relación entre sujeto lingüístico y predicado lingüístico". (Rorty, 1997, pp. 57).

Para Rorty, siguiendo en esto al pragmatismo y, en principio a Nietzsche, un sistema de lenguaje que conciba "fines últimos", "imperativos categóricos", sustancialidades insoslayables, una "VERDAD" con mayúsculas, no puede ser un sistema de lenguaje apto para el diálogo democrático. En otras palabras, no se puede ser demócrata y liberal si se piensa el mundo mediante la dualidad platónica alma-cuerpo-; al concebir un mundo ideal y perfecto, los seres humanos estamos condenados a denostar lo corpóreo, depreciar lo biológico, lo carnal, lo "humano" persiguiendo siempre lo ideal, lo puro, lo verdaderamente bello. Al hacerlo, la crueldad sobre los cuerpos se convierte en mecanismo de relacionamiento social. El mundo que persigue a los Dioses somete al hombre a sus vejámenes.

Es precisamente esta radical renuncia rortiana a la verdad única -con mayúsculas- renuncia propuesta por Nietzche primero *-la verdad como ejército móvil de metáforas-*[11] y aceptada por Heidegger después, la que de algún modo se puede entrever en el uso que la Corte ha dado a las palabras "*dignidad humana*". Me pregunto entonces, *¿ha construido la Corte un léxico último alrededor del concepto de dignidad humana, una verdad con Mayúsculas inexpugnable?* Inicialmente la Corte hace uso de la "*dignidad humana*" como "*valor supremo*" o "*principio fundante de la Carta*" -léxico estático-, sin embargo, lo que se puede observar en el decurso histórico del vocablo es que no es inmutable -léxico contingente-; por el contrario, la "*dignidad humana*" de la Corte Constitucional parece más un criterio útil de referencia que se "amolda" a la contingencia. Por ejemplo, en la precitada providencia C-239 del 97 -sentencia que introduce la nota al pie de Rorty explicada más arriba- expone la dignidad humana como criterio esencial:

> "La decisión, entonces, no puede darse al margen de los postulados superiores. El artículo 1 de la Constitución, por ejemplo, establece que el Estado colombiano está fundado en el respeto a la dignidad de la persona humana; esto significa que, como valor supremo, la dignidad irradia el conjunto de derechos fundamentales reconocidos, los cuales encuentran en el libre desarrollo de la personalidad su máxima expresión. (...) Como bien lo ha expresado esta Corporación, "la dignidad humana ... es en verdad principio fundante del Estado,... que más que

11 ¿Qué es entonces la verdad? Un ejército móvil de metáforas, metonimias, antropomorfismos, en resumidas cuentas, una suma de relaciones humanas que han sido realzadas, extrapoladas, adornadas poética y retóricamente y que, después de un prolongado uso, a un pueblo le parecen fijas, canónicas, obligatorias: las verdades son ilusiones de las que se ha olvidado que lo son, metáforas que se han vuelto gastadas y sin fuerza sensible, monedas que han perdido su troquelado y no son ahora consideradas como monedas, sino como metal. F. Nietzsche, *Sobre verdad y mentira en sentido extramoral*, pp. 6, 1873.

> derecho en sí mismo, es el presupuesto esencial de la consagración y efectividad del entero sistema de derechos y garantías contemplado en la constitución." Este principio atiende necesariamente a la superación de la persona, respetando en todo momento su autonomía e identidad. (C 239 de 1997, pp. 17).

Pareciera aquí que el léxico de la Corte es rígido, sin embargo, en el párrafo inmediatamente siguiente afirma:

> "El principio de dignidad no sería comprensible si el necesario proceso de socialización del individuo se entendiera como una forma de masificación y homogenización integral de su conducta, reductora de toda traza de originalidad y peculiaridad. Si la persona es en sí misma un fin, la búsqueda y el logro incesantes de su destino conforman su razón de ser y a ellas por fuerza acompaña, en cada instante, una inextirpable singularidad de la que se nutre el yo social, la cual expresa un interés y una necesidad radicales del sujeto que no pueden quedar desprotegidas por el derecho a riesgo de convertirlo en cosa". (Subrayas del autor).

Lo que se puede entrever en las palabras de la Corte apenas expuestas, es un intento de "vía intermedia", un compromiso útil entre, de un lado, la aceptación de una sustancialidad -dignidad humana como léxico inmutable- y del otro, la necesidad de "desustanciar" esta "inmutabilidad" ante la evidente necesidad de particularizar, ubicar o "encarnar" el concepto como condición lingüística en devenir; la propia Corte reconoce la necesidad de "desustanciación" o de aceptación de la inutilidad de las sustancialidades inmutables; en efecto, respecto de la dignidad humana, y ante la necesidad de "encarnarla" en el individuo afirma: "*se entendiera como una forma de masificación y homogenización integral de su conducta, reductora de toda traza de originalidad y peculiaridad*".

Evidentemente, algo de Rorty hay en la Corte. Rorty nos muestra la necesidad de entender lo que denomina *léxicos particulares*; el autor muestra un empeño por el análisis del lenguaje entendido no solo como el ejército móvil de metáforas de Nietzsche sino que va más allá, enseña los léxicos particulares como sistemas de creencias e ideas que no deben encajar como "*fichas de rompecabezas*" dentro de la búsqueda de una verdad fija; nos explica que los léxicos son, más bien, como fluidos que se entrelazan y mezclan constantemente sin ninguna pretensión de verdad ultima. Tal análisis supone también la renuncia a la filosofía "pura" y la aceptación de una filosofía "impura", con minúsculas, una filosofía más cercana al trabajo de creación de palabras nuevas -el trabajo del poeta- que al trabajo de constructores de conceptos que acerquen al ser a la VERDAD.

> "Mientras pensemos que existe alguna relación denominada «adecuación al mundo» o «expresión de la naturaleza real del yo», que puedan poseer, o de las que puedan carecer, los léxicos considerados como un todo, continuaremos la tradicional búsqueda filosófica de un criterio que nos diga cuáles son los léxicos que tienen ese deseable rasgo. Pero si alguna vez logramos reconciliarnos con la idea de que la realidad es, en su mayor parte, indiferente a las descripciones que hacemos de ella, y que el yo, en lugar de ser expresado adecuada o inadecuadamente por un léxico, es creado por el uso de un léxico, finalmente habremos comprendido lo que había de verdad en la idea romántica de que la verdad es algo que se hace más que algo que se encuentra. Lo que de verdadero tiene esa afirmación es, precisamente, que los lenguajes son hechos, y no hallados, y que la verdad es una propiedad de entidades lingüísticas, de proposiciones" (Rorty, 1991. pp. 4)[12].

Al sujeto que renuncia a LA VERDAD con mayúsculas Rorty lo denomina un *Ironista*; al ocuparse del ironista apunta:

> "Los ironistas propensos a filosofar no conciben la elección entre léxicos ni como hecha dentro de un metalexico neutral y universal ni como un intento ganarse un camino a lo real que esté más allá de las apariencias, sino simplemente como un modo de enfrentar lo nuevo con lo viejo." (Rorty, 1991. pp. 91).

Es paradójico cómo la Corte pareciera estar inspirada en la sustancialidad racionalista de la dignidad humana que Kant nos enseñó y, sin embargo, promueve útilmente un redimensionamiento constante de esta categoría. Pareciera que la dignidad fuese un intocable que sin embargo es imposible no redimensionar a "golpe de decisión". Resta siempre la pregunta de si la jurisprudencia constitucional es consciente de esta evidente plasticidad metafórica de sus

---

12 Richard Rorty. Contingencia Ironía y Solidaridad. Ediciones Paidos, Barcelona, 1991

propias palabras. La dignidad humana no es pues una VERDAD – en mayúsculas- es una verdad en minúsculas. Una construcción social devenida de la acción del habla -practicas lingüísticas- que va tomando forma ante realidades útiles pero contingentes, pasajeras. De ese modo, todo contexto nuevo de aplicación de la dignidad humana nueva no es más que una oportunidad para una redescripción más útil dentro de una contingencia. Un encuentro perenne de lenguajes que se trasforman entre sí sin un fin último; Rorty interpela a la filosofía que desconozca la condición histórica y contingente de todo discurso y defiende la genealogía como método.[13]

> "Aquello que Hegel describe como el proceso del espíritu que gradualmente se vuelve consciente de su naturaleza intrínseca, puede ser descrito más adecuadamente como el proceso por el cual las prácticas lingüísticas europeas cambiaban a una velocidad cada vez mayor. El fenómeno que describe Hegel es el de un número cada vez mayor de personas que ofrecen redescripciones más radicales de un mayor número de cosas que antes. (Rorty, 1991. pp. 4)[14].

A propósito de la Dignidad Humana Kantiana, Rorty, en su escrito La Justicia como lealtad extensiva, afirma que es necesario poseer una concepción no Kantiana de los juicios morales:

> "La identidad moral de un sujeto viene determinada por el grupo o los grupos con los que se identifica, el grupo o los grupos con los que el sujeto no puede ser desleal y seguir siendo quien era. Desde este punto

---

13 Aunque se distanciará de Foucault, Rorty reconoce la importancia de la genealogía como método de análisis filosófico, este breve pasaje de Foucault estudiando a Nietzsche me parece esclarecedor: "Saber, incluso en el orden histórico, no significa «encontrar de nuevo» ni sobre todo «encontrarnos». La historia *será «efectiva» en la medida en que introduzca lo discontinuo en nuestro mismo ser. Dividirá nuestros sentimientos; dramatizará nuestros instintos; multiplicará nuestro cuerpo y lo opondrá a sí mismo. No dejará nada debajo de sí que tendría la estabilidad tranquilizante de la vida o de la naturaleza, no se dejará llevar por ninguna obstinación muda hacia un fin milenario. Cavará aquello sobre lo que se la quiere hacer descansar, y se encarnizará contra su pretendida continuidad. El saber no ha sido hecho para comprender, ha sido hecho para hacer tajos*". Michel Foucault, Nietzsche, la genealogía, la historia, trad. José Vásquez Pérez, editorial Pre textos, pp. 6.

14 Ibid.

de vista, los dilemas morales no son resultado de un conflicto entre razón y sentimiento. El conflicto se libra en "tos" alternativos, entre autodescripciones alternativas, entre formas alternativas de dotar de significado a la vida propia." (Rorty, 1998. pp. 74)[15].

Mientras que Rorty nos explica que la conjunción de léxicos disimiles y contingentes es la base para el desarrollo de nuevos léxicos, la Corte asume la particularidad del individuo, no como léxico creativo, las asume más como condición connatural del individuo, no obstante, la plasticidad de lo particular desvirtúa la eternidad de la dignidad humana estática. En otras palabras, no se puede interpretar la dignidad humana siempre desde la misma perspectiva, siempre mediante el mismo léxico; se hace necesario interpretarla desde la pluralidad de léxicos. Existe aquí otra cercanía semántica con lo que la teoría jurídica, también adoptada por la Corte denomina como pluralismo jurídico. Al respecto las palabras del autor son esclarecedoras:

> "La dificultad que se asocia a los argumentos en contra del empleo de un léxico familiar y consagrado por el tiempo, es que se espera que se los formule en ese mismo léxico. Se tiene la expectativa de que muestren que los elementos centrales de ese léxico son «inconsistentes en sus propios términos» o que «se destruyen a sí mismos». Pero nunca puede mostrarse eso. Todo argumento según el cual el uso que corrientemente hacemos de un término corriente es vacío, o incoherente, o confuso, o vago, o «meramente metafórico», es forzosamente estéril, e involucra una petición de principio. Porque un uso así es, después de todo, el paradigma de un habla coherente, significativa, literal. Tales argumentos dependen de afirmaciones según las cuales se dispone de léxicos mejores, o son una abreviatura de afirmaciones así. Raramente una filosofía interesante consiste en el examen de los pro y los contra de una tesis. Por lo común es implícita o explícitamente una disputa entre un léxico establecido que se ha convertido en un estorbo y un léxico nuevo y a medio formar que vagamente promete grandes cosas." (Rorty, 1991. pp. 5).

---

15 Richard Rorty, Debats: Revista de cultura, poder i societat, N° 61, 1997, págs. 72-81

La dignidad humana que la Corte constitucional ha construido se parece más a un léxico a medio desarrollar, un léxico inacabado que nunca terminará de formarse, una pretendida sustancialidad que deviene siempre contingente. Nada más apto para la construcción de democracias fuertes que la aceptación de léxicos particulares protegidos mediante el derecho de la autonomía de la voluntad. Esta actitud de construcción de léxicos frente a contingencias queda, según mi entender, suficientemente esclarecida en la precitada sentencia C- 239 del 97, en donde la Corte debe decidir si el homicidio por piedad, al prescribir una pena fuertemente atenuada respecto del homicidio simple, consagraba una diferenciación inaceptable en tanto desconocía, a juicio del demandante, el derecho a la vida como valor supremo constitucional. Aquí la vida como valor supremo fue interpretada por el demandante como léxico último, como sustancialidad intocable. Frente a ello la Corte incluyó dos léxicos no observados por el demandante: de un lado, la dignidad humana -siempre en devenir- y del otro, el libre desarrollo de la personalidad como acto contingente, la Corte sostuvo:

> "El deber del Estado de proteger la vida debe ser entonces compatible con el respeto a la dignidad humana y al libre desarrollo de la personalidad. Por ello la Corte considera que frente a los enfermos terminales que experimentan intensos sufrimientos, este deber estatal cede frente al consentimiento informado del paciente que desea morir en forma digna. En efecto, en este caso, el deber estatal se debilita considerablemente por cuanto, en virtud de los informes médicos, puede sostenerse que, más allá de toda duda razonable, la muerte es inevitable en un tiempo relativamente corto. En cambio, la decisión de cómo enfrentar la muerte adquiere una importancia decisiva para el enfermo terminal, que sabe que no puede ser curado, y que por ende no está optando entre la muerte y muchos años de vida plena, sino entre morir en condiciones que él escoge, o morir poco tiempo después en circunstancias dolorosas y que juzga indignas. El derecho fundamental a vivir en forma digna implica entonces el derecho a morir dignamente, pues condenar a una persona a prolongar por un tiempo escaso su existencia, cuando no lo desea y padece profundas aflicciones, equivale no sólo a un trato cruel e inhumano, prohibido por la Carta (CP art.12), sino a una anulación de su dignidad y de su autonomía como sujeto moral. La persona quedaría reducida a un instrumento para la preservación de la vida como valor abstracto". (C- 239 del 97, pp. 21, subrayas del autor).

Puesto de esta forma, creo que la dignidad humana de la Corte Constitucional se encuentra estrechamente ligada a: (i) la denuncia del sufrimiento devenido de las condiciones de existencia y de la acción de otros, un ideal que Rorty encuentra como única condición plausible para la discusión en democracia y (ii) a la autonomía de la voluntad como precondición de todo léxico. La gran diferencia que encuentro entre la Corte y Rorty, se centra en el modo en que ambas fuentes presentan los conceptos: mientras que para Rorty la denuncia del sufrimiento y la autonomía de la voluntad son acuerdos útiles y en constante cambio, pareciera que la Corte los observara como objetos morales perennes que, sin embargo, y de forma no textualizada, mutan. La Corte trabaja con Dioses que demuestran su mundanidad en cada decisión. Esta última consideración resulta sin duda un punto de reflexión filosófica que escapa al ámbito de la dignidad humana y se incrusta, a mi juicio, en el ámbito de un "Dios Supremo" -léxico último- del léxico jurídico moderno, la llamada *seguridad jurídica*. Al parecer, la idea según la cual, la seguridad jurídica debe mantenerse como piedra de toque de la decisión judicial, es una superstición que desde Rorty no puede ser más que denostada en cuanto falaz. La acción judicial es precisamente eso, una acción humana, un proceso en acto, un devenir, no un culto y; como he intentado esbozar hasta aquí, tanto la dignidad humana como la seguridad jurídica no son más que léxicos contingentes y útiles en ciertas circunstancias e inútiles en otras. La Corte parece no haber notado la evidente contingencia de todos sus léxicos. Volviendo a la dignidad humana, la Corte ha dedicado su acción a registrar el devenir del lenguaje, aún así, pareciera seguir "atada" a sustancialidades supersticiosas. Sigue llamando dignidad humana a un sinnúmero de circunstancias que por sí mismas han venido creando un léxico nuevo, aquí la Corte llama a este léxico nuevo tímidamente "*lineamientos claros y diferenciables*" -persiguiendo por supuesto sustancialidades que con el paso del tiempo se verá obligada a trasformar.

Por ejemplo, dice la Corte:

> "Al tener como punto de vista el objeto de protección del enunciado normativo "dignidad humana", la Sala ha identificado a lo largo de la

jurisprudencia de la Corte, tres lineamientos claros y diferenciables: (i) La dignidad humana entendida como autonomía o como posibilidad de diseñar un plan vital y de determinarse según sus características (vivir como quiera). (ii) La dignidad humana entendida como ciertas condiciones materiales concretas de existencia (vivir bien). Y (iii) la dignidad humana entendida como intangibilidad de los bienes no patrimoniales, integridad física e integridad moral (vivir sin humillaciones)".[16]

Registra aquí la Corte la transformación lexical de la dignidad humana, nuevas palabras que se han venido creando dentro de un ámbito semántico de decisión concreto: "*vivir como quiera, vivir bien y vivir sin humillaciones*", queda claro que la Dignidad Humana ha dejado de ser "sustancia inmutable" para convertirse en devenir. Diría Rorty, que estamos, de un lado frente a palabras nuevas que dan sentido a la acción de juzgamiento y del otro, a la evidente inexistencia de sustancialidades. No puedo dejar de subrayar el hecho de que no estamos frente a un "olvido" del lenguaje previo; no intento decir que la Dignidad Humana ya no es. Intento registrar una trasformación del lenguaje que, dialécticamente[17] va conteniendo las palabras precedentes y perfila como "semilla" a las palabras del presente para la creación de las palabras por venir. Así, la Dignidad Humana de la Corte nunca desaparece, sino que vive en nuevas formas de lenguaje. A propósito de la seguridad jurídica, podría entenderse de mejor manera, si se asumiera como condición de lenguaje que garantiza la creación de palabras nuevas que, sin embargo, contienen a las anteriores, no que las anulan. Puesta de esta forma, la perspectiva Rortiana podría aportar dinamicidad en la creación de

---

16 T-879 de 2001.

17 Rorty sostiene que la trasformación de los léxicos se presenta, no como una secuencia de conceptos en donde el concepto nuevo derrota al anterior, sino más bien como un movimiento dialectico (acoge la dialéctica de Hegel) en donde un concepto contiene a sus precedentes y es la semilla de los que vendrán. "*La forma de argumentación del ironista es dialéctica en el sentido de que considera que la unidad de persuasión es el léxico antes que la proposición. Su método es la redescripción y no la inferencia. Los ironistas se especializan en redescribir grupos de objetos o de acontecimientos en una jerga formada por neologismos, con la esperanza de incitar a la gente a que adopte y extienda su jerga*". (Rorty, 1991, pp. 96).

léxicos y alejarnos de discusiones interminables sobre sustancialidades constitucionales simplemente inexistentes, supersticiones. Sin duda, frente al rechazo de sustancialidades la presencia de Rorty en la jurisprudencia de la Corte es inexistente.

En mi opinión, **la ausencia más marcada de la filosofía Rortiana en la jurisprudencia de la Corte Constitucional Colombiana se debe a este empeño de permanencia de las sustancialidades**. Considero haber demostrado a través del ejemplo de los léxicos construidos en torno a la dignidad humana, que si la Corte persigue sustancialidades que luego debe remodelar de decisión en decisión, esto es sin duda una "desustanciación", una flexibilización de toda sustancia. Al respecto basta reafirmar, que si alguien es capaz de "modular" una VERDAD con mayúsculas ésta ya no es más una VERDAD, pasa a ser una verdad, así, con minúsculas, una verdad en camino no una sustancia. En este sentido Rorty llamaría a la Corte Constitucional un ser "*metafísico*". Un sujeto que no entiende el devenir mediante la construcción de lenguajes nuevos, sino uno que se aferra a los léxicos últimos. A esta categoría le opone la del Ironista.

> "Llamaré "ironista" a la persona que reúna estas tres condiciones: 1) tenga dudas radicales y permanentes acerca del léxico ultimo que utiliza habitualmente, debido a que han incidido en ella otros léxicos, léxicos que consideran últimos las personas o libros que han conocido. 2) Advierte que un argumento formulado con un léxico actual no puede ni consolidar ni eliminar esas dudas; 3) en la medida en que la filósofa acerca de su situación, no piensa que su léxico se halle más cerca de la realidad que los otros, o que esté en contacto con un poder distinto a ella misma." (Rorty, 1991, pp. 91).

Frente al metafísico bastará citar lo siguiente:

> "El metafísico es una persona que considera la pregunta ¿Cuál es la naturaleza intrínseca de, por ejemplo, la justicia, la ciencia, el conocimiento, el Ser, la fe, la moralidad, la filosofía? de forma literal. Supone que la presencia de un termino en su propio léxico ultimo asegura que ese termino remite a algo que tiene una esencia real. El metafísico esta aun adherido al sentido común en cuanto pone en tela de juicio las trivialidades encerradas en el empleo de determinado léxico último, y en

particular la trivialidad que dice que hay una realidad única y permanente que puede hallarse detrás de las múltiples apariencias transitorias. No redescribe en realidad, sino que, más bien, analiza las viejas descripciones con la ayuda de otras viejas descripciones". (Rorty, 1991, pp. 92).

Ahora bien, si reflexionamos sobre la intensión rortiana en la deconstrucción de las sustancialidades, su lucha sin cuartel por las verdades plurales y en contra de LA VERDAD singular, podremos concluir que su fin último no es eminentemente filosófico, no persigue con esto, como tal vez sí lo hizo Derrida observando a Heidegger, demostrar la imposibilidad lingüística de LA VERDAD, sino más bien persigue un fin político y ético, de contera, un fin también jurídico muy concreto: posibilitar el diálogo democrático y la reflexión consciente y sosegada sobre las contingencias de la vida social. Rorty se preocupa por persuadir a su lector sobre la construcción, no de un concepto, sino de una actitud, una epistemología simple que permite afrontar todo diálogo, todo problema. No propone entonces ninguna solución concreta, más bien un programa social de amplio alcance.

Me pregunto entonces, si un tribunal constitucional, en el contexto del estado social y constitucional de derecho, ¿debería adoptar la postura del ironista liberal o la del metafísico? tal vez más interesante resulta preguntarse ¿cuál es el modelo de ciudadano al que aspira un tribunal constitucional ironista? Para evitar la deriva metafísica y especulativa, creo que ambas preguntas caben siempre y cuando las planteamos ante una contingencia concreta. Puntualmente ¿La Corte Constitucional de Colombia debería adoptar la postura del ironista liberal o la del metafísico? y ¿Cuál es el modelo de ciudadano al que aspira el tribunal constitucional colombiano? Pues bien, respecto del Tribunal Constitucional Colombiano la respuesta a la primera pregunta creo haberla abordado suficientemente en las páginas anteriores: la Corte Constitucional de Colombia persigue sustancialidades o VERDADES con mayúsculas, sin embargo, debido a la contingencia de su actividad se ve obligada a "desustancializar" o flexibilizar su lenguaje. Ahora, respecto de la segunda pregunta encuentro una gran paradoja.

4. LA PARADOJA DE UNA CORTE CONSTITUCIONAL *METAFÍSICA* QUE PRETENDE CIUDADANOS *IRONISTAS*

Como se ha venido anticipando, no hay una presencia decidida de la filosofía de Rorty en la jurisprudencia constitucional, es imposible por tanto saber si los visos rortianos interpretables en los textos de las decisiones constitucionales relacionadas, son producto de la voluntad consciente de sus creadores o producto de la necesidad de una utilidad devenida de la contingencia inherente al acto decisional. En cualquier caso, la nota al pie marginal y reiterada que hace referencia al autor nos habilita para traer a flote la perspectiva sobre el *ironista liberal*. Viendo las cosas desde la perspectiva rortiana, los planteamientos básicos sostenidos por la Corte Constitucional cuando aborda el derecho de autonomía se acercan en cierta manera al ironista liberal descrito por Rorty, veamos:

> "La Constitución reconoce que dentro de los límites que ella misma traza, existen diferentes concepciones de bien y de mundo, igualmente válidas, desde las cuales toda persona puede construir legítimamente un proyecto de vida (...) En similar sentido, esta Corporación ha indicado que la autonomía del paciente en materia médica es desarrollo del principio de pluralismo reconocido en los artículos 1 y 7 de la Constitución ya que este "implica que existen, dentro de ciertos límites, diversas formas igualmente válidas de entender y valorar en qué consiste la bondad de un determinado tratamiento médico" (T- 452 de 2010, pp. 13).

En efecto, aceptar "concepciones diversas de bien y de mundo igualmente validas" es la salvaguarda de la actitud democrática; no es posible concebir una relación social sana, transpersonal -como la define Gurvith- si se parte de la existencia de verdades con mayúsculas, ser ironista equivale a partir desde la otra orilla, suponer que no hay verdad; este pequeño fragmento de la jurisprudencia constitucional transparenta un modelo, una aspiración de comportamiento que la Corte reclama de los ciudadanos. Retomando todo lo dicho hasta aquí, lo que resulta paradójico en la postura de la Corte, es pretender decidir la suerte de ironistas adoptando para ello la postura del metafísico. ¿De donde proviene este acercamiento "pseudo divino" que la Corte metafísica, al menos inicialmente metafísica, pareciera pretender tener? Tal vez se deba a que por encima de la Corte se encuentra la Constitución, -si es que hay un algo sobre algo en el mundo social- un texto también "pseudo divino" del cual emanan sustancialidades a borbotones y respecto del cual la Corte es su interprete último.

Desde la perspectiva de Rorty tendríamos que reinterpretar todo aquello reconociendo en principio que sí, que las Cortes son una suerte de "*última palabra*" dentro del concierto del diálogo social, pero esta condición no se deriva de las sustancialidades contenidas en el texto constitucional, se deriva, pienso yo, del acuerdo de voluntades mediante el cual hemos decidido que esta institución reordene, sin importar los efectos de sus decisiones, el lenguaje social. Reinterprete y cree léxicos nuevos. Ahora bien, lo que aquí importa no es, a mi juicio, de dónde proviene su autoridad, no hay un dónde en este caso, lo que importa es que todos los actores reconozcan la contingencia de toda alta Corte, la redimensionen en términos de lenguaje útil, utilísimo en la vida social. Las Cortes Constitucionales han sido un mecanismo de coordinación eficaz de las necesidades sociales, mucho más efectivo y poderoso que "el mercado" o lo que sea que eso signifique. Su importancia radica en la re-descripción permanente de léxicos y la creación perenne de nuevos léxicos. La interpretación de los "relatos" o lenguajes sociales que nacen de la contingencia de la vida social. Bien haría el lenguaje de la Corte en reconocer la *contingencia* intrínseca en sus verdades, paso crucial para avanzar en la trasformación de su acción hacia la *ironia* de su autoridad.

Existe sin embargo un último paso, no basta con ser un ironista que reconoce su contingencia; para Rorty, el ironista debe ser un *liberal*[18], aquí el autor pretende crear un neologismo, el de "ironista liberal" que, fiel a su estilo, incluye ciertos rasgos de la cultura "liberal" pero que modifica en parte su sentido. Así pues, habrá que entender al

---

18 Confieso que la redescripción que Rorty hace del "liberal" no me es del todo satisfactoria, tal vez, haber escogido otra palabra habría podido mejorar su intensión.

ironista liberal conforme a un único criterio, criterio que, por cierto, ha dado inicio a esta reflexión, es precisamente este rasgo el que la Corte ha puesto de presente y mediante el cual introduce a Rorty, así sea de manera superficial, dentro de los filósofos "usados" por la Corte. El ironista liberal es pues, aquel ironista para el cual "*la crueldad es la peor cosa que pueden hacer*". Esta idea la adopta de Judith Shklar, por lo cual, bien haría nuestra Corte constitucional citar mejor a Shklar que a Rorty en la cita que dio pie a nuestra reflexión.

Volviendo a la idea según la cual la crueldad es una patología social y por tanto la humillación de uno por sobre otro, resulta un "peligro común" que debe ser a toda costa evitado, en palabras del autor se lee: *"El ironista liberal solo desea que nuestras posibilidades de ser benévolos, de evitar la humillación de los otros, se expandan por medio de la redescripción. Piensa que el reconocimiento de la condición común de ser susceptibles de sufrir humillación es el único vinculo social que se necesita. Mientras que el metafísico considera que el rasgo moralmente relevante de los otros seres humanos reside en su relación con un poder compartido más amplio -la racionalidad, Dios, la verdad o la historia, por ejemplo- el ironista considera que la definición decisiva de la persona, del sujeto moral, es la de ser "algo que puede ser humillado". Su sentido de la solidaridad humana se basa en el sentimiento de un peligro común, no en la posesión común o en un poder que se comparte".* (Rorty, 1991, pp. 109).

Al parecer, la dignidad humana en Rorty se podría leer también desde el **"vivir sin humillaciones"** acuñado por la Corte. Sin embargo, existe una diferencia, entre el "*vivir sin humillaciones*" de una Corte metafísica y el "*peligro común de humillar*" del ironista pretendido por Rorty: "*el ironista piensa que las únicas redescripciones que sirven a los propósitos liberales son aquellas que responden a la pregunta "¿Qué humilla?", mientras que el metafísico desea también responder a la pregunta: "¿Por qué debo evitar la humillación?" El metafísico quiere que nuestro deseo de ser benévolos este apoyado en un argumento, un argumento que involucre poner de relieve una esencia humana común, una esencia que es algo más que el hecho de que todos estemos sujetos a sufrir humillación.*" (Rorty, 1991, pp. 109).

Puesta la cuestión en estos términos, se podría afirmar que la Corte ha venido creando un lenguaje que pretende describir "¿Qué humilla?" y con esto no me refiero solo a la línea jurisprudencial dedicada al "vivir sin humillaciones" sino a todas aquellas que, a propósito de la protección de la Dignidad Humana como sustancialidad, la Corte ha venido hilando. En esto, la Corte tendría una porción de ironismo liberal. Ahora bien, la cuestión Rortiana residiría, a mi juicio, precisamente sobre la sustancialidad que supone aceptar, sin más, una dignidad humana inmutable. La Corte también ha iniciado un camino de construcción de lenguaje en donde pretende responder qué es la dignidad humana, al hacerlo pretendería también responder a la pregunta "¿Por qué debo evitar la humillación?" y la respuesta salta a la vista: "porque hay que proteger la dignidad humana", desencadenando así un bucle infinito en donde toda respuesta lleva a la misma sustancia inútil. Un camino que la convierte, desde el sistema Rortiano, por supuesto, en una metafísica.

Ahora bien, no es que la pregunta *"¿Por qué debo evitar la humillación?"* en sí misma no sea una pregunta que amerite una reflexión juiciosa, es más bien, que, en la actividad de una Corte Constitucional, en donde cada decisión supone un impacto social de amplio espectro, sería preferible concentrase en la pregunta *"¿Qué humilla?"* dejando de lado el *"¿Por qué debo evitar la humillación?"*. En otras palabras, si la presencia de Rorty fuera mayor en la jurisprudencia de la Corte Constitucional el Tribunal evitaría construcciones de lenguaje que pretendieran definir de una vez y para siempre la "dignidad humana", el "Estado", "la seguridad Jurídica", "la libertad", la "igualdad", entre muchos otros, y enfocaría su acción en responder más bien: ¿cómo humilla la Dignidad Humana?, ¿cómo humilla el Estado?, ¿cómo humilla la seguridad Jurídica?, ¿Cómo humilla la libertad?, ¿Cómo humilla la igualdad? Quizá estas preguntas sean más fructíferas en la labor social de "decir la última palabra" y quizá también, exista un nivel de aceptabilidad más alto por parte de ciudadanos ironistas a la hora de asumir las consecuencias de las decisiones de los tribunales constitucionales.

5. CONCLUSIONES

La presencia de Rorty, o mejor, de su literatura -filosofía- es escasa en la jurisprudencia de la Corte Constitucional Colombiana; más allá de una nota aislada y una pretensión de justificación de la idea constitucional según la cual, *la crueldad es la peor cosa que existe*, la Corte no parece ser consciente ni es consistente con la propuesta de Rorty. La renuncia a las sustancialidades no parece estar en el léxico de la Corte, aun así, la evidente contingencia derivada de la necesidad apremiante de tomar decisiones, contingencia inherente a toda acción judicial, ha permitido que la Corte "flexibilice" su pretensión de sustancialidades. Esta condición contingente también ha abierto espacio para la resignificación de viejos conceptos en léxicos nuevos, léxicos que, observados con detenimiento no son más que la negación de cualquier sustancialidad trascendente. La jurisprudencia de la Corte se contradice al tiempo que debe avanzar en la creación de un léxico nuevo, en suma, la discusión racional da paso a la necesidad pragmática. **Rorty no está en la jurisprudencia de la Corte, pero su presencia resulta útil para explicar la acción judicial y evaluar sus efectos.**

Bibliografía

Deleuze, G. & Guattari, F. (2005). Qu'est-ce que la philosophie? Paris:Minuit

F. Nietzsche, *Sobre verdad y mentira en sentido extramoral*, 1873.

Michel Foucault, Nietzsche, la genealogía, la historia, trad. Jose Vasquez Pérez, editorial Pre textos, 1998.

Richard Rorty, ¿Esperanza o conocimiento? Una introducción al pragmatismo, Fondo de Cultura Económica, 1997.

Richard Rorty, Debats: Revista de cultura, poder i societat, Nº 61, 1997, págs. 72-81

Richard Rorty. Contingencia Ironía y Solidaridad. Ediciones Paidos, Barcelona, 1991

Jurisprudencia

Corte Constitucional, Acción pública de inconstitucionalidad C-239 del 97

Corte Constitucional, Acción pública de Inconstitucionalidad sentencia C-639/10

Corte Constitucional, Acción pública de Inconstitucionalidad, C-930 de 2008

Corte Constitucional, Acción de Tutela, Proceso de Revisión de Fallo. T-234 del 2007
Corte Constitucional, Acción de Tutela, Proceso de Revisión de Fallo. T 452 del 2010
Corte Constitucional. Acción de Tutela, Proceso de Revisión de Fallo. T-508 de 2019:

El caso Sócrates vs. Aristóteles. A propósito de algunas Sentencias de la Corte Constitucional colombiana.

The Sócrates vs. Aristotle case.

About some Colombian Constitutional Court's decisions.

Aurelio de Prada García*

Resumen

A la hora de dictar sentencia, algunas Cortes Constitucionales como, por ejemplo, la colombiana, suelen utilizar, además de referencias constitucionales y legales, citas de autores hasta el punto que, a veces, el asunto termina convirtiéndose en una disputa entre los filósofos citados. Tal práctica, en nuestra opinión, no resulta del todo recomendable no solo por la complicación para las partes (a las que se obliga a adivinar a qué autores recurrirá la Corte), sino porque presupone una labor de indagación previa de lo que realmente dijeron tales autores que, a veces, como ocurre con Sócrates, ni siquiera podrían ser considerados como tales.

Abstract

When passing judgment, some Constitutional Courts, such as the Colombian one, tend to use quotes from authors in addition to legal references and this to the point that, sometimes, the matter ends up becoming a dispute between the cited authors. Such a practice, however and

---

1 Doctor en Derecho por la UCM. Doctor en Filosofía por la UVA. Profesor Titular de Filosofía del Derecho, Universidad Rey Juan Carlos, Madrid, España. Autor de innumerables artículos sobre Sócrates: entre otros, Tomando a Sócrates en serio: De la ciudadanía antigua a la ciudadanía glocal. Aurelio de Prada García Anales de la Cátedra Francisco Suárez, ISSN 0008-7750, Nº 54, 2020.; Los prejuicios no percibidos y el caso Sócrates: un ejemplo paradigmático. . Aurelio de Prada García Cuadernos electrónicos de filosofía del derecho, ISSN-e 1138-9877, Nº. 45, 2021 (Ejemplar diciembre 2021),

in our opinion, is not entirely advisable not only because of the complication for the parties (who are forced to guess which authors the Court will resort to), but because it presupposes a prior investigation of what such authors really said who, sometimes, as is the case with Socrates, could not even be considered as such.

1. *INTRODUCCIÓN:VIGENCIA APARENTE DEL SILOGISMO JUDICIAL.*

Es innegable resaltar la relevancia que el llamado silogismo judicial sigue teniendo, hoy por hoy, en las decisiones de los operadores jurídicos por antonomasia, los jueces. Basta con leer cualquier sentencia para comprobar que se articula en tres apartados: hechos probados/antecedentes de hecho, fundamentos de derecho y fallo que se corresponden con la estructura de un silogismo: premisa mayor (fundamentos de derecho), premisa menor (hechos probados/ antecedentes de hecho) y finalmente la conclusión a la que se llega subsumiendo los hechos en los fundamentos de derecho, la premisa menor en la mayor. Silogismo que precisamente por ello, en cuanto típico de la actuación de los jueces, se denomina silogismo judicial. Dado el papel central de los jueces en el sistema jurídico, ese *modus operandi* se traslada a la actuación del resto de los operadores jurídicos quienes presentan sus escritos, hacen sus demandas, aconsejan a sus clientes, y en definitiva, su desempeño profesional se atiene a esa estructura silogística: *"creo que el estudio de la aplicación judicial del derecho posee un interés general ya que no es tan diferente el trabajo de un juez y el de un abogado litigante o el de cualquier otro profesional del Derecho. Es verdad que el juez decide y el resto propone decisiones, pero a la hora de razonar y de argumentar, no hay tantas diferencias entre unos y otros. Por eso creo que no hay grandes dificultades para aplicar lo que se hable de los jueces al razonamiento de otros abogados."*[1]

---

1 EZQUIAGA GANUZAS, F.J.: *Argumentación e interpretación, la motivación de las decisiones judiciales en el Derecho Peruano.* Grijley, Trujillo, 2011, p. 10.

Con todo lo cual, por cierto, cabría poner en cuestión la opinión dominante según la cual, el silogismo judicial no sería sino un *genus* dentro de la categoría general "silogismo jurídico": "*En primer lugar, podemos decir que la denominación "teoría del silogismo judicial" constituye un "genus" dentro de una categoría general: "teoría del silogismo jurídico". Esta última puede definirse como la tesis según la cual el razonamiento efectuado por cualquiera que quiera conocer cuál es el derecho aplicable a un caso concreto (sea con fines puramente teóricos o con propósitos prácticos) se limita a la subsunción de unos hechos en unas normas jurídicas. Cuando esto es realizado por el juez en su trabajo como tal, podemos referimos a dicha teoría como teoría del silogismo judicial.*"[2] Y es que, frente a la cita que acaba de reproducirse, el silogismo judicial pasaría a ser el modelo para todo el silogismo jurídico. El modelo que, desde los jueces, se extendería al actuar de los demás operadores jurídicos.

Ahora bien, no es momento de embarcarse en disquisiciones lógicas sobre si un *genus* puede considerarse como modelo de una categoría general, siquiera sea porque aquí no estaríamos ante una cuestión meramente lógica, sino también política, político-jurídica por ser más precisos. Y en efecto, el silogismo no tendría únicamente como función servir de simple estructura lógica para el control de la coherencia de las premisas, entendiendo que estas se consolidan hoy **mediante procesos de justificación y argumentación,** sino que, como es bien sabido, la estructura del silogismo judicial responde a una determinada concepción jurídico-política, la teoría de la separación de poderes que tendría en Montesquieu a su gran mentor: "*Cuando el poder legislativo está unido al poder ejecutivo en la misma persona o en el mismo cuerpo, no hay libertad porque se puede temer que el Monarca o el Senado promulguen leyes tiránicas para hacerlas cumplir tiránicamente. Tampoco hay libertad si el poder judicial no está separado del legislativo ni del ejecutivo. Si va unido al poder legislativo, el poder sobre la vida y la libertad de los ciudadanos sería arbitrario, pues el*

2 ITURRALDE SESMA, V.: *Sobre el silogismo judicial* en Anuario de filosofía del derecho. VIII (1991), p 241.

juez sería al mismo tiempo legislador. Si va unido al poder ejecutivo, el juez podría tener la fuerza de un opresor".[3]

Ahora bien, a lo mejor todo lo anterior sería a *primera vista*. Quizás la relevancia del silogismo judicial con los corolarios a los que acabamos de referirnos sería no más aparente, toda vez que, actualmente los jueces actúan como creadores de derecho manteniendo sólo formalmente en sus decisiones la estructura del silogismo judicial. Es claro que el juez ya no es la boca que pronuncia las palabras de la ley, sino que es participe activo en la conformación final de la norma constitucional mediante la aplicación de ésta a un caso específico.

2. *FUNDAMENTOS DE DERECHO Y CITAS DE AUTORES*

Como es bien sabido, los Tribunales Constitucionales no son órganos judiciales *sensu strictu*, sino también políticos, jurídico-políticos, por ser más precisos. Bien miradas las cosas, sin embargo, ello no supondría problema alguno en lo que a nosotros respecta sino todo lo contrario, habida cuenta de que, como señalábamos más arriba, la estructura del silogismo judicial responde precisamente a una determinada concepción jurídico-política.

Yendo, pues, a ello, la primera sentencia que escogimos al azar para un análisis de esta práctica habitual de la Corte Constitucional Colombiana cuando introduce doctrina filosófica, sería la C-605/12 en la que el ciudadano x, en ejercicio de la acción pública consagrada en el artículo 241 de la Constitución política de Colombia (CP) presentó acción de inconstitucionalidad contra los numerales 3, 6, 10 y 13 del artículo 1° y los artículos 3, 10, 24, 25, 29 y 36 de la Ley 982 de 2005, '*por la cual se establecen normas tendientes a la equiparación de oportunidades para las personas sordas y sordo ciegas y se dictan*

3 MONTESQUIEU: *Del espíritu de las leyes* XI, 6, , Tecnos, Madrid, 1972, p. 151.

otras disposiciones', por considerar que se incurrió en una violación del principio de igualdad (art. 13, CP). Como se sigue inmediatamente, la estructura del silogismo judicial continúa plenamente operativa en el planteamiento de la acción de inconstitucionalidad. Y en efecto, resulta fácil plantear la pretensión del recurrente en términos de premisa mayor (fundamentos de derecho): el principio de igualdad (art, 13, CP); premisa menor (antecedentes de hecho/ hechos probados): los numerales de los artículos citados y la pretensión (conclusión fallo): declaración de inconstitucionalidad. Esa "relevancia" del silogismo judicial en la pretensión del accionante no se corresponde en absoluto con la resolución finalmente dictada por la Corte que, si bien sigue formalmente la estructura del silogismo, no lo hace materialmente. Y es que, además de la referencia al artículo 13 CP, la sentencia incluye extensas referencias a un número más que notable de autores a los que, por lo demás, difícilmente cabría considerar juristas: Aristóteles, Chomsky, Platón, S. Anselmo, el segundo Wittgenstein, Kuhn, Austin.

Importa resaltar las diferentes perspectivas que utilizan el ciudadano en cuestión y la Corte. El primero, se atiene al silogismo judicial (jurídico, si se prefiere), presentando una argumentación según la cual los numerales citados irían contra el principio de igualdad consagrado en el artículo 13 CP; esto es, manejando exclusivamente referencias constitucionales. Todo lo cual, por decirlo una vez más, resalta la trascendencia que el silogismo judicial sigue teniendo en nuestros días, tema al que nos referíamos al principio de estas líneas cuando señalábamos que los demás operadores jurídicos siguen el modelo del silogismo judicial, el formalmente empleado por los jueces. Por el contrario, la perspectiva de la Corte es bien particular, porque no se limita a esa estructura silogística en los términos señalados, sino que parece considerarla insuficiente, hasta el punto de sobrepasar las referencias constitucionales introduciendo en la premisa mayor del silogismo, en los fundamentos mismos de derecho, toda la secuencia de autores a los que acabamos de aludir. En otros términos, estima exigua la regulación constitucional, legal y posiblemente el aporte de precedentes aducidos por el recurrente y en la tarea de dar justificación a la sentencia acude a citas, en principio más allá de lo jurídico, como son los textos de los filósofos y pensadores relacionados, que, sin embargo, puestos en el *holding* de la decisión, acaban convirtiéndose en referencias jurídicas en cuanto que fundamentan el fallo.

Así las cosas, importante es insistir en el papel de la Corte Constitucional Colombiana como creadora de derecho al moldear y articular sus sentencias con referencias no estrictamente jurídicas a la hora de decidir la cuestión. Y determinante igualmente reparar, en la indefensión del recurrente por el hecho de no saber de antemano que la Corte utilizaría a todos esos autores como fundamento de su decisión y de las peticiones que en su momento elevó al alto tribunal. Entre muchas sentencias de este tenor, podemos traer a colación también la T-002/92 en la que una ciudadana, tras haber sido excluida de una universidad por suspender por tercera vez una asignatura y no haberse aceptado la solicitud de reingreso en el programa correspondiente, planteó una acción de tutela fundamentada en los siguientes artículos de la Constitución: 40 (supremacía de la Constitución y obligación política de obedecerla), 67 (servicio público educativo) y 365 (finalidad social del Estado y de los servicios públicos). Lo importante es, al igual que en la sentencia que analizamos en primer lugar, que la Corte incluyó textos no estrictamente constitucionales ni legales, pero que finalmente devinieron tales al servir de soporte al fallo. Citas de Kant, Bobbio, Peces Barba, Maciá Manso, García de Enterría, Umberto Eco, Platón, Pizzorusso, Duguit, Häberle, así como entradas del Diccionario de la Real Academia Española de la Lengua y de algún Diccionario Jurídico. Citas y referencias cuya presencia y función en la sentencia nos permitirían reiterar la aparente relevancia del silogismo judicial y la constatación indudable del papel argumentativo de los jueces, especialmente de la Corte colombiana, en punto a abundar en razones para decidir sus causas.

3. EL CASO SÓCRATES VERSUS ARISTÓTELES

En la sentencia **T-539A/93** una estudiante universitaria a la que se le denegó un tratamiento excepcional de forma que pudiera faltar a las clases de los sábados por la mañana para poder cumplir con las obligaciones de su práctica religiosa evangelista, acabó interponiendo acción de tutela al considerar que las directivas de la universidad en cuestión vulneraron su derecho a la libertad religiosa consagrado en el artículo 19 de la Constitución. Interesa, por una parte, señalar que, a la hora de justificar el fallo, además de preceptos constitucionales y legales, la mayoría de los miembros de la Corte incluyó otros materialmente jurídicos, en el sentido que hemos expuesto y, entre estos últimos, los siguientes párrafos en relación con el *Critón* platónico:

> "Si toda libertad encuentra su límite en el derecho y en la libertad del otro, el militante de una fe tiene que ser consciente de que ha de conciliar las prescripciones que, de esta deriva, con las que tienen su origen en la norma jurídica válidamente establecida y que, si opta por las primeras, ha de afrontar las consecuencias que se siguen de su elección, sin que éstas puedan ser juzgadas como injustas represalias por la adhesión a un determinado culto.
>
> Si es, precisamente, en virtud del derecho objetivo que podemos disfrutar de ciertas libertades, no hay que escatimar a éste el tributo de un pequeño sacrificio en aras de la convivencia que gracias a él es posible.
>
> No se trata, pues, de un conflicto entre dos derechos consagrados en la Carta (la libertad de cultos y la autonomía universitaria) que deba desatar el fallador asignando una jerarquía más alta a alguno de ellos, sino de la verificación de que la Universidad está actuando dentro de la más rigurosa órbita de juridicidad, que no está violando ni amenazando violar un derecho fundamental de nadie y, por ende, que la tutela invocada no es procedente.
>
> En el hermoso diálogo Socrático "Critón o el deber", el maestro, que se halla en prisión padeciendo los rigores de una condena injusta, se niega a usar de la fuga que le han preparado sus discípulos, arguyendo que no es ético derivar las ventajas que las normas nos brindan, invocando su justicia, y eludir los gravámenes por juzgarlos inicuos.
>
> El derecho y la moral (derivada en este caso de la creencia religiosa) se encuentran en reciprocidad de perspectivas pues mutuamente se influyen y de ese mutuo influjo debe derivarse provecho. Porque si las creencias religiosas pueden demandar del derecho objetivo una esfera

de libertad para que sus adherentes puedan profesarlas, el derecho puede, legítimamente, reclamar de ellas una dosis de flexibilidad que las haga compatibles con el mínimo común que todos los miembros de una comunidad deben acatar para que sea posible la convivencia."

Por otra parte, un miembro de la Corte, **discrepante de la mayoría**, concluye su salvamento de voto, su voto particular, con los dos siguientes párrafos:

"La obediencia incondicional de las leyes es uno de los pilares fundamentales del funcionamiento del derecho positivo. Su importancia, dice la sentencia, fue señalada por Platón en el diálogo Critón, cuando Sócrates se niega a emprender la fuga propuesta por sus amigos con el argumento de que la injusticia no puede ser enfrentada con la injusticia ni el mal con el mal. Sin embargo, el caso de la señorita x no es del mismo tipo; no se trata de una injusticia que pueda poner en tela de juicio la fuerza obligatoria del derecho; se trata más bien de un asunto relacionado con las consecuencias indeseables de la aplicación de normas generales cuyo contenido no se discute.

Este caso fue tratado por Aristóteles en libro V de su Ética a Nicomaqueo bajo el tema de la equidad. "Lo equitativo–dice el filósofo–es un enderezamiento de lo justo legal. La causa de esto está en que toda ley es general, pero tocante a ciertos casos no es posible promulgar correctamente una disposición en general. (...) la ley toma en consideración lo que más ordinariamente acaece, sin desconocer por ello la posibilidad de error. Y no por ello es menos recta, porque el error no está en la ley ni en el legislador, sino en la naturaleza del hecho concreto, porque tal es, directamente, la materia de las cosas prácticas". Y más adelante agrega: "esta es la naturaleza de lo equitativo: ser una rectificación de la ley en la parte en que ésta es deficiente por su carácter general".

Se advierte que lo que el Magistrado disidente hace es, cuestionar que el Sócrates del *Critón* platónico pueda servir como fundamento de derecho para resolver el caso frente a la doctrina de Aristóteles en la *Ética a Nicómaco* que, en su opinión, sí que serviría de tal fundamento. En otros términos, lejos de cuestionar la técnica de la citación, lejos de objetar que pueda utilizarse el *Critón* platónico como sustento de la decisión y, en general, cualquier texto no formalmente jurídico, el magistrado discrepante propone un fundamento de derecho alternativo: la *Ética a Nicómaco*. **Un fundamen-**

to de derecho alternativo sí, pero con el mismo estatus que el *Critón*, esto es, no formalmente constitucional ni legal. Así las cosas, el caso acaba convirtiéndose en una disputa entre el Sócrates del *Critón* platónico y la *Ética a Nicómaco*, es el caso "**Sócrates versus Aristóteles**", por así llamarlo, si se nos permite la licencia. Algo que ciertamente no podría haber imaginado la recurrente y que nos permite corroborar las conclusiones a las que antes llegábamos: la relevancia solo aparente del silogismo judicial toda vez que los jueces introducen en el grueso de su argumentación, extensa doctrina filosófica.

Más aún, este caso *Sócrates versus Aristóteles* nos permite ilustrar un aspecto adicional de esa actuación de los jueces, toda vez que la referencia a Sócrates realizada por la mayoría de los magistrados podría ser refutada, no solo por el motivo ya señalado de convertirla en un fundamento de derecho *de facto*, materialmente hablando, sino también por no tener en cuenta la llamada *cuestión socrática* y por aplicar un *prejuicio individualista no percibido.* El párrafo de la sentencia T-539A/93 que puede resultar objeto de análisis, dice así:

> "En el hermoso diálogo Socrático "Critón o el deber", el maestro, que se halla en prisión padeciendo los rigores de una condena injusta, se niega a usar de la fuga que le han preparado sus discípulos, arguyendo que no es ético derivar las ventajas que las normas nos brindan, invocando su justicia, y eludir los gravámenes por juzgarlos inicuos."

4. *LA CUESTIÓN SOCRÁTICA Y EL PROCEDIMIENTO UTILIZADO EN EL JUICIO CONTRA SÓCRATES.* T-539A/93

En efecto, esa referencia al Sócrates del *Critón* platónico realizada por la mayoría de los magistrados de la Corte Constitucional Colombiana, no tiene en cuenta la llamada "cuestión socrática", esto es, el hecho de que no dispongamos de obra escrita por el propio Sócrates y de que los testimonios sobre él sean a menudo contradictorios, lo que ha llevado a pensar incluso en que resulta imposible conocer su auténtico pensamiento [4]. Testimonios contradictorios de los que podría ponerse un ejemplo inmediatamente, contraponiendo al testimonio de Platón en el *Critón* utilizado por la Corte, el de Jenofonte en la *Apología*, quien, en relación con la posibilidad de la fuga de Sócrates, afirma también lo siguiente:

> '...en segundo lugar, al querer sus camaradas sacarlo de la prisión furtivamente, no se prestó a ello, sino que aún tuvo a bien burlarse de ellos preguntándoles si es que acaso conocían algún lugar fuera del Ática donde no hubiera que llegar al término de la muerte.'[5]

Ciertamente, aquí no procede demorarse en indagar cuál de los dos autores, Platón o Jenofonte, es el más digno de confianza al respecto; esto es, aquí no hay que resolver la cuestión socrática en el punto concreto de los motivos por los que Sócrates habría rechazado la propuesta de fuga: si los aducidos en el *Critón* platónico o los señalados en la *Apología* de Jenofonte. Lo que conviene señalar es que la Corte, la mayoría de los magistrados que la componían en ese momento, tendría que haber justificado de algún modo su elección del testimonio de Platón, prefiriéndolo al de Jenofonte que, al parecer, para la mayoría de los magistrados de la Corte ni siquiera existía, o por lo menos, no lo conocían, a juzgar por los términos de la cita.

Pero no es este el único motivo por el que la conversión de la referencia al *Critón* platónico en **fundamento de derecho constitucional resulta problemática**. Es que la calificación como "injusta" de la condena de Sócrates que, literalmente hace la mayoría de los miembros de la Corte, no sería sino un ejemplo de la aplicación de un *prejuicio no percibido*, en el sentido de Gadamer: un prejuicio, que, con su dominio, nos habría vuelto sordos a lo que la tradición nos dice en su sentido propio y diferente[6]. Más en

---

4 REALE, G. y ANTISERI, D.: *Historia del pensamiento filosófico y científico*. Tomo I Antigüedad y Edad Media, Herder, Barcelona; 1995, p. 86.

5 JENOFONTE: *Apología o Defensa ante el jurado*, Salvat, Estella, 1971, p. 169.

6 GADAMER, H. G.: *Verdad y método*, Sígueme, Salamanca. 1996, p. 335 y 336.

concreto, un prejuicio no percibido de carácter individualista que habría llevado a la mayoría de los miembros de la Corte a extrapolar los presupuestos individualistas de nuestros procedimientos judiciales al proceso en el juicio contra Sócrates. Un mecanismo al que no subyacían tales consideraciones en modo alguno y en el que, como trataremos de demostrar a continuación, no cabía **tachar como "injusta" la sentencia de Sócrates**.

Por razones de espacio no podemos entrar a fondo en un análisis de las diferencias entre nuestros procedimientos judiciales y el utilizado en el juicio contra Sócrates, pero, al margen de remitir al lugar donde sí he escrito sobre el tema[7], podemos señalar que, en el procedimiento utilizado en el juicio contra Sócrates, hubo un momento en el que la manera de concebir la identidad, completamente diferente de la nuestra, resultaba patente. Nos estamos refiriendo a la llamada *antitímesis*: la contrapropuesta de pena planteada por el declarado culpable, proponiendo una pena alternativa, de modo que el tribunal decidía entre las penas propuestas sin que hubiera posibilidad de recurrir tal decisión, pues se consideraba que era el propio pueblo ateniense el que la tomaba[8].

Todo ello resulta impensable desde nuestros procedimientos judiciales en los que damos por supuesto un individuo, un yo pleno, autónomo y responsable capaz de decidir por sí mismo si es o no culpable con independencia de la decisión de un tribunal y, por tanto, no obligado a "asumirse" como culpable si es declarado como tal, procediendo a proponer una *antitímesis*, una contra pena, sino con la posibilidad de recurrir la decisión del tribunal. Y es que, efectivamente, tras la *antitímesis* subyacía un modo de entender la identidad completamente diferente de nuestro carácter individualista.

---

7 PRADA A. de: *El proceso de Sócrates: Del "nosotros" al "yo". Contra el prejuicio individualista no percibido*. *Áperion*, Faber- Sapiens, Madrid 2022, p. 29 y ss.

8 SABINE. H. *Historia de la Teoría Política*, FCE, México, 1972, p. 19. Vid. también: BRICKHOUSE, TH. C. y SMITH, N.D., *Socrates on Trial*, Clarendon, Oxford 1990, p. 217; CARTLEDGE, P., *Ancient Greek Political Thought in Practice*, Cambridge University Press, Cambridge, 2009, p. 8.

Un modo dualista “cada uno de nosotros” (ἕκαστος ἡμῶν) y el “nosotros” correspondiente, formulado canónicamente por Aristóteles en *Política* 1253a:

> “La ciudad es por naturaleza anterior a la casa y a cada uno de nosotros, porque el todo es necesariamente anterior a la parte.” [9].

Dicho en los términos que aquí interesan, en la *antitímesis* no se da por supuesto un “individuo”, un yo pleno que se define desde sí mismo, sino un “*uno de nosotros*” que se define desde el “nosotros” en cuanto que es eso, un “uno de nosotros”, de modo que, tras ser declarado culpable por el tribunal, por el “nosotros”, se “asume” como tal, sin que quepa la menor duda de que efectivamente lo es, como lo demuestra tanto la propia existencia de la *antitímesis*, la propuesta de contra- pena, cuanto el hecho de que no cabía recurso alguno contra la decisión final del tribunal escogiendo una de las dos penas propuestas por las partes.

Así las cosas, si el declarado culpable se “reconocía” como tal, proponiendo una contra- pena y si la decisión definitiva del tribunal escogiendo entre las penas propuestas, era justa por definición en cuanto que era el propio pueblo ateniense el que la tomaba, no cabiendo, por tanto, recurso alguno, el calificar como “injusta” la condena de Sócrates, como hace la mayoría de la Corte colombiana en la sentencia que venimos analizando, es solo posible aplicando un **prejuicio no percibido de carácter individualista** a un procedimiento judicial en el que no se presupone “individuo” alguno como acabamos de ver. Tergiversando, pues, completamente dicho procedimiento al no detectar que tras él subyacía una forma diferente de nuestra perspectiva individualista de entender la identidad, una manera de ser dualista: un “uno de nosotros”. Sin embargo, en el caso de *Sócrates*, sí que encontraríamos un “individuo”, -una primera afirmación de la individualidad, si se prefiere-, toda vez que Sócrates puso en cuestión el veredicto, la decisión de cul-

---

9 ARISTÓTELES, *Política*, Instituto de Estudios Políticos, Madrid, 1970, p. 4.

pabilidad, lo que, de algún modo, haría consistente la atribución de "injusta" que la mayoría de los miembros de la Corte Constitucional Colombiana hace de la condena a Sócrates. Y es que, Sócrates, tras ser declarado culpable, no actuó como un "uno de nosotros", como "Sócrates, uno de nosotros" que "asume" la declaración de culpabilidad por parte del "nosotros" y, en consecuencia, propone una contra- pena a la pena de muerte propuesta por Meleto sino que, según Jenofonte:

> "...al ser invitado a fijar la pena por su parte, ni quiso él fijarla, ni les permitió hacerlo a los amigos, sino que aún decía que el fijar la pena era propio de quien reconociera su culpabilidad." [10]

Por su parte, Platón, en la *Apología*, relata que Sócrates propuso primero, no una contra- pena sino un premio: ser alimentado de por vida en el Pritaneo; después, vista la reacción del tribunal, una multa insignificante: una mina de plata, y, finalmente, vista de nuevo la reacción del tribunal, treinta minas de las que salían fiadores Platón, Critón, Critóbulo y Apolodoro[11]. Desde luego, no procede plantear aquí la llamada "cuestión socrática" a la que más arriba aludíamos, pues los testimonios de Jenofonte y Platón que acabamos de aducir serían contradictorios y solo superficialmente coincidentes en el fondo del asunto. En efecto, son coincidentes en cuanto a la negativa de Sócrates a considerarse culpable. Una negativa explícita en el caso de Jenofonte y algo más sofisticada en el caso de Platón: en primer lugar, la propuesta de un premio, lo que, ciertamente, supone un cuestionamiento radical de la declaración de culpabilidad y, luego, la del pago de dinero, una cantidad irrisoria primero y considerable después, si bien haciendo la salvedad expresa de que el pago de dinero no suponía daño alguno: "οὐδὲν γὰρ ἂν ἐβλάβην", lo que equivale a afirmar, implícitamente, que pagar dinero no supone reconocimiento alguno de culpa por la que se deba sufrir algún daño, alguna pena.

---

10 JENOFONTE, *Apología o Defensa ante el jurado*, cit., p. 169.

11 PLATÓN, *Apología de Sócrates* en Diálogos I. Gredos, Madrid, 1981, p. 177-181.

Así las cosas, en el momento de la *antitímesis*, Sócrates habría actuado no como "Sócrates, uno de nosotros" con identidad dualista, que habría "aceptado" la culpabilidad decidida por el "nosotros" y, en consecuencia, habría propuesto una contra-pena, sino como "Yo, Sócrates", como un individuo *avant la lettre* que, con independencia de lo que decida el tribunal, se considera a sí mismo inocente y no propone una contra- pena en los términos vistos. Todo lo cual podría hacer plausible la calificación de la condena de Sócrates como "injusta" por parte de la mayoría de la Corte Constitucional Colombiana.

Ahora bien, -y dando por bueno lo anterior, esto es, una primera afirmación de la individualidad por parte de Sócrates: "Yo, Sócrates" con la consiguiente negación del "Sócrates, uno de nosotros" que hubiera aceptado el veredicto de culpabilidad, proponiendo una contra pena-, la mención de "injusta" de su condena, sigue siendo cuestionable por dos razones concurrentes: (i) : la primera, es que esa afirmación de la individualidad se produce tras el veredicto de culpabilidad, no tras la condena a la pena de muerte propuesta por Meleto; (ii) la segunda, es que la condena a muerte no fue objetada por Sócrates en ningún momento tal y como se sigue de los testimonios de Jenofonte y Platón, contradictorios en cuanto a los motivos esgrimidos por Sócrates, pero plenamente coincidentes en cuanto a su rechazo a huir de la cárcel tal como le proponían sus amigos y discípulos.

Es necesario recalcar que la aceptación de la condena a la pena de muerte no la hace el "Yo, Sócrates", el individuo *avant la lettre* que había negado a considerarse culpable en los términos vistos. Ello por cuanto, de haber seguido siendo "Yo, Sócrates", tendría que haber llevado a sus últimas consecuencias esa afirmación de la identidad individualista huyendo de la cárcel. El individuo *avant la lettre* que no se considera culpable y que, por tanto, no acepta la "condena injusta" por volver a decirlo con los términos de la mayoría de los magistrados de la Corte Constitucional colombiana, huyendo de la cárcel como le proponen sus amigos y discípulos. Y, por supuesto, el Sócrates que acepta la condena y no huye de la cárcel tampoco es el "Sócrates, uno de nosotros" que ahora sí acepta la condena a muerte, tras haber rechazado considerarse culpable. Ciertamente, esa primera afirmación de la individualidad "Yo, Sócrates" es irreversible como se sigue de los testimonios de Jenofonte y Platón en los que en ningún momento Sócrates acepta ser culpable.

El Sócrates que acepta la condena a muerte no es ni el "Yo, Sócrates" ni el "Sócrates, uno de nosotros" decimos y no decimos bien, pues sería tanto uno como otro, una síntesis entre ambos: "Yo, Sócrates, uno de nosotros." El individuo *avant la lettre* que, tras reconocerse como tal, no asumiendo la culpabilidad, acepta, sin embargo, la condena a muerte del "nosotros", acepta ser "uno de nosotros" sin dejar de ser "individuo". Una síntesis fascinante que, *mutatis mutandis*, cabría rastrear también, por ejemplo, en Rousseau a cuyo pensamiento, por cierto, también se habría aplicado un prejuicio individualista no percibido[12] y que, como es bien sabido, plantea el contrato social en términos individualistas, "cada individuo", primero, y dualista "cada uno de nosotros", después[13], hasta llegar a una síntesis en la que el individuo que se niegue a obedecer a la voluntad general será obligado a ello, esto es, "se le obligará a ser libre"[14].

5. A MODO DE CONCLUSIÓN

Así pues, con todo lo anterior, habríamos demostrado que la utilización por parte de algunas Cortes Constitucionales de citas de autores como fundamento de sus decisiones, esto es, como fundamentos de derecho no estrictamente constitucionales y legales, pero sí materialmente, al funcionar como tales, no sería del todo recomendable tanto por el desconocimiento muchas veces de la

---

12 PRADA A. de, *De 'individuo' a 'uno de nosotros': el contrato social de Rousseau y el prejuicio individualista no percibido* en Revista de Estudios Políticos, 199, Madrid, 2023, p. 13 y ss.

13 ROUSSEAU, J.J., *El Contrato Social* en Escritos de Combate. Alfaguara, Madrid 1977, pp. 410-411.

14 *Ibidem* p. 414.

profundidad de una obra filosófica , cuanto por la indefensión implícita de las partes que, de un modo u otro, estarían obligados a imaginar las referencias no estrictamente jurídicas que utilizará la Corte para sus casos. Referencias que, en ocasiones, llevarían a reconvertirlo en una disputa entre autores como hemos visto a partir del expediente que hemos acabado denominando "el caso Sócrates versus Aristóteles". Al hilo de esto último, habríamos demostrado asimismo, que las citas utilizadas concretamente en la sentencia **T-539A/93** incurren en serias incongruencias, tales como : (i) la omisión a la "cuestión socrática", obviando el hecho de que Sócrates no escribió nada; (ii) omitiendo los testimonios de Jenofonte; (iii) ignorando la aplicación de un prejuicio individualista no percibido frente al procedimiento utilizado en el proceso seguido contra Sócrates y (iv) soslayando la forma individualista de entender la identidad y las actitudes adoptadas por Sócrates en dicho proceso que, obviamente, habrían de entenderse desde el procedimiento utilizado en él. Todo lo cual abundaría ciertamente en la conveniencia de limitarse *sólo* a las referencias constitucionales y legales a la hora de la fundamentación de las sentencias correspondientes.

Bibliografía

ARISTÓTELES, *Política*, Instituto de Estudios Políticos, Madrid, 1970.

BARNEY, G. O, *El mundo en el año 2000*, Madrid, Tecnos., Madrid 1982.

BRICKHOUSE, TH. C. y SMITH, N.D., *Socrates on Trial*, Clarendon, Oxford 1990.

CARTLEDGE, P., *Ancient Greek Political Thought in Practice*, Cambridge University Press, Cambridge, 2009.

EZQUIAGA GANUZAS, F.J., *Argumentación e interpretación, la motivación de las decisiones judiciales en el Derecho Peruano.* Grijley, Trujillo, 2011.

GADAMER, H. G. *Verdad y método*, Sígueme, Salamanca. 1996

ITURRALDE SESMA, V., *Sobre el silogismo judicial* en Anuario de filosofía del derecho. VIII (1991).

JENOFONTE, *Apología o Defensa ante el jurado*, Salvat, Estella, 1971.

MONTESQUIEU, *Del espíritu de las leyes*. Madrid, Tecnos, 1972.

OLLERO, A., *La tensión entre política y derecho en la teoría jurídica* en FLORES SALDAÑA, A. (Coord.): Hermenéutica y argumentación jurídica en la encrucijada de los derechos fundamentales. Editorial UBIJUS, Ciudad de Méjico, 2002.

PLATÓN, *Apología de Sócrates* en Diálogos I. Gredos, Madrid, 1981.

PRADA A. de, *El proceso de Sócrates: Del "nosotros" al "yo". Contra el prejuicio individualista no percibido*. *Áperion*, Faber- Sapiens, Madrid 2022.

PRADA, A. de, *¿"Individuo" o "uno de nosotros"? Aristóteles y los prejuicios individualistas no percibidos* en Anales de la Cátedra Francisco Suárez, n. 56, Granada 2022.

PRADA A. de, *De 'individuo' a 'uno de nosotros': el contrato social de Rousseau y el prejuicio individualista no percibido* en Revista de Estudios Políticos, 199, Madrid, 2023.

REALE, G. y ANTISERI, D., *Historia del pensamiento filosófico y científico*. Tomo I Antigüedad y Edad Media, Herder, Barcelona; 1995.

ROUSSEAU, J.J., *El Contrato Social* en Escritos de Combate. Alfaguara, Madrid 1977

SABINE. H., *Historia de la Teoría Política*, FCE, México, 1972.

Waldron y las citas de sus opiniones por la Corte Constitucional de Colombia

Influence of Jeremy Waldron's Opinions to the Case Law of the Constitutional Court of Colombia

Por Eduardo J. R. Llugdar*

Resumen

La Corte Constitucional de Colombia, es una Corporación contemplada en la parte orgánica de la Constitución de 1991. Comenzó a funcionar en 1992 y prácticamente desde sus comienzos, los distintos magistrados que conformaron su integración, han efectuado citas de consagrados filósofos del derecho constitucional y de la teoría del derecho a nivel internacional en sus sentencias. La presente ponencia, examina las sentencias en las que el Tribunal Constitucional apeló a citas de Jeremy Waldron, reconocido filósofo y constitucionalista nacido en Nueva Zelanda, analizando el contexto y la finalidad de la pertinencia de las citas efectuadas.

Abstract

The organic segment of the Political Constitution of 1991 established the Constitutional Court of Colombia, which began operating in February of 1992 and, since its early stages, different justices from this instance have referenced in their rulings well established international constitutional law philosophers and theorists. This paper examines the rulings that quote Jeremy Waldron, a renowned legal philosopher and

---

* El autor es Juez del Excmo. Superior Tribunal de Justicia de la provincia de Santiago del Estero, Argentina. Egresado como Abogado en la Universidad Católica de Santiago del Estero siendo además Certificado en Altos Estudios en Justicia Restaurativa y Justicia Juvenil por la Universidad de Ginebra, Suiza; es Magister en Derecho Judicial y de la Magistratura por la Universidad Austral de Buenos Aires. Es profesor de pregrado y posgrado en distintas universidades Latinoamericanas en Filosofía del Derecho, Derecho Constitucional y Derechos Humanos.

constitutionalist born in New Zealand, analyzing the context, purpose and relevance of the references.

I. POSTULACIONES E HIPÓTESIS DEL TRABAJO

Conforme los lineamientos propuestos para esta obra colectiva, procederemos a hacer un breve análisis de los casos resueltos por la Corte Constitucional colombiana, en donde se verifican citas extraídas de textos y publicaciones de Jeremy Waldron, con el propósito específico de efectuar un análisis vinculado a la cita del autor referenciado en la ponencia del magistrado que la realiza, de acuerdo a los escenarios circunstanciados del caso sometido a decisión; ello para determinar la pertinencia y fidelidad a las ideas de Waldron en el contexto aplicado de la cita. Para dicho cometido se apelará a la metodología descriptiva-explicativa, a la que se adicionarán elementos críticos propios de la teoría de la falsación o refutación popperiana aplicada al derecho en la evaluación de los contenidos propuestos. El material objeto de estudio estará conformado por las siguientes sentencias: 1) Sentencia C-283 de 2011; 2) Sentencia C-238 de 2012; 3) Sentencia C-754 de 2015; 4) Sentencia C-630 de 2017. El presente capítulo se completará con las sentencias de unificación SU-617 de 2014 y SU-2014 del 2016.

II. BREVES REFERENCIAS SOBRE JEREMY WALDRON Y LA REVISIÓN CONSTITUCIONAL POR LOS TRIBUNALES

Desde el punto de vista jurídico, las criticas mejor articuladas contra el control de constitucionalidad y en general contra los Tribunales Constitucionales provienen del Populismo Constitucional y en especial de uno de sus miembros: Jeremy Waldron, cuyos esfuerzos por reconstruir la relación entre pueblo y Constitución son notables. Jeremy Waldron ha formulado uno de los ataques más difundidos contra la revisión judicial de las leyes, argumentado que la revisión judicial es inconsistente con la importancia que las democracias conceden a la participación política y a la igualdad. Dos afirmaciones son esenciales para el argumento de Waldron. La primera, que es imposible saber si para proteger los derechos lo mejor es la adopción de la revisión judicial o no, porque la evidencia al respecto no es concluyente en sus resultados. La segunda, que si se quiere decidir quién debería tener la decisión final cuando las personas no están de acuerdo sobre los derechos en una sociedad determinada, las legislaturas son abrumadoramente superiores a los tribunales desde una perspectiva procesal. Según Waldron, las legislaturas son más legítimas, igualitarias y participativas que las cortes, y encarnan derechos y valores democráticos cruciales en una medida que es imposible para las segundas, por muy bien intencionados, sabios y perspicaces que sean sus miembros, ello escencialmente por una cuestión de legitimidad democrática. Algunos doctrinantes han resumido la tesis así: siempre que en una sociedad funcionen adecuadamente las instituciones democráticas y los ciudadanos tomen en serio sus derechos, no habrá ninguna razón concluyente que permita colegir que los derechos serán mejor protegidos por los jueces que por el legislador. Ni siquiera las experiencias destacables o los buenos resultados del control de constitucionalidad durante un periodo concreto pueden ocultar que la intervención judicial es democráticamente ilegítima. (Revista Derecho del Estado n.° 44, septiembre-diciembre de 2019).

El pensamiento de Waldron en esta materia, se inspira en posturas esgrimidas por Alexander Bickel, quien en 1962 planteó la cuestión del carácter antidemocrático de la "dificultad contramayoritaria" o la "objeción contramayoritaria", especialmente cuando la corte realiza la revisión judicial de constitucionalidad[1]. A partir de la obra de Bickel, comienza un marcado auge en el estudio del argu-

---

1 Bickel A., 1962. *The Least Dangerous Branch: The Supreme Court at the Bar of Politics*, 2ª ed., Bobbs-Merril Co., Indianápolis, pp.16-17.

mento contramayoritario donde numerosas posturas y argumentos se han expuesto en dicho sentido, siendo la teoría de Waldron quizás la más profunda.

III. SENTENCIAS DE CONSTITUCIONALIDAD

Siguiendo con la exploración propuesta comenzaremos a analizar las citas a Waldron en sentencias de inconstitucionalidad emitidas por la Corte Constitucional conforme las referencias efectuadas precedentemente y en donde se respetará la cronología en función de las fechas en que fueron emitidas.

1. SENTENCIA C-283 DE 2011

En esta sentencia dictada el 13 de abril del 2011 se abordó la demanda de constitucionalidad contra los artículos 1045; 1054; 1226; 1230; 1231; 1232; 1234; 1235; 1236; 1237; 1238; 1243; 1248; 1249; 1251 y 1278 del Código Civil Colombiano, tras considerar que las expresiones "porción conyugal", "cónyuge" y "viudo o viuda" contenidas en dichos artículos eran contrarias al preámbulo de la Constitución Política y a sus artículos 1; 2; 5; 13; 16; 18 y 42. El argumento central indicaba que las normas demandadas establecían un beneficio exclusivo para quienes tenían la calidad de conyugues, excluyendo a los compañeros permanentes y a las parejas del mismo sexo, quienes igualmente constituyen familia, desarrollan proyectos de vidas estables y continuos, y como tal, tienen derecho a que la legislación civil también les extienda una forma de protección igual a los primeros. Interesa aquí establecer el aporte de las citas de Jeremy Waldron a dicho fallo.

El Magistrado Jorge Ignacio Pretelt Chaljub al abordar como ponente la cuestión de constitucionalidad planteada en el párrafo 3.7 de la sentencia, alude a la importancia de "*insistir en que la decisión de reconocer esos derechos a las parejas del mismo sexo no debería ser labor del juez constitu-*

cional, por que el escenario natural y propicio para ese efecto es el Congreso de la República, en donde hay un sustrato de representación democrática, y pues allí tienen asiento los distintos grupos que conformas nuestra sociedad, elegidos por la voluntad popular y que permite deliberación amplia y prolija sobre un asunto tan trascendental como el de los derechos de las parejas del mismo sexo, representación democrática que presenta un déficit tratándose de esta corporación porque si bien sus miembros son electos por el senado de la república de sendas ternas que conforman el Presidente de la República, el Concejo de Estado y la Corte Suprema de Justicia, no puede compararse con el que tiene el Congreso de la República ni mucho menos con su función deliberativa".

Para reforzar dicha línea argumentativa, el Magistrado apela a **una cita indirecta de** Jeremy Waldron que efectúa el profesor español Víctor Ferreres Comellas que reza así: "*cuando la comunidad política está dividida acerca de cuáles son los derechos morales de los que son titulares los individuos, como hay que interpretarlos, y como deben conciliarse sus exigencias contrapuestas, es inevitable que esa comunidad recurra a algún procedimiento para zanjar los efectos de esa controversia. El procedimiento más recomendable desde el punto de vista de una teoría liberal que propugne los valores de la autonomía y la igualdad de las personas, es el procedimiento democrático, en cabeza del parlamento. Un procedimiento en el que todos los ciudadanos participan con su voz y con su voto, bien directamente, bien a través de representantes, y en el que se decide por mayoría*"[2].

De la cita efectuada, se advierte una acertada correspondencia con los postulados de Waldron, quien considera en forma global, que los desacuerdos referidos a las diferentes opiniones que se vuelcan sobre elementos del bien común y la justicia, deben ser resueltos por todas las personas afectadas por un determinado problema. Ellas tienen derecho a opinar sobre su solución sugiriendo para ello la búsqueda de un procedimiento que de algún modo pueda evaluar las distintas opiniones individuales respecto a los temas debatidos; afirma el autor de modo categórico, que un procedimiento de toma

2 Ferreres Comella V. (2007) citando a Jeremy Waldron en *Justicia Constitucional y Democracia*. 2° edición, Centro de Estudios Constitucionales. Madrid, p. 175.

de decisiones respetuoso será aquel que, en la medida de la factibilidad, acuerde la posibilidad de escuchar la opinión de todos para ser tenida en cuenta. Entiende que cuando existen desacuerdos en las circunstancias políticas, la decisión mayoritaria es el único procedimiento de toma de decisiones consistente o que parte de un criterio de igualdad entre todos[3]. Concluimos respecto a esta sentencia que existe coherencia entre el argumento dado para el caso por el Magistrado y la idea sustentada por Jeremy Waldron en sus obras.

2. SENTENCIA C-238 DE 2012

La sentencia de la referencia, fue dictada el 22 de marzo del 2012 por la Sala Plena de la Corte Constitucional en el marco de la acción pública de inconstitucionalidad instaurada por el ciudadano Juan Carlos Marín Quinceno quien demandó la expresión "cónyuge" contenida en los artículos 1040, 1046, 1047 y 1233. El demandante estimó que la expresión contravenía lo dispuesto por los artículos 1, 2, 5, 13, 42, y 85 de la Constitución Política, al privar de derechos esenciales a las personas que conforman una familia surgida de una unión marital de hecho, incluida las parejas del mismo sexo, por ser contrario a la dignidad humana, a la solidaridad, a la prevalencia del interés general y a la igualdad, todos principios protegidos por el texto constitucional.

Nuevamente el Magistrado Jorge Ignacio Pretelt Chaljub es quien acude a citas de Jeremy Waldron. En su aclaración de voto vuelve a reiterar argumentos expuestos en la ya comentada sentencia C-283 del 2011 respecto a que la cuestión planteada deb**ía** ser puesta en cabeza de la función legislativa y exenta de la labor del juez constitucional, porque es en el Congreso donde la República encuentra una real representación democrática, dada la legitimidad

---

3 Waldron J. (2005). *Derechos y desacuerdos.* Trad. Martí y Quiroga. 1° edición, Marcial Pons, Madrid, p. 403-408.

de los representantes elegidos directamente por la ciudadanía. En definitiva, reproduce la misma cita que en el caso resuelto en 2011, por lo que son válidas todas las consideraciones previamente efectuadas al analizar el mismo.

3. SENTENCIA C-754 DE 2015

El 10 de diciembre del 2015 la Sala Plena de la Corte Constitucional emitió sentencia dentro de la demanda de inconstitucionalidad promovida por Erika Rodríguez Gómez y otros, contra la expresión "facultad" del artículo 23 de la ley 1729 del 2014 *"Por la cual se modifican algunos artículos de las leyes 599 de 2000, 906 de 2004 y se adoptan medidas para garantizar el acceso a la justicia de las víctimas de violencia sexual, en especial la violencia sexual con ocasión de conflicto armado, y se dictan otras disposiciones"*. En esta sentencia, los demandantes consideran que las modificaciones parlamentarias contribuyeron a discriminar facetas vinculadas a la atención integral y gratuita en la salud de los colectivos antes mencionados, y no respetaron los principios de progresividad y no retroactividad al restringir el acceso a las prestaciones sanitarias, generando cuadros de discriminación al derecho a la salud, y desconociendo que el Estado debe eliminar todo estereotipo de género.

Respecto a la cita de Jeremy Waldron, nuevamente vuelve a ser el Magistrado Jorge Ignacio Pretelt Chaljub quien en un salvamento a la decisión mayoritaria sustentada en la ponencia de la Magistrada Gloria Stella Ortiz Delgado considera que la Corte Constitucional debió declararse inhibida para decidir, puesto que la demanda en ningún momento explicó la razón por la cual no hacer obligatorio un protocolo vulneraba el derecho a la igualdad, considerando así que no se expuso el concepto de violación. Al igual que en los casos C-283 de 2011 y C-238 de 2012, reafirma que el escenario natural y propicio para la opinión deliberativa será siempre el Congreso de la República, dado el sustrato de representación democrática donde se encuentran asentados los distintos grupos que conforman la sociedad. Citando también a Carlos Santiago Nino recuerda que, en la sociedad, la única forma de lograr consensos aceptables es la discusión pública que se lleva en el parlamento con la deliberación colectiva en la toma de decisiones de todos los afectados con la regla de las mayorías. Refuerza su aserto volviendo a traer conceptos de Jeremy Waldron citados por Víctor Ferreres Comella en la obra ya referenciada, en lo relativo a que cuando la comunidad política está dividida acerca de cuáles son los derechos, y de cuáles son titulares los individuos, cómo hay que interpretarlos y cómo hay que conciliar las exigencias contrapuestas, es insoslayable recurrir a algún procedimiento para zanjar los efectos prácticos de dicha controversia y ese debe ser el procedimiento democrático por parte del parlamento.

En cierto modo vuelve a apreciarse correlación entre el argumento motivacional del magistrado ponente del salvamento con la teoría de Waldron en que, aduciendo las cuestiones procedimentales, centra su preocupación en encontrar mecanismos que garanticen la participación igualitaria como esencia para resolver los desacuerdos en circunstancias políticas y en donde el autor neozelandés considera que el control judicial no es de los mejores en cuanto a su eficiencia práctica. En definitiva, como ya se ha expuesto, para Waldron, el parlamento tiene, en una mayor escala, inalcanzable para una corte, la capacidad de recoger informaciones, obtener evaluaciones técnicas de todos los puntos de vista, considerar la multiplicidad de intereses que se involucran en un caso, equilibrar estos intereses, hacer concesiones y proponer compromisos.[4]

4. SENTENCIA C-630 DE 2017

Esta sentencia es emitida como consecuencia del estudio constitucional del Acto Legislativo 02 de 2017, en el cual el parlamento adicionó un artículo transitorio a la Constitución de 1991 con el propósito de dar estabilidad y seguridad jurídica al Acuerdo final de Paz. Fue dictada el 11 de octubre de 2017 por la Sala Plena de

---

4 Revista de Estudos Constitucionais, Hermenêutica e Teoria do Direito (RECHTD) 12(3):439-460, setembro-dezembro 2020. Unisinos–doi: 10.4013/rechtd.2020.123.08

la Corte Constitucional en el marco del Procedimiento Legislativo para la Paz Consagrado a su vez en el Acto Legislativo 01 del 2016. Se trataba de una vía rápida, especial, excepcional y transitoria a fin de cumplir con los principios de celeridad, eficacia y eficiencia legislativa y con el propósito de afianzar y garantizar la implementación oportuna del Acuerdo Final. Acuerdo cuyo propósito constitucional era hacer efectivo el derecho a la paz mediante la reducción de los términos para la expedición de leyes y actos legislativos, que solo podrían utilizarse para desarrollar lo pactado en dicho Acuerdo Final. Para poder ser incorporados como cláusula transitoria fue necesario un acto complejo con la participación del parlamento y quien dictaba el Acto Legislativo con la insoslayable homologación por parte de la Corte Constitucional siendo expresado el marco en el cual se dictó la presente sentencia.

La cita a Waldron se encuentra en la aclaración de voto del Magistrado Alejandro Linares Cantillo en la que expresa que la Corte reafirmó la jurisprudencia sobre el alcance de su competencia para revisar reformas constitucionales a la luz del numeral 1 del artículo 2 de la Constitución Colombiana que establece la limitación de la Corte Constitucional a la revisión de los actos reformatorios de la Constitución "solo por vicios de forma", habilitándola para juzgar el trámite por el que se consumó el acto y la competencia del órgano que la aprobó. Aludió a Waldron respecto a opiniones vertidas por éste en su visita a la Sala Plena de la Corte Constitucional de Colombia realizada el 4 de agosto del 2017 en donde el jurista neozelandés abogó por la necesidad de evitar decisiones divididas como una manera de recuperar la visibilidad política y la tolerancia, de modo que en la toma de decisiones lo ideal "*sería evitar disputas al 'borde del precipicio', donde las decisiones alcanzadas con una mayoría mínima en el legislativo son igualmente respaldadas o desestimadas por una mayoría exigua de la corte*".

El Magistrado Linares Cantillo contextualiza la cita en lo que constituye su argumento contenido en el párrafo 13 de su aclaración de voto, en donde sostiene que el control en ese tipo de asuntos exige un cuidadoso ejercicio por parte de la Corte constitucional que actúa como una especie de *tercera* ***cámara legislativa***; añadió que debido a la excepcionalidad y exigencia de los temas tratados, las decisiones que se adopten deben serlo con el mayor consenso posible, ya que dicho proceder aumenta la calidad de la deliberación dentro de la Sala Plena para alcanzar decisiones balanceadas que excluyan extremos ideológicos. En la conferencia aludida y brindada unos pocos meses atrás a la fecha en la que se emitió la sentencia en análisis, Waldron, sostuvo que su oposición está dirigida a la revisión judicial de la legislación, no a la revisión judicial de la acción ejecutiva, que es parte integral del estado de derecho. Y particularmente, criticó lo que se conoce como revisión judicial fuerte de la legislación, es decir, cuando los jueces tienen, al menos, una de las siguientes tres competencias: dejar de aplicar una ley claramente aplicable a un caso concreto, modificar la interpretación de una ley para hacerla compatible con una determinada interpretación de las disposiciones constitucionales que establecen los derechos fundamentales o expulsar una ley del ordenamiento jurídico. Por el contrario, los modelos débiles son aquellos diseños institucionales en los cuales los jueces no tienen ninguna de las anteriores competencias y sus decisiones sobre la incompatibilidad de una ley con la Constitución –tal como sucede en el Reino Unido o Nueva Zelanda– se limitan a señalar esa contradicción normativa como una opinión no vinculante (declaración de incompatibilidad o mandato interpretativo) que la judicatura ofrece al legislador, al Gobierno y al conjunto de la sociedad.

En Colombia Waldron aclaró que no es partidario de utilizar el término “dificultad contramayoritaria” por considerar que las cortes no son mayoritarias, sino que utilizan el método para tomar sus decisiones. En definitiva, la cita realizada por el magistrado Linares Cantillo guarda coherencia con el genuino pensamiento de Waldron y ha sido adecuada en función del tipo de contenido de la sentencia dictada sin perjuicio de la posición solitaria del magistrado mencionado.

IV. SENTENCIAS DE UNIFICACIÓN

1. SENTENCIA SU-617 DE 2014

Esta sentencia dictada el 28 de agosto del 2014 llega al conocimiento de la Sala Plena de la Corte Constitucional en el marco de un trámite de revisión de fallos expedidos por el juzgado penal 1° del circuito con funciones de conocimiento de Rionegro (Antioquia), y por la Sala de Decisión Penal del Tribunal del Distrito Judicial de Antioquia ante el planteo de dos mujeres que solicitaron la autorización para la declaración judicial del vínculo filial entre una menor hija biológica de una de ellas, por tener esta la calidad de compañera permanente de la madre biológica de la menor. La Corte justifica tratar la tutela en el marco de sentencia de unificación porque considera que el amparo envuelve problemas de índole constitucional, relacionados con la definición del contenido y alcance de una amplia gama de derechos fundamentales de distinta naturaleza.

En el marco antes indicado la cita al autor neozelandés es efectuada en el salvamento de voto en concurrencia de los magistrados Gabriel Mendoza Martelo, Jorge Ignacio Pretelt Chaljub, y Martha Victoria Sáchica Méndez que se aparta del voto de la mayoría al no compartir ni la fundamentación ni la conclusión de concederse la tutela solicitada por las peticionantes. Consideraron conveniente destacar la necesidad de que los Jueces Constitucionales entiendan los límites que deben observar en el ejercicio de su control judicial, en especial, cuando se trata del respeto de la división de poderes y el sistema de pesos y contrapesos derivado de los principios que encarna la Democracia. En ese sentido, sostuvo el salvamento, la Corte ha debido actuar en el marco del *structural Self-restraint*[5] (autocontrol orgánico), despojándose de todo afán de protagonismo

---

5 Ver POSNER, Richard A. "The Meaning of Judicial Self-Restraint". Indiana Law Journal, Vol. 59, No. 1. 1983.

mediático y en su lugar, buscar conservar la voluntad del legislador en lo que se ha denominado la "objeción democrática", que tiene como fundamento la dignidad de la ley y la necesidad de que el constitucionalismo en el mundo moderno, reafirme y dé seguridad a la autoridad que emana de la soberanía popular.

En la parte final del salvamento mencionado al invocar la objeción democrática de la soberanía popular, los miembros disidentes de la Corte Constitucional en esta sentencia señalan acertadamente a Jeremy Waldron en dos artículos: uno publicado por la universidad de Cambridge en 1999 que se tituló *Constitutionalism: A Skeptical view*, y en otro trabajo divulgado por la Universidad de New York en 2012 llamado *the dignity legislations* donde el autor justamente plantea su tesis de la objeción democrática e instala el fundamento de la dignidad de la ley señalando la necesidad de que los tribunales no traicionen lo que consideran que emana de la soberanía popular. En esa línea, el salvamento compatibiliza también con la hermenéutica interpretativa conocida en la doctrina estadounidense como la *judicial self restraint* por parte de tribunales que realizan interpretación constitucional y donde quizás uno de los máximes insignes de estas prácticas interpretativas haya sido el juez asociado de la Corte de Estados Unidos Felix Frankfurter, quien siempre resaltó en sus decisiones que la mejor forma de defender la constitucionalidad y los derechos desde la función decisoria es a través de la moderación judicial evitando que la corte interferiera en la prerrogativa legislativa de aprobar las leyes, pues los jueces jamás deben inyectar sus opiniones personales en la constitución. (Ver los casos Minersville School District v. Gobitis (1940); Jones v. City of Opelika (1942) y Beauharnais v. Illinois (1952) entre otros).

V. SENTENCIA SU-2014 DEL 2016

En esta sentencia de unificación de 28 de abril del 2016, la Sala Plena de la Corte Constitucional se refirió a distintas acciones formuladas respecto a la constitucionalidad del matrimonio de personas del mismo sexo sin perjuicio de los consagrado en el artículo 42 de la Constitución Política Colombiana. Los peticionarios de las tutelas solicitaron la revisión de sentencias dictadas por los juzgados civiles de circuito del Valle de Cauca como del Tribunal Superior del distrito Judicial de Bogotá DC, del Consejo Seccional de la Legislatura de Bogotá DC, del Juzgado Civil Distrito Judicial de Bogotá DC y del Tribunal Superior de Maizales Sala Civil, al no haber sido autorizados sus matrimonios civiles por considerar que el Congreso de la República no había legislado sobre la materia. En el caso, la Sala Plena de la Corte Constitucional en su voto mayoritario resolvió reconocer y amparar el matrimonio civil de parejas del mismo sexo en Colombia. Postura que implicó que algunos de sus magistrados formularan salvamento a dicha decisión siendo ellos, Jorge Ignacio Pretelt Chaljub y Gabriel Eduardo Mendoza Martelo.

El salvamento de Pretelt Chaljub es el que contiene una marcada cita del pensamiento de Jeremy Waldron. Para formular la incidencia y distancia respecto al voto mayoritario, sostiene que la Corte Constitucional ha traicionado tanto al constituyente, vulnerando el artículo 42 de la Carta Fundamental, como al principio democrático, convirtiéndose en un legislador ante la impotente mirada de millones de ciudadanos que diariamente se preguntan qué derechos tienen nueve personas para cambiar su futuro acercándose peligrosamente al sistema judicial autoritario, característica del despotismo ilustrado del siglo XVIII.

Afirma también, que el desconocimiento de la voluntad de las mayorías con el pretexto de que estas quieren vulnerar derechos de las minorías, no es más que la consagración moderna del "todo para el pueblo, pero sin el pueblo" que se utilizó para frenar el avance de la democracia en Europa y que ahora se disfraza de teorías constitucionalistas. En dicho contexto, argumenta sobre una falta de observancia del principio de separación de poderes por parte del poder constituido, de claros mandatos establecidos por el constituyente, pues todo reconocimiento de derechos de parejas del mismo sexo debe ser mediante reformas legislativas de conformidad al orden constitucional. Deja un fuerte mensaje especialmente en el considerando párrafo 2 punto 1 al señalar que se está reemplazando la voluntad de millones de personas por la de un grupo de magistrados que se han convertido en supra legisladores que buscan tergiversar el sentido de la democracia, para justificar la imposición de sus intereses, y no permiten que los temas trascendentales de la sociedad sean debatidos por el Congreso de la República optando por reformas exprés de la Carta Fundamental mediante sentencias.

En el considerando 2 punto 7 con cita expresa a Jeremy Waldron señala que *"la comunidad política está dividida acerca de cuáles son los derechos a que son titulares los individuos, como hay que interpretarlos y como deben conciliarles sus exigencias contrapuestas, es inevitable que esa comunidad recurra a un procedimiento para zanjar los efectos prácticos de esa controversia. El procedimiento más recomendable desde el punto de vista liberal que propugne los derechos de la autonomía de la persona es el procedimiento democrático en cabeza del parlamento. Un procedimiento en el que todos los ciudadanos participan con su voz y con su voto, bien directamente, bien a través de representantes, y en el que se decide por mayoría*". Por último recordó que la Corte Constitucional en la Sentencia C-577 del 2011 reconoció que existió un déficit de protección sobre este colectivo para su resguardo, pero con una postura diferente, que fue la de reconocer las bondades de regulación a través de la ley emitiendo una sentencia de tipo exhortativa al congreso, sin desconocer el principio de separación de poderes y la función propia de la rama, postura distinta a la asumida por la mayoría de la Corte en la sentencia cuyo salvamento el magistrado propicia con su voto.

Nuevamente, el uso de las citas de Jeremy Waldron por el magistrado Pretelt Chaljub guarda coherencia con la línea argumental como en el caso se sirve para justificar su salvamento en la sentencia de unificación analizada desde esta perspectiva. El magistrado busca desde su disidencia proyectar tanto hacia sus pares, como a la sociedad colombiana, la problemática de la falta de autocontrol de una hermenéutica no positivista en la interpretación que puede afectar el orden democrático de la división de poderes y llevar a lo que Waldron llamó en una de sus obras "el gobierno de los jueces". También su salvamento se enrola en lo que Waldron diseña conceptualmente respecto a la soberanía popular, término al que muchas veces, según el autor, recurren los constitucionalistas sin demora cuando necesitan otorgar credenciales a las restricciones constitucionales que superen las que establecen los actos legislativos que se suponen deben invalidar.[6]

VI. A MODO DE CONCLUSIÓN

En el recorrido efectuado de las sentencias analizadas en donde se encuentran citas de las opiniones y pensamientos del profesor Jeremy Waldron sobre el control de constitucionalidad podemos concluir que estas siempre han sido expuestas en el marco de opiniones personales de magistrados que integraron la Corte Constitucional de Colombia. El legislativo democrático, es para Waldron, la institución que refleja la pluralidad de la sociedad discordante y que permite el intercambio racional de argumentos a través de un procedimiento que busca una mejor solución para problemas comunes. Por eso, el valor político que se asocia de forma más natural con el parlamento y con la autoridad de la legislación, como derecho positivo, es la legitimidad democrática. Así, además de ser titular de la autoridad teórica, la legislación es la que posee legitimidad, porque parte del resultado de un proceso democrático, en un ambiente de desacuerdos. En ese marco advertimos que Jeremy Waldron por lo general en las sentencias de la Corte Constitucional es incorporado en opiniones disidentes por algunos de los jueces que se identifican con sus postulados dentro de la teoría que él mismo da a llamar *"objeción democrática"* que busca interpelar los procedimientos del "*control de constitucionalidad fuerte*" en el entendimiento de que esta práctica no respeta las decisiones de la soberanía popular.

Bibliografía

Bickel A., 1962. *The Least Dangerous Branch: The Supreme Court at the Bar of Politics*, 2ª ed., Bobbs-Merrill Co., Indianápolis.

Ferreres Comella V. (2007) en *Justicia Constitucional y Democracia*. 2° edición, Centro de Estudios Constitucionales. Madrid.

6 Op cit. Waldron J. *Contra el gobierno de los jueces*. p. 43-44

Gardbaum S., (2013) The New Commonwealth model of constitutionalism: Theory and practice. Cambridge, Cambridge University Press.

Posner R. (1983). *The Meaning of Judicial Self-Restraint*. Indiana Law Journal, Vol. 59, No. 1.

Sager L. 2007. *Juez y democracia. Una teoría de la práctica constitucional norteamericana*. Primera edición en castellano, estudio introductorio de Víctor Ferreres Comella, Marcial Pons, Madrid.

Waldron J. (2005). *Derechos y desacuerdos.* Trad. Martí y Quiroga. 1° edición, Marcial Pons, Madrid.

Waldron J. (2017). *Control de constitucionalidad y legitimidad política*. Traducido al castellano por Vicente Benitez, por Santiago García J. publicado en la revista Dikaion de la Universidad de la Sabana Colombia, disponible en https://dikaion.unisabana.edu.co/index.php/dikaion/article/view/9023/4777 último ingreso 25/01/2023.

Waldron, J. (1999). *The Dignity of Legislation*. Cambridge University Press.

Waldron, J. (2018). *Contra el gobierno de los jueces. Ventajas y desventajas de tomar decisiones por mayoría en el congreso y en los tribunales.* 1ª edición. Trad. García Jaramillo, Gaxiola y Virgüez Ruiz. Siglo XXI Editores, Buenos Aires.

Autores

Datos de Martha Cecilia Paz (Editora)

La Doctora Martha Cecilia Paz ha sido Magistrada Auxiliar de la Corte Constitucional Colombiana y docente en la Universidad del Rosario en el área de interpretación constitucional. Es egresada del programa P.I. L. de la Universidad de Harvard (Boston,Mass.); con estudios de Maestría en Filosofía de la Universidad Javeriana de Bogotá; Especialista en Gestión Pública de la Universidad de los Andes (Col.); Master en Derechos Fundamentales de la Universidad Carlos III de Madrid (España); Especializada en Derecho Americano de la Universidad de la Florida (USA); Diplomada en Argumentación Constitucional con Perspectiva de Género del Instituto Flacso de México; Especialista en Justicia Constitucional de la Universidad de Pisa (It.) ; Diplomada en Diritto Comparato de la Universidad de Bologna (It.) y Diplomada por el Instituto de Derechos Humanos de Cataluña. Autora de obras y artículos en materia de derecho constitucional y promotora en Colombia de la praxis comparada in situ habiendo hecho estancias académicas en la Universidad de Siena (It.) y estancias judiciales en la Corte Suprema de Justicia Argentina, en la Suprema Corte de México, en el Tribunal Constitucional Español, en la Corte IDH y en el Tribunal Europeo de Derechos Humanos en Estrasburgo. Miembro correspondiente de la Academia Colombiana de Jurisprudencia y de la Academia de Historia de Cartagena. Marpaz5corte@gmail.com

Datos de Francisca Pou Giménez (Prologuista)

Investigadora del Instituto de Investigaciones Jurídicas de la UNAM e integrante del Sistema Nacional de Investigadores (Nivel III). Maestra y doctora en derecho por la Universidad de Yale (EEUU) y licenciada en derecho por la Universidad Pompeu Fabra (España), donde recibió también la Suficiencia Investigadora en el marco del Doctorado en Derecho Público. Ha sido profesora visitante en universidades de

Colombia, Argentina, Bolivia, Italia, Canadá y Bielorrusia, y profesora en el ITAM (2011-2021). Su trabajo académico se centra en el estudio del poder judicial (control de constitucionalidad, diseño institucional, comunicación judicial), las dinámicas constitucionales comparadas (cambio constitucional, constitucionalismo latinoamericano y mexicano, constitucionalismo y género) y los derechos fundamentales. En este último ámbito ha abordado, entre otros, temas de derecho antidiscriminatorio, proporcionalidad, derechos sexuales y reproductivos, derechos sociales, derechos lingüísticos, protección multinivel de derechos y derecho de amparo. Es integrante de redes académicas como la Red Alas, la American Society of Comparative Law, la International Society of Public Law o el Seminario en Latinoamérica de Teoría Constitucional y Política (SELA). Ha sido Fellow of Constitutional Studies de la Universidad de Texas en Austin (2021) y Fellow del Centro de Derecho Público de la Universidad de Ottawa (2022-2023). Fue directora de la revista Isonomía y actualmente integra los comités editoriales o asesores de varias publicaciones académicas.

Beatriz Salamanca

Recibió su doctorado en Estudios Hispanos y Latinoamericanos en University College London en el 2019, y es profesora en la Universidad Javeriana Cali, donde imparte cursos sobre Derechos Humanos, Historia y Filosofía del Derecho, e Historia del Pensamiento Político. Su investigación actual analiza la interacción de huéspedes y anfitriones en el mundo hispano moderno, rastreando su impacto sobre ideas de género, poder y filantropía. Recibió un Summer Fellowship en el Institute of Humane Studies de George Mason University en el 2019, y una beca de investigación en el Madrid Institute for Advanced Study en el 2021.

Aquiles Arrieta

Es abogado y filósofo de la Universidad de Los Andes. Su experiencia profesional ha transcurrido entre la docencia y la jurisprudencia. Trabajó en la Corte Constitucional por más de dos décadas para varios magistrados y magistradas, en donde se desempeñó como Magistrado Auxiliar y también como Magistrado encargado (2016-2017). Ha sido profesor universitario en pregrado, especializaciones y maestrías en diversas universidades del país a lo largo de su vida. Fue investigador visitante del centro de estudios latinoamericanos de la Universidad de Oxford en 2015. Ha sido autor de varios artículos académicos en áreas de derecho constitucional, derechos sociales y políticas públicas, en especial sobre el derecho a la salud. También se ha desempeñado como consultor. Actualmente continúa con sus labores docentes y se desempeña como Defensor delegado para asuntos constitucionales y legales de la Defensoría del Pueblo.

Ronald Zuleyman

Rico Sandoval. Abogado javeriano, especialista en Derecho Constitucional de la Universidad del Rosario, Magíster en Derecho por la Universidad Sergio Arboleda, Magíster en Filosofía de la Pontificia Universidad Javeriana y Doctor en Filosofía de la misma universidad. Docente en pregrado y postgrado en el área de derecho procesal y probatorio. Ha publicado en revistas nacionales e internacional artículos sobre Platón, Walter Benjamin, René Girard y John Rawls cuyas referencias se pueden consultar en https://orcid.org/0000-0003-0747-9846. Miembro del Grupo de Investigación "Pensamiento Crítico y Subjetividad" de la Facultad de Filosofía de la Pontificia Universidad Javeriana.

Alberto Bejarano

Escritor y Filósofo. Doctor en filosofía de la Universidad París 8.

Docente–Investigador del Instituto Caro y Cuervo. Actualmente dirige la línea de investigación en literatura comparada. Discípulo del Profesor Giorgio Agamben en la Universidad Paris 8.

María Camila Velásquez

Literata de la Universidad Javeriana. Asistente de investigación.

Liliana Ortiz Bolaños

Doctora en Derecho. Universidad Externado de Colombia. Postdoctorada Universitá di Roma, Sapienza. Docente de Filosofía del Derecho y Teoría del Derecho; docente investigadora de la Pontificia Universidad Javeriana, Cali. Miembro del grupo de investigación "Grupo de investigación Sociedad, Estado, Instituciones y derecho (SEID). Es autora de innumerables artículos sobre hermenéutica y filosofía del derecho, dentro de los que se destaca "El concepto de verdad en Gadamer y Brandom: presupuestos para la construcción de teorías en la ciencia del Derecho. Revista de Estudos Constitucionais, Hermenêutica e Teoria do Direito (RECHTD)

Ana María Charry Gaitán

Consejera de Estado. Sala de Consulta y Servicio Civil. Consejo de Estado. (Colombia) Abogada de la Universidad Nacional de Colombia, con estudios en Filosofía y Letras de la Universidad del Rosario. Profesora de la Universidad Nacional de Colombia. Asesora Vicepresidencia de la República. Asesora de Naciones Unidas. Magistrada Auxiliar de la Corte Constitucional. Conferencista nacional e internacional. Especialista en Justicia Constitucional de la Universidad Carlos III de Madrid. Doctora en Derecho en el área de Filosofía del Derecho y Derecho Constitucional de la Universidad 'Christian-Albrechts' de Kiel – Alemania. Doctorada con el Profesor Robert Alexy.

María Claudia Quimbayo Duarte

Magistrada Auxiliar. Consejo de Estado. (Colombia). Abogada y Magíster en Derecho de la Universidad Nacional de Colombia. Máster en Argumentación Jurídica de la Universidad de Alicante. Doctora en Derecho en el área de Filosofía del Derecho y Derecho Constitucional de la Universidad 'Christian-Albrechts' de Kiel – Alemania. Doctorada con el Profesor Robert Alexy.

Aurelio de Prada García

Doctor en Derecho por la UCM. Doctor en Filosofía por la UVA. Profesor Titular de Filosofía del Derecho, Universidad Rey Juan Carlos, Madrid, España. Autor de innumerables artículos sobre Sócrates: entre otros, Tomando a Sócrates en serio: De la ciudadanía antigua a la ciudadanía glocal. Aurelio de Prada García Anales de la Cátedra Francisco Suárez, ISSN 0008-7750, Nº 54, 2020.; Los prejuicios no percibidos y el caso Sócrates: un ejemplo paradigmático. .Aurelio de Prada García Cuadernos electrónicos de filosofía del derecho, ISSN-e 1138-9877, Nº. 45, 2021 (Ejemplar Diciembre 2021),

Mario Roberto Solarte

Doctor en Filosofía por la Pontificia Universidad Javeriana, Estudios de Maestría en Teología, Pontificia Universidad Javeriana. Áreas de trabajo: Filosofía social con énfasis en a) Los problemas de orden y desorden sociales, en particular en relación con la violencia y la economía. b) Hegel, Girard, Levinas, Benjamin, Pregrado, Universidad Javeriana Filosofía. Tesis de grado. El concepto de voluntad en la Introducción a la Filosofía del Derecho de Hegel.

Camila Herrera Pardo

Abogada de la Universidad de la Sabana, Doctora en Derecho de la Universidad de Navarra (España). Profesora de Filosofía del Derecho, teoría del derecho y sociología jurídica en la Universidad de La Sabana. Magister en Teología de la Universidad de la Sabana (2022). Artículos destacados: *Aproximación a los fundamentos científicos y filosóficos del iusnaturalismo realista de Javier Hervada.* EUNSA, 2014; *La dimensión jurídica de la Ley Natural y su lugar en el orden normativo vigente. Consideraciones desde el realismo jurídico.* Díkaion 22(17), 29-48, 2008; *Sobre los desafíos de la filosofía del derecho en la era del poder.* Persona & Derecho 80, 307, 2019.

Pablo Martínez Becerra

Docente Facultad de Humanidades Universidad de Playa Ancha. Valparaíso (Chile). Doctor en filosofía, moral y política por la Universidad de Valencia, España. Licenciado en filosofía Universidad Catolica de Valparaíso (Chile). Investigador de la obra de Martha Nussbaum. https://orcid.org/0000-0002-2866-6694. MARTINEZ BECERRA, Pablo. **El «enfoque de las capacidades» de Martha Nussbaum frente el problema de la ética animal.** *Veritas* [online]. 2015, n.33, pp.71-87. ISSN 0718-9273. http://dx.doi.org/10.4067/S0718-92732015000200004.

Iván Leonardo Martínez Pinilla

Profesor en Argumentación Constitucional, Derechos Humanos y Derecho Internacional de la Pontificia Universidad Javeriana de Cali, Colombia. PhD en Derecho Público (Tor Vergata University of Rome), Magister en Protección Internacional de Derechos Humanos (Sapienza University of Rome) y Magister en Gestión de la Construcción de paz (Instituto especializado Europa 2010, Roma). Investigador del grupo Instituciones Jurídicas y Desarrollo IJUD. Miembro del grupo de investigación "Grupo de investigación Sociedad, Estado, Instituciones y derecho (SEID).

Antonio María La Porta

Profesor Investigador *"Archivio Norberto Bobbio"* del Centro Studi Piero Gobetti (Turín, Italia); Docente en Filosofía del Derecho, Departamento de Ciencias Jurídicas Internacionales, Históricas y Filosofía del Derecho, Universidad de Córdoba (España).

Eduardo J. R. Llugdar

Juez del Excmo. Superior Tribunal de Justicia de la provincia de Santiago del Estero, Argentina. Egresado como Abogado en la Universidad Católica de Santiago del Estero siendo además Certificado en Altos Estudios en Justicia Restaurativa y Justicia Juvenil por la Universidad de Ginebra, Suiza; es Magister en Derecho Judicial y de la Magistratura por la Universidad Austral de Buenos Aires. Es profesor de pregrado y posgrado en distintas universidades Latinoamericanas en Filosofía del Derecho, Derecho Constitucional y Derechos Humanos.

María Lourdes Santos Pérez

Doctora por la Universidad de Salamanca (España) con la tesis "La Filosofía Política de Ronald Dworkin y la relación con su teoría del derecho". Profesora de Interpretación y Argumentación Jurídica en la Facultad de Derecho de la Universidad de Salamanca. Profesora de Metodología Jurídica en la misma Institución. Fue investigadora de la Universidad de Nueva York, bajo la tutela del Profesor Ronald Dworkin.

Juliana Tumini

Doctora en Derecho. Docente e Investigadora de la Facultad de Derecho (Universidad Nacional de Mar de Plata, Argentina), Codirectora del Centro de Investigación Carlos Nino y CIDDH Alicia Moreau de la misma casa de estudios.

Ana María Díez De Fex

Abogada de la Universidad del Rosario (2013). Master en Políticas Públicas de la Central European University (2017). Actualmente, es candidata a Licenciada en Filosofía en la UNAD y cursa un Doctorado en Ciencias Sociales en la Universidad de Valencia.

(España). Con experiencia en la Rama Judicial, ha trabajado en la Corte Constitucional de Colombia (2016) y en el Consejo de Estado (2017). Su investigación se centra en la intersección entre movimientos sociales y derechos humanos.